2판

# 현대 교육과정과 교육평가

강현석 · 주동범 공저

Curriculum & Educational Evaluation

학지사

# 머리말

학교교육은 일차적으로 학생에게 의미 있는 학습을 가능하게 해 주는 방향으로 전개되어야 한다. 학교교육을 설명하는 다양한 이론이나 관점은 그 중심 개념이나 탐구방식에 있어서 서로 다르지만 궁극적인 지향점은 학생의 학습을 의미 있고 가치 있게 해 주는 과정을 체계화하는 데 있다. 여기에는 학교교육의 의도성이나 체계성이 구체적으로 표현되어야 한다. 이 지점에 교육과정의 중요성이 놓여 있다.

교육과정은 무엇을, 왜, 어떻게 가르치는가 하는 문제를 체계적으로 탐구하는 분야다. 즉, 어떠한 내용을, 무슨 이유로, 어떻게 가르칠 것인가 하는 문제를 구체적으로 다룬다. 그리고 가르치는 이유에 부합되게 제대로 가르쳤는지, 의도하는 목표는 제대로 달성되었는지를 확인하는 작업도 중요하게 관련되어 있다. 교육과정과 교육평가는 이 점에서 관련성을 지니고 있다. 교육과정이 교과를 가르치고 배우는 데 관련된 종합적인 계획이라면, 평가는 그 계획의 일부분이면서 나름의 독자성을 갖고 있으며, 교육목표 달성도의 확인이라는 문제도 안고 있다.

교육과정과 교육평가는 각각 그 관심 분야는 다르지만 어느 때부터인가 서로 관련성이 높은 것으로 취급되고 있다. 그 이유는 다소 현실적인 데서 비롯하는 것 같다. 그것은 현재 교원자격검정령에 이 두 과목이 한 개의 이수과목으로 묶여 설정되어 있는 데 있다. 관심 분야가 다른 두 과목의 연결이 이론적으로 많은 문제를 가지고는 있지만, 어쨌든 현재로서는 교사가 되기 위해서 반드시 이수해야 하는 과목으로 설정되어 있다. 이런 이유로 현재 많은 대학이 교직과목 중 하나로 '교육과정 및 교육평가'라는 과목을 운영하고 있다. 무릇 모든 교직과목이 중요하고 가치가 있겠지만 이 과목만큼 학교현장과 직접 관련되는 과목도 없다. 실제 학교현장에 직접 나가 보면 그 필요성이나 가치를 절감하리라 본다. 자신이 가르치는 과목에서 무엇을 가르칠 것인지, 가르친 내용을 어떻게 평가할 것인지를 모르고서는 교육활동은 성립할 수 없다.

교육활동에서 가장 중요한 것은 아마도 '교과를 가르치고 배우는 일' 일 것이다. 교과를 가르치고 배우는 일은 이 과정에 참여하는 사람의 특별한 관심과 몰두를 필요로 한다. 교수-학습 과정에서 교사와 학습자는 교육내용(교과)을 매개로 하여 만난다. 교육과정과 교육평가의 이론과 실제는 여기에서 출발한다. 이 책은 학교 교육체제의 실체를 규정하는 중요한 영역인 교육과정과 교육평가의 문제를, 예비교사가 이론과 실제의 측면에서 논의하는 데 관심을 둔다. 교과내용을 가르치고, 그 가르침을 확인하고 평가하는 과정을 통해 교사와 학생의 삶은 성장하며, 그것이 어떻게 가능한지를 간략하게나마 공부해 볼 수 있다. 교과내용을 잘 가르치고 교육적으로 평가하는 것은 교육의 본래적 임무다.

이 책(2판)은 실제 학교교육에 활용할 수 있는 교육과정 및 교육평가와 관련한 지식과 기능을 습득하는 데 도움이 되도록 집필하였다. 구체적으로 역점을 둔 것은 다음과 같다.

첫째, 교육과정 및 교육평가에 관련된 핵심 개념과 원리를 중심으로 구성하였다.
둘째, 자신이 가르치게 될 교과(내용)를 교육학의 체계 속에서 이해할 수 있도록 하였다.
셋째, 가르친 내용을 타당하고 신뢰할 수 있게 평가하도록 구체적인 지식과 기능을 습득하는 데 주안점을 두었다.
넷째, 1판의 내용을 수정 · 보완하고, 교육과정 정책이나 제도가 변화된 부분을 반영하였다.

이 책은 이상의 주안점을 중심으로 총 16개 장으로 구성하였다. 1장부터 8장까지는 주로 교육과정과 관련된 문제이며, 9장부터 16장까지는 교육평가와 관련된 부분이다. 1장에서는 교육과정의 개념을 보다 쉽게 이해하기 위하여 우선 교육과정의 정의와 이미지를 살펴보고 교육과정과 관련된 유사 용어와 교육과정의 영역을 논의한다. 2장에서는 교육과정의 역사와 다양한 수준에서의 유형을 소개한다. 3장에서는 교육과정을 설명하는 이론과 관점에 대해서 논의한다. 교사들이나 교육자들은 어떠한 이론과 관점을 견지하느냐에 따라 교육과 교육과정을 보는 눈이 달라지고, 심지어 교실에서 수업에 임하는 자세도 달라진다. 이러한 교육과정의 이론과 관점은 어떠한 교육과정을 개발할 것인가 하는 교육과정 구상과 개발의 관점에 영향을 미친다. 그리고 교육과정을 이해하는 입장이나 교육과정의 지향점과도 관련이 있다.

4장에서는 교육과정 설계를 다루고 있다. 아무리 훌륭하고 이상적인 교육적 아이디어라도 교육과정 설계를 통하여 구체적인 교육 프로그램으로 구체화되어야 한다. 5장에서는 교육과정 개발을 다루고 있다. 교육과정 개발 활동은 다양한 과정과 수준에서 전개된다. 최근에는 학교 교육과정이 강조되고 있으며, 예비교사들은 이 문제를 잘 이해하고 있어야 한다. 6장에서는 개발된 교육과정을 현장에 적용하는 실행과 운영상의 문제를 다루고 있다. 교사는 교육과정 실행과 운영 주체로서의 역할을 다해야 한다. 7장에서는 교육과정 평가를, 8장에서는 교육과정의 최근 동향을 간략하게 소개하고 있다.

9장에서는 교육평가의 의미를 관련 용어와 역사, 기능과 유형 등을 중심으로 논의하고 있다. 10장에서는 교육평가의 일반적 절차에 대해 11단계를 중심으로 소개하고 있다. 11장에서는 학교현장에서 교사가 사용할 수 있는 다양한 평가방법과 각각의 의미와 특징, 종류, 장단점, 사용 시 유의 사항 등을 살펴보고, 각 방법에서 자주 사용되는 도구도 병행하여 살펴보고 있다. 12장에서는 검사의 제작과정 중에서 계획단계에서 주로 이루어지는 평가목표와 관련된 내용, 이원분류표와 관련된 내용 그리고 검사문항의 작성과 관련된 내용을 다루고 있다. 13장에서는 수행평가 문제를 다루고 있으며, 14장에서는 검사도구가 구비해야 할 중요한 조건인 신뢰도, 타당도, 객관도, 실용도 등의 의미와 신뢰도 산출 또는 추정방법에 대해 구체적으로 제시하고 있다. 15장에서는 검사 결과를 분석하기 위하여 필요한 통계적 개념을 알아보고, 검사를 통해 검사문항을 분석하는 방법에 대해 살펴보고 있다. 16장에서는 교육평가에서 제기되고 있는 다양한 문제를 개관해 보고, 이에 기초하여 최근에 등장하고 있는 교육평가의 동향을 간략하게 살펴보고 있다.

이번 개정판을 집필하면서 교육과정과 교육평가 분야에서 이론적 · 실천적으로 변화되고 수정된 사항들을 반영하고자 노력하였다. 그동안 두 차례의 교육과정 개정이 진행되었으며, 새로운 교육과정 이론과 동향이 등장하였다. 그리고 교육평가 분야에서는 서술형 평가가 강조되고 있으며, 교육과정과 연계된 제도와 정책이 강조되고 있다. 이번 개정판에서는 이러한 점들을 반영하고자 하였다.

교육과정 및 교육평가와 관련된 강의를 하면서 교직과목 수강생들과 일선 교사들의 요구와 어려운 점을 고려하여 집필하려고 하였으나 의도한 바에 비추어 너무 많이 미흡하고 부족한 점이 한두 가지가 아니다. 이 책은 교육과정과 교육평가 분야에서 매우 일반적으로 논의되고 있는 사항을 중심으로 구성되어 있다. 따라서 그 내용은 학문적 수준보다는 매우 실용적인 수준에서 재구성되었으며, 동시에 교원임용의 현실적 여건을 고려하고자 하였다. 이런 점 때문에 내용의 질과 수준에서 많은 허점이 있을 것으로 예상되므로 앞으로 많은 수정과 보완을 하고자 한다. 이 점에 대해 독자들의 많은 지도와 격려를 부탁 드린다. 특히 예비교사들과 현장교사들의 지도와 조언을 기대하는 바다. 그리고 책의 출판을 흔쾌히 허락해 주신 학지사 김진환 사장님 이하 관계자 여러분께 깊이 감사 드린다. 새로운 교재의 집필에 대한 필요성을 절실하게 느끼게 해 준 학생들에게도 감사의 마음을 전하고 싶다.

2012. 3.
저자

## | 차 례 |

제1장

# 교육과정의 개념

우리가 학교생활을 하면서 가장 많이 듣는 이야기 중의 하나는 교육과정이라는 용어일 것이다. 교육과정이란 도대체 무엇인가? 교육과정(教育課程)이라는 용어는 우리에게 친숙한 용어이면서 그 정확한 의미를 파악하는 데에는 많은 노력이 필요하다. 왜냐하면 교육과정이라는 용어는 여러 가지 의미를 지니고 있고, 사용하는 사람에 따라 그 의미가 상이하기 때문이다. 그런데 교육과정의 개념이 중요한 이유는 어떠한 의미로 교육과정을 사용하고 이해하느냐에 따라 자신의 교실수업에 대한 생각이나 학교생활의 의미가 날라지기 때문이다. 따라서 교사의 삶에 가장 큰 영향을 끼치는 것은 교육과정이라는 개념과 그 개념에 대한 교사의 생각이라고 볼 수 있다. 그러므로 우리는 이 장에서는 최우선적으로 교육과정의 개념, 유사 용어, 교육과정의 영역을 살펴보기로 한다.

## 1 교육과정의 정의

교육과정을 한마디로 정의하는 것은 어려운 일이다. 일반적으로 정의(定義)는 구체적 대상에 대한 명칭이다. 그런데 교육과정은 구체적 대상이기보다는 매우 포괄적 개념이다. 교육과정을 구체적인 대상물로 의미를 한정해 버리면 교육과정이 지니는 여러 다양하고도 풍부한 의미가 감소하게 되고 중요하고 본질적인 측면이 간과될 가능성이 높다. 따라서 교육과정의 정의를 정확하게 이해하기 위해서 교육과정이라는 말을 여러 가지로 표현할 수 있는 다양한 이미지(image)가 무엇인지를 알아보는 것이 유익할 수 있다. 교육과정의 이미지에는 다양한 것이 존재한다. 여러분이 학교에서 학생들을 가르치는 상황에서 가장 타당하고 유의미한 이미지가 어느 것인지를 생각해 보자(Schubert, 1986: 26-34; 김경자, 2000: 191-205). 이하에서는 다양한 이미지에 따른 교육과정의 정의를 살펴보기로 하자.

### 1) 교과목 혹은 교과에 담긴 내용

교육과정에 대한 가장 전통적인 이미지는 교과목이나 교과에 담긴 내용이다. 교육과정하면 여러 가지 교과목을 연상하게 되고 국어, 수학, 과학, 예 · 체능 과목이나 그러한 교과에 담긴 내용을 떠올리게 된다. 예로부터 서양의 삼학사과(三學四科), 동양의 사서오경(四書五經)이 대표적인 경우다.

오늘날 교사나 학교행정가들에게 교육과정이 무엇인지 묻는다면 대개는 교과편제와 시간배당을 얘기한다. 교과편제에는 교과목의 명칭, 교과목의 구분, 선택과 필수의 구분 등이 제시되며, 시간배당표에는 학년별로 편성해야 할 시간과 단위수가 제시되어 있다.

교육과정을 이와 같이 교과목이나 교과에 담긴 내용으로 보는 방식에는 학교에서 가르쳐야 할 교과를 분명하게 제시하고 학교급별로 학생들이 배워야 할 교과목을 지정 · 편성한다.

### 2) 학교의 지도 아래 학생이 겪는 실제 경험

교육을 경험의 계속적 재구성으로 보고 경험의 개조 혹은 성장에 교육과정의 초점을 둔다. 여기에서 교육과정은 한 개인의 경험에 대한 반성적 노력 속에서 풍부해진다. 사고는 탐구며 탐구는 생활이고 생활은 곧 교육이다.

이 이미지에서는 학습자는 인류문화의 유산을 스펀지처럼 빨아들이는 수동적 존재가 아니라 커다란 잠재력을 지닌 능동적인 존재다. 학습자는 성인의 시각에서 판단되는 성인의 축소판이 아니며, 제각기 독특하고 가치 있는 존재다.

교육과정을 경험으로 보는 방식은 학습자가 실제로 어떻게 느끼고, 생각하며, 체험하는가를 중요시한다. 학습자에게는 동일한 교과목이나 교육내용이라도 그것과 어떠한 상호작용을 하는가 하는 것이 중요하다. 이러한 점은 타일러(Tyler)의 학습경험에 대한 강조에서도 나타난다. 교실수업에서 교사가 가르치는 교과내용에 대해 학생이 어떠한 상호작용을 하는가 하는 것은 학생마다 상이하다.

### 3) 계획된 활동으로 구성된 프로그램

교육과정을 사전에 계획된 일련의 활동 계획이나 프로그램으로 보는 방식이다. 교육과정을 어떠한 활동을 해야 하는지에 대한 사전 계획이나 프로그램이라는 이미지로 본다. 즉, 교육과정은 구체적으로 학습을 위한 계획이라고 볼 수 있다. 따라서 교육목적을 성취하기 위하여 학습자에게 학교가 제공하는 모든 계획이 교육과정이 된다. 그런데 학생들에게 제공되는 계획은 문서화된 것뿐만 아니라 문서화되지 않은 계획도 포함된다.

학교현장에서의 문서화된 계획은 다양한 수준과 형태로 표현된다. 여기에는 국가수준의 교육과정 문서, 시 · 도 교육청의 교육과정 편성 운영 지침, 지역 교육청의 장학 자료, 단위학교의 교육과정, 교육과정 지침서, 교사용 지도서, 수업지도안 등이 존재한다. 교육과정에서 이러한 계획을 강조하는 이유는 기대하는 활동을 학생들이 하도록 하는 데 있나. 활동을 통해 달성하고자 하는 목표나 기대되는 성과를 계획하는 일이 중요하다. 따라서 학생들이 행하는 활동 그 자체보다는 활동을 계획하는 일이 중요하다. 그것은 목적을 달성하는 데 가장 중요한 것이 사전에 치밀한 계획을 수립하는 것이기 때문이다.

### 4) 수행할 일련의 과제

어떤 교육기관에서는 교육과정이 어떤 목적을 달성하기 위하여 숙달해야 할 일련의 절차화된 과제로서 구체적인 행동목표로 표출된다. 흔히 군대나 산업체 혹은 기업에서 연수시켜야 하는 훈련 프로그램의 이미지를 갖는다. 구체적인 행동목표를 달성하기 위하여 학습해야 할 내용을 그 구조나 위계에 비추어 분석이 가능하다. 흔히 과제분석(task analysis)으로 일컬어지는 활동이 여기에 해당된다. 수행할 과제를 구성하는 일은 직무분석이나 활동분석으로 가능하다.

### 5) 의도된 학습 성과

사전 계획보다는 의도된 학습 성과(Intended Learning Outcome: ILO)로서 교육과정을 보는 방식이다. 의도된 성과는 주로 교육 목적이나 목표를 상세화하는 방식으로 표출된다. 교육과정에서 중요한 것은 결과나 성과다. 여기에서는 활동보다는 학습 성과에 초점을 두며 계획보다는 결과에 주목한다.

### 6) 문화 재생산의 도구

교육과정 속에는 그 특정 사회의 문화가 투영되어 있다. 학교는 다음 세대에게 지식을 물려 주는 기관으로서 특정 사회의 가치나 신념을 전수하는 사회기관이다. 이 활동을 통해 사회의 문화가 재생산된다. 그런데 재생산되는 내용이나 방식에 대해서 기능적 관점과 비판적 관점이 존재한다.

### 7) 사회재건을 위한 의제

학교가 교육과정을 통해 사회의 변화와 개혁을 하고 사회개조를 위한 교육과정이 중요시된다. 사회혁신과 변화를 위한 지식과 가치를 창조하고 사회재건을 위한 의제(agenda)로서 역할을 해야 한다. 교육과정은 사회변화의 수단인 동시에 사회변화의 목적을 제공한다.

### 8) 학생의 삶에 대한 해석과 전망

교육과정이란 학생의 삶에 대한 자서전적 해석이다. 말이 달려야 할 경주로보다는 경주 행위가 더욱 소중하다. 교육과정은 학생들이 학교에서 혹은 자신의 삶을 살아가면서 이수하거나 거쳐야 하는 고정된 실체로서의 대상이 아니라 공부하고 삶을 살아가는 그 자체인 것이다. 경주로는 결과를 획득하기 위해서 모든 사람이 넘어야 할 객관적인 대상이지만 경주하는 행위나 활동은 그 행위를 하는 사람들에게는 서로 다른 의미가 있으며 그 행위 속에서 자신의 의미를 해석적으로 구성해 나간다.

### 9) 은 유

교육과정은 각 이미지가 드러내는 은유(metaphor)를 밝힘으로써 그 개념과 의미를 정확하게 이해할 수 있다. 대표적으로 클리바드(Kliebard)는 교육과정을 생산, 성장, 여행이라는 은유를 제시하고 있다. 특정 결과물을 산출하는 객관적인 일련의 절차나 과정으로서 생산, 주위환경과의 적응이나 활동을 통하여 존재를 변화시켜 나가는 성장(듀이의 성장개념과 생물학적 성장개념은 다름), 미지의 세계를 탐험하는 여행으로서 교육과정에 대한 은유는 다양한 이해의 폭을 넓혀 준다.

## 2 교육과정의 유사 용어

교육과정이라는 용어는 이론적으로나 현실적으로 그 의미가 다양하고 서로 비슷한 용어가 존재하고 있어서 정확한 의미를 포착하는 데 많은 어려움이 있다. 여기에서는 간혹 교육과정을 의미하는 것처럼 사용되는 유사 용어를 구분해 보고자 한다(김인식, 박영무, 최호성, 1995; Posner, 1992: 4-10).

### 1) 스코프와 시퀀스

특정한 학교나 학과목의 스코프(Scope)와 시퀀스(Sequence)는 교육과정 개념을 일련의 의도된 학습 성과로 구체화한 것이다. 의도된 학습 성과를 각 학년 수준으로 열거함으로써 교육과정에 시퀀스를 제공하게 되고, 주제나 테마 또는 특정한 차원에 따라 의도된 학습 성과를 묶음으로써 교육과정의 스코프를 제공하게 되는 것이다. 일반적으로 스코프는 교과 영역으로, 시퀀스는 학년이나 이수 순서와 시기로 구체화된다.

### 2) 강의요목(要目)

강의요목은 흔히 Syllabus라고도 하는데, 이것은 전체 코스를 가르치기 위한 계획서다. 계획서에는 코스 목표와 근거, 가르칠 주제, 사용할 자료, 부과될 과제, 권장할 만한 평가 전략 등이 포함된다. 이따금 학습목표, 학습활동, 연구문제 등이 포함되는 수도 있다. 따라서 강의요목은 특정한 코스 계획, 즉 그 코스의 목적과 수단의 양자 요소 모두를 나타나게 된다.

### 3) 내용 개요

교육과정을 내용의 개요와 동일시하는 것은 수업내용이 교육과정 계획과 동일하다고 생각하는 것과 같다. 교육의 유일한 목적이 정보를 전달하는 데 있고, 가르치는 것이 내용으로 구성되어 있을 경우에는 그와 같은 정의가 의미 있다.

### 4) 교과서

교과서는 학교에서 교육을 위하여 사용되는 주된 학생용 교재로써, 교육과정에 따라 각 교과가 지니는 지식과 경험의 체계를 쉽고 명확하며 간결하게 편집해서 교사와 학생이 학습에 활용할 수 있게 한 도서다. 따라서 교과서는 교육과정을 근거로 해서 만들며, 초 · 중 · 고 및 이들에 준하는 학교에 있어서 교과과정의 구성에 맞춰 조직, 배열한 교과의 주된 교재로써, 가르치기 위한 목적으로 제공되는 도서다. 학교교육상 교육과정에 따라 주된 교재로 사용하기 위하여 편찬된 도서로써 교사용 도서와 학생용 도서, 1종 교과서와 2종 교과서(국정과 검정), 인정 교과서 등이 있다.

현행 대통령령 제17634호인 「교과용 도서에 관한 규정」에 제시된 용어를 보면 다음과 같다(교육법전편찬회, 2005: 1144).

① '교과용 도서' 라 함은 교과서 및 지도서를 말한다.

② '교과서'라 함은 학교에서 학생들의 교육을 위하여 사용되는 학생용 서책·음반·영상 및 전자저작물 등을 말한다.

③ '지도서'라 함은 학교에서 학생들의 교육을 위하여 사용되는 교사용 서책·음반·영상 및 전자저작물 등을 말한다.

④ '국정도서'라 함은 교육과학기술부가 저작권을 가진 교과용 도서를 말한다.

⑤ '검정도서'라 함은 교육과학기술부 장관의 검정을 받은 교과용 도서를 말한다.

⑥ '인정도서'라 함은 국정도서·검정도서가 없는 경우 또는 이를 사용하기 곤란하거나 보충할 필요가 있는 경우에 사용하기 위하여 교육과학기술부 장관의 인정을 받은 교과용 도서를 말한다.

⑦ '개편'이라 함은 교육과정의 전면개정 또는 부분개정이나 그 밖의 사유로 인하여 교과용 도서의 총 쪽수(음반·영상·전자저작물 등의 경우에는 총 수록 내용)의 2분의 1을 넘는 내용을 변경하는 것을 말한다.

⑧ '수정'이라 함은 교육과정의 부분개정이나 그 밖의 사유로 인하여 교과용 도서의 문구·문장·통계·삽화 등을 교정·증감·변경하는 것으로서 개편의 범위에 이르지 아니하는 것을 말한다.

교과서에 의거해서 가르치는 교사에게 교과서는 일상적인 지침, 즉 수업의 목적과 수단 모두에 관한 지침으로 작용한다. 전통적인 교과서는 무엇을, 어떻게 가르치고, 배워야 하는지에 대해서 안내를 하지 않고 내용을 제시하고 있다. 현재의 교과서는 수업체제와 관련된 것으로 기술되어 있다고 보는 것이 적절하다. 그러한 것들은 주로 교사용 지침서, 학생의 학습지침인 워크북, 테스트, OHP자료, 실험용 키트 자료, 보충수업 자료 등으로 되어 있다.

## 5) 교수요목

교육과정이나 교수요목(course of study) 혹은 일련의 코스라는 단어들의 어원과 이 단어들의 전형적인 사전적 정의는 모두 교육과정을 학생들이 거쳐 나가야 하는 일련의 코스로 해석하고 있다. 이러한 견해는 이 분야의 사고를 지배하고 있는 주요한 비유 중 하나인 여행과 비유할 수 있는 토대를 제공하고 있다. 여행의 비유에 따르면 교육은 의도된 목적지를 가진 하나의 여행이다.

### 6) 계획된 학습 경험

많은 진보주의 교육가는 교육과정을 일련의 문서화된 것 이상이라고 말한다. 그들은 의도되었거나 의도되지 않았거나 가르칠 내용이거나 관계없이, 또한 교육청에서건 교과서나 교사에 의해 결정된 것과는 관계없이 교육과정을 학생들의 학습에 관해 기술해 놓은 것이기보다는 학교가 계획한 학생들의 모든 경험이라고 주장한다.

이상의 구분을 요약 정리하면 〈표 1-1〉과 같다.

[표 1-1] 교육과정과의 유사 용어

- **스코프와 시퀀스**: 교육과정을 연속적인 학년 수준에 따라 배당되고(예: 시퀀스), 공통적인 주제에 따라 묶인(예: 스코프) 목표들의 행렬표
- **강의요목**: 이론적 근거, 주제, 자료, 평가 들을 포함하고 있는 것으로서 전체 코스에 대한 계획
- **내용의 개요**: 개요 형태로 조직된 가르칠 주제 목록
- **교과서**: 교실수업을 위해 지침으로 사용되는 수업자료
- **교수요목**: 학생들이 수료해야 하는 일련의 코스
- **계획된 학습 경험**: 학문적 · 신체적 · 정서적 · 사회적인 것과 관계없이 학교가 계획한 것으로서 학생들이 가지게 되는 모든 경험

## 3 교육과정의 영역

### 1) 교육과정의 기초

교육과정의 기초란 교육과정 목표설정 내용 및 조직에 영향을 미치고 또 그것을 구조화하는 기초적인 영향력을 의미하며, 교육과정의 원천(source)이나 결정요인(determinants)으로 볼 수 있다. 여기에는 다음과 같은 차원이 존재한다.

- 철학과 지식의 본질

- 사회 및 문화
- 개인 학습자
- 학습이론

### 2) 교육과정의 이론

교육과정 이론은 교육과정 현상과 실제를 기술하고 설명(나아가서 예언까지 포함)하고 해석하는 일련의 명제나 원리의 체계 내지 구조화된 설명 체계라고 볼 수 있다. 교육과정 이론은 교육 이론이나 교육사상과 구분 없이 사용하고 있으나 엄밀하게는 구분할 필요가 있다. 물론 교육과정 이론 역시 개념적으로 보면 교육이나 교육과정에 대한 관점에 따라 다르겠지만, 교육과정 특유의 이론이 존재한다.

Beauchamp(1981)에 따르면 교육과정 이론은 위로는 교육학(지식응용 차원), 사회과학 이론(기초학문 차원)이 위치하고 있으며, 하위 이론으로는 교육과정 설계 이론과 교육과정 공학 이론이 위치하고 있다. 역사적으로 보면 교육과정 이론은 듀이(Dewey) 시대에 무엇을 가르칠 것인가에 대한 전통주의자와 진보주의자 간의 논쟁에서 많은 발전을 보인 것은 사실이다. 이 책에서는 기초 이론과 핵심 이론으로 구분하고 있다. 기초 이론은 3장 1절에서 제시되고 있으며, 핵심 이론에는 내용구성 이론, 교과가치 이론, 교과내면화 이론, 교과별지식 이론 등이 있다. 특히 이경섭(1990)은 핵심 이론 중에서 교육과정 구성 이론이 가장 중요하다고 보았으며, 교육과정 분야가 발전하려면 이 분야의 지식에 대해 심층적으로 연구가 이루어져야 한다고 강조하였다. 왜냐하면 교육학 분야 중에서 교육과정의 독특성과 전문성, 독자성을 구현하는 영역은 구성 이론이기 때문이다.

### 3) 교육과정 설계

교육과정 설계는 흔히 사전 계획이나 청사진의 의미가 있지만, 일반적으로 교육과정 구성 요소의 배열과 조직을 의미한다. 따라서 설계는 교육과정 조직(curriculum organization)이라는 말과 동의어로 사용된다. 흔히 한 교육과정의 구성 요소에는 다음과 같은 것이 포함된다.

- 목적(aims and goals) 및 목표(objectives)
- 교과 및 내용(subject matter or content)
- 학습활동(learning activities)
- 평가(evaluation)

이상의 구성 요소가 일정하게 관계를 맺어 하나의 특징적인 설계안이 만들어진다. 즉, 이러한 구성 요소의 성격과 그것을 하나의 통합된 교육과정으로 맺어 주는 조직 형태가 설계를 구성하는 것이다. 따라서 설계는 곧 내용조직의 형태를 의미한다. 그러므로 설계는 하나의 과정이 아니라 구체적인 존재물인 실제적 실체의 성격을 지닌다. 내용조직의 형태를 지칭하는 것에는 우선 내용을 강조하는 교과설계(subject design), 학문설계(discipline design), 광역교과설계(broad-field design) 등이 있다. 두 번째로 학습자의 요구와 흥미를 강조하는 활동중심 교육과정(activities curriculum)과 성인역할과 사회적 기능에 초점을 두는 생활영역중심 설계(areas of living design)가 있다. 세 번째로는 현재의 사회적 문제를 중심으로 설계하는 사회문제중심 설계(social problem design)가 있다.

### 4) 교육과정 구성

교육과정 구성(curriculum making)의 문제는 교육과정론에 있어서 핵심적인 문제다. 바람직한 교육목표를 달성하기 위하여 학습자들이 다양한 학습활동을 전개하더라도 체계적으로 적용될 교육과정이 바람직하게 구성되지 않으면 소기의 교육목표의 달성은 불가능하다고 볼 수 있다. 왜냐하면 교육내용의 선정 및 조직의 문제가 교육목표 달성에 직결되기 때문이다. 교육과정을 구성하는 기본 요소는 일반적으로 교육목표, 스코프, 시퀀스, 단원으로 볼 수 있다. 따라서 이런 네 개의 요소를 어떻게 설정하며, 이 요소를 어떤 틀 속에서 어떤 관계를 맺도록 하느냐가 교육과정 구성에 있어서 가장 핵심적인 문제다. 이런 구성 작업은 결국 하나의 교육과정 안을 낳게 된다. 그러므로 아무리 이상적인 교육 이론이라고 할지라도 그것이 교육현장에서 실천되려면 하나의 교육과정으로 입안되어야 한다.

구체적으로 교육과정의 구성은 설정된 일반적인 교육목표를 달성하기 위해 교육목표를 구체적인 것으로 세목화하고 학습내용 및 경험을 선정 · 조직화는 것이다. 여기에는 일반 교육목표의 분석에 의한 구체적 목표의 진술, 스코프와 시퀀스의 설정, 학습내용 및 경험의 선정과 조직, 단원의 구성 등을 행하는 작업이 수반된다. 따라서 목표 · 스코프 · 시퀀스 · 내용과 경험의 조직 형태 · 단원이라는 여러 요소가 어떤 관계를 맺고 있느냐에 따라 그 특징이 나타나게 된다(서울대교육연구소, 2000: 102). 그런데 교육과정 구성의 구체적 형태는 목표설정과 스코프 · 시퀀스의 설정에서 어느 정도 결정되고 그 최종적 성과와 형태는 단원에서 수렴되어 나타나기 때문에 이 네 가지 요소를 구성법의 핵심적 요소로 취급하고 있다(Giles, McCutcheon, & Zechiet, 1942; Saylor & Alexander, 1974; Zais, 1976; Ornstein & Hunkins, 2004). 그리고 교육과정 개발 작업에 선행하여 일어나는 것으로 최근에 프로그램 구성과 개발 분야에서 강조되고 있다.

교육과정 구성에서 의사결정하고자 하는 질문에는 다음과 같은 것이 포함된다. 즉, 바람직한 사회의 본질은 무엇인가? 인간의 본성은 무엇인가? 삶이란 무엇인가? 지식의 본질은 무엇인가? 교육의 목적은 무엇이어야 하는가? 어떤 교육과정 설계가 우리의 기본적인 공약을 가장 효과적으로 실현시켜 줄 수 있는가? 모든 학생은 어떤 내용이나 지식을 배워야만 하는가? 학습내용과 상호작용하면서 학습자는 어떤 학습활동을 해야 하는가? 어떻게 교육목적과 내용 그리고 학습활동의 공과를 평가할 것인가?

### 5) 교육과정 개발

교육과정을 효과적으로 구성하기 위해서는 먼저 교육과정의 정의, 방향, 기본철학, 심리적이고 사회적인 기저 등을 밝혀야 한다. 따라서 교육과정의 성격 규명이 건물을 세우게 될 기초 마련이라면, 그 기초 위에 건물을 세우는 작업이 구성 작업에서 해야 할 일이다. 이러한 구성 영역은 특히 교육과정 개발 영역과 혼용되어 사용되기도 한다. 그러나 엄밀하게 구분해 보면 교육과정 개발은 교육과정의 기초연구, 방향 결정, 성격 규정, 목표의 지향, 편성, 목표 설정, 실행 및 운영, 평가, 지도상의 유의점 모두를 새로운 차원에서 입안하는 것을 뜻한다. 반면 교육과정 구성은 성격과 목표 및 내용에 대한 선정과 조직의 문제에 초점을 둔다. 따라서 이러한 구분에 따르면 구성은 성격과 목표, 내용의 사전계획 문제를 다룬다. 다시 말해서 교육과정 개발의 일부분이라고 할 수 있다.

한편 교육과정 개발(curriculum development)은 구성과는 다소 차이가 있다. 개발은 구성이 전개되는 방식을 결정 짓는 과정인 것이다. 개발은 다음과 같은 질문을 제기한다. 즉, 교육과정 구성에 참여하는 사람은 누구인가, 구성에는 어떤 절차가 활용되는가, 교육과정위원회가 설립된다면 어떻게 조직되어야 하는가 등이다. 실제 상황하에서는 개발이 구성과 분리되어 선행적으로 전개되지 않는다. 구성과 개발은 서로 중복되거나 동시에 이루어지는 결정과정으로 이해된다. 따라서 구성과 개발은 통합될 필요가 있다. 단 결정 양식의 본질을 규명하거나 그것에 초점을 맞출 때에는 양자를 구분하는 것이 유용하다. 즉, 구성은 교육과정 자체에 관심을 두는 것인 반면, 개발은 그 구성의 과정에 관심을 두는 것이다.

### 6) 교육과정 실행

단순하게 보면 교육과정 실행(curriculum implementation)은 구성 및 개발과정에 의해 만들어진 교육과정을 효과적으로 전개하는 것을 의미한다. 교육과정 전개나 시행이라 부르기도 한다. 좁게 교육과정 실행은 곧 교사에 의한 수업의 전개라고도 볼 수 있다. 실행은 구성 및 개발과정에 대해 평가적 피드백을 제공하며, 그 자료는 교육과정 수정 및 개선을 위해 유용하게 활용될 수 있다.

### 7) 교육과정 공학

이 용어는 비교적 최근에 생긴 것이다. 보참프(Beauchamp, 1981)에 의하면 교육과정 공학(curriculum engineering)은 학교에서 교육과정 체제를 효율적으로 구성하는 데 필요한 모든 과정이라고 정의하고 있다. 여기서 교육과정 체제란 다음과 같은 세 가지 기능을 수행한다. 즉, 교육과정을 만드는 일, 그 교육과정을 시행하는 일, 그 교육과정 및 교육과정 체제의 효과성을 평가하는 일이 그것이다.

### 8) 교육과정 개선과 변화

타바(Taba)는, 개선은 어떤 교육과정의 기본적 개념이나 조직을 변화시키지 않고 그 교육과정의 특정한 측면만을 변화시키는 것이며, 변화는 교육과정 설계, 목적, 내용, 학습활동, 범위 등을 포함한 교육과정의 전체적 구조를 변형시키는 것을 의미한다. 이 두 용어는 보통 교육과정 개정(curriculum revision)과 유사 용어로 쓰인다. 개선은 현상 유지를 보다 세련되게 하는 데 초점이 있기 때문에 보다 안정적이며, 변화는 가치 · 인간 · 사회문화에서 변화의 교육과 바람직한 삶을 위한 기본적 가정에서의 변화를 요구한다.

변화의 본질에 관한 다음 두 가지 사항을 고려하는 것이 중요하다. 첫째, 변화는 불가피할 것이라는 사실이다. 둘째, 변화 자체는 좋은 것도 나쁜 것도 아니다. 즉, 변화란 방향을 제시하는 것이며, 좋고 나쁜 것을 결정하는 가치판단일 뿐이다. 따라서 변화를 방치하기보다는 의도적 노력에 의해 바람직한 방향으로 이끌어 주는 것이 중요하다.

## 장 요 약

교육과정을 보다 체계적으로 살펴보기 위해서는 교육과정에 대한 개념을 이해하는 것이 매우 중요하다. 이를 위해 우선 교육과정의 정의와 이미지를 살펴보는 일이 선행되어야 한다. 그리고 교육과정과 관련된 유사 용어를 살펴보고, 교육과정의 영역을 구분할 수 있어야 한다.

우선 교육과정에 대한 교육과정의 정의를 정확하게 이해하기 위해서 교육과정이라는 말을 여러 가지로 표현할 수 있는 다양한 이미지가 무엇인지를 알아보는 것이 유익할 수 있다. 교육과정의 이미지에는 다양한 것이 존재한다. 가장 전통적으로 생각해 온 것이 교과목 혹은 교과에 담긴 내용으로 교육과정을 보는 것이다. 이 이미지는 매우 영향력이 강하고 우리의 사고방식을 강하게 지배해 오고 있다. 일반적으로 교육과정이라고 하면 학생들이 배우게 될 교과목이나 교과서 내용을 연상하는 경우다. 이 외에도 매우 다양한 이미지가 존재한다. 객관적으로 주어지는 교과 목록이나 교과서 내용보다는 학생들이 직접 경험하는 것에 초점을 두는 것으로서 '학교의 지도 아래 학생이 겪는 실제 경험'이 있다. 사전에 의도한 구체적인 학습계획이나 활동으로 보는 이미지로는 '계획된 활동으로 구성된 프로그램'이 있다. 다음으로는 수행할 일련의 과제, 의도된 학습 성과, 문화적 재생산의 도구, 사회재건을 위한 의제, 학생의 삶에 대한 해석과 전망, 은유 등이 있다.

이상의 교육과정에 대한 이미지들을 정리해 보면 다음과 같다.

| 이미지 유형 | 초 점 | 관 점 |
|---|---|---|
| 교과목 혹은 교과에 담긴 내용 | 교과나 교과목의 목록 | 교과 |
| 학교의 지도 아래 학생이 겪는 실제 경험 | 학생 경험 | 아동/사회 |
| 계획된 활동으로 구성된 프로그램 | 사전 계획이나 의도 | 사회적 효율성 |
| 수행할 일련의 과제 | 절차화된 과제 | 사회적 효율성 |
| 의도된 학습 성과 | 결과 | 사회적 효율성 |
| 문화적 재생산의 도구 | 문화 재생산 | 사회개혁 |
| 사회재건을 위한 의제 | 사회개혁의 수단 | 사회개혁 |
| 학생의 삶에 대한 해석과 전망 | 삶의 해석과 구성 | 아동/사회 |
| 은유 | 상이한 입장의 생산적 이해 | 절충 |

교육과정과 매우 유사하게 사용되는 용어도 다양하게 존재한다. 이를 간략하게 정리해 보면 다음과 같다.

- 스코프와 시퀀스: 교육과정을, 연속적인 학년 수준에 따라 배당되고(예: 시퀀스), 공통적인 주제에 따라 묶인(예: 스코프) 목표들의 행렬표라고 기술
- 강의요목: 이론적 근거, 주제, 자료, 평가 들을 포함하고 있는 것으로서 전체 코스에 대한 계획
- 내용의 개요: 개요 형태로 조직된 가르칠 주제 목록
- 교과서: 교실수업을 위해 지침으로 사용되는 수업자료
- 교수요목: 학생들이 수료해야 하는 일련의 코스
- 계획된 학습경험: 학문적 · 신체적 · 정서적 · 사회적인 것과 관계없이 학교가 계획한 것으로서 학생들이 가지게 되는 모든 경험

교육과정의 영역은 그것을 구분하는 기준에 따라 상이하게 설정할 수 있다. 교육과정의 주제에 따라, 교육과정 개발의 과정에 따라, 관점에 따라 다양하게 구분할 수 있다. 그러나 일반적으로 보면 그 영역에는 교육과정의 기초, 교육과정 이론, 교육과정 설계, 교육과정 구성, 교육과정 개발, 교육과정 실행, 교육과정 공학, 교육과정 개선과 변화 등이 있다.

## 주요 개념

| | | | |
|---|---|---|---|
| 의도한 학습 성과(ILO) | 은유 | 스코프 | 시퀀스 |
| 강의요목 | 내용개요 | 교과서 | 교수요목 |
| 학습경험 | 교육과정 이론 | 교육과정 설계 | 교육과정 구성 |
| 교육과정 개발 | 교육과정 실행 | 교육과정 공학 | 교육과정 개선 |
| 교육과정 변화 | | | |

## 연습문제

1. 교육과정의 다양한 이미지를 통해 교육과정의 의미를 밝혀 보시오.
2. 교육과정이라는 용어에 연상되는 그림을 그려보고, 그 그림의 의미를 설명해 보시오.
3. 자신이 선호하는 교육과정의 의미를 제시하고, 그 이유를 설명해 보시오.
4. 교사의 학교생활의 하루 일과 중에서 교육과정과 관련되는 부분을 사례를 들어 설명해 보시오.
5. 오늘날 학교 교육과정의 문제를 해결하는 데 어느 이미지가 가장 적합할 것으로 생각됩니까?
6. 교육과정과 관련된 유사 용어를 구분해 보시오.
7. 교육과정의 영역을 구분하여 설명해 보시오.

제2장

# 교육과정의 역사와 유형

한 학문 분야를 보다 체계적으로 이해하기 위해서는 그 분야의 역사를 알아보는 것이 중요하다. 교육과정이라는 학문 분야는 20세기 초에 본격적으로 출발하여 많은 성장을 보인다. 그러나 그 이전에 다양한 생각이 있었고, 여러 학자 견해에 영향을 받았다. 스펜서(Herbert Spencer, 1820~1903)의 교육과정적 질문에서 시작하여, 보비트(F. Bobbitt)에 이르러서 본격적으로 체계적인 분야로 성장한다. 듀이의 이론 역시 매우 중요한 의미를 지닌다.

우리나라에서도 광복 후에 본격적인 교육과정 정비가 진행되고, 그 이후 수차례 개정을 단행하였다. 이 장에서는 교육과정의 역사적 사실과 그 중요성을 살펴보고, 다양한 교육과정의 유형을 살펴본다. 교육과정을 얘기하면서 그 수준과 유형을 분명히 하지 않으면 많은 혼란을 야기할 수 있다. 교육과정의 수준과 유형을 분명히 하는 것은 그만큼 중요하다고 볼 수 있다.

# 1 교육과정의 역사

## 1) 교육과정의 역사적 기초

### (1) 스펜서: 어떤 지식이 가장 가치 있는 것인가

스펜서는 1860년에 『교육론: 지, 덕, 체(Education: Intellectual, Moral, and Physical)』라는 저서를 통해 대학준비의 고전교육을 비판하면서 교육의 목적을 어떻게 하면 개인과 사회의 행복을 위한 완전한 삶(complete living)을 살 수 있도록 준비시킬 것인가에 두어야 한다고 주장한다. 따라서 지식과 교과의 상대적 중요성은 재평가되어야 하고 인간의 삶의 실용적인 가치에 따라 그 중요성을 고려할 필요가 있다는 것이다. 이러한 맥락에서 그는 인간 삶의 활동에 실제적인 중요성에 따라 가치 있는 지식을 다음과 같이 다섯 가지로 분류하였다.

- 직접적인 자기 보존에 기여하는 활동
- 생활에 필요한 물질 획득에 도움이 되는 간접적 자기 보존에 기여하는 활동
- 자녀의 양육과 교육에 대한 활동
- 적절한 사회적 · 정치적 관계 유지에 관련한 활동
- 생활의 여가를 즐기는 활동

이런 견해에서 보면 가장 중요한 교과는 과학이 된다. 삶과 건강을 위해서도, 생활에 필요한 재화를 얻는 데도, 자녀를 적절하게 기르기 위해서도 과학이 가장 효율적인 공부라는 것이다. 이와 같이 실생활 측면에서 교과를 정당화한 생각은 후일 미국의 중등학교 목표 7대 원리에 영향을 미친다.

### (2) 전통적 교과에 대한 다양한 입장

1890년대 후반까지 전통적 교과 교육과정은 학교 교육과정에서 절대적인 위치를 누리고 있었으나 20세기로 접어들면서 학교의 전통적 교과에 대한 불만이 제기되었다. 즉, 새로운 사회적 요구에 대해서 민감하게 반응하지 못한다든지, 새로운 사회에 대한 적절한 준비가 어렵다든지 하는 것들이었다. 그리고 새로운 심리학의

발달로 아동의 본성에 대한 각성과 행동주의 심리학의 강조가 전통적 교과의 타당성을 의심받게 하였다.

전통적 교과에 대한 불만은 다양한 반응으로 나타났다. 클리바드(Kliebard, 1986)는 이것을 크게 네 가지 관점으로 설명하고 있다. 첫째, 인문학적 지식과 전통적 가치 및 문화의 전수를 강조하는 전통적 인문주의자(C. A. Eliot로 대표됨), 둘째 아동의 발달과 요구를 강조하는 아동중심주의자(G. S. Hall로 대표됨), 셋째 새로운 사회의 요구와 성인의 역할을 준비시켜 주는 것에 강조점을 두는 사회적 효율성 입장(F. Bobbitt로 대표됨), 넷째 학생들에게 사회정의와 평등에 대한 전망을 심어 주고 사회를 개선시키려는 사회개혁주의자(H. Rugg로 대표됨) 등이 있다. 이들 각 집단은 미국 교육과정 역사에서 특정 시기에 주도적인 역할을 하였는데 전통적 인문주의자들은 19세기에, 사회적 효율성론자들은 20세기 초반 20여 년 동안에, 아동중심주의자들은 1920년대에, 사회개혁주의자들은 1930년대에 미국 교육을 주도하였다.

### (3) 학문 영역으로서의 확립

교육과정학 분야는 교육학 분야 중에서 그 탐구의 역사가 오래된 분야다. 교육과정에 대한 논의의 역사는 교육의 역사만큼이나 오래된 과거를 가지고 있다. 교육의 역사가 곧 교육과정의 역사라고 볼 수도 있다. 그러나 교육과정 분야가 학문적 체계를 갖추기 시작하여 하나의 독립된 학문으로 자리잡은 계기는 보비트(Bobbitt)가 1918[1]년에 『교육과정(The Curriculum)』이라는 책을 저술한 것과 관련이 깊다. 보비트는 이 책을 저술하기 전 1910년에 시카고 대학교 교수가 되어 교육과정 강좌를 처음으로 개설하였다. 『교육과정』이라는 책에서 그는 학교는 아동이 성인세계에 적응할 수 있도록 준비시키는 기관이므로, 교육과정은 아동이 성인의 세계에서 접하게 될 과제를 적절히 수행하도록 준비시키기 위하여 분명하고 구체적으로 구성되어야만 한다고 주장하였다. 이후 그의 생각은 여러 학자에 의해 찬사와 비판을 받았으며, 특히 진보주의자들에 의해 많은 비판을 받았다. 반면 그의 생각을 더욱

1) 1918년은 교육과정 분야에서 특별한 의미를 지닌다. 이 해에는 보비트의 단행본 출간뿐만 아니라 Kilpatrick의 프로젝트 방법(진보주의의 정신)과 중등교육위원회의 중등교육의 7대 핵심원리(Cardinal Principles)가 제안(고전 교육과정의 변화)되었다. 7대 원리에는 건강, 기초과정의 구사 능력, 가치 있는 가족 구성원의 의식, 직업준비, 시민의식, 여가활용, 윤리적 성격 개발 등이 포함된다.

발전시킨 사람으로 타일러(Tyler)가 있다.

### 2) 보비트의 교육과정 구성법

#### (1) 과학적 교육과정 구성: 활동분석법

보비트는 『교육과정』을 출간한 지 6년 후인 1924년에 출판한 『교육과정편성법(How to Make a Curriculum)』에서 과학적 교육과정 구성법을 소개하였다. 이 방법은 성인생활의 직무를 분석하는 것이다. 여기에는 다음과 같은 절차가 포함된다. 첫째, 이상적인 성인의 생활을 몇 가지 주요 활동으로 나누어라. 둘째, 이런 주요 활동을 학생들이 성취할 수 있는 구체적인 활동으로 분석하라. 셋째, 학생들이 성취해야 할 구체적인 활동을 교육의 목표로 설정하라.

이상의 절차를 보다 상세하게 5단계로 제시하면 다음과 같다.

- **1단계**: 인간 경험의 분석(광범한 인간 경험을 중요한 몇 개의 분야로 구분한다.)
- **2단계**: 직무분석(인간 경험의 주요 분야를 다시 몇 개의 더 구체적인 활동으로 상세화한다.). 직무분석은 어떤 직무의 구성 요소를 주의 깊게 관찰하여 기술한 것으로써 그 결과는 직원이 할 일을 열거하거나 일을 수행하는 절차와 방법을 열거한 목록이며, 이것은 직무를 수행하도록 훈련시키는 프로그램 개발의 요소가 된다.
- **3단계**: 교육목표 추출(활동을 수행하는 데 필요한 능력에 대한 진술로부터 교육목표를 추출한다.)
- **4단계**: 목표 선정(도출된 목표에서 학생들의 활동으로 계획할 목표 목록을 선정한다.)
- **5단계**: 구체적인 활동 계획 수립(목표를 달성하는 데 포함되는 다양한 활동 · 경험 · 기회를 각 연령별 혹은 학년별로 학생들의 매일의 활동을 상세하게 수립한다.)

보비트와 유사한 생각을 지닌 학자인 차터스(Charters)는 교육과정은 이상과 활동으로 구성되어야 한다고 보았다. 그에 의하면 교육과정은 A(활동), I(이상), P(수행자), R(추리), T(기법), E(정서)에 의해 통제되는 단위들로 구성된다.

### 3) 교과와 경험의 대립: 듀이의 교육과정 이론

#### (1) 19세기의 교육: 고전중심의 교육

19세기의 말엽에 미국 교육은 문법 · 수사학 · 라틴어 · 지리 · 역사문학 · 고전 교과 등의 암기와 교사중심의 엄격한 훈육으로 더욱 확고한 틀을 갖추게 되었는데 여기에는 몇 가지 요인이 작용하였다. 첫째, 고전 교육과정을 옹호한 「예일보고서(Yale Report on the Defence of the Classics)」를 들 수 있다. 19세기에 미국의 학교에서 가르친 내용은 주로 라틴어, 그리스 시대의 고전 · 수학 · 문학 · 역사 등이었는데, 이것을 고전 교육과정이라고 부른다. 이러한 고전 교육과정을 주장한 1828년의 「예일보고서」는 정신도야설의 입장에서 고전을 통한 정신 근육의 단련을 강조하였다. 둘째, 미국교육연합회에서 구성한 세 개의 위원회(중등교육에 관한 10인 위원회, 초등교육에 관한 15인 위원회, 대학입학 요건에 관한 위원회)를 들 수 있다. 셋째, 독일로부터 헤르바르트(Herbart)의 교육사상이 미국으로 도입되었다. 단편적 사실의 암기를 지양하고 5단계 교수에 의해 학생을 제대로 가르쳐야 한다는 생각이다.

이러한 교사중심의 암기 · 암송 교육을 개선하고자 하는 움직임이 19세기 말에 진보주의에 의해 시작되었다.

#### (2) 진보주의

진보주의의 본격적인 발단은 존 듀이가 진보주의의 아버지라고 부른 파커(F. Parker, 1837~1902)의 Quincy System에서 출발한다. 파커는 당시의 고전 암기식 교육을 배격하고 아동의 흥미를 고려한 교육을 실천하고자 했으며, 시카고의 실습학교를 통해 아동중심의 교육, 여러 과목을 통합하는 교육을 실천하고자 하였다.

진보주의의 핵심적 인물인 듀이는 『민주주의와 교육』(1916)을 통해 그의 사상을 체계화하였으며, 그의 사상을 알리기 위해 1919년에 진보주의교육협회(PEA)가 결성되었다. 그 협회의 기치는 다음과 같다.

- 아동이 자유롭게 성장할 수 있도록 자유를 허용하라.
- 흥미가 모든 작업의 동기가 되도록 하라.
- 교사는 훈육자가 아니라 안내자가 되어야 한다.

- 아동발달에 대한 과학적인 연구를 추구하라.
- 아동의 신체적 발달에 영향을 미치는 모든 요소에 깊은 관심을 기울여라.
- 아동의 삶의 필요를 충족시키기 위하여 학교와 가정의 협력관계를 구축하라.
- 진보주의 학교는 모든 교육운동의 리더 역할을 해야 한다.

이러한 진보주의 정신은 후일 워시번(Washburne)의 Winneka Plan(학생의 능력에 따른 개별화 학습)과 파커스트(Parkhurst)의 Dalton Plan(연령에 따른 학년 편성 방식보다는 학생과 교사의 계약 학습제)에 의해 확산되었다.

### 4) 학문중심 교육과정의 등장: 교과의 새로운 부활

1957년의 소련의 스푸트니크 인공위성 발사로 미국 교육에 대한 위기가 고조되고, 1959년 9월의 Woods Hole 회의로 학문중심 교육과정이 본격화되었다. 물론 1950년 이전부터 교과교육이나 교육과정 개혁운동이 서서히 전개되고 있었으며, 경험 교육과정에 대한 문제와 비판이 다양하게 제기되고 있었다.

브루너(Bruner)의 '지식의 구조'에 대한 제안으로 교육과정의 문제는 새로운 국면을 맞이하였다. 기존의 교과중심 교육과정에서 중시하는 교과지식에 대한 입장을 비판적으로 이해하고, 학습자중심의 활동 교육과정의 문제를 종합적으로 고려하여 지적 수월성을 강조하는 방향으로 교육과정의 문제를 해결하고자 하였다.

이 입장에서 교과는 새롭게 부활하였으며 주로 '지식의 구조'라는 의미에 비추어서 그 의미가 새롭게 제시되었다. 이러한 입장에서 교과는 학문과 동일한 것이며 학문을 탐구하는 활동의 측면에서 교과를 새롭게 조명할 필요가 있다. 여기에는 브루너 이외에도 학문의 구조를 제시한 슈왑(Schwab), 의미의 영역을 제안한 피닉스(Phenix), 교과를 인지적 · 평가적 지도로 보는 브로디(Broudy), 지식의 형식을 제안한 피터스(Peters)와 허스트(Hirst) 등이 있다. 이들은 교과의 가치를 종래와는 다른 방식으로 정당화하였다.

### 5) 한국 교육과정의 역사적 변천

역사적 변천 연구에서는 시대 구분의 기점을 언제로 할 것인가 하는 문제와 구체적인 시대 구분을 어떻게 설정할 것인가 하는 문제가 복잡한 난제다. 여기에서는 시대 구분을 교육과정 개념의 변천에 따랐으며, 그것은 대체로 교육부 교육과정령의 변천과 일치하기도 한다. 즉, ① 광복 후~1953: 교수요목 강조의 시기, ② 1953~1963: 교과중심 시기, ③ 1963~1973: 생활중심 시기, ④ 1973~1981: 학문중심 시기, ⑤ 1981~1987: 인간중심 시기, ⑥ 1987~현재까지는 통합지향형 시대로 볼 수 있다. 이하의 사료들은 주로 함종규(2003)의 자료를 기초로 하였음을 밝힌다.

### (1) 교육에 대한 긴급 조치기(1945~1946년)

1945년 일본 제국주의의 패망으로 8 · 15광복 후 서울에 진주한 미군은 미군정청 학무국을 조직하고 한국교육위원회 건의로 '일반명령 제4호'를 공포하였다. 이 명령으로 인해 공립 소학교가 문을 열고 각급 학교가 개학을 하였다. '일반명령 제4호'에 따라 군정청 학무국의 신조선의 조선인을 위한 교육방침이 시달되고, 초 · 중등학교 교과편제 및 시간배당이 발표되었다.

〈표 2-1〉에 따르면 공민은 일세강점기의 수신을 대신하는 것으로 새 나라의 민주시민을 육성하기 위해 교과로 등장시킨 것이며, 1~3학년에 국어시간과 산술시간을 많이 배정한 것은 소위 3R's 교육에 중점을 둔 것이라 하겠다. 4학년에 이과시간을 3시간으로 늘리고 있는 것도 두드러진 조치라 하겠다. 이렇듯 일어를 중심으로 하였던 교육내용이 명실공히 우리의 국어로 바뀌었고 일본 역사를 폐지하고 우리의 국사가 과해졌다. 이러한 편제는 다시 수정되어 다음과 같이 하달되었다. 당시의 중학교는 고등학교와 사범학교 심상과와 실업학교를 포함하고 있었으며, 수업시수는 1주일에 32~34시간 정도였고, 국어 · 영어 · 수학에 많은 시간을 배정하였다.

[표 2-1] 긴급조치 시기의 국민학교 과목편제 및 시간배당(1945년 9월)

| 학년 \ 교과 | 공민 | 국어 | 지리 · 역사 | 산술 | 이과 | 음악 · 체육 | 계 |
|---|---|---|---|---|---|---|---|
| 1~3 | 2 | 8 | 1 | 5 | 1 | 3 | 20 |
| 4 | 2 | 7 | 1 | 4 | 3 | 3 | 20 |
| 5~6 | 2 | 6 | 2 | 3 | 2 | 3 | 18 |
| 고등과 | 2 | 6 | 2 | 2 | 2 | 3 | 17 |

이와 같이 이 시기에는 각급 학교 교과목 주당 교수 시수표가 등장하였고, 특히 수신과 폐지, 공민과 등장, 우리말 중심의 국어과의 개설, 일본 역사 폐지 등이 주요 특징이라고 볼 수 있다.

### (2) 교수요목기(1946~1953년)

이 당시에는 교육과정이나 교과서가 미처 준비되지 못하였으며, 미군정청 편수당국의 교과별 편수사들이 교수요목제정위원회를 조직하여 교수요목을 제정하고 하달하였으며, 교과서를 편찬하는 일에 착수하였다. 교수요목이란, 교과의 지도내용을 상세히 기술한 것으로서, 이때 교수요목이라는 것은 학교급별 교수요목, 교과목별 주당 수업 시간표, 교과목별 교수요목을 일컫는다. 특히 교수요목에서는 지도 내용을 상세히 표시하려고 하였으며, 기초능력 배양에 주력하고 분과주의를 채택한 것이 특징이었다.

그런데 〈표 2-2〉와 같이 중등학교의 교과목 편제와 시간배당은 사범학교 심상과와 실업학교를 포함하여 정한 것이었다. 사범학교와 실업학교에서는 중등학교의 교과과정에 실업과목만을 넣어서 가르치도록 하였다. 그러므로 인문계 중학교와 사범학교나 실업학교의 교과편제 사이에는 실업과목을 제외하고는 아무런 차이가 없었다. 그리고 이 당시의 열악한 교육환경으로 인해 제대로 교육이 이루어지지 못하였으며, 이러한 문제로 많은 논란이 진행되다가 중등학교의 교과편제와 시간배당은 중등학교가 6년제로 개편됨에 따라 1946년에 〈표 2-3〉과 같이 바뀌게 되었다.

[표 2-2] 중등학교/고등 여학교 교과편제 및 시간배당(1945년 9월)

| 교과 / 학년 | 공민 | 국어 | 지리 역사 | 수학 | 물리 화학 생물 | 가사 | 재봉 | 영어 | 체육 | 음악 | 습자 | 도화 | 수예 | 실업 | 계 |
|---|---|---|---|---|---|---|---|---|---|---|---|---|---|---|---|
| 1중학 | 2 | 7 | 3 | 4 | 4 | - | - | 5 | 3 | 1 | 1 | 1 | - | 1 | 32 |
| 고녀 | 2 | 7 | 3 | 3 | 3 | 2 | 2 | 4 | 2 | 2 | 1 | 1 | 1 | - | 33 |
| 2중학 | 2 | 7 | 3 | 4 | 4 | - | - | 5 | 3 | 1 | 1 | 1 | - | 1 | 32 |
| 고녀 | 2 | 7 | 3 | 3 | 3 | 2 | 3 | 4 | 2 | 2 | - | - | 1 | - | 33 |
| 3중학 | 2 | 6 | 4 | 4 | 5 | - | - | 5 | 3 | 2 | - | 1 | - | 2 | 34 |
| 고녀 | 2 | 6 | 3 | 2 | 4 | 4 | 3 | 4 | 2 | 2 | - | 1 | 1 | 1 | 35 |
| 4중학 | 2 | 5 | 4 | 4 | 5 | - | - | 5 | 3 | 2 | - | - | - | 3 | 33 |
| 고녀 | 2 | 5 | 3 | 3 | 4 | 4 | 4 | 4 | 2 | 2 | - | 1 | 1 | 1 | 36 |

[표 2-3] 초급 중학교 교과과정 표(1946년 9월)

| 교과목 \ 학년 | | 제1학년 | 제2학년 | 제3학년 |
|---|---|---|---|---|
| 필수과목 | 국어 | 5 | 5 | 5 |
| | 사회생활 | 5 | 5 | 5 |
| | 수학 | 5 | 5 | – |
| | 일반과학 | 5 | 5 | 5 |
| | 체육 · 보건 | 5 | 5 | 5 |
| | 실과 | 2 | 2 | 2 |
| | 음악 | 2 | 2 | 2 |
| 계 | | 29 | 29 | 24 |
| 선택과목 | 수학 | – | – | – |
| | 외국어 | 5 | 5 | 5 |
| | 음악 | 1~2 | 1~2 | 1~2 |
| | 미술 | 1~2 | 1~2 | 1~2 |
| | 수공 | 1~2 | 1~2 | 1~2 |
| | 실업 | 1~10 | 1~10 | 1~15 |
| 특수과목 | 국어 | 1 | 1 | 1 |
| | 과학 | 1 | 1 | 1 |
| 계 | | 39 | 39 | 39 |

* 표의 숫자는 주당 수업 시수표.
출처: 함종규(2003), p. 190.

이 당시의 교수요목은 매우 불충분하였고 각 교과별로 가르칠 주제를 열거하는 정도에 그쳤다. 또 교수목표나 지도상의 유의점이 제시되지 못하였고, 대부분의 교과가 단원 또는 제재명과 내용 요소, 단원 혹은 제재별 이수 시간 수를 제시하고 있고, 교과편제는 지금과 유사하지만 사회생활과가 등장하였다는 점이 특이하다. 이 교수요목은 정부수립과 「교육법」의 제정에 따라 새롭게 개정될 예정이었으나 한국전쟁으로 중단되어 1954년의 「교육과정 시간배당기준령」과 그 이듬해의 교과과정이 공포될 때까지 유효했으며, 이에 따른 교과서가 편찬되어 사용되었다.

### (3) 제1차 교육과정기(1954~1963년)

제1차 교육과정은 1954년 문교부령 제35호로 제정 · 공포된 「초등학교 · 중학교 · 고등학교 · 사범학교 교육시간배당기준령」과 그 이듬해 문교부령 제44호, 제

45호, 제46호로 각각 공포된 「초등학교 · 중학교 · 고등학교 교과과정」을 말한다. 이 시기에 본격적으로 교육과정 시간배당 기준표가 만들어졌으며, 교육과정이라는 의미가 '각 학교의 교과목 및 기타 활동의 편제'로 정의되었고 법령상의 명칭이 교과과정이었기 때문에 이 시기를 교과과정기 혹은 교과중심 교육과정 시기라고 부른다. 이것은 우리나라 최초의 체계적 교육과정이라는 점에서 그 의미가 있다.

그러나 이 시기는 교과중심 교육과정 시기지만 학생의 경험과 생활을 강조하는 생활중심 교육과정 사조가 침투되어 있었으며, 따라서 지적 체계 중심의 교과과정과 생활중심의 교과서를 지향하고 있었다. 그리고 이 시기의 교과편제는 크게 교과와 특별활동의 2대 체제였으며, 반공 · 도덕과 실업교육이 강조되었다. 그러면서 특별활동에 시간을 배당하여 전인교육을 지향하고자 하였다. 구체적으로 교과편제는 대교과제로 필수(8개 교과)와 선택(실업 · 가정, 외국어, 기타 교과)으로 구성되었고, 도의교육은 사회생활과에 배당된 시간 수 중 최저 35시간 이상 이수하도록 하였다. 이 시기의 중학교 편제를 보면 〈표 2-4〉와 같다.

[표 2-4] 중학교 교육과정 시간배당 기준표(1954년)

| 교과 \ 학년 | | 1학년(시간) | 2학년(시간) | 3학년(시간) |
|---|---|---|---|---|
| 필수 교과 | 국어 | 140(4) | 140(4) | 140(4) |
| | 수학 | 140(4) | 140(4) | 140(4) |
| | 사회생활 | 175(5) | 175(5) | 175(5) |
| | 과학 | 140(4) | 140(4) | 140(4) |
| | 체육 | 70(2) | 70(2) | 70(2) |
| | 음악 | 70(2) | 70(2) | 70(2) |
| | 미술 | 70(2) | 70(2) | 70(2) |
| | 실업 · 가정 | 175(5) | 175(5) | 175(5) |
| 소 계 | | 980(28) | 980(28) | 980(28) |
| 선택 교과 | 실업 · 가정 | 35~245(1~7) | 35~245(1~7) | 35~245(1~7) |
| | 외국어 | 105~175(3~5) | 105~175(3~5) | 105~175(3~5) |
| | 기타 교과 | 0~105(0~3) | 0~105(0~3) | 0~105(0~3) |
| 특별활동 | | 70~105(2~3) | 70~105(2~3) | 70~105(2~3) |
| 계 | | 1,190~1,330(34~38) | 1,190~1,330(34~38) | 1,190~1,330(34~38) |

* 총 시간 수는 연간 최소 시간량이고, (  ) 안의 숫자는 34주 기준 주당 평균 시간 수임.

### (4) 제2차 교육과정기(1963~1973년)

제2차 교육과정은 1963년 문교부령 제119호, 제120호, 제121호, 제122호로 제정 공포된 「초등학교 · 중학교 · 고등학교 및 실업학교 교육과정」을 말한다. 이 시기에서 의미하는 교육과정은 '학교의 지도하에 학생들이 가지는 경험의 총체' 로서, 특히 교육과정 문서 총론에서 "교육과정은 곧 학생들이 학교의 지도하에 경험하는 모든 학습의 총화를 의미하는 것이다. 따라서 학생들의 경험 여하에 따라 그들이 어떤 인간으로 성장하게 되느냐가 결정되는 것이다."라고 규정하고 있다.

2차에서 개정된 교육과정의 주요 특징을 살펴보면 다음과 같다.

첫째, 개정의 취지에서 교육과정 내용 면에서는 자주성 · 생산성 · 유용성을 강조하였다. 자주성이란 각 학교가 국가적 기준에 의하여 각 지역사회의 실정에 맞게 교육과정을 구성하도록 하는 것과 학습자의 주체적 활동을 강조한 학습의 주체성을 의미하며, 생산성이란 생활 향상과 직접적으로 관련 있는 실업 및 직업, 과학기술 교육을 강화하는 것을 의미하며, 유용성이란 교육을 실생활과 직결시키고 학교를 사회와 연계시키려는 것을 의미한다. 교육과정 조직 면에서는 학생의 성장과 발달에 초점을 두는 학교급 간의 연계성뿐만 아니라 교과 간의 통합성, 교육과정의 계열화를 통한 계통학습을 강조하였다. 운영 면에서는 지역성을 강조하여 지역사회의 자원을 학습경험에 활용하도록 하였다.

둘째, 여러 가지 역사적 사실로서 1968년 국민교육헌장 선포, 중학교 무시험 진학 및 대입예비고사제 실시 등 교육과정 개정 사유가 생겼다. 이에 따라 문교부는 국민교육헌장 이념의 구현과 한글 전용 계획 등 정부 시책과 시대적 요구에 적응하기 위하여 두 차례의 부분 개정을 하게 된다.

[1969년 개정]

- 교련교과를 12단위로 신설
- 인문계 고등학교의 국어 I 에서 한자교육을 폐지하고 국어II의 한문을 6단위로 증가
- 제2외국어 과목에 에스파냐어 추가
- 국민윤리 4단위를 반공 및 국민윤리 6단위로 증가
- 미술의 표준색을 12색에서 10색으로 수정
- 사회과 2학년(역사)에서 국사 부분을 세계사와 분리

• 남녀 공통의 필수기술과목 신설

[1972~1973년 개정]
• 중학교에 한문과를 신설
• 인문계 고등학교 제2외국어에 일본어 신설
• 국적 있는 국사교육 강화

셋째, 교육과정의 편제는 크게 교과, 반공·도덕 그리고 특별활동으로 이루어졌다. 특히 반공·도덕은 모든 과목에 영향을 미친 교육과정 체계로서 독립된 교과과정이 아니었다. 1963년에 1시간 배당된 것을 1969년에는 2시간으로 배가하였다.

이 시기의 교육과정 시간배당 기준을 보면 다음의 〈표 2-5〉와 같다.

### (5) 제3차 교육과정기(1973~1981년)

제3차 교육과정은 1973년, 1974년 문교부령 제325호, 제326호, 제350호로 제

[표 2-5] 교육과정 시간배당 기준(1963년)

| 과정 \ 학년 | | 1 | 2 | 3 |
|---|---|---|---|---|
| 교과 | 국어 | 5~6 | 5~6 | 4~6 |
| | 수학 | 3~4 | 3~4 | 2~4 |
| | 사회 | 3~4 | 3~4 | 2~4 |
| | 과학 | 3~4 | 3~4 | 2~4 |
| | 체육 | 3~4 | 3~4 | 2~4 |
| | 음악 | 2 | 2 | 1~2 |
| | 미술 | 2 | 2 | 1~2 |
| | 실업·가정 | 4~5 | 4~6 | 3~12 |
| | 외국어 | 3~5 | 3~5 | 2~5 |
| 반공·도덕 | | 1 | 1 | 1 |
| 총계 | | 30~33 | 30~33 | 30~33 |
| 특별활동 | | 8%~ | 8%~ | 8%~ |

* 주당 평균 수업시간 수임.
* 특별활동 시간배당은 전체 시간에 대한 백분율(각 학년별로 8% 이상)로 제시하였던 것을 1969년에 2.5시간 이상이라는 표현으로 바뀜.

정 · 공포된 「초 · 중 · 고등학교 교육과정」을 말한다. 이 시기의 교육과정은 구 교육과정에서의 생활중심 교육과정을 지양하고 학문중심 교육과정을 강조하였다. 그리고 교육과정을 구성함에 있어서 국민교육헌장의 이념을 구현하고 1960년대의 미국의 학문중심 교육과정 개혁 운동의 사조를 적극적으로 반영하고자 하였다. 학문중심 교육과정에서는 학문적 지식을 효과적으로 습득하기 위해서는 학문의 기저를 이루는 지식의 구조를 학생들에게 가르치되 학생 스스로가 발견하고 탐구할 수 있도록 해야 한다는 점을 강조한다. 이러한 맥락에서 교육과정 개정의 기본방침에서 "기본개념의 파악: 지식의 구조를 이루는 기본개념과 그 관계를 이해하고 지적인 탐구방법을 익힐 수 있도록 지도내용을 정선하여야 한다."라고 되어 있으며, 특히 그 특징이 가장 잘 드러난 교과는 수학(SMSG), 과학(물리: PSSC, 화학: CHEM, 생물: BSCS 등), 사회(MACOS) 등이었다.

[표 2-6] 교육과정 시간배당 기준(1973년)

<table>
<tr><th colspan="3">학년<br>교과</th><th>1</th><th>2</th><th>3</th></tr>
<tr><td colspan="3">도덕</td><td>70(2)</td><td>70(2)</td><td>70(2)</td></tr>
<tr><td colspan="3">국어</td><td>140(4)</td><td>175(5)</td><td>175(5)</td></tr>
<tr><td colspan="3">국사</td><td>-</td><td>70(2)</td><td>70(2)</td></tr>
<tr><td colspan="3">사회</td><td>105(3)</td><td>70(2)</td><td>70(2)</td></tr>
<tr><td colspan="3">수학</td><td>140(4)</td><td>105~140(3~4)</td><td>105~140(3~4)</td></tr>
<tr><td colspan="3">과학</td><td>140(4)</td><td>105~140(3~4)</td><td>105~140(3~4)</td></tr>
<tr><td colspan="3">체육</td><td>105(3)</td><td>105(3)</td><td>105(3)</td></tr>
<tr><td colspan="3">음악</td><td>70(2)</td><td>35~70(1~2)</td><td>35~70(1~2)</td></tr>
<tr><td colspan="3">미술</td><td>70(2)</td><td>35~70(1~2)</td><td>35~70(1~2)</td></tr>
<tr><td colspan="3">한문</td><td>35(1)</td><td>35~70(1~2)</td><td>35~70(1~2)</td></tr>
<tr><td colspan="3">외국어</td><td>140(4)</td><td>70~175(2~5)</td><td>70~175(2~5)</td></tr>
<tr><td rowspan="2">실업<br>·<br>가정</td><td>필수</td><td>기술(남) · 가정(여)</td><td>105(3)</td><td>105(3)</td><td>105(3)</td></tr>
<tr><td>선택</td><td>농 · 공 · 상 · 수산 · 가사 중 택 1</td><td>-</td><td>105~140(3~4)</td><td>105~245(3~7)</td></tr>
<tr><td colspan="3">총 이수 시간</td><td>1,120(32)</td><td>1,120~</td><td>1,120~</td></tr>
<tr><td colspan="3">특별활동</td><td>70~(2~)</td><td>70~(2~)</td><td>70~(2~)</td></tr>
</table>

* 총 시간 수는 연간 최소 시간량이고, ( ) 안의 숫자는 1년 기준 주당 평균 시간 수임.

이 당시의 교과편제는 교과와 특별활동으로 이루어져 있으며, 반공 · 도덕이 삭제되고, 도덕과와 국사가 독립하였으며, 여자 기술을 가정으로 가정을 가사로 개편하였다. 이 당시의 교과편제를 보면 〈표 2-6〉과 같다.

문교부는 1978년 당시 운영 중인 교육과정이 갖고 있는 체제상의 문제점을 분석하여 시정함으로써 이의 합리성과 교육현장에서의 실용성을 높이고자 하였다. 따라서 정비체제 기준 모형에 따라 각급 학교의 교육과정 체제를 정비해서 1979년 3월 1일에 문교부 고시 제424호로 공포하였다. 여기에서 교육과정 전체의 체제를 통일하고 자구 수정, 맞춤법, 표현방법 등을 정비하여 '부령'을 '고시'(법제처의 심의를 거치지 않아도 됨)로 바꾸었으며, 내용의 변화는 없었다.

### (6) 제4차 교육과정기(1981~1987년)

제4차 교육과정은 1981년 문교부 고시 제442호로 공포된 교육과정을 말한다. 이 시기의 교육과정은 제5공화국의 출범에 따른 교육개혁 조치를 고려하여 개정이 이루어졌으며, 개정의 방식도 문교부 편수관이 주도하던 것에서 연구개발형으로 작업이 진행되었다. 교육과정 개정의 방침으로는 제3차 교육과정의 문제점(학습내용의 과다, 학습하기 어려운 교과내용, 교과목 위주의 분과교육, 기초교육 및 일반교육의 소홀, 전인교육의 미흡)을 보완하고, 교육 정상화를 위한 교육개혁의 추진(교육내용의 양과 수준의 적정화, 과열 과외 요인 제거), 국민정신교육의 강화 등에 두었다. 특히 이 시기의 교육과정 사조로는 어느 특정의 한 입장만을 고수하기보다는 종합적이고 절충적 성격을 지녔으며, 미래지향적 정신과 인간중심 교육과정의 성격을 반영하여 개인적 · 사회적 · 학문적 적합성을 고루 갖춘 교육과정이 되고자 하였다.

특징적인 사항은 인간중심의 전인교육을 강조하였고 여기에 기초하여 특별활동을 강화하였다. 중학교에서의 특별활동은 학급활동, 학생회활동, 클럽활동 · 학교행사의 4개 영역에서 학급활동을 학생회활동에 통합하였지만 학생회활동과 클럽활동에 각 1시간씩 배당하였고, 학교행사는 별도로 시간을 확보하도록 하였다. 그리고 각급 학교별 교육목표를 신설하여 「교육법」 제100조, 제101조의 규정만으로 교육목표를 추상적이고 포괄적으로 이해하던 것을 보다 구체적으로 학교교육의 방향을 시사 받을 수 있도록 하였다. 교과활동에서는 중학교에서 '자유선택과목'을 신설하여 학교와 지역사회의 실정 및 학생들의 희망에 따라 학교장의 재량으로 학생에게 도움이 되는 교육내용을 선정하여 지도하게 하였다. 그리고 고등학교에서

[표 2-7] 중학교 교육과정 시간배당 기준(1981년)

<table>
<tr><th colspan="4">학년<br>교과</th><th>1</th><th>2</th><th>3</th></tr>
<tr><td rowspan="20">교과활동</td><td colspan="3">도덕</td><td>68(2)</td><td>68(2)</td><td>68(2)</td></tr>
<tr><td colspan="3">국어</td><td>136(40</td><td>170(5)</td><td>170(5)</td></tr>
<tr><td colspan="3">국사</td><td></td><td>68(2)</td><td>68(2)</td></tr>
<tr><td colspan="3">사회</td><td>102(3)</td><td>68~102(2~3)</td><td>68~102(2~3)</td></tr>
<tr><td colspan="3">수학</td><td>136(4)</td><td>102~136(3~4)</td><td>102~136(3~4)</td></tr>
<tr><td colspan="3">과학</td><td>136(4)</td><td>102~136(3~4)</td><td>102~136(3~4)</td></tr>
<tr><td colspan="3">체육</td><td>102(3)</td><td>102(3)</td><td>102(3)</td></tr>
<tr><td colspan="3">음악</td><td>68(2)</td><td>68(2)</td><td>34(1)</td></tr>
<tr><td colspan="3">미술</td><td>68(2)</td><td>68(2)</td><td>34(1)</td></tr>
<tr><td colspan="3">한문</td><td>68(2)</td><td>34~68(1~2)</td><td>34~68(1~2)</td></tr>
<tr><td colspan="2">외국어</td><td>영어</td><td>136(4)</td><td>102~170(3~5)</td><td>102~170(3~5)</td></tr>
<tr><td rowspan="7">실업가정</td><td rowspan="2">필수</td><td>생활기술(남)</td><td rowspan="2">102(3)</td><td rowspan="2">136~204(4~6)</td><td rowspan="2"></td></tr>
<tr><td>가정(여)</td></tr>
<tr><td rowspan="5">선택</td><td>농업</td><td rowspan="5"></td><td rowspan="5"></td><td rowspan="5">택 1~2<br>170~238<br>(5~7)</td></tr>
<tr><td>공업</td></tr>
<tr><td>상업</td></tr>
<tr><td>수산업</td></tr>
<tr><td>가사</td></tr>
<tr><td colspan="3">자유선택</td><td>0~34~(0~1)</td><td>0~34~(0~1)</td><td>0~34~(0~1)</td></tr>
<tr><td colspan="3">계</td><td>1,088~1,122<br>(32~33)</td><td>1,088~1,156<br>(32~34)</td><td>1,088~1,156<br>(32~34)</td></tr>
<tr><td colspan="4">특별활동</td><td>68~(2~)</td><td>68~(2~)</td><td>68~(2~)</td></tr>
<tr><td colspan="4">총계</td><td>1,156~1,190<br>(34~35)</td><td>1,156~1,224<br>(34~36)</td><td>1,156~1,224<br>(34~36)</td></tr>
</table>

* 총 시간 수는 연간 최소 시간량이고, ( ) 안의 숫자는 1년 기준 주당 평균 시간 수임.

는 자유선택과목의 이수단위가 0~8단위로 늘어나고 선택의 범위도 확대되었다.

이 시기의 교과편제는 고등학교의 경우 인문계 · 실업계 · 기타 계열 고등학교의 교육과정을 통합하여 단일화하였으며, 교과활동을 보통교과와 전문교과로 나누고, 보통교과에 전 과정의 40~60%를 공통필수과목으로 지정함으로써 전인교육을 충실히 하도록 하였다. 중학교 편제와 고등학교 단위배당 기준을 간략하게 제시해 보면 〈표 2-7〉, 〈표 2-8〉과 같다.

[표 2-8] 고등학교 단위배당 기준

<table>
<tr><th rowspan="3">교과</th><th rowspan="3">과목</th><th colspan="5">보통교과</th><th>전문교과</th></tr>
<tr><th rowspan="2">공통<br>필수</th><th colspan="2">일반계 고교 선택</th><th rowspan="2">일반계 고교 직업과정, 실업계 및 기타 계열 고교선택</th><th rowspan="2">실업계 및 기타 계열 고교의 필수 및 선택, 일반계 고교 직업과정 선택</th></tr>
<tr><th>인문 · 사회<br>과정</th><th>자연<br>과정</th></tr>
<tr><td>국민<br>윤리</td><td>국민<br>윤리</td><td>6</td><td></td><td></td><td></td><td rowspan="3">농업에 관한 교과<br>공업에 관한 교과<br>상업에 관한 교과<br>수산 · 해운에 관한 교과<br>가사 · 실업에 관한 교과</td></tr>
<tr><td>국어</td><td>국어<br>(Ⅰ,Ⅱ)</td><td>14~16</td><td>14~18</td><td>8~10</td><td>3~8</td></tr>
<tr><td>국사</td><td>국사</td><td>6(4)</td><td></td><td></td><td></td></tr>
<tr><td colspan="7">이하 생략</td></tr>
<tr><td colspan="2">이수단위<br>소계</td><td>88~102<br>(*72~84)</td><td>92~116</td><td>90~116</td><td>10~38</td><td>일반계 고교 직업과정<br>52~106,<br>실업계 및 기타 계열<br>88~122</td></tr>
<tr><td colspan="2">이수단위합계</td><td colspan="5">192~204</td></tr>
<tr><td colspan="2">특별활동</td><td>12~</td><td></td><td></td><td></td><td></td></tr>
<tr><td colspan="2">총계</td><td colspan="5">204~216</td></tr>
</table>

* 실업계 및 기타 계열 고등학교 이수단위

** 각 과목의 단위 수는 3년간 이수단위. 1단위는 매주 50분 수업을 기준으로 1학기에 17주 이수하는 수업량.

*** 과목 Ⅰ,Ⅱ의 Ⅰ은 공통필수과목이며, Ⅱ는 과정별 선택과목

### (7) 제5차 교육과정기(1987~1992년)

제5차 교육과정은 1987~1988년 문교부 고시 제87-9호, 제87-7호, 제88-7호로 공포된 「초·중·고등학교의 교육과정」을 말한다. 이 시기에는 제4차와 크게 달라진 점은 별로 없으며, 교육과정 및 교과용 도서 중에서 개선이 필요한 부분만을 개정한다는 것을 기본 원칙으로 삼고, 바람직한 인간상을 '건강한 사람, 자주적인 사람, 창조적인 사람, 도덕적인 사람'으로 정하였다. 이러한 인간상을 기르기 위하여 기초교육의 강화, 정보화사회에 대응하는 교육의 강화, 특별활동의 강조, 특수학급 운영지침 명시 등을 개정의 중점으로 삼았다. 그리고 개정의 방침으로는 교육과정의 적정화·내실화·지역화를 내걸었으며, 구체적인 개정전략으로는 지속성·점진성·효율성으로 삼았으나 제4차와는 크게 달라진 것이 없다. 다만, 지역화와 효율성을 강조하고 있다는 점이 상이하다.

교육과정 지역화는 지금까지의 중앙집권적 교육과정 체제를 지방화하여 지역수준의 교육과정으로 편성해야 한다는 지향점을 의미하는 것이며, 구체적으로 특정 지역에 맞게 교육과정을 편성·운영해야 함을 의미한다. 교육과정 효율화는 국가기준으로서 의도하고 있는 것이 학교현장에서 실질적으로 실현될 수 있도록 하는 데 도움이 되도록 한다는 것이다.

이 시기에서 특징적인 것은, 첫째 실업·가정과에서 남녀가 공통으로 이수할 수 있는 기술·가정이 신설되었으며, 그로 인해 종전의 기술(남), 가정(여), 기술·가정 중 택 1을 하도록 하였다. 시간배당은 기초과학 교육 강화를 위해 중학교 3학년의 수학 및 과학과의 시간을 주당 1시간씩 증가시키고 실업·가정과의 시간을 줄였다. 둘째, 자유선택 시간을 주당 0~1시간에서 0~2시간으로 확대하여 학교장의 재량을 확대하였으며, 제4차의 특별활동에서 학생회활동에 포함되어 있던 학급회 활동을 분리하여 4개 영역(학급활동, 학생회활동, 클럽활동, 학교행사)으로 강화하였으며, 생활지도 관련 내용을 특별활동에 포함시켰다. 이 시기의 교과편제는 〈표 2-9〉와 같다.

### (8) 제6차 교육과정기(1992~1997년)

제6차 교육과정은 교육부 고시 제1992-16호, 제1992-11호, 제1992-19호로 1992년 제정·공포된 교육과정을 말한다. 이 시기의 교육과정은 기존의 제5차 교육과정의 문제점(결정권한의 중앙집중, 교육과정 구조의 획일성, 내용의 부적합성, 목표

[표 2-9] 중학교 교육과정 시간배당 기준(1987년)

<table>
<tr><th colspan="3">학년<br>교과</th><th>1</th><th>2</th><th>3</th></tr>
<tr><td rowspan="21">교과활동</td><td colspan="2">도덕</td><td>68(2)</td><td>68(2)</td><td>68(2)</td></tr>
<tr><td colspan="2">국어</td><td>136(40</td><td>170(5)</td><td>170(5)</td></tr>
<tr><td colspan="2">국사</td><td></td><td>68(2)</td><td>68(2)</td></tr>
<tr><td colspan="2">사회</td><td>102(3)</td><td>68~102(2~3)</td><td>68~102(2~3)</td></tr>
<tr><td colspan="2">수학</td><td>136(4)</td><td>102~136(3~4)</td><td>102~136(3~4)</td></tr>
<tr><td colspan="2">과학</td><td>136(4)</td><td>102~136(3~4)</td><td>102~136(3~4)</td></tr>
<tr><td colspan="2">체육</td><td>102(3)</td><td>102(3)</td><td>102(3)</td></tr>
<tr><td colspan="2">음악</td><td>68(2)</td><td>68(2)</td><td>34~68(1~2)</td></tr>
<tr><td colspan="2">미술</td><td>68(2)</td><td>68(2)</td><td>34~68(1~2)</td></tr>
<tr><td colspan="2">한문</td><td>34(1)</td><td>34~68(1~2)</td><td>34~68(1~2)</td></tr>
<tr><td>외국어</td><td>영어</td><td>136(4)</td><td>102~170(3~5)</td><td>102~170(3~5)</td></tr>
<tr><td rowspan="8">실업·가정</td><td>기술</td><td rowspan="3">택 1<br>102(3)</td><td rowspan="3">택 1<br>136~204(4~6)</td><td rowspan="3"></td></tr>
<tr><td>가정</td></tr>
<tr><td>기술·가정</td></tr>
<tr><td>농업</td><td rowspan="5"></td><td rowspan="5"></td><td rowspan="5">택 1<br>136~204<br>(4~6)</td></tr>
<tr><td>공업</td></tr>
<tr><td>상업</td></tr>
<tr><td>수산업</td></tr>
<tr><td>가사</td></tr>
<tr><td colspan="2">자유선택</td><td>0~68~(0~2)</td><td>0~68~(0~2)</td><td>0~68~(0~2)</td></tr>
<tr><td colspan="2">계</td><td>1,088~1,156<br>(32~34)</td><td>1,088~1,156<br>(32~34)</td><td>1,088~1,156<br>(32~34)</td></tr>
<tr><td colspan="3">특별활동</td><td>68~(2~)</td><td>68~(2~)</td><td>68~(2~)</td></tr>
<tr><td colspan="3">총계</td><td>1,156~1,124<br>(34~35)</td><td>1,156~1,224<br>(34~36)</td><td>1,156~1,224<br>(34~36)</td></tr>
</table>

* 총 시간 수는 연간 최소 시간량이고, ( ) 안의 숫자는 1년 기준 주당 평균 시간 수임.

달성의 비효율성)을 개선하기 위하여 개정되었다. 그리고 바람직한 인간상으로 '건강한 사람, 자주적인 사람, 창의적인 사람, 도덕적인 사람'으로 설정하고, 개정의 중점으로 교육과정 결정의 분권화, 교육과정 구조의 다양화, 교육과정 내용의 적정화, 교육과정 운영의 효율화로 설정하였다.

이 시기에 특징적인 것으로는 교육과정 의사결정 권한의 변화를 들 수 있다. 교육과정 편성과 운영 체계에서 국가수준 · 지역수준 · 학교수준으로 분화되어 국가의 기준 교육과정, 지역의 편성 · 운영 지침, 단위학교의 교육과정으로 편성 · 운영될 수 있도록 하였다. 이와 같이 제6차 교육과정에서는 교육과정의 의미를 교육부가 법률에 의거하여 고시하는 국가수준의 교육과정과 시 · 도 교육청의 교육과정 편성 · 운영 지침, 학교수준의 교육과정을 모두 포함하는 범위로 하고 있다. 이러한 법률적 근거를 그림으로 제시해 보면 [그림 2-1]과 같다.

그리고 초등학교에서는 학교재량시간을 신설하여 교육과정 편제에 제시된 교과나 특별활동의 보충, 또는 학교의 독특한 교육적 필요 및 학생의 요구 등에 따른 창의적인 교육활동을 지역 특성과 학생 실정에 알맞게 운영할 수 있는 길을 열었다. 중학교에서는 선택교과제를 도입하여 한문, 컴퓨터, 환경의 세 교과 혹은 그 외에 필요한 교과를 지역과 학교의 독특한 특성과 필요에 맞게 설정하여 운영할 수 있게 하였다. 고등학교의 경우 교과 구분을 다양하게 하였는데 일반 교양교육을 위

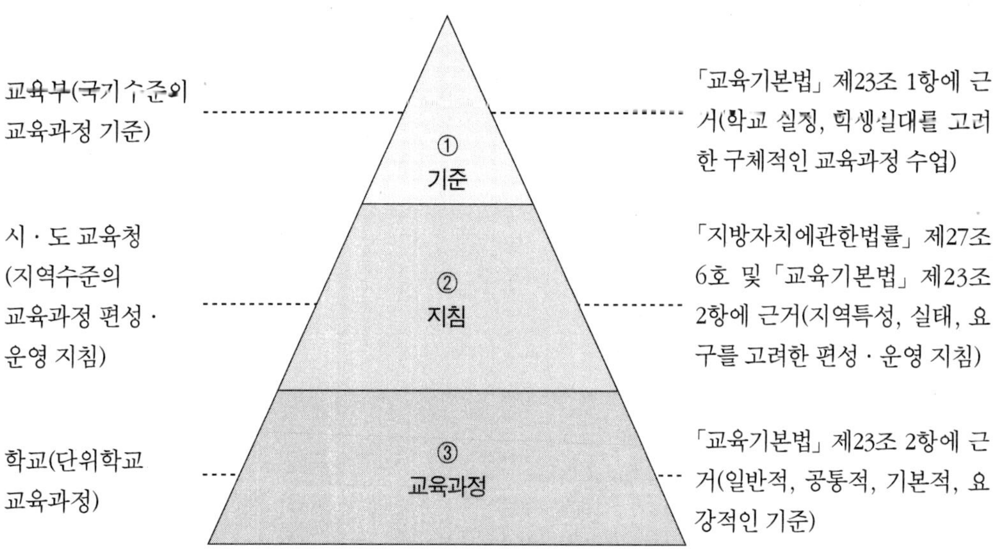


[그림 2-1] 교육과정의 수준과 법률적 근거

한 보통교과는 계열과 과정에 관계없이 모든 학생이 이수해야 할 공통필수과목(교육부)+과정필수과목(시 · 도 교육청)+과정선택과목(학교)으로 설정하였다. 그리고 지금까지는 일반계 고등학교에서 3개 과정만을 설치 · 운영하였으나 제6차에서는 시 · 도 교육청에서 지역 특성, 학교 실정, 학생의 요구 등을 고려하여 기타 필요한 과정을 설치하여 각 학교에 제시할 수 있도록 하였다.

그리고 교과별 교육과정의 진술체계가 변화되었다. 제5차에서는 교과목표, 학년목표, 내용, 지도 및 평가상의 유의점으로 제시되었는데, 제6차에서는 각 교과목별 성격을 분명히 밝혔고 내용체계를 새롭게 제시하였으며, 학년 목표를 폐지하고 지도방법과 평가의 기준을 상세화하여 제시하였다. 이 시기의 교과편제는 〈표 2-10〉과 같다.

[표 2-10] 중학교 교육과정 시간배당 기준(1992년)

| 교과 \ 학년 | | 1 | 2 | 3 |
|---|---|---|---|---|
| 필수 교과 | 도덕 | 68 | 68 | 68 |
| | 국어 | 136 | 170 | 170 |
| | 수학 | 136 | 136 | 136 |
| | 사회 | 102 | 136 | 136 |
| | 과학 | 136 | 136 | 136 |
| | 체육 | 102 | 102 | 102 |
| | 음악 | 68 | 34~68 | 34~68 |
| | 미술 | 68 | 34~68 | 34~68 |
| | 가정 | 68 | 34 | 34 |
| | 기술 · 산업 | 34 | 68 | 68 |
| | 영어 | 136 | 136 | 136 |
| 선택 교과 | 한문 | 34~68 | 34~68 | 34~68 |
| | 컴퓨터 | | | |
| | 환경 | | | |
| | 기타 | | | |
| 특별활동 | | 34~68 | 34~68 | 34~68 |
| 연간 수업 시간 수 | | 1,156 | 1,156 | 1,156 |

* 총 시간 수는 연간 최소 시간량이고, 1단위 시간을 45분을 원칙으로 함.

### (9) 제7차 교육과정기(1997~2007년)

제7차 교육과정은 1997년 12월에 교육부 고시 제1997-15호로 공포하였다. 학교 급별, 학년별 적용의 시점은 연차적으로 되어 있는데, 초등학교 1, 2학년은 2000년 3월 1일에 시작하고, 마지막 2004년 3월 1일에 고등학교 3학년을 끝으로 적용을 마치게 된다. 개정의 사유로는 획일적 교육과정을 탈피하고 수준별 교육과정을 적용하며 선택중심의 수요자중심 교육을 지향한다는 것이다.

이 시기의 교육과정은 몇 가지 점에서 특징적이다. 첫째, K-12 시스템을 도입하여 학교 간의 구분을 없애 유치원에서 12학년(고등학교 3학년)까지의 연계성을 강조하였다. 둘째, 국민공통 기본교육과정(1~10학년까지)과 고등학교 선택중심 교육과정(11~12학년)으로 양분되어 있다. 셋째, 교과군제를 도입하고 있다. 교양과목군에서 2개 과목 이상, ①~④ 과목군(국어, 도덕, 사회 과목군/수학, 과학, 기술 과목군/예 · 체능 과목군/외국어 과목군)에서는 각각 1과목 이상을 이수하도록 하고 있다. 넷째, 수준별 교육과정을 다양한 유형으로 적용하고 있다. 단계형 수준별 교육과정에는 수학 1~10, 영어 7~10학년까지 적용된다. 심화 · 보충형 수준별 교육과정은 국어 1~10, 사회/과학 3~10, 영어 3~6학년까지 적용된다. 다섯째, 선택중심 수준별 교육과정에서는 보통교과(일반계 고등학교)의 경우 일반선택(24 이상)+심화선택(112 이하)을 이수하도록 하고 있다. 그리고 선택 권한에서는 교육청과 단위 학교는 각각 28단위 이상, 학생은 최대 50%까지 선택할 수 있다. 전문교과는 실업계와 기타 계열 고등학교에 적용된다. 이 시기의 교과편제는 〈표 2-11〉과 같다.

### (10) 제7차 개정 교육과정(2007~현재)

제7차 개정 교육과정은 종전까지 전면개정으로 이루어졌던 국가교육과정 개정체제를 수시개정체제로 바꾼 뒤 개정된 4번째 교육과정이다. 이 교육과정은 2007년 2월 28일에 교육인적자원부 고시 제2007-79호로 고시된 교육과정이다.

이 교육과정에서 가장 중요한 변화는 '수준별 교육과정'을 개선하고 '수준별 수업'으로 전환한 것이다. 즉, 학생의 능력에 따른 학습내용의 범위와 수준을 조정하던 것(제7차)에서 학생 개인의 능력, 수준, 적성, 희망에 따라 내용의 깊이와 접근방법을 조정(2007년 개정 교육과정)하였다. 따라서 국어, 사회, 수학, 과학, 영어 교과에서는 수준별 수업을 권장하였다. 이것은 이미 2006년에 부분 고시(고시 제 2006-75

[표 2-11] 제7차 교육과정 편제 및 시간배당

〈국민공통 기본교육과정〉

<table>
<tr><th colspan="2" rowspan="2">학교 / 학년 / 구분</th><th colspan="6">초등학교</th><th colspan="3">중학교</th><th colspan="3">고등학교</th></tr>
<tr><th>1</th><th>2</th><th>3</th><th>4</th><th>5</th><th>6</th><th>7</th><th>8</th><th>9</th><th>10</th><th>11</th><th>12</th></tr>
<tr><td rowspan="10">교과</td><td>국어</td><td colspan="2" rowspan="10">국어<br>210 238<br>수학<br>120 136<br>바른 생활<br>60 68<br>슬기로운 생활<br>90 102<br>즐거운 생활<br>180 204<br>우리들은 1학년<br>80 ·</td><td>238</td><td>204</td><td>204</td><td>204</td><td>170</td><td>136</td><td>136</td><td>136</td><td colspan="2" rowspan="11">선택<br>과목</td></tr>
<tr><td>도덕</td><td>34</td><td>34</td><td>34</td><td>34</td><td>68</td><td>68</td><td>34</td><td>34</td></tr>
<tr><td>사회</td><td>102</td><td>102</td><td>102</td><td>102</td><td>102</td><td>102</td><td>136</td><td>170<br>(국사<br>68)</td></tr>
<tr><td>수학</td><td>136</td><td>136</td><td>136</td><td>136</td><td>136</td><td>136</td><td>102</td><td>136</td></tr>
<tr><td>과학</td><td>102</td><td>102</td><td>102</td><td>102</td><td>102</td><td>136</td><td>136</td><td>102</td></tr>
<tr><td>실과</td><td>·</td><td>·</td><td>68</td><td>68</td><td>68</td><td colspan="3">기술 · 가정<br>102102102</td></tr>
<tr><td>체육</td><td>102</td><td>102</td><td>102</td><td>102</td><td>102</td><td>102</td><td>68</td><td>68</td></tr>
<tr><td>음악</td><td>68</td><td>68</td><td>68</td><td>68</td><td>68</td><td>34</td><td>34</td><td>34</td></tr>
<tr><td>미술</td><td>68</td><td>68</td><td>68</td><td>68</td><td>34</td><td>34</td><td>68</td><td>34</td></tr>
<tr><td>외국어<br>(영어)</td><td>34</td><td>34</td><td>68</td><td>68</td><td>102</td><td>102</td><td>136</td><td>136</td></tr>
<tr><td colspan="2">재량활동</td><td>60</td><td>68</td><td>68</td><td>68</td><td>68</td><td>68</td><td>136</td><td>136</td><td>136</td><td>204</td></tr>
<tr><td colspan="2">특별활동</td><td>30</td><td>34</td><td>34</td><td>68</td><td>68</td><td>68</td><td>68</td><td>68</td><td>68</td><td>68</td><td colspan="2">8단위</td></tr>
<tr><td colspan="2">연간<br>수업시수</td><td>830</td><td>850</td><td>986</td><td>986</td><td>1,088</td><td>1,088</td><td>1,156</td><td>1,156</td><td>1,156</td><td>1,224</td><td colspan="2">144단위</td></tr>
</table>

* 총 시간 수는 연간 최소 시간량이고, 1단위 시간을 45분을 원칙으로 함.

호)된 바 있다. 그리고 수준별 수업을 적용하는 교과는 심화 · 보충학습을 위한 추가 시간이 필요할 경우, 재량활동에 배당된 시간 등 별도의 시간을 활용할 수 있다.

그리고 추가적으로 살펴보면, 초등학교 3, 4학년의 과학 교과서를 새로 만들었으며, 2010년에 초등학교 3, 4학년부터 영어를 적용하여(2011년에 5, 6학년 적용) 영어 수업 시간을 1시간씩 늘렸다. 또한 중등학교 수준별 보조 교과서를 도입하였다. 즉, 중학교 1학년의 수학 교과서와 영어 교과서에서 단계형을 없애고 통합하였으며, 수학은 기본교과서(수학)와 수학익힘책, 영어는 기본교과서(영어)와 학습활동 책인 English Activities로 교과서를 나누었다. 무엇보다 국어과 교과서가 국정 교과서 체제에서 검인정 교과서 체제로 변화했다는 점을 특징으로 들 수 있다. 기존에 국가에서 한 가지 교과서만을 만들어 배포했던 것과는 달리 많은 교과서 업체에서 교과서를 개발하여 국가의 검인정을 받아 배포하는 방식으로 변화한 것이다. 이에 2010년에 배포된 중학교 1학년 국어, 생활국어 교과서는 검인정이다.

그 밖에도 다음과 같은 사항들이 개정되었다. 첫째, 체육 교과군의 독립으로 체육과목을 필수과목으로 지정하였다. 둘째, 10학년 과학, 역사과목 수업을 주당 한 시간씩 늘렸다. 셋째, 역사과목을 독립, 사회과와 분리해 시수를 매김으로써 과목의 시수를 보장하였다(7학년에서 10학년까지). 넷째, 일반선택교과와 심화선택교과를 통합하고, 다양한 선택교과(매체언어, 동아시아사 등)를 신설하였다.

상세한 편제 및 시간배당 기준, 보다 상세한 내용, 그리고 적용 연도는 부록을 참고하기 바란다.

#### (11) 2009 개정 교육과정(2011~현재)

이 교육과정은 2009년 12월 23일에 교육인적자원부 고시 제2009-41호로 고시된 교육과정이다. 대통령자문기구인 '국가교육과학기술자문회의' 산하 교육과정 특별위원회의 교육과정 TF딤[2]에서 연구한 구상안을 기초로 만들었다. 자문회의에서 만든 '미래형 교육과정 구상안'을 기초로 교과부가 만들어 고시한 것이다.

핵심적인 특징을 보면 다음과 같다. 첫째, 학습의 효율성을 높이고자 하였다. 이를 위해 학년을 묶어 학년군을 운영하고 교과군을 도입하며, 학기당 이수과목 수를 8개로 줄임으로써 '집중이수'를 통하여 학습부담을 줄인다. 즉, 학기당 이수교과목 수 축소를 통한 학습부담의 적정화와 의미 있는 학습활동이 전개될 수 있도록 집중이수를 확대한다. 둘째, 폭넓은 인성교육을 실시하고자 하였다. 이를 위해 특별활동과 재량활동을 통합한 '창의적 체험활동'을 도입하여 그 시수를 확대하고, 편성과 운영의 학교에 자율로 맡기고 상급 학교 진학의 입학전형자료로 활용할 수 있도록 하였다. 셋째, 고등학교 학생의 핵심역량을 강화하고자 하였다. 이를 위해 고등학교 전 과정을 선택교육과정으로 운영한다(초등학교와 중학교 9년간을 공통교육과정으로 함, 〈표 2-12〉 참조). 공통교육과정의 교과는 교육목적상의 근접성,

2) 위원장: 곽병선, 위원: 강현석, 김경자, 김재춘, 박순경, 소경희, 홍후조

[표 2-12] 고등학교 선택중심 교육과정(보통교과)

<table>
<tr><th colspan="2" rowspan="2">구분</th><th rowspan="2">국민공통<br>기본교과</th><th colspan="2">선택과목</th></tr>
<tr><th>일반선택과목</th><th>심화선택과목</th></tr>
<tr><td rowspan="8">교<br>과</td><td>국어<br>도덕<br>사회</td><td>국어(8)<br>도덕(2)<br>사회(10)<br>(국사 4)</td><td>국어 생활(4)<br>시민 윤리(4)<br>인간 사회와 환경(4)</td><td>화법(4), 독서(8), 작문(8), 문법(4), 문학(8), 윤리와 사상(4), 전통윤리(4), 한국지리(8), 세계지리(8), 경제지리(6), 한국근현대사(8), 세계사(8), 법과 사회(6), 정치(8), 경제(6), 사회문화(8)</td></tr>
<tr><td>수학<br>과학<br>기술 · 가정</td><td>수학(8)<br>과학(6)<br>기술 · 가정(6)</td><td>실용 수학(4)<br>생활과 과학(4)<br>정보사회와 컴퓨터(4)</td><td>수학 I (8), 수학 II (8), 미분과 적분(4), 확률과 통계(4), 이산수학(4), 물리 I (4), 화학 I (4), 생물 I (4), 지구과학 I (4), 물리 II (4), 화학 II (4), 지구과학 II (4), 농업과학(6), 공업기술(6), 기업경영(6), 해양과학(6), 가정과학(6)</td></tr>
<tr><td>체육<br>음악<br>미술</td><td>체육(4)<br>음악(2)<br>미술(2)</td><td>체육과 건강(4)<br>음악과 생활(4)<br>미술과 생활(4)</td><td>체육이론(4), 체육실기(4이상)<br>음악이론(4), 음악실기(4이상)<br>미술이론(4), 미술실기(4이상)</td></tr>
<tr><td rowspan="2">외국어</td><td>영어(8)</td><td></td><td>영어 I (8), 영어 II (8), 영어회화(8)<br>영어독해(8), 영어 작문(8)</td></tr>
<tr><td></td><td>독일어 I (6), 프랑스어 I (6), 스페인어 I (6), 중국어 I (6), 일본어 I (6), 러시아어 I (6), 아랍어 I (6)</td><td>독일어 II (6), 프랑스어 II (6), 스페인어 II (6), 중국어 II (6), 일본어 II (6), 러시아어 II (6), 아랍어 II (6)</td></tr>
<tr><td>한문<br>교련<br>교양</td><td></td><td>한문(6)<br>교련(6)<br>철학(4), 논리학(4)<br>심리학(4), 교육학(4)<br>생활경제(4), 종교(4)<br>생태와 환경(4)<br>진로와 직업(4)<br>기타(4)</td><td>한문 고전(6)</td></tr>
<tr><td>이수단위</td><td>(56)</td><td>24 이상</td><td>112 이하</td></tr>
<tr><td colspan="1"></td><td></td><td></td><td></td></tr>
<tr><td colspan="2">재량활동</td><td>(12)</td><td></td><td></td></tr>
<tr><td colspan="2">특별활동</td><td>(4)</td><td colspan="2">8</td></tr>
<tr><td colspan="3">총 이수단위</td><td colspan="2">216</td></tr>
</table>

학문탐구 대상 또는 방법상의 인접성, 생활양식에서의 연관성 등을 고려하여 교과군으로 재분류한다. 선택교육과정에서는 학생들의 기초영역학습 강화와 진로 및 적성 등을 감안한 적정 학습이 가능하도록 네 개의 교과영역으로 구분하고, 필수 이수단위를 제시한다. 그리고 진로에 맞춰 기초핵심역량을 강화하고 고등학교 일부 선택과목을 정비하였다. 넷째, 학교교육의 다양성을 유도하고자 하였다. 이를 위해 학교교육과정 편성 · 운영의 자율성을 확대하고(교과목별 수업시수 20% 증감 허용) 고등학교 '학교자율과정' 운영으로 학교교육을 특성화 · 다양화하고, 예 · 체능 등 특정 계열 지망 소수 학생을 위한 교육기회를 제공하였다.

편제 및 시간배당 기준과 보다 상세한 내용, 그리고 적용 연도는 부록을 참고하기 바란다.

### (12) 특별활동과 재량활동

현행 우리나라의 교육과정은 교과활동 · 특별활동 · 학교재량활동 시간으로 이루어져 있다. 특별활동이 정식으로 우리나라 교육과정으로 자리잡게 된 것은 광복 후 1954년의 문교부령 제35호로 「교육과정 시간배당 기준령」을 공포할 때부터다. 이때는 종래 사용하던 용어인 교과과정을 교육과정으로 바꾸고 과외활동을 특별활동으로 바꾸었다. 여기에서는 "특별활동이라 함은 교육목적 및 교육목표를 달성하기 위하여 필요한 교과 이외의 기타 교육활동을 말한다."라고 특별활동을 규정하고 있다. 특별활동을 지칭하는 용어도 다양한데 과외활동(extra-curricular activities) 외에도 학급 외 활동, 학생활동, 협력과정활동, 병행과정, 연대활동 등이 있다. 교육학 사전에서도 '학교교육의 목표를 달성하기 위하여 마련된 교과학습활동 이외의 학교교육활동, 즉 학생의 개성 신장, 건전한 취미와 특수기능의 육성 및 민주적 생활활동을 육성하기 위하여 학생회 · 봉사활동 · 운동경기 · 토론회 · 독서회 · 클럽활동 등을 통해서 행하는 교육활동'이라고 정의하고 있다.

이러한 특별활동은 1930년대에 경험중심 교육과정의 개념이 대두됨에 따라 부각되기 시작하였으며, 이 관점에서의 교육과정이라는 것이 학교의 지도하에 학생들이 가지는 경험의 총체이므로 학교생활을 하는 동안에 학생이 가지는 경험은 학교행사 · 취미활동 · 자치회 등을 통하여 가지는 경험을 교과활동과 함께 학교교육 계획에 포함시키도록 하였다.

제7차 교육과정에서 제시되고 있는 특별활동의 내용을 보면 〈표 2-13〉과 같다.

[표 2-13] 제7차 교육과정에서의 특별활동

| 영역 | 내용 |
|---|---|
| 자치활동 | • 협의활동<br>• 역할분담활동<br>• 민주시민활동 |
| 적응활동 | • 기본생활습관 형성활동<br>• 친교활동<br>• 상담활동<br>• 진로활동<br>• 정체성 확립 활동 |
| 계발활동 | • 학술문예활동<br>• 보건체육활동<br>• 실습노작활동<br>• 여가문화활동<br>• 정보통신활동<br>• 청소년단체 활동 |
| 봉사활동 | • 일손돕기활동<br>• 위문활동<br>• 캠페인활동<br>• 자선구호활동<br>• 환경시설 보전활동 |
| 행사활동 | • 의식행사활동<br>• 학예행사활동<br>• 보건체육행사활동<br>• 수련활동<br>• 안전구호활동<br>• 교류활동 |

이러한 특별활동은 초등학교의 경우 1학년은 연간 30시간, 2~3학년은 연간 34시간, 초등학교 4학년~고등학교 1학년은 연간 68시간, 고등학교 2~3학년은 연간 8단위를 편성하도록 하고 있다. 시간 단위 수가 배정되지 않은 영역의 활동은 학교의 실정에 따라 별도의 시간을 확보하도록 하고 있다〔참고로 1년 365일 중에서 연간 수업일수는 220일, 교육과정 시간배당 기준 주 수는 34주 204일, 연간 법정 수업일 수는 220일 이상임. 1년-연간 수업일 수 220일=145일(방학, 공휴일, 휴일 등). 연간 수업일 수-34=16일〕.

특별활동의 평가는 담임교사의 수시평가로 이루어져야 하고, 학교와 지역사회의 실정, 교육목표에 적합한 평가가 이루어지고, 학생 각자의 성취도와 변화를 진단하는 절대평가 등이 이루어져야 한다. 그러나 이러한 특별활동이 입시위주의 교육풍토와 교사와 학부모의 인식 부족, 과밀 학급과 학교의 문제, 교사의 근무부담, 관련 전문지식의 부족, 빈약한 지원이나 프로그램의 미약 등으로 많은 문제를 안고 있다.

제7차에서는 학교재량활동이 신설되었는데, 이것은 또 교과재량활동과 창의적 재량활동으로 구분된다. 교과재량활동은 중등학교의 선택과목 학습과 국민공통 기본교과의 심화 · 보충학습을 위한 것이며, 창의적 재량활동은 학교의 독특한 교육적 필요, 학생의 요구 등에 따른 범교과(cross-curricular) 학습과 자기주도적 학습을 위한 것이다.

초등학교의 재량활동은 학교의 실정에 따라 융통성 있게 배정할 수 있으나 교과의 심화 · 보충학습보다는 학생의 자기주도적 학습능력을 촉진하기 위한 창의적 재량활동에 중점을 둔다.

중학교의 교과재량활동의 연간 수업시수는 102시간 이상이며, 한문, 컴퓨터, 환경, 생활외국어, 기타의 선택과목 학습시간에 우선 배정하고, 나머지 시간은 국민공통 기본교과의 심화 · 보충학습으로 활용한다.

고등학교 1학년의 교과재량활동 연간 이수단위 수는 10단위이며, 국민공통 기본교과의 심화 · 보충학습에 4~6단위를 배정한다. 다만, 실업계 고등학교의 교과재량활동은 전문교과로 대체 · 이수할 수 있다. 창의적 재량활동에는 2단위를 배정하여 범교과 학습과 자기주도적인 학습이 학교의 실정에 따라 이루어지도록 되어 있다.

범교과 학습의 내용에는 민주시민교육, 인성교육, 환경교육, 경제교육, 에너지 교육, 근로정신 함양 교육, 보건교육, 안전교육, 성교육, 소비자교육, 진로교육, 통일교육, 한국문화 정체성 교육, 국제이해교육, 해양교육, 정보화 및 정보윤리 교육 등을 학교의 실정이나 학생의 요구에 따라 다양하고 특색 있게 운영하도록 되어 있다.

#### (13) 창의적 체험활동

창의적 체험활동은 기존의 재량활동과 특별활동을 통합하여 배려와 나눔의 실천을 위해 신설하였다. 창의적 체험활동은 자율활동, 동아리활동, 봉사활동, 진로활동으로 한다.

학교는 창의적 체험활동이 실질적 체험학습이 되도록 지역사회의 유관기관과 적극적으로 연계·협력해서 프로그램을 운영해야 한다. 그리고 교과와 창의적 체험활동의 효율적인 운영을 위하여 지역사회의 인적·물적 자원을 계획적으로 활용한다. 창의적 체험활동에 배당된 시간 수는 학생의 요구와 학교의 실정에 기초하여 융통성 있게 배정하여 운영할 수 있다.

재량활동과 특별활동을 창의적 체험활동으로 통합하는 이유는 기존의 재량활동이 본래 취지를 살리지 못하고 교과 보충학습으로 변질되는 등 형식적·획일적으로 운영되어 왔다는 지적이 많았기 때문이다. 창의적 체험활동은 이런 문제점을 개선하고자 자율, 동아리, 봉사, 진로의 네 가지 활동 영역을 정해 체계적이고 내실 있게 운영하는 데 초점을 맞췄다. 매뉴얼에 따르면, 초등학교 저학년 때는 자율활동중심의 입학 초기 적응 프로그램, 고학년에서는 동아리활동과 자기이해, 직업이해를 중심으로 한 진로활동을 운영하도록 하였다. 창의적 체험활동 시간은 초·중학교는 주당 평균 3시간 이상으로 하고, 고등학교는 현행 주당 평균 2시간에서 4시간으로 확대하였으며, 운영시간 및 운영방법은 학교에서 자율적으로 결정하도록 하였다.

중·고등학교에서는 본격적인 진로탐색을 위해 동아리활동과 봉사활동을 연계·통합한 프로그램을 운영할 예정이다. 예를 들어, 무용부 동아리가 노인복지관에서 정기적으로 공연을 한다거나 역사탐구 동아리가 유적지 주변의 환경보호활동에 참여하는 방식이다. 중·고등학생은 자신의 체험활동 이력을 '에듀팟(www.edupot.go.kr)' 시스템에 기록해 관리함으로써 고등학교 또는 대학 진학 때 입학사정 자료로 활용할 수 있다. 교과부는 전국 각 학교에 매뉴얼을 보급하고 연수, 컨설팅도 계속 실시해 2011년 3월 새 학기부터 단위학교별로 특색 있는 창의적 체험활동 프로그램이 시행되도록 하였다.

창의적 체험활동의 내용체계는 〈표 2-14〉 같다.

[표 2-14] 창의적 체험활동의 내용체계

| 영 역 | 성 격 | 활 동 |
|---|---|---|
| 자율활동 | 학교는 학생중심의 자율적 활동을 추진하고, 학생은 다양한 교육활동에 능동적으로 참여한다. | • 적응활동<br>• 자치활동<br>• 행사활동<br>• 창의적 특색활동 등 |
| 동아리활동 | 학생은 자발적으로 집단활동에 참여하여 협동하는 태도를 기르고 각자의 취미와 특기를 신장한다. | • 학술활동<br>• 문화예술활동<br>• 스포츠활동<br>• 실습노작활동<br>• 청소년 단체 활동 등 |
| 봉사활동 | 학생은 이웃과 지역사회를 위한 나눔과 배려의 활동을 실천하고, 자연환경을 보존한다. | • 교내 봉사활동<br>• 지역사회 봉사활동<br>• 자연환경보호 활동<br>• 캠페인 활동 등 |
| 진로활동 | 학생은 자신의 흥미, 특기, 적성에 적합한 자기계발활동을 통하여 진로를 탐색하고 설계한다. | • 자기이해활동<br>• 진로정보탐색활동<br>• 진로계획활동<br>• 진로체험활동 등 |

## 2 교육과정의 유형

### 1) 개념상의 유형

#### (1) 공식적 교육과정

이 유형의 교육과정은 형식적인 공적 문서 속에 기술되어 있는 교육계획으로서 공식적(official) 교육과정을 의미한다. 교육적 목적과 목표에 따라 구체적이고 분명하게 의도된 표면적(surface or explicit) 성격을 지닌 것으로서 쓰인(written) 교육과정이다. 구체적인 계획을 표현하는 공적인 문서에는 국가 교육과정 기준을 담은 국가수준의 문서(교육부 고시 등), 시 · 도 교육청의 교육과정 편성 · 운영 지침, 지역 교육청의 장학자료, 학교 교육과정 혹은 학교교육계획서 등이 있다. 미시적으로는 교과서를 비롯한 수업용 교재, 교사의 수업계획, 실시된 수업, 특별활동 등이 여기에 포함될 수 있다.

이상의 문서화되어 있는 교육과정은 교사가 단시 수업을 계획하고, 학생을 평가하도록 하기 위한 기반을 제공하며, 행정가에게는 교사를 감독하고, 실행과 결과에 대한 책임을 지게 하기 위한 토대를 제공한다(김인식 외, 1995: 29). 그런데 이러한 공식적인 교육과정은 학생이 경험하면서 부수적인 학습을 낳는데, 의도하지 않은 교육과정과 가르치지 않고 소홀하게 다루고 금기시하는 교육과정을 낳는다. 전자는 잠재적 교육과정, 후자는 영 교육과정이라 부른다.

### (2) 잠재적 교육과정

우선 공식적으로나 표면적으로 의도하지 않은 교육과정으로서 표면적이지 않고(implicit), 숨겨져서(hidden) 잠재되어 있는(latent) 교육과정이다. 학교가 공식적 교육과정에서 의도하거나 계획하지 않은 것으로서, 교육과정이 작동되거나 운영되면서 학생들이 은연중에 배우게 되는 가치 · 태도 · 행동양식과 같은 경험된 교육과정이다. 이 개념은 잭슨(Jackson, 1968)에 의해서 처음으로 사용되었다. 그는 학교의 특성을 군집 · 상찬 · 평가 등으로 규정하고 그것들이 학생들의 생활에 미치는 영향력을 제시하였다. 제도적 기관으로서 학교는 일련의 규범과 가치를 구현하고 있다. 특히 성 · 계층 · 인종 · 권위 · 학교 지식 등과 관계가 있다.

잠재적 교육과정이 시사하고 있는 내용은 성 역할, 학생에게 적절한 행동, 활동과 놀이의 구분, 어느 어린이가 다양한 종류의 과제에 성공할 수 있으며, 누가 누구를 위한 의사결정을 할 권리가 있고, 어떤 종류의 지식이 합당하다고 생각되는 것인가에 관한 내용을 포함하고 있다(Giroux & Purpel, 1983). 특히 도덕발달의 단계로 유명한 콜버그(Kohlberg)는 잠재적 교육과정으로서 학교의 도덕적 분위기를 강조한다.

잠재적 교육과정은 공식적 교육과정과 병행의 관계에 있기 때문에 긍정적이고 부정적인 측면이 존재한다. 따라서 교육과정을 실행하고 평가하는 데 중요하게 고려해야 할 문제다. 특히 교사의 수업운영과 학생의 정의적 행동 특성의 형성과 관련하여 중요하게 다루어야 할 영역이다.

### (3) 실제적 교육과정

모든 계획은 사전 의도대로 실현되기도 하지만 계획대로 실천에 옮기지 않는 경우도 존재한다. 계획은 실천으로 옮겨야 그 가치가 있다. 아무리 이상적인 계획이라도 실행에 옮기지 않는다면 쓸모가 없다. 그러나 계획과 실행이 일치하면 정상적인 교육과정 운영을 기할 수 있다. 파행적인 교육과정이라는 말은 공식적 교육과정과 실제적 교육과정 간의 격차나 계획과 실행 간의 격차와 관련이 있다.

교실수업에서 실제적으로 운영되고 학생의 학습에 영향을 미치는 교수내용이나 시험내용과 같은 것이 여기에 해당된다. 따라서 교사가 실제로 가르치는 것과 그 중요성을 학생들에게 어떻게 전달하느냐, 즉 학생들이 그것이 중요하다는 것을 어떻게 아느냐 하는 것과 관련이 있기 때문에 ① 교사가 수업에 포함시켰고, 강조했던 내용, 즉 교사가 가르치는 것, ② 학생들이 실제로 책임을 가진 학습성과라는 두 가지 측면을 가지고 있다. 전자는 가르쳐진 교육과정으로 나타나고, 후자는 테스트된 교육과정으로 나타난다. 실제적 교육과정은 교사가 자신의 지식 · 신념 · 태도를 중심으로 그것을 해석하려는 경향이 있으므로 공식적 교육과정과는 다르다.

### (4) 영 교육과정

교육과정이 가르쳐야 할 내용을 선정하는 것이라면 한편으로 가르칠 만한 내용인데 의도적으로 배제되는 내용이 있을 수 있다. 가르칠 필요가 없는 것을 배제하는 것은 당연하지만 가르칠 가치가 있는 것인데도 배제한다면 문제가 생길 수 있다.

영 교육과정(null curriculum)은 가르치지 않는(not to teach) 교육과정으로서 공적인 문서 속에는 포함되어 있지는 않지만 학생들이 도달해야 할 교육목표나 배워야 할 가치를 지니는 교육내용을 가리킨다. 즉, 학교에서 소홀히 하거나 공식적으로 가르치지 않는 지식 · 사고양식 · 가치 · 태도 · 행동양식 · 교과 등을 일컬으며, 학습자들이 아직 경험하지 못한 것이다. 일찍이 아이스너(Eisner, 1994)가 체계적으로 제시한 것으로서 교육적 가치가 있는데도 이러한 것을 공식적 교육과정에서 의도적으로 배제한다면 학교교육의 가치와 의미가 왜곡될 수 있다고 경고하고 있다. 예를 들어, 학교에서 논리적 사고만을 강조하고 심미적 사고를 경시하며 문자나 숫자 위주의 표현양식을 강조하는 데 반해 다양한 감각적 경험을 경시하는 것,

일본이 정당한 한국 역사를 교과서에서 배제시키는 것, 생물 교과에서 창조론을 배제하는 것, 지배계급의 부도덕성을 삭제하는 것 등을 들 수 있다.

이러한 교육과정은 공식적 교육과정에서 중요하고 가치 있는 어떠한 교육내용이나 가치 · 태도 등이 배제되고 있는지를 평가하는 데 중요한 단서를 제공할 수 있다는 점에서 가치가 있다.

## 2) 의사결정 수준상의 유형

### (1) 국가수준 기준 교육과정

국가수준에서 고시하는 교육과정으로서 교육에 대한 국가의 의도를 담은 문서 내용을 말한다. 현재 이 문서는 교육인적자원부 장관이 결정 · 고시하는 데 「교육법」 제155조 제1항에 근거하여 전국의 모든 학교에 적용되는 교육과정을 말한다. 이 교육과정은 일반적 · 공통적 · 기본적 · 요강적인 기준을 제시하고 있다는 점에서 기준 교육과정이라고 부른다.

현행 교육과정 문서에서는 이 수준의 교육과정을 다음과 같이 규정하고 있다.

> 이 교육과정은 「교육법」 제155조 제1항에 의거하여 고시한 것으로, 초 · 중등학교의 교육목적과 교육목표를 달성하기 위한 국가수준의 교육과정이며, 초 · 중등학교에서 편성 · 운영해야 할 학교 교육과정의 공통적 · 일반적인 기준을 제시한 것이다.

이 교육과정의 성격은 다음과 같다.

- 국가수준의 공통성과 지역, 학교, 개인 수준의 다양성을 동시에 추구하는 교육과정이다.
- 학습자의 자율성과 창의성을 신장하기 위한 학생중심의 교육과정이다.
- 교육청과 학교, 교원 · 학생 · 학부모가 함께 실현해 가는 교육과정이다.
- 학교교육 체제를 교육과정 중심으로 개선하기 위한 교육과정이다.
- 교육의 과정과 결과의 질적 수준을 유지 · 관리하기 위한 교육과정이다.

이것은 초 · 중등학교에서 편성 · 운영해야 할 교육과정의 목표, 내용, 방법, 평가, 운영에 관한 기준 및 기본지침을 담고 있다. 현행 국가수준의 교육과정 체제 총론의 '교육과정의 편성과 운영'에서 ⓐ 교육과정 구성의 방향, ⓑ 학교급별 교육 목표, ⓒ 편제와 시간(단위)배당 기준, ⓓ 교육과정의 편성 · 운영 지침을 제시하고 있으며, 각 교과 교육과정에서는 각 교과별로 성격, 목표, 내용(내용체계와 학년별 내용), 교수-학습방법, 평가 등이 제시되어 있다.

#### (2) 시 · 도 교육청 지침 교육과정

지역수준의 교육과정으로서 현재는 시 · 도 교육청 수준에서 고시하는 교육과정 편성 · 운영지침을 말한다. 이 교육과정은 지역의 특성, 실태, 요구를 고려한 편성 · 운영지침으로써 「지방 교육자치에 관한 법률」 제27조 6호에 근거하여 만든 것이다. 따라서 지역별로 교육과정이 상이하다고 볼 수 있다. 이러한 교육과정은 교육에 대한 지역의 의도를 담은 문서 내용이며, 국가수준과 단위학교수준의 중간에 위치하여 양 수준의 교량적 역할을 하게 된다.

하지만 지역의 특성과 실정, 필요, 요구 등의 제 요인을 조사, 분석하여 국가 공통의 일반적 기준 교육과정을 보완 · 조정하여 학교의 교육과정을 편성하는 데 지침을 제공해 주어야 하는데, 시간이나 인력, 경제적 비용 때문에 교육과정의 질이 저하되고 지역 간 격차로 인해 오히려 문제가 생기는 역기능이 존재한다.

#### (3) 지역 교육청 장학자료

이 교육과정은 제6차에서는 없었으나 제7차에 와서 학교 교육과정을 편성하는 데 보다 효율적이고 실질적인 자료를 시 · 군 · 구 교육청에서 학교에 제공할 필요에 의해 새롭게 신설된 것이다. 교육청에서는 장학자료를 개발하여 학교 교육과정을 안내하고 통제한다. 따라서 단위학교에서는 이 교육과정에 기초하여 내실 있는 학교 교육과정을 편성해야 한다.

#### (4) 학교 교육과정

「교육법」 제150조에 근거하여 학교 실정, 학생 실태를 고려한 구체적인 교육과정을 말하는 것이다. 단위학교에서는 이상의 상위 수준의 교육과정(국가, 시 · 도 교육청, 지역 교육청)을 참고로 하여 학교의 특성에 부합하는 특색 있는 교육과정을 편성 · 운영해야 한다. 이 과정에서 흔히 학부모와 학생, 교사의 특성이나 실태 등을 반영하여 학교 차원의 교육계획서를 작성한다. 따라서 일반적으로 단위학교에서는 학교교육계획서 안에 교육과정의 편성 · 운영 · 평가 부문을 포함하여 학교 교육과정을 제시한다.

그런데 엄격한 의미에서 학교 교육과정에는 교과별 · 학년별 · 학급별(초등의 경우 활성화되어 있음) 교육과정이 상세하게 제시되어야 하며, 학교현장의 문제가 많이 반영되어야 한다. 이러한 학교 교육과정은 학교중심 교육과정(School-Based Curriculum Development: SBCD)이라고도 부르는데, 외국의 경우 현장중심(Site-Based)의 정신이 반영되는 경우다.

학교중심 교육과정은 보다 본격적으로는 다양한 의미로 사용되는데, 학교 외부에서 개발한 교육과정을 학교가 채택하여 사용한 것부터 학교 자체에서 개발한 교육과정에 이르기까지 다양할 수 있다(강현석 외, 2000: 39-54).

### 3) 내용 조직상의 유형

#### (1) 교과중심 교육과정

##### ① 기본입장과 지향점

교과중심 교육과정은 역사적으로 가장 오래된 전통을 지니고 있으며, 가장 폭넓게 영향력을 미치고 있다. 따라서 가장 오래된 동서양의 교육과정 유형이라고 보아도 무방하다. 교육의 가장 전형적인 형태가 교사중심의 교과서 내용의 전달이라고 보는 입장에서는 교육 그 자체가 교과중심일 수밖에 없다. 여기에서는 학교에서 학생이 배우는 모든 교과와 교재를 강조하는데, 이 경우 교과란 전승 가치가 있는 인류의 문화유산을 논리적으로 조직한 것이며, 문화유산의 내용에 따라 서로 상이하게 구분되며, 주로 분과형의 형태를 띠게 된다. 그리고 교과전문가의 견해가 많이 반영되어 교과의 논리에 따라 교육내용이 선정 · 조직된다. 따라서 이러한 관점에서 보면 교육과정이란 학생들에게 가르치는 교과들의 체계적 목록이며, 각 과목별로 학생들에게 가르칠 만한 주제를 열거해 놓은 것, 즉 교수요목(course of study)을 의미한다.

이러한 유형의 교육과정의 이론적 기초는 형식도야설(formal discipline)에서 찾을 수 있다. 능력심리학(faculty psychology)에 토대를 두고 있는 형식도야설에 따르면 인간의 정신은 서로 구분되는 몇 개의 부소(部所) 능력들(faculties), 예를 들면 지각 · 기억 · 상상 · 추리 · 감정 및 의지로 이루어져 있으며, 이러한 부소 능력들은 신체의 근육을 단련하는 것처럼 마음의 근육[心筋]을 단련하는 것, 즉 정신도야를 통해 단련 · 개발할 수 있다고 본다. 그런데 부소 능력들을 단련하는 데는 거기에 적합한 교과가 있으며, 그러한 교과를 가르침으로써만이 정신을 계발할 수 있다는 것이다(이홍우, 1992). 따라서 교과 중에는 도야적 가치가 큰 교과가 강조된다. 이 이론에서는 전통적으로 서양의 경우 3학(Trivium: 문법, 수사학, 논리학) 4과(Quadrivium: 대수, 기하, 음악, 천문학)의 7자유과(seven liberal arts)가, 동양의 경우 4서(논어, 맹자, 중용, 대학) 3경(시경, 서경, 주역)이 도야적 가치가 큰 교과로 인정되고 있다. 이러한 교과의 중요성은 그 교과에 담겨 있는 구체적인 '내용' 에 있기보다는 그 내용을 담고 있는 형식에 있다. 즉, 무엇을 기억하고 추리하는가가 문제가 아니고 기억되고 추리되는 내용이 무엇이든지 간에 그것을 추리하고 기억한다는 점이 중요하다는 것이다. 그리고 형식도야는 교육의 목적인 동시에 방법을 시사하는데, 도야의 가장 효과적인 방법은 반복과 연습(drill and practice)이다. 따라서 교수방법상 반복과 암송이 강조될 수 있다. 그러나 20세기에 들어와서 행동주의 심리학과 듀이(Dewey)의 생각에 의해 상당히 비판을 받게 된다.

이상의 교과중심 교육과정은 철학적 입장에서 보면 관념론의 입장에 있으며, 진리의 불변성과 일관성, 정신우위의 심신이원론, 인식 결과로서의 지식관, 교사의 권위 등을 강조한다. 그리고 교과지식의 습득을 통한 이성 개발을 지향한다. 학습자는 미성숙한 존재이므로 인류문화 유산의 통달을 통해 미개한 정신을 도야하고 감성을 제거하며 교사가 중심이 되어 지식을 선달하게 된다.

② 내용 조직

- **분과형 교육과정**: 각 교과 또는 과목이 종적 체계는 분명하여도 교과나 과목 간의 횡적 연관이 전혀 없이 조직된 교육과정을 말한다. 이 형태에서는 해설적인 방법에 따르며 완전히 독립된 하나의 교육과정이다.
- **상관형 교육과정**: 두 개 이상의 교과나 과목이 각각 교과선(subject line)을 유지하면서 상호 관련된 내용이 부분적으로 함께 하나로 조직되어 있는 것으로 여기에는 사실상관, 기술상관(한 원리가 두 개 이상의 과목에 활용될 때 나타남), 규범상관(원리가 규범적이고 사회 도덕적인 경우)이 있다. 사실상관에는 역사적

사실을 배경으로 하는 문학작품을 가르칠 때 역사와 문학을 관련시킨다든지, 세계사에서 문화의 발상을 가르칠 때 지리적 조건을 관련시키는 것과 같은 방식이 있다. 기술상관에는 보일-샤를의 법칙이 화학과 물리과목에 동시에 연관되도록 조직하는 것이며, 규범상관에는 민주주의 원리가 정치나 사회과목에 연관되도록 조직하는 방식이 있다.

- **융합형 교육과정**: 융합 교육과정은 과목들의 성질을 유지하면서 공통요인(내용 또는 성질 면에서)만을 추출하여 조직한 것으로서 중심이동법을 통해서 조직된다. 예를 들어, 사회과에서 일정 기간 동안에 일정의 과목, 즉 지리적 교재를 중심으로 하여 타 과목을 관련시켜 교수하고 일정 기간 동안에는 경제적인 교재, 그다음에는 역사적인 교재로 통합 중심을 이행하는 것이다.
- **광역형 교육과정**: 관련 교과를 하나의 학습 영역으로 통합하는 것으로 동일 교과 영역에 속하는 각 과목 간의 구획화를 깨트리고 그 영역 내의 지식을 포괄적으로 조직한 것으로써 주제법을 통해 조직된다. 과목의 체계에 따르지 않고 지식의 주요 주제나 제목을 중심으로 조직하는 것으로 일반과학과 일반사회의 경우인데 물리, 화학, 생물, 지구과학을 통합하여 과학으로 하는 경우와 역사, 지리, 정치, 경제 등을 통합하여 사회과로 통합하는 것이다.
- **중핵형 교육과정**: 일련의 연대 또는 문화기를 주축으로 삼고 각 시대에 해당되는 지식을 교과별로 조직한 것으로써 문화개관법을 통해 조직된다. 주로 사회생활과와 문학에서 많이 활용된다. 예를 들어, 종교개혁, 식민지시대 그리고 산업혁명과 같이 일련의 시대별로 교육과정을 조직하는 것이다. 이런

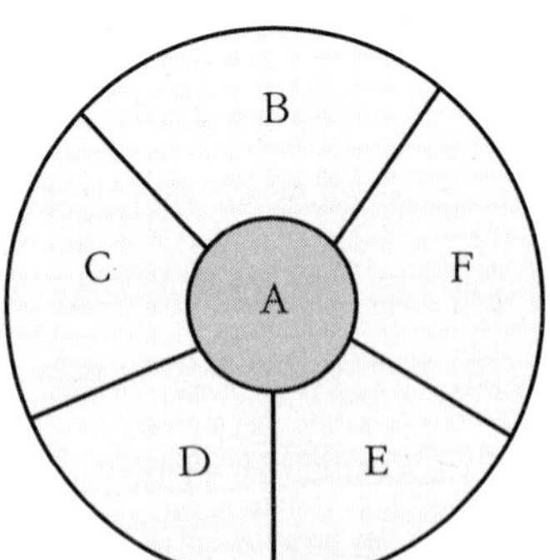


A: 중핵과정 B~F: 주변과정

[그림 2-2] 중핵 교육과정

교육과정은 일정 시대 정신을 중심으로 중핵과정(core course)이 조직되고 이것을 둘러싼 주변과정(fringe course)이 조직된다. 이것을 그림으로 나타내 보면 [그림 2-2]와 같다.

③ 장단점

네글레이와 에번스(Neagley & Evans, 1967)의 견해를 중심으로 제시해 보면 다음과 같다.

〈장 점〉

- 새로운 지식, 사실의 설명, 체계화하는 데 논리적이고 효과적이다.
- 학생들의 지적 능력을 발전시키는 데 가장 적절하다.
- 축적된 인류문화를 가장 잘 활용한다.
- 장구한 전통에 뿌리박고 있으며, 널리 받아들이고 있다.
- 교과의 체계적인 조직은 경험을 효과적으로 해석하는 데 필요한 것이다.
- 교과조직은 단순하고 명료하다.
- 객관적인 평가기준에 의해서 쉽게 학습 결과가 평가된다.

〈단 점〉

- 학습자의 흥미와 활동을 경시한다.
- 너무 구획화되고 단편화되어 지식을 통합하는 전체적 구조가 없다.
- 현대 학교가 성취하려는 민수적 가지와 동떨어져 있다.
- 교과목 자체가 심적 훈련을 시키는 것은 아니다.
- 학습자의 학습을 세분화하고 단편적이다.

### (2) 경험중심 교육과정

① 기본입장과 지향점

경험중심 교육과정은 아동들의 요구와 흥미를 중요시하고 실제 생활에서의 적응능력을 강조하였다. 전통적인 교과중심 교육과정은 진보주의 교육사조가 대두되면서 많은 비판을 받기 시작한다. 특히 교과내용을 학생의 흥미나 요구에 관계

없이 맹목적으로 주입시키는 점을 가장 강하게 문제삼았다. 이 유형의 교육과정은 교과내용보다는 학생의 흥미나 경험을 우선시하고 실생활의 문제해결을 중요하게 고려하였으며, 관념적인 교과지식보다는 생활문제의 해결과 사회적응에 강조점을 두었다. 그래서 생활중심 교육과정 혹은 아동중심 교육과정이라고도 부른다. 그런데 경험중심 교육과정이 교과보다는 경험만을 강조한 것이기보다는 '교과를 아동에게 경험시키는 것'을 중요하게 강조하였으며, 그런 점에서 교과와 아동 사이의 간격을 없애기 위하여 노력한 것이라고 볼 수 있다.

이러한 교육과정은 매우 다양한 이론적 입장을 기저로 하고 있으나 가장 체계적으로 영향을 받은 것은 듀이의 교육이론이라고 할 수 있다. 실제로 경험중심 교육과정은 19세기 말부터 20세기 초에 걸쳐서 듀이에 의해 꽃을 피우게 되었지만 헤르바르트(Herbart), 루소(Rousseau), 프뢰벨(Fröebel) 등과 같은 자연주의 교육사상가들의 영향을 크게 받았다고 볼 수 있다.

이 유형의 특징을 홉킨스(Hopkins, 1930)는 다음과 같이 제시하고 있다.

- 교육과정의 중점을 교과에 두지 않고 학습자에 둔다.
- 교재를 가르치는 데 치중하지 않고 학생의 바람직한 성장을 조성하는 데 노력한다.
- 교재는 사전에 조직되는 것이 아니라 현장학습에서 결정된다.
- 교육과정은 교사가 일방적으로 부과하는 것이 아니라 모든 학습자의 협동적인 참여로 구성된다.
- 분산된 사실을 가르치는 것보다는 통합된 의미를 체험시키는 것을 중요시한다.
- 교재와 결부된 교수법을 맹목적으로 따르기보다는 청소년의 학습법을 존중하여 가르친다.
- 학생 개개인의 창조적인 특성을 개발한다. 교육은 교수라기보다는 지속적인 성장이라고 본다.

이 교육과정에서 교과조직은 기본적으로 아동의 기본적 욕구나 흥미를 중심으로 이루어지며 교과마다 구분되고 분리되는 방식보다는 아동의 경험이나 생활문제 해결을 위해서 교과를 통합시킬 수도 있다.

② 내용조직

- **활동형 교육과정**: 학습자의 흥미와 욕구 등에 기초하여 학습경험을 선정하고 조직하는 형태로서 학습자들에게 심리적으로 알맞으며, 학생들의 문제를 해결하는 데 도움이 되는 활동을 다룬다. 이 형태에는 킬패트릭(Kilpatrick, 1918)이 주장한 구안법(構案法, project method)이 있으며, 구안법은 교사가 집단성원으로 참여하여 학습자와 함께 학습 목적과 계획을 세우고 실천 · 평가하는 일련의 과정을 밟는데, 여기에는 관찰, 유희, 이야기, 수공, 소풍 등의 영역으로 나타난다.
- **광역형 교육과정**: 지식보다는 생활 · 흥미 · 경험 등을 중심으로 동일 경험 영역에 속하는 중요한 내용을 조직해 놓은 것으로 작업단원법을 사용하여 조직된다. 이 방법은 동일 영역의 학습내용을 학습자의 발달단계에 따른 생활경험중심으로 단원을 조직하는 것이다. 여기에서는 사회생활영역, 자연에 관한 영역, 수학영역, 가정과 공작영역, 휴양과 예술영역, 언어생활영역 등으로 조직된다.
- **생성형 교육과정**: 사전에 계획을 하지 않고 교사와 학생이 학습현장에서 함께 학습주제를 선정하고 내용을 계획하여 교육이 이루어지는 형태로서 일정한 조직형태를 갖추고 있지 않다. 그러므로 사전계획이 없다는 점에서 교사와 학생에게 많은 융통성과 자유를 부여하지만 잘못하면 내용의 깊이가 없는 피상적인 문제를 다룰 가능성이 크기 때문에 유능한 교사가 조직해야 교육적 의의를 지니게 된다.
- **중핵형 교육과정**: 중핵과정과 주변과정이 동심원적으로 조직된다. 중핵과정은 종합과정, 생활학습, 학습자의 공통 욕구, 장시간제 등으로 조직되고 주변과정은 중핵과정을 둘러싸고 있으면서 계통학습을 하되 몇몇 영역으로 구분 · 조직된다. 중핵과정은 주로 사회영역이나 자연영역의 생활경험중심으로 조직되며, 주변과정은 관련되는 기본교과로 조직된다. 그런데 엄격하게 구분하면 중핵형에는 교과중심중핵 · 개인중심중핵 · 사회중심중핵 등이 존재한다.

③ 장단점

주로 알버티(Alberty, 1963)의 견해를 중심으로 제시해 보면 다음과 같다.

〈장 점〉

- 학습자의 흥미와 욕구에 기초하고 있기 때문에 학생의 자발적 행동을 촉진한다.
- 현실적이고 실제적인 생활문제를 해결할 수 있는 능력을 기를 수 있다.
- 생활인을 육성하는 데 우선시한다.
- 민주적 태도를 함양하는 데 강조점을 둔다.
- 학교와 지역사회와의 유대를 강화할 수 있다.

〈단 점〉

- 학생들의 기초학력의 저하를 가져올 수 있다.
- 교육과정 분류의 준거가 분명하지 않다.
- 교육시간의 경제성을 무시한다.
- 경험의 새로운 적용이 곤란하다.
- 교직적 소양과 지도방법이 미숙한 교사는 이 교육과정 운영에서 실패하기 쉽다.
- 행정적인 통제가 곤란하다.

### (3) 학문중심 교육과정

#### ① 기본입장과 지향점

생활경험을 중시하는 교육과정 역시 아동의 요구나 흥미를 과도하게 강조한 나머지 많은 문제가 발생하였다. 교과지식을 체계적으로 습득하는 데 소홀하여 지적 수월성이 저하되었고, 학문의 발전으로 인한 지식과 기술의 변화에 능동적으로 대처하지 못하였다. 특히 교과를 무시한 생활경험은 도야되지 않은 사소한 일상적인 경험일 수밖에 없다. 아동의 모든 경험이나 흥미, 요구가 항상 교육적 가치를 지니는 것은 아니다. 경험중심 교육과정의 자유방만한 운영과 체계적인 지식교육의 결여를 우려하는 목소리가 커져 갔다. 시대적으로 보면 1957년에 소련의 인공위성 스푸트니크의 발사에 의한 충격(Sputnik's shock)이 국가의 안보와 생존을 위협하였으며, 과학기술의 후진성에 대해 교육개혁으로 극복하고자 하는 분위기가 형성되어 갔다.

이러한 시대적 분위기는 경험중심의 교육과정을 변화시켰고, 지적 수월성을 위해 학문적 지식을 습득하여 학생의 지적 능력을 개발하는 것으로 방향을 전환하였다. 교육과정에서는 단순한 교과내용이나 아동의 생활경험보다는 학문에 내재해 있는 지식의 구조를 가르쳐야 함을 강조하였다. 지식의 구조는 특정 학문의 기저에 있는 기본적인 아이디어 · 개념 · 원리를 의미하며, 그것은 학문의 사고방식이나 사물을 보는 안목과도 일치한다.

결국 지식의 구조는 지식의 기본개념, 지식의 기본원리, 탐구과정과도 유사한 것이다. 이러한 지식의 구조를 가르친다는 말은 해당 학문의 성격을 충실히 가르친다는 것을 의미한다. 지식의 구조를 가르침으로써 기본내용의 이해가 용이하고, 망각을 방지하고, 전이가 잘 일어나며, 초보적인 지식과 고등지식 간의 간극을 줄일 수 있는 이점이 있다.

이 학문중심 교육과정의 이론적 기저 역시 다양하지만 가장 체계적으로는 브루너(Bruner)의 이론으로 설명할 수 있다. 브루너의 Woods Hole 회의 보고서로 출판된 『교육의 과정(The process of Education)』에서 가장 체계적으로 그 견해가 집약 · 제시되어 있다. 여기에서 브루너는 지식 구조의 중요성과 발견학습, 준비도, 직관적 사고, 교구의 문제 등을 소개하고 있다. 특히 지식 구조를 학습하는 데 대담한 가설, 즉 어떤 교과든지 지적으로 올바른 형식으로 표현하면 어떤 발달단계에 있는 아동들에게도 효과적으로 가르칠 수 있다는 것이다. 여기에서 표현양식(mode of representation)과 나선형(螺旋形) 교육과정(spiral curriculum)을 제시하고 있다.

② 내용 조직

- **분과형 교육과정**: 교과선 또는 과목선을 파괴함이 없이 그 내용을 기본개념이나 과정 또는 방법 중 어느 하나를 중심으로 구조화한 것에 따라 조직한 것이다.
- **나선형 교육과정**: 나선형이라는 말은 달팽이나 조개껍질에서 보듯이 동그라미가 작은 것에서 연속적으로 점점 크게 돌아나가는 모양을 의미한다. 이와 같은 모양으로 동일한 교과(동일한 구조, 동일한 개념과 원리)가 학년이 올라감에 따라 점차로 심화 · 확대되어 가도록 조직하는 것이다. 학문중심형에서는 교육내용이 지식의 구조가 되며, 지식의 구조가 학문의 기본적인 것이 되므

로 초등 수준의 지식과 고등 수준의 지식에 차이가 없으며, 학년별 · 학교별 수준에 따라 깊이와 폭이 달라지게 된다.

결국 동일한 교육내용이 학교와 학년에 따라 깊이는 깊어지고 폭은 넓어지는 조직 형태를 의미한다. 보다 정확하게 말하면 서로 관련이 있는 내용을 시간이 경과함에 따라 수직적으로(비근접적으로) 조직하는 것으로 계열성과 유사한 성질을 지닌다(Posner, 1992). 취급내용을 몇 개의 분야로 구분하여 그 분야를 반복 · 회전하면서 위로 올라갈수록 퍼지는 이른바 나선형이 되도록 기본개념이나 과정 · 방법 중 어느 하나를 중심으로 구조화하는 방법이다. 이 방법은 학문형의 대표적 방법으로 1960년대에 미국에서 가장 활발하게 전개된 것이다. 여기에는 PSSC, SMSG, BSCS, SAPA, SCIS, ESS 등이 있다.

- **학문 통합형 교육과정**: 학문을 통합하는 방식에 따라 여러 가지 유형이 가능하다. 개별학문만을 중심으로 조직하는 것 이외에도 다학문적 형태, 간학문적 형태, 교차학문적 형태가 있다. 개별학문 설계는 제각기 독특한 구조를 가지는 학문의 구조에 의해 서로 구분되는 학문으로 내용을 조직한다. 이 방식에서는 학문 간의 관련성이나 관계를 습득하기가 어렵다. 다학문적(multi disciplinary) 형태는 유사하거나 인접한 학문을 모아 하나의 교과를 구성하는 것이다. 예를 들어, 물리학 · 화학 · 생물학 · 지구과학의 학문을 통합하여 과학이라는 교과를 구성하는 것이다. 이 방식에서도 교과가 서로 상이하게 조직될 수 있다. 그 방식 중에 하나는 과학이라는 하나의 교과 속에 관련 학문을 독립적인 단원으로 설정하여 개별적으로 단원을 가르칠 수 있도록 조직하는 것이다. 다른 하나는 과학이라는 교과 속에 주제나 제재를 중심으로 단원을 만들어 놓고 그 단원 속에 제재나 주제에 관련된 개별학문의 내용을 가르치도록 조직하는 것이다. 예를 들어, 산성비라는 주제를 중심으로 산성의 농도(화학), 산성비의 원인(지구과학), 산성비의 영향(생물학) 등에 관한 내용을 가르치도록 계획한다. 이 경우 단원 구성을 위하여 통합되는 학문의 개별적 성격은 유지되고 교과나 단원 구성의 목적이 특정 제재를 통하여 관련 학문에 관한 지식, 기능, 가치 등을 습득하는 데 주 목적이 있다. 간학문적(interdisciplinary) 조직은 학문의 개별적 성질은 약화되면서 몇 개의 학문에 공통되는 주요 개념, 원리, 법칙, 탐구방법 등을 중심으로 새로운 교과나 학문을 조직하는 것이다. 교차학문적(cross-disciplinary) 조직은 학문의 횡적 연계방식으로 어떤 동일한 원

천적 학문을 주축으로 하여 여러 개의 다른 분야의 학문이 연결 총합되는 경우다(Jantsch, 1972).

### ③ 장단점

〈장 점〉

- 교육내용이 기본내용을 중심으로 조직되므로 지식의 전체 구조 중 쉽게 통찰할 수 있어 기본개념의 이해를 촉진시킬 수 있다.
- 학생들 자신이 능동적으로 탐구과정에 참여해 봄으로써 자연현상의 발견력, 탐구력을 향상시킬 수 있다.
- 학습내용이 양적으로 적지만 질적으로는 가장 기본적이고 핵심적인 것만을 다루기 때문에 학습에 관한 흥미를 지속적으로 유지할 수 있다.
- 높은 학습 전이가 가능하다.
- 내적 동기가 유발된다.

〈단 점〉

- 지식의 기본개념이나 기본구조를 작성해야 한다는 주장에는 이론이 없으나 그것을 실제로 하기에는 어려운 일이다.
- 각 교과의 기본구조만을 지나치게 강조한 나머지 교과와 교과 사이의 통합이 어려워질 수 있다.
- 교사가 지식의 구조를 충분히 이해하기가 어렵다.
- 탐구과정에 학습자가 능동적으로 참여할 수 있는 인적 · 물적 · 시간적 · 교육제도적 조건의 정비가 어렵다.
- 사람의 행동에 있어서 지나치게 지적 능력만을 강조하고 정의적 교육에 소홀할 수 있다.

## 장 요 약

교육과정이 하나의 학문 분야로 자리잡은 것은 보비트(F. Bobbitt)의 『교육과정(The Curriculum)』이 출간된 1918년으로 보는 것이 통설이다. 물론 그 이전에도 교육과정에 중요한 영향을 직·간접적으로 미친 것이 다수 있다.

교육과정적으로 가장 의미 심장한 의문을 품은 사람은 아마도 스펜서일 것이다. 그는 가장 가치 있는 지식이 어떠한 것인지를 논의하였다. 전통적 교과에 대해서 다양한 비판이 제기되었다. 즉, 전통적 교과에 대한 불만은 다양한 반응으로 나타났다. 클리바드(Kliebard, 1986)는 이것을 크게 네 가지 관점으로 설명하고 있다. 첫째, 인문학적 지식과 전통적 가치 및 문화의 전수를 강조하는 전통적 인문주의자, 둘째 아동의 발달과 요구를 강조하는 아동중심주의자, 셋째 새로운 사회의 요구와 성인의 역할을 준비시켜 주는 것에 강조점을 두는 사회적 효율성 입장, 넷째 학생들에게 사회정의와 평등에 대한 전망을 심어 주고 사회를 개선시키려는 사회개혁주의자 등이 있다. 이들 각 집단들은 미국 교육과정 역사에서 특정 시기에 주도적인 역할을 하였는데 전통적 인문주의자들은 19세기에, 사회적 효율성론자들은 20세기 초반 20여 년 동안에, 아동중심주의자들은 1920년대에, 사회개혁주의자들은 1930년대에 미국 교육을 주도하였다.

보비트의 『교육과정』 출간으로 학문영역으로서 확고한 위치를 차지하였으며, 이후에 그의 생각은 여러 학자에 의해 찬사와 비판을 받았다. 특히 진보주의자에 의해 많은 비판을 받았다. 반면 그의 생각을 더욱 발전시킨 사람은 타일러(R. Tyler)다. 보비트와 차터스는 교육과정은 활동분석을 통하여 과학적으로 구성되어야 한다고 보았다.

교육과정이 이론적으로 활발하게 논쟁적이었던 것은 듀이의 공헌이 크다. 19세기의 고전중심의 교육에 대한 비판과 반박은 교육과정 이론의 발전을 촉진시켰다. 진보주의에 의한 비판과 듀이의 '민주주의와 교육'에 제시된 사상은 매우 중요한 의미가 있다.

우리나라의 교육과정은 미국의 영향을 많이 받았다고 볼 수 있다. 특히 우리의 교육과정은 광복 후부터 지금까지 크게 여덟 번의 큰 변화를 거쳤는데 흔히 이를 교육과정 개정의 시기로 표현하고 있다. 광복 후부터의 교수요목 강조의 시기가 있었고, 그 이후에는 교육과정의 개념과 일치되는 변화를 보였다. 즉, 교과중심 시기, 경험중심 시기, 학문중심 시기, 인간중심 시기를 거쳐 통합지향형의 시기를 거치고 있다. 현재는 수준별 교육과정과 고등학교 선택중심 교육과정을 특징으로 하는 제7차 교육과정 시기로서 2000년 3월에 초등학교부터 적용에 들어가 연차적으로 진행되어 2004년 3월에는 고등학교 3학년이 시행에 들어가서 전면 시행이 되고 있다.

교육과정의 유형은 원래 교육과정의 조직 형태를 유형별로 구분해 놓은 것으로 교육목표를 달성하기 위하여 선정한 교육내용을 조직하는 여러 형태를 일정한 분류기준에 따라 유형화한 것이다. 그런데 현재는 조직 형태에 의하지 않고 다른 기준에 의해 유형을 거론하고 있는 실정이다. 그래서 그 의미를 정확하게 규정하지 않고 교육과정 유형을 말하다보니 무엇이 교육과정 유형인지 불분명한 측면이 존재한다. 이 장에서는 다양하게 거론되는 유형을 크게 개념상의 측면, 의사결정 수준의 측면, 내용 조직상의 측면에서 설명하고 있다. 개념상의 측면에서는 공식적 교육과정, 잠재적 교육과정, 실현된 교육과정, 영 교육과정 등이 있으며, 의사결정 수준의 측면에서는 국가수준, 시 · 도 교육청 수준, 지역 교육청 수준, 단위학교 수준의 교육과정이 있다. 내용 조직상의 측면에서는 크게 교과중심, 경험중심, 학문중심 교육과정이 있다.

## 주요 개념

| | | | |
|---|---|---|---|
| 활동분석법 | 긴급조치기 | 교수요목기 | 국민공통 기본교육과정 |
| 창의적 체험활동 | 교과군제 | 수준별 교육과정 | 선택중심 교육과정 |
| 일반선택 | 심화선택 | 특별활동 | 재량활동 |
| 범교과학습 | 자기주도적 학습 | 공식적 교육과정 | 잠재적 교육과정 |
| 실제적 교육과정 | 영 교육과정 | 기준 교육과정 | 교육과정 편성 · 운영지침 |
| 장학자료 | 학교 교육과정 | 교과중심 교육과정 | 3학 4과 |
| 분과형 | 상관형 | 융합형 | 광역형 |
| 중핵형 | 학문중심 | 교육과정 | 표현양식 |
| 나선형 | 다학문적 형태 | 간학문적 형태 | 교차 학문적 형태 |

경험중심 교육과정(활동형, 광역형, 생성형, 중핵형)

## 연습문제

1. 교육과정이 한 학문 영역으로서 확립되는 역사적 과정을 설명해 보시오.

2. 보비트의 활동분석법의 절차를 설명해 보시오.

3. 한국 교육과정의 역사적 변천에서 주요 특징들을 제시해 보시오.

4. 제7차 교육과정에서 수준별 교육과정의 유형과 운영 방식을 설명해 보시오.

5. 현행 2007 개정 교육과정과 2009 개정 교육과정의 차이점을 비교 · 설명해 보시오.

6. 선택중심 교육과정의 편성과 운영방법을 설명해 보시오.

7. 공식적 교육과정과 실제적 교육과정의 관계를 설명해 보시오.

8. 잠재적 교육과정의 영향에 대해서 설명해 보시오.

9. 영 교육과정의 예를 들어 보시오.

10. 교과중심 교육과정에서 내용을 조직하는 방법을 제시해 보시오.

11. 나선형 교육과정의 조직방법을 설명해 보시오.

제3장

# 교육과정의 이론과 다양한 관점

교육과정을 설명하는 이론과 관점은 매우 다양하다. 어떠한 이론과 관점을 견지하느냐에 따라 교육과 교육과정을 보는 눈이 달라지고, 심지어 학교교실에서의 수업에 임하는 자세도 달라진다. 그리고 교육과정을 개발하고, 교육과정을 교실수업에서 실행하는 경우에도 많은 영향을 받게 된다. 교육과정 이론은 교육과정의 유형에 따라 대표적인 것을 설정할 수 있으며, 이론의 영향력에도 차이가 있을 수 있다. 여기에서는 지금까지 중요하게 영향을 미치고 있는 대표적인 교육과정 이론을 살펴본다. 그리고 최근에 부각되는 다양한 교육과정 관점 중에서 교사들의 교실수업에 포괄적으로 영향을 미칠 수 있는 관점을 제시하고자 한다.

이러한 교육과정의 이론과 관점은 교육과정 개발시에 어떠한 교육과정을 개발할 것인가 하는 교육과정 구상과 개발의 관점에 영향을 미친다. 그리고 교육과정을 이해하는 입장이나 교육과정의 지향점과도 관련이 있다.

# 1 교육과정의 이론

## 1) 형식도야이론

형식도야이론은 어떤 구체적인 학파나 개인에 의해서 이론적 체계를 갖추어 형성된 것이라기보다는 고대 희랍시대부터의 전통적인 철학사상을 바탕으로 하여 자연스럽게 형성된 교육 이론이라고 볼 수 있다. 그러나 일반적으로 형식도야이론은 능력심리학을 그 기반으로 하고 있다고 보는데, 능력심리학은 18세기 독일의 심리학자 크리스티안 폰 볼트(Christian von Wolff, 1679~1754)에 의해 체계화되었다.

이 형식도야이론은 능력심리학을 기반으로 하기보다는 고대부터 인간의 정신과 마음에 대해서 가져오던 상식적인 교육 이론이 능력심리학을 만나서 더욱 강화되었다고 볼 수 있다. 철학적으로는 심신이원론, 소박한 실재론, 존 로크(John Locke)의 실재론 등이 영향을 미쳤으며, 심리학적으로는 인간의 마음을 분리된 능력으로 보는 능력심리학에 의해 강한 영향을 받았다.

형식도야이론은 다음과 같은 몇 가지 가정에 놓여 있다.

첫째, 인간의 정신 속에는 몇 가지의 일반적인 능력이 존재한다는 것이다. 이 일반적인 능력을 신체의 근육에 비유하여 심근이라고 부르기도 한다. 일반적인 능력에는 지각, 기억, 상상, 추리 등의 지적인 능력과 감정의 능력과 의지의 능력 등이 있다. 이와 같은 능력은 그 능력이 작용하는 구체적인 내용과 관련되는 특수적인 능력이기보다는 내용에 종속되지 않는 일반적인 능력을 말한다. 그런 의미에서 형식(form)이라고 부를 수 있다.

둘째, 학습의 전이이론에서 일반적 전이를 가정하고 있다. 즉, 학습을 통하여 도야된 정신능력은 그것이 어떤 구체적 내용을 통하여 학습되었든지 간에 그 정신능력이 필요한 상황에서는 내용에 상관없이 효율적으로 활용할 수 있다는 것이다.

셋째, 인간발달에 대한 전통적인 관점인 양적 접근방법을 택하고 있다. 인간의 정신능력은 서로 구분되는 몇 가지의 능력으로 구분할 수 있으며, 이러한 능력은 훈련에 의해서 더욱 발달된 형태로 도야될 수 있다. 아동은 정신능력에 있어서 성인보다 미발달된 상태이므로 교육을 통하여 성인과 같은 정신능력에 도달할 수 있다고 본다.

이러한 이론에 비추어 볼 때 다음과 같은 몇 가지 교육원리를 권장할 수 있다(이달우, 1995).

첫째, 교육의 목적은 마치 운동을 통하여 신체적 근육을 단련하듯이 정신의 근육을 단련하는 정신도야에 있다. 정신도야를 통해 심근이 완전하게 발달된 사람, 즉 자유인을 기르는 것이 교육의 목적이 된다.

둘째, 교육내용과 관련해서는 교과의 분류와 내용의 선정 및 배열은 그것이 어떠한 정신능력을 도야할 수 있느냐가 그 기준이 된다. 따라서 교과의 가치는 그것이 지니는 사회적 맥락에 있는 것이 아니라 그 교과가 지니는 형식에 있으며, 모든 교과는 그것이 지니는 정신도야에 중요한 가치가 있게 된다. 예를 들어, 수학이나 문법은 지력을 도야하는 데 적합한 것으로 인정되고, 순수예술은 감정의 능력, 도덕이나 종교 등은 의지력을 도야하는 데 적합한 것으로 인정되었다.

셋째, 교육방법과 관련해서는 주로 훈련과 반복의 주입식 방법이 사용되었다. 교과의 내용이 형식적 가치에 의해서 선정되기 때문에 아동의 흥미와는 관련이 적을 수 있으며, 학습자의 노력을 중요하게 취급한다. 흥미가 없는 교과라 하더라도 학습자가 노력을 하면 학습자 의식의 긴장을 초래하며, 의식의 긴장 상태가 계속되면 심근이 강화된다고 보는 것이다.

결론적으로 형식도야이론에서 교육의 목적은 심근을 단련시키는 것, 결과는 정신도야, 즉 여섯 가지 능력이고, 방법은 능력의 반복적 연습이다. 훈련의 전이가 자동적으로 보장되기 때문에 소수의 능력만을 학습하는 것으로 훌륭한 인간을 길러 낼 수 있다. 교육의 내용은 심근을 발달시키는 데 효과적인 교과(예: 7 자유과)로 내용보다는 형식을 중요시한다. 형식도야이론은 간접적으로 능력심리학의 몰락과 직접적으로 듀이의 교육 이론의 등장에 의해 상당부분 가치가 상실되었다.

형식도야이론에 대한 비판을 보면, 형식도야이론은 손다이크(Thorndike)의 전이실험에 의해 지력을 향상시키는 데 있어서 뛰어난 교과는 없으며, 단지 동일한 요소가 있을 때 전이가 이루어진다는 사실을 밝혔다. 듀이(Dewey)는 인간의 마음이 수많은 본능적인 경향으로 구성되어 있으며, 교육은 이 지력을 문제상황에서 적절하게 발휘하도록 하는 사고능력을 개발하는 것으로 규정한다. 부소능력의 훈련으로써의 교육이라는 이 입장은 타당하지 못하다는 것이다. 듀이는 이 점에서 능력과 교과는 이원론적으로 분리할 수 없으며, 또 교과는 그 자체로서 가치가 있는 것이 아니라 사회적 맥락 안에서 결정된다고 함으로써, 정신도야의 가치가 아니라 교육의 내용과 방법이 사회적 맥락과 관련 없이 맹목적으로 주입되는 것을 반대하였다.

### 2) 타일러(Tyler) 이론

랄프 타일러
(Ralph W. Tyler, 1902~1994)

타일러(Tyler)는 네브라스카(Nebraska) 대학교에 진학하여 과학교육으로 석사학위를 받고 24세에 보비트(Bobbitt)가 재직하는 시카고 대학교(당시에 이 대학에는 C. Judd, G. S. Counts, W. W. Charters가 교육학과에 재직하고 있었음)에서 주드(Judd)의 지도를 받아 박사학위를 받는다. 그는 1929년에 오하이오 주립대학교로 옮겼는데, 여기에서 듀이와 함께 진보주의 운동을 이끌었던 보이드 보드(Boyd Bode)를 만나 8년 연구에 주도적으로 참여하는 행운을 누린다. 8년 연구(the Eight Year Study, 1933~1941)는 당시 진보주의교육협회 내의 중등학교와 대학 간의 관계연구위원회에서 주관하였으며, 고등학교에서도 경험중심의 진보주의 교육이 가능한가를 검토하려는 것으로 30개 고등학교와 300개 대학이 참여한 연구다. 이러한 8년 연구의 책임자로 일하면서 블룸(Bloom)과 크론바흐(Cronbach) 등을 합류시켜 측정 및 평가 분야에 큰 업적을 남겼다(박승배, 2001).

이 8년 연구 뒤에 타일러(Tyler, 1949)는 『교육과정과 수업의 기본 원리』라는 저서를 발표한다. 후세 사람들이 타일러 논리(Tyler Rationale)라고 부르게 되는 교육과정 개발 절차에 관한 그의 이론이 이 책에서 소개된다. 그는 시카고 대학교 시절에 쓴 이 책에서 교육과정과 수업을 계획할 때 고려해야 할 네 가지 질문을 다음과 같이 표현하였다.

- 학교가 달성해야 할 교육목표가 무엇인가?
- 목표를 달성하기 위하여 어떤 학습경험을 제공해야 하는가?
- 학습경험을 효과적으로 조직하는 방법은 무엇인가?
- 목표가 달성되었는지를 어떻게 알 수 있는가?

이상의 각 물음은 교육목표의 설정, 학습경험의 선정, 학습경험의 조직, 학습성과의 평가로 요약할 수 있는데, 이는 타일러가 말하는 교육과정의 네 가지 기본 요

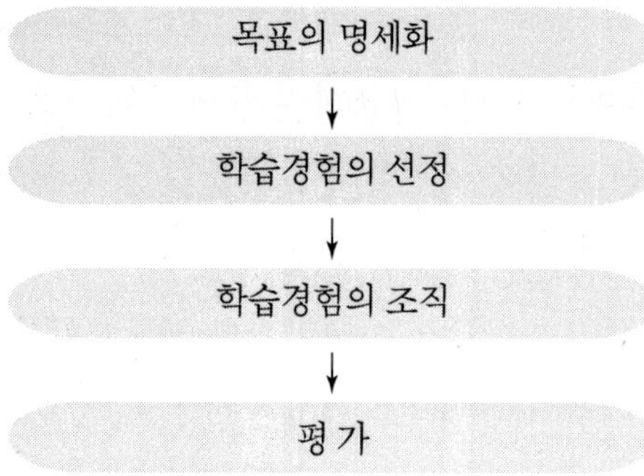


[그림 3-1] 목표모형

소를 가리킨다. 타일러가 제시한 교육과정의 네 가지 구성 요소와 그들 간의 관계를 그림으로 나타내면 [그림 3-1]과 같다.

이 그림에서 알 수 있듯이 타일러의 교육과정 개발 모형은 교육목표가 설정되면 이를 토대로 학습경험의 선정과 조직이 이루어지고, 다음에 학습성과에 대한 평가를 실시하며, 평가결과는 다시 교육목표 설정에 송환되어 교육과정을 수정·보완하는 과정으로 진행되어야 한다는 것이다.

타일러의 모형은 교육과정 개발자들이 따라야 할 절차를 제시한다는 점에서 처방적 모형이고, 전체 교과에서 단원의 개발로 향하는 연역적 모형이며, 목표에서 평가로 진행하는 일정 방향을 가진다는 점에서 직선적 모형으로 간주할 수 있다.

### 3) 듀이의 경험 교육과정

듀이(Dewey)의 철학에 붙은 이름은 실용주의·도구주의·실험주의·경험적 자연주의 등 친숙한 용어들뿐만 아니라 삶의 과학, 과학과 자유의 철학 등 다양하다. 듀이의 교육사상을 지탱하는 그의 철학적 주장 혹은 입장은 무엇인가(박봉목, 2000: 377-386)?

첫째, 듀이는 추상적 관념보다는 구체적인 경험에 가치를 두었다. 듀이가 사상적으로 터하고 있는 실용주의(pragmatism)는 활동, 실행, 실천의 의미로 해석되며, 내용보다는 방법에 강조를 둔다. 듀이의 반성적 사고는 방법적으로 회의하고 탐구하고 실험하고 가설을 세운다. 철학은 직접적 해결이 아닌 문제에 대한 해결을 위한 방법을 찾는 것이다. 경험은 의식상태보다는 행동, 기능, 적응을 의미한다. 그것은 유기체와 환경 간의 상호작용을 의미한다. 초기에는 생물학적 · 심리학적 상호작용을 강조했지만 점차로 사회적 · 문화적 측면에 관심을 가졌다.

둘째, 이원론을 배격하고 계속 일원화의 원리를 주장한다. 이원론의 배격은 조화의 원리, 균형의 원리를 수반한다. 관념과 실제적 결과 사이의 계속성을 인정하고 목적과 수단 간에는 고정된 상하관계보다는 동적 관계성이 유지되어야 한다. 양자의 균형이나 조화의 문제는 이론적으로 가능하지만 실천적으로 용이한 문제가 아니다. 따라서 여기에는 단순한 사회적인 제도나 정치적인 형태로서만이 아닌 삶에 대한 태도나 실천으로써 민주주의를 요청하고 이를 위한 교육이 필요하게 된다.

셋째, 변화의 개념이 가치관 형성이나 진리관에서 중요한 역할을 한다. 변화는 성장의 조건이다. 그래서 고정된 가치관이나 진리관을 배격하고 사회적 진전에 대해서 도전적이다.

1920년대 진보적 교육의 이름으로 전개된 아동중심교육은 전통적 교육의 주지적인 관념적 교육에 대하여 생활을 통해서 학습하는 경험주의 · 활동주의 · 행동주의의 교육이었다. 그리고 그것은 교사의 활동으로 주도되는 타율적 학습이 아니고 아동의 경험이 중심이 되는 자율적인 학습이며, 지식에만 편중하는 주입적인 외적 강요가 아니고 아동 자신의 학습의 동기와 방법상의 흥미가 중심이 된 것이다. 따라서 교육의 내용도 아동의 요구에 순응하는 교과의 이해나 기술의 습득으로 전인적인 인격도야라는 큰 목적 안에 속해야 한다고 생각했다. 진보주의 아동중심 교육사상은 1930년대와 1940년대로 가면서 사회적 생활이나 문화 그리고 지역사회의 일원으로 타인과의 조화를 위한 민주적인 경험이 중시되었다.

존 듀이
(John Dewey, 1859~1952)

듀이의 교육과정 이론은 그의 명저 『민주주의와 교육』(1915)에서 잘 제시되어 있지만, 그 이전의 『아동과 교육과정』(1902)에서는 아동의 경험과 교과 간의 관계를 역설하고 있으며, 『경험과 교육』(1938)에서는 전통적 교육과 진보주의 교육을 논의하고 교육내용의 점진적인 조직을 언급하고 있다. 특히 『민주주의와 교육』에서는 삶의 필연성으로써 교육, 사회적 기능으로써 교육, 성장으로써의 교육, 흥미와 도야, 경험과 사고, 교과의 성격, 교과로써의 과학 등이 잘 논의되어 있다.

## 4) 브루너의 지식의 구조

### (1) 교육의 과정

제롬 브루너
(J. S. Bruner, 1915~현재)

브루너(Bruner, 1960)의 『교육의 과정』은 교육내용으로서 지식의 구조를 설명한 최초의 저서인 동시에 교육내용을 규정하는 또 하나의 관점을 제시하고 있다. 지식 구조의 핵심적 의미는 '학문'과 논리적으로 관련되어 있다. 이 경우 교육내용은 곧 지식의 구조이면서 동시에 '학문하는 일'—그 해당 분야의 학문의 기저를 이루고 있는 일반적인 원리를 발견하고 그 원리를 써서 사물과 현상을 이해하는 학자들의 학문탐구활동—로 규정한다.

### (2) 지식의 구조의 의미

우선 브루너는 지식의 구조를 "하나의 아이디어에 다른 요소를 따르게 만드는 지식의 관련성과 그의 파생"이라 하고 "구소란 서로 관련성을 가지지 않은 여러 누적되는 관찰 사실에 어떤 질서를 부여해 주는 개념적인 발명품이므로 구조는 우리가 배우게 될 것에 의미를 부여해 주고 새로운 경험의 세계를 안내해 줄 수 있게 된다(1966a: 120)."라고 말하고 있다. 그리고 이 말을 토대로 "어떤 지식 내의 아이디어 조직은 경험을 경제적으로 해 주며 서로 관련을 맺게 해 주는 발명품"이라는 것이다. 이 말은 특정 학문에서 그 학문 현상을 이해하기 위한 개념적 수단이 지식의 구조라는 것이다. 예를 들어, 물리학에서 힘, 화학에서 결합, 심리학에서 동기, 문학에서 스타일 같은 개념이 바로 그것이다. 이와 같이 브루너의 지식의 구조는 아이디어나 개념이 지식이나 학문의 구조를 형성하는 요소가 된다. 그리고 이렇게 학문에 내재하고 있는 기본적인 아이디어나 개념을 지식의 표현 양식, 지식의 경제성, 효과적인 힘이라는 방법에 의해서 구조화한 것을 학문이나 지식의 구조로 보고 있다.

### (3) 지식의 구조에 대한 설명방식

『교육의 과정』에서 제시된 지식 구조의 의미를 이홍우(1992: 72-82)는 다음 세 가지로 설명하고 있다. 첫째, '기본 개념과 원리', '일반적 아이디어', 둘째 사물이나 현상의 관련방식을 이해하는 사고방식(perspectives), 셋째 지식 구조의 이점이다. 세 가지 설명방식을 각각 살펴보자.

① 기본 개념과 원리

첫 번째 설명방식에서는 지식의 구조가 해당 학문의 기저를 이루고 있는 (underlying) 기본개념과 원리며, 따라서 특정 교과의 지식 구조는 그 교과의 해당 '학문' 의 성격을 충실히 반영하고 있는 것으로 해석할 수 있다. 그러므로 사실상 특정 교과(교육내용)의 지식 구조는 그 교과를 나타내는 학문의 가장 근본적인 개념과 원리인 셈이며, 교육내용의 선정은 그 교과의 학문 성격과 해당 학자들의 탐구활동 속에서 이루어져야 한다는 것을 시사한다.

② 사고방식

두 번째 설명방식에서는 지식의 구조를 사물이나 현상이 관련되어 있는 방식으로 보고 있다. 이것은 지식의 구조가 단지 가르쳐야 할 단편적인 지식이나 토픽이 아니라 현상을 보는 '눈(perspectives)'이며, 사고방식이라는 의미다. 여기에서는 여러 사실이 따로 떨어져서 존재하는 것이 아니라 일반적 원리와 관련되어 있다는 것이다. 특히 브루너는 이 점을 '일반적 전이가 일어날 수 있는 개념이나 원리'로 설명하고 있다. 이런 점에서 볼 때, 특정 학문의 지식 구조를 파악한다는 것은 특정 학문의 현상을 이해한다는 것이고, 그것은 곧 일반적 전이가 일어나서 특정 학문의 현상을 이해할 수 있게 해 주는 개념이나 원리를 파악하는 것이다. 그러므로 내용선정에 있어서는 '일반적 전이가' 가 높은 개념이나 원리가 선정되어야 하고, 내용조직에 있어서는 전이가 쉽게 일어날 수 있도록 핵심개념과 원리를 중심으로 조직되어야 한다. 이러한 전이 가능성(transferability)은 브루너가 내용조직에서 중점적으로 강조하는 생산성(effective value)을 의미하며, 이것은 관련된 다른 현상을 설명할 수 있는 학습한 명제군이 가진 생성적 가치(generative value)를 지니고 있다는 뜻이다. 특정 지식의 구조가 새로운 명제를 만들어 내거나 문제해결을 위해 정보를 이용할 때, 학습자로 하여금 주어진 사실을 넘어서(beyond information given) 진행할 수 있게 하는 구조의 생성력을 말하는 것이다. 특히 브루너는 지식의 구조를 탐구하고 발견하는 데 있어 이러한 생성력에 대한 고려를 강조하면서 구조의 발견이라는 지력과 인지적 성장을 핵심적인 교육목적으로 설정하고 있다.

'일반적 전이가 일어날 수 있는 개념과 원리' 로 지식의 구조를 설명하는 방식에서는 브루너가 지식 구조의 특징으로 설명하는 표현양식(mode of representation)과 경제성(economy)과도 유관하므로 구조의 조직에서는 이 세 가지 성질—표현양식, 경제성, 생산성—에 비추어서 이루어져야 한다.

③ 지식 구조의 이점

구조를 네 가지 이점—기억하기 쉽고, 이해하기 쉽고, 학습사태에서 배운 내용을 학습사태 이외의 사태에 적용하기 쉽고, 초등지식과 고등지식 사이의 간격을 좁힐 수 있다—으로 설명하는 세 번째 방식에서는, 네 번째 이점 이외의 세 가지 이점은 앞의 두 가지 설명방식과 논리적으로 분명하지만, 네 번째 이점은 브루너의 핵심적 확신에서 그 의미를 규명할 수 있다. 그것은 지식의 구조를 가르친다는 것은 학생으로 하여금 해당 분야의 학자와 '동일한 일'을 하도록 해당 분야의 현상을 탐구하도록 한다는 뜻이다. 이것은 그전에 교과내용을 그 분야의 학자들이 탐구해 놓은 사실들이나 토픽—브루너는 이것을 중간언어(middle language)라고 불렀음—으로 인식해 온 것이 교육의 기본 문제점이라고 여겨, 교과내용을 곧 학자들이 탐구하는 '학문활동'으로 전환한 것을 의미한다.

지식의 구조를 네 가지 이점으로 설명하는 세 번째 설명방식은 사실상 내용을 선정하고 조직하는 데 기본적인 기준을 얘기하는 것으로, 첫 번째 이점—기억의 용이한 보존—은 내용이 일반적 원리를 중심으로 관련을 맺을 수 있도록 선정·조직되어야 하고 단편적으로 서로 떨어져 존재하는 것이 아니라 구조를 중심으로 조직되어야 기억을 용이하게 할 수 있다는 뜻이다.

두 번째 이점—이해 용이성—은 교과내용이 '기본개념'을 중심으로 개념의 유효성을 발휘할 수 있도록 선정·조직되어야 교과 이해가 쉬우며, 이것은 지식의 구조에서 가장 기초적인 것—개념의 유효성—이라고 볼 수 있다. 문제는 각 교과에서 기본개념이 무엇이며, 그것을 어떻게 선정하는가 하는 문제로서 그것은 별도의 논의가 이루어져야 한다.

세 번째 이점—훈련전이—은 지식구조의 두 번째 설명방식과 관련되어 있으며, 전이 가능성을 최대화할 수 있도록 내용이 선정·조직되어야 한다는 것이다. 전이가가 높은 내용이 선정되려면 해당 교과(학문)의 기본개념을 중심으로 이루어지는 분류체계(coding system)와 약호화 구조를 준수해야 한다.

네 번째 이점—고등지식과 초등지식 간 간격 좁힘—에서 볼 때, 교육내용은 곧 학문탐구활동이 되며, 내용선정은 해당 교과(학문)의 성격을 충실히 반영하는 사고방식을 확인하는 일이 된다. 그것은 교육내용이 결국 학문의 탐구방식이므로 단편적으로 분리되어 있는 '토픽'이 아니라 일반적 원리하에서 관련되어 있는 (관련성) 학문탐구방식이어야 함을 뜻한다고 볼 수 있다.

이상의 세 가지 설명방식은 주로 교과(내용)의 성격에 강조점이 있는 것으로, 특히 내용의 선정과 조직 면에서 일정한 원리나 기준을 시사하고 있는 것으로 생각된다. 넓게 해석할 경우 지식의 구조는 내용의 성격에만 관련되는 것이 아니라 목표, 방법, 평가의 문제에도 깊이 관련되어 있음을 알 수 있다.

#### (4) 변화된 입장: 내러티브 탐구

교육과정과 교수이론에서 브루너는 1960년대에 지식의 구조에 관해 체계적 입장을 피력한 바 있다. 그 이후로 그의 이론은 비교적 변함이 없이 합리적 구조주의 틀 속에서 이해되어 온 경향이 강하다. 그런 탓인지 브루너의 교육과정 이론에 대한 한국 독자의 생각은 주로 그가 하버드 대학교에 재직하고 있었던 1950~1960년대의 생각에 토대를 두고 있다. 특히 지식 구조론을 중심으로 그의 연구 세계를 이해하는 경향이 강하다. 그러나 그는 최근에 『교육의 문화』(1996)에서 '마음은 인간 문화 속에서 구성되고 실현된다.' (1996: 1)는 문화주의(culturalism)의 전제하에 교육과정에 대한 새로운 입장을 제시하고 있는데, 주요 근거로는 패러다임적 사고에 대비되는 내러티브 사고방식을 주장하고 있다.

내러티브(narrative)란 서사체를 말하며 하나의 이야기, 즉 시간적 연쇄로 구성된 일련의 사건을 의미한다. 이야기는 사건으로 구성되며, 그 사건은 특정의 계열을 이루며 배열된다. 그러므로 내러티브는 사건의 계열과 사건이 만들어 내는 이야기에 의해서 특징화된다. 그런데 우리는 이야기를 설명하지 않으며, 다만 이야기에 대해 다양한 해석을 할 따름이다. 과학적 이론이나 논증은 검증됨으로써 판단되지만, 이야기는 '있음직한 가능성'에 의해 그 적절성이 판단된다. 이러한 이야기는 물리적 세계보다는 인간 '행위자'에 관한 것으로 인간의 의도적 행위에 초점을 둔다. 이러한 의도적 행위로 인해 인간의 행위가 예측 불가능하기 때문에 그 행위 발생의 이유에 대한 명확한 설명은 불가능하게 된다.

질적 연구로서 내러티브 탐구(narrative inquiry)는 살아 있고 구술된 이야기로서 경험을 이해하는 것이다. 전통적 방법과 달리 이야기 탐구는 원자화된 사실과 수의 데이터로 양화될 수 없는 인간적 차원을 묘사하는 데 주안점을 둔다. 질적 탐구에서 내러티브는 이야기를 만드는 과정, 이야기의 인지적 도식, 그 과정의 결과 모두를 의미하는 것으로 보는 것이 타당하다(Polkinghorne, 1988: 13-15). 내러티브 탐구를 위한 사고의 언어는 듀이의 경험의 개념과 밀접히 관련되어 있다(Clandinin & Connelly, 2000: 49-50). 듀이의 경험의 상황, 연속성 그리고 상호작용의 의미를 가지고 내러티브 탐구의 전략을 구성해 보면 인간 경험은 개인적이고 사회적인 의미(상호작용)를 지니며, 과거·현재·미래와 연관되며(연속성), 특정한 공간(상황)에 관련되어 있다. 이것이 일시적 우연성, 공간성, 개인적이며 사회적인 것이라는 내러티브 탐구의 3차원성을 의미한다. 개인은 다양한 사람, 장소, 공간의 관계 속에서 경험을 구성하므로 개인의 경험은 보다 넓은 맥락 내에서 이해되어야 한다는 것을 의미한다. 특히 개인이 경험하는 보다 넓은 맥락을 의미하는 것으로 풍경(landscape)이라는 은유를 사용하며 교사의 경험도 '풍경' 속에서 이해되어야 한다고 강조한다.

### 5) 파이너의 재개념주의: 쿠레레(Currere)로서의 교육과정

파이너(Pinar)는 교육과정의 지배적인 경향을 전통적이고 개념적 경험주의 경향이라고 보고, 그러한 방식은 인간과 지식, 사회를 보는 방식에 많은 문제점이 있다고 비판하면서 새로운 눈으로 교육과정을 재개념화해야 된다고 하였다. 교육과정은 어떤 정해진 길을 가는 것이 아니라 인간 자신의 경험과 의미에 따라 자신의 길을 만들어 가는 것이며, 자신의 실존적 의미를 추구하고 자신의 교육과정을 새롭게 추구해 가는 것이 교육이다.

윌리암 파이너(William Pinar)

파이너의 교육과정 이론은 오늘날 우리가 처해 있는 사회적·문화적 현실 속에서 개인이 갖는 경험과 의미를 파헤치고 이해하는 일에 초점을 두고 있다. 교육과정 이론에서 교육과정이나 수업에 보편적으로 작용하는 일반적인 원리를 추구하는 전통주의자들이나, 학교교육 관련 변인과 변인 사이의 일정하게 존재하는 과학적 명제와 법칙을 구명하는 개념적-경험주의자들이나, 심지어 사회구조 속에 존재하는 인간 구속의 조건을 정치적 · 경제적으로 분석하고자 하는 구조적 재개념주의자들까지도, 구체적이며 인간의 직접적인 경험을 추상적으로 개념화한 틀로 파악하고자 한다는 점에서 인간의 개별적 경험을 왜곡시킨다는 것이다. 이런 점에서 파이너는 교육과정을 인간의 경험을 이해하는 가장 훌륭한 방법으로 인간 경험이 갖는 개별적 특수성과 의미를 찾는 것으로 이해하고 있다.

파이너는 교육과정의 의미로서 라틴어 어원인 쿠레레(currere)의 본질적 의미인 교육에 대한 개인적 경험이 갖는 본질적 의미를 제안하고 있다. 경주로가 아니라 경주에서 각각의 말이 코스를 따라 달리는 개인적인 경험을 지칭하는 것이기도 하다. 따라서 쿠레레로서의 교육과정은 탐구목표를 정하고 코스를 설계하고, 결과를 평가하는 일과는 거리가 먼 활동이다.

한편 파이너를 포함한 다수의 재개념주의자가 사용한 주요 원리는 다음과 같다(Klohr, 1980).

- 교육과정은 인간과 그의 자연과의 관계를 총체적이고 유기적인 관점에서 고찰하는 것으로 이해하여야 한다.
- 개인은 지식구성의 주요 행위자다. 개인은 문화전달자일 뿐만 아니라 문화창조자다.
- 우리는 자신의 경험적 근거에 의존함으로써 의미를 갖는다. 그러므로 개인과 집단의 경험을 재구성하고 재조직하는 것이 필요하다.
- 경험의 전의식은 교육과정에 대한 의미를 발전시키는 데 중요하다.
- 개인적 자유와 더 높은 수준의 의식의 달성에 중요한 가치를 둔다.
- 이 목적을 달성하기 위하여 제안된 사회적 목적과 수단의 특징은 다양성과 다수주의다.
- 교육과정에 대한 새 의미와 통찰을 가져오기 위해 새로운 방법이 요구된다.

### 6) 교육과정 포스트모던 이론

주지하다시피 포스트모던 이론은 그 기원이나 성격, 범위가 매우 다양하여 일정하게 합의된 내용이 없다고 보아도 무방하다. 그러나 공통적으로 논의되는 특징은 우선 정초주의에 반대하는 반정초주의다. 지식이나 인간의식에 있어서 궁극적이고 정대적인 기초가 존재한다고 보는 근대철학의 기본 입장을 비판한다. 그리고 대서사(meta-narrative)를 거부하고 소서사를 지향하며, 해체주의의 입장에 있다. 즉, 확실성이나 보편성, 객관성이나 합리성, 진리라는 고정된 사고의 틀과 통일된 관점에 비추어 세계나 인간을 규정하려는 모든 시도를 비판한다. 또한 총체적인 사고를 거부하고 상이한 사회집단과 거기에 적합한 다양한 가치를 인정한다.

이러한 특징에 비추어 교육과정을 접근하려는 노력은 매우 다양하게 전개되고 있다. 이하에서는 대표적인 포스모던 교육과정 이론가인 돌(Doll), 체리홀름스(Cherryholmes), 팝케위츠(Popkewitz)의 이론을 살펴보고자 한다(강현석, 2001).

### (1) 돌

최근 돌(Doll, 1993)은 『교육과정에 대한 포스트모던 관점(Post-modern Perspective on Curriculum)』에서 타일러식의 교육과정 논리를 극복하는 구성주의적 · 과정적 · 비선형적 교육과정관을 제시하고 있다. 그는 종래의 3R' s에 기초한 교육모형에 대한 대안으로 네 가지 R인 함축(Richness), 회귀(Recursion), 관계(Relations), 엄격(Rigor)이 포스트모던의 시대에 적합하다고 주장하고 있다. 그에 따르면, '함축성(richness)'은 교육과정의 심도 · 의미의 중층성 · 다양한 가능성 또는 해석을 의미한다. 학생들과 교사들이 변용하고 변용되기 위해서 교육과정에서는 적당한 정도의 불확정성(indeterminacy), 비정상(anomaly), 비효율성(inefficiency), 혼돈(chaos), 불평형(disequilibrium), 생생한 경험(lived experience)을 포함할 필요가 있다. 학교에서 가르치는 주요 교과목은 자체의 역사적 맥락, 근본 개념, 궁극적인 어휘를 내포하고 있다. 그러므로 각 교과목은 자체의 방법으로 함축을 해석하게 마련이다. 읽기, 쓰기, 문학, 구두 의사소통을 포함하는 언어는 은유, 신화, 이야기의 해석에 역점을 둠으로써 자체의 함축을 개발한다.

'회귀(recursion)' 는 반복과는 다르다. 나선형의 본질을 잘 나타내 주는 순환적 회귀는 반복과는 다른 것이며, 고정된 시작과 끝이 없는 것을 말한다. 듀이가 지적했듯이 각각의 끝은 새로운 시작이며 각각의 시작은 이전의 끝에서 시작된다. 교육과정의 분절, 일부분, 계열은 격리된 단위로 보는 대신에 반성을 위한 기회로 본다. 이러한 틀 속에서는 의미 생성자로서 우리 자신과 의문이 가는 텍스트를 탐구, 논의, 질문하는 것이다. 우리가 환경 · 타인 · 문화와의 반성적 상호작용을 통해 자의식을 고취하는 방법으로 무언가를 발견적으로 조직 · 결합 · 질문하는 능력을 개발하는 데 목적이 있다. 따라서 교육과정에서 대화와 담론은 회귀의 필수요건이다.

'관계(relations)' 는 교육적인 면과 문화적인 면에서 동시에 중요성을 갖는데, 포스트모던의 틀 속에서 교육과정은 교과서 저자에 의해서가 아니라, 학급공동체에 의해 자율적으로 조정되고 구성되어야 한다.

마지막으로, '엄격(rigor)'은 개선된 교육과정이 편의주의적 절충주의나 자신만이 최선이라는 감상적 독단론에 빠지지 못하게 하는 엄격성을 의미한다. 때문에 이 경우 '엄격'은 의도적으로 다른 가능한 대안 · 관계 · 연관을 찾는 것을 의미한다.

#### (2) 체리홀름스

또 다른 학자로서 체리홀름스(Cherryholmes, 1988)를 들 수 있다. 그는 기본적으로 데리다(Derrida)와 푸코(Foucault)의 이론에 기초한 탈구조주의적 분석을 교육과정 이론과 실제에 적용함으로써 현존하는 교육적 담론 실제를 구성, 해체, 재구성하는 새로운 패러다임인 비판적 실용주의(critical pragmatism)를 발전시키고 있다. 이 입장에서는 교육과정을 해체와 재구성, 또 다른 해체의 과정으로 본다. 그가 채택하는 실용주의의 중심적 의미는 행위의 결과에 있다. 그것은 사고의 결과에 관한 하나의 담론이 경험주의자, 해석주의자, 비판적 그리고 다른 정설적 이론가의 경계를 초월한다는 점에서 새로운 것이며, 하나의 이념이나 무슨 주의를 부르는 말이 아니다. 사고와 삶에 관한 접근방식으로서 정의하기가 복잡하고 어렵기 때문에 많은 비판이 존재하지만 일반적으로 미래에 대한 사유방식을 지칭하는 것이다(Cherryholmes, 1999: 27).

그에 의하면 거대담론에 의해 합법성이나 정당성을 찾으려는 모더니즘에 대한 회의(懷疑)가 바로 포스트모더니즘을 의미한다. 거대담론을 하는 모더니즘에 대한 회의로 출발한 포스트모더니즘은 특정 교육 이론과 실제에 놓여 있는 초월적 기의(transcendental signified)에 대해 의문시한다. 이러한 의문을 통해 교육과정의 이론과 실제에 관한 초월적 기의는 두 가지 방식으로 해체될 수 있다. 첫째, 푸코(Foucault, 1980)가 강조한 구조주의적 탈역사성과 정치적 중립성을 거부함으로써, 둘째 데리다(Derrida, 1976)가 강조하는 초월적 기의가 점유해 온 권위를 부정함으로써 해체된다. 푸코에 의하면 사회정치적 제도와 담론적 관행은 상호 생산, 재생산하는 기능을 수행하기 때문에 진리의 정치적 생산에 주목해야 한다는 것이다. 즉, 각 사회는 그 자체의 진리의 체계인 진리의 일반 정치학을 가지고 있다는 것이다. 데리다에 의하면, 의미는 언어와 텍스트 안에 산재해 있기 때문에 그 의미가 시간상 지연되는 것이므로 초월적 기의를 받아들이는 것은 형이상학적 태도이며, 많은 교육과정 텍스트는 그 자체의 논의에 의해 지지될 수 없는 허구적인 수사적 주장을 한다. 따라서 텍스트는 그들의 주장에 미치지 못하며 수사 역시 자체의 논리에 의해 정당화되지 않는다.

그러므로 초월적 기의는 푸코에 의하면 역사적으로 우연한 것으로 해체되며, 데리다에 의하면 수사적 허구성을 지니고 있는 것으로 해체된다는 것이다. 따라서 교육과정의 초월적 기의가 역사적 우연성에 의해 등장했으며 수사적 허구성을 지니고 있다고 볼 수 있다. 그래서 이처럼 포스트모던 교육과정 관점이 어떤 최종적이고 초월적 기의도 수용하지 않기 때문에 현존하는 교육적 담론이나 실제를 교육 연구자가 계속해서 해체하고 재구성하고 재해체하는 식의 새로운 패러다임인 비판적 실용주의를 제안한다.

이러한 체리홀름스의 견해를 우리가 수용한다면 교육과정 연구에서 다음의 사항을 고려해야 한다. 첫째, 교육과정 구성자는 자신이 만든 교육과정이 한계가 있고, 불완전하며 협상의 산물이라는 점을 자각하고, 해체자는 또 다른 구성 작업이 뒤따르므로 비판적 구성이 되도록 노력해야 한다. 둘째, 교육과정을 해체와 재구성, 또 다른 해체의 지속적인 과정으로 봄으로써 교육과정 역시 역시, 정치학, 텍스트와 같이 이러한 자연스런 과정을 거친다. 셋째, 교육과정 담론과 실제가 파편적이고 모순적이며 불완전하고 정치・경제적 요인에 의해 통제될 가능성이 있어 결국은 해체될 수밖에 없다. 따라서 이러한 점을 자각한다면 교육과정 연구에서는 완전한 교육과정의 구성에 초점을 두기보다는 우리의 사회와 학교 모두에게 정말로 유익한 교육과정이 될 수 있도록 노력해야 한다는 점을 시사해 주고 있다(1988; 141-149).

그러나 포스트모던적 교육과정 이론은 다양한 비판과 문제에 직면하고 있기도 하다. 제도로서의 교육이나 교육과정 활동을 너무 낭만적으로 본다든지, 실질적인 대안이 없는 맹목적 비판, 하나의 일관된 사고체계로 설명되지 못한다는 점, 교육의 영역을 너무 넓혀서 타 영역의 논의와 구분 없이 무질서하게 논의를 확장시키는 점 등이 그것이다. 그러나 교육과정 연구나 활동에 많은 기여를 하고 있는 것도 사실이다.

#### (3) 팝케위츠

한편 교육연구에서 보면 연구에 내재되어 있는 기저의 사회적 관점과 권력의 정의를 통하여 어떤 관심사는 선호하고 다른 관심사는 봉쇄해 버리는 경향이 있다. 학교가 아동에게 이념과 학습패턴을 부여하도록 계획되어 있기 때문에 연구작업의 규범적 특성은 학교에 작용될 때 특히 영향력을 행사한다. 학교에서 일어나는 대부분의 일이 교육연구집단의 활동에 의해 정당화되고 신뢰성이 부여된다. 과학적 증거는 교육과정 개발, 수업접근방식, 평가전략 등에 대한 합리적 근거를 제공해 오고 있다.

이러한 아이디어를 제공하는 푸코의 관점이나 연구물들은 많은 사회이론가가 관심을 가지고 다양한 방면에서 연구가 진행되어 오고 있으나 교육 분야에서는 유일하게 팝케이츠(Popkewitz, 1998; 1999)에 의해, 특히 지식과 권력의 관계, 언어, 주체성, 정신통제(governmentality)를 중심으로 조명되고 있다. 푸코 자신이 모든 교육체제는 지식과 권력을 가지고 담론의 적합성을 유지하거나 변경하는 정치적 수단이라고 지적하고 있듯이 교육과정의 연구는 이 점에 주목해야 한다.

학교교육과 교육과정에 대한 팝케이츠의 사회인식론(social epistemology) 연구는 지식의 사회적 구성에 관한 문제를 제기한다. 학교에서 우리가 배우는 것은 무엇을 할 것인가 혹은 무엇을 알아야 할 것인가 하는 것뿐만 아니라 세계에 대한 의식도 배운다는 것이다. 교육과정에 대한 그의 강조점은 학교에서의 우리의 담화방식이나 사유방식을 권력과 규정의 문제에 연결하는 것이다. 교육과정은 하나의 사회규정을 구성하는 것이다. 푸코의 '정신통제(governmentality)'와 권력과 지식의 관계를 가지고 사유체제가 학교지식의 조직체를 통해 어떻게 변화되고 관리되는가 하는 점을 논의하고 있다.

사회인식론의 관심은 권력과 지식, 그리고 변화의 관계에 초점을 두면서 동시에 지식의 문제를 역사화한다는 점에 있다(Popkewitz, 1998: 8-9; Kang, 1998). 인식론은 세계에 대한 지각과 반응양식, '자아'에 대한 개념을 조직하는 규칙과 표준의 맥락을 제공한다. 동시에 사회인식론은 학교교육의 지식을 권력관계를 통해 이해할 수 있는 역사적 실제로 인식하며 지식으로서 구성된 대상을 특정하게 위치시킨다. 따라서 교사들이 학교를 경영한다든지, 학습을 창출하는 교수가 되어야 한다든지, 위험에 처한 학생에 관해 말을 할 때 이러한 것은 단지 교사의 말이 아니고 권력의 영향이라고 볼 수 있는, 역사적으로 구성된 사유방식의 부분들이다. 따라서 사회인식론은 권력의 효과에 대해서 말하는 것이 된다. 또한 인간의 '이성'과 '이성적 사람'에 대한 역사적 구성에 초점을 둠으로써 의식철학이 가정하는 것에 대해 문제를 제기할 수 있는 전략을 제공한다. 그래서 구성된 주체의 지식이 권력의 사회이론의 핵심적 관심사가 된다.

사회적 실제로서 지식의 연구는 '주체의 탈중심화'라고 부른다. 주체를 탈중심화하는 목적은 지식과 권력이 관련되는 한 분야 내에서 주체가 어떻게 구성되는가 하는 것을 이해하는 데 있다. 또한 자율적인 자아가 어떻게 구성되는가 하는 것을 역사적으로 검토해 봄으로써 현재의 사유방식에 대한 우리의 관계를 문제화할 수 있도록 해 준다. 그래서 사회인식론은 사회과학과 역사의 프로젝트에 관한 광범한 다학문적 대화 내에서 상황적이다(Popkewitz, 1998: 11; 1999: 29-31). 그의 사회인식론은 사회적 실제로서 교육연구에 대한 사유체제(system of reasoning)를 의미한다(Popkewitz, 1998; 1999). 사유체제는 개인이 행사하는 지식과 권력의 관계에 영향을 미치며, 이것은 개인의 정신을 구성한다. 권력은 지식이 사적이고 사회적 문제와 해결책에 관해 숙고할 때 사용하는 '대상'을 구성하는 방식에 의해 행사된다. 이러한 지식을 통어하는 지식의 원리에 의해 개인성이 구성된다(Popkewitz, 1998). 즉, 권력이 개인의 정신과 마음을 관리하고 통제한다는 의미다. 예를 들어, '대상'으로서 대학진학의 이유에 대해 개인 각자는 대학의 진학을 결정하는 방식이니 이유는 상이할 것이다. 개인마다 대학에 진학하는 나름의 사유방식이 다르고 각 사유방식은 바로 개인의 담론적 실제(discursive practice)가 된다는 점에서 그 개인의 지식이 되며 그러한 방식으로 그의 권력이 행사되며 그 과정에서 개인의 정신이 형성되는 것이다. 담론적 실제로서 지식은 바로 그 자체가 권력이 아니며 대상을 구성하는 방식에 의해 권력이 행사되는 것이다. 이러한 과정에는 통제적 규정(regulation)이 작용한다.

## 2 교육과정의 다양한 관점

### 1) 교육과정의 정치경제학

애플(Apple, 1979)은 한 역사적 시점에서 살고 있는 인간의 활동을 이해하기 위해서는 그를 둘러싸고 있는 정치적 · 경제적 · 사회적 · 이념적 상황과 갈등을 함께 고려해야 한다고 보고 있다. 따라서 교육의 문제를 해결하기 위해서는 교육과 관련되는 지식의 문제, 이데올로기 문제, 경제체제의 문제, 그리고 권력의 문제 등에 대한 상황 관련을 분석하는 일이 중요하다고 본다. 이러한 분석을 통하여 학교의 교육과정 속에 지배적 이데올로기가 무엇이며, 그것은 우리의 사회적 · 경제적 삶을 어떻게 통제하고 있는지, 그리고 학교를 통해 어떻게 재생산되고 있는지를 알 수 있다. 그리하여 교육과정의 이론과 실제에 대한 숨은 의미를 사화와의 관련 속에서 파악하게 함으로써 교육문제의 사회적 · 정치적 배경을 이해하는 도구를 제시해 주고, 우리를 지배하는 신화적 믿음을 비판적으로 통찰하게 한다. 이것은 결국 불평등한 사회구조 속에서 정치적 · 경제적 · 사회적으로 구속받고 있는 인간의 삶을 해방시키는 중요한 과제가 되는 것이다.

이 접근에서 애플은 학교의 문화적 재생산의 기능, 정의롭지 못하고 불공정하게 왜곡된 사회권력의 배분관계를 그대로 유지 · 계승하는 학교의 역할, 문화적 자본으로써 지식을 통해 학교는 형식적인 교육과정을 통해 특정한 지식을 적법화하는 문제, 잠재적 교육과정의 문제, 교육과 권력의 문제를 제시하고 있다.

### 2) 지식사회학적 접근

모든 사회는 각기 지식을 정의, 전달, 정당화하고 있을 뿐만 아니라, 분배하기도 한다. 이는 일찍이 만하임(Mannheim)에 의해 체계화된 지식사회학의 관점으로 교육과정을 이해하는 방법이다. 베른슈타인(Bernstein)을 포함한 여러 학자(Young, 1971; Bowles & Gintis, 1976; Giroux, 1982)는 '지식'이란 사회의 지배집단에 의해 규정되고 조직된다고 보았다. 지식은 사회적으로 구성된다. 지식은 기본적으로 주관적이고 상대적이며 정치적이라는 것이다. 예를 들면, 마르크스(Marx)는 지식이 사회집단의 한 기능이므로 사회의 다른 집단은 다른 지식의 형태를 갖는다고 주장하였다.

이 접근에 의하면 학교는 지배적인 사회집단을 유지하기 위해 필요한 가치와 태도를 재생산한다. 즉, 학교는 형식적 · 비형식적 교육과정을 통해 가치와 태도를 재생산한다. 지식은 학생에게 공공연하게 부과되거나 '잠재적 교육과정'의 미묘한 상호작용을 통해 은밀히 부과된다. 이런 상황하에서 학습은 통제와 지배의 한 방식이 된다.

헤게모니라는 용어는 특정 지식의 영역이 사회에서 합법화되는 방법을 묘사하는 데 유용하다. 지루(Giroux, 1981)에 따르면 지배계층은 다른 계층을 통제함으로써 선호된 세계관이 보편적이 되도록 한다. 그러나 이 접근법은 지식의 상대주의 문제, 이데올로기 문제, 증거보다는 수사적 주장에 의존하는 문제를 안고 있다.

### 3) 현상학적 접근

현상학은 원래 자연과학에 기반을 둔 실증주의에 대항하여 사물이 불변하는 본질을 파악하는 방법으로 프랑스의 후설(Husserl)에 의하여 제시된 철학이다. 후설이 강조하는 생활세계적 현상학에서 생활세계란 일상적 · 상식적 세계를 말한다. 후설의 용어에 따르면 자연적 태도에서 체험되는 일상적인 세계, 특히 이것은 자연과학적 사고의 색안경을 끼고 본 세계가 아니라 우리에게 직접 주어지고 느껴지는 자연을 가리킨다. 우리는 진리란 우리의 체험에 있는 것이 아니라 과학의 이론에 있다고 생각한다. 그러나 우리에게 주어지는 자연은 주관적 · 상대적인 지각적 자연이다.

현상학이 관심을 가지는 것은 자연과학적이고 객관적인 대상, 인간의 의식에 사진이 찍히듯 반영되는 대상으로써 현상이 아니라 대상과 의식과의 관계, 즉 경험으로써 현상이다. 현상학적 탐구란 인간경험의 본질, 사고나 의식의 불변의 구조를 찾는 것을 말한다. 우리가 익숙해 있거나 당연하게 여기는 것, 편견이나 선입관, 자연과학을 통해 일반화되어 버린 개념을 유보할 때만이 우리가 찾는 경험의 본질이 드러난다는 것이다.

교육과정을 앎의 주체와 앎의 대상과의 관계로 간주하며, 앎의 대상인 생활세계를 가장 잘 드러내 주는 자서전 쓰기를 강조하는 파이너(Pinar)와 그루메(Grumet)

은 이 접근법을 강조한다.

### 4) 해석학적 접근

설명을 위주로 하는 자연과학의 방법에 대항하여 독일의 슐라이어마허(F. Schleiermacher)와 딜타이(W. Dilthey)에 의해 이해의 학문으로 성립된 것이 해석학이다. 일반적으로 해석학은 텍스트의 올바른 이해를 중심과제로 삼는 학문이라고 할 수 있다. 이해의 학문인 정신과학의 대상은 인간의 내적인 과정에 영향을 줄 때에만 의미 있는 그러한 사실 또는 현상이다. 정신과학과 자연과학의 대상을 나눌 수 있게 하는 것은 대상 그 자체의 성격이 아니라 대상과 인식 주관의 관계에서의 맥락이다. 정신과학의 영역에서는 자연과학적 방법으로는 다가갈 수 없는 타인의 내적 경험의 이해—이것은 곧 이해 대상이 속해 있는 사회 역사적인 세계에 대한 인식—에 도달할 수 있는데, 그러한 이해가 가능한 것은 나의 정신적 경험과 타인의 정신적 경험의 유사성 때문이다.

딜타이 이후 글로 쓰인 문학적 텍스트뿐만 아니라 삶의 표현 모두를 텍스트로 간주하게 되어 교실과 학교에서 일어나는 모든 사건과 행위를 해석(hermeneutic)의 대상으로 삼는 것이 가능하게 되었다. 해석이란 어떤 의미에서 재창조다. 텍스트의 의미 내용이 모든 사람에 의해 똑같이 재현되는 것이 아니라 각각의 해석자가 거기에서 이미 발견한 의미 내용에 따라 다르게 재현된다.

해석학은 현상학과 마찬가지로 실증주의를 비판하는 데, 특히 텍스트가 절대적이고 고정적인 의미를 지닌다는 생각을 거부하며 텍스트의 의미는 부분과 전체, 과거와 현재, 텍스트와 해석자 사이의 끊임없는 대화와 순환을 거치면서 변화해 간다고 본다. 특히 역사적 이해를 강조하는 가다머(Gadamer)는 과학적 객관주의에 사로잡힌 전통적 해석학의 편협성을 능가하는 철학적 해석학의 새로운 가능성을 열어 주었다.

### 5) 교육과정의 미학적 접근

교육과정을 미학적 관점(aesthetic)에서 이해하려는 사람은 인간의 의미의 추구를 중시하며, 그 의미는 주어진 것을 발견하는 것이 아니라 스스로 구성하는 것이며, 의미는 다양한 형식으로 표상되며 각각의 표상 형식은 독특하고, 이러한 형식 안에서 의미의 구성과 자각이 일어나도록 교육과정을 만들어야 한다는 것이다. 이 접근에 의하면 예술교과가 사고와 정서 발달에 필요한 미학적 문해력뿐만 아니라 지식을 획득하는 방식을 제공한다고 볼 수 있다. 1970년대 후반 과학적이고 양적인 관점의 대안으로 아이스너(E. Eisner) 등에 의하여 주장된 것으로, 크게 보면 질적 접근법의 한 종류로 이해할 수 있으며, 밸런스(Vallance)에 의해 발전되었다.

이러한 미학적 인식론에 의하면 구체적이고 특수한 사상에 초점을 맞추고 있으며, 일반화할 수 있는 규칙을 규명하는 일에는 관심이 없는 것이 장점이다. 따라서 미학적 방법은 교육현실을 있는 그대로 파악하여 현상을 이해하는 데 중요한 접근법으로써 그동안 간과되고 무시되어 왔지만 향후 교육과정을 이해하는 데 중요한 접근법으로 자리매김할 필요가 있다.

## 장 요약

교육과정을 설명하는 이론과 관점은 매우 다양하다. 어떠한 이론과 관점을 견지하느냐에 따라 교육과 교육과정을 보는 눈이 달라지고, 심지어 학교교실에서의 수업에 임하는 자세도 달라진다. 이러한 교육과정의 이론과 관점은 교육과정 개발 시에 어떠한 교육과정을 개발할 것인가 하는 교육과정 구성과 개발의 관점에 영향을 미친다. 그리고 교육과정을 이해하는 입장이나 교육과정의 지향점과도 관련이 있다.

교육과정의 이론에서는 주로 대표적인 교육과정의 유형에 따라 대표적인 이론을 소개하고 있다. 교과중심 교육과정에서는 형식도야이론을, 경험중심 교육과정에서는 타일러 이론과 듀이의 경험 교육과정을, 학문중심 교육과정에서는 브루너의 지식의 구조를, 그리고 최근에 중요하게 등장하고 있는 다양한 교육과정 이론에 결정적으로 영향을 미치고 있는 파이너의 이론을 소개하고 있다.

형식도야이론은 능력심리학을 기반으로 하기보다는 고대부터 인간의 정신과 마음에 대해서 가져오던 상식적인 교육 이론이 능력심리학을 만나서 더욱 강화되었다고 볼 수 있다. 심리학적으로는 인간의 마음을 분리된 능력으로 보는 능력심리학에 의해 강한 영향을 받았다. 형식도야이론에서 교육의 목적은 심근을 단련시키는 것, 결과는 정신도야, 즉 여섯 가지 능력이고, 방법은 능력의 반복적 연습이다. 훈련의 전이가 자동적으로 보장되기 때문에 소수의 능력만을 학습하는 것으로 훌륭한 인간을 길러 낼 수 있다. 교육의 내용은 심근을 발달시키는 데 효과적인 교과로 내용보다는 형식이 중요시된다. 형식도야이론은 간접적으로 능력심리학의 몰락과 직접적으로 듀이의 교육이론의 등장에 의해 가치가 상실되었다.

타일러의 교육과정 개발 모형은 교육목표가 설정되면 이를 토대로 학습경험의 선정과 조직이 이루어지고, 다음에 학습성과에 대한 평가를 실시하며, 평가결과는 다시 교육목표 설정에 송환되어 교육과정을 수정 · 보완하는 과정으로 진행되어야 한다는 것이다.

듀이의 경험 교육과정 이론은 매우 광범하고 그 명칭과 성격도 다양하게 논의되고 있다. 듀이는 추상적 관념보다는 구체적인 경험에 가치를 두며, 이원론을 배격하고 계속 일원화의 원리를 주장하며, 가치관 형성이나 진리관에서 변화의 개념을 중요하게 취급한다. 듀이의 이론은 1920년대 진보적 교육의 이름으로 전개된 아동중심교육과도 연관성이 강하다. 이것은 주지적인 관념적 교육에 대하여 생활을 통해서 학습하는 경험주의 · 활동주의 · 행동주의의 교육이었다. 여기에서는 교사의 활동으로 주도되는 타율적 학습이 아니고 아동의 경험이 중심이 되는 자율적인 학습이며, 그것은 지식에만 편중하는 주입적인 외적 강요가 아니고 아동 자신의 학습 동기와 방법상의 흥미가 중심이 된 것이다. 따라서 교육의 내용도 아동의 요구나 경험이 강조되었다. 진보주의 아동중심 교육사상은 1930~1940년대로 가면서 사회적 생활이나 문화, 그리고 지역사회의 일원으로 타인과의 조화를 위한 민주적인 경험이 중시되었다.

브루너의 교육과정 이론은 『교육의 과정』에 가장 잘 집약되어 나타나고 있는데, 그의 이론은 지식의 구조에 대해 집중되어 있다. 교육의 과정은 교육내용으로써 지식의 구조를 설명한 최초의 저서인 동시에 교육내용을 규정하는 또 하나의 관점을 제시하였으며, 그 핵심적 의미는 '학문'과 논리적으로 관련되어 있다. 이 경우 교육내용은 곧 지식의 구조이면서 동시에 '학문하는 일'—그 해당 분야의 학문의 기저를 이루고 있는 일반적인 원리를 발견하고 그 원리를 써서 사물과 현상을 이해하는 학자들의 학문탐구활동—로 규정된다. 이런 점에서 그의 이론을 학문중심 교육과정의 근거로 보고 있다.

교육의 과정에서 지식의 구조를 알면 교과의 이해가 용이하고, 교과내용을 오래 기억할 수 있고, 다른 내용의 학습으로 전이가 가능하며, 지식 간의 간극을 극복할 수 있는 이점이 있다. 그의 지식의 구조와 관련되는 것으로 나선형 교육과정과 탐구와 발견학습이 있다.

파이너는 교육과정을 인간 삶의 해석과 연관지어 보는 중요한 학자다. 교육과정의 의미로 라틴어 어원인 쿠레레(currere)의 본질적 의미인 교육에 대한 개인적 경험이 갖는 본질적 의미를 제안하고 있다. 경주로가 아니라 경주에서 각각의 말이 코스를 따라 달리는 개인적인 경험을 지칭하는 것이기도 하다. 따라서 교육과정에서는 학생들이 이수해야 할 교과목이나 교육내용보다는 학생의 실존적 경험이나 삶의 의미 추구와 해석이 중요하게 된다.

교육과정을 보는 관점으로 일찍이 아이스너와 맥닐은 인지과정 중심의 입장, 학문적 합리주의, 인본주의 입장, 사회재건주의 입장, 기술공학주의 입장 등을 제안한 바 있다. 이 장에서는 이러한 입장보다는 보다 포괄적으로 정치 · 경제학적 입장, 현상학적 접근, 해석학적 접근, 미학적 접근 등을 제시하고 있다. 교육과정의 정치 · 경제학적 분석을 통하여 학교의 교육과정 속에 지배적 이데올로기가 무엇이며, 그것은 우리의 사회적 · 경제적 삶을 어떻게 통제하고 있는지, 그리고 학교를 통하여 어떻게 재생산되고 있는지를 알 수 있다. 현상학적 접근은 자연과학적이고 객관적인 대상으로써 현상이 아니라 대상과 의식과의 관계, 즉 경험으로써 현상에 초점을 두고 인간 경험의 본질, 사고나 의식의 불변의 구조를 찾는 것을 중시한다. 당연시 여기는 선입관, 일반화된 개념을 유보할 때만이 우리가 찾는 경험의 본질이 드러난다는 것이다. 교육과정을 자연과학적인 설명, 논리적 탐구, 경험적 증명보다는 인간 경험의 폭넓은 이해를 강조하는 해석학적 관점은 순환적 해석의 과정을 강조한다. 미학적 접근에서는 인간의 의미의 추구를 중시하며 그 의미는 주어져 있는 것을 발견하는 것이 아니라 스스로 구성하는 것이며, 의미는 다양한 형식으로 표상되며, 각각의 표상형식은 독특하고 이러한 형식 안에서 의미의 구성과 자각이 일어나도록 교육과정을 만들어야 한다고 강조한다.

## 주요 개념

| | | | |
|---|---|---|---|
| 형식도야이론 | 정신도야설 | 목표모형 | 경험 교육과정 |
| 지식의 구조 | 지식 구조의 이점 | 내러티브 | 쿠레레 |
| 재개념주의 | 지식사회학 | | |

## 연습문제

1. 형식도야이론의 특징을 설명해 보시오.

2. 타일러의 목표모형의 특징과 문제점을 기술해 보시오.

3. 듀이의 이론이 경험교육과정에 미친 영향을 조사해 보시오.

4. 브루너가 제안하는 지식의 구조는 무엇이며, 그 중요성을 설명해 보시오.

5. 파이너의 재개념주의를 설명해 보시오.

6. 교육과정의 다양한 관점의 차이를 설명해 보시오.

7. 1장에서 자신이 선택한 교육과정의 의미와 관련이 깊은 교육과정 이론이나 관점을 설명해 보시오.

제4장

# 교육과정의 설계

우리는 지금까지 교육과정의 개념과 유형, 교육과정의 다양한 관점을 살펴보았다. 이러한 것은 우리가 교육과정을 사전에 계획할 때 중요하게 고려해야 하는 요인이다. 이 요인은 교육과정의 구상과 기초에 직접적으로 영향을 미치게 된다. 교육과정의 구상과 기초에 대해서 검토한 후 우리가 해야 할 일은 무엇인가? 교육과정의 구상과 기초가 구체적으로 잘 적용되는지 여부는 교육과정 설계에서 찾아볼 수 있다. 교육과정 개발을 착수할 때 개발자는 보통 교육과정을 어떻게 설계할 것인가에 대해 마음속으로 어떤 생각을 가지게 된다. 어떤 이는 개발이 시작되기 전에 확고한 생각을 가지기도 하며, 어떤 이는 개발과정에서 생각을 구체화하게 된다. 가능한 한 개발자가 교육과정 설계의 영역을 파악하고 설계상의 내적 일관성을 추구하는 것이 중요하다. 그렇게 될 때 보다 일관성 있고 효과적인 교육과정이 개발된다. 이 장에서는 교육과정 설계의 개념, 설계를 할 때 핵심적으로 고려해야 하는 구조적 요인, 그리고 대표적으로 활용되고 있는 교육과정 설계 유형을 제시해 보기로 한다.

## 1 교육과정 설계의 개념

교육과정 설계란 교육과정의 기본 요소를 배열하는 것을 말한다. 기본 요소에는 목표, 내용, 학습활동 및 평가가 있다. 이와 같은 기본 요소를 어떻게 서로 관련짓느냐가 설계에서 해야 할 과제다. 자이스(Zais, 1976: 16)는 이러한 기본 요소의 성격과 기본 요소가 전체 교육과정에서 어떻게 짜는가와 같은 조직의 유형이 설계를 구성하게 된다고 보았다.

일반적으로 교육과정 설계는 교육과정을 구성하는 방법에 초점을 둔다. 특히 교육과정 계획의 여러 부문을 조정하는 것이며, 때로는 교육과정 요소를 조정한다는 의미에서 교육과정 조직이라고도 부르고 구체적으로는 내용조직의 형태라는 의미로도 사용된다. 실제로 선택된 설계는 교육과정 접근법과 철학적 지향점에 영향을 받는다.

교육과정 설계에서 조정되어야 할 요소나 부분은 ① 일반적 목적, 구체적 목적, 목표, ② 교과내용, ③ 학습경험, ④ 평가방법 등인데 자일스의 고전문헌(Giles & McCutcheon, 1942: 2)에 의하면 목표, 교과, 방법과 조직, 평가를 설계의 요소로 제시하고 있다([그림 4-1] 참조).

설계는 이러한 요소를 적합한 원칙과 원리에 따라 배치하고 조직하는 것을 말한다. 따라서 교육과정 설계는 교육과정의 개념상의 문제이며, 교육과정 요소 간의

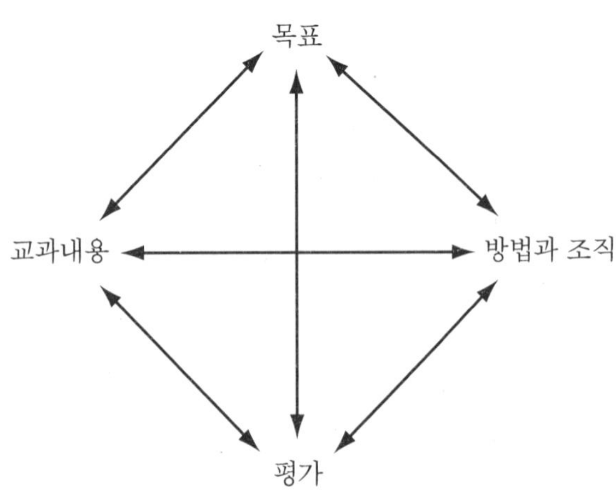


[그림 4-1] 교육과정 설계의 요소

관계를 표현하는 것이다. 보다 구체적으로 교육과정 설계와 관련하여 교육과정 요소의 확인과 그 성격을 규명하고 요소 간의 관계를 진술하는 일은 교육과정의 이해방식과 관련되어 있으며, 이것이 그 관계의 구조를 형성하는 틀(framework)을 제공한다.

교육과정 설계의 개념은 역사적으로 이러한 방식으로 형성되어 오면서 주로 내용조직의 문제로 국한되어 협소하게 논의되어 왔다. 이런 연유로 설계의 문제는 주로 내용의 효과적 조직상의 문제와 동일시되었으며, 지금까지도 내용조직의 유형으로 인식되어 오고 있다. 그러나 이런 경향은 설계의 속성상 틀린 것은 아니다. 그러나 설계문제는 교육과정의 개념과 일차적으로 연관되어 있으며, 교육과정 요소 간의 관계 형성의 근거를 확인하는 작업에까지 확장될 필요가 있다.

특정 교육과정안(案)이 지니는 독특성과 차별성은 교육과정 설계의 차이에서 기인하는 것이며, 역으로 특정 교육과정 이론의 특성이나 구조는 교육과정 설계를 통해서만이 구체화된다고 볼 수 있다. 그러므로 다양한 교육과정적 관심사는 최종적으로 하나의 특정 안을 개발할 수 있어야 한다. 교육과정 설계가 이루어져야 하나의 안이 개발되고, 이것이 교육의 장면에 투입되어 교육의 과정 속에서 작용하게 되는 것이다. 따라서 교육과정에 대한 상이하고도 다양한 이해방식은 설계의 문제로 표출되어야 하고 교육과정에 대한 특정 입장과 가치지향성이 설계의 문제에 적용되어 그 특정 입장이 반영되는 하나의 설계안이 산출되어야 비로소 교육과정이 의미 있게 작용할 수 있는 토대를 마련하게 되는 것이다(강현석, 1996: 1).

교육과정 설계에서 필요한 것은 여러 자원을 고려하는 것이다. 여기에는 사회, 지식, 학습자 등의 문제를 어떻게 볼 것인가 하는 문제가 내포되어 있다. 그리고 설계 자체가 내용조직과 관련되어 있기 때문에 조직의 두 가지 차원, 즉 종적 차원과 횡적 차원을 고려해야 한다. 종적 조직은 계열과 계속성을 통해, 횡적 조직은 범위와 통합을 통해 내용이 조직된다.

## 2 교육과정 설계의 구조

교육과정 설계는 요소와 요인 사이의 관계를 진술하는 것으로써 설계를 고려할 때 교육과정전문가는 몇 가지 차원, 즉 스코프, 계열성, 계속성, 통합, 연계성, 균형 등을 고려해야 한다(강현석, 이경섭, 1999: 137-165; Ornstein & Hunkins, 2004: 235-270).

### 1) 스코프

교육과정을 설계할 때 그 내용의 폭과 깊이를 먼저 결정해야 한다. 스코프(Scope)는 다루어야 할 내용의 영역과 범위를 결정하는 것이다. 어디에서 어느 범위까지를 포함시켜야 할지를 결정하는 것으로써 포함관계(coverage)를 결정한다. 구체적으로 스코프는 학습범위 또는 학습영역을 말한다. 자일스(Zais, 1976: 439-441)는 스코프를 교육과정의 범위와 배열의 문제로 보았다. 이것은 제시되는 내용영역의 범위와 관련된 폭(breadth)과 각 영역의 취급 정도와 관련된 깊이(depth) 문제를 의미한다. 그러므로 교육과정의 범위와 영역을 어디에 기초하여 설정하는가 하는 문제, 폭과 깊이의 갈등문제, 스코프 간의 통합의 문제가 주요 관심사가 된다. 세일러(Saylor & Alexander, 1981: 7)는, 범위는 학교프로그램을 통해서 학생이 진보하는 것처럼 학생에게 마련된 교육경험의 폭, 다양성, 형태를 의미하며, 교육과정을 선택하기 위한 횡축으로 보고 있다. 범위에 포함시켜야 할 내용과 활동, 이런 요소의 범위를 조정하는 방법 등이 고려되어야 한다. 교육과정을 의도된 학습성과로 볼 경우 의도된 학습성과를 각 학년 수준에 따라 열거함으로써 시퀀스를 제공하게 되고, 주제나 테마 또는 특정한 차원에 따라 의도된 성과를 묶음으로써 교육과정의 스코프를 제공하게 된다.

### 2) 계열성

계열성(sequence)의 문제는 교육과정이 누적적이고 계속적 학습이 이루어지고, 교육과정 영역 사이의 종적 관계를 설명할 수 있도록 요소를 조직해야 한다. 타일러는 계열성을 계속성과 관련이 있지만 계속성 그 이상의 것으로 보면서 동일한 내용을 지속적으로 반복하기보다는 폭과 수준을 달리하는 것이라고 보았다. 중요한 교육과정 내용이 단순히 동일한 수준에서 반복된다면 이해나 기능 그리고 태도는 발전하지 않을 것이다. 그러므로 학습경험이 단계적으로 깊어지고 넓어져서 경험이 계속적으로 축적되는 것을 의미한다. 포스너(Posner)는 계속성을 반복적인 내용이 수직적(근접적)으로 조직되는 것인데 반해, 계열성은 관련 내용을 수직적(비근접)으로 조직하는 것이라고 보았다.

계열성은 학습계열 또는 학습계통을 의미하며 교육과정 내용이 제시되는 순서로써 수직적 조직의 차원에 해당한다. 즉, 시간의 경과에 따른 내용의 수준별 조직을 뜻한다. 그러나 타일러에 의하면 계열성은 학습경험의 효과적인 조직준거의 하나로써 학습경험이 단계적으로 깊어지고 넓어져서 경험의 계속적 축적이 이루어지는 경우를 의미한다. 즉, 학습경험의 확대 · 심화를 말한다. 여기에서 내용과 행동 간의 괴리가 존재한다. 그래서 과거의 주된 경향은 내용만의 계열을 강조하여 계속적 학습이 곤란하였다는 것이 타바(Taba, 1962: 413-444)의 진단이다. 그래서 내용계열과 활동의 계열, 즉 정신적 작용의 계열을 동시에 고려하는 이중계열을 권고하고 있다.

계열의 문제에서는 내용과 경험의 계열이 교과의 논리성에 근거하는가 혹은 학습자의 지식습득과정에 근거하는가 하는 문제를 결정하여야 한다. 이 문제는 역사적으로 매우 논쟁적이다. 일반적으로 잘 알려진 계열성의 원리로는, 첫째 단순에서 복잡으로, 둘째 필수적 내용의 학습, 셋째 전체에서 부분으로, 넷째 연대순에 따른 학습 등이 있으며, 보다 체계적으로는 포스너와 스트라이크(Posner & Strike, 1976: 665-690)가 제안한 내용계열화 원리의 유목이 있다. 여기에는 개념중심, 탐구중심, 학습자중심, 활용중심 방법이 있다.

### 3) 계속성

계속성(continuity)은 교육내용이나 경험을 수직적으로 조직하는 것으로 요소를 지속적으로 반복하여 제시하는 것이다. 이 경우 반복되는 것은 동일한 요소이며 동일 요소가 동일 수준에서 반복될 수도 있고 학년이 상향되면서 지속적으로 반복될 수도 있다. 이런 점에서 계속성은 조직요소의 반복을 통한 종적인 계열을 이루는 것이라고 볼 수 있다. 타일러(Tyler)는 읽기능력이 중요한 목적이라면 이런 능력을 개발할 수 있도록 계속 반복할 기회를 주어야 한다고 보고 있다. 이것은 동일한 종류의 능력을 계속 조직해야 함을 의미한다. 따라서 중요한 개념이나 능력이 교육과정에 반복되도록 고려하는 것으로 학생이 전체 교육과정을 통해서 지식의 깊이와 넓이를 더할 수 있도록 해야 한다.

반복되는 교육과정 요소는 주로 개념, 기능 및 능력, 가치 및 태도라는 조직요소 중 어느 하나를 선택하여 조직할 수 있다. 예를 들어, 과학교과에서의 목표가 에너지에 대한 개념을 학습하는 것이라면 이 개념이 자주 취급되어야 한다. 그런데 이 개념을 시간이 경과하면서 지속적으로 반복해 주는 문제와 과학교과의 여러 분야에서 자주 언급하고 서로 통합시켜 줘야 하는 문제가 발생한다. 전자는 계열의 문제에 입각하여 수직적 차원에서 수준이 향상되면서 동일 요소를 반복하는 것이며, 후자는 통합의 문제에 입각하여 동일 요소를 동일 영역의 여러 하위분야에서 제시하는 경우와 동일 요소를 다양한 상이한 영역에서 제시하는 문제가 얽혀 있는 것이다. 이처럼 연속성은 계열과 통합의 두 가지 차원을 내포하고 있는 셈이다.

### 4) 통합성

통합성(integration)은 교육과정의 내용을 수평적으로 관련시키는 것으로 조직요소의 횡적인 상호 관련성을 의미한다. 이러한 내용의 조직은 학생들로 하여금 사물을 종합적으로 보게 하고 학습내용과 행동을 통합하도록 하는 것이다. 예를 들어, 수학의 계산능력을 학습하는 경우에 이 기능이 사회과 공부나 과학과 공부, 그리고 물건을 살 때 등의 경우에 어떻게 활용할 수 있는가를 고려하는 것이다. 그래서 이 기능이 교과 공부로서만 끝나는 것이 아니라 학생의 일상생활에서 활용할 수 있는 기능이 되도록 하는 것이다. 마찬가지로 사회과의 개념학습에서는 이 개념이 다른 분야에서의 일과 어떻게 연관되며 그 결과 학생들의 모습이나 기능 또는 태도에 어떻게 반영되는가를 보는 것이다.

그런데 조직차원에서 무엇을 통합하는가 하는 문제는 논쟁적이다. 우선 거시적으로 학습내용을 통합하느냐, 행동을 통합하느냐, 아니면 학습내용과 행동을 통합하느냐 하는 점이다. 그리고 미시적으로는 내용 스코프 차원에 어느 수준의 지식을 중심으로, 활동 스코프 차원에서는 어느 행동영역의 어느 수준을 중심으로 통합할 것인가 하는 문제가 대두된다.

앞에서 말한 스코프를 정할 때 중요한 문제는 학생이 특정 수준에서 직면하게 되는 많은 학습을 어떻게 통합하느냐 하는 것이다. 이상적으로 말한다면 한 학생이 다른 학습과 의미 있는 관계를 갖게 될 때 더욱 효과적일 수 있다. 통합은 여러 가지 내용의 과제나 주제가 유기적 · 횡적 관계를 갖게 하는 것이다. 학생의 요구에 맞는 학습경험과 활동이 내적 관계를 갖도록 해야 한다. 여기에서 발전하여 교육과정을 통합한다는 것은 교과를 서로 구분하는 교과선을 없애고 독립된 별개의 교과영역을 사라지게 하는 교육과정 조직을 의미하기도 한다(강현석 외, 2003).

### 5) 연계성

연계성(articulation) 혹은 연결은 교육과정의 여러 측면 간의 상호관계를 의미한다. 관계는 종적일 수도 있고 횡적일 수도 있다. 이런 점에서 연계성은 상관의 의미를 지닌다. 롱스트리트 등(Longstreet et al., 1993: 359)은 이것을 교육과정의 한 영역에서 내용을 지원하는 학습기회가 다른 영역의 내용을 통해 조직되는 문제로 보았다. 여기에는 종적(수직적) 차원의 연계성과 횡적(수평적) 연계성이 존재하는데, 전자는 계속성의 문제와 동일하다. 전자의 차원에서는 계열의 측면에서 학습, 주제, 과정의 관계가 포함되어 있으며, 후자의 차원에는 동시에 다루는 요인 간 또는 요인의 연합이라고 볼 수 있다. 여기에는 동일 학년의 상이한 교과 사이의 상호관계가 내포되어 있다. 예를 들어, 설계자가 6학년의 사회과와 국어과 사이의 상호관계를 고려하는 경우 이것이 바로 횡적 연결이다. 이것은 스코프와 통합의 문제와도 연관되어 있으며, 5장의 교육내용 조직에서도 다시 논의한다.

### 6) 균형성

균형성(balance)은 교육과정의 각 부분을 적절하게 다루어야 전체적 균형을 유지함을 의미한다. 즉, 설계의 각 측면에 대한 지나친 강조와 무관심으로 인해 왜곡된 문제가 발생하지 않도록 설계요소 간에 적절한 비중을 보장하는 문제다. 균형 잡힌 교육과정은 개인적 · 사회적 · 지적 목적을 성취하도록 내용을 내면화하든지, 활용할 수 있는 기회와 지식을 성취할 수 있는 기회를 갖게 한다. 교육과정이 여러 가지 관점(교과중심, 탐구중심, 흥미중심, 경험중심, 가치화, 영속적 문제 등)에서 정의되기 때문에 균형이 이루어져야 할 교육과정 요소는 여러 가지 형태나 차원에서 결정될 것이다.

대표적으로 교육과정 설계에서 전통적으로 많은 논쟁을 야기한 문제가 바로 교과 대 학습자의 강조 문제다. 이 문제는 직접적으로 내용 대 과정의 강조 문제와 연관되어 있다. 교과와 내용은 교과중심 설계에서 지나치게 강조되며 학습자의 활동과 과정은 중핵 설계에서 지나치게 강조된다. 이 문제는 내용과 과정에 대한 타당한 이해에 기초할 경우 다소 해결할 수 있다. 내용과 과정은 분리되기보다는 통합되어 있으며, 파커와 루빈(Parker & Lubin)의 '내용으로서 과정(process as content)'과 듀이(Dewey)의 교과와 학습자의 적절한 통합은 이러한 균형문제를 지적한다.

이상에서 논의한 여섯 가지 설계의 구성 도구가 서로 관련을 맺으면서 일정한 설계의 구조를 띠게 된다. 각각의 교육과정 안이 서로 차이가 있고 특징적인 이유는 이러한 도구의 관련 방식이 차이가 있고, 그 결과로 설계구조가 차이가 나기 때문이다.

## 3 대표적 교육과정 설계 유형

교육과정 구성 요소는 여러 가지 방법으로 조직할 수 있다. 그러나 모든 교육과정 설계는 다음과 같은 세 가지 기본적인 설계 유형의 변형이거나 아니면 통합형이다.

- 교과중심의 설계
- 학습자중심의 설계
- 문제중심의 설계

각 기본 설계 유형은 몇 개의 하위 형태를 포함하고 있다. 교과중심 설계에는 교과설계, 학문형 설계, 광역형 설계, 상관형 설계를 포함하고 있으며, 학습자중심 설계에는 아동중심 설계, 경험형 설계, 낭만적/급진적 설계, 인간중심주의적 설계,

그리고 문제중심 설계에는 생활장면 설계, 중핵형 설계, 사회적 문제/재건주의자 설계 등이 포함된다(Ornstein & Hunkins, 2004: 235-266).

## 1) 교과중심 설계

이 유형은 가장 보편적이고 광범하게 사용되어 왔다. 교과를 조직의 중심으로 하여 다양하게 조직하는 형태다. 지식과 내용을 가장 효율적으로 조직하고 학문적 합리주의를 지향하는 데 가장 적합하기 때문이다. 다음과 같이 몇 가지 하위 형태가 존재한다.

### (1) 교과형 설계

독립된 교과를 별개로 조직하는 것으로 분과형이라고 볼 수 있으며, 교과의 논리적 구조와 체계에 따라 교과선을 준수하면서 조직하는 것이다. 중등학교에서는 교과가 학문의 성격을 강하게 반영하므로 교과와 학문을 동일하게 볼 수는 있으나 근본적으로는 상이하다. 하나의 학문이 하나의 교과를 구성하는 기초가 되기도 하고, 여러 학문이 모여 하나의 교과를 구성하기도 한다.

### (2) 학문형 설계

브루너(Bruner)의 지식 구조와 학문적 지식에 의한 학문탐구형 설계로서 학문의 구조와 탐구과정을 중심으로 조직하는 형태다. 단순히 교과의 지식이 아니라 학문을 탐구하는 과정과 결과를 중심으로 조직하는 것이다. 이 경우 해당 학문을 탐구하는 데 필요한 지식 · 기능 · 태도 등이 중요한 설계 요소가 된다. 결국 지식의 탐구과정과 탐구 결과를 체계화하여 학문적 지식을 습득할 수 있도록 조직하는 방식이다. 이 형태의 주창자인 킹과 브라우넬(King & Brownell, 1966)은, 학문(discipline)은 다음과 같은 본질적인 성격, 즉 인간 공동체, 인간의 상상력에 관한 표현, 영역, 전통, 탐구양식, 개념적 구조, 전문화된 언어, 학식의 유산, 커뮤니케이션 네트워크, 평가적 · 정의적 입장, 그리고 교육적인 공통체 등을 갖고 있는 특정 지식이라고 보고 있다.

학문을 조직하는 여러 가지 형태에 따라 다양한 설계방식이 가능하다. 앞에서 살펴본 것처럼 개별학문 설계, 다학문적 설계, 간학문적 설계 등이 있을 수 있다.

### (3) 광역형 설계

지식의 경계를 분명히 한다는 것은 매우 어려운 일이다. 여러 교과를 통합함으로써 학습자는 여러 교과 간의 관계를 알게 되며, 그래서 전체적 지식의 의미를 알게 된다. 교과설계가 단편화와 구획화의 문제를 야기하므로 이에 대한 개선의 노력으로 생겨났다. 두 개 혹은 그 이상의 관련 교과를 단일의 광역 혹은 융합된 연구 분야로 통합을 하는 방식이다. 지식의 모든 분야를 통합시키는 것으로 교과 간의 상호관계를 유지할 뿐만 아니라 서로 관련되지 않는 교육과정을 피하게도 한다. 1930년대와 1940년대 교과의 통합운동으로 일어났으며, 이때 사회는 지식의 통합을 필요로 하였으며, 종합적 지식모형이 필요했었다.

광역 교육과정의 역사가 긴 데 비해 학교에서 사용한 것은 최근의 일이다. 브로우디 등(Broudy et al., 1964)은 스푸트니크(Sputnik) 시대에 광역 교육과정의 하나를 제안한 바 있다. 그의 교육내용 분류는 다음과 같다.

- 정보의 상징: 영어, 외국어, 수학
- 기초과학: 일반과학, 생물학, 화학, 물리학
- 발달연구: 우주의 발전, 사회기관의 발전, 인류문화의 발전
- 가치모범(Exemplars): 미술, 음악, 희곡, 문학을 포함한 미적 경험의 양식
- 전형적 사회문제에 초점을 두는 전체적 문제

광역 교육과정도 지식을 너무 광범하게 다루어서 깊이가 부족한 단점을 지니고 있다.

### (4) 상관 교육과정

분과적 조직이 지식의 고립을 가져오기 때문에 모든 교과나 지식의 지나친 분화가 교과의 선을 경직되게 한다. 이러한 문제는 지식 간에 상호협력을 어렵게 만들고 각 학문의 독단에 빠지게 만들 가능성이 높다. 이런 문제를 해결하기 위해 모든 교과를 관련지울 수는 없지만 상호관계가 깊고 유사한 과목을 상관시킴으로써 지식과 지식, 과목과 과목을 보다 협력적인 관계로 전환한다. 교과를 관련시키는 방식에는 사실의 상관, 기술의 상관, 규범의 상관이 있다.

## 2) 학습자중심 설계

모든 교육과정 학자는 학생에게 가치 있는 교육과정을 만들어 내는 데 관심을 갖고 있다. 학생들이 교육과정이나 프로그램의 중심이 되거나 초점이 되어야 한다고 생각했으며, 주로 진보주의자들이 이 입장을 주장하였다.

### (1) 아동중심형 설계

학습경험은 아동의 욕구나 흥미에 기초하여 구성되어야 한다. 보통 아동의 흥미중심 교육과정이라 부르기도 한다. 아동중심 교육사상은 루소의 자연주의 교육사상에 기초하는 것이며, 파커(Parker)와 듀이(Dewey)에 의해 많은 발전을 보였고, 킬패트릭(Kilpatrick)에 의해 구안법이 만들어졌다. 이 당시에 설립된 학교들은 활동교육과정을 만들었는데, 여기에는 교과는 없었으며, 교육과정은 관찰, 놀이, 이야기, 만들기로 조직 · 구성되었다.

### (2) 경험중심 설계

이 형태는 듀이의 영향을 받아서 크게 번창하였다. 아동중심 설계와 유사하나 아동의 흥미와 요구를 예상할 수 없고, 따라서 교육과정의 틀은 모든 아동을 위해 계획할 수 없다는 견해를 가지고 있다는 점에서 차이가 있다. 지식과 학과의 영역이 없으며, 생활장면의 구분이 없다. 생활 속에 지식이 분할되어 적용되지는 않는다. 모든 지식은 어떤 의미에서 동시에 조작되는 것으로 보아야 한다. 그래서 경험형에서는 지식을 위주로 한 교육과정과는 상이한 모습을 띠게 된다.

### (3) 낭만적/급진적 설계

진보적 교육개혁의 추구는 19세기 초 10여 년간의 아동중심주의 시대를 열었다. 전통적 교육의 강제적이고 권위적인 방법에 반대하고 아동이 성인의 축소판이라고 생각하는 전통적인 관념을 거부하는 낭만적 진보주의자는 아동의 본성을 중요시하고 자연적 발달사상을 강조하였다. 따라서 아동의 자발성, 욕구 및 활동 등을 우선시하였다. 낭만주의 교육이념은 학교교육의 개혁을 자극하였다. 닐(Neill)의 서머힐(Summerhill)이나 홀트(Holt)의 아동학습관 등은 이 형태의 대표적인 반영물이다.

#### (4) 인간중심 설계

이 형태는 1950~1960년대의 지나친 학문과 지식탐구과정의 강조로 1960~1970년대에 강조되었다. 이 형태는 정의적 교육(affective education), 개방교육(education), 실존주의적 교육 등과 관련이 있으며, 특히 학생의 자아개념에 초점을 두고 있다. 인본주의 심리학자인 매슬로(Maslow)의 자아실현 개념이나 로저스(Rogers)의 심리학이 중요한 근거가 된다. 정의적 영역과 인지적 영역을 결합하는 통합교육(confluence)을 강조하였고, 웨인스타인과 판티니(Weinstein & Fantini, 1970)의 관심중심 교육과정과도 맥을 같이 한다. 이들은 흥미와 관심을 구분하는데, 흥미는 피상적이고 일시적인 감정의 표현이며, 관심은 깊고 지속적인 감정이다. 흥미는 학생들의 변덕과 미성숙으로 인해 교육적으로 가치가 있다고 보기 어려운 반면에, 관심은 학습자의 내적인 요구가 반영된 것이다. 그러나 이 형태의 교육과정 역시 개인을 너무 강조하기 때문에 사회의 요구가 무시되기 쉽다.

### 3) 문제중심 설계

교육과정은 탐구되고 해결되어야 할 문제영역에 따라 설계되고, 선택된 내용은 이러한 문제해결에 적절해야 한다. 사회문제와 학습자의 능력, 흥미, 욕구에 기초하기 때문에 다양한 변인이 작용한다. 즉, 영속적 생활장면, 현재 사회문제, 생활영역 등 다양한 것에 강조를 두기도 한다.

#### (1) 생활장면 설계

항상적 생활장면(persistent life situation)에 의한 교육과정 형태로 직접적인 생활장면에 부합되는 교육내용을 구성하려는 것이다. 1950년대에 스트라이트마이어(Stratemeyer) 등이 제안한 것으로써 개인능력의 신장, 사회적 참여 속에서의 성장, 환경적 제요인과 잠재력을 다루는 능력으로 구분하여 교육과정을 구성하였다. 이 형태는 교과의 분과주의를 줄이고 관련된 사회생활을 중심으로 교과를 통합하는 것이다. 사회문제와 개인의 관심사를 중심으로 조직하기 때문에 학생의 문제해결 절차를 학습하고 적용하도록 한다.

### (2) 중핵형 설계

사회기능중핵이라고 부르며, 중심에는 모든 사람에게 공통이 되는 문제나 활동을 배치하고 주변에는 관련 교과나 활동을 조직하는 것이다. 이 형태는 교과내용이 중심이 되는 교과중핵과는 달리 문제중심의 중핵이다.

### (3) 사회문제중심 설계

현재의 사회문제와 사회활동을 중심으로 설계하는 형태로 학습자 개인보다는 사회문제에 초점을 둔다. 이 형태에서는 사회의 정치적 · 경제적 · 문화적 발전과 개혁, 교육과의 관계에 중요한 관심을 둔다. 교육사조상으로는 브라멜드(Brameld)의 재건주의에 기초하고 있다.

## 장 요약

교육과정 설계란 교육과정의 기본 요소를 배열하는 것을 말한다. 기본 요소에는 목표, 내용, 학습활동 및 평가가 있다. 이와 같은 기본 요소를 어떻게 서로 관련짓느냐에 따라 교육과정 설계가 달라진다. 즉, 교육과정 기본 요소의 성격과 기본 요소가 전체 교육과정에서 짜이는 방식이 설계의 중요한 속성이 된다는 점에서 흔히 조직의 유형이 설계를 구성한다고 볼 수 있다. 따라서 교육과정 계획의 여러 부문을 조정하는 것이며, 때로는 교육과정 요소를 조정한다는 의미에서 교육과정 조직이라고도 부르고 구체적으로는 내용조직의 형태라는 의미로도 사용한다. 실제로 선택된 설계는 교육과정 접근법과 철학적 지향점에 영향을 받는다.

교육과정 설계에서 조정되어야 할 요소나 부분은 첫째 일반적 목적, 구체적 목적, 목표, 둘째 교과내용, 셋째 학습경험, 넷째 평가방법 등이며, 이러한 요소를 적합한 원칙과 원리에 따라 배치하고 조직하는 것을 말한다. 따라서 교육과정 설계는 교육과정의 개념상의 문제이며, 교육과정 요소 간의 관계를 표현하는 것이다.

이러한 교육과정 설계를 구조화하는 요인이 있는데, 그것을 설계의 구조라고 부른다. 설계의 구조로 인해 교육내용이나 학습경험이 일정하게 조직된다. 따라서 설계구조는 조직의 구성 도구라고 볼 수 있다. 여기에는 스코프, 계열성, 계속성, 통합성, 연계성, 균형 등이 있다.

스코프는 교육과정을 설계할 때 그 내용의 폭과 깊이를 결정하는 것으로서, 다루어야 할 내용의 영역과 범위를 결정한다. 어디에서 어느 범위까지를 포함시켜야 할지를 결정하는 것으로써 포함관계를 결정한다. 구체적으로 학습범위 또는 학습영역을 말한다. 교육과정을 의도된 학습성과로 볼 경우 의도된 학습 성과를 각 학년 수준에 따라 열거함으로써 시퀀스를 제공하고, 주제나 테마 또는 특정한 차원에 따라 의도된 성과를 묶음으로써 교육과정의 스코프를 제공하게 된다.

계열성(sequence)은 학습계열 또는 학습계통을 의미하며 교육과정 내용이 제시하는 순서로서 수직적 조직의 차원에 해당된다. 즉, 시간의 경과에 따른 내용의 수준별 조직을 뜻한다. 그러나 타일러에 의하면 계열성은 학습경험의 효과적인 조직준거의 하나로써 학습경험이 단계적으로 깊어지고 넓어져서 경험의 계속적 축적이 이루어지는 경우를 의미한다. 학습경험의 확대 · 심화를 말한다. 계열의 문제에서는 내용과 경험의 계열이 교과의 논리성에 근거하는가 혹은 학습자의 지식습득과정에 근거하는가 하는 문제가 결정되어야 한다. 이 문제는 역사적으로 매우 논쟁적인 것이다. 일반적으로 잘 알려진 계열성의 원리로는, 첫째 단순에서 복잡으로, 둘째 필수적 내용의 학습, 셋째 전체에서 부분으로, 넷째 연대순에 따른 학습 등이 있다.

계속성은 교육내용이나 경험을 수직적으로 조직하는 것으로 요소를 지속적으로 반복하여 제시하는 것이다. 이 경우 반복되는 것은 동일한 요소이며, 동일 요소가 동일 수준에서 반복될 수도 있고 수준이 상향되면서 지속적으로 반복될 수도 있다. 이런 점에서 계속성은 조직요소의 반복을 통한 종적인 계열을 이루는 것이라고 볼 수 있다.

통합성은 교육과정의 내용을 수평적으로 관련시키는 것으로 조직요소의 횡적인 상호 관련성을 의미한다. 이러한 내용의 조직은 학생들로 하여금 사물을 종합적으로 보게 하고 학습내용과 행동을 통합하도록 한다. 통합은 여러 가지 내용의 과제나 주제가 유기적 · 횡적 관계를 갖게 하는 것이다. 학생의 요구에 맞는 학습경험과 활동이 내적 관계를 갖도록 해야 한다. 여기에서 발전하여 교육과정을 통합한다는 것은 교과를 서로 구분하는 교과선을 없애고 독립된 별개의 교과영역을 사라지게 하는 교육과정 조직을 의미하기도 한다.

연계성 혹은 연결은 교육과정의 여러 측면 간의 상호관계를 의미한다. 관계는 종적일 수도 있고 횡적일 수도 있다. 이런 점에서 연계성은 상관의 의미를 지닌다. 여기에는 종적(수직적) 차원의 연계성과 횡적(수평적) 연계성이 존재하는데, 전자는 계속성의 문제와 동일하다. 전자의 차원에서는 계열의 측면에서 학습, 주제, 과정의 관계가 포함되어 있으며, 후자의 차원에는 동시에 다루어지는 요인 간 또는 요인의 연합이라고 볼 수 있다.

균형성은 교육과정의 각 부분이 적절하게 다루어서 전체적 균형을 유지하는 것을 말한다. 설계의 각 측면에 대한 지나친 강조와 무관심으로 인해 왜곡된 문제가 발생하지 않도록 설계요소 간에 적절한 비중을 보장하는 문제다. 균형잡힌 교육과정은 개인적 · 사회적 · 지적 목적을 성취하도록 내용을 내면화하든지, 활용할 수 있는 기회와 지식을 성취할 수 있는 기회를 갖게 한다. 대표적으로 교육과정 설계에서 전통적으로 많은 논쟁을 야기한 문제가 바로 교과 대 학습자의 강조 문제다.

교육과정 구성 요소를 조직하는 방법은 다양하다. 일반적으로 교육과정 설계는 다음과 같은 세 가지 기본적인 설계 유형을 기초로 하고, 이 세 가지 유형을 약간씩 변형하거나 통합하는 경우가 있다. 세 가지 기본 유형에는, 첫째 교과중심의 설계, 둘째 학습자중심의 설계, 셋째 문제중심의 설계가 있다. 각 기본 설계 유형은 몇 개의 하위 형태를 포함하고 있다. 교과중심 설계에는 교과설계, 학문형 설계, 광역형 설계, 상관형 설계를 포함하고 있으며, 학습자중심 설계에는 아동중심 설계, 경험형 설계, 낭만적 · 급진적 설계, 인간중심주의적 설계, 그리고 문제중심 설계에는 생활장면 설계, 중핵형 설계, 사회적 문제/재건주의자 설계 등이 포함된다.

## 주요 개념

| | | | |
|---|---|---|---|
| 교육과정 설계 | 스코프 | 영역과 범위 | 폭과 깊이 |
| 계열성(시퀀스) | 계속성 | 통합성 | 연계성 |
| 균형성 | 내용으로서 과정 | 교과형 설계 | 교과선 |
| 학문형 설계 | 광역형 설계 | 상관 교육과정 | 문제중심 설계 |
| 생활장면 설계 | 중핵형 설계 | | |

## 연습문제

1. 교육과정 설계의 개념을 정의해 보시오.
2. 교육과정 설계 시에 고려해야 할 요인을 설명해 보시오.
3. 교육과정 설계 유형을 각각 구분해 보고, 그 특징을 제시해 보시오.
4. 현행 2009 개정 교육과정과 설계 유형의 관련성을 설명해 보시오.
5. 향후 학교교육의 목적과 역할의 변화에 비추어서 바람직한 설계방안을 제시해 보시오.
6. 최근에 강조되고 있는 역량중심(competence-based) 설계방식을 설명해 보시오.

제5장

# 교육과정 개발

학교에서 학생들에게 무엇을 가르칠 것인가를 결정하는 일은 매우 중요하면서도 복잡한 과정을 거친다. 교육과정을 무엇으로 보든, 교육과정에 대한 관점을 어떻게 취하든 그것은 현장에서 구체적으로 실천에 옮겨야 한다. 아무리 이상적인 교육 이론이라 해도 그것이 구체화되지 못한다면 그 가치는 반감될 것이다. 따라서 학생에게 어떠한 교육을 실시할 것인지에 대한 구체적인 작업이 이루어져야 하며, 그 작업은 체계적이고 타당하게 진행되어야 한다는 것은 당연한 일이다.

교육과정 개발은 이러한 점에서 중요한 의의를 지닌다. 학생에 대한 교육의 방향과 제 가치를 구체화하는 작업이라고 볼 수 있다. 즉, 학생을 어떻게 교육시키고 어떠한 목적을 달성하기 위하여 취해지는 일련의 계획을 수립하는 것이다. 그리고 구체적으로는 교육계획을 문서의 형태로 만들고 교실수업에서 의도한 목적대로 실천에 옮길 수 있도록 여러 가지 요인을 고려하는 활동이라고 볼 수 있다.

교육과정 개발의 과정은 일반적으로 교육목표의 설정과 진술에서 시작하여, 학습경험과 교육내용을 선정하고 조직하며, 교육목표의 달성도를 확인하는 절차를 밟는다. 여기에서 교육목표 달성도의 확인은 교육목표의 영역과 중복되기 때문에 이 장에서는 다루지 않으며 제9장 이후의 내용을 참고하기 바란다. 그리고 교육과정 개발은 여러 수준에서 이루어진다. 우선 가장 상위의 수준인 국가수준에서부터 시작하여 지역수준에서 학교수준, 그리고 가장 하위의 교사수준에 이르기까지 다양하다고 볼 수 있다. 또한 최근에는 단위학교에서 교육과정을 개발하는 일이 매우 중요한 과제로 등장하고 있다. 이 장의 목적은 교육과정의 개발과정을 이해하고, 다양한 개발의 수준, 학교 교육과정의 문제를 조명해 본다.

## 1 교육과정 개발의 이해

### 1) 교육과정 개발의 개념과 기초

교육과정 개발은 포괄적으로 본다면 학생들에게 가르칠 일련의 교육 계획을 수립하는 것이다. 그러나 엄격한 의미에서 본다면 교과의 성격을 규명, 교육목적을 설정, 교육내용의 체계를 편성하고, 이를 효과적으로 전달하기 위한 교육방법, 교육평가, 교육운영 등에 대한 종합적인 계획을 수립하는 활동을 가리킨다. 그러나 근본적으로는 교육과정을 무엇으로 보는가에 따라 상이할 수 있다. 즉, 교육과정을 어떤 방식으로 생각하는가에 따라서 특정한 교과의 목록이 담긴 문서, 학습경험의 계획에 관한 문서, 의도된 학습 성과의 목록을 적은 문서를 만드는 활동도 교육과정 개발 활동이라 부른다. 그런데 보통 교육과정을 편성 · 조직하고 효율적으로 운영 · 실행하는 전반적인 활동을 말한다. 여기에는 많은 활동이 포함된다. 우선 교육목표를 수립하고 목표를 달성하는 데 필요한 내용과 학습경험을 잘 선정하여 체계적으로 조작하고, 효율적으로 실행 · 평가하는 전반적인 과정을 의미한다.

교육과정 개발은 여러 수준에서 이루어지는데, 가장 광범위한 수준에 적용되는 교육과정 문서에서부터 특정한 학교에 적용되는 문서에 이르기까지 다양하다. 예를 들어, 전체 중 · 고등학교에 적용되는 교육과정에서부터 특정 중 · 고등학교에만 적용되는 문서에까지 적용범위가 다양한 문서가 개발된다.

이러한 교육과정을 개발하는 일에는 여러 사람이 참여하는데 일반적으로 다음과 같은 사람이 참여한다.

- 교사

- 교장
- 학습자와 학부모
- 지역사회 인사
- 교육과정전문가
- 관련 위원회나 단체
- 교육부와 교육청의 교육과정 장학사
- 교과전문가나 학자

그런데 이상의 참여자들이 교육과정 개발에 참여하여 각종 과제를 해결해 나갈 때 어떠한 생각과 신념을 가지느냐에 따라서 다양하게 개발 활동을 전개한다. 참여자들의 사고와 신념에 가장 큰 영향을 미치는 것을 간략하게 제시해 보면 다음과 같은 것이 있다.

- **교육철학이나 사조**: 일반적으로 교육철학 입장에는 비판철학, 분석철학, 구성주의 등이 있으며, 현대 교육사조에는 항존주의, 본질주의, 진보주의, 재건주의가 있다.
- **학습이론**: 여기에는 행동주의, 인지이론, 정보처리이론, 신경망회로이론, 뇌학습이론, 인본주의 이론 등이 있다.
- **사회에 대한 문제의식**: 여기에는 기능주의적 사고, 갈등론적 사고, 미시적 해석학적 사고 등이 있으며, 이러한 사고가 교육과정에 영향을 미친다.

이상의 기초들은 교육과정 개발 참여자들의 지식, 신념 및 사고에 영향을 간접적으로 미치며 보다 현실적으로는 사회적 · 문화적 측면과 법규적 측면이 작용한다. 교육과정에 관련되는 법령들은 여러 수준이 있다. 우선 교육이념이나 목적을 제시한 「교육법」 각급 학교별 교육목적을 제시하고 있는 「초 · 중등 교육법」, 학기나 수업일수 등을 제시하고 있는 「교육법 시행령」, 「지방교육자치에 관한 법률」 등이 있다.

이처럼 국가수준의 교육과정 개발에서 정치적 · 경제적 상황이나 교육관련 법령에 의해 제약되는 경우가 있다. 따라서 교육과정 개발에는 다양한 세력들(forces)이 영향을 미치기 때문에 교육과정 개발의 과정을 한마디로 단순화하기는 어렵다.

### 2) 개발 모형

교육과정 활동에 참여하는 사람들은 자신이 선택한 교육과정의 관점에 따라 교육과정을 개발하고(plan system), 운영하며(do system), 평가하게(see system) 된다. 성공적인 교육활동은 이들 세 활동의 유기적인 결합을 통해서 이루어지며 교육과정 개발 영역은 운영과 평가 활동의 기초를 제공한다는 점에서 매우 중요하다.

교육과정 개발 모형은 다양하고도 상이하다. 일반적으로 모형이란 어떤 사물이나 현상의 일부 또는 전체의 구조나 기능 및 특성을 단순화하여 이해를 쉽게 하기 위한 표현이다. 따라서 교육과정 모형은 다양한 교육과정 개발의 과정이나 활동을 비교적 간명하게 제시하는 것을 의미한다. 모형이 필요한 것은 교육과정 개발과정에 게재하는 요인이 많고 다양하며 요인의 관계도 복잡하다는 점 때문에 관련 요인이나 변인을 간명하게 처리하기 위함이다.

이하에서는 다양하게 제시되는 개발 모형 중에서 대표적인 모형을 중심으로 그 특징을 제시해 본다.

#### (1) 합리적 목표 모형

우선 이 모형에는 타일러(Tyler)의 모형과 목표 모형의 변형인 순환적 모형이 포함된다. 합리적 모형은 종종 목표 모형, 고전적 모형, 수단-목적 모형이라 부르는데, 이 모형의 가장 핵심적인 특징은 목표에서 시작하여 내용, 방법, 평가에 이르기까지 하나의 직선적인 절차나 계열에 따라 개발 활동이 진행된다는 것이다. 그리고 목표 모형은 목표에서 직선적인 계열에 따라 교육과정 개발 활동이 일어나지만 순환적 모형에서는 교육과정 개발 요소가 상호 순환적 관계를 맺고 있다. 즉, 개발 요소가 서로 이전 단계에서 피드백을 받고 항상 수정하고 개발 과정이 순환적으로 이루어진다. 따라서 이 모형에서는 교육과정 개발 과정을 새로운 정보나 실제에 따라 항상 변화하는 하나의 지속적인 활동이라고 보고 있다. 기본적으로 이 두 모형은 성질상 유사하다. 이 모형을 개발 요소를 중심으로 하여 그림으로 제시해 보면 [그림 5-1]과 같다.

합리적 모형의 대표적 학자로는 타일러와 타바(Taba)가 있고, 순환적 모형에는

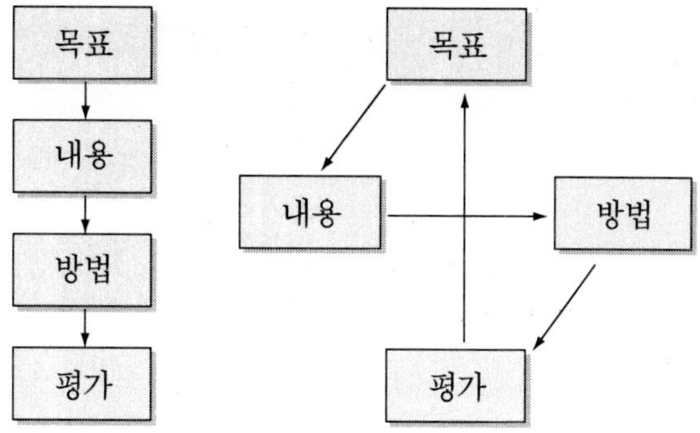


[그림 5-1] 목표 모형과 순환적 모형

휠러(Wheeler)와 니콜스(Nicholls) 등이 있다.

① 타일러의 목표 모형

타일러(Tyler, 1949)는 『교육과정과 수업의 기본 원리』라는 저서에서 교육과정과 수업을 계획할 때 반드시 고려해야 할 네 가지 문제를 다음의 질문과 같이 표현하였다.

- 학교는 어떤 교육목적을 달성하도록 노력해야 하는가? (교육목표의 설정)
- 이 목표를 달성하는 데 유용한 학습경험을 어떻게 선정할 수 있는가? (학습경험의 선정)
- 이러한 교육적 경험을 어떻게 조직할 수 있는가? (학습경험의 조직)
- 이 교육목적의 달성 여부를 어떻게 결정할 수 있는가? (사정과 평가)

이상의 물음은 다른 내용으로도 진술되는 데 그것은 다음과 같다.

- 학교가 달성해야 할 교육목표는 무엇인가?
- 목표를 달성하기 위하여 어떤 학습경험을 제공해야 하는가?
- 효과적 수업을 위하여 어떻게 학습경험을 조직할 수 있는가?
- 학습경험의 효과성을 어떻게 평가할 수 있는가?

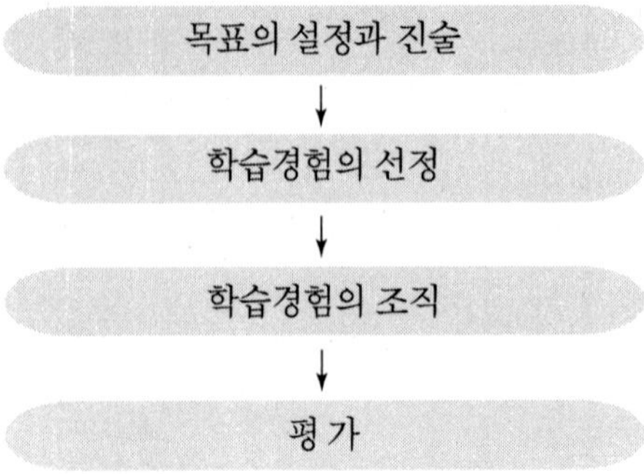


[그림 5-2] 목표 모형

이상의 내용을 요약하면 교육목표의 설정, 학습경험의 선정, 학습경험의 조직, 학습 성과의 평가로 요약할 수 있는데, 이는 타일러가 말하는 교육과정의 네 가지 기본 요소를 가리킨다. 타일러가 제시한 교육과정의 네 가지 구성 요소와 그들 간의 관계를 그림으로 나타내면 [그림 5-2]와 같다.

이 그림에서 알 수 있듯이 타일러의 교육과정 개발 모형은 교육목표가 설정되면 이를 토대로 학습경험의 선정과 조직이 이루어지고, 다음에 학습 성과에 대한 평가를 실시하며, 평가 결과는 다시 교육목표 설정에 피드백되어 교육과정을 수정·보완하는 과정으로 진행되어야 한다는 것이다.

타일러의 모형 특징을 살펴보면 다음과 같다.

- 교육과정 요소 중에서 목표를 가장 강조한다는 점에서 목표우위 모형이다.
- 목표 그 자체가 나중에 평가의 준거가 된다는 점에서 평가중심의 모형이라고 볼 수 있다.
- 목표에서 평가로 진행하는 일정 방향을 가진다는 점에서 직선적 모형이라 간주할 수 있다.
- 교육의 문제에 관심을 가지는 모든 사람이 타당하게 활용할 수 있다는 점에서 합리적 모형이다.
- 교육과정 개발자들이 당위적으로 따라야 할 절차를 제시한다는 점에서 처방적 모형이다.
- 전체 교과에서 단원의 개발로 향하는 연역적 모형이다.

[표 5-1] 타바의 교육과정 개발 모형

1. 학년 또는 교과의 특성을 나타내는 시험적인 단원 개발
   - 1.1 요구진단
   - 1.2 목표설정
   - 1.3 내용선정
   - 1.4 내용조직
   - 1.5 학습경험 선정
   - 1.6 학습활동 조직
   - 1.7 평가도구 및 준거 결정
   - 1.8 균형성, 계열성 평가
2. 시험적인 단원의 실행
3. 시험적인 단원의 수정과 보완
4. 스코프(scope)와 시퀀스(sequence)에 따라 단원 배열
5. 새 단원의 보급

### ② 타바의 확장된 목표 모형

타바(Taba, 1962)는 『교육과정 개발: 이론과 실제』라는 저서에서 교육과정 개발 절차를 제시하고 있다. 그녀는 교육과정이 교사에 의해 개발되어야 함을 강조함으로써 개발이 교수-학습 단원을 만듦으로써 시작되어야 한다고 하였다. 타바는 〈표 5-1〉과 같은 5단계로 이루어진 교육과정 모형을 제시하였다.

타바의 교육과정 개발 모형 역시 타일러의 모형의 특징과 매우 유사하다. 개발자들이 따라야 할 절차를 제시한다는 점에서 처방적 모형이지만 단원 개발에서 출발하여 교과 구성으로 진행된다는 점에서 귀납적 모형이다.

### ③ 휠러의 순환적 모형

교육과정의 각 요소가 상호 관련되어 있고 상호 의존적이며, 개발 요소 간에 순환적 형태를 띠고 있으므로 개발자들은 순환적 개발 과정을 사용해야 한다. 이 모형에서 휠러는 타일러와 타바의 모형보다는 발전적 형태로 개발 모형을 제시하고 있으며, 그 핵심적 요소는 동일하지만 요소 간의 관계 양상은 상이하다. 그래서 교육과정 개발 과정의 순환적 성질과 개발 요소 간의 상호 의존적 성질을 강조하였다. 그가 제시한 모형을 그림으로 나타내보면 [그림 5-3]과 같다.

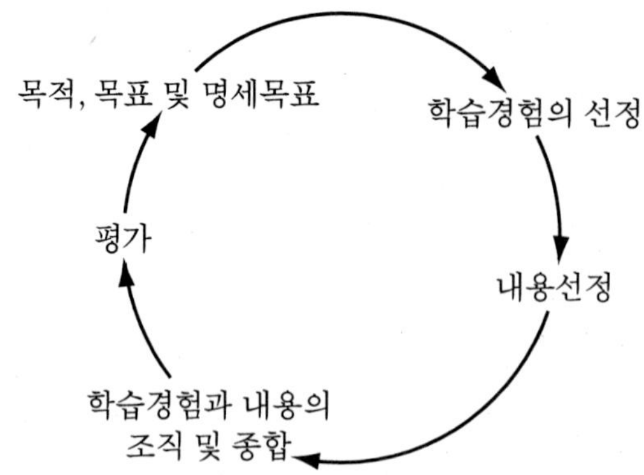


[그림 5-3] 휠러(Wheeler)의 교육과정 개발 과정 모형

출처: Wheeler(1967).

④ 니콜스의 순환적 모형

이 모형은 앞의 세 가지 모형보다는 더욱 발전된 형태를 이루고 있다. 특히 개발 과정의 첫 단계로 상황분석을 강조하고 있다. 상황분석이란 개발되는 교육과정과 관련하여 학습자의 요구, 사회·문화적 환경이나 현실 여건, 관련 인사의 요구 및 제 영향인의 검토 등이 이루어지는 예비적 단계를 말한다. 이 모형에서도 핵심적으로 포함되는 요소들은 유사하다. 그것을 그림으로 제시해 보면 [그림 5-4]와 같다.

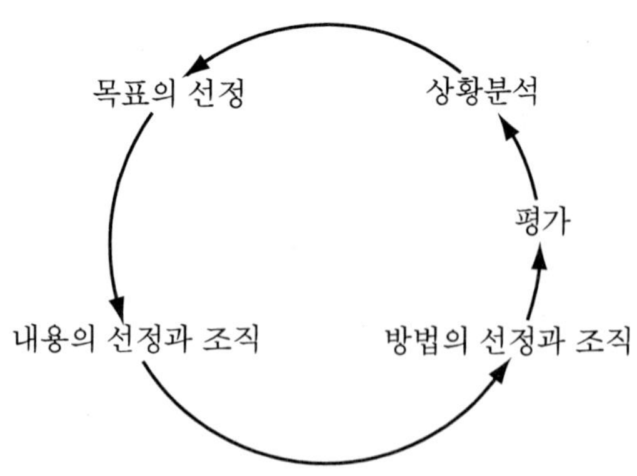


[그림 5-4] 니콜스(Nicholls)의 교육과정 개발 과정 모형

출처: Audrey & Nicholls(1978).

### (2) 실제적 개발 모형: 슈왑(Schwab)의 절충적 모형과 워커(Walker)의 숙의 모형

이 모형은 교육과정 개발 과정에 대해 매우 중요한 관점을 제시하고 있다. 이 모형은 앞에서 제시한 목표 모형과 순환적 모형이 교육과정 개발의 실제를 제대로 반영하는 데 실패하고 있다고 본다. 교육과정 개발 과정은 앞의 모형에서 보는 것처럼 직선적이지도, 순환적이지도 않으며, 교사와 개발자의 행동을 있는 그대로 잘 관찰 · 기술하여 그것을 개발 과정에 반영해야 한다고 보고 있다. 이런 점에서 실제적 모형은 기술적(descriptive) 성격을 띠고 있다. 절충적 모형은 복잡한 교육과정 개발 과정에서의 실제적 · 절충적 성격을 강조하고, 상호작용 모형은 교육과정 개발의 절차보다는 교육과정 구성 요소의 상호작용을 강조한다. 교육과정 개발의 절차는 정해져 있지 않다. 상호작용 모형은 개발자의 선호에 따라 교육과정의 네 가지 요소 중 어디서든 개발을 시작할 수 있으며, 개발 과정에서도 순서를 바꿀 수 있다.

특히 역동적 상호작용 모형은 개발의 절차를 선택할 수 있다는 점에서 개발자에게 심리적 안정감을 주고 변동하는 상황에 적절히 대응할 수 있다는 이점이 있다. 실제로 학교에서 교육과정을 개발하는 과정은 직선형보다는 상호작용 모형을 따라 이루어진다는 연구 결과도 있다. 브래디(Brady, 1992)는 교육과정 개발이 목표→내용→방법→평가보다는 내용→목표→방법→평가 혹은 내용→방법→목표→평가 등의 순으로 이루어지는 사례가 많다는 것을 지적하였다. 여기에는 대표적으로 슈왑의 절충모형과 워크의 숙의 모형이 있다.

#### ① 슈왑의 실제적 · 절충적 개발 모형

슈왑은 교육과정 전문가들이 이론적 문제에만 몰두하는 것을 비판하면서 교육과정 문제는 특정 상황에서 일어나는 실제적인 문제이지 이론적인 문제가 아니라고 지적하고 있다. 이론은 실제의 일부분만을 보여 주는 한계를 지니고 있으므로 실제 상황에 밀착된 연구와 개발이 진행되어야 상황적 요구를 효율적으로 충족시킬 수 있다는 것이다. '교육과정이 무엇이어야 하는가?' 라는 이론적 탐구보다는 특정한 상황에서 '무엇을 할 것인가?' 라는 문제에 더 관심을 기울여야 한다는 것이다.

앞에서도 언급하였듯이 교육과정 개발에서 절충(eclectic)의 능력이 중요한데, 여기에는 세 가지 방법이 있다. 첫째, 문제에 이론적 관점을 그대로 대응시키는 방법이다. 이 방법은 대응시킨 이론과 문제가 잘 어울리지 못하는 한계를 지니고 있다. 둘째, 이론적 관점을 상황에 적합하게 짜 맞추는 방법이 사용된다. 이 역시 복잡한 상황적 문제와 직접적으로 대응되는 경우가 드물기 때문에 상황에 맞게 새로운 해결책을 만들어 내는 세 번째의 절충 방법이 요구된다. 즉, 교육과정 문제는 일반적인 법칙이나 이론만이 아니라 그것이 발생한 특수한 상황과 관련되어 있는 사실이나 지식에 기초하여 해석되고 해결이 모색되어야 한다는 것이다. 이렇게 이루어지는 절충은 숙의의 과정을 통해 가능해진다.

슈왑은 교육과정을 교실의 전체적인 문화로 보고 그 교육과정을 사용할 특수한 상황에 초점을 맞추어 교육과정이 개발되어야 한다고 본다. 이 경우 전체적인 교실문화에서 발생하는 것, 학생에게 영향을 줄 수 있는 교육과정의 공통적인 구성요소 간의 상호작용을 고려해야 한다는 것이다. 공통 요인들(commonplaces)은 교사, 학습자, 교과, 환경이다. 이 요소 간의 상호작용이 교육과정 개발에서 중요하게 고려되어야 한다. 이를 그림으로 나타내면 [그림 5-5]와 같다.

슈왑은 교육과정을 이들 네 가지 구성 요소 간의 끊임없는 상호작용으로 본다. 그리고 이들 요소가 동등한 비중으로 다루어야 교육과정 개발이 질 높게 이루어진다. 또한 교육과정의 질은 교육과정 개발에 참여하는 사람들이 각 구성 요소에 대해서 갖고 있는 전문적인 지식과 경험에 따라 달라질 수 있다. 따라서 구성 요소들 간의 상호작용에 대해서 유의해야 하고 학급 내의 교사와 학생들에게 초점을 맞출 필요가 있다.

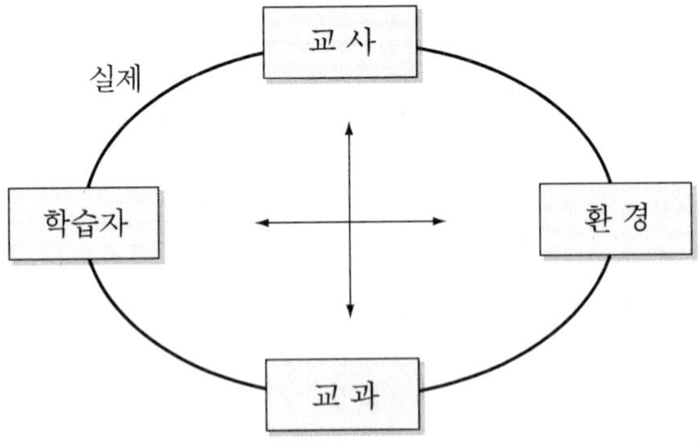


[그림 5-5] 슈왑의 교육과정 개발

② 워커의 숙의 모형

슈왑의 견해를 계승한 워커(Walker, 1971)는 교육과정 개발 과정에 대한 자신의 관찰과 거기에 직접 참가한 사람들의 활동 및 교육과정 개발 자료에 대한 분석을 통해서 학교 교육과정 개발의 과정을 다음과 같이 제시하였다.

첫째, 공통기반을 모색하는 강령 마련의 단계, 둘째 각 대안에서 야기하는 결과를 추적하여 대안의 대가나 결과를 비교함으로써 궁극적으로 올바른 대안, 혹은 최고의 대안(그것은 불가능하므로)은 아니나 최선의 대안을 선택해 가는 숙의의 단계, 셋째 선택한 대안을 실제로 실행할 수 있도록 구체화하는 설계의 단계를 거친다고 보았다. 이러한 개발 과정은 인위적으로 처방되어서는 안 된다. 그리고 이상의 과정은 현실적으로 이루어지고 있는 교육과정 개발의 일반적인 모습이며, 이 과정이 실제로 학교현장에서 이루어지는 자연스런 모습이라는 점에서 자연주의적 모형(naturalistic model)이라고 부른다.

구체적으로 살펴보면 교육과정 개발 과정의 개발자들은 처방적 모형을 따르지 않으며, 실제로는 자연스럽게 3단계의 과정으로 진행된다는 것이다. 첫째, 출발점이라고 볼 수 있는 강령(platform) 단계로서 교육과정 개발이 교육과정에 관하여 개발자들이 품고 있는 신념과 가치 체계에서 시작한다는 것이다. 둘째, 숙의의 단계는 교육과정에 대한 공동적인 그림을 찾기 위하여 개발자들이 상호작용하는 단계다. 개발자들은 아이디어를 제시하고 협의한다. 셋째, 설계의 단계는 개발자들이 논의를 통하여 교육과정의 구성 요소를 결정하는 단계다.

보다 상세히 살펴보면 첫 번째 단계에서는 개발자들은 강령(platform)에 의존한다. 강령은 교육과정 개발자들이 교육과정을 개발할 때 품고 있는 아이디어, 선호성, 관점, 신념, 가치, 개념 등으로 이루어진 개발자의 선행 경향성을 나타내며, 이것이 개발의 기초 혹은 강령이 된다. 따라서 강령에 도움을 받아 개발자는 의사결정과 판단을 내리게 된다.

두 번째 단계로 개발자들 간의 상호작용이 시작되면 숙의 단계로 들어간다. 이 단계에서는 각 개발자들은 자신의 강령을 방어하고 아이디어를 제안하며, 자신의 아이디어를 명료하게 하고 합의를 이끌어 낸다. 다소 혼란스럽고 무질서한 것처럼 보이는 이 단계가 지나면 숙의 단계는 상당히 명료한 합의를 이끌어 낸다.

세 번째 단계로 설계 단계다. 여기에서는 개발 과정의 구성 요소에 관하여 최종 결정을 내리며, 구체적인 교육프로그램을 만드는 것이다. 교육과정 설계는 일련의

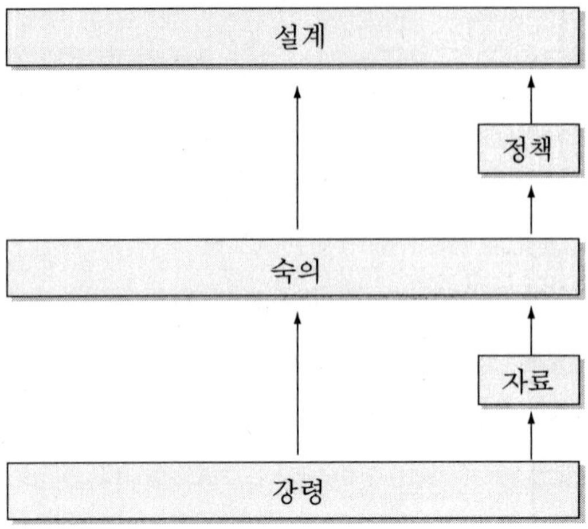


[그림 5-6] 워커의 교육과정 개발 과정

의사결정을 통해 구체화되며, 의사결정 과정에서의 선택을 통해 이루어진다. 이 단계에서는 숙의를 계속하면서 교육내용과 방법 등에 관한 최종 검토와 결정이 주로 이루어진다.

이상의 단계를 그림으로 제시하면 [그림 5-6]과 같다.

### (3) 지식의 구조론적 교육과정 개발 모형: 브루너(Bruner)

브루너의 개발 모형은 1960년대 미국에서 성행한 학문중심 교육과정의 관점에서 이루어진 것을 특징적으로 가리키는 말이다. 이 모형의 가장 큰 특징은 학문적 지식을 학교 교육과정에 반영하려는 것으로 지식의 구조를 중심으로 교육의 과정을 개혁하는 데 있다. 이 당시 학교현장의 교육과정은 학문의 최신 이론과 발달을 반영하지 못하고 많은 격차를 드러내고 있어서 교육적 문제뿐만 아니라 국가적 위기의식과 맞물려 있었다.

이하에서는 브루너(Bruner, 1960)가 대표 집필한 『교육의 과정(The Process of Education)』에서 제시하고 있는 견해를 중심으로 개발 모형을 제시해 본다.

브루너는 각 교과의 구조를 교육내용으로 하고, 교육방법의 측면에서 학습의 준비성, 사고의 형식(직관적 사고와 분석적 사고), 학습동기, 교구 등을 신중하게 고려하여 교육과정을 개발할 것을 제시하고 있다. 브루너가 그림으로 제시하지는 않았지만 그의 의도를 살려 그림으로 제시해 보면 [그림 5-7]과 같다(김경자, 2000: 348).

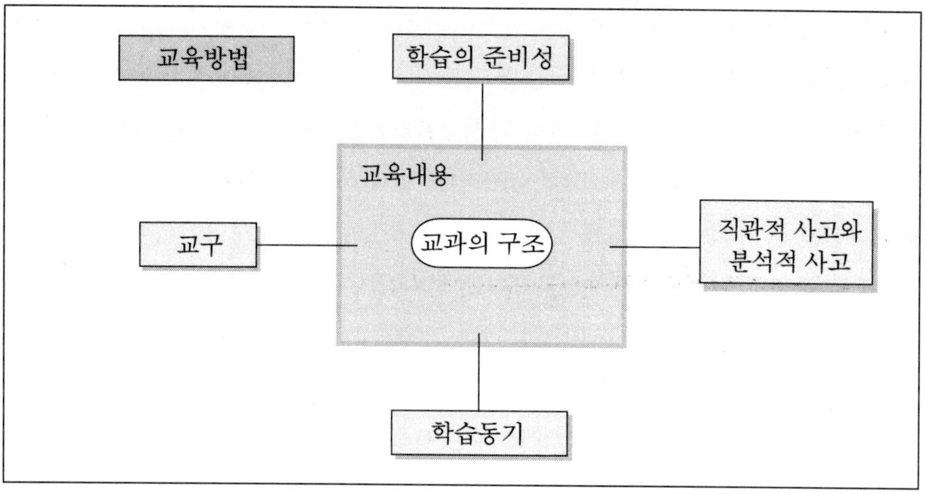


[그림 5-7] 브루너의 교육과정 개발

① 교육내용: 지식의 구조의 중요성

어떤 교과든지 그 교과를 특징적으로 그 교과답게 해 주는 골간으로써 구조가 있다. 교과의 구조란 각 교과가 모태로 삼고 있는 학문 분야의 기본적인 아이디어나 개념 및 원리를 의미한다. 이러한 구조는 기본적이고 일반적이므로 단순하고, 어린 나이에도 학습이 가능하며 새로운 문제에 대한 적용 범위도 넓다. 학습을 통해 획득된 교과의 구조는 한 현상을 어떤 원리의 특수한 사례로 인지할 수 있게 해 주고, 여러 현상 사이의 관련성과 질서를 파악할 수 있도록 해 준다. 그러므로 교과의 기본구조를 이해한다는 것은 관련 현상을 파악하는 안목을 획득하는 것일 뿐만 아니라 일반적 전이를 통해 장차의 활용에도 유익하다.

이러한 기본구조는 여러 가지 이점을 가져다 주는데, 첫째 기본구조를 이해하게 되면 교과내용을 훨씬 쉽게 파악할 수 있으며, 둘째 세세한 사항은 그것이 전체적으로 구조화된 형태 안에서 체계화되지 않으면 쉽게 망각되며, 셋째 훈련의 전이를 가능하게 해 주며, 넷째 학문의 최전선에서 학자가 하는 일과 학습자가 하는 일 사이의 간극을 좁혀 주는 이점이 있다.

따라서 한 교과의 교육과정은 이러한 이점을 지니는 교과의 구조를 나타내는 일반적인 원리를 가장 깊이 이해하고 있는 사람들에 의해 결정되어야 한다. 그리고 해당 학문 분야의 폭넓은 기본구조와 관련을 맺지 않은 특수한 사실이나 기술을 가르치는 것은 비경제적이다. 왜냐하면, 이미 학습한 것을 앞으로의 당면 사태에 적용하기 힘들고, 일반적인 원리를 이해하지 않는 학습은 지적 희열 관점에서 아무것도 주는 바 없으며, 교과에 대한 흥미를 일으키는 가장 좋은 방법은 알 가치가 있는 것임을 느끼도록 하는 것이며, 다른 사태에 써먹을 수 있도록 하는 것이다. 그리고 학습에서 얻은 지식을 서로 얽어매는 구조가 없을 경우 쉽게 망각되는 데 원리나 개념을 중심으로 특수한 사실을 조직하고 그 원리나 개념에서 특수 사실을 추리해 내는 것만이 기억 마모율을 줄이는 법이다.

한 학문 분야의 기본구조를 반영할 수 있도록 교육과정을 설계하는 데는 그 분야를 속속들이 이해할 필요가 있다. 따라서 교육과정 개발에는 그 분야의 유능한 학자가 참여해야 한다. 그러나 개발자나 교사와 학자들과 협력하여 각 교과의 기본구조를 마련한다고 하더라도 기본구조의 학습이 의도하는 바를 실현하기 위하여 해결해야 할 문제가 있다. 한 분야의 기본구조를 이해하거나 그 아이디어에 통달한다는 것은 기본구조에 대한 파악뿐만 아니라 학습과 탐구, 추측과 가설 설정에 대한 태도 및 자신감 등을 포함하므로 태도 학습을 위해서는 학습의 과정이 발견의 희열을 느끼도록 구성되어야 한다. 학문의 기본구조를 제시하되 학생들로 하여금 스스로 발견할 수 있도록 그 과정을 개발해야 한다.

### ② 교육방법

브루너는 교과의 구조를 가르치고자 할 때 고려해야 할 측면을 학습의 준비성, 직관적 사고와 분석적 사고, 학습동기, 교구 등으로 제시하고 있다.

학습의 준비성　브루너가 제시한 대담한 가설(bold hypothesis)—어떤 교과든지 지적으로 올바른 형식으로 표현하면 어떤 발달 단계에 있는 어떤 아동에게도 효과적으로 가르칠 수 있다—은 교육방법과 관련하여 많은 의미를 담고 있다.

- **아동의 지적 발달과정**: 아동의 발달 단계를 피아제 이론으로 설명하며, 발달 단계를 이해하는 것은 교과의 기본구조를 각 단계의 아동이 갖고 있는 이해 방식에 부합하게 표현할 수 있도록 해 준다.
- **학습과정**: 학습자가 교과를 학습할 때는 세 가지 과정이 동시에 일어나는데 사실을 아는 지식의 획득 과정, 획득한 사실을 새로운 문제 사태에 맞게 조직하는 변환 과정, 그리고 지식을 다루는 방법이 그 문제 사태에 비추어 적절한

가를 점검하는 평가 과정이다. 학습자는 자신이 공부하는 교과의 기본구조를 잘 파악할수록 지식의 획득, 변환, 평가 과정을 거치고 자신의 지적 능력을 발휘하면서 탐구의 세계로 들어가게 된다.

- **나선형 교육과정**: 각 교과의 중요한 기본구조는 조기에 가르칠 수 있고 학년이 올라감에 따라 지적으로 올바르게 계속적으로 계열성 있게 학습된다면 학습의 정도는 깊이와 폭이 점점 깊고 넓게 된다. 나선형 교육과정은 학습자들로 하여금 기본적인 아이디어에 통달하게 하고, 그 아이디어를 점점 더 복잡한 형식으로 다룰 수 있도록 하며, 교육내용에 대한 이해를 깊게 하고, 교육과정을 조직하는 방식이다.

직관적 사고와 분석적 사고 학습자의 사고 과정에는 이 두 유형의 사고가 있는데 교과의 기본구조를 가르칠 때 교사는 이 사고 과정을 잘 이해하고 그것을 교육적으로 활용해야 한다. 이 두 유형의 사고는 서로 이질적인 것 같지만 직관적 사고를 통하여 분석적 사고가 해결할 수 없는 것을 해결할 수 있을 만큼 상보적이다. 직관적 방법으로 얻은 해답은 하나의 가설로 존중되어야 하나 가능하다면 분석적 방법으로 다시 점검되어야 한다.

직관적 사고를 잘하는 사람은 분석적 사고를 하는 사람의 힘으로 불가능한 일, 즉 문제를 발명하고 발견하는(invent or discover) 일을 할 수 있으며, 분석적 사고를 하는 사람은 발명되고 발견된 문제에 알맞은 형식(proper formalism)을 부여하는 일을 한다. 그런데 학교학습은 형식을 갖춘 내용을 다룬다는 사실 때문에 직관의 중요성이 과소평가되는 결과를 초래한다. 학생들에게 전통적인 연역법과 증명방법을 가르치기에 앞서 급선무가 교육내용을 직관적으로 이해하도록 가르치는 것이다.

학습동기 학습활동에 이상적인 최적 동기 수준은 학교공부에 대한 무관심과 지나친 광분 사이 어디엔가 존재한다. 일상 학급사태에서 부딪히는 중요한 문제는 수동적 학습 태도다. 수동적인 관객의 문화권 안에서 능동적이고 자발적인 태도를 기르는 첫 단계는 학교에서 학생들의 학습동기를 일으키는 방법에 있다. 학생들이 공부하려는 동기에는 여러 가지가 섞여 있는데 흥미가 생기는 것과 동시에 세계의 문이 열리는 것이다. 학교의 복잡한 현실 속에서 어떻게 아동의 지식에 대한 동경을 일깨울 수 있을 것인가?

학습내용에 대한 내재적 흥미를 북돋우는 것은 발견의 희열을 느끼도록 하는 것이다. 그것은 가르치려는 내용을 아동의 사고방식에 알맞도록 번역하는 것이며, 이러한 것은 모두 학습내용에 대한 아동의 흥미를 개발하기 위한 것인 동시에 지적 활동 일반에 대한 올바른 태도와 가치관을 개발하기 위한 것이다.

교구　교구에는, 첫째 학생들에게 실제 사물이나 사건에 관한 간접적 경험을 주기 위한 도구(간접적 경험을 위한 교구, devices for vicarious experience), 둘째 모형교구(model devices)—학생들로 하여금 현상의 이면에 숨어 있는 구조를 파악하도록 도와주는 교구와 사물의 개념 구조를 느끼도록 하는 데 사용되는 방법, 셋째 학생들로 하여금 현상이나 아이디어와 긴밀한 일체감을 느끼도록 하는 데에 극적인 효과를 가지고 있는 극화교구(dramatizing devices), 넷째 자동화 교구(automatizing devices)와 교수기계(teaching machine)가 있는데 가장 좋은 교구는 교사 자신의 인성으로 연출해 내는 극적인 수업이다. 이러한 교구들은 학생들의 경험 범위를 확장하고, 학생들의 학습내용에 내재해 있는 구조를 이해하도록 도와주고, 학습내용의 중요성을 극적으로 강조하는 기능, 그리고 교사의 부담을 덜어주는 기능을 지니고 있다. 그런데 정작 중요한 것은 이러한 교구를 하나의 체계 속에서 서로 조화 있게 사용하는 방법이다.

지식의 전달자로서, 학문의 모범으로서, 동일시 대상으로서 교사의 과업은 경험의 폭을 넓히고, 그 경험을 명료화하여 그 경험에 개인적인 의미를 부여하는 여러 가지 교구를 잘 활용함으로써 훨씬 효과적으로 완수할 수 있다. 교사와 교구 사이에 갈등이 있을 필요 없으며, 교육의 목적과 필요한 조건을 고려하여 교구를 개발한다면 갈등이 있을 이유가 없다. 오직 순간적인 호기심을 자극하는 수단으로써 영화와 텔레비전, 아무런 내용도 품위도 없는 TV프로그램, 전혀 배울 가치가 없는 내용을 생생하게 그려 내는 그림은 교사에게나 학생에게 아무런 도움을 주지 못한다. 교육과정의 질은 어떤 수업 기자재를 구입한다고 해결되는 것은 아니며, 돈과 자료를 얼마나 효과 있게 활용하는가 하는 것은 수업매체 전문가나 제작자의 기술과 유능한 교사의 지혜를 얼마나 잘 통합하느냐에 달려 있다.

### (4) 예술적 교육과정 개발 모형: 아이스너(Eisner)

아이스너는 교육적 상상력(Educational Imagination)을 통해 교육과정 개발에 대한 새로운 관점을 제시하고 있다. 그는 행동주의 목표를 중심으로 개발되는 교육과정 절차의 과학성을 인정하고는 있으나, 학교 교육과정에서 의도하는 교육적 결과는 그보다는 훨씬 복잡하기 때문에 교육적 의도에 맞게 교육적 상상력을 동원하여 최선의 프로그램을 개발해야 한다는 것이다. 그래서 개발 과정은 교육적 상상력을 발휘하는 과정이며 예술적 성격을 띠고 있다(이하 내용은 김경자, 2000: 368-394; Marsh & Willis, 1995: 23-29에서 참조).

#### ① 교육목표

목적(aims)과 목표(goals), 학습목표(objectives)를 구분한다. 목적은 한 지역사회나 집단이 가지고 있는 가치관과 방향이며, 목표는 과목이나 학교 프로그램을 개설한 의도를, 학습목표는 교육을 받은 후에 학생이 갖게 되는 능력을 겨냥한 것으로 진술된다. 교육목표는 결정자가 교육에 대하여 가지고 있는 가치관이 반영된 이상과 현실이 절충되면서 설정되며, 이것을 잘 조화시키고 운영의 묘를 살려 교육 과정 개발을 진행해 나가야 한다.

#### ② 교육과정 내용과 조직

목표진술 자체에는 이 목표를 달성하기 위한 구체적인 학습내용이나 학습지도방법이 지시되어 있지 않으므로 내용선정의 기준(예를 들어, 목적 달성에의 유용성, 학생에 대한 의미성 등)에 따라 선정해야 한다. 내용 영역의 조직에서는 교과나 학문영역처럼 분과형보다는 복잡한 문제를 다루는 데 필요한 다양한 지식과 다양한 학문 영역에 걸쳐 있는 판단력을 활용하여 조직할 필요가 있다.

#### ③ 학습기회의 유형과 조직

교육내용을 경험할 기회를 설정하는 문제는 궁극적으로 교육내용의 성격에 달려 있지만, 동일한 내용이라도 다른 형태의 학습기회로 나타날 수 있다. 거기에는 학습기회를 설정하는 사람들의 관점이나 선호도가 반영된다. 과정을 중시할 수도 있고, 결과를 중시할 수도 있다. 다양한 학습기회를 구상하는 데 참조할 수 있는 것은 길포드(Guilford)의 지적 사고 과정 모형이다. 그는 인간 사고의 진행 과정을 정보 습득, 이해, 적용, 분석, 종합, 평가의 여섯 가지로 제시하고 있다.

이러한 학습기회를 조직할 때에는 계단식 모형과 거미집 모형이 있다. 전자는 학생들이 이수해야 할 코스가 미리 선형적으로 정해져 있으며, 학습 속도가 개인차를 결정한다. 후자는 교육과정 설계자가 여러 종류의 과제나 교재 또는 학습활동을 제공하고 교사는 이것을 활용하여 다양한 학습 결과를 획득할 수 있도록 조직하는 것으로, 학생마다의 고유한 특성이나 흥미, 개성 등을 개인차로 본다.

④ 제시 양식과 반응 양식

학생들이 배운 것을 표현하는 방법과 학생들이 사물을 대하는 양식은 다양할 수 있다. 즉, 학생들이 배운 지식이나 이해가 표현되고 머리에 축적되는 형태는 다양할 수 있다. 교육과정에서 학생들에게 기대하는 사물에 대한 이해는 다양한 경로를 통해 습득된다. 그러므로 학생들이 어떤 상황을 이해하기 위해서는 그 상황을 설명하는 다양한 형태의 표현 방식에 접할 기회를 가져야 하고, 학생들이 알고 있는 것을 표현하는 방식 또한 하나로 제한되어서는 안 된다. 그러나 요즘 학교문화는 쓰인 글이나 말이 너무 강조되고 있다.

⑤ 평가

평가란 검사나 측정이 제공할 수 있는 것보다 훨씬 풍부한 정보를 제공한다. 평가 행위는 교육비평으로 볼 수 있으며, 이것은 공적 평가 과정인 비평과 개인적 평가 과정인 교육적 감식안으로 이루어진다.

### (5) 해방적이고 생성적 교육과정 개발 모형: 프레이리(Freire)

이 모형에서 교육과정 개발은 일정한 절차나 객관적인 공식에 의해 진행되는 활동이기보다는, 교사와 학습자가 상호 협력하여 새롭게 구성해 나가는 과정으로 본다. 그리고 이러한 과정을 통하여 자신들의 삶을 새롭게 만들어 가는 진화적 과정으로 이해하기 때문에 개인에게 영향을 미치는 모든 요인을 적극적으로 해석하고 부정적인 요인을 극복해 나갈 수 있다고 보고 있다.

프레이리는 기존의 교육을 은행예금식이라고 비판하며 문제제기식 교육을 제안한다. 문제제기식 교육에서는 해방을 지향한다. 피억압자가 자신의 삶을 보다 인간답게 만들어 가는 것이 교육의 과제이고, 대화를 통해 과제를 수행하며 피억압자들의 삶과 관련된 문제를 제기해 주는 것이 중요하다는 것이다. 이를 위한 교육과정 개발 방법으로 해방적 방법을 제안하고 있다.

파이너는 교육과정의 재개념주의자로서 유명하다. 그는 기존의 기술공학적이고 처방적인 경향에 반대하여 개인의 실존적 삶의 의미 회복에 초점을 두고 있다. 따라서 교육과정을 실존적 주체로서 개인이 학교 교육과정에서 경험하는 내용에 주목한다. 그에 의하면 교육과정은 달려야 할 경주로가 아니라 경험하는 과정을 강조한다. 이를 위한 교육과정 개발 방법으로 자서전적 방법을 제안하고 있다.

① 프레이리의 해방적 교육과정 개발

피억압자들이 지배당하고 가난하고 힘없고 무지한 상태로 있는 것은 억압자들의 논리가 교육과정을 통해 사회적으로 강요됨으로써 내면화된 결과다. 따라서 교육과정 개발의 중요 목적은 비판적 의식(critical consciousness)을 길러 주는 일이다. 피억압자들이 자신과 사회의 역사적 주체가 되기 위하여 피억압자들에게 비판적 사회의식을 길러 줄 수 있는 교육과정 개발 단계를 다음과 같이 제시하고 있다.

- **1단계 생성어나 생성적 주제 찾기**: 교육자들은 우선 한 지역의 주민과 함께 그들의 생활 속에 내재된 현실 인식을 다시금 돌이켜 생각해 볼 수 있는 생성적 주제(generative themes)를 찾아내야 한다.
- **2단계 평가회 개최 및 기호화**: 지역주민의 생활 조사 결과는 교육자들과 지역사회 인사들로 구성되는 평가회의에 제출된다. 평가회는 현실 상황에 대한 타인의 분석을 통하여 자신의 분석을 재고할 수 있는 기회가 된다. 각 해석자가 분석한 현실 상황은 수 차례의 평가 및 반성회를 통하여 그 지역사회와 주민이 직면한 근본적인 모순과 부차적인 모순을 가려내는 자료로 사용된다. 개발자들은 하나의 팀이 되어 평가회에서 제기된 모순 가운데 일부를 선택하여 주제 탐구에 사용할 수 있도록 기호화한다. 기호란 그림이나 사진을 일컫는 것으로 교사와 학생이 행하는 비판적 분석을 중재하는 매체로써 그 지역의 모순구조를 이루고 있는 다른 여타의 문제점을 포괄하는 것이어야 한다.
- **3단계 '주제연구 서클'을 통한 해석**: 조사 결과로부터 구명된 모순의 문제를

주제로 설정하고, 그 주제와 관련된 구체적인 자료를 지역사회나 주민들로부터 구하게 되면, 교육자들은 다시 지역사회로 가서 교육을 받게 될 주민과 함께 주제탐구활동(thematic investigation circle) 모임을 시작한다. 개발자들은 해석을 위한 대화를 진행하기 위해 해당 지역으로 되돌아가 기호를 해독하는 사람들의 중요한 반응을 관찰해서 기록하며, 해독 과정에서 회합의 참가자들의 이야기를 경청하고 기호화된 실존적 상황과 참가자들 자신의 답변을 문제로 제시함으로써 참가자들이 갖고 있는 의식에 도전한다.

- **4단계 협업적 연구**: 주제탐구활동이 끝나게 되면 여러 분야의 학자와 자원봉사자들이 함께 모여 실제적인 수업에서 교육과정으로 사용될 생성적 주제를 분간해 내게 된다. 그리고 그 각각의 주제에 맞는 도서나 시청각 자료를 마련하여 소위 문화활동이라 부르는 단계가 진행된다. 주제에 대한 분류와 정리가 완료되고, 각 주제와 그 주제를 제시하기 위해 마지막으로 기호화를 함으로써 교육과정 개발이 완료된다.

### 3) 개발의 과정

교육과정 개발은 여러 단계를 거쳐서 이루어진다. 먼저 참여 기관과 인사가 선정되고, 그들에 의해 프로그램에 담기는 주요 항목이 결정된다. 대개 그들은 교육목적의 설정, 교육내용의 선정과 조직, 학습경험의 선정과 조직, 교육평가의 내용과 방법 등에 관한 주요 항목을 결정한다. 이러한 결정은 문서 형태로 출판 · 보급된다.

#### (1) 교육목표의 설정과 진술

교육과정을 개발함에 있어서 교육목표를 정하는 것이 가장 중요하면서 최우선적으로 진행된다. 교육목표는 교육과정 개발에서 이루어지는 여러 활동, 즉 교육내용과 학습경험의 선택과 조직, 교육평가의 방법과 도구의 결정 등의 방향을 잡아 주고 구체화하는 데 도움을 주기 때문이다. 이하에서는 교육목표의 개념, 설정과정, 진술 방식 등을 차례로 소개한다.

### ① 교육목표의 개념과 수준

목적, 목표, 구체적 명세목표 교육목적이나 목표와 관련하여 매우 다양한 용어가 사용되고 있다. 즉, 교육목적이나 목표를 가리키는 말로 교육이념, 교육목적, 교육목표, 교육의 일반적 목표, 교육의 구체적 목표, 단원목표, 수업목표, 행동목표 등이 있으며, 사용자에 따라 용어의 수준과 의미에 차이가 있다. 그 위계를 보면 이념(ideals)–목적(aims)–목표(goals)–명세목표(objectives) 등이 있다. 보통 이념과 목적은 교육철학의 영역에서, 목표는 교육과정의 영역에서, 명세목표는 수업의 영역에서 상대적으로 비중 있게 다룬다. 이념은 「교육기본법」 제2조에 제시되어 있고, 목적에 해당되는 것은 「교육기본법」상에 제시된 초·중등 교육목적이 있다. 그리고 목표에는 교육과정 문서상에 제시된 각급 학교별 교육목표, 교과목표, 학년목표가 있으며, 구체적 목표에는 단원목표, 수업목표가 있다. 구체적 목표를 명세적인 도달점 목표라고도 부른다.

이상의 것을 교육적 의도와 관련지어 보면 다음과 같이 볼 수도 있다. 목적은 교육적 의도를 폭넓게 진술한 것이다. 목적에서는 교육과정에서 성취하리리 기대하는 것을 진술한다. 일반적 수준이나 사회적 수준에서 설정되기 때문에 의도적으로 모호하게 진술한다.

목표는 교육과정 의도를 너욱 구체적이고, 명세적으로 진술한 것이며, 목적에서 도출된다. 이것은 일상 비전문적인 용어로 진술되고, 학생들의 성취수행을 내용과 기능을 강조하는 쪽으로 지향한다.

구체적 명세목표는 교육과정 의도의 명세적인 진술, 즉 학생들이 교육과정과의 상호작용을 통하여 학습해야 할 것을 나타낸다. 변화된 학습자 행동의 입장에서 표현된다. 목적과 목표를 분석해서 도출하였으므로 전문적 용어를 사용하고 행동적인 용어로 정확하게 진술한다. 보통 명세목표에는 단원목표, 수업목표, 행동목표 등이 있다.

이상의 구분은 교육목적을 나타내는 용어를 적용 범위의 포괄성, 적용 기간의 길이, 수단의 구체화 등에 따라 분류한 것이다. 교육의 목적, 교육의 일반적 목표, 교육의 구체적 목표의 관계를 그림으로 나타내면 [그림 5-8]과 같다.

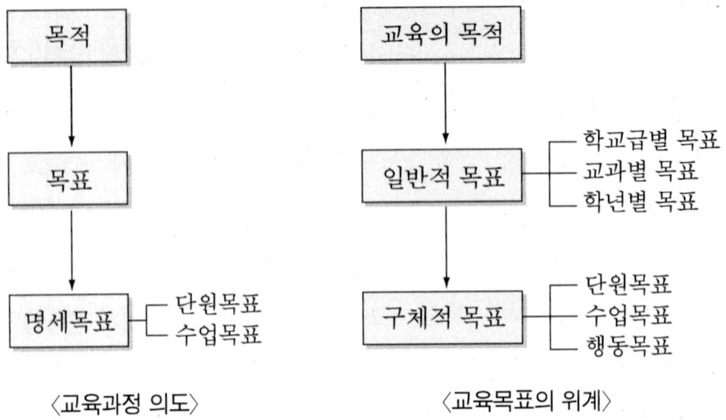


[그림 5-8] 교육의 목적, 일반적 목표, 구체적 목표의 관계

**교육의 이념과 목적** 교육의 이념과 목적은 일반적으로 교육에 대한 국가나 사회 일반의 요구를 담고 있으며, 장기간의 교육을 통해 개발되는 인간의 다양한 특성으로 진술된다. 우리나라 교육의 이념과 목적은 「교육기본법」으로 규정하고 있는데, 「교육기본법」 제2조는 우리나라 교육 전반에 걸쳐 추구해야 할 교육의 이념과 목적을 제시한 것으로, 유치원, 초등학교, 중학교, 고등학교의 교육과정을 구성하는 기저의 역할을 한다. 또한 「초 · 중등교육법」상에 제시된 초 · 중등 교육목적과 각급 학교(유치원, 초등학교, 중학교, 고등학교)의 국가수준 교육과정 문서 서두에 제시된 교육적 인간상도 교육의 목적을 나타낸다.

> 제2조: 교육은 홍익인간의 이념 아래 모든 국민으로 하여금 인격을 도야하고, 자주적 생활 능력과 민주시민으로서 필요한 자질을 갖추게 하여 인간다운 삶을 영위하게 하고 민주국가의 발전과 인류공영의 이상을 실현하는 데 이바지하게 함을 목적으로 한다.

「초 · 중등교육법」상의 중학교 교육목적 및 목표는 다음과 같다.

> 제41조: 중학교는 초등학교에서 받은 교육의 기초 위에 중등 보통교육을 하는 것을 목적으로 한다.

[표 5-2] 국가수준 교육과정의 구성 방침(7차 개정)

이 교육과정이 추구하는 인간상을 구현하기 위한 구성 방침은 다음과 같다.

가. 사회적 변화의 흐름을 주도할 수 있는 기본 능력을 길러 줄 수 있도록 교육과정을 구성한다.
나. 국민공통 기본교육과정과 선택중심 교육과정 체제를 도입한다.
다. 교육내용의 양과 수준을 적정화하고, 심도 있는 학습이 이루어지도록 수준별 교육과정을 도입한다.
라. 학생의 능력, 적성, 진로를 고려하여 교육내용과 방법을 다양화한다.
마. 교육과정 편성과 운영에 있어서 현장의 자율성을 확대한다.
바. 교육과정 평가체제를 확립하여 교육에 대한 질 관리를 강화한다.

그런데 기존의 「교육법」은 최근에 교육 3법(「교육기본법」, 「초 · 중등교육법」, 「고등교육법」)으로 분리, 개정되었으며, 우리나라의 교육목적은 「교육기본법」 제2조에 앞의 내용과 동일하게 규정되어 있다. 그리고 각급 학교의 교육목적은 「초 · 중등교육법」과 「고등교육법」에 규정이 되어 있는데, 초등학교 교육목적은 「초 · 중등교육법」 제38조에, 중학교 교육목적은 동법 제41조에, 고등학교 교육목적은 동법 제45조에, 특수학교 교육목적은 동법 제55조에 각각 명시되어 있다. 물론, 그 내용도 약간씩 달라졌다.

교육의 역사를 통해서 볼 때 교육의 목적은 지적 능력의 개발, 사회의 유지와 개선, 개인의 성장과 행복 등으로 규정되어 왔다. 이들 세 가지의 교육목적은 각각 교육의 한 측면에 대한 진실을 포함하고 있으므로, 좋은 교육의 목적은 어느 한 입장을 택하고 다른 것은 버리는 것이 아니라, 이 목적 모두를 포함하는 것이다.

그러나 교육의 목적은 공개선언문과 마찬가지로 구체적인 행동 방침까지 제시하지는 않는다. 앞에 제시한 목적도 이를 달성하는 데 어떤 내용과 활동이 필요한지를 알려 주지 않는다. 예를 들어, 지력의 개발, 민주적 태도의 형성, 자아 실현 등의 목적은 교육과정 문서에 어떤 교육내용과 활동을 담아야 달성되는지를 제시하지 않는다. 하지만 교육 목적의 이러한 특성이 교육의 목적이 필요 없다는 쪽으로 비약되어서는 곤란하다. 마치 3 · 1 독립선언문이 활동의 구체적인 방향은 제시하지 않지만 우리 민족에게 독립의 필요성과 정당성을 일깨워 주고 독립을 위해 분발을 촉구하는 메시지를 전하듯이, 교육의 목적은 국가와 사회가 지닌 교육적 의도를 알려 주고, 교육활동의 일반적인 방향을 표현해 주는 구실을 한다(김대현,

김석우, 1999: 85-86).

교육목표　교육목표는 교육의 목적에서 도출되며, 교육의 목적에 비해 덜 포괄적이고, 적용 기간이 짧다. 대개 교육목표에 해당하는 것으로 교육과정 문서상의 학교급별 교육목표, 교과별 목표, 학년별 목표를 들 수 있다.

**◈ 학교급별 목표**

학교급별 목표는 국가수준에서 결정하는 유치원, 초등학교, 중학교, 고등학교 등의 교육목표를 가리킨다. 학교급별 목표는 학생들의 발달적 특성과 사회적 요구가 어우러진 학교의 단계별 특성을 염두에 두고 결정되며, 각급 학교의 학생에게만 적용된다는 점에서 교육의 목적에 비하여 덜 포괄적이고 적용 기간이 짧다. 또한 항상 그런 것은 아니지만 많은 경우 이러한 교육목표를 달성하기 위한 수단을 일반적인 수준에서나마 제시한다는 점에서 교육의 목적과 구별된다. 예컨대, 교육과정 문서에 제시된 중학교의 교육목표는 〈표 5-3〉과 같다.

**◈ 교과별 교육목표와 학년별 교육목표**

교과별 교육목표는 교육과정 문서에 제시된다. 그것은 교과의 성격에 바탕을 두고 설정된다. 각급 학교와 각개 교육청과 개별 학교의 교육목표는 대개의 경우 교과의 목표를 달성함으로써 실현된다. 국가수준의 교육과정 문서에는 교과별 교육목표가 일반적인 수준으로 제시되어 있으며, 각개 교육청과 개별 학교의 교육과정 문서에는 각 기관의 특수성을 감안한 교과별 교육목표가 제시된다.

[표 5-3]　중학교 교육목표

중학교의 교육은 초등학교 교육의 성과를 바탕으로, 학생의 학습과 일상생활에 필요한 기본 능력과 민주시민으로서의 자질을 함양하는 데 중점을 둔다.

가. 심신의 조화로운 발달을 추구하고, 자기 발견의 기회를 가진다.
나. 학습과 생활에 필요한 기본 능력과 문제 해결력을 기르고, 자신의 생각과 느낌을 창의적으로 표현하는 경험을 가진다.
다. 다양한 분야의 지식과 기능을 익혀 적극적으로 진로를 탐색하는 경험을 가진다.
라. 우리의 전통과 문화에 대한 자긍심을 지니고, 이를 발전시키려는 태도를 가진다.
마. 자유민주주의의 기본적 가치와 원리를 이해하고, 민주적인 생활 방식을 익힌다.

[표 5-4] 과학과 목표

자연현상과 사물에 대하여 흥미와 호기심을 가지고, 과학의 지식 체계를 이해하며, 탐구 방법을 습득하여 올바른 자연관을 가진다.

가. 자연의 탐구를 통하여 과학의 기본 개념을 이해하고, 실생활에 이를 적용한다.
나. 자연을 과학적으로 탐구하는 능력을 기르고, 실생활에 이를 활용한다.
다. 자연현상과 과학 학습에 흥미와 호기심을 가지고, 실생활의 문제를 과학적으로 해결하려는 태도를 기른다.
라. 과학이 기술의 발달과 사회의 발전에 미치는 영향을 바르게 인식한다.

교과별 교육목표는 특정 영역에 한정된 목표라는 점과 이를 달성하기 위한 수단을 비교적 구체적으로 제시한다는 점에서 상기한 교육의 목적이나 교육목표와 구별된다. 그리고 종전에는 교과별 교육목표를 학년별로 나누어 제시하였지만 제6차 교육과정에서는 학생들의 능력차를 고려하여 학년목표를 삭제하였다. 〈표 5-4〉는 교과별 교육목표의 사례로서 과학과의 목표다(국민공통 기본교육과정, 1997).

구체적 명세목표 구체적 교육목표는 비교적 단기간의 수업을 통하여 학생들이 성취해야 하는 것을 상세하게 진술한 것으로써 이를 달성하기 위한 수단(학습 내용과 활동 등)을 구체적으로 제시하고 있다. 교육의 구체적 목표는 교과의 학년별 내용을 분석하여 찾아내며, 수일이나 수주에 걸치는 단원목표나 단시 또는 하루의 수업목표로 구분할 수 있다.

단원목표는 교육과정의 일부분이나 하나의 단원을 준비하기 위한 지침으로 진술된다. 단원목표는 교사용 지도서에 구체적으로 명시되어 제시되기도 하며, 교과서에 간접적으로 제시되는 경우도 있다. 단원목표는 교과의 내용을 분석하여 설정되며, 수업목표를 설정하는 기반이 되고, 수업목표에 의하여 실현된다. 교과과정 문서와 교사용 지도서에는 단원별로 이와 같은 단원목표를 제시한다. 예를 들어, 현행 교육과정 중학교 2학년 『사회』의 '유럽 세계의 형성' 대단원의 목표가 〈표 5-5〉와 같이 제시되어 있다.

만일 교사들이 단시수업이나 1일의 교수활동을 위한 명세목표를 준비하고 있다면 그 교사는 수업목표를 작성하고 있다고 말할 수 있다. 이러한 명세목표는 교육적 의도를 명확하게 진술하는 것이며, 관리 가능한 적은 분량의 시간과 관련되어 있다. 그리고 단원목표에서 추출되며, 단원목표를 구체적인 학급의 학습활동에 적

[표 5-5] 단원의 목표

〈지식 · 이해〉
(1) 그리스 도시 국가의 형성 배경과 그 특징을 이해한다.
(2) 그리스 문화의 성격과 그것이 유럽문화에 끼친 영향을 이해한다.
(3) 로마가 공화정에서 제정으로 변천된 과정을 영토의 팽창과 연관하여 이해한다.
(4) 프랑크 왕국의 발전 원인과 카롤루스대제가 끼친 영향을 이해한다.
(5) 비잔틴 제국의 역사적 의의와 비잔틴 문화의 요소를 파악한다.
(6) 중세봉건사회의 특성을 파악하고 중세농민의 생활상을 이해한다.

〈기능〉
(1) 아테네와 스파르타의 정치 체계의 차이점을 비교할 수 있다.
(2) 고대와 현대 민주정치의 공통점과 차이점을 비교하여 말할 수 있다.
(3) 그리스 문화와 로마문화의 차이점을 비교하여 말할 수 있다.
(4) 서양 중세의 농노와 고대의 노예와의 차이점을 열거한다.

〈가치 · 태도〉
(1) 고대 여러 나라의 흥망성쇠를 이해하여 애국애족의 정신을 기른다.
(2) 중세에서 근대로의 이행을 종합적으로 이해하여 역사를 계기적 발전 과정으로 보려는 태도를 가진다.

용하려는 교사의 시도를 나타낸다. 따라서 수업목표는 매일의 수업활동에서 적절하게 활용된다. 수업목표는 단시수업이나 하루의 교수활동을 위한 목표다. 수업목표는 교사용 지도서에 차시별로 제시된다. 행동목표는 의도된 학습 성과를 명세적으로 진술한 것으로 학습자의 관찰 가능한 행동을 중심으로 학생들의 변화를 기술하는 것이다. 즉, 수업의 성과는 학생의 행동으로 나타내야 한다. 행동목표를 진술하기 위해서는 매이거(Mager)가 주장한 세 가지 준거가 필요하다(1962).

- 학생의 관찰 가능한 도착점 행동의 기술(관찰 가능한 행동)
- 행동이 일어나는 중요한 조건의 진술(조건)
- 수락할 수 있는 성취수행 기준의 규정(기준)

대부분의 교사는 교육의 목적이나 교육의 일반적 목표 설정과는 관계가 없다. 제6차 교육과정 개정 이후에 학교별 교육목표 설정이 강조되고 있지만, 지금까지는 활성화되지 못하고 있으며, 국가나 지역 교육청 수준에서 이루어지는 교육목적이나 교육목표의 설정에 참여하는 교사의 수도 크게 늘어나지 않을 것으로 예상된다. 따라서 교사와 가장 가까운 것은 교육의 구체적 목표라고 할 수 있다.

#### ② 교육목적의 설정 과정

교육적으로 가치 있는 목적을 설정하는 것은 매우 어려운 과제다. 이하에서는 매우 일반적인 수준에서 제시할 수 있는 설정 과정, 설정 자원, 설정 원칙 등을 살펴본다.

설정 과정 교육의 이념과 목적은 교육목표를 도출하는 근거가 되고, 교육목표는 구체적 명세목표의 바탕이 된다는 점에서, 교육목적의 설정 과정을 [그림 5-9]와 같이 도식화하여 정리할 수 있다.

교육목적과 목표 간의 관계는 다소 복잡하다. 우리나라와 같이 국가수준의 교육과정에서 학교급별 교육목표와 교과별 교육목표를 명시하고 있는 경우에는 각 교육청이나 단위 학교가 이들 교육목표를 토대로 기관별 교육목표를 결정하게 된다.

설정 자원 교육적으로 가치 있는 목적은 최종적으로 바르고 균형 잡힌 판단에 의하여 결정되어야 하지만, 이보다 먼저 생각해야 할 것은 교육목적의 후보자를 어디서 발견해 낼 것인가 하는 문제다. 일찍이 교육목적을 도출해 내는 원천으로 타일러(Tyler, 1949)가 생각한 학습자, 사회, 교과의 세 가지 자원은 교육과정의 역사를 통해서 여전히 강조되고 있지만, 교육목적의 수준에 따라 교육목적 설정의 자

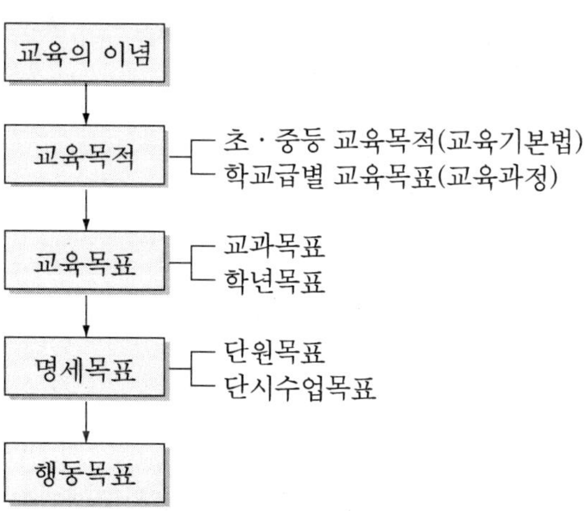


[그림 5-9] 교육목적의 설정 과정

원은 달라지게 된다.

먼저 교육의 목적을 결정하는 교육자들에게는 교육에 대한 학생들의 요구와 사회의 요구 조사 결과가 주요한 자원이 된다. 경험적으로 수집된 이들 자료는 교육의 목적을 설정하는 데 필요한 정보를 제시한다. 그리고 교육문헌 속에 제시된 기존의 각종 교육목적은 교육자들이 교육목적을 설정할 때 흔히 이용하는 자원들이다.

다음으로 교육자들이 교육의 일반적 목표나 구체적 목표를 결정할 때도 학생과 사회의 교육적 요구는 주요한 자원이 된다. 그리고 교육의 일반적 목표와 구체적 목표는 교과라는 매개물을 통해 실현되기 때문에 교과전문가가 학회, 기관지, 협의회 등을 통하여 제시하는 견해도 중요한 자원이 된다. 또한 교과별 수업목표 체계를 잘 정리해 놓은 각종 보고서와 저서는 교육의 구체적 목표를 세우는 데 매우 유용한 참고 자원으로 활용된다.

설정 원칙 교육목표의 설정 자원이 마련되면 목표 설정이라는 구체적인 작업이 뒤따르는데, 이때 설정 원칙이 필요하다. 교육적으로 가치 있는 목적을 설정하기 위하여 자원의 확인이 필요하지만 그것만으로 교육목적이 결정되는 것은 아니다. 자원에도 도출된 교육의 많은 후보 중에서 어떤 것이 교육적으로 타당하고 바람직한 목적인지를 결정하는 데는 객관적이고 합리적인 자원의 조사와 올바른 정치적 결단이 필요하다. 교육목적의 설정 원칙이란 교육목적의 설정에 참여하는 집단이 준수해야 하는 행동의 지침을 가리킨다(김대현, 김석우, 1999: 93-100).

◈ 객관적이고 합리적인 방식의 조사가 필요하며, 목적 결정의 정치적 가능성도 이해해야 한다

교육목적은 사회적으로 적절하고 개인적으로 의미가 있어야 한다. 만일 학교 기관이 사회의 변화와 그에 따른 교육적 요구를 제대로 반영하지 못한다면 기관 자체의 존립이 위태로울 것이며, 학습자들의 학습과 발달적 특징에 따른 요구를 제대로 파악하지 못하고 있다면 효과적인 교육을 하기는 어려울 것이다. 따라서 교육에 대한 사회의 요구를 정확하게 진단하고 학습자의 요구를 정확하게 파악하는 것은 교육목적 설정에 있어서 필수적인 활동으로 간주된다. 문제는 이들 요구를 어떻게 확인하며, 어떤 요구가 교육목적의 자격을 갖는가를 결정하는 방법이다. 요구사정(needs assessment)은 이러한 문제를 해결하기 위하여 사용되는 실증적인

방법이다.

교육과정 분야에서 요구란 현재의 수준과 기대 수준 간의 간격을 말하며, 요구사정이란 이러한 요구를 찾아내고 우선순위를 결정하는 과정이다. 요구사정기법은 모든 수준의 교육목적을 결정하는 데 활용할 수 있다. 요구사정기법은 위계적인 절차와 사실적인 조사 방식을 통하여 교육목적을 설정하고 그 우선순위를 밝히는 데 흔히 사용되고 있다. 하지만 요구사정기법에 대한 비판도 만만하지 않다. 여러 가지 문제점이 지적되고 있지만, 요구사정에 대한 가장 큰 비난은 사실의 세계와 가치의 세계를 구별하지 못한다는 점이다. 그리고 만일 요구사정의 각 단계가 이를 주도하는 집단의 이해관계에 의하여 조종된다면 교육목적의 설정은 서로 대립적인 관점을 합리적이고 과학적인 절차를 따라 조정하기보다는 다수의 힘이라고 하는 권력의 형태를 통하여 문제를 해결하고자 하는 문제도 생길 수 있다.

◈ 다양한 집단의 참여를 고려해야 하지만 교육적 입장을 존중해야 한다

교육목적의 설정에는 종전에는 참여가 제한되거나 참여한다고 하더라도 폭이나 깊이 면에서 미미했던 일반시민, 학부모, 학생, 출판업자 등 여러 집단의 목소리가 점점 높아지고 있다. 우리나라의 교육목적은 수준에 따라 이를 결정하는 데 참여 집단이 다르며, 여러 집단이 각기 연구, 협의 자문 등의 방식을 통하여 참여하는 것을 보장하고 있다.

어떤 수준의 교육목적이 어떤 기관에서 확정되어야 하며 어떤 집단이 어떤 방식으로 참여해야 가치 있는 교육목적을 설정할 수 있는지는 시대와 사회에 따른 차이가 있을 것이므로 이상적인 모습을 제시하기는 어렵다. 그러나 반드시 참여해야 할 집단과 그들의 올바른 참여 형태가 제한된다면 문제가 될 수 있고, 참여 과정에서 민주적이고 합리적인 의사소통이 이루어지지 않거나, 참여자가 참여하는 데 필요한 지식 · 기능 · 태도 · 여건 등을 갖추고 있지 않으면 가치 있는 교육목적을 설정하기 어렵다. 이런 점에서 교육목적 결정 과정에 참여하는 집단이 대표성을 가져야 하고, 참여가 최대한 보장되어야 하며, 합리적인 의사소통이 이루어지고, 참여할 수 있는 여건이 조성되어야 한다.

이와 같은 조건은 교육의 목적뿐만 아니라 교육의 일반적 목표나 구체적 목표를 결정하는 데도 필요하다. 다만, 목표의 성격에 따라 주도하는 집단과 그들의 역할에 약간씩 차이가 있을 뿐이다. 그러나 항상 교육적 입장에서 교육목적의 타당성

을 고려해야 한다.

◈ **포괄성, 균형성, 체계성, 달성 가능성을 갖춘 교육목적을 설정해야 한다**

교육목적의 포괄성은 교육을 통해 달성하고자 하는 것을 모두 교육목적으로 포함시켜야 한다는 것이다. 대체로 교육의 목적과 학교급별 · 기관별 교육목표는 포괄성을 만족시켜야 한다. 1918년 미국교육연합회의 위임으로 중등교육재조직위원회가 제시한 건강, 기초적인 의사소통 능력, 바람직한 가족관계, 직업훈련, 시민의식, 여가선용, 도덕적 품성의 일곱 가지 원리는 중등학교의 교육목표를 포괄적으로 제시한 사례로 볼 수 있다.

이러한 의미의 포괄성은 직업교육, 탐색교육, 보충교육보다는 공통교육의 경우에 적용된다. 예를 들어, 우리나라의 유치원, 초등학교, 중학교, 일반계 고등학교는 공통교육을 주로 하며, 실업계 고등학교는 공통교육과 함께 직업훈련 교육을 하는 곳으로, 이 학교의 교육목표는 포괄성을 가진 목표뿐만 아니라 직업훈련을 위한 특수목표를 동시에 갖는다.

교과별 교육목표와 구체적 교육목표는 이러한 의미의 포괄성을 가질 필요가 없다. 교과별 교육목표는 교과의 성격에 바탕을 두고 결정되므로 포괄성의 원리를 만족시킬 필요는 없다. 이 점은 단원목표나 수업목표로 대별되는 구체적 목표에도 마찬가지로 적용된다. 한 단원이나 한 시간 수업의 목표가 여러 가지 영역의 개발을 모두 포함해야 하는 것은 아니다. 하지만 교사는 한 시간, 한 단원, 한 교과의 수업이 궁극적으로는 교육의 다양한 목적을 달성하기 위해서 하는 일이라는 사실을 의식하고 있어야 한다.

교육목적의 균형성은 교육을 통해 달성하고자 하는 모든 것이 동등한 자격으로 존중되어야 한다는 것이다. 동등한 자격이란 산술적 의미의 평균이 아니라 교육목적 속에 포함되는 것이 나름대로 타당한 근거 속에서 모두 존중되어야 한다는 것을 말한다. 교육의 목적과 학교급별 · 기관별 교육목표는 균형성을 갖추어야 한다. 예를 들어, 미국의 중등교육재조직위원회가 제시한 일곱 가지 목표 중 일부 목표의 달성에 교육활동이 치중되어 다른 목표가 무시되지 않도록 모두 강조되어야 한다는 것이다.

그러나 교과별 교육목표나 구체적 교육목표의 작성에도 균형성이 요구되는 것은 아니다. 특정 교과, 단원, 단시 수업에서 제 영역의 목표를 모두 다루거나 동일하게 존중할 수는 없는 것이다.

교육목적이 체계적이라는 말은 목적 간에, 그리고 상위 목적과 하위 목적 간에 모순이 없어야 하며, 상위 목적 속에 진술된 내용이 하위 목적의 진술 속에 반영되어야 한다는 것이다. 먼저 교육의 목적, 교육목표, 구체적 목표 간에 논리적 일관성이 있어야 한다. 또한 교육의 목적 간, 일반적 교육목표 간, 구체적 목표 간에도 논리적 일관성이 있어야 한다.

다음으로 교육의 목적에 제시된 사항은 교육목표 속에 반영되며, 교육목표의 내용은 구체적 교육목표 속에 다시 반영되어야 한다. 예를 들어, 개인의 성장과 행복이라는 주요한 교육의 목적이 교육목표 속에 제대로 반영되지 않았다면 그와 같은 목적이 달성될 수 없을 것이다. 마찬가지로, 교과의 탐구 방식이라는 주요한 교육목표가 구체적 목표로 번역되지 않는다면 그와 같은 목표를 성취하기는 어렵다.

교육목적은 달성 가능해야 한다. 교육의 목적이나 교육목표의 달성 가능성을 직접적으로 사정하기는 어렵다. 교육의 목적, 교육목표, 구체적 목표가 체계적으로 설정되었다면 교육의 목적 · 교육목표의 달성은 구체적 교육목표의 달성 정도로도 평가할 수 있을 것이다.

구체적 목표의 달성에 영향을 주는 주요한 요인은 교사, 학생, 학습내용, 학습자료, 시간, 공간 등 여러 가지가 있다. 이들 제반 요인에 대한 주의 깊은 분석을 통하여 구체적 목표의 실현 가능성을 점칠 수 있다. 구체적 목표를 설정할 때는 이들 요인을 종합적으로 고려해야 하며, 설정된 구체적 목표 역시 이들 요인의 분석을 통하여 계속적인 가감 · 수정 등이 필요하다.

### ③ 교육목적의 진술

교육목적을 진술할 때에는 다음의 몇 가지 사항을 기준으로 유의할 필요가 있다.

진술 기준

- 내용과 행동이 이원적으로 진술되어야 한다.
- 간결하고 구체적으로 간단명료해야 한다.
- 포괄적이어야 한다.
- 행동의 특징을 명시해야 한다.
- 사회, 개인, 지식 간의 균형성을 고려해야 한다.

- 지적 · 정의적 · 심리–운동영역을 구분한다.
- 학습자의 도달 가능성을 고려해야 한다.
- 학습 성과의 평가 준거의 역할을 해야 한다.
- 일관적으로 진술해야 한다.

진술방식

◈ **교육목표 분류학**

교육목표는 교육을 통해 기대되는 성과를 의미하는 것으로써 교육활동의 기준과 방향을 제시한다. 따라서 교육목표는 구체적일수록 교육활동의 내용과 이를 통해 달성해야 할 것을 분명히 밝혀 준다고 할 수 있다. 그래서 많은 학자는 교육목표를 구체화 혹은 상세화할 수 있는 방안을 제시해 왔다. 특히 블룸 등(Bloom et al., 1956)은 행동을 인지적(cognitive domain), 정의적(affective domain), 심동적 영역(psychomotor domain)으로 나눈 다음 영역마다 각각 교육목표에 진술되어 있는 행동을 분류하는 준거를 제시했다. 최근에는 블룸의 분류학이 수정 · 제시되고 있다(김인식 외 공역, 2004). 교육목표 분류학의 구체적인 내용은 다음과 같다.

인지적 영역의 학습

1.00 지식: 이미 배운 내용, 즉 사실, 개념, 원리, 방법, 유형, 구조 등에 대한 기억으로 한 교과영역 속에 담겨 있는 특정 요소의 상기나 재생 또는 재인(再認)을 의미한다(찾아내다, 명명하다, 정의하다, 설명하다, 열거하다, 연결하다, 선택하다, 약술하다).

1.10 특수 사상에 관한 지식

1.20 특수 사항을 다루는 방법과 수단에 관한 지식

1.30 보편적 및 추상적 사상에 관한 지식

2.00 이해: 이미 배운 내용에 관한 의미를 파악하는 능력을 뜻하며, 단순히 자료를 기억하는 수준을 넘어 자료의 내용이 다소 치환되어도 그 의미를 파악하고 해석하며 추론하는 능력을 말한다(분류하다, 설명하다, 종합하다, 전환하다, 예측하다, 구별하다).

2.10 변환

2.20 해석

2.30 추론

**3.00 적용**: 이미 배운 내용, 즉 개념, 규칙, 원리, 이론, 기술, 방법 등을 구체적인 또는 새로운 장면에서 응용하는 능력을 말한다(변환하다, 계산하다, 풀다, 수정하다, 재배열하다, 조직하다, 관계짓다).

**4.00 분석**: 조직, 구조 및 구성 요소의 상호관계를 이해하기 위하여 주어진 자료의 구성 및 내용을 분석하는 능력을 의미한다(변별하다, 도식화하다, 추정하다, 구분하다, 추론하다, 구성하다, 세분하다).

4.10 요소의 분석력

4.20 관계의 분석력

4.30 조직원리의 분석력

**5.00 종합**: 비교적 새롭고 독창적인 형태, 원리, 관계, 구조 등을 만들어 내기 위하여 주어진 자료의 내용 및 요소를 정리하고 조직하는 능력을 말한다(종합하다, 창안하다, 고안하다, 설계하다, 합성하다, 구조화하다, 재배열하다, 개정하다).

5.10 독특한 의사소통의 개발

5.20 계획 및 실행 절차의 고안

5.30 추상적 관계의 도출

**6.00 평가**: 어떤 특정한 목적과 의도를 근거로 하여 주어진 자료 또는 방법이 갖고 있는 가치를 판단하는 능력을 말한다(판단하다, 비판하다, 비교하다, 정당화하다, 결론짓다, 판별하다, 지지하다).

6.10 내적 준거에 의한 판단

6.20 외적 준거에 의한 판단

### 정의적 영역의 학습

크라스홀, 블룸, 매시아(Krathwohl, Bloom, & Masia, 1964)는 어떤 사상에 대한 주의, 흥미, 동기, 태도, 가치, 신념 등의 형성과 변화에 관계되는 정의적 영역의 행동을 수용, 반응, 가치화, 조직화, 인격화라는 다섯 가지의 유목으로 분류하였다. 이러한 행동의 목표를 흥미, 태도, 감상, 가치, 정서적 반응경향 또는 편견 등으로 표현하고 있다. 크라스홀 등이 규정한 정의와 아울러 그론룬드(Gronlund, 1981)가 소개한 정의적 학습 성과를 측정하기 위한 대표적인 동사를 ( ) 속에 제시한다.

1.0 수용: 어떤 자극이나 활동을 기꺼이 수용하고 자발적으로 주의를 기울이게 되는 것과 같은 민감성을 의미한다(묻다, 가려잡다, 찾아내다, 이름짓다, 지적하다, 선택하다, 대답하다, 사용하다).

1.1 감지

1.2 자진감수

1.3 선택적 주의 집중

2.0 반응: 어떤 자극 또는 활동에 적극적으로 참여하고 자발적으로 반응하며 그러한 참여와 반응에서 만족감을 얻게 되는 행동을 말한다(확인하다, 인사하다, 돕다, 실행하다, 제시하다, 암송하다, 보고하다, 선택하다, 말하다, 쓰다).

2.1 묵종반응

2.2 자진반응

2.3 반응에서의 만족

3.0 가치화: 특정한 대상, 활동 또는 행동에 대하여 의의와 가치를 직접 추구하고 행동으로 나타내는 정도를 가리킨다(완성하다, 기술하다, 구분하다, 초대하다, 참가하다, 입증하다, 제안하다, 분담하다, 공부하다, 일하다, 논쟁하다, 항변하다).

3.1 가치의 수용

3.2 가치의 선호

3.3 가치의 확신

4.0 조직화: 일관성 있는 가치체계를 내면화하는 전초 단계로서 서로 다른 수준의 가치를 비교하고 연관시켜 통합하는 것을 뜻한다(주장하다, 정리하다, 결합하다, 비교하다, 완성하다, 변호하다, 일반화하다, 조직하다, 수정하다).

4.1 가치의 개념화

4.2 가치체계의 조직

5.0 인격화: 개인의 행동 및 생활의 기준이 되며 가치관이 지속적이고 일관성 있고, 또 그것이 그의 행동을 예측할 수 있을 가능한 정도로 확고하게 그의 인격의 일부로 내면화된 정도를 의미한다(활동하다, 변별하다, 경청하다, 실천하다, 제안하다, 봉사하다, 해결하다, 개정하다, 사용하다, 증명하다, 실행하다).

5.1 일반화된 행동 태세

5.2 인격화

### 심동적 영역의 학습

심동적 영역은 근육이나 운동기능을 강조하는 것으로써 자료나 대상의 조작, 신경근육적 조정 등이 요구되는 행동이 여기에 속한다. 심프슨(Simpson, 1966)과 해로우(Harrow, 1972) 등은 블룸의 목표분류 체계에 입각하여 심동적 영역의 목표분류를 체계화하였다. 여기에서는 해로우(Harrow, 1972)의 분류방식을 따라 그 요인을 제시한다.

1.0 **반사적 운동**: 반사적 운동은 파악 및 무릎반사와 같이 개인의 의지와는 관계없이 나타나는 단순한 반사운동을 말한다. 이러한 반사적 운동은 훈련이나 교육에 의해서 발달하는 것이 아니므로 교수목표로 설정할 수 없는 행동이지만 보다 높은 운동기능의 발달에 기초가 된다.

1.1 소 분절적 반사

1.2 중 분절적 반사

1.3 초 분절적 반사

2.0 **초보적 기초동작**: 초보적 기초동작은 잡기, 서기, 걷기와 같이 여러 가지 또는 몇 개의 반사적 운동이 함께 발달되고 통합됨으로써 이루어지는 동작을 뜻한다.

2.1 이동동작

2.2 입상동작

2.3 조작운동

3.0 **운동지각 능력**: 운동지각 능력은 감각기관을 통하여 자극을 지각하고 해석하며 그것을 토대로 환경에 대처하고 적응하는 기능을 말한다.

3.1 근육감각을 통한 변별

3.2 시각을 통한 변별

3.3 청각을 통한 변별

3.4 촉각을 통한 변별

3.5 협응운동 능력

4.0 **신체적 기능**: 신체적 기능은 숙달된 운동기능의 발달에 반드시 필요한 부분이

며 민첩하고도 유연하게 일련의 숙달된 운동을 연속시켜 가는 데 필요한 기초기능을 가리킨다.

4.1 지구력

4.2 체력

4.3 유연성

4.4 민첩성

5.0 **숙련된 운동기능**: 타자(打者) 및 기계체조와 같이 비교적 복잡하고 숙련된 기능을 요구하는 운동을 할 때 동작의 능률성, 숙달도, 통합성을 요구하는 운동기능을 뜻한다.

5.1 단순 적용기능

5.2 혼성적 기능

5.3 복합적응 기능

6.0 **동작적 의사소통**: 동작적 의사소통은 간단한 안면 표정을 비롯해서 무용과 같이 신체적 운동 및 동작을 통하여 감정, 흥미, 의사 욕구 등을 표현하고 그 표현 자체를 창작하는 운동기능을 의미한다.

6.1 표현동작

6.2 해석동작

◈ **교육목표 이원분류표**

타일러는 교육목표를 진술할 경우 학습경험의 선정이나 교수방법의 선정에 도움이 되는 방식으로 목표를 진술해야 한다고 주장하면서 다음의 몇 가지를 제시하고 있다(Tyler, 1949: 43-50).

첫째, 교사의 수업내용으로 진술되어서는 안 된다. 교육목표는 교사의 수업 계획을 설명하는 것이 아니며, 교육의 진정한 목적은 교사가 어떤 역할을 수행하도록 하는 데 있지 않고 학생들의 행동에 어떤 변화를 가져오도록 하는 데 있기 때문이다. 그러므로 중요한 것은 목표의 진술이 학생들의 행동에 어떤 변화를 가져오도록 할 것인가를 중심으로 기술되어야 한다.

둘째, 수업시간에 다루게 될 제목, 개념, 이론 등의 교과목의 내용을 열거해서는 안 된다. 교과내용을 나열하는 식의 목표진술의 경우 학생들의 행동에 어떤 변화를 의도하는 것인지가 분명하지 않다. 목표진술의 목적은 학생들의 바람직한 행동의 변화가 어떤 방향으로 이루어질 것인가를 시사하는 것이고, 거기에 따라서 학습활동이 구상되고 수업이 진행되는 것이다.

셋째, 행동목표를 일반화하여 서술해서는 안 된다. 목표의 일반적 진술방식은 그 행동을 응용할 수 있는 구체적 영역이나 내용이 무엇인지를 밝히지 못하는 결점이 있기 때문이다. 필요한 것은 행동의 변화를 가져오기 위해서 배워야 할 내용이나 그러한 학습의 결과를 활용할 수 있는 실생활의 영역을 구체적으로 명시하는 것이다.

넷째, 가장 효과적인 목표진술방법은 학생들에게 가르치려는 행동이 무엇이며, 이 행동을 활용할 수 있는 실제 영역이나 내용이 어떤 것인가를 밝히는 것이다. 추구하는 행동과 내용이 모두 포함되도록 진술하여야 한다. 이를 위해서는 이원분류표를 활용할 수 있다.

이와 같이 교육의 구체적 목표를 진술할 때는 타일러가 제안한 이원분류표를 참고할 수 있다. 그는 교육목표를 내용과 행동의 2차원 형식으로 진술하는 것이 좋다고 제안하고, 이와 같은 방식으로 진술된 교육목표를 간단명료하게 정리하기 위해서 내용과 행동의 두 차원으로 이루어진 교육목표 이원분류표를 제시하고 있다. 〈표 5-6〉은 그가 예시로 제시한 교육목표 이원분류표다(Tyler, 1949: 50).

〈표 5-6〉에 제시된 모든 교육목표는 내용과 행동이라는 이차원의 구조를 가지고 있다. 즉, '영양에 관한 중요한 사실 및 원리 이해'라는 교육목표는 '영양' 이라는 내용과 '중요한 사실 및 원리 이해'라는 행동으로 구성된다. 마찬가지로 '진화와 발달에 관한 연구를 하고 보고서 작성하기' 는 '진화의 발달'이라는 내용과 '연구하고 보고서 작성하기' 라는 해동으로 꾸며진다.

이와 같이 교육목표는 이원분류표상에 나타내면 학습경험을 선정하고 조직하거나 평가계획을 세우는 데 도움이 된다. 하지만 타일러는 이 과정에서 내용과 행동을 지나치게 일반적으로 진술하거나 극도로 세분화하는 것은 교육적으로 도움이 되지 못한다고 하였다. 예를 들어, 수학과의 학습목표를 학습자의 사고 계발이라고 말하는 것은 학습경험의 선정에 아무런 안내가 되지 못하며, 손다이크(Thorndike)처럼 수학과 학습목표를 3,000여 개나 제시한 것은 단기적 측면의 직무수행을 위한 훈련과 장기적인 효과를 생각해야 하는 교육을 구별하지 못한 것이다. 여하튼 교육목표 이원분류표는 교육의 구체적 목표를 찾고 진술하는 데 유용한 도구가 된다.

[표 5-6] 타일러의 교육목표 이원분류표의 예

| 행동<br>내용 | 목표의 행동적 측면 | | | | | | |
|---|---|---|---|---|---|---|---|
| | 1. 중요한 사실이나 원리의 이해 | 2. 믿을만한 정보원에 대해 알기 | 3. 자료 해석 능력 | 4. 원리 적용의 능력 | 5. 연구 결과 탐구 및 보고 능력 | 6. 폭넓고 성숙한 흥미 | 7. 사회성 함양 |
| A. 인체의 기능<br>1. 영양 | × | × | × | × | × | × | × |
| 2. 소화 | × | | × | × | × | × | |
| 3. 순환 | × | | × | × | × | × | |
| 4. 호흡 | × | | × | × | × | × | |
| 5. 생식 | × | × | × | × | × | × | × |
| B. 동 · 식물 자원의 이용<br>1. 에너지 관계 | × | | × | × | × | × | × |
| 2. 동 · 식물의 성장에 영향을 미치는 환경 요인 | × | × | × | × | × | × | × |
| 3. 유전 요인 | × | × | × | × | × | × | × |
| 4. 토지의 이용 | × | × | × | × | × | × | × |
| C. 진화와 발달 | × | × | × | × | × | × | × |

◈ 행동적 목표진술과 문제점, 그 대안

교육의 주체적 목표 중에서 수업목표는 행동적 용어로 진술해야 한다는 주장이 한때 큰 설득력을 얻었다. 교사가 수업을 시작하기 전에 칠판의 왼쪽 상단에 행동적 수업목표를 제시할 것을 강요받기도 하였고 자발적으로 이에 동참하기도 하였다. 수업목표의 명료성을 높인다는 것이 그 이유였다.

메이거(Mager)는 이러한 행동적 목표진술을 주장한 대표적인 인물로, 학생들이 목표를 달성했다는 증거로 나타내 보일 수 있는 관찰 가능한 행동, 이러한 행동이 일어나는 환경으로서의 조건, 이들 행동의 도달 수준 등을 수업목표 진술의 필수적 요인으로 제시했다. 예를 들어, '100m를 보조기구 없이(조건) 14초 이내(도달

수준)에 달리 수 있다(관찰 가능한 행동).' 는 이들 요인을 모두 포함하고 있는 가치 있는 행동목표가 된다.

일반적으로 교육과정 자료에서 행동목표 진술방식이 필요한 것은 교사가 가르칠 내용, 방법, 학습자료를 선택하는 데 도움을 주고, 수업의 질과 학생평가의 방향을 쉽게 알 수 있으며, 부모와 학생들이 학교에서 하는 일을 쉽게 알 수 있고 그들의 의견도 수렴할 수 있기 때문이다.

이와 달리 학습의 모든 결과를 명시하기는 불가능하며, 의도하지 않은 결과는 제외되고, 수학 · 과학 등 몇 개 과목에는 유용하지만 문학이나 예술 등의 과목에는 도움이 되지 않는다는 비판도 받는다.

아이스너(Eisner, 1994)는 이러한 점에서 교육의 구체적 목표를 세 가지로 구분하여 제시하였다. 기능의 학습을 위해서는 행동적 목표가 필요하지만 그 외의 학습에는 문제해결 목표와 표현 행위에 따른 표현 결과가 중요하다는 것이다. 행동적 목표는 어떤 내용을 가지고 어떤 학습활동이 일어나는지를 구체적으로 지시한다. 예를 들어, '2자리 수 더하기 2자리 수의 문제 10개를 계산기 없이 풀어 7문제의 답을 맞출 수 있다.' 는 행동적 목표는 학생들이 어떤 내용을 가지고 어떤 행동을 해야 할 것인지를 명시적으로 지시하고 있다.

'문제해결목표' 란 어떤 문제와 그 문제를 해결할 때 지켜야 할 조건이 주어지면, 그 조건을 충족시키면서 문제를 해결해야 하는 경우를 말한다. 하지만 학생들에게 필요한 모든 것을 예측하여 준비시킬 수 없기 때문에 수업의 목표로써 학생들이 해결해야 할 문제를 제시할 뿐이며 문제 해결에 이르기 위해 어떤 내용을 어떤 방식으로 나루어 나가야 하는지를 알려 주지 않는다. 학생들은 문제를 해결하는 과정에서 여러 가지 가치 있는 것을 배우게 된다.

앞의 두 가지 목표는 목표 설정 이후에 내용과 활동의 계획이 수반되는 반면에, 표현 결과는 표현 행위 뒤에 오는 산물이라는 점에서 구별된다. 우리가 영화를 볼 때 어떤 목표를 세우고 관람하는 것이 아니라, 영화를 보는 과정이나 본 후에 어떤 유익한 결과를 얻게 되는 것처럼, 교육활동에 있어서도 동물원 방문이나 주말 캠핑과 같은 활동 이후에 그 결과를 통해 얻는 것을 표현 결과라고 한다. 교육자는 이와 같은 표현 결과를 예측하여 학생들에게 교육적으로 바람직하게 보이는 활동에 참여하도록 한다.

아이스너에 따르면, 교육의 구체적 목표는 교육과정관, 교과의 성격, 교사와 학생의 요구, 학교의 실정 등에 따라 행동적 목표, 문제해결목표, 표현 결과 목표가 차지하는 비율이 달라야겠지만, 이들 목표 중 어느 것도 무시되어서는 안 된다고 하였다.

◈ 개정된 교육목표 분류학

1956년에 블룸 등이 제시한 교육목표 분류학이 여러 측면에서 비판을 받았다. 학습의 과정과 성격에 대한 왜곡, 상-하위 유목 간의 위계, 분류학의 설정 과정에 많은 문제점을 드러내고 있다는 것이다. 그래서 여러 학자가 이에 대한 대안적 교육목표 분류학을 제안하고 있다. 그중에서도 대표적인 학자의 분류방식을 제시한다. 향후 수업목표 진술이나 학습과제 분석, 수업활동과 평가방식 등에 상당한 변화를 초래할 것으로 예상되는 매우 중요한 변화라고 볼 수 있다.

하웬스타인(Hauenstein, 1998)의 분류방식은 일차적으로 다섯 가지 행동 영역에 비추어 세 가지 영역을 분류한 것이 특징이다. 각 영역마다 다섯 가지 상위 유목과 그 밑에 하위 유목을 제시하였으며, 동시에 활용 동사를 제시하였다. 그것을 살펴보면 〈표 5-7〉과 같다.

다음으로 마자노(Marzano, 2001)의 분류방식을 보면 [그림 5-10]과 같다. [그림 5-10]에서 알 수 있는 것은 수준 1인 인출목표에서 자기 시스템(self-system) 사고에 이르기까지 모두 세 가지 지식 차원을 포함하고 있다. 특히 지식 차원에서 각 차원들은 하위 차원을 지니고 있는데 정보 차원은 다시 구체적인 것(details)과 조직 아이디어(organizing idea)로 구분되고, 인지 절차와 심동적 절차는 각각 기능과 과정으로 구분된다.

앤더슨 등(Anderson et al., 2001)의 분류방식은 지식 차원과 인지 과정 차원으로 분류되는데, 블룸의 분류방식과 다른 점은 인지적 영역에서 '지식' 유목을 명사적 측면과 동사적 측면으로 구분하여 전자는 독립된 지식 차원으로, 후자는 기억(remember)이라는 가장 하위의 인지 과정 차원에 포함된다. 또한 이해(comprehension)가 이해(understand)로, 종합이 창안(create)으로 바뀌고 그 위계도 종합과 평가가 뒤바뀐다. 이상의 내용을 표로 제시해 보면 〈표 5-8〉과 같다.

이상에서 제시된 새로운 교육목표분류학들은 과거 블룸 등의 분류방식보다는 진일보한 것이며, 향후 교육과정 목표 개발이나 교수-학습의 방식, 수업목표 진술, 평가방식에 상당한 변화를 초래할 것이며, 학교현장에서도 이에 대한 대비가

[표 5-7] 교육목표 분류학

| 구분 | 행동 영역 | 인지적 영역 | 정의적 영역 | 심동적 영역 | |
|---|---|---|---|---|---|
| 1.0 | 1.0 습득<br>1.1 수용<br>1.2 지각<br>1.3 개념화 | 1.0 개념화<br>1.1 확인<br>1.2 정의<br>1.3 일반화 | 1.0 감수<br>1.1 감지<br>1.2 자진감수<br>1.3 주의 집중 | 1.0 지각<br>1.1 감각<br>1.2 인식<br>1.3 관찰<br>1.4 선행경향성 | |
| 2.0 | 2.0 동화<br>2.1 반응<br>2.2 이해<br>2.3 시뮬레이션 | 2.0 이해<br>2.1 번역<br>2.2 해석<br>2.3 추론(외삽) | 2.0 반응<br>2.1 묵종반응<br>2.2 자진반응<br>2.3 평가 | 2.0 시뮬레이션<br>2.1 활성화<br>2.2 모방<br>2.3 조정 | 단기적 목표 |
| 3.0 | 3.0 적응<br>3.1 가치화<br>3.2 적용<br>3.3 적합화 | 3.0 적용<br>3.1 명료화<br>3.2 해결 | 3.0 가치화<br>3.1 가치수용<br>3.2 가치채택<br>3.3 확정 | 3.0 적합화<br>3.1 통합<br>3.2 표준화 | |
| 4.0 | 4.0 수행<br>4.1 신념화<br>4.2 평가<br>4.3 산출 | 4.0 평가<br>4.1 분석<br>4.2 적격판정 | 4.0 신념화<br>4.1 신뢰하기<br>4.2 헌신하기 | 4.0 산출<br>4.1 유지<br>4.2 조절 | |
| 5.0 | 5.0 포부<br>5.1 행동화<br>5.2 종합<br>5.3 숙달 | 5.0 종합<br>5.1 가설<br>5.2 결정 | 5.0 행동화<br>5.1 시연하기<br>5.2 행동수정하기 | 5.0 숙달<br>5.1 창안<br>5.2 완성 | 장기적 목표 |

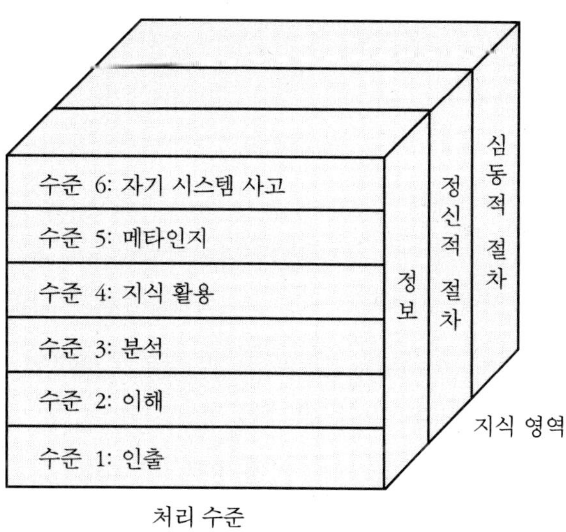


[그림 5-10] 교육목표 분류학의 2차원 모형

[표 5-8] 2차원 교육목표 분류표

| 구분 | 인지 과정 차원 | | | | | |
|---|---|---|---|---|---|---|
| 지식 차원 | 1. 기억하다 | 2. 이해하다 | 3. 적용하다 | 4. 분석하다 | 5. 평가하다 | 6. 창안하다 |
| A. 사실적 지식 | | | | | | |
| B. 개념적 지식 | | | | | | |
| C. 절차적 지식 | | | | | | |
| D. 메타인지적 지식 | | | | | | |

필요하다.

(2) 교육내용의 선정과 조직

교육내용은 교육목표의 영향을 받는다. 따라서 교육목표와 일관된 내용이 선정되어야 하며, 교육목표 설정시 고려할 요인을 내용 선정에서도 마찬가지로 고려하여야 한다. 교사들이 가장 관심을 가지는 것은 당연히 내용이다. 내용을 가르친다는 것이 학교교육의 일상적인 일이기 때문이다. 내용이란 교육과정 목표를 달성하기 위해 학교에서 가르치고 배우는 대상을 가리킨다. 그리고 선정된 교육내용을 체계적으로 조직하는 일은 효율적인 학습을 보장하는 데 필수적인 활동이다.

① 교육내용의 의미

교육내용의 의미는 여러 가지로 논의할 수 있다. 첫째는 지식과 동의어로 보는 입장이 있다. 우리는 흔히 대표적인 교육내용을 지식으로 보고 있다. 지식을 무엇으로 규정하느냐에 따라 달라지겠지만 일반적인 지식에 대한 상식적 관점에 기초하면 지식만이 교육내용이 될 수는 없다.

둘째는 지식 이외에도 기능(skill)이나 정의적 측면 역시 중요한 교육내용이 된다. 따라서 교육내용은 지식과 기능 및 정의적 측면을 모두 고려하는 것으로 볼 수 있다. 이러한 입장은 하이먼(Hyman, 1973)이 제시한 것으로서 그는 교육내용을 지식, 기능, 가치 등으로 정의하고 있다. 그의 정의에 따르면, 교육내용은 지식 영역(사실, 설명, 원리, 정의 등), 기능 및 과정 영역(읽기, 쓰기, 셈하기, 비판적으로 생각하기, 의사결정하기, 의사소통하기 등), 가치 영역(선악, 참과 거짓, 아름다움과 추함) 등으로 구성된다.

셋째는 교과와 교과 속에 담긴 단원이나 과의 이름처럼 어떤 특정 요소를 담고 있는 형식 혹은 그릇으로 보는 관점이다. 일반적으로 교육내용이라 하면 교과를 연상하게 되는 데 교과는 인류가 오랜 역사를 통해 쌓아 올린 경험 가운데 가치 있는 것을 체계적으로 조직해 놓은 지식체계다. 교과는 지식, 기능, 가치 등과 같은 요소를 담고 있는 그릇과 같은 의미로 생각된다.

교과는 수업과 학습의 목적으로 교육내용을 구분하여 조직한 기본 단위라고 볼 수 있다. 보통 교과의 내용은 해당 학문에서 이룩해 놓은 지식들로 구성된다. 학문적 지식은 여러 수준이 있는데 사실적 정보, 개념, 원리나 법칙, 이론 수준의 지식이 있다. 따라서 학문을 정의하기를 사실적 정보, 개념, 원리나 법칙, 이론들의 체계적 조직이라고 한다. 모든 학문마다 고유하고 특징적인 핵심적 개념과 개념들 간의 관계, 탐구방법 및 검증방법, 정의적 태도 등이 존재한다. 학문을 통해서 학생들에게 이러한 지식을 가르쳐야 한다는 주장이 있을 수 있다. 학문중심 교육과정은 이러한 학문을 학생들이 배우도록 의도하는 데 초점을 두고 있다. 지식은 학문과 교과를 구성하는 기초적 요소다. 일반적으로 지식에는 명제적 지식(knowing that)과 방법적 지식(knowing how)으로 구분되며(Ryle, 1949), 명제적 지식은 다시 논리적 지식, 경험적 지식, 윤리적 지식으로 나눌 수 있다. 학문이나 교과 중에는 이러한 지식의 유형과 관련성이 서로 다를 수 있다.

넷째는 형식적인 차원에서 보는 것으로 교육과정 문서에 제시된 공식적인 교육내용과 실제 운영의 장면에서 교사가 선정하는 도구적 수업내용으로 구분하여 생각하는 것이다. 교육과정 문서를 보면 교육내용은 교과별로 조직되어 있으며, 지식, 기능, 가치 등으로 구성되어 있다. 예를 들어, 사회과 7학년 (7) 사회생활과 법규범에서 교육내용은 〈표 5-9〉와 같다(교육부, 1997: 180).

그러나 교실수업에서 교사는 이러한 공식적인 문서에서 제시된 교육내용을 잘

[표 5-9] 7학년 사회과 교과의 내용

(가) 법의 지배와 정의

① 법치주의의 의미와 중요성을 역사적 사례분석을 통해 이해함으로써 실질적 법치주의를 지향하는 태도를 가진다(지식, 기능, 태도 및 가치).

② 법 규범의 필요성과 이념에 대한 이해를 토대로 현실적인 법적 갈등 사태의 해결방안을 탐색한다(지식, 기능).

〈심화 과정〉

① 실질적 법치주의의 실현을 저해하는 요인을 사례를 통해 분석한다(지식, 기능).

전달하고 학습을 위해서 학생들에게 제공하는 내용이 있다. 그것을 수업내용이라고 볼 수 있다. 따라서 교육내용은 교사가 학생들의 학습을 돕기 위하여 제공하는 수업내용이다. 수업내용에는 교과서에 제시된 내용과 교과서에 실리지 않았지만 학생들에게 전달하는 내용이 있다. 따라서 교과서 내용과 수업내용은 교육내용의 중요한 요인이다.

그렇지만 교과서의 내용과 교사가 선택하고 조직하는 수업내용은 교과내용을 구현하기 위하여 전달하는 매체로 보는 것이 타당할 수 있다.

### ② 교육내용으로서 지식

교육내용을 지식으로 보는 일단의 학자들이 있다. 여기에서 지식에 대한 의미는 상식적인 입장을 넘어서는 매우 심각하고도 중요한 의미를 담고 있다. 지식을 사실적인 정보나 조각난 지식으로 보는 생각에 매우 비판적이며, 지식을 제대로 이해할 것을 요청하고 있다.

**브루너의 지식 구조** 브루너에 의하면 교육내용은 지식의 구조로 볼 수 있다. 지식의 구조는 다양하게 설명될 수 있다. 첫째, 학문의 일반적 원리 혹은 기본 개념이다. 구체적으로는 '학문의 기저를 이루고 있는 일반적인 아이디어, 기본개념, 일반적인 원리' 등과 동의어로 사용하고 있다. 즉, 지식의 구조란 교과에 들어 있는 일반적인 원리를 의미하는 것으로 여러 가지 현상을 설명하는 데 일반적으로 적용될 수 있는 것이다. 둘째, 사물이나 현상의 관련을 파악하게 하는 틀로서의 의미가 있다. 브루너는 지식의 구조를 학습한다는 것은 사물이나 현상이 어떻게 관련되어 있는가를 학습하는 것이라고 보고 있다. 이런 점에서 교육내용은 사물이나 현상의 관련을 파악하게 해 주는 틀로서 개념화할 수 있다. 셋째, 사물을 보는 안목으로써 의미가 있다. 사물을 보는 안목은 곧 탐구방법을 의미하며, 이런 점에서 지식의 구조는 사물에 관한 정보와 지식을 처리하는 장치라고 볼 수 있다.

**피터즈와 허스트의 지식의 형식** 피터즈(Peters)와 허스트(Hirst)는 교육이 실현하고자 하는 가치가 교육의 개념 속에 이미 들어 있다고 본다. 그래서 이들은 교과를 실용적인 가치로 설명하려는 현대의 경향을 비판하고, 교과의 내재적 가치를 강조하는 대표적인 학자다. 그들은 교육 속에 들어 있는 내재적으로 가치 있는 인간다운 삶의 형식을 가리키며 교육의 목표는 그 삶의 형식으로 입문시키는 데 있다는 것이다. 이러한 그들의 입장은 『윤리학과 교육(Ethics and Education)』에 잘 나타나 있으며, 이것은 고대 희랍 이후 서양의 중요한 교육 전통으로 계승되어 온 '자유교육(liberal education)'의 정신을 회복하는 중요한 의의가 있다.

지식의 형식은 교육개념의 인지적 조건으로 제시한 것으로 '지식과 이해' '지적 안목'이 내면화되고 상세화된 것을 의미한다. 이것은 인간의 경험(인간다운 삶의 형식)을 일반적으로 인정하는 방식으로 분류한 것이다. 지식의 형식은 우리가 사용하고 있는 '공적(公的) 언어에 담긴 공적 전통'으로 우리에게 전수되고 있으며, 교육은 이 전통에 이미 '입문된' 사람들이 아직 입문되지 않은 사람을 거기에 유도하는 '성년식'과 같은 것이다. 이러한 지식의 형식은 독특한 개념, 개념의 논리적 구조, 검증방법을 기준으로 하여 분류할 수 있으며, 여기에는 형식논리학과 수학, 자연과학, 자기 자신과 다른 사람의 감정에 관한 이해, 도덕적 판단, 심미적 경험, 종교적 주장, 철학적 이해 등으로 나눌 수 있다.

이상의 지식의 형식은 지적인 안목을 통해 현상을 파악할 수 있도록 해 준다. 지식의 형식에는 지적인 안목을 가지게 하는 개념체계가 있어 이를 전수받은 인간은 여러 학문으로 분화된 개념체계를 써서 현상을 파악할 수 있게 된다. 그리고 인간다운 삶의 형식을 가능하게 해 준다. 지식의 형식은 인간이 세상을 합리적으로 이해하고 파악하게 해 주는 인간의 경험이 담겨 있는 것이므로 인간다운 삶을 가능하게 해 준다. 또한 삶의 질 향상에도 공헌하게 해 준다. 특정 현상의 파악은 사람들로 하여금 이전과는 전혀 다른 세상에 살도록 함으로써 삶의 질을 높이는 데 공헌한다.

**피닉스의 의미의 영역** 피닉스(Phenix, 1964)는 교육내용을 의미의 영역으로 분류하였다. 의미(meaning)는 인간이 반성적 사고를 통해 얻은 경험내용을 논리적 원칙에 맞게 조직하여, 각 학문에 적합한 상징적 형식으로 표현한 것이다. 그러므로 의미는 인간의 이성이 만들어 낸 모든 것을 뜻한다고 볼 수 있다. 이러한 의미는 반성적 사고, 논리적 사고, 선택적 정련, 표현이라는 특징을 지니고 있다.

인간은 본성적으로 의미를 창조·발견하고 표현하는 동물이다. 그러므로 의미가 있어야 인간은 본성을 실현할 수 있게 된다. 그러므로 의미는 인간다운 삶을 가능하게 해 준다. 피닉스는 의미를 학문의 논리적 구조가 비슷한 것끼리 분류하여 여섯 가지의 의미의 영역을 제시하였다.

- **상징적 의미**(Symbolics): 언어, 수학, 표정, 관습, 의식
- **경험적 의미**(Empirics): 자연과학, 사회과학
- **심미적 의미**(Esthetics): 음악, 시각예술, 신체적 율동, 문학
- **실존적 의미**(Synnoetics): 철학, 심리학, 문학, 종교
- **윤리적 의미**(Ethics): 윤리학, 사회도덕
- **총괄적 의미**(Synoptics): 역사, 종교, 철학

### ③ 교육내용의 선정

내용 선정의 중요성　학교교육의 기간 동안에 학생들에게 가르쳐야 할 내용은 무수히 많다. 이들 중에서 어느 것을 골라 한정된 기간 동안에 가르치는가 하는 문제는 어려운 일이다. 따라서 교육목표 달성을 위해 필요한 내용을 선정하는 일은 매우 중요하며, 어떠한 내용이 가장 가치가 있으며, 중요한 것인지를 결정하는 일은 여러 요인이 관련되어 있기 때문에 복잡하게 진행된다. 그리고 교과의 특성에 따라 달라지기도 한다. 구체적으로는 교육과정의 내용을 선정할 때 개발자는 선호하는 교육과정의 관점에 다소 영향을 받는다.

내용 선정의 준거　일찍이 자이스(Zais, 1976: 343-348)는 내용선정의 준거로 중요성, 유용성, 흥미, 인간발달을 제시하였다. 이하에서는 모든 교과나 교육과정의 관점에서 공통적으로 고려해야 하는 준거를 제시해 본다(김인식 외, 1990: 154-159).

#### ◈ 중요성

이 준거는 내용이 학문 또는 주제에 필수적이며 기본적인 것을 선정해야 한다는 것을 의미한다. 내용이 교과영역에서 가치 있는 것이라고 간주되면 그것은 중요한 것이며, 교육과정에 포함시킬 가치가 있다. 대개의 교육과정 개발자들은 이 준거를 사용하여 개념, 아이디어, 사실 간의 적절한 균형을 취한다. 이와 관련하여 니콜스와 니콜스(Nicholls & Nicholls, 1978: 52)는 다음과 같이 언급하고 있다.

> 만약, 어떤 교과가 면밀히 선정한 원리, 개념, 혹은 아이디어로 구성된다면 사실은 원리, 개념, 아이디어 학습의 구체적인 예에 불과하며, 사실은 원리, 개념 등의 이해를 돕는 한에서 내용으로 포함될 것이다. 그렇게 된다면 중등학교 수준의 많은 교과목, 마치 도깨비처럼 보이는 많은 양의 지식을 학습해야만 하는 문제를 감소시켜 줄 것이다.

중요성 준거는 교육과정에 포함시키려고 하는 모든 내용에 적용할 수 있다. 이 준거는 초등학교에서처럼 내용이 주제, 문제, 활동에 토대를 둔 경우나 또는 가장 흔한 형태인 교과나 학문의 형태에 근거를 둔 경우에도 적용할 수 있다. 물론 이 준거는 내용이 논리적 구조로서 지각되며, 그 학문 분야의 전문가와 학자들이 교육과정 개발에 참여할 때 가장 넓게 적용된다(Zais, 1976: 344).

흔히 학문을 토대로 교과(교육내용의 외적 표현)를 구성할 때는 학문을 구성하는 가장 본질적인 것으로 교육내용을 삼아야 한다. 학문을 구성하는 가장 본질적인 부분을 나타내는 것으로 사실, 개념, 원리, 이론을 가리키는 학문의 구조와 탐구방법이 있으므로, 교육내용은 학문의 구조를 확인하고 그 학문에 특유한 탐구의 방법을 포함해야 한다.

◈ 타당성

이 준거는 내용이 믿을 수 있거나 진실일 때 타당한 것으로 간주되며, 대체로 내용의 정확성 여부를 의미한다. 정확하고 진실한 정보라야 말하고자 하는 정보를 제대로 전한다. 예컨대, 어떤 지역의 지리를 다루려는 내용은, 정확히 그것을 다뤄야 하지 다른 지역의 지리나 그 지역의 경제를 다루어서는 안 된다.

내용의 타당도를 검증하는 중요한 방법 중의 하나는 그 영속성을 살펴보는 것이다. 이렇게 급변하는 세계에서는 교육과정 개발자와 교육과정 운영자는 내용의 영속성의 문제에 끊임없이 직면하게 된다. 수학, 과학, 사회과와 같은 학교의 일부 과목은 거의 항상 변화하는 상태에 있는 것처럼 보인다. 최근에 그 국호와 도시 명을 바꾸고 있는 아프리카와 오세아니아의 많은 국가는 사회과 교육과정 개발자들에게는 하나의 악몽과 같은 존재다.

내용의 타당성 준거는 내용과 목표 간의 관련성에서 측정할 수도 있다. 타당한 내용이 되기 위해서 내용은 진술된 목표를 반영해야만 한다. 목표에서 진술한 내용과 가르치기 위해 교육과정에서 선정한 내용이 서로 다르다면, 그 내용은 타당하지 않은 것으로 간주된다. 예컨대, 만약 목표가 학생들로 하여금 정치적 구조를 이해하도록 하는 것이고 그에 수반된 내용은 단지 하나의 정당만을 다룬다면, 그 내용은 타당하지 못한 것이 될 것이다.

◈ 사회적 적절성

이 준거는 내용이 개인이 속해 있는 사회의 발달에 적절한가 하는 문제와 관련이 있다. 그래서 이 준거는 도덕적 가치, 이상, 사회적 문제, 논쟁적인 문제 등과 관련이 있다. 그러나 어떤 내용을 이러한 근거에서 포함할 수 있겠는가? 생각건대 현 사회에서 교육과정 개발자는 다음과 같은 내용을 반영할 수도 있다.

- 민주주의의 원리와 가치
- 문화집단의 이해
- 사회적 인식과 비판
- 사회변화의 촉진

그러나 어떤 개발자 집단이 교조적이며 편파적이고, 그 집단의 이익을 조장하는 내용을 처방하는 것도 가능하다. 이러한 잠재적인 문제는 1, 3장에서 살펴본 것처럼 모든 교육과정 구성활동에서 교육과정 개발자의 선정의 중요함을 다시 한 번 지적해 주는 것이다.

◈ 유용성

이 준거는 중요성과 사회적 적절성의 준거와 유사한 것처럼 보이지만, 실제로 이 용어는 다소 특수한 방식으로 정의된다. 유용성 준거는 학생이 성인생활을 준비하는 데 대한 유용성 여부로써 적용된다. 하나의 준거로서 유용성은 교육과정에서 실세계의 적절성을 유지하는 데 수단이 되기 때문에 극히 가치 있는 것으로 보일 것이다. 각급 학교 및 다른 교육기관에서 실세계에서 분리될 가능성은 항상 존재해 있다. 내용선정 과정에 유용성의 준거를 적용함으로써 개발자는 교육과정이 더 적절하고 실제 생활에 더 가치 있는 것이 될 수 있도록 기대할 수 있는 것이다. 그러나 극단적인 입장에서 엄격히 유용성 준거를 적용할 때 현재의 상태를 영속화하거나, 가용한 내용만을 한정시켜 내용으로 제공할 수도 있다. 이 접근은 성인생활에 대한 공리적 요구로 말미암아 가정생활, 직업교육, 대인관계 기술, 개인의 건강, 개인적 경제 사정 등을 교육과정에 포함시켜야 한다고 하면, 중등학교와 같은 곳에서는 곤란을 겪을지도 모른다. 그러나 그러한 토픽은 주제지향 또는 문제지향적이기 때문에 중등학교에서 발견할 수 있는 전통적인 과목 또는 교과분과에 포함될 수 있다.

유용성 준거의 최근 주장에 의하면, 내용은 학생의 현재 욕구를 충족시킬 수 있도록 선정되어야만 한다. 학생들은 마약교육, 개인적인 문제 해결, 복수문화에 대한 이해, 경제적인 각성 등의 내용을 다루도록 요구할 수도 있다. 유용성 준거에 대한 이러한 접근이 교육과정 개발자 간에 약간의 의견 차이를 야기하겠지만, 이 준거 자체는 내용선정 시 유용한 것이다. 이 준거는 특히 비진학 학생들을 위해 고안된 교육과정에 적절하다.

◈ 학습가능성

학생들이 학습할 수 있는 내용을 선정한다는 것은 당연한 것처럼 들리지만 과거에는 이 준거가 항상 적용된 것은 아니다. 학습가능성 준거는 특히 많은 수의 학생의 욕구를 충족해야만 하는 교육과정에 필요하다. 그러한 상황에서는 종종 개인차를 고려하는 것이 어렵고, 그래서 일부 학습자들은 내용의 어떤 측면을 학습하는 것이 불가능하다. 이러한 문제를 감소시키고, 내용은 모든 학습자 수준에 적합하도록 하게 하려면 최소공통분모의 수준까지 내용을 감소시켜야 한다. 그러나 이것은 또다시 많은 학생에게 공허하고 무의미한 교육과정을 창출하고 말 것이다. 단일 교육과정 내에서 여러 과정으로 구성되는 교육과정을 구성함으로써 이 문제를 부분적으로나마 해결할 수 있다.

◈ 흥미

학습자의 흥미는 일반적으로 내용선정 시 중요한 준거로 간주된다. 그러나 이 준거는 실제에서보다는 이론에서 더 중시된 준거의 하나인 것 같다. 분명히 교육과정 개발자들은 실제에서는 이 준거에 가장 낮은 우선순위를 부여해 왔다. 학생의 흥미준거와 관련된 문제는 이 흥미준거가 얼마만큼 중요한 역할을 하는가를 결정할 때 야기되는 딜레마다. 한쪽 극단의 입장에 있는 교육과정 개발자들은 선정

준거로서의 학생의 흥미를 무시할 수 있다. 그들은 학생이 어떤 내용을 학습해야 하는지를 안다고 주장할 것이며, 그렇게 말하는 것이 정당할 수도 있다. 그러나 이 극단적인 입장은 학생의 강력한 동기유발력이라는 점을 상실하여 비생산적이 될 수도 있다.

반대로, 주로 학습자의 흥미준거에 근거를 두고 선정한 교육과정 내용은 변덕, 발달 미숙이나 개인적 주장 때문에 운영상 곤란을 겪을 것이다. 학생들의 흥미의 범위가 한계가 없어 보일 수도 있고 또 흔히 흥미는 일시적인 성격을 띠기도 한다. 분명히 교육과정을 구성할 때는 양쪽 주장에 대한 조정이 이루어져야만 한다. 오늘날 초·중등학교에서 발생하는 학생 혼란의 중대한 원인 중의 하나는, 학교 교육과정의 적절성이 부족하다는 학생들의 믿음이다. 교육과정 개발자들은 학생들의 흥미와 필요를 좀 더 이해할 필요가 있다. 교육과정 개발자들은 중재자의 역할을 유지하면서도 학생들의 흥미를 좀 더 인식해야만 한다. 근년에 뚜렷하게 성공적이었던 하나의 발전 사항은 고등학교에 다니는 비진학 학생들을 위해 개발된 코스들이다. 대학에 진학하지 않는 학생들의 숫자가 증가함에 따라, 교사들은 현존하는 진학위주의 코스가 학생들의 요구와 흥미에 부적절함을 발견했다. 논의의 여지가 있긴 하지만 이러한 학생들을 위해 적절한 교육과정이 개발되었고 지금도 개발되고 있다.

이상의 준거들—중요성, 타당성, 사회적 적절성, 유용성, 학습가능성과 흥미—은 교육과정 개발자들이 교육과정의 내용선정 시 적용해야만 한다. 비록 중요성, 타당성과 유용성의 준거에 우선순위가 더 주어져야 하는 것처럼 보이지만 가능하다면 모든 준거를 고려해야만 한다.

흔히 학문을 토대로 교과(교육내용의 외적 표현)를 구성할 때는 학문을 구성하는 가장 본질적인 것으로 교육내용을 삼아야 한다. 학문을 구성하는 가장 본질적인 부분을 나타내는 것으로 사실, 개념, 원리, 이론을 가리키는 학문의 구조와 탐구방법이 있으므로, 교육내용은 학문의 구조를 확인하고 그 학문에 특유한 탐구의 방법을 포함해야 한다.

### ④ 교육내용의 조직

내용조직의 중요성　일단 내용이 선정되면 다음에 해야 할 일은 무엇인가? 선정된 내용은 전체 교육과정의 어디에 배치되는가? 왜 그곳에 배치하는가? 가용한 내용의 방대함과 혼란스러운 배열 때문에 교육과정 개발자들은 학습자들에게 적합한 내용을 배열하는 데 도움이 되는 여러 준거를 사용한다. 교육내용의 조직은 교육목표의 달성을 위하여 교육내용 구성 요소를 효과적으로 배치하는 것을 말한다. 즉, 내용조직은 학습을 목적으로 내용을 체계적으로 조직하는데 관계되는 제 원리라고 정의할 수 있다(Phenix, 1964: 44; Zais, 1976: 328).

내용조직의 두 가지 측면　그러면 내용조직의 중요한 두 가지 측면인 스코프와 시퀀스에 대해 살펴보자.

◈ **교육과정 내용의 스코프**

스코프(scope)라는 용어는 교육과정에서 특정 시점에 학습될 내용의 폭과 깊이를 말한다. 즉, 특정한 시간에(보통은 한 학기 또는 1년) 포함되어야 할 내용의 깊이의 정도와 내용이 어떻게 배열될 것인가 하는 문제다. 결국 특정한 시점에서 학생들이 배우게 될 내용의 폭과 깊이를 가리킨다. 따라서 스코프는 어떤 시점에서 학생들이 배워야 할 내용이 무엇이고, 그것들은 얼마나 깊이 있게 배워야 하는가를 결정한다. 여기서 배워야 할 내용은 학교급, 학년, 교과, 과목에 따라 달라지고, 깊이는 대체로 배울 내용에 할당된 시간 수로 간접적으로 표현된다.

따라서 스코프는 다양한 수준으로 구체화되는 데 우선 학교급 수준, 학년 수준, 교과목의 수준에서, 교과목 내의 단원 수준에서, 단원 내의 주제 수준에서 내용이 제시가 된다. 학교급이나 학년 수준, 교과목 수준에서 보면 스코프는 국가 수준 교육과정 문서에 제시된 교과편제를 보면 자세히 알 수 있다. 그리고 학년별 한 교과나 과목의 스코프는 그것을 구성하는 단원이나 대주제 속에 포함된 내용으로 구성되며, 여기에 할당된 시간 수로 표시된다. 그리고 일반적으로 스코프는 한 학기 이상의 기간에 배울 내용의 폭과 깊이를 가리키지만, 각 단원이나 대주제 속에 포함되는 내용의 폭과 깊이가 교육적인 의미가 매우 크다는 점에서 스코프의 개념을 확대 적용하면, 각 단원이나 대주제의 스코프를 생각할 수 있다.

자이스는 스코프라는 용어를 제시된 내용 영역의 범위뿐만 아니라, 각 영역에서 다루어야만 하는 깊이의 정도까지를 포함하는 것으로 보았다(Zais, 1976: 338). 수평적 조직 또는 통합적 조직을 다소 다르게 사용하겠지만, 가끔은 스코프가 수평적 조직 또는 통합적 조직으로 보일 수도 있다.

학교상황에서 내용의 스코프 문제는 다음과 같다.

- 특정 시기에 학생들은 각 내용 영역을 얼마만큼 공부해야만 하는가? 즉, 수학, 과학, 영어, 사회, 체육, 음악 등에 할당해야 할 시간의 비율은 어떻게 정해야 하는가?
- 모든 학생이 알아야만 하는 공통의 내용이 있는가? 모든 학생은 일련의 공통된 학습내용을 학습한 후 졸업해야 하는가?
- 만약 우리가 내용을 필수와 선택으로 구분하여 설정한다면 선택교과의 내용은 어떤 역할을 하는가?
- 그리고 오늘날 교육과정 개발자들에게 점점 더 관련된 문제로서 어떤 내용이 교육과정에서 제외되어야만 하는가? 한정된 학교 교육과정 내에서 더 많은 학습내용을 첨가하려는 압력을 받을 때, 어떤 내용을 제외해야만 하는가?

그런데 교육과정 내용의 스코프에 관한 의사결정을 할 때 지침이 될 수 있는 교육적인 원리는 거의 없다. 그래서 간혹 학교에서 시간배당 시 정치적 측면이 발생하는 경우도 있다. 학교의 수업시간은 모든 과목을 다루기에는 충분하지 않다. 시간을 어떻게 배당하며, 과목을 언제 가르치며, 어떤 교실을 이용할 것인가에 관한 것은 종종 정치적으로 결정된다. 다음의 개념은 교육과정에 포함시킬 내용의 스코프를 결정하는 데 도움이 되는 것들이다.

- 시간은 내용의 스코프를 결정하는 데 있어서 중요한 제약조건이다. 내용의 폭은 항상 깊이를 희생시켜 확보되는 것이며, 그 역도 가능하다. 특정 교과 주제에 대해 더 많은 시간을 소비해야 한다는 것을 의미하고 폭이 넓다는 것은 특정 기간에 가르쳐야 할 교과가 많다는 것을 나타낸다. 폭과 깊이 간의 균형은 학교 내의 '정치적' 세력이나 체제 수준의 교육과정의 수뇌부에 있는 교육과정 세력들에 의해 이루어질 것이다.
- 중핵 또는 공통내용의 개념은 교육자와 사회가 받아들일 것으로 보인다. 중핵 개념은 모든 학생이 학교학습의 결과로써 습득해야만 하는 내용이 있다는 것을 시사한다. 중핵이 얼마만큼의 비율을 차지해야 하는지, 중핵적 내용에 어떠한 것이 포함되어야 하는지 논란이 될 수 있다. 일반적으로 중핵은 최소

한 전체 내용의 50%로 구성되며, 다음과 같은 내용들—읽기, 쓰기, 영어, 수학, 과학, 사회의 이해, 신체건강—로 구성된다.

- 학교가 아동과 청소년의 특수한 요구를 충족시켜야 한다. 학생의 흥미와 사회적 상황에 따라 선택과목의 문제가 발생하고, 학습자의 학습 능력과 개인차의 문제로 인한 특별 과정은 고안할 수도 있다.
- 학습자들에게 어떤 현실감을 제공하기 위하여 내용의 통합이 권장된다. 분리된 과목의 조직과 운영보다는 내용 통합이 권장되며, 궁극적으로 내용 통합은 학습자가 하는 것이다.
- 사회적 요청이나 요구를 어느 정도 수용해야 하는가?

국가나 지방 교육청 또는 학교가 스코프를 어떻게 결정하였는가와 상관없이 대부분의 교사는 학생들이 배울 내용의 스코프를 어느 정도 통제하고 있다. 교사들은 한 교과 내에서 어떤 단원을 특히 강조하여 가르치기도 하며, 한 단원 내에서도 그 속에 들어 있는 내용을 수정 · 삭제하거나 완전히 새로운 내용을 추가하여 수업하기도 한다. 학교에서 무엇을 배우며 얼마나 깊이 있게 배우는가 하는 스코프의 결정은 교육적으로 매우 중대한 일이라는 것을 알 수 있다. 더욱이 학생들이 학교에서 받는 총 수업시간 수는 정해져 있기 때문에, 교육내용의 후보 중에서 무엇인가를 선택하고 거기에 얼마만큼의 시간을 배당한다는 것은 피할 수 없는 일이다.

◈ 교육과정 내용의 시퀀스

시퀀스(sequence)는 일정 기간에 걸쳐 학습자들에게 내용이 제시되는 순서를 의미한다. 즉, 내용을 여러 가지 배열 또는 순서로 일정 기간에 걸쳐 학습자에게 제시할 수 있는 형태로 분할하는 것이다. 즉, 그러한 부분들을 학습자에게 제시할 수 있게끔 순서 짓는 것을 의미한다. 따라서 시퀀스는 한마디로 교육내용을 배우는 순서를 말한다. 즉, 학습자가 어떤 내용을 먼저 배우고 어떤 내용을 뒤에 배우는가를 결정하는 것이다. 여기서 배워야 할 내용의 순서는 학교급, 학년, 학기, 월, 주, 차시별로 결정된다. 즉, 초등학교, 중학교, 고등학교에서 어떤 내용(교과)을 먼저 배우며, 어떤 내용(교과)을 나중에 배우는가? 한 교과를 한 학기, 한 학년 또는 초등학교부터 고등학교 3학년까지 연속해서 배운다면, 어떤 단원이나 주제를 어떤 시기(학교급, 학년, 학기, 월, 주, 일, 차시)에 배울 것인가를 결정하는 문제와 관련이 있다.

일반적으로 시퀀스는 교과별로 논의되는 일이 많다. 만일 수학과 같이 하나의 교과가 초등학교에서 고등학교까지 연속적으로 가르칠 때, 시퀀스가 어떻게 설정되는지를 생각해 볼 수 있다. 또한 시퀀스를 정하는 것은 교과 내 단원이나 대주제를 가르치는 순서나 과나 소주제를 배열하는 순서를 결정하는 것과도 관련 있다.

학습자를 위해 내용은 어떻게 배열되어야만 하는가? 이 질문에 답하기 위해서는 자이스(Zais, 1976: 340)가 제안한 것처럼 몇 가지 관련된 중요한 질문을 제기할 필요가 있다.

- 어떤 준거로 내용의 순서를 결정해야만 하는가?
- 어떤 내용 뒤에 와야 할 내용은 무엇인가? 왜 그런가?
- 언제 학습자는 특정 내용을 습득해야만 하는가?

전통적으로 과목들은 논리적 준거에 따라 계열화되었다. 그러나 지난 20년간 몇 가지 원리가 내용의 계열화를 위한 준거로써 각광을 받기 시작하였다.

- **단순에서 복잡으로**: 내용조직에 대한 이 접근은 전통적으로 과학, 수학, 문법, 음악, 외국어 및 기타 많은 과목에서 발견된다. 이 경우 시퀀스는 단순하고, 하위적인 구성 요소에서 복잡한 구조로 진행된다. 예컨대, 우리는 나눗셈을 풀기 위해서는 최소한 곱셈과 뺄셈, 그리고 덧셈을 이해할 필요가 있다. 곱셈을 하려면 최소한 우리는 덧셈을 알아야 한다.
- **주제별 방법**: 이 방법은 내용을 여러 단원으로 묶지만, 단원들이 상호 독립적이어서 학습자가 새로운 단원을 학습하기 전에 이전 단원에서 배운 정보를 활용할 필요가 없을 때 사용된다. 예를 들어, 중학교 1학년(7학년) 과학 교과에서 '생물의 구성' 단원과 '지구의 구조' 단원은 서로 관련이 없기 때문에 어떤 것을 먼저 배치해도 상관이 없다.
- **선행요건적 학습 요소**: 이 원리는 물리학이나, 문법, 기하학과 같이 대개 법칙과 원리로 구성된 과목에서 사용된다. 법칙과 원리를 이해하기 위해서는 선행요건적 학습요소를 습득해야만 한다. 위계적 학습에 대한 가네(Gagné)

의 접근과 일치된다.

- **연대기**: 이 원리는 내용을 사건의 연대나 순서에 따라 기록하는 것을 말한다. 이 원리는 특히 우리가 사건 간의 인과관계를 규명하고 어떤 사건을 이해하기 위해서는 그에 선행한 사건을 이해할 필요가 있을 때 특히 중요하다. 역사, 음악, 문학에서 이 접근이 활용되며 과학사와 같이 그 자체의 역사를 검토하는 과목에서 이를 활용한다.
- **전체에서 부분으로**: 이 원리에 대한 이론적 근거는 전체에 대한 이해가 부분 또는 구성 요소 현상의 이해를 가능케 한다는 데 있다. 문학에서는 소설의 구성 부분을 분석하기 전에 전체를 공부하는 것이 필요하다. 지리에서 흔히 이용되는 이 원리는 우리가 먼저 지구를 살펴보고 난 후 관련된 지구의 개념을 (시간, 계절), 그다음에는 기후와 같은 상세한 주제를 검토할 것을 제안한다. 좀 더 최근에 이러한 지침이 되는 원리들이 확장되어 계열화에 대해 두 가지 접근을 더 포함하게 되었다.
- **추상성의 증가**: 학습자들은 자신에게 가까이 있거나 의미가 있는 것을 가장 효과적으로 학습한다는 아이디어에 따라 내용을 계열화할 수 있다. 그래서 우리는 내용조직을 우리 자신의 경험과 가까운 것에서 시작해서 좀 더 멀리 떨어져 있는 것으로 진행해 나갈 수 있다. 예컨대, 자기 자신의 가족 단위를 공부하고, 유사한 문화 구조를 공부하고, 상이한 문화권의 사회적 구조를 공부하는 순서로 내용을 조직할 수 있다. 이 원리는 종종 초등학교에서 내용을 계열화하는 데 적용된다. 유사한 방식으로, 내용을 구체적인 것에서 추상적인 것으로 계열화할 수 있다. 즉, 추상적이고 관념적이고 이론적인 개념으로 진행되기 전에 구체적인 개념을 이해하는 것이다. 예컨대, 지리과목에서 척도나 전문적인 제도를 공부하기 전에 지상에서 거리에 대해 공부를 하는 것이다.
- **학생들의 발달에 의한 방법**: 학생들은 인지, 정서, 신체 등에서 일정한 단계를 거쳐 발달한다고 생각하고 이 단계에 맞추어 교육내용을 배열한다. 예를 들어, 피아제(Piaget)의 인지발달 이론, 에릭슨(Erickson)의 성격발달 이론, 하비거스트(Havighurst)의 발달과업 이론 등은 교육내용을 배열하는 데 도움을 준다.
- **나선형적 계열화**: 이 용어는 전체 교육과정 조직과 관련되어 브루너(Bruner,

1966b)에 의해서 기술되었는데, 전체 개념 또는 많은 학습 요소가 습득될 때까지 학습자들에게 내용의 기본적인 아이디어를 반복적으로 제시하는 것이다.

내용 계열화 원리  보다 체계적으로 내용 계열화 원리를 제시하고 있는 학자로는 포스너와 스트라이크(Posner & Strike, 1976: 665-690)를 들 수 있다. 이들은 자신의 지식관, 학습관, 내용이 사용되는 방식을 토대로 내용을 계열화할 때 참고가 되는 계열화 원리를 분류하여 제시하고 있다.

> 학습자는 학습 과정을 통해〔탐구 과정: 교과학습을 통해 세계의 현상에 대해 세계에 대한 지식(개념적 체계)을 가짐〕 학습 성과를 내고 학습 성과를 활용하여 생활 목적에 이른다.

포스너와 스트라이크는 여러 상이한 계열화 원리가 지식관, 학습자관, 내용이 사용되는 방식에 대한 견해와 어떻게 관계되는지를 나타내기 위한 하나의 도식(categorization scheme)을 고안해 냈다. 내용을 조직할 때에 크게 다섯 가지의 기초 혹은 질문에 근거해야 한다는 것이다. 또한 바로 그 질문 속에는 계열화 원리의 유목이 들어 있다.

단원조직의 다섯 가지 주된 기초 혹은 질문은 다음과 같이 요약할 수 있다. 각 질문 속에는 계열화 원리의 한 유목이 나타나 있다.

- 세계의 현상들(인간, 물건, 사건) 간에 경험적으로 검증할 수 있는 관련성이 존재하는가? 그리고 단원들 간의 계열성이 세계와 일관성을 유지할 수 있도록 계열화하는 방법은 무엇인가? 이 유목에는 공간, 시간, 물리적 속성에 기초한 관련성 등의 하위 유목이 있다.
- 가르칠 지식의 개념적 속성은 무엇이며, 단원의 계열성이 개념의 조직과 논리적으로 일관성을 유지할 수 있도록 계열화할 수 있는 방식은 무엇인가? 하위 유목으로는 부류관계, 명제관계, 정교화 수준, 논리적 선행요건성에 기초한 관련성 등이 포함되어 있다.
- 명제와 개념이 어떻게 하여 생겨났으며, 단원의 계열성이 탐구의 과정과 일

관성을 유지할 수 있도록 계열화할 수 있는 방법은 무엇인가? 하위 유목에는 탐구의 논리성과 경험성에 기초한 관련성이 포함되어 있다.

- 학생들은 어떤 방식으로 학습하며, 단원의 계열성이 학습 과정과 일관성을 유지할 수 있도록 계열화하는 방법은 무엇인가? 하위 유목에는 경험적 선행 요건성, 친숙성, 곤란성, 흥미, 내면화, 발달에 기초한 관련성이 포함된다.
- 학생들이 이미 학습한 지식이나 기능을 어떻게 사용하고 있으며, 단원의 계열성이 활용 과정과 일관성을 유지할 수 있도록 계열화하는 방법은 무엇인가? 하위 유목에는 절차상의 순서, 예상 활용 빈도에 기초한 관련성이 포함되어 있다.

### ◈ 수직적 연계성

본래 연계성(articulation) 혹은 연결은 교육과정의 여러 측면 간의 상호 관계를 의미한다. 관계는 종적일 수도 있고 횡적일 수도 있다. 이런 점에서 연계성은 상관의 의미를 지닌다. 롱스트리트 등(Longstreet et al., 1993: 359)은 이것을 교육과정의 한 영역에서 내용을 지원하는 학습기회가 다른 영역의 내용을 통해 조직되는 문제로 보았다. 여기에는 종적(수직적) 차원의 연계성과 횡적(수평적) 연계성이 존재하는데 전자는 계속성의 문제와 동일하다. 전자의 차원에서는 계열의 측면에서 학습, 주제, 과정의 관계가 포함되어 있으며, 후자의 차원에는 동시에 다루는 요인 간 또는 요인들의 연합이라고 볼 수 있는데, 동일 학년의 상이한 교과 사이의 상호 관계가 내포되어 있다. 예를 들어, 설계자가 6학년의 사회과와 국어과 사이의 상호 관계를 고려하는 경우 이것이 바로 횡적 연결이다. 이것은 스코프와 통합의 문제에 연관되어 있다.

수직적 연계성(vertical articulation)은 이전에 배운 내용과 앞으로 배울 내용의 관계에 초점을 둔 것으로, 특정한 학습의 종결점이 다음 학습의 출발점과 잘 맞물리도록 교육내용을 조직하는 것을 말한다. 수직적 연계성은 여러 수준에서 확보되어야 한다(김대현, 김석우, 1999: 137-139). 먼저 수직적 연계성은 학교급 간의 교육내용을 연결하는 데 중요한 역할을 한다. 예를 들어, 초등학교 교육과정은 중학교 교육과정과 중학교 교육과정은 고등학교 교육과정과 자연스럽게 이어지도록 조직되어야 한다. 만일 중학교 다닐 때 수학 교과를 제대로 이수한 많은 학생이 별다른 이유 없이 고등학교 수학 수업을 따라가지 못한다면 수학 교과의 수직적 연계성에 문제가 있을 가능성을 생각할 수 있다.

또한 수직적 연계성은 학년이나 단원의 교육내용을 연결하는 데도 중요한 구실을 한다. 만일 초등학교 3학년까지 전 과목에서 성취도가 90% 이상이던 많은 학생이 4학년에 들어 와서 여러 과목에서 학업성취도가 급격하게 떨어진다면 그 과목들의 수직적 연계성 상태를 점검할 필요가 있다. 또한 단원의 내용 간에도 수직적 연계성이 이루어지지 않으면 학습자는 학습에 어려움을 느끼게 된다. 영어 학습에서 현재형 시제를 처음 접한 학습자에게 곧바로 아주 복잡한 가정법 동사형을 공부할 것을 요구한다면 수직적 연계성의 견지에서는 실패한 것이 된다.

다음으로 수직적 연계성은 교육과정 개발의 여러 단계에서 강조된다. 먼저 국가수준의 교육과정에서는 학교급, 학년, 학기, 단원 간에 수직적 연계성이 유지되도록 노력하고 있다. 이와 같은 점은 각 교과별 교육과정 해설서에서 강조되고 있다. 그리고 대부분의 교사는 국가, 지방 교육청, 학교가 계속성을 어떻게 결정하였는가와 상관없이, 학생들이 배울 내용을 이전 단원이나 또는 같은 단원의 앞에 제시된 내용과 연계하고자 한다는 점에서 수직적 연계성을 결정한다.

### (3) 학습경험의 선정과 조직

일반적으로 교육과정 분야를 '교육목표와 내용의 체계'에만 관심을 가지는 것으로 국한한다면 학습경험의 선정과 조직 문제는 부차적인 문제로 볼 수가 있다. 그러나 교육에서 가장 중요한 것이 학생의 학습이라고 본다면 목표 달성에 필요한 교육내용을 아무리 잘 선정하고 효과적으로 조직하였다고 하더라도 그것이 학생의 학습으로 연결되지 못하면 의의가 없다.

따라서 목표 달성과 직결되고 교육내용과 적절하게 부합되는 학습경험을 선정하고 조직하는 일은 매우 중요한 일이다. 왜냐하면 교육목표 달성 여부는 최종적으로 학생의 학습경험에서 결정되기 때문이다. 그래서 잘 선정되고 조직된 내용을 어떻게 학습자가 학습할 수 있도록 해 주는가 하는 문제가 중요해진다. 타일러는 이 문제를 "교육목표를 달성하는 데 유용한 학습경험을 어떻게 선정할 수 있는가(학습경험의 선정), 혹은 이러한 교육적 경험을 어떻게 조직할 수 있는가(학습경험의 조직) 하는 문제로 보고 있다. 이하에서는 주로 타일러의 견해를 중심으로 살펴본다.

① 학습경험의 의미

학습경험이라는 말은 매우 개인적인 것이어서 사전에 계획하고 조직하는 것이 불가능하므로 이 용어를 사용하지 말아야 한다고 보는 사람들도 있다. 하지만 교육목표가 학생의 학습경험을 통해서 이루어지기 때문에 중요하게 취급되어야 한다.

학습경험이라는 용어는 한 과목에서 다루게 되는 교과내용이나 교사의 교수활동과는 동일한 것이 아니다. 학습경험은 학습자와 학습자가 처한 외적 환경과의 상호작용이라고 볼 수 있다. 학습은 학습자의 활동을 통해서 이루어진다. 즉, 학습자는 그가 행한 행위를 통해서 학습을 하지 교사의 교수활동을 통해서 학습을 하지 않는다는 것이다. 두 학생이 동일한 수업을 받았다 하더라도 그들이 경험한 것은 서로 다를 수 있다. 그러므로 교육에 있어 가장 중요한 것은 학생들이 무엇을 경험했는가 하는 것이지 학생들에게 무엇이 제공되었는가의 문제는 아니다.

'경험'이라는 말을 교육에 가장 체계적으로 적용하여 논의한 사람은 미국 실용주의 철학자 존 듀이(John Dewey)다. 그가 생각하는 '경험'은 우리가 일상적으로 사용하는 체험이나 경험이라는 말의 의미와 다르다. 그는 경험이 일어나기 위해서는, 첫째 행위자의 능동적인 행위(trying), 둘째 행위를 겪은 결과(undergoing), 셋째 능동적인 행위와 그 결과의 관계를 파악하는 사고작용(thinking)이 진행되어야 한다는 것이다. 예를 들어, 어린아이가 불이 뜨겁나는 것을 제대로 알기 위해서는 불 가까이에 손을 대보고(trying), 뜨겁다는 것을 느끼면서(undergoing), 불에 손을 대면 뜨겁기 때문에 앞으로는 조심해야 한다는 것을 생각(thinking)할 줄 알아야 한다. 이러한 점에서 경험을 통한 교육이란 교사가 지식을 조직화하여 학생들에게 체계적으로 전달하는 것이 아니라, 학생들에게 문제나 과제를 제공하고 그 과제 수행으로 인한 결과를 겪게 하며 자신이 한 일과 그 결과를 연관지을 수 있도록 사고할 기회를 주는 것이 된다.

따라서 타일러(Tyler, 1949)는 이러한 듀이의 경험 개념을 수용하여, 학습경험을 학생과 환경과의 상호작용이라고 보았다. 이것은 학생들이 능동적인 참여자이므로 그의 환경 중의 어떤 부분이 그의 관심을 끌게 되면 그는 그것에 반응을 보이게 된다는 것을 암시하는 것이다. 이러한 그의 생각은 행동주의 심리학의 관점을 수용하는 것으로 볼 수 있다. 따라서 교사는 학생들의 반응을 유도할 수 있는 학습조건이나 환경을 구성함으로써 학생들에게 적절한 경험을 제공할 수 있게 된다. 즉, 교사가 학습경험을 조절하는 방법은 우리가 원하는 학습이 이루어지도록 조건을 형성함으로써 환경을 조성하는 것이다. 여기서 유의해야 할 것은 외적인 학습환경이 동일하더라도 학생들은 각기 다른 학습경험을 하게 되리라는 것이다. 이것은 교사에게 막중한 책임을 부과하는 것이다. 즉, 교사는 모든 학생이 흥미를 느낄 수 있는 다양한 환경을 만들든지, 아니면 교사가 학생 하나 하나에게 의미가 있을 수 있도록 경험을 변화시키는 것이다. 그렇다면 학습경험의 선정 문제는 정해진 교육목표를 달성하기 위한 학습경험을 결정하는 일과 학생들의 학습경험을 유도할 수 있는 외적 조건을 형성하는 일이다.

이러한 맥락에서 학습경험의 계획자는 학생의 능동적 경향을 파악하고 학생에게 작용하는 환경조건을 계획 · 조직하여 학생들로 하여금 원하는 경험을 적시에 할 수 있도록 도와주는 역할을 해야 한다고 하였다. 교육자들이 이와 같은 일을 하는 데는 가능한 모든 조건을 살펴야 할 것이지만, 학생들에게 수업내용을 제공하는 일과 내용과 관련된 학습활동을 하도록 하는 일이 우선시 될 것이다.

일반적으로 교육학 문헌에서는 학습경험과 관련하여 다양한 용어가 사용된다. 학습기회, 학습활동, 교수-학습 전략, 행동 등이 그것이다. 어떤 학자들은 학습기회를 수업내용과 학습활동을 포함하는 것으로, 교수-학습 전략을 교육방법이나 수업의 문제로 보고 있다. 행동은 특정 내용을 특정 학습활동을 통하여 최종적으로 학생에게 획득되는 정신상태라고 볼 수 있다. 그러나 교육과정 개발자는 학생의 학습경험을 직접적으로 만들 수는 없다. 원하는 학습경험이 일어날 수 있도록 적절한 내용 요소와 효과적인 학습활동을 계획할 수 있다.

그런데 학습경험의 계획을 수업내용과 활동의 계획이라고 본 것은 학습경험이 내용 요소와 활동 요소로 구성된다고 본 존슨(Johnson, 1967)의 견해와 일치한다. 물론 타일러 역시 교육목표를 내용과 행동 차원으로 보고 있다. 수업내용 요소와 활동 요소는 완전히 분리되어 존재하는 것이 아니며, 교과서의 3쪽(내용 요소)을 읽는다(활동 요소), 삼각형(내용 요소)을 그린다(활동 요소)와 같이 학습경험이 일어나기 위해서는 내용 요소와 활동 요소 모두가 필요하다(김대현, 김석우, 1999: 156). 그러나 학습경험의 계획에서 내용 요소는 동일하지만 활동 요소가 다를 수 있으며, 수업내용과 학습활동의 계획이 원하는 경험으로 직결되는 것이 아니다. 수업내용과 활동의 계획은 '의도' 차원이며, 학습경험은 '결과' 차원이라는 점을 유의할 필요가 있다.

이상의 관점에 따르면 학습경험은 수업내용과 학습활동을 포함하는 것으로 볼 수 있기 때문에 학습경험의 선정 작업 역시 수업내용과 학습활동으로 각각 구분하여 논의해야 한다. 이러한 입장을 따른다면 수업내용의 선정에서는 교육내용과는 다른 수업내용, 즉 교과서, 참고자료, 교과서나 참고자료에 없으나 학생에게 전달되는 내용 등을 중심으로 제시해야 한다. 그리고 학습활동에서는 보다 총체적이고 효과적인 학습경험을 위해서 교사의 수업계획까지를 고려하여 선정 및 조직 작업이 이루어져야 한다. 하지만 여기에서는 수업내용과 학습활동을 구분하여 각각 제시하기보다는 일반적인 차원에서 논의한다.

② 학습경험 선정의 제 문제

학습경험을 수업내용과 학습활동의 측면으로 구분하여 볼 경우 학습경험의 선정문제는 수업내용의 선정과 학습활동 선정 요인을 고려해야 한다.

수업내용의 선정원리 이하에서 제시되는 수업내용의 선정 원리는 수업내용의 선정에만 독특하게 적용되는 원리이기보다는 교육내용이나 학습활동의 선정에도 적용 가능한 매우 일반적인 원리다.

존(John, 1993: 44)은 교사가 수업을 전개해 나갈 때 내용을 선정하고 조직하는 데 지침이 될 수 있는 몇 기지 준거를 나음과 같이 제시하고 있다.

- **타당성**(validity): 수업내용이 국가 수준 교육과정에서 선정되어야 하며, 그것은 검증 가능한 것이어야 하며, 허위의 내용이어서는 안 된다.
- **중요성**(significance): 교과수업에 다루어야 할 내용 영역은 사소한 지식이나 내용을 다루어서는 안 된다.
- **균형성**(balance): 학습자들에게 폭과 깊이가 보장되고, 미시적이고 거시적 측면의 지식을 골고루 학습할 수 있도록 해 주어야 한다.
- **흥미**(interest): 학습자들의 성공적인 학습을 촉진하고 지원할 수 있도록 흥미 있는 내용이 채택되고 배열되어야 한다.
- **유용성**(utility): 교실에서나 학교 밖의 생활 세계에서도 도움이 되도록 미래 학습을 위한 실용성의 측면에서 내용을 선정해야 한다.
- **접근가능성**(accessibility): 교실수업에서 학습자의 능력 범위 내에서 내용의 선정과 조직이 이루어져야 한다.

- **실행가능성**(feasibility): 국가 교육과정이나 학교 교육과정의 요구와 기준, 그 외의 여타 조건에 비추어 실천이 가능한 것들이어야 한다.

이상의 준거에 기초하여 보다 상세한 원리를 살펴보자.

- **타당성의 원리**: 타당성의 원리는 수업내용이 교육내용을 반영해야 한다는 것이다. 이 말은 수업내용과 교육내용이 같아야 한다고 의미하는 것은 아니다. 단지 수업내용은 교육내용을 구성하는 지식, 기능, 가치를 잘 전달할 수 있는 최적의 수단이어야 한다는 것이다. 만일 수업내용이 삼각형의 합을 계산하는 데 필요한 지식이라면 수업내용은 이에 관한 적절한 사례를 담고 있어야 한다.
- **확실성의 원리**: 확실성의 원리는 수업내용이 믿을 수 있는 것이어야 한다는 것을 의미한다. 어제의 진리가 오늘의 허위로 밝혀질 수 있으므로, 수업내용의 선정자가 학문의 지속적인 발전에 끊임없는 관심을 가져야 하는 이유도 여기에 있다.
- **명확성의 원리**: 명확성의 원리는 수업내용이 전달하는 의미가 분명해야 한다는 것이다. 수업자료는 맞춤법에 맞는 단어, 문법에 맞는 문장, 분명한 메시지가 담긴 그림과 삽화 등을 담아야 한다. 그리고 단락의 구성은 사실들의 단순한 나열보다는 비교-대비, 원인-결과, 문제-해답, 결과-증거 등의 방식으로 기술하는 것이 학생들의 이해를 도울 것이다.
- **가능성의 원리**: 가능성의 원리는 수업내용이 학습자의 능력 수준에 알맞게 기술되어야 한다는 것이다. 학습자의 능력 수준에 맞는 어휘 선정, 문장 길이, 단락 구분이 필요하다. 그리고 교육내용을 줄이고 교과서를 포함한 수업자료의 분량은 늘려서 교과서를 읽고 교육내용을 이해할 수 있도록 해야 한다. 예를 들어, 수업자료에 실린 어휘가 흔히 사용하지 않는 어려운 한자어이거나 수업자료의 면 수에 비해 지나치게 많은 교육내용은 학생들의 이해를 어렵게 만든다.
- **균형성의 원리**: 균형성의 원리는 특정 집단의 이익에 도움을 주는 내용을 담아서는 안 된다는 것이다. 수업내용이 학생들에게 성별, 직업, 계층, 지역 등에 관한 편견을 심어 주는 것이어서는 안 된다. 예를 들어, 수업자료의 삽화

가 남성을 여성에 비하여 우월한 존재로 묘사한다든지, 수업자료의 내용이 도시지역을 농촌에 비하여 살기 좋은 곳으로 묘사한다든지 하는 내용은 피하는 것이 좋다.

- **흥미의 원리**: 흥미의 원리는 수업자료의 내용이 학생들의 흥미를 유발할 수 있어야 한다는 것이다. 교육내용을 전달하기 위하여 선택할 수 있는 수업자료의 내용은 매우 다양할 것이다. 예를 들어, 여러 가지 도형이라는 교육내용을 전달하기 위해서는 평면 그림, 입체 그림, 사진 등 다양한 수단을 동원할 수 있으나, 이들 중에서 학생들의 흥미를 가장 크게 유발하는 수단이 수업내용이 될 자격을 얻을 것이다.
- **연계성의 원리**: 연계성의 원리는 수업내용이 서로 관련되고 일관성을 가져야 한다는 것이다. 같은 교과의 학년별 수업자료(교과서 포함)에 실린 내용 간에 모순이 있거나 같은 내용을 다른 용어로 표현하는 것은 피해야 한다. 같은 학년에 사용되는 수업자료(교과서)의 내용도 서로 연관지어 기술하고, 같은 현상을 다르게 표현하는 용어나 진술은 서로 간의 관련성을 밝혀 두어야 한다(김대현, 김석우, 1999: 158-159).

학습활동 선정의 고려 요인　보통 학습경험과 관련하여 학습활동을 자주 언급하는 경우가 있다. 여기에서는 학습활동의 차원에서 학습경험을 선정할 때 고려할 수 있는 학습원리를 휠러가 제안하고 있는 것을 제시해 본다.

- 학습은 반드시 학습자가 참여해야 하는 하나의 능동적인 과업이다.
- 학습은 학습자의 능동적인 참여와 함께 자신이 무엇을 배우고 있는가를 이해할 때 더 효과적이다.
- 학습은 개인의 목표, 가치, 동기에 의해 상당한 영향을 받는다.
- 기능을 학습하는 경우 일련의 사태에 대한 반응을 자주 반복해야만 한다.
- 즉각적인 강화는 학습을 촉진시킨다. 시간의 경과가 짧을 경우 인지적 피드백이 가장 효과적이다.
- 학습자에게 제시된 경험의 범위가 광범위할수록 일반화와 변별이 더 잘 일어난다.
- 행동은 학습자의 지각에 따른 함수로 볼 수 있다.

- 유사한 상황이라도 학습자에 따라 다른 반응을 유발시킬 수 있다.
- 전이가 일어나기는 하지만 흔히 생각하는 것보다는 훨씬 적다. 그리고 전이는 관련 과제들 사이에 존재하는 유사성 때문일지도 모른다. 상황 간의 유사성과 전이 가능성은 특별히 극복해야 한다.
- 집단 풍토가 학습 결과 및 그에 수반되는 만족감에 영향을 준다.
- 개인차는 학습에 영향을 준다. 그 차이는 유전적 특성을 띨 수도 있고, 사회문화적 특성을 띨 수도 있다.
- 모든 학습은 복합적이다. 학습의 초점을 특정의 성과에 맞출 수도 있으나 여타 학습 성과도 동시에 생겨난다.

이상의 원리를 염두에 두면서 적절한 학습활동을 선정하는 데 유용한 절차가 무엇인지를 살펴보기로 하자. [그림 5-11]에는 가장 효과적인 교수-학습 전략을 선정하려는 교사들에게 특별히 도움을 줄 수 있는 하나의 '여과적' 절차를 제시하고 있다.

[그림 5-11]의 모형은 가장 적절한 학습활동을 선정할 때까지 하나의 검출작용을 할 수 있는 다섯 가지 준거를 제시하고 있다. 이 준거에는 목표, 내용, 학습자에 대한 적절성, 이용 가능한 자원, 제약 요인이 포함된다.

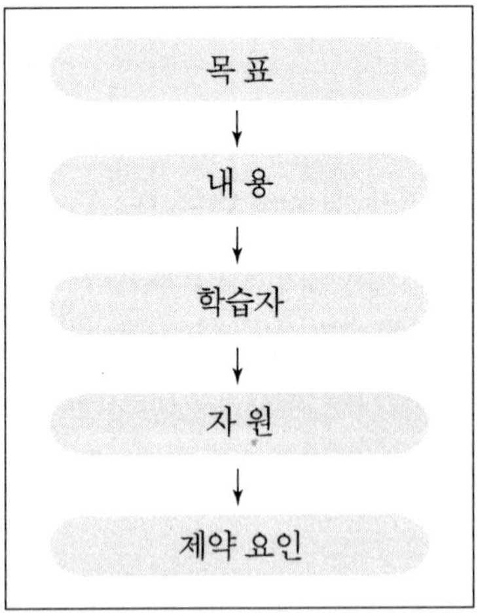


[그림 5-11] 학습활동의 선정

◈ 목표(objectives)

학습활동을 선정할 때 통과해야 할 첫 번째 관문은 그 활동이 진술된 목표를 달성할 수 있는지 먼저 결정해야 한다. 교육과정 개발자나 교사가 활용할 수 있는 학습활동은 아주 많겠지만 교육과정 목표를 촉진하기에 적절한 방법은 그리 많지가 않다. 예를 들어, 버너 조작 방법의 이해가 학습목표일 경우에는 탐구 전략보다도 상호작용적 전략이나 설명적 전략이 적절하다. 그러나 학습목표가 '버너를 올바르고 안전하게 조작할 수 있다.'는 학습목표일 경우에는 상호작용 전략, 소집단 전략, 개별화 전략을 적용할 수가 있다. 마찬가지로 목표가 문학작품의 문화적 감정이입을 강조한다면 설명적 방법이나 상호작용 전략보다는 탐구 전략이나 실제를 반영한 모형이 더 적절하다. 결국 가장 적절한 학습활동을 결정할 때에는 달성해야 할 목표를 정확하게 결정하는 일이 무엇보다 중요하다.

◈ 내용

학습경험을 선정할 때에는 우선 이미 선정·조직된 교육내용이 어떠한가를 살펴보아야 하며, 처음에 설정된 교육목표가 어떠한 교육내용을 매개로 하여 달성되는 것이 가장 효과적이고 교육적인가를 고려해야 한다. 그리고 내용의 성격이나 수준, 내용체계, 내용 간의 관련성 등이 중요하게 고려되어야 한다. 학습경험이나 활동은 논리적으로 교육내용에 의해 상당 부분 규정되거나 영향을 받게 된다.

◈ 학습자에 대한 적절성

목표의 요구 조건을 충족시켜 줄 수 있는 잠정적인 방법의 범위를 결정하고 나면 다음 단계는 그 방법 가운데에서 어느 것이 학생들의 특성, 즉 학생들의 흥미, 능력, 발달 수준에 일치하는가를 살펴보아야 한다. 어떤 의미에서는 목표가 결정되었을 때에는 이내 이런 준거가 고려되었다고 볼 수 있다. 세심한 교육과정 개발자는 목표를 설정할 때 그 도달 가능성의 준거를 적용하면서, 동시에 대상 학생 집단에 알맞은 목표를 결정할 때 학습자의 연령, 일반 능력, 지적 발달 단계 등의 특성을 고려했을 것이다. 또한 학습활동을 피아제의 발달 개념과 연관지어 볼 수도 있다. 여기서 어떤 활동은 그 어느 활동보다도 특정 발달 수준의 학습자에게 더 적절할 수도 있다. 그 예로서 형식적 조작 단계의 아동들에게는 설명방법이나 조사방법이 더 적절할 것이다. 더 어린 아동들에게는 개별화 소집단 수업이 적절하며,

또한 훈련이나 반복연습이 더 적절하다.

◈ 자원

교육과정 개발자와 교사들은 목표와 학습자의 특성을 고려한 후, 자원의 이용 가능성이라는 준거를 살펴보아야 한다. 어떤 방법은 하드웨어(영사기, 컴퓨터 녹음기)나 소프트웨어(영화, 컴퓨터 프로그램, 테이프)를 이용해야 한다. 그런데 이런 자원들이 그 기관에 준비되어 있으며, 필요한 시간에 이용할 수 있는가? 내륙지방에서는 학생들이 실제로 파도의 움직임을 관찰하도록 요구하기란 불가능하다. 그러므로 필요한 자원의 이용 가능성은 방법 선정에 있어서 매우 중요한 준거다. 이 준거에 비추어 방법을 평가하게 되면 실행 가능한 방법의 수는 더욱 줄어들 것이다.

◈ 제약 요인

가장 중요한 제약 요인은 수업시간일 것이다. 한정된 수업시간으로 인해 학생들이 경험할 학습경험을 선정할 때 수업에 배당된 시간으로 인해 활용 가능한 학습활동이나 방법이 선택되고 배제되기도 한다.

③ 학습경험 선정의 일반적 원리

목표달성에 필요한 구체적 학습경험은 목표가 무엇이냐에 따라 다르지만 추구하는 목표가 무엇이든지 간에 공통적으로 적용할 수 있는 일반적인 원리가 있다 (Tyler, 1949).

기회의 원리 어떤 목적을 달성하기 위하여 학생들이 목표달성에 필요한 경험을 할 수 있는 기회가 제공되어야 한다는 것이다. 즉, 문제 해결력을 개발하는 것이 목적이라면 학생들에게 문제를 해결해 볼 수 있는 충분한 기회가 주어지지 않고는 불가능하다. 또 독서에 흥미를 갖도록 하는 것이 목표라면 독서를 많이 해보지 않고는 이 목적이 달성될 수 없다. 이것은 어느 경우나 마찬가지다. 기본적으로 학생들이 목표를 달성하는 데 필요한 경험을 할 수 있도록 충분한 학습경험이 제공되어야 한다.

완전한 목표의 진술이란 행동에 관한 진술뿐만 아니라, 그 행동과 관련된 내용도 포함되는 것이기 때문에 학습경험 속에는 목표와 관련되는 내용도 다루어 볼 수 있는 충분한 기회가 학생들에게 주어지는 것이라야 한다. 그러므로 만약에 학습목표가 건강문제의 해결 능력을 개발하는 것이라면 학습경험 속에는 문제 해결의 기회뿐만 아니라 건강문제에 관한 구체적인 작업을 해 보는 기회가 제공되어야 한다. 또한 목표가 많은 소설을 읽어서 흥미를 느끼도록 하는 데 있다면, 학습경험 속에는 독서의 기회뿐만 아니라 여러 종류의 소설을 읽어 볼 수 있는 기회가 제공되는 것이 필요하다. 이것은 어떤 종류의 목표와 관련되는 학습경험을 설정하든지 일반적으로 적용할 수 있는 원칙이다.

만족의 원리 학생들이 목표와 관련된 학습을 함에 있어서 만족을 느끼는 경험이 되어야 한다는 것이다. 예를 들어, 건강문제를 해결하는 능력을 개발하는 학습경험의 경우에 중요한 것은 이 경험을 통하여 학생들이 건강문제를 해결할 수 있는 기회를 얻음과 동시에 이 문제를 해결하는 과정에서 만족할 만한 경험을 했다는 사실이다. 만약 그 경험이 만족스럽지 못한 것이거나 불쾌한 것이었다면, 학습은 이루어질 수 없는 것이다. 잘못하면 애초의 목표와는 다른 결과를 얻게 될지도 모르는 것이다. 독서에 대한 흥미를 개발하는 학습경험의 결정에서도 마찬가지의 논리를 적용할 수 있다. 많은 독서를 할 수 있는 충분한 경험이 제공되어야 하고 아울러 이러한 경험이 만족할 만한 것이어야 효과적인 학습이 이루어졌다고 볼 수 있는 것이다. 그렇게 되기 위해서는 교사가 학생의 흥미나 학생의 수준, 그리고 이러한 경험이 학생에게 만족을 주는 것인가 아닌가를 판별할 수 있는 충분한 정보를 갖고 있어야 한다.

가능성의 원리 학생들의 현재 수준에서 경험이 가능한 것이어야 한다는 것이다. 즉, 학습경험이 달성 가능한 것이고, 학생들의 성장에 맞는 것이고 등등이다. 이것은 '교사는 학생들의 수준에서 수업을 시작해야 한다.'는 옛날 말을 확인시켜 주는 것이다. 만약 학습경험이 학생들이 현재로는 할 수 없는 것이라면, 그것은 당연히 이루어질 수 없는 수업이 될 것이다. 그러므로 교사는 학생들의 현재 목표, 배경 그리고 현재의 수준 등을 정확히 파악하고 있어야 한다.

다경험의 원리 교육목표를 달성하는 데 여러 가지 다른 학습경험을 활용할 수 있는 것이다. 교육경험이 효과적인 학습의 기준에 타당한 것이라면 그것은 목표달성에 유용하게 활용할 수 있는 것이다. 어떤 구체적 목표를 달성하는 데는 여러 가지 학습경험을 고려할 수 있다. 그것은 어떤 구체적 학습경험을 설계하는 데 있어서는 교사에게 충분한 재량권이 부여될 수 있다는 것을 의미하는 것이다. 이것은 또한 한 학교가 교육경험을 설정함에 있어서 하나의 교육목표를 염두에 두고 있지만 학생들이나 교사의 성격을 고려하여 선택의 폭을 넓힐 수도 있다는 것을 의미하는 것이다. 교육과정이 어떤 목표를 달성하는데 필요한 학습경험을 일정하게 제한할 필요는 없는 것이다.

다성과의 원리 동일한 학습경험을 했더라도 교육의 결과는 달라질 수 있다는 것이다. 예를 들어, 건강에 관한 문제를 해결하는 동안에 건강에 관한 정보를 학습할 수 있는 것이다. 또한 공중보건 절차의 중요성에 대한 어떤 태도를 학습할 수도 있는 것이다. 건강 분야에 관한 일에 대해서 흥미를 느끼기도 하고 또는 흥미를 잃어버리게도 될 것이다. 모든 학습경험은 하나 이상의 학습 결과를 얻게 된다. 긍정적으로 보면 이것은 시간을 벌 수 있는 결정적인 이득이 있다. 학습경험이 잘 짜여 있다면 다양한 교육목표를 달성할 수 있기 때문이다. 그러나 부정적인 측면에서 보면 교사는 학습을 통해서 의도하지 않았던 어떤 결과가 나타나지 않나 항상 경계를 해야 되기도 하다.

④ 목표달성에 유용한 학습경험의 예

교육목표가 다양하기 때문에 모든 목표의 달성에 유용한 학습경험이 어떤 것인지를 전부 진술하기는 불가능하다. 그러므로 몇 개의 일반적인 교육목표를 제시하고 그 목표를 달성하는 데 필요한 학습경험이 어떤 것이어야 하는가를 살펴보려고 한다(이해명, 1987: 63-74; Tyler, 1949).

사고능력을 개발하는 데 필요한 학습경험 '사고'라는 용어는 다양한 의미로 사용되고 있다. 그러나 보통으로는 사고라는 용어가 시사하고 있는 것은 두 개 이상의 개념을 단순히 기억하거나 반복하는 것이 아니고 그것을 서로 연관시켜서 생각할 수 있다는 것을 의미한다. 귀납적 사고란 구체적인 여러 자료를 통해서 일반적인 어떤 원리나 원칙을 유도해 내는 것을 의미한다. 그리고 연역적 사고란 어떤 원리를 구체적인 경우에 적용하는 것을 의미한다. 논리적 사고란 가설을 사용하여 논리적인 결론에 도달하는 조직적인 논리의 전개를 의미한다. 구체적인 현실에서는 여러 종류의 사고가 복합적으로 요구되기 때문에 교사가 어느 한 가지 종류의 사고만을 강조할 필요는 없다.

학습경험이란 학생들에게 이러한 사고를 할 수 있는 기회를 충분히 제공하는 것이기 때문에, 학습조건이 이러한 사고를 자극하도록 하는 것이 중요하다. 이 분야에 관한 연구에서 밝혀진 것은 학생들이 곧바로 대답할 수 없는 문제에 부딪히게 되는 이상, 여러 가지 사고를 할 수 있도록 유도하는 것이 바람직하다는 것이다. 이것은 사고를 개발하는 학습경험을 하도록 하기 위해서는 여러 가지 문제에 부딪혀 보아야 한다는 것이다. 그것도 학생들의 즉각적인 반응을 유도할 수 있게 문제가 학생들에게 직접 이해관계를 갖는 것이어야 한다는 것이다. 더구나 그 문제들은 학생들이 교과서나 다른 참고서를 보면 곧 해답을 찾을 수 있는 그런 문제가 되어서는 안 된다는 것이다. 해답을 얻기 위해서는 여러 종류의 이론이나 정보를 연관시켜야 되는 것이어야 한다. 또 수업시간에 경험하게 되는 문제는 일상생활에서도 부딪히는 문제이어야 한다는 것이 바람직하다. 이렇게 되면 학생은 이러한 문제를 풀어 볼 만한 가치가 있는 것으로 인정하게 된다.

그리고 학생들이 문제 해결을 최초로 경험하는 것이기 때문에, 사고가 어떤 절차로 진행되는지를 이해할 수 있도록 학습조건을 설정하는 것이 필요하다. 사고의 절차는 다음과 같이 이루어진다. 첫째, 현재로서는 대답할 수 없는 문제이거나 문제가 무엇인지를 인지하는 단계, 둘째 분석을 통하여 그 문제를 보다 분명하게 밝히는 단계, 셋째 필요한 자료를 수집하는 단계, 넷째 가능한 가설을 설정하는 단계, 즉 그 문제를 해결하기 위한 가능한 해답이나 대안을 찾는 단계, 다섯째 적절한 수단을 동원하여 가설을 검증하는 단계, 여섯째 결론 단계 등이 포함되는 것이다. 가설을 설정하는 단계에서 학생들은 그들이 이미 알고 있는 원리나 이론을 기초로 할 수도 있는데, 이 경우는 가설을 검증함이 없이도 문제를 곧 해결할 수 있다. 경우에 따라서 이러한 문제 해결의 단계는 달라질 수도 있으며, 어떤 단계는 필요하지 않은 경우도 있다. 그러나 일반적으로는 학습경험을 통해서 이러한 기본적인 단계를 모두 거쳐 보아야 하며, 한 단계 한 단계를 수행하는 데 필요한 기술이 어떤 것인가를 이해하고 있어야 한다.

물론 분명한 것은 학생들이 문제를 스스로 해결해 봄으로써 사고력을 키우는 것이다. 교사가 문제를 해결하고 학생들은 단지 그것을 관찰만 한다면 목표는 달성되지 못할 것이다. 또 하나 분명한 것은 어떤 연령에서 어떤 사고 단계가 개발되어야 하는지가 분명해야 한다는 점이다. 예를 들어, 문제를 해결하기 위해서 기초가 되는 자료수집의 단계는 초등학교나 중학교의 초기 단계에서 훈련되어야 한다. 불행하게도, 수학의 경우에는 학생들에게 필요한 모든 자료가 이미 주어지기 때문에 학생들이 하는 일은 겨우 계산뿐이다. 나중에 필요한 자료를 스스로 수집해야 할 때에 그는 어디서 어떤 자료를 구해야 할지 혼란을 일으키게 된다. 실험 결과가 나타내듯이 필요한 자료가 어떤 것이고 그것을 어디서 구해야 할지를 훈련을 통해서 익힌 사람들은 문제 해결능력이 상당히 높다는 것이다. 그 반대로, 학생들이 이미 중·고등학교에서 자료수집방법을 연습했다면 대학교에서 이것을 다시 강조할 필요는 없는 것이다.

'문제분석을 일정한 형식에 따라서 하도록 가르치는 것이 문제분석에 도움을 주는가?'라는 문제에 대한 해답을 얻기 위한 몇 가지 실험연구가 이루어졌다. 한 연구는 9학년 아동을 대상으로 하였다. 그 연구 결과 아동들은 문제 해결에 여러 가지 방법을 사용한다는 것이 밝혀졌다. 어떤 아동들은 문제를 미리 내다보고 문제 해결의 중간 단계를 생략한다는 것이다. 또 어떤 아동은 문제 해결에 필요한 모든 단계를 하나하나 밟아 나간다는 것이다. 모든 학생에게 어느 한 가지 분석방법을 가르쳤을 때 학습능력이 낮은 학생에게는 효과가 있었지만, 우수한 학생들에게는 아무런 효과가 없었다는 것이다. 그러므로 어떤 학생들에게는 문제 해결에 필요한 모든 단계를 하나하나 다 가르쳐야 하지만, 또 어떤 학생들은 이해가 빠르기 때문에 모든 것을 가르칠 필요가 없게 되는 것이다.

또 하나 학생들에게 있어서 어려운 점은 가능한 대답이나 설명을 제시하는 것이다. 대부분의 학생은 아주 특출하지 않은 이상 하나 또는 둘 이상의 대답이나 설명을 할 수가 없다. 이 부분의 학습에 어떤 도움을 줄 수 있다면 그것은 문제 해결에 커다란 도움이 되는 것이다. 학생들에게 가능한 여러 가지 해결방안이나 고려할 만한 사실이나 조건을 제시하는 것이 도움이 된다. 또한 문제를 풀면서 여러 가지 가능한 제안을 해 보는 것도 도움이 된다.

문제 해결에 있어서 또 하나 문제가 되는 것은 학생들이 문제를 분석하고 그 과정에서 관련이 되는 여러 가지 요소를 처리하는 데 기준이 되는 개념이 부족하다는 것이다. 학생들에게 사고를 가르친다는 것은 그들에게 기본 개념을 활용해서 사고의 대상이 되는 구체적 상황을 고찰할 수 있는 사고의 틀을 갖게 함으로써 문제를 분석하고 처리할 수 있도록 하는 것을 내포하는 것이다. 이것은 어떤 분야에서는 기초적인 가설이나 이론이 담당하는 기능이다. 이러한 개념을 가지고 학생들은 문제를 고찰하기도 하고 그 문제에 내포된 여러 가지 요소를 서로 연관시켜 보기도 한다. 흔히 그러한 개념의 활용을 통하여 얻은 구체적 경험이 효과적인 문제 해결에 기초가 되기도 한다.

정보 습득에 도움이 되는 학습경험 이러한 유형의 학습경험에 포함되는 목표는 구체적 사실의 이해, 여러 종류의 지적 축적 등과 같은 것이다. 흔히 습득되는 정보는 원칙, 법, 이론, 이념, 사실 그리고 용어 같은 것이 포함된다. 그러한 정보는 그것이 문제 해결에 어떤 도움을 주는 기능을 가질 때이거나 또는 실제 문제의 처리에 어떤 도움을 줄 때에만 중요한 의미를 가질 수 있다는 것을 가정하고 있다. 정보 그 자체로서 어떤 의미를 찾는다는 것은 아니라는 말이다.

현재의 학습경험이 학생들에게 어떤 정보를 습득하게 하는 데는 적절하지 않다는 연구 결과를 살펴보도록 하자. 정보의 학습에는 대체로 다섯 가지 결함이 있다는 것이 밝혀졌다.

첫 번째는 학생들이 그 의미를 파악하려고 하거나 또는 그가 학습한 내용을 응용할 수 있는 능력을 얻으려고 하기보다는 기계적으로 암기하려고만 한다는 것이다. 예를 들어, 듀이는 지구의 생성에 대해서 공부하고 있는 시카고 지역의 학교를 방문하고 그 방문 결과를 다음과 같이 보고하고 있다.

듀이는 학생들에게 지구의 중심 부분까지 깊이 파 본다면 그 부뷰이 뜨거울지 차가울지를 물어보았다는 것이다. 그랬더니 아무도 대답을 하지 못하더라는 것이다. 그때 교사가 듀이에게 "질문을 잘못하셨습니다."라고 말하더니 학생들에게 다음과 같이 묻더라는 것이다. "얘들아, 지구의 중심 부분은 어떤 상태냐?" 그랬더니, 학생들이 합창하듯이 "화성암이 용해된 상태요."라고 대답하더라는 것이다. 이렇게 이해를 시킴이 없이 단지 기억만을 시키는 것이 현재 우리가 정보를 학습시키는 데 사용하는 일반적인 교육방법이다. 정보학습에 나타나는 두 번째 결점은 학생들이 학습한 내용을 곧 잊어버린다는 것이다. 사실상 구체적인 정보를 망각하는 상태를 커브로 그린다면 지난 세기에 모이만(Meuman)이 보고한 무의미한 음절의 망각을 나타내는 커브와 비슷하다. 보통 학생들은 한 과목을 이수한 다음 일 년 이내에 배운 내용의 50%를 잊어버리고, 2년 이후에 75%를 망각한다.

세 번째 결점은 정보를 적절하게 조직하지 못한다는 것이다. 대부분의 학생은 정보를 단편적으로 기억하고 있고, 정보를 조직적으로 연관시켜서 기억하고 있지 못하다. 네 번째 결점은 학생들이 기억하고 있는 정보는 막연하거나 정확하지 않다는 것이다. 마지막으로 학생들은 정확한 최신의 정보에 대해서 무지하다는 것이다. 현대 생활에 관련되는 정보는 될 수 있으면 최신의 것이어야 하기 때문에 학생들이 정확한 최신의 정보원을 갖고 있어야 한다는 것이 중요하다. 그러나 최근의 연구 결과에 의하면 겨우 20% 미만의 학생만이 최신의 정보원을 갖고 있다는 것이다.

정보습득 과정에서 이러한 결점을 극복하기 위한 몇 가지 제안이 제기되고 있다. 우선 정보습득을 문제 해결과 병행해서 시도한다는 것이다. 그러므로 정보습득을 위해서 독립적인 학습경험을 하도록 하는 것이 아니고 정보습득은 문제 해결의 과정에서 이루어지게 함으로써 시간을 절약한다는 이점이 있다는 것이다. 그리고 정보습득이 문제 해결의 과정에서 이루어지게 되면, 정보의 활용과 정보습득 이유는 자명해지는 것이다. 이것은 기계적인 암기로는 이루어질 수 없는 학습결과다.

두 번째 제안은 가장 중요한 정보만 선정하여 기억할 가치가 있는 것만 학습내용에 포함시키라는 것이다. 흔히 과학 시간의 경우처럼 수천 개의 기계적인 용어를 학습해야 하는 대신에 몇 개의 중요하고 빈번히 사용되는 용어만을 선정함으로써 학생들이 이 용어를 정확하고 세세하게 학습하게 된다. 자주 쓰이는 용어는 잊어버리지 않는다.

세 번째는 정보에 대해서 강렬하고 다양한 인상을 받게 하면 기억을 쉽게 할 수 있을 것이라는 것이다. 이것은 기억할 만한 가치가 있는 중요한 정보는 다양하고 강력하게 가르치라는 것이다.

네 번째는 이렇게 중요한 정보는 자주, 그리고 다양한 상황에서 활용하도록 하라는 것이다. 정보를 자주 활용하게 되면 그 정보를 기억할 수 있는 확률이 높아지며, 정보를 다양한 상황에서 사용해 보면 연상이 쉽게 되고 우리가 취급하는 정보의 의미를 분명히 이해하게 된다.

학생들이 배운 정보를 적절하게 조직하도록 도와주기 위해서는 정보를 단 하나의 기준으로 조직할 수 있다고 생각하지 않도록 하는 것이 중요하다. 기준에 따라서 같은 정보를 두세 가지의 다른 방법으로 조직할 수도 있다. 이것은 정보의 활용

조건에 따라서 정보의 재구성이 다양한 방도로 이루어질 수 있다는 것을 시사하는 것이다.

자료처리능력에 대해서 생각해 보면, 학생들이 필요한 정보를 어떻게 어디서 구하느냐 하는 것을 배우는 것이 중요하다. 이것은 문제 해결과 연관되는 학습경험을 통하여 쉽게 이루어질 수 있다. 필요한 정보를 얻기 위해서는 교과서나 몇 개의 참고서를 뒤지는 것보다는 다양한 정보원을 추적하는 것이 필요하다. 분명한 것은 정보의 습득은 학습경험을 통하여 이루어져야 하고 정보 습득만을 위한 별도의 학습경험을 따로 선정하는 것은 바람직하지 못하다는 것이다.

**사회성 함양에 도움이 되는 학습경험** 사회성 함양으로 생각해 볼 수 있는 것에는 사회, 문학, 예술, 체육, 특별활동 등에서 강조되는 내용이 포함되어 있다. 태도라는 것은 행위로 나타나지 않더라도 그런 경향을 보이면 그것을 태도라고 규정할 수 있는 것이다. 모든 사람은 무엇인가를 해 보고 싶은 욕구, 겉으로 나타나기 이전의 마음속의 욕구를 경험한다. 어떤 경우는 그런 욕구가 억제되어서 실제로 어떤 구체적 행위로 나타나지 않는 경우도 있다. 그러므로 동료에 대해서 거부감을 느끼지만, 말이나 행동으로 표현하지는 않는 경우도 있다. 태도가 중요한 것은 태도가 행위에 강한 영향을 미치게 되고 개인의 가치관이나 만족도에 깊은 영향을 미치기 때문이다.

태도 발달에 관한 연구에서 밝혀진 것은 태도 개발의 방법에는 네 가지가 있다는 것이다. 가장 흔히 쓰이는 방법은 환경을 통한 동화(assimilation)의 방법이고, 두 번째 방법은 어떤 것을 경험하고 얻게 되는 느낌의 결과다. 세 번째 가장 흔한 태도 학습의 방법은 깊은 정신적 상처를 주는 것을 경험하는 것이다. 즉, 개에게 한 번 물려본 경험이 있는 아동은 개를 무서워하는 태도가 학습될 것이다. 마지막으로, 직접적인 지적 과정을 통해서다. 우리가 어떤 행위를 관찰하거나 또는 어떤 사물을 분석해서 그 본질을 알게 되는 경우에, 우리는 이러한 지적인 분석을 통하여 얻은 지식을 가지고 그것을 좋아하거나 싫어하게 된다. 불행하게도 지적인 분석을 통하여 습득한 태도는 다른 방법으로 습득한 태도만큼 흔하지가 않다. 앞에서의 네 가지 방법 중에서 세 번째 방법은 학교 교육방법으로는 적절하지 않은 것 같다. 심한 감정의 반응을 통한 태도 학습방법은 학교에서 조직적으로 활용하기가 불가능하다. 그러므로 학교는 환경을 통한 느낌의 계발, 그리고 지적인 과정을 통하는 방법밖에는 없다.

**홍미를 계발하는 데 필요한 학습경험** 홍미는 교육에 있어서 목표와 수단으로써 동시에 중요하다. 즉, 목표와 목표를 달성하는 데 필요한 학습경험을 홍미롭게 하는 수단으로써 중요한 의미를 갖는다는 말이다. 그러나 여기서는 홍미를 하나의 목표로서 취급하여야 한다. 홍미는 흔히 중요한 하나의 목적으로 강조된다. 왜냐하면, 흔히 홍미는 우리의 관심 영역과 우리의 행동을 결정하기 때문이다. 그러므로 홍미는 우리의 행동 방향을 결정하고 우리가 어떤 사람이 될 것인가에 지대한 영향을 미치고 있다.

홍미를 계발하는 데 필요한 학습경험을 설계하는 데 있어서 기본적인 요건은 학생의 홍미를 계발해야 할 영역에서 학생이 실제로 만족을 얻도록 하는 일이다. 그러므로 홍미를 계발할 수 있는 학습경험은 홍미 계발 영역에 대한 탐구를 할 수 있는 기회를 제공하고, 이 탐구에서 만족감을 얻을 수 있는 것이어야 한다. 만족을 얻는 것은 여러 가지 이유에 의해서 가능하다. 소위 모든 인간에게 기본적인 것, 즉 사회적인 인정, 음식이나 휴식 등의 신체적인 만족, 성공을 통한 만족 등이 그 하나다. 그러므로 가능하다면 학생들에게 이러한 기본적인 만족감을 누릴 수 있는 기회를 제공하는 학습경험은 이러한 행위에 대한 홍미를 계발하도록 하는 것이어야 한다.

만족할 만한 행위가 될 수 있는 두 번째 근거는 만족을 주는 다른 행위와 지금의 행위를 연계하는 것이다. 그 자체로는 아무런 만족을 주지 못하는 행위를 만족을 느끼게 하는 다른 행위와 연결해 줌으로써 만족감을 이 일에까지 확대하도록 하는 것이다. 그러므로 독서에서 홍미를 느끼지 못하는 학생들로 하여금 독서를 다른 홍미 있는 행위와 연결함으로써 독서를 좋아하게 만드는 것이다.

건강한 아동에게 있어서는 운동을 하는 이유가 여러 가지 운동을 함으로써 기쁨을 얻고자 하는 데 있다. 아동들의 홍미가 축소되고 제한되기 이전에는 여러 가지 자유로운 활동이나 감각을 통하여 아동들이 만족을 느꼈다. 호기심 자체가 아동에게는 만족을 느끼게 하는 것이다. 그러므로 아동에게 있어서는 순수한 탐구 자체가 만족감을 촉진시킬 수 있도록 되어야 한다. 그리고 탐구가 아동들에게 실패감이나 조소를 받게 하는 경험이 되도록 하여서는 안 된다.

학습경험을 구상함에 있어서 가장 어려운 문제는 학생들에게 따분하고 홍미 없어 보이는 것을 흥미롭게 만드는 것이다. 어떤 활동을 단순히 여러 번 반복한다고 해서 흥미가 붙는 것은 아니다. 흥미를 얻도록 하기 위해서는 새로운 접근법이 필요하다. 새로운 방법이란 전혀 새로운 내용으로 수업을 하거나 학습활동을 아동에게 흥미를 줄 수 있는 전혀 새로운 환경에서 시도하는 것이다.

네 가지 분석을 통하여 교육목표 달성에 필요한 학습경험이 어떤 것인가를 살펴보았다. 교육과정을 개발할 때는 각 목표에 대한 이러한 유형의 분석이 이루어져야 한다. 이러한 분석은 행동목표의 개념을 보다 명확히 하고, 학습목표의 선정에 도움을 준다.

하나의 목표를 달성하는 데 여러 가지 학습경험을 활용할 수 있고, 같은 종류의 학습경험이 다양한 목표 달성에 활용할 수 있다는 것은 학습경험의 개발 과정이 기계적으로 한 목표에 맞는 학습경험을 나열하는 식이 아니라는 것을 의미하는 것이다. 오히려 그 과정은 창의성을 필요로 하는 것이다. 교사가 목표를 설정하고 그 목표 달성에 필요한 학습경험을 구상할 때, 그는 그가 행할 수 있는 행동, 이용할 수 있는 자료 등을 모두 상정해 보는 것이다. 어느 정도의 윤곽이 정해지면, 가능한 학습경험이 어떤 것이 될 것인가를 기록하는 것이다. 윤곽이 설정되면 더욱 자세한 내용이 기술될 것이다. 그렇게 대강의 학습경험이 설계되면 목표에 기준해서 검사를 해야 한다.

- 선정된 학습경험이 학생들에게 목표에서 제시된 행위를 수행할 수 있도록 할 수 있는가, 그리고 목표가 제시된 내용을 학습경험에 내포시키고 있는가가 확인되어야 한다.
- 선정된 학습경험의 효과를 따져보아야 한다. 그 학습경험은 학생들에게 만족을 줄 것인가? 만약 만족감을 주지 못한다면, 기대했던 학습의 성과는 나타나지 않을 것이다.
- 선정된 학습경험이 학생들의 수준에 맞는가가 확인되어야 한다. 학생들의 수준에서는 풀 수 없는 내용은 아닌지, 학생들의 가치관이나 견해에 상충되는 것은 아닌지 확인되어야 한다.
- 경제성을 따져보아야 한다. 그 학습경험은 여러 목표를 달성하는 데 활용되는 것인지 아니면 하나의 목표 달성에 활용되는 것인지가 확인되어야 한다.

이렇게 일반적인 기준에 의거해서 학습경험의 타당성을 평가해 본 후에 구체적인 학습경험에 대해서 평가해 보는 것이 좋다.

시험적으로 선정한 학습경험이 이러한 조건에 충족된다면 그 계획은 성공적인 것으로 볼 수 있다. 몇 가지 기준이 충족되지 않는다면 학습경험이 보다 효과적인 것이 되도록 수정을 할 필요가 있을 것이다. 학습경험이 이 기준에 비추어 봐서 적절치 않다면 임시로 계획된 학습경험을 버리고 다른 계획을 세워야 한다. 이러한 방법으로 학습경험의 선정 과정을 통하여 새로운 안이 나올 수 있도록 하여야 한다. 그러므로 수업 계획이 확정되기 이전에 충분한 평가와 분석의 기회가 있어야 한다.

⑤ 학습경험의 조직

우리는 이제까지 여러 가지 목표의 달성에 유용한 학습경험의 선정에 대하여 살펴보았다. 그런데 학습경험의 선정에 대한 논의는 있었지만 조직을 어떻게 할 것인가에 대한 논의는 없었다. 효과적인 학습계획을 세우기 위해서는 학습경험을 통합시켜야 하는데, 그러기 위해서는 학습경험을 단원별, 과목별, 프로그램별로 어떻게 조직해야 할 것인가를 고려해 보는 것이 필요하다.

조직의 의미 인간의 행위는 하루아침에 변화되지 않는다. 어떤 학습경험이든지 그것 하나 만으로는 학습자에게 깊은 영향을 주지 못한다. 사고, 행동, 태도, 흥미 등에 대한 변화는 서서히 진행된다. 교육목표가 구체적인 성과를 나타내는 것을 보게 되기까지는 수개월 또는 수년이 걸린다. 어떤 면에서 교육의 효과가 나타나는 것은 물방울이 바위를 녹이는 것과 같다. 하루나 이틀 또는 여러 주가 지나도 바위는 변하지 않지만 수년이 지나면 흔적이 나타난다. 따라서 오랫동안의 교육적 경험이 축적되어야 비로소 학습자에게 변화가 나타난다.

교육경험이 효과를 나타내기 위해서는 경험이 축적되어서 상승효과를 나타낼 수 있도록 조직되어야 한다. 그러므로 조직이란 교육과정의 개발에 있어서 아주 중요한 문제다. 왜냐하면 그것은 수업의 효과를 높여 주고 학생들에게 커다란 변화를 일으키게 할 수 있기 때문이다.

학습경험의 조직에 있어서 우리는 시간적인 관계와 공간적인 관계를 고려한다. 이러한 두 종류의 관계를 수평적 또는 수직적 관계라고 부른다. 우리가 5학년과 6학년의 지리 학습내용의 관계를 고려한다면 그것은 수직적인 관계를 보는 것이고, 5학년의 지리와 역사 과목의 관계를 살펴본다면 그것은 수평적인 관계를 고려하는 것이다. 이 두 관계는 교육경험의 누가적인 효과를 나타내는 데 있어서 중요하다. 5학년에서 배운 지리과목의 내용과 6학년에서 배운 지리과목의 내용이 잘 연관되어 있다면 지리의 개념이나 기술 등의 학습이 깊이와 넓이를 더 할 수 있다. 5학년의 지리교과 내용과 역사교과 내용이 서로 연결되어 서로의 지식을 강화시켜 준다면 시야가 통일되고 안목이 넓어져서 훌륭한 교육의 성과를 얻을 수 있을 것이다. 그 반대로, 경험하는 것이 서로 상충되는 것이라면 서로가 그 효과를 상쇄하게 만들 것이다. 또 과목 간에 연계성이 없다면 생활 속에서 다루게 되는 일상적인 문제 해결과는 관계없는 동떨어진 공부를 하게 될 것이다.

조직 준거 학습경험을 효과적으로 조직하는 준거는 다음과 같이 세 가지가 있다. 즉, 계속성(continuity), 계열성(sequence), 통합성(integration)이다.

◈ 계속성

중요한 교육과정 요소를 수직적으로 반복 강조하는 것이다. 만약 사회과의 공부에서 사회과에 관한 사료를 읽는 기술을 개발하는 것이 중요한 목적이라면, 이러한 기술을 연습하고 개발할 수 있는 기회가 계속해서 주어져야 한다. 이것은 동일한 기능이 계속적으로 반복되어야 함을 의미하는 것이다. 따라서 '반복성' 혹은 '연속성'이라고도 한다. 또한 만약 과학교과에서의 목표가 에너지에 대한 개념을 학습하는 것이라면 과학교과의 여러 분야에서 이 개념이 자주 취급되어야 한다. 그러므로 계속성이란 수직적인 조직에 있어서 가장 중요한 요소다.

◈ 계열성

계속성과 관련이 있지만 계열성은 계속성 그 이상이다. 중요한 교육과정의 내용이 단순히 같은 수준에서 반복된다면 이해나 기능 그리고 태도는 발전하지 않을 것이다. 그러므로 계열성이란 학습경험이 단계적으로 깊어지고 넓어져서 경험이 계속적으로 축적되는 것을 의미한다. 예를 들어, 사회과 독서 기술 개발을 위한 계열성에는 보다 복잡한 사회과 관계 자료를 제공하고, 이러한 자료를 읽는 데 필요한 기술을 확대시키고, 그리고 분석을 깊이 하도록 해서 6학년의 사회과 공부에서는 5학년 사회과 공부에서 학습했던 내용을 되풀이하는 것이 아니라 그것을 보다 확대 및 심화시키도록 하여야 한다. 따라서 자연과학에서 에너지의 개념을 연결시키기 위해서는 매 학년에서 다루는 에너지에 관한 내용이 학생들로 하여금 에너지라는 단어가 갖는 부수적인 의미를 보다 폭넓게 이해하도록 하는 것이 필요하다. 계열성은 반복이 아니라 학습경험을 단계적으로 넓히고 깊게 하는 것이다. 타바(Taba, 1962: 296)는 계열성을 '누적적 학습'이라고 표현하였다.

◈ 통합성

교육과정의 내용을 수평적으로 연관되게 하는 것이다. 이러한 내용의 조직은 학생들로 하여금 사물을 종합적으로 보게 하고 학습내용과 행동을 통합하도록 하는 것이다. 예를 들어, 수학의 계산능력을 학습하는 경우에 이 기능이 사회과 공부나 과학과 공부, 그리고 물건을 살 때 등의 경우에 어떻게 활용할 수 있는가를 고려하는 것이다. 그래서 이 기능이 교과공부로서만 끝나는 것이 아니라 일상생활에서 활용할 수 있는 기능이 되도록 하는 것이다. 마찬가지로 사회과의 개념학습에서는 이 개념이 다른 분야의 일과 어떻게 연관되며 그리해서 학생들의 모습이나 기능 또는 태도에 어떻게 반영되는가를 보는 것이다.

조직 요소 교육과정의 조직을 개발하는 데 있어서 필요한 것은 교육과정 조직의 근간이 되는 요소를 찾아내는 일이다. 예를 들어, 수학에서는 기본이 되는 요소가 개념이나 기능이었다. 사회과에서는 개념, 가치, 기능이 강조된다. 따라서 교육내용을 구성하는 요소가 지식, 기능, 가치들이라는 것은 이미 말한 바 있다. 이러한 교육내용의 구성 요소가 바로 교육내용을 조직하는 요소가 된다. 맥닐(McNeil, 1990)은 교육의 조직 요소를 지식, 기능, 가치로 보지 않고, 개념, 일반화, 기능, 가치의 네 가지로 보았는데, 이것은 지식을 개념과 일반화(원리나 법칙)로 나누었기 때문이다.

조직 요소는 교육의 일반 목표와 구체적 목표에 비추어 선정된다. 교육의 일반적 목표가 직업교육에 있다면 조직 요소는 기능이 강조되며, 예절교육에 있다면 가치가 조직 요소로 선택된다. 또 교육의 구체적 목표가 일차방정식의 풀이에 있다면 조직 요소로 지식이 선호될 것이고, 지도제작(mapping)에 있다면 기능이 강조될 것이다.

이와 같이 조직 요소들은 교육과정의 구조를 형성하는 기본 요소로서 천을 짤 때의 씨줄과 날줄에 비유한다. 국가수준 교육과정의 문서에는 조직 요소가 학년별 내용이라는 이름으로 교과별로 잘 정리되어 있다.

조직 요소와 관련하여 이러한 요소를 하나로 묶게 해 주는 수단을 조직중심(organizing center) 혹은 조직센터라고 한다. 여러 가지의 구슬(조직 요소)을 꿰매게 해 주는 것을 말한다. 예를 들어, 고려시대의 서민생활을 이해하기 위해서 '개념'이나 당시의 사회상과 관련된 자료를 조사, 분석하는 '기능'이나 당시의 서민생활에 대한 관심을 가지고 역사를 사랑하는 '태도'와 '가치'를 형성시키기 위해서 가장 중요한 수단으로 박물관 기행으로 설정하였다면 박물관 기행이 조직 중심이 되는 것이다.

맥닐(McNeil, 1985)은 이러한 조직센터를 교육과정의 스코프로 보고 있다. 그의 견해에 따르면 교육과정 설계는 목적, 내용, 학습기회와 조직 구조를 서로서로 관계짓는 활동을 의미한다. 여기에서 학습기회는 조직센터와 조직 요소라고 하는 두 가지 종류의 장치에 의해 조직될 수 있다는 것이다. 조직센터는 학생들을 동기짓고, 선택 초점을 추구하는 데 필요한 기능, 개념, 태도 등을 개발하는 데 가치 있는 토픽, 문제, 질문, 프로젝트 등으로 구성할 수 있다고 보았다. 반면에 조직 요소는 한 코스나 프로그램 전반에 걸쳐서 폭과 깊이가 확대되어 가는 지식, 일반 통칙, 기능 들의 연결체로 보고 있다.

우리나라 교육과정에서 조직중심은 교육과정을 운영하기 위해 개발된 학생용 교과서를 통하여 알 수 있다. 조직중심은 단원이나 대주제, 그리고 과목이나 소주제의 이름으로 나타난다. 이와 같은 점에 미루어, 조직중심은 교육과정보다는 수업의 계획과 더욱 깊은 관련성을 가진다고 할 수 있다.

조직의 원리 학습경험이 계속성, 계열성, 통합성을 성취하도록 조직되어야 하고, 이러한 학습경험을 조직하는 씨줄과 날줄의 역할을 하는 중요한 요소가 무엇인지, 그리고 줄을 엮는 원칙이 무엇인지를 인지하는 것이 중요하다.

◈ 논리적 조직

교과의 논리란 교과를 구성하는 요소들 간의 논리적 관계를 가리킨다. 브루너(Bruner, 1960)는 교과의 논리를 교과의 구조라는 이름으로 제시했는데, 교과를 구성하는 사실, 개념, 원리(법칙)들이 논리적으로 연관되어 있다는 것이다. 사실은 개념을 형성하는 바탕이 되고, 개념은 원리(법칙)를 형성하는 기초가 된다는 것이다.

허스트(Hirst, 1974)는 교과를 구성하는 기본 요소로서 지식 형식을 제시하고 지식 형식의 논리적 구조를 상세화하였지만, 교과의 조직 방식이 반드시 지식 형식의 논리적 구조를 따라야 하는 것은 아니라고 하였다. 즉, 학생들이 배워야 할 것은 지식 형식의 논리적 구조지만, 이들을 배우는 순서는 논리적 구조와 다를 수 있다는 것이다. 예를 들어, 피타고라스의 정리는 유클리드 기하학에 바탕을 두지만, 반드시 유클리드 기하학을 배우고 난 뒤에 피타고라스 정리를 배워야 하는 것은 아니라는 것이다. 그는 이와 같은 점을 조각그림 맞추기에 비유하였다. 즉, 조각그림 맞출 때 반드시 따라야 할 어떤 순서가 있는 것은 아니듯이, 교육내용을 조직하는 순서가 지식 형식의 논리적 구조를 반드시 따라야 하는 것은 아니라는 것이다(김대현, 김석우, 1999: 127).

◈ 심리적 조직

학습자의 심리란 교육내용을 조직할 때 고려해야 할 학습자의 흥미, 관심, 지적 능력 등을 가리킨다. 교육이 학습자의 경험을 통해 완성된다는 점에서 교육내용이 학습자의 수준에 맞추어 조직되어야 한다는 것은 설명이 필요 없는 말이다. 학습자가 흥미나 관심을 갖지 않는 내용을 전달하려는 시도는 실패하기 쉬우며, 학습자의 능력에 맞지 않는 내용을 가르치려고 하는 것이 무모하다는 것은 삼척동자라도 알 수 있는 일이다.

그러나 학습자의 심리란 교육내용을 조직할 때 고려해야 할 요소이기는 하지만, 그것으로 교육내용 조직이 완성되는 것은 아니다. 학습자의 흥미와 관심에 영합하여 교육내용을 조직하는 것은 교육적으로 중요한 교육내용을 계속 뒤로 미루게 하며, 학습자의 능력에 맞추어 교육내용을 조직하는 것은 학습자가 성숙할 때까지 기다려야 하는 부담을 안게 된다.

듀이(Dewey, 1916)는 전통적인 교육은 교육내용을 조직할 때 교과의 논리만을 강조하는 잘못을 범했으며, 진보주의 교육은 학생들의 심리적 상태만을 고집하는 어리석음을 저질렀다고 지적하면서, 교육내용의 조직은 학생의 심리에서 교과의 논리로 나아가야 한다고 하였다. 예를 들어, 물리학자는 'F = ma'라는 식을 쉽게 이해하지만, 학생들은 그 의미를 자신들의 일상적인 삶과 연결짓기 전에는 알기 어려운데, 전통주의 교육은 이와 같이 학자들이 만든 주요한 개념, 법칙 등을 학생들의 경험과 관련지어 가르치지 못했으며, 진보주의 교육자들은 학습자의 흥미에 부합하지 않는다는 이유로 교과의 주요한 논리를 가르치지 못했다는 것이다. 따라서 듀이는 교육내용의 조직이 학생들의 심리에서 출발하여 교과의 논리로 나아감으로써 전통적인 교육과 진보주의 교육의 잘못을 극복해야 한다는 점을 거듭 강조하였다.

그러나 이상의 두 가지 원리는 상충적인 것이다. 이 갈등적인 두 가지 원리를 잘 통합하려고 노력한 사람으로 브루너(Bruner, 1960)를 들 수 있으며 그의 유명한 나선형 교육과정에서 이 원리를 모두 강조하였다. 교육내용을 조직할 때는 교과의 논리적 원칙과 학습자의 심리적 원칙을 모두 존중해야 한다는 것이 여러 학자의 공통된 의견이다.

**◈ 연대기적 원리**

이 원리는 시간의 순서나 어떤 일의 발생 순서에 따라 연대별로 조직하는 것이다. 예를 들어, 역사과목에서는 학생들이 역사의 발전을 연대순으로 파악하게 하는 것이다. 이것은 문학, 예술, 사회 등의 과목에도 적용할 수 있는 쉬운 조직 원리이기는 하지만 이것이 과연 학생들의 내용 파악을 넓고 깊게 확대시킬 수 있는 심리적 조직 원리에 합당한가를 조심스럽게 따져보아야 한다.

이상의 원리 이외에도 흔히 사용되는 다른 조직 원리에는 다음과 같은 것들이 있다.

- 응용의 범위를 확대시키기
- 활동의 범위를 넓혀 주기
- 분석 결과를 기술하기
- 기본 원칙을 토대로 구체적 사실을 예를 들어 설명하기
- 구체적인 부분을 통해서 세상을 통일적인 시각으로 보기

이 외에도 수많은 조직 원리가 있을 수 있기 때문에 어떤 구체적인 교육과정을 개발할 때에는 가능한 조직의 원리를 검토하고 이 원리가 계속성이나 계열성 또는

통합성을 실제로 만족시킬 수 있는 것인가를 따져보아야 한다.

조직 구조 이어서 타일러는 교육과정을 조직하는 기본적인 틀을 의미하는 조직 구조(organizing structure)를 상층구조(largest level), 중층구조(intermediate level), 하층구조(lowest level)로 나누어 설명하고 있다.

◈ 상층구조

상층구조란 교육과정의 전체적인 테두리를 결정하는 문제로서, 이는 그 묶는 방법에 따라 교과구조, 광역구조, 중핵구조, 활동구조 등으로 구분된다. 분과구조(분과형)란 가장 보편적으로 사용되어 온 교육과정의 조직 형태로서, 국어 · 수학 · 영어 등 구체적인 교과목으로 교육과정을 묶는 구조를 말한다. 광역구조(광역형)란 교과를 세분하지 않고 보다 폭넓게 묶어서 그 속에 포함된 여러 분야의 내용을 통합하고자 하는 교육과정 조직 형태로, 인문 · 사회 · 자연 · 예체능 등으로 교과 영역을 구조화하는 방식이 여기에 해당한다. 중핵구조(중핵형)란 학생들에게 의미 있는 공통문제를 중심으로 교육과정을 구조화하는 것으로, 환경보호라는 중요한 사회적 관심사를 중심으로 여러 교과를 통합하여 교육과정을 조직하는 것이 그 예라 할 수 있다. 활동구조(활동형)란 교과의 구별을 완전히 없애고, 학생들의 흥미나 활동을 중심으로 학습경험을 조직하는 미분화 교육과정을 말한다. 즉, 전 프로그램을 하나의 단위로 취급하는 완전히 분화되지 않는 구조다. 예를 들어, 보이스카웃이나 오락 단체에서의 비정규적인 교육기관의 교육과정에서 볼 수 있는 것들이 있다.

◈ 중층구조

중층구조는 교육과정의 큰 테두리가 정해진 다음에, 각 하위 영역의 조직을 결정하는 문제다. 이것도 계열구조와 비계열구조 등으로 나눌 수 있다. 계열구조란 어느 한 학문 영역의 교육내용을 전반적으로 훑어 본 다음, 거기에서 계열적이고 통합적인 조직 요소를 찾아내어 교육과정을 계열성 있게 배열하는 구조를 말한다. 가령, 물리, 화학, 생물을 각각 별개의 교과로 조직하지 않고, 이들을 자연과학 I, 자연과학 II, 자연과학 III과 같이 조직하는 것이 계열구조의 한 예다. 비계열구조란 장기간을 내다보는 계열적 · 통합적인 계획 없이 학기나 학년과 같은 일정기간에 맞추어 교과목을 비연속적으로 배열하는 구조다. 예를 들어, 수학 교육과정을 중학교 1학년에서는 대수, 2학년에서는 기하 등과 같이 분할하여 배열하는 방식이 여기에 해당한다.

◈ 하층구조

하층구조는 학습내용을 가장 작은 단위로 조직하는 문제와 관련된 것으로, 일반적으로 과(lesson), 토픽(topic), 단원(unit) 등을 의미한다. '과' 란 1~시간 또는 하루 이틀의 짤막한 단위로 학습내용을 구획해 놓은 교육과정의 최하층구조를 말하고, '토픽' 이란 어떤 특정한 문제에 관한 여러 가지 학습경험을 한 단위로 통합하여 묶는 조직 구조로서 앞의 '과' 보다 비교적 길게 구성된다. 끝으로 '단원이란 어떤 토픽을 중심으로 통합성 있게 조직된 일련의 학습내용과 학습활동을 뜻하는 것' 으로 토픽보다 넓은 개념이다.

⑥ 조직의 단위를 계획하는 과정

교육과정 조직방법의 단계 조직방법에는 여러 가지가 있는데 대체로 다음과 같은 단계를 거친다.

- 조직의 일반적인 체계에 대한 합의, 즉 과목별, 광역 교과별, 또는 중핵 교육과정의 조직방법 중에서 어느 것이 필요한지를 결정한다.
- 각 분야에 적용될 일반적인 조직의 원리에 대한 합의가 이루어져야 한다. 예를 들어, 수학과의 일반적인 조직의 원리가 처음에는 산수, 다음에는 대수, 마지막으로 기하의 순으로 따로 처리하는 것이 아니라 산수, 대수, 기하의 세 과목을 통합하고 축소해 가는 것을 의미한다. 또한 사회과의 문제를 우선 지역사회의 문제에서 시작하여 세계적인 문제로 넓혀감으로써 조직의 원리를 순전히 연대적인 순서로만 결정하지 않는 것을 의미한다.
- 하루하루의 수업을 단위로 할 것인지, 주제에 따라서 수업을 할 것인지 교수단위에 따라서 수업을 할 것인지를 결정하는 최소의 조직 단위에 대해서 합의해야 한다.
- 교사가 수업을 하는 가운데 자유롭게 활용할 수 있는 탄력성 있는 계획을 세워야 한다.
- 수업계획을 함에 있어서 교사-학생이 공동으로 작업하도록 해야 한다.

이러한 일반적 원칙은 여러 사람이 이용하고 있다. 탄력성이 있는 계획을 세우는 것은 교사가 어떤 학생을 대상으로 수업을 할 때 자유롭게 활용할 수 있는 많은 재료를 제공하려는 데 목적이 있다. 이 계획은 학생들의 요구, 능력, 흥미 등에 비추어서 자유롭게 교사가 수정을 할 수 있도록 하는 것이다. 또한 이 계획은 많은 경험을 포괄함으로써 교사가 그중에서 학생들에게 가장 적합한 경험을 선정할 수 있도록 포괄적이어야 한다. 여기에는 계획된 학습을 통해서 성취할 수 있는 중요한 목표가 서술되어 있어야 하고 아울러 이러한 목표를 달성하는 데 필요한 여러 가지 학습경험이 서술되어 있어야 한다.

결국 이러한 자료를 통해서 얻은 것을 종합하고 조직해서 얻을 수 있는 학습이 어떠한 것인지를 자세하게 서술해야 한다. 이 계획을 효과적으로 운용하기 위해서 필요한 자료를 자세하게 기록해야 한다. 즉, 책이나 참고자료, 슬라이드, 라디오 프로그램, 그림, 레코드 등이 포함되어야 한다. 이것은 한편으로는 반복하는 것을 방지하기 위해서 필요하고, 또 한편으로는 학생들의 수준에 맞지 않는 너무 거창한 목표를 설정하는 것을 피하도록 하기 위한 것이다.

학습경험을 계획함에 있어서 필요한 것은 단원조직의 원리와 본질적인 관련이 있는 학습경험이 무엇인가를 고려하는 일과 이 학년의 학생들의 요구와 필요가 무엇인가를 살피는 일이며, 또 하나 필요한 것은 학생들이 지루하지 않도록 다양한 자극과 관심을 기울여야 한다는 것이다. 학습자료는 여러 가지 다양한 종류를 고려해야 한다. 즉, 언어적인 것뿐만 아니라 비언어적인 것도 고려해야 하며, 아울러 학교에서뿐만 아니라 가정이나 사회에서 사용할 수 있는 자료도 고려하여야 한다. 그리고 각 단원의 내용을 하나로 묶을 수 있는 종합적인 내용의 의미를 고려하여야 한다. 이렇게 하여야 학생들이 자신의 지식, 태도, 행동을 종합할 수 있게 된다.

자료를 조직하는 어떤 체계를 제시하기는 어렵다. 어떤 자료는 중요한 이념을 중심으로 조직되는데, 주로 과학이나 사회과목에서는 문제중심으로 조직된다. 예술 분야에서는 수업이 주제 중심으로 조직된다. 예를 들어, 어떤 경우는 어떤 이념이나 문제가 아닌 감상 시간으로 조직되는 경우도 있다. 아직도 학교 교육과정의 여러 분야에서 학습자료를 구상하는 여러 가지 방법이 새롭게 탐구되어야 한다.

자료의 준비는 수업 전에 구상되는 것이지만, 수업 중에 계획을 해야 한다. 아동들은 각기 그들의 배경, 흥미, 욕구가 다르다. 수업계획에 아동을 참여시키는 것은 아동들로 하여금 학습에 대한 이해를 깊이하고 학습에 대한 흥미를 높이는 것이 된다. 교사와 학생의 공동계획에서 수업내용이 이미 제시된 수업자료 중에서 선정되어야 하지만 계획 속에서 미처 고려하지 못했던 내용을 새롭게 첨가할 수도 있다. 그러므로 실제로 교사와 학생의 공동작업으로 완성된 수업계획은 원래의 계획과 다를 수도 있다.

교육과정 경험을 조직하고 계획에 참여함에 있어서는 사전계획도 필요하고 수업을 진행하면서 계획을 세워 보는 것도 필요하지만, 여러 가지의 학습경험에서 누가적인 효과를 얻을 수 있는 방법은 이것이 최선이다.

### 4) 단원의 구성

#### (1) 단원의 개념 및 유형

단원은 교육과정 구성과 개발에서 학습내용과 경험의 조직 구조의 최후 종착점이라고 볼 수 있다. 내용이나 학습경험을 조직할 때 전체 구조-중간 구조-최저 단위 구조의 결정 순으로 조직의 틀이 결정되는데, 예를 들어 가장 낮은 단계에서 나타나는 조직 구조는 단시수업(lesson)-토픽(topic)-단원(unit)을 들 수 있다. 단시수업은 하루단위로 학습내용을 구성하는 것이며, '토픽'은 몇 일 또는 몇 주 동안 다룰 수 있도록 조직하는 것이며, 단원은 보통 몇 주 동안의 수업을 포함하고 문제별로 또는 학생들의 목표별로 조직된다(Tyler, 1949: 98-100). 따라서 타일러에 의하면 단원이란 어떤 주제를 중심으로 통합성이 있게 조직된 일련의 학습내용과 학습활동을 뜻하며 토픽보다 넓은 개념으로 볼 수 있다. 그리고 일반적으로 과목-주제-단원 등으로 조직될 수 있으며, 큰 수준으로 보아 코스(course)-단원(unit)-단시수업(lesson)으로 볼 수도 있다.

단원이라는 말은 헤르바르트(Herbart)의 학습단계 이론까지 거슬러 간다. 헤르바르트가 "교수단계는 교재의 일소군(一小群)에 적용된다."라고 한 언급에서 소위 '교재의 일소군'에서 유래한다. 헤르바르트는 학습과정을 명료-연합-계통-방법으로 제시하였고, 그 후에 그의 제자 질러(Ziller, 1817~1882)가 분석-종합-연합-계통-방법으로, 레인(Rein)이 5단계 교수법〔예비-제시-연상(비교)-종합(총괄)-응용〕을 제시하고, 이 5단계 교수법이 적용되는 교재의 한 분절을 방법적 단원(Methodische Einheit)이라고 불렀다. 이 말이 미국에 와서 단원으로 번역되었다. 그리고 킬패트릭(Kilpatrick)의 구안법이 생겨 단원관에 변화가 생기게 된다. 이 경우 이 단원을 구안단원이라고 하였다. 본격적으로는 1926년 모리슨(Morrison)이 사용하기 시작하였으며, 모리슨식 단원교수법(탐구-제시-동화-조직-반복)을 제안하였다. 이 당시 이러한 단원법에 의해 학습되는 것을 학습단원이라고 하였다.

이러한 단원이 현대적으로 구성된 것은 사회기능법에서 작업단원을 만든 것부터 시작되었다고 볼 수 있는데, 작업단원법에서는 스코프와 시퀀스의 교차점에서 구성한 것이다. 이 단원은 결정된 스코프와 시퀀스의 범위 내에서 핵심적인 학습내용을 중심으로 관계되는 부수적 내용, 학습경험, 작업 등을 중심으로 구성되었다.

우리가 학습자의 내적 학습과정과 가장 적합하게 상관이 있는 학습내용과 경험을 묶어 주는 어떤 외적 조직에 대한 필요성을 느끼게 되는데, 이 조직이 바로 단원이라고 보면 된다. 즉, 단원이란 학습내용과 경험을, 일정한 학습집단에, 주어진 시간에 학습할 수 있도록 조직한 학습단위를 말한다. 그래서 이러한 단원의 의미에는, 첫째 전체성, 통일성, 단일성을 보장해야 하며, 둘째 어떤 자료를 중심으로 하며, 셋째 학습경험의 하나의 조직이라는 뜻이 내포되어 있다. 결국 단원은 통일된 어떤 자료를 중심으로 한 학습경험의 하나의 조직으로써 전체와의 유기적 관련 속에서 성립되는 통일적이며 단일적인 전체 학습경험의 분절 단위라고 볼 수 있다.

그리고 단원에도 종류가 있는데, 일반적으로 계열의 성격과 작성 주체에 따라 구분된다. 계열의 성격으로 보면 교재단원과 경험단원이 있다. 교재단원은 지식을 논리적인 체계로 나누어 구성한 단원으로써 일정한 지식의 분량 또는 단편적인 지식의 토막을 의미한다. 여기에서는 교재계열의 한 단위가 하나의 단원이 되는 것이다. 반면에 경험단원은 학생이 활동하고, 경험하고, 실천하는 생활경험의 일련의 관계로 조직된다. 여기에서는 동적인 전체로서 경험의 한 단위 또는 일정한 목표 밑에 전개되는 종합적이고 관련성 있는 일련의 활동으로 조직된다.

그리고 작성자가 누구냐에 따라 자료단원과 교수-학습단원으로 구분된다. 자료단원은 교사가 교수-학습단원을 계획하고 전개하고 평가함에 있어서 도움이 될 여러 가지 자료를 체계적이고 종합적으로 조사 · 분석하여 조직한 것을 말한다. 그런 점에서 학습자료의 저장고라고 볼 수 있다. 그리고 이것을 토대로 학습단원을 구성한다. 교수-학습단원은 한 교사가 담당하고 있는 어느 특정한 학습집단을 위해서 조직한 단원으로써 교과단원 혹은 경험단원의 성격을 띨 수도 있다. 그리고 학습단원을 정리하여 사전에 지면에 적어 놓은 것이 단원전개안이라고 볼 수 있다. 보통 단원전개는 도입, 계획, 전개, 정리, 평가 단계로 이루어지며, 학습지도안에는 단원명, 단원 설정의 이유, 단원의 학습목표, 지도내용과 학습계획, 지도상의 유의점, 본시의 학습계획(도입-계획-전개-정리-평가), 평가계획 등이 포함된다.

### (2) 단원의 선정과 입안

#### ① 단원의 선정

단원 차원에서 가장 먼저 해결해야 할 것은 어떻게 해서 선정 · 조직된 학습의 내용 및 경험 전체를 더욱 구체적인 묶음, 즉 단원들로 구분, 구성하느냐 하는 문제다. 이 문제가 곧 단원의 선정문제다. 선정 · 조직된 학습의 내용 및 경험의 전부를 개관하고 선정된 각 단원이 내용상으로 볼 때 타 단원과 중복되지 않아야 한다. 이와 동시에 선정 · 조직된 학습의 내용과 경험의 어떤 부분이 선정된 단원에서 취급되지 않도록 주의해야 한다.

#### ② 단원의 입안

선정된 단원을 어떻게 입안해야 하는가? 하나의 단원이 완전히 구성되려면 사전 계획, 입안, 적용, 평가의 과정을 거쳐야 한다. 여기에서는 타바(Taba)가 제시한 절차를 중심으로 단원입안 단계를 제시한다.

- 단원명을 결정한다. 단원의 명칭은 토픽, 문제, 주제 등으로 주된 학습분야를 서술하는 것이다. 토픽선정이 단원 개발의 첫 과업이다. 학습내용의 초점을 나타내면서 탐구의욕을 고취시킬 수 있고 다차원적인 학습을 유발할 수 있게 단원의 이름을 붙이는 것이 중요하다.
- 단원의 목표를 진술한다. 목표의 위계상 단원 목표의 위치는 위로는 교과와 학년목표가 있고 아래로는 수업목표가 있다. 따라서 교육과정 구성상에서 볼 때 가장 하위에 있는 목표이면서 수업목표의 전제가 되는 목표다. 구성할 단원의 기본내용을 몇 개로 선정하고 선정된 각각을 학습자들이 가장 잘 습득할 학습경험이나 행동을 지적 · 정의적 · 운동기능적 영역에서 선정 · 결부시켜 진술해야 한다.
- 내용을 선정한다. 학습내용의 수준에는 보통 사실적 수준의 지식, 개념, 원리 및 법칙, 주제, 사상 등이 있다. 단원의 내용은 주제 수준에서 단원명이 선정되고 각급 학년수준에 따라서 원리 및 법칙 또는 주제 수준에서 주로 선정될 수 있다.

- 내용을 조직한다. 선정된 내용은 다양한 방법으로 조직된다.
- 학습경험을 선정하고 조직한다. 학습경험이 이루어지는 학습활동을 어떻게 선정해서 효과적으로 조직하느냐 하는 문제는 단원학습에서 가장 중요하다.

### (3) 교육과정 유형별 단원 구성

여기에서는 교육과정 유형별로 단원의 구성을 살펴본다. 주로 구성의 절차를 중심으로 알아본다(이경섭, 1990).

#### ① 교과중심의 단원 구성

첫째, 교과중심의 단원, 즉 교재단원의 성격을 밝혀야 한다.

둘째, 해당과목의 내용을 가능한 한 모두 포함할 수 있는 단원을 선정해야 하는데 이를 위해 조직센터와 단원의 유형을 결정해야 한다. 조직센터란 관련 있는 내용이 결집하도록 하는 중심점으로써 유관성을 떤 내용을 묶을 수 있게 하는 핵심이다. 흩어져 있는 구슬을 꿰맬 수 있도록 해 주는 실과 같은 것이다. 따라서 단원을 선정할 때에는 과목의 전체 내용을 개관해 보고 내용을 크게 몇 개의 군으로 묶을 수 있는 큰 조직센터를 결정해 두어야 한다. 그다음으로 어떤 유형의 단원으로 구성하는 것이 효과적인지를 결정해야 한다. 단원의 유형에는 크게 제목(topic)단원, 문제(problem)단원, 주제(theme) 또는 통칙(generalization) 단원, 조사(survey) 단원이 있다.

셋째, 단원목표를 설정한다.

넷째, 단원내용을 해당 과목의 내용에서 선정한다.

다섯째, 조직센터 망을 중심으로 선정한 내용을 조직한다. 조직센터 망은 단원내용을 조직하는 틀이다. 조직센터의 망이 하나의 나무라면 내용은 이 망에 붙어 있는 열매라고 볼 수 있다. 조직센터가 어떤 망을 형성하느냐에 따라 이에 포섭되는 내용은 다양한 형태를 취하게 된다. 즉, 나열식, 연쇄식, 상관형, 집중형, 통합형 등이 가능하다.

#### ② 경험중심의 단원 구성

첫째, 단원의 성격을 밝혀야 한다.

둘째, 교사와 학생이 공동으로 단원을 성안하는 데 필요한 기초자료를 마련해야 한다.

셋째, 교사와 학생이 협동하여 단원을 선정한다. 단원의 선정이란 단원을 구성하는 문제의 결정을 말한다. 문제선정의 유형, 문제선정의 절차, 문제의 범위와 계열에 대해서 잘 알고 있어야 한다.

넷째, 자료단원을 준비해야 한다. 자료단원을 참조해서 학습자의 문제나 요구에 맞도록 교수단원을 작성해야 한다.

다섯째, 단원을 입안한다. 입안과정에는 보통 단원목표의 설정, 단원요지의 진술, 단원 접근법의 계획, 작업 단계의 계획 및 전개, 평가기법, 자료 및 참고자료 등이 포함된다.

③ 학문중심의 단원 구성

교과중심의 단원 구성과 큰 차이가 없으나 근본적으로 개념, 과정, 탐구방법 등으로 구성된다. 대표적인 예로 SCIS, SAPA, ESS, BSCS, MACOS 등이 있다. 특히 이 유형에서 단원 구성은 교과나 각 학문의 탐구방법이 반영되며 지식의 구조를 중심으로 구성되는 특징을 보인다. 각 교과나 과목은 각 학문처럼 고유한 개념, 독특한 전통, 특이한 탐구방법으로 각자 독특한 목표를 달성하려고 하기 때문에 교과마다 단원 구성이 상이하다.

## 2 교육과정 개발의 수준

교육과정 개발의 수준은 다양하게 제시할 수 있으나 여기에서는 개발의 주체를 중심으로 국가수준, 지역수준, 학교-교사의 수준으로 구분한다. 이들 각 개발의 주체는 상이한 역할을 분담하여 맡고 있다. 상이한 역할분담체제는 〈표 5-10〉과 같다.

이상의 역할분담체제는 이전 교육과정과 상이한 특징을 보이는 것이다. 그리고 이전 교육과정이 교과서중심의 체제였다면, 제7차에 와서는 교육과정중심의 학교교육을 지향하고 있다. 그 변화의 특징을 그림으로 제시해 보면 [그림 5-12]와 같다(교육부, 2000: 8).

[표 5-10] 교육과정 개발 주체의 역할분담체제

- 교육부: 국가수준의 교육과정 기준 고시
- 시 · 도 교육청: 지역수준의 교육과정 편성 · 운영 지침 작성 제시
- 지역 교육청: 학교 교육과정 편성 · 운영 장학자료 작성 제시(신설)
- 학교: 학교 교육과정 편성 · 운영

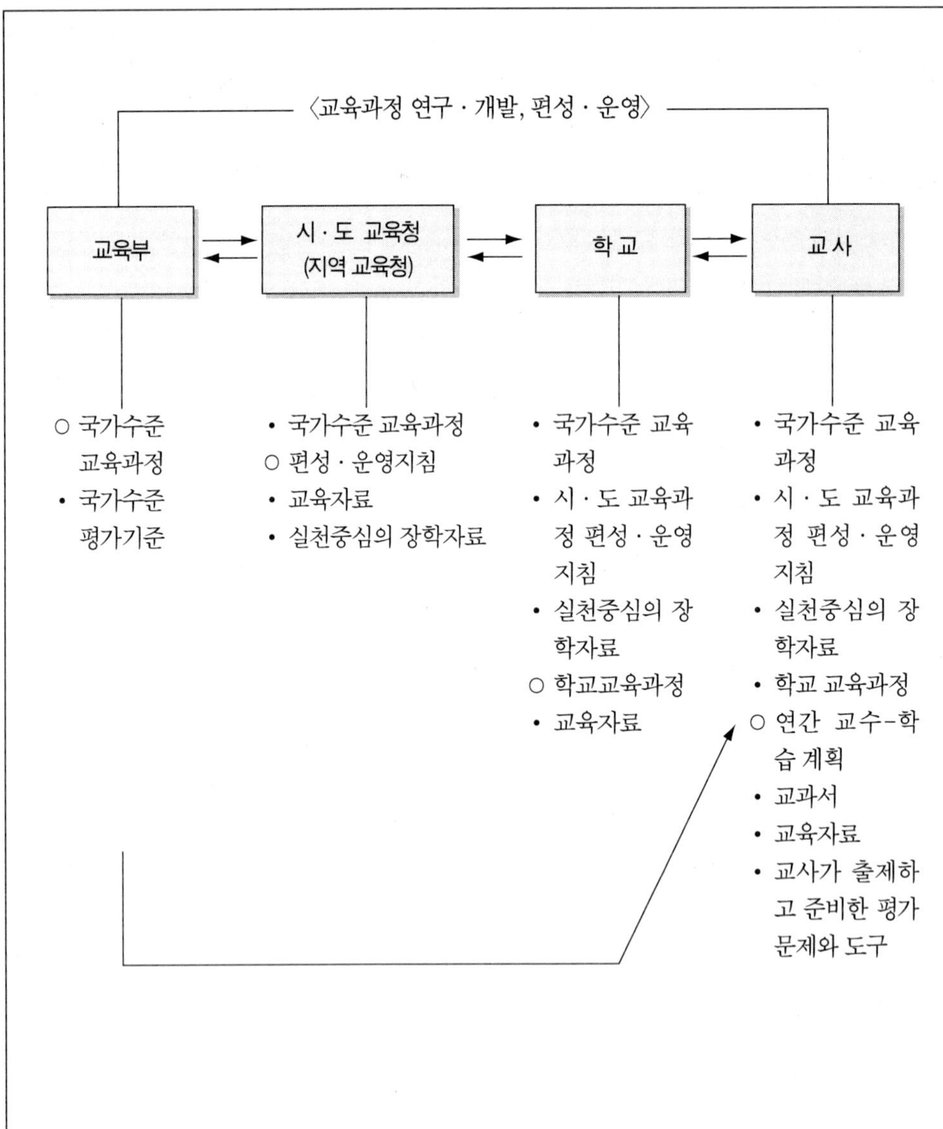


[그림 5-12] 교육과정중심 학교교육 모형

## 1) 국가수준 교육과정

국가수준 교육과정은 기준 교육과정의 성격을 지니고 있다. 이하에서는 국가수준 교육과정의 성격과 개발과정, 교과서 문제, 교육인적자원부의 역할을 살펴보기로 한다.

### (1) 국가수준 교육과정의 성격

국가수준 교육과정의 성격을 제시해 보면 〈표 5-11〉과 같다.

[표 5-11] 국가수준 교육과정의 성격

- 초 · 중등학교의 교육목적과 교육목표를 달성하기 위해서 「초 · 중등교육법」 제23조 제2항에 의거하여 교육부 장관이 문서로 결정 · 고시한 교육내용에 관한 전국 공통의 일반적인 기준을 말하며,

가. 이 기준에는 초 · 중등학교에서 편성 · 운영하여야 할 학교 교육과정의 목표, 내용, 방법과 운영, 평가에 관한 국가수준의 기쥰 및 기본 지침이 제시되어 있음
나. 국가수준의 공통성과 지역, 학교, 개인 수준의 다양성을 동시에 추구하는 교육과정
다. 학습자의 자율성과 창의성을 신장하기 위한 학생중심의 교육과정
라. 교육청과 학교, 교원 · 학생 · 학부모가 함께 실현해 가는 교육과정
마. 학교교육체제를 교육과정중심으로 개선하기 위한 교육과정
바. 교육의 과정과 결과의 질적 수준을 유지, 관리하기 위한 교육과정

이러한 성격을 지니는 교육과정의 법적 근거는 〈표 5-12〉와 같다.

[표 5-12] 교육과정의 법적 근거

- 「초 · 중등교육법」 제23조(교육과정)

① 학교는 교육과정을 운영하여야 한다.
② 교육부 장관은 제1항의 규정에 의한 교육과정의 기준과 내용에 관한 기본적인 사항을 정하며, 교육감은 교육부 장관이 정한 교육과정의 범위 안에서 지역의 실정에 적합한 기준과 내용을 정할 수 있다.
③ 학교의 교과는 대통령령으로 정한다.

국가수준에서는 교육과정의 기준을 설정해야 하는 데 그 필요성은 다음과 같다.

- 공통적 · 일반적 · 표준적인 교육내용 기준 설정의 국가 책임
- 동일한 질과 수준의 교육기회 균등 실현
- 교육내용의 학교급별 체계성, 일관성 유지
- 국민교육의 일정 수준 유지 · 관리
- 학교교육의 정치적 · 종교적인 중립성 확보
- 교육목표 달성의 역할분담과 책임체제의 확립

#### (2) 교육과정 개발의 절차

이하에서는 국가수준 교육과정의 개정의 경과(개발 과정)를 중심으로 개발체제를 살펴보기로 한다. 그 개정의 경과는 〈표 5-13〉과 같다(교육부 교육과정 개요 자료, 1997b: 7).

일반적으로 국가수준에서 교육과정을 개발할 때에는 다음과 같은 과정을 거치게 된다. 그 단계를 상세히 제시하면 [그림 5-13]과 같다.

[표 5-13] 제7차 교육과정 개정의 경과

| 추진내용 | 시기 | 담당 | 비고 |
|---|---|---|---|
| • 신교육체제 수립을 위한 교육개혁 방안 | '95. 5. 31 | 교육개혁위원회 | • 신교육과정 골격 마련 |
| - 교육과정 특별위원회 설치, 운영 | '95. 8~'96. 2 | | |
| - 초 · 중등학교 교육과정 개혁 방안 | '96. 2. 9 | | |
| • 교육과정 개정 기본계획 수립 | '96. 3. 19 | 교육부 | • 위탁기관: 한국교육개발원 |
| - 개정안 연구 개발 위탁 | | | • 위탁과제: 8과제 |
| • 기초연구 및 총론 연구 개발 | '96. 3~'96. 12 | 연구기관 | • 연구진 및 연구위원: 146명 |
| - 교육과정 개정을 위한 기초 연구 | | | • 의견조사: 2,460명 |
| - 총론 개정 시안의 연구 개발 | | | • 운영협의: 7회, 408명 |
| | | | • 검토 및 수정 보완: 12회, 444명 |
| • 합동협의회, 세미나 및 공청회 | '96. 6~'96. 8 | 교육부, 연구기관 | |
| - 현장교원, 관련학회 등과의 합동협의회 | '96. 6 | | • 참여인원: 106명 |
| - 수준별 교육과정 개발 방향 탐색 세미나 | '96. 7 | | • 참여인원: 300명 |
| - 총론 시안에 대한 공청회 | '96. 8 | | • 참여인원: 600명 |
| • 총론시안 검토 · 수정 | '96. 11~'97. 2 | 교육부 | • 교육과정심의회: 12위원회 |
| - 총론 개정안의 심의 | | | • 심의회 개최: 24회 |
| | | | • 심의위원: 260명 |
| - 시 · 도 교육청, 학교의 현장 검토 | | | • 15개 시 · 도 |
| | | | • 연구학교: 22개교 |
| - 교원양성대학, 연구기관 및 관련 학회의 검토 | | | • 대학, 연구기관: 41개 기관 |
| | | | • 관련 학회: 11개 학회 |

| | | | |
|---|---|---|---|
| - 수정 · 보완 집중 작업 | | | • 2회 |
| • 총론 개정안 확정 | '97. 2. 28 | 교육부 | • 협의, 검토: 총 80회<br>• 총론 개정 참여인원: 연 4,598명 |
| • 교육과정 각론 연구개발 계획 수립 | '96. 12 | 교육부 | |
| - 각론 연구개발 위탁 | '96. 12 | | |
| - 각론 개발 지침 작성 | '97. 1 | | • 위탁기관: 14개 기관 |
| • 각론 연구개발 | '97.1~'97. 10 | 연구기관 | • 위탁과제: 39과제 |
| - 교과별 기초연구 및 각론 연구개발 | | | |
| - 교과별 협의회 운영 | | | • 연구진: 총 530명 |
| - 각론 조정 워크숍 | '97. 5 | | • 총 124회(교과 평균 3회) |
| - 교과별 세미나(공청회) | '97. 7~8 | | • 참여인원: 150명 |
| • 각론 시안 검토 · 수정 | '97. 8.~'97. 12 | 교육부 | • 30교과, 약 5,000명 참여 |
| - 각론개정 시안의 심의 | '97. 8~9 | | • 교과별심의회: 115소위원회<br>• 심의위원: 1,526명 |
| - 시 · 도 교육청, 학교의 현장 검토 | '97. 10~11 | | • 심의회 개최: 각 교과 2회 |
| - 시 · 도 교육과정 담당 장학관 협의 | '97. 11 | | • 현장검토 위원: 160명 |
| • 종합심의 및 정리 작업 | '97. 11~12 | 교육부 | • 참여인원: 32명 |
| - 개정안 작성 집중 작업 | '97. 11~12 | | |
| - 교육과정심의회 | '97. 12 | | • 2회, 260명 참여 |
| - 전문가 검토 · 협의 | '97. 10~12 | 교육부 | • 4회, 심의위원 205명 |
| • 개정안 보고 | '97. 12 | | • 4회, 자문교수 5명 |
| • 제7차 초 · 중등학교 교육과정 고시 | '97. 12.30 | 교육부 | |

### (3) 교과용 도서의 연구 개발

교육과정이 고시되면 이에 따라 교사연수의 준비, 교과용 도서의 개발계획이 뒤따른다. 현재는 고시된 교육과정을 구현할 교육과정 자료(학생용 교과서, 교사용 지도서, 보완교재, 교과 관련 영상자료, 멀티미디어 자료, 녹음자료 등을 포함)의 종류 형태(체제), 개발 주체에 대한 공개적인 결정 절차가 마련되어 있지 않다. 대체로 교과용 도서의 편찬과정은 계획위탁 단계, 연구집필 단계, 심의수정 단계, 생산공급 단계를 거치게 되어 있다.

학생용 교과서와 교사용 지도서를 중심으로 하는 교과용 도서는 대체로 연구개발진에 의해 수 개월에서 1년간 연구, 집필, 검토, 심의를 거쳐, 실험본이 완성되면 이를 학교현장에서 예비적으로 실험 · 검토하게 한다. 이때 초등학교는 특정 교과를 중점적으로 실험 · 적용해 보는 연구실학교를 정해 학교에서 1년간 직접 가르치며 연구하고 수정 · 보완하며, 중등학교의 경우 교과별로 연구실험 교사를 정

| 단계 | 업무추진 내용 | |
|---|---|---|
| (1) 교육과정 개정 기본계획 수립 | • 개정 기본 방향 설정<br>• 관계 전문가와의 협의 및 종합 검토<br>• 실무 작업반 구성 · 운영<br>• 기본계획 수립, 결재 | 1개월 |
| ⇩ | ⇩ | |
| (2) 기초 연구 및 체제 · 구조 개선 연구의 위탁 | • 연구 개발 위탁 협의 및 기관 선정<br>• 연구 개발 세부 계획서 및 국고 보조금 신청서 제출<br>• 연구 개발 책임자 협의회<br>• 연구진, 협의진 등 실무 추진팀 구성<br>• 연구 개발비 국고 보조 | 2개월 |
| ⇩ | ⇩ | |
| (3) 교육과정 개정 기초 연구 | • 위탁 과제별 기초 연구<br>• 현행 교육과정의 분석, 평가<br>• 교육과정 국제 비교, 연구<br>• 학생 · 교원 · 학부모의 요구 및 의견 조사<br>• 국가 · 사회적인 요구 및 학교 교육의 전망 조사 연구<br>• 교육과정 운영 실태 조사<br>• 추진 상황 검토 협의회<br>• 위탁 과제별 협의회<br>• 위탁 과제별 기초 연구 결과 답신 보고서 제출<br>• 국고 보조금 집행 정산서 제출 | 6개월 |
| ⇩ | ⇩ | |
| (4) 교육과정 총론 개정 시안의 개발 | • 교육과정 체제 · 구조 개선 연구<br>• 추진 상황 검토 협의회<br>• 종합 세미나, 공청회<br>• 시안 작성 및 검토 협의회<br>• 수정 · 보완 1차 집중 작업<br>• 수정안 작성 및 검토 협의회<br>• 수정 · 보완 2차 집중 작업<br>• 심의자료 제출<br>• 제1차 심의<br>• 총론 개정 시안 작성<br>• 총론 개정 시안 개발 답신 보고서 제출<br>• 국고 보조금 집행 정산서 제출 | 6개월 |

| 단계 | 내용 | 기간 |
|---|---|---|
| (5) 교육과정 심의회 구성 · 운영 | • 교육과정 심의회 구성<br>• 교육과정 심의 위원 위촉<br>• 총론 개정 시안에 대한 1차 심의자료 작성<br>• 총론 개정 시안 1차 심의<br>－운영위원회 －학교급별 소위원회<br>• 심의 결과 수정 · 보완<br>• 총론 수정안 2차 심의 | 3개월 |
| ⇩ | ⇩ | |
| (6) 총론 개정 시안 현장 검토, 공청회 | • 총론 수정안에 대한 의견 수렴<br>－초 · 중 · 고등학교 현장 검토<br>－시 · 도 교육청, 관련 학회, 각론 연구 기관, 타 부처<br>• 총론 수정안에 대한 공청회<br>• 총론 수정 · 보완 집중 작업<br>• 총론 개정안 작성 | 3개월 |
| ⇩ | ⇩ | |
| (7) 교육과정 총론 확정 | • 교육과정 개정 기본 방향, 개정 중점, 주요 개정 사항 보고<br>• 편제와 시간배당 기준 확정<br>• 교육과정 총론 개정자료 및 홍보자료 발간 | 1개월 |
| ⇩ | ⇩ | |
| (8) 교과별 각론 개정 시안 연구 개발 | • 각론 연구 개발 위탁 기관 및 책임자 추천<br>• 위착 예정 기관과의 사전 협의 조정<br>• 각론 연구 개발 지침 작성<br>• 각론 개정안 개발 기본계획 수립, 결재<br>• 각론 개성 시안 연구 개발 위탁<br>• 연구 개발 책임자 협의회 개최<br>• 교과별 연구 개발 세부계획서 제출<br>• 교과별 국고 보조금 신청서 제출<br>• 교과별 연구진, 협의진 구성<br>• 연구 계획서, 보조금 신청서 검토, 조정 및 확정<br>• 연구 개발 과제별 국고 보조금 교부 | 2개월 |
| ⇩ | ⇩ | |
| (9) 교과별 각론 개정 시안 연구 개발 | • 연구진, 협의진 공동 협의<br>• 교과별 연구 개발 계획의 상세화<br>• 교과별 각론 개발 기본 방향 설정<br>• 현행 교과별 교육과정 분석, 평가 | 8개월 |

| 단계 | 업무 내용 | 소요 기간 |
|---|---|---|
| | • 교과별 교육과정 국제 비교 분석<br>• 학생, 교원, 학부모 및 관계 전문가의 요구, 의견 조사 · 교과별 교육과정 운영 현장 실태 조사 | |
| ⇩ | ⇩ | |
| (10) 교육과정 각론 현장 검토, 공청회 | • 각론 수정안에 대한 의견 수렴<br>– 초 · 중 · 고등학교 현장 검토<br>– 시 · 도 교육청 관련 학회, 타부처 등<br>• 각론 수정안에 대한 공청회<br>• 각론 수정 · 보완 집중 작업<br>• 교과별 각론 개정안 작성 | 3개월 |
| ⇩ | ⇩ | |
| (11) 교육과정 개정 시안 (총론, 각론) 작성 | • 교육과정 운영 위원회 최종 심의<br>• 학교급별 소위원회 최종 심의<br>• 종합 세미나 개최<br>• 교육과정 개정 시안 종합 수정 · 보완<br>• 개정안 작성 최종 정리 작업 | 2개월 |
| ⇩ | ⇩ | |
| (12) 교육과정 개정안 확정, 고시 | • 교육과정 개정 시안 보고, 확정<br>• 새 교육과정 고시<br>• 교육과정 고시 책자 발간, 보급 | 2개월 |
| ⇩ | ⇩ | |
| (13) 교육과정 개정 후속 지원 업무 | • 교과용 도서 개발<br>• 교육과정 시행 대비 교원 연수<br>• 교육과정 해설서 발간 · 보급<br>• 연수 자료, 홍보 자료 발간 · 보급<br>• 교과별 이행 조치<br>• 시 · 도별 교육과정 편성 · 운영 지침 작성<br>• 학교 교육과정의 편성 · 운영<br>• 교과용 도서 실험 연구 학교 운영<br>• 교육과정 연구 학교 운영 | 3년<br>3년<br>1년<br>1년<br>1년<br>1년<br>1년<br>3년<br>3년 |
| ⇩ | ⇩ | |
| (14) 새 교육과정의 시행 | • 학교급별 전국 적용<br>– 연차별, 단계적으로 시행 | 새 교육과정 고시 후 2~4년 소요 |

[그림 5-13] 교육과정 개정 업무 처리 흐름도

해 부분적으로 수업에 적용하거나 교사들이 경험에 비추어 이를 면밀히 검토하게 된다. 교과용 도서의 질에 대한 시비가 잦은 점을 고려한다면 교육과정 고시에서 교과용 도서 개발과정, 특히 실험본이 나올 때까지 집필과정과 실험본이 학교에서 검토 · 수정되는 과정에 대한 면밀한 재검토와 개선이 요구된다. 실험 · 검토된 교과용 도서는 다시 여러 차례의 수정, 보완, 윤문을 거쳐 최종본을 만들고 심의한 최종본은 정본이 되어 이를 인쇄, 각급 학교에 배포한다. 즉, 교과용 도서를 연구 · 개발하여 학교에서 사용까지는 약 3년의 기한을 필요로 한다.

#### (4) 교육인적자원부의 역할

교육행정의 개념을 교육목표를 설정하고 이의 달성을 위하여 필요한 조건을 정비하는 조성활동으로 규정할 경우에, 조건정비란 내적 사항과 외적 사항으로 구분할 수 있다. 내적 사항은 교육목적, 목표 그 자체에 관한 것이고, 외적 사항은 교육목적을 달성하는 데 필요한 외적 여건을 말한다(함수곤, 2000). 함수곤은 교육행정에 있어서 조건정비활동 중 내적 사항을 담당하는 것이 바로 교육내용 행정으로 규정하고 있다.

교육과정의 편성과 운영에 대한 교육행정기관의 역할은 분담되어 있다. 교육인적자원부에서는 국가수준 교육과정 기준을 고시하는 역할을 담당하고 있다. 이에 대한 법적 근거로 「초 · 중등교육법」 제23조 제2항에서 교육과정의 기준과 내용에 관한 기본적 사항을 결정하도록 규정하고 있다. 시 · 도 교육청은 지역수준 교육과정 편성 · 운영 지침을 작성하여 제시하는 임무를 지니고 있다. 이에 대한 법적 근거로 「초 · 중등교육법」 제23조 제2항에서 지역의 실정에 적합한 기준과 내용을 작성하도록 규정하고 있다. 시 · 군 · 구 교육청에서는 학교 교육과정 편성 · 운영 장학 자료를 작성하여 제시하는 임무를 갖고 있고, 단위 학교에서는 학교 교육과정을 편성하여 운영할 책무를 가지고 있다. 학교 교육과정에 대한 법적 근거는 「초 · 중등교육법」 제23조 제1항의 학교 교육과정의 운영에 관한 조항에서 찾을 수 있다.

### 2) 지역수준 교육과정

지역수준의 교육과정은 국가수준의 교육과정을 시 · 도 단위 혹은 시 · 군 · 구

단위에서 지역의 특성과 실정, 필요, 요구 등을 반영하여 지침의 형태로 구체화한 것을 말한다. 각 시 · 도나 시 · 군 · 구에서 학교에서 제시하는 각급 학교 교육과정 편성 · 운영지침이나 실천중심의 장학자료가 이에 해당한다. 일반적으로 시 · 도 교육청에서는 각급 학교 교육과정 편성 · 운영지침을 작성하여, 이를 관내의 지역 교육청과 각급 학교에 제시하게 되며, 시 · 군 · 구의 지역 교육청은 학교 교육과정 편성 · 운영에 관한 실천중심의 장학자료를 작성하여 학교에 제시한다. 이러한 지침이나 자료는 학교수준에서 교육과정을 개발할 때 유용한 지침이 된다.

학교에서 배우는 내용 혹은 활동으로서 교육과정은 기본적으로 중앙집중적 성격보다는 지방분권적인 속성을 지니고 있다. 그것은 교육과정을 이루는 각 교과 지식의 성격과 교육과정을 현장에서 실현하는 주체의 성격이 기본적으로 지방분권적 속성을 보이기 때문이다. 즉, 교육과정 내용의 지역화와 교육과정 의사결정의 분권화는 학교에서 가르칠 교과의 성격과 교과를 학생들에게 가르치는 교사들의 성격에 의해 이루어진다. 박도순과 홍후조(1999: 218-219)는 지역수준 교육과정의 필요성을 다음과 같이 제시하고 있다.

첫째, 발달된 지역수준 교육과정은 중앙집중화된 국가 교육과정의 폐단을 감소시키며, 지역의 실정에 적합한 교육과정을 편성 · 운영할 수 있으며, 지역 인재를 길러냄으로써 지방자치를 성숙시키고 국가 발전에 기여한다. 국가 교육과정은 국가적 통일성을 기하기에 유용하고 전문가를 동원하여 일시에 전면적 · 권위적으로 교육과정을 개정하는 데에는 편리한 측면이 있으나, 시 · 도 교육청, 시 · 군 교육청, 학교, 학년, 학급, 교사, 학생의 특수하고 독특한 측면을 고려하는 데에는 한계가 있다. 과도한 중앙집중화의 지양, 관료적 통제의 완화, 교육행정의 전문화는 교육의 내용을 채우는 교육과정에서 더욱 절실히 요구된다.

둘째, 발달된 지역 교육과정은 지역발전과 국가발전 및 세계화 시대에 필요한 인재 양성의 기반을 형성하는 데 긴요하다. 제한된 자율권 속에서도 자치단체들은 통상적으로 학교를 통해 지역인재를 양성하고 학교교육의 개선을 통해 지역주민의 지역행정의 만족도를 높이고 지역주민의 정주성을 높이고자 한다. 교육과정의 지역화는 단순히 내용, 방법, 자원의 지역화만을 의미하지 않는다. 지역의 교육이 산다는 것은 곧 지역의 인재가 자란다는 것이다. 교육에서 가장 중요한 것은 내용도 방법도 목표도 평가도 아닌 자라는 학생들이다. 도시적 배경과 분위기에서 자란 아이들뿐만 아니라 농 · 어 · 산촌 지역의 문화, 풍토 산물에 바탕한 아이들이 어우러질 때 다양한 인재를 기를 수 있다. 교육의 지방자치는 지역의 인재를 키우고 지역주민의 정주성을 높이고, 그 자녀들이 학교에 다니는 지역에 뿌리 박은 지역사회 학교를 가꾸어 가는 기반이 된다. 더구나 질 높은 지역교육은 세계화 시대의 국가생존전략이다. 교통과 통신의 발달에 힘입어 상품 서비스, 금융, 투자, 정보, 인력의 흐름이 전 세계적으로 더욱 확대되어 가고 있고 기술과 인력의 세계화가 요구되고 있다.

### (1) 시 • 도 교육청 지침 교육과정

지역수준의 교육과정으로서 현재는 시 · 도 교육청 수준에서 고시하는 교육과정 편성 · 운영지침을 말한다. 이 교육과정은 지역의 특성, 실태, 요구를 고려한 편성 · 운영지침으로서 「지방교육자치에 관한 법률」 제27조 제6호에 근거하여 만들어진 것이다. 따라서 지역별로 교육과정이 상이하다고 볼 수 있다. 이러한 교육과정은 교육에 대한 지역의 의도를 담은 문서 내용이며, 국가수준과 단위학교수준의 중간에 위치하여 양 수준의 교량적 역할을 하게 된다.

그런데 지역의 특성과 실정, 필요, 요구 등의 제 요인을 조사 · 분식하여 국가 공통의 일반적 기준 교육과정을 보완 · 조정함으로써 학교의 교육과정을 편성하는 지침을 제공해 주어야 하는데, 시간이나 인력, 경제석 비용 때문에 교육과정의 질이 저하되고 지역 간 격차로 인해 오히려 문제가 생기는 역기능도 존재한다.

교육과정을 비롯한 보통교육에 관한 사항은 기본적으로 시 · 도 교육청의 관장사항이나, 오랫동안 중앙집권형 교육과정을 유지해 오면서, 교과의 편제, 시간배당, 교육목표, 내용, 방법, 평가의 기준을 비롯한 교육과정의 체제 · 구조 및 운영지침 등을 모두 교육부에서 작성하고 결정해 왔다. 그러던 것이 제6차 교육과정을 계기로 시 · 도 교육청의 교육과정에 관한 결정권이 보다 확장되었다.

시 · 도 교육청의 교육과정에 관한 역할은 「초 · 중등교육법」 제23조에 연결되는 「지방교육자치에 관한 법률」 제22조에 나타난 교육감의 교육 · 학예에 관한 관장 사무 중 제6호 '교육과정의 운영에 관한 사항'에 근거한다. 제6호는 매우 포괄적인 규정이어서 교육과정의 구체적인 틀을 짜는 개정 시마다 교육과정 문서에서 이를 구체화해야 한다.

학교 교육과정 편성 · 운영지침의 작성은 시 · 도 교육청의 주된 과업 중 하나다. 교육청이 작성한 지침은 일반적 · 요강적 · 거시적 · 추상적 수준의 국가 교육과정

기준과 보다 구체적 · 미시적 실천 수준의 학교 교육과정을 연결하는 실무적 · 매개적 지침으로 시 · 군 교육청과 학교에 제시된다. 이 지침은 교육부의 교육과정 기준을 근거로 하여 당해 시 · 도 지역의 특수성과 시 · 군 지역의 특수성 및 학생과 주민의 요구가 학교수준의 교육과정에 구체화할 수 있는 지침이어야 한다.

교육과정 편성과 운영에 대한 시 · 도 교육청의 역할은 교육부 교육과정 문서에 자세히 제시되어 있다(교육부, 1997a: 14-17).

#### (2) 지역 교육청(교육지원청) 장학자료

이 교육과정은 제6차에서는 없었으나 제7차에 와서 학교 교육과정을 편성하는 데 보다 효율적이고 실질적인 자료를 시 · 군 · 구 교육청에서 학교에 제공해 줄 필요가 있어서 새롭게 신설된 것이다. 교육청에서는 장학자료를 개발하여 학교 교육과정을 안내하고 통제한다. 따라서 단위 학교에서는 이 교육과정에 기초하여 내실 있는 학교 교육과정을 편성해야 한다.

교육과정 편성과 운영에 대한 시 · 군 교육청의 역할은 교육부 교육과정 문서에 자세히 제시되어 있다(교육부, 1997a: 17-18).

### 3) 학교수준 교육과정

이 교육과정은 「교육기본법」 제23조 제1항에 근거하여 학교 실정, 학생 실태를 고려한 구체적인 교육과정을 말하는 것이다. 단위학교에서는 이상의 상위 수준의 교육과정(국가, 시 · 도 교육청, 지역 교육청)을 참고하여 학교의 특성에 부합하는 특색 있는 교육과정을 편성 · 운영해야 한다. 이 과정에서 흔히 학부모와 학생, 교사의 특성이나 실태 등을 반영하여 학교 차원의 교육계획서를 작성한다. 따라서 일반적으로 단위학교에서는 학교교육계획서 안에 교육과정의 편성, 운영, 평가 부문을 포함하여 학교 교육과정을 제시하고 있다. 그런데 엄격한 의미에서 학교 교육과정에는 교과별, 학년별, 학급별(초등의 경우 활성화되어 있음) 교육과정이 상세하게 제시되어야 하며, 학교현장의 문제가 많이 반영되어야 한다. 이러한 학교 교육과정은 학교중심 교육과정이라고도 부르는데, 외국의 경우 현장중심(Site-Based)의 정신이 반영되는 경우다.

학교중심 교육과정은 보다 본격적으로는 다양한 의미로 사용되는데 학교 외부에서 개발한 교육과정을 학교가 채택하여 사용한 것에서부터 학교 자체에서 개발한 교육과정에 이르기까지 다양할 수 있다(강현석 외, 2000: 39-54).

### 4) 교사수준 교육과정

교사수준 교육과정은 개념적으로는 가능하나 현실적으로는 학교 교육과정의 체제 안에서 작용하는 것이므로 학교 교육과정 체제와 동일한 것으로 간주하여도 무방하다. 그러나 엄격하게 구분해 보면 교사수준의 교육과정은 상위의 교육과정을 근간으로 하여 교실수업에서 이루어지는 일련의 교육과정 시스템을 말한다. 그것은 학생들에게 가르친 교육과정인 동시에 교실수준의 교육과정을 말하며, 교사 자신이 맡고 있는 교과, 학년, 학급(초등의 경우) 교육과정을 의미한다.

따라서 교사수준의 교육과정 개발은 대부분 수업계획과 중첩되며, 교육과정자료의 개발과 유사한 성격을 지닌다. 이 수준의 교육과정자료 개발에는 교과서나 교재의 재구성, 자료의 수정과 적용, 수업지도안의 개발 등이 포함된다. 대표적으로는 교사에 의한 교육과정 재구성이 해당된다.

## 3 학교 교육과정 개발의 실제

### 1) 학교 교육과정 개발의 개념

학교 교육과정은 국가수준이나 지역수준에 의거하여 지역의 특성과 학교의 실정, 학생의 실태에 맞게 편성한 단위학교의 구체적인 교육과정을 말한다. 학교 교육과정 개발은 학교중심 교육과정 개발(School-Based Curriculum Development: SBCD)을 의미하며, 학교중심이라는 말은 여러 가지 방식으로 해석된다. 이러한 이유 때문에 코널리(Connelly, 1972)는 '학교중심'이라는 표현 대신에 '사용자 개발자'라는 말로 바꾸어 사용하고 있다. 이 두 가지 표현은 가끔 같은 의미를 나타내며 동시에 동일한 사람(즉, 수업하는 교사)을 지칭하기도 하지만 항상 그러한 것은 아니다. 즉, '사용자 개발자'는 반드시 학교에서만 있는 것은 아니며 학교에서의 교육과정 개발 역시 반드시 사용자가 개발한다는 것을 의미하지는 않는다. '사용자 개발자'라는 표현은 상업적으로 전파 · 보급되는 일련의 수업자료를 학생들의 요구에 적합하도록 수정하기 위해 외부의 교육과정전문가의 자문과 지도하에 작업하는 여러 학교의 교사로 구성된 팀을 지칭하는 것이다.

교사가 이러한 팀에 참가하게 되는 것은 대학에서 개설하고 있는 현직 연수 프로그램에 관여함으로써 가능해지는 것이 보통이다(이 경우 거기에 등록을 하는 것은 교사의 자율적인 결정에 의한 것이며, 처음에는 개인으로서 참여하게 된다). 연수 프로그램에 참여하는 교사는 그 팀이 개발한 수업자료를 사용함으로써 사용자 개발자가 되지만 교사가 사용하는 프로그램은 학교의 상황을 참작하여 만든 것이기는 하지만 학교에서 개발된 프로그램은 아니다. 그 프로그램은 학교가 주도하여 만든 것도 아니며 옆 교실에서 동일한 교과를 가르치는 다른 동료 교사가 채택하지 않는 경우는 얼마든지 있을 수 있다.

한편으로 학교가 그 학교에 있는 교사들로 팀을 만들어서 참여한 교사들이 직접 개정한 프로그램을 채택할 경우 이 프로그램은 학교에서 개발된 교육과정이 된다. 하지만 그 프로그램 개발에 참여하지 않는 교사들은 사용자 개발자에 해당되지는 않는다.

그렇다면 학교중심 프로그램의 개발에 참여하는 사람은 과연 누구인가? 특정 교과를 가르치는 모든 교사인가 아니면 그 교사 중의 단지 일부인가? 만약에 외부 당국이나 학교 당국에서 선택할 수 있는 범위를 정해 놓고 있기는 하지만 그 범위 내에서 교사가 무엇을 가르칠 것이며, 어떤 자료를 수업에 사용할 것인지 결정하는 것을 비교적 자율적으로 결정할 수 있게 해 준다면, 이 경우는 학교중심 교육과정 개발이라고 할 수 있는가?

이와 관련하여 사바르(Sabar, 1989: 202)는 다음과 같이 지적하고 있다.

> 학교중심 교육과정 개발은 모든 단계에서 교사가 중요한 역할을 수행하는 교사중심 교육과정 개발로 축소되어서는 안 되며, 사실 그렇게 될 수도 없다. 그것은 교육에 관여하는 모든 사람과 함께 결정을 내리는 참여적 형태이어야 한다.

아울러 사바르는 학교중심 교육과정 개발에서 적합하다고 생각되는 교육과정 개발의 파트너들로 학부모, 학습자, 사회의 여타 기관을 지목하고 있다. 흔히 교육

실제에서는 지방 당국이나 지방교육 당국의 대표가 교육과정 결정에 참여하는데, 특히 교회, 노동조합, 대학, 다른 고등교육기관 같은 다양한 이익집단이 학교 교육과정에 대해 요구의 목소리를 내기도 한다. 지방행정 당국은 보통 자신들의 관할 지역권 내에 있는 모든 학교에 대해 학교가 운영해야 할 프로그램에 영향력을 행사하려고 한다. 그러한 교육 프로그램의 개발은 분명히 학교중심 교육과정 개발은 아니다. 이런 점에서 보면 교육과정에 대한 결정권을 중앙에서 지방으로 이양하는 것과 학교중심 교육과정 개발은 별개의 문제다.

교육과정 문헌을 살펴보면 교육과정 문제에서의 권한 이양과 학교중심 교육과정 개발이라는 이 두 가지 주제는 실제로 상이한 현상이지만 흔히 하나의 제목에서 취급되고 있는 것을 볼 수 있다. 권한 이양은 학교중심 교육과정 개발의 전제조건일 뿐이다. 그것은 학교중심 교육과정 개발을 촉진하는 필요조건이지 충분조건은 아니다. 권한 이양, 사용자 개발자, 학교중심 교육과정 개발이라는 개념 간의 차이점을 충분히 파악하지 않고서는 교육과정 개발에 관한 정확한 의미를 포착하는 것은 불가능하다.

그렇다면 학교중심 교육과정 개발의 범위를 어떻게 이해할 것인가? 학교중심 교육과정 개발을 가장 넓게 정의한다면 그것은 학교가 완전히 자율적으로 가르쳐야 할 내용을 결정하는 것은 물론 이미 만들어진 교재에는 최소한으로 의존하면서 가르쳐야 할 수업자료를 스스로 준비하는 것까지 포함된다. 학교중심 교육과정 개발의 의미를 아주 좁게 정의하면 그것은 학교에서 운영하는 교육 프로그램 중에 극히 제한된 부분에 대해서만 결정할 수 있는 권한을 지방 교육청이나 학교에 위임하는 것을 명문화하는 것을 의미한다.

실제에 있어서는 넓은 의미의 학교중심 교육과정 개발의 아이디어에 따라 교육과정을 개발하고 운영한다는 것은 불가능하다. 그리고 그러한 원리에 따라 운영되는 학교도 없다. 그러므로 현실적으로 가능한 방법은 협의의 정의에 입각하여 주어진 자율권을 최대한 활용하여 SBCD접근법의 어떤 요소를 통합하여 학교중심 교육과정을 개발하는 데 최선을 다하는 것이다.

## 2) 학교 교육과정의 실제

### (1) 학교 교육과정의 편성 절차

학교 교육과정을 편성하는 것은 현실적으로 학교에서 학생들에게 1년 동안 제공할 교과와 프로그램을 운영할 계획을 수립하는 것으로 나타난다. 학교수준의 교육과정 계획은 궁극적으로 그 학교 학생들의 공부할 기회를 어떤 식으로 마련할 것인가를 계획하는 것이다. 그 절차를 여러 학자(김재복, 1996; 박도순, 홍후조, 1999; 소경희, 2000; 함수곤, 2000)가 조금씩 상이하게 제시하고 있는데 구체적인 내용은 대동소이한 것으로 판단된다. 그 방법과 절차는 대략 [그림 5-14]와 같다(교육부, 2001: 42-44).

1 학교 교육과정 위원회 조직 및 편성계획 수립
- 조직, 업무, 역할의 구체화
- 작업 일정, 작업 내용의 초안 작성

2 국가, 사회의 요구 분석 및 시사점 추출
- 교육부 고시 교육과정, 시 · 도 교육과정 편성운영지침 분석
- 관계법령(「교육기본법」, 「초 · 중등교육법」, 「초 · 중등교육법시행령」 등) 분석
- 시 · 도 교육청 교육지표, 주요 시책, 중점과제 분석(목표, 내용, 방법, 평가의 시사점 추출)

3 기초 조사, 조사 내용 분석 및 시사점 추출
- 교사, 학생, 학부모, 지역주민의 실태 분석 및 요구 조사
- 학교 여건 분석
- 교과, 특별활동, 재량활동의 운영 실태 분석

4 학교 교육과정 편성 · 운영의 기본방향 설정
- 학교장 경영방침 설정
- 학교 교육목표 및 노력 중점 과제, 특색 사업 설정
- 학교 교육과정 구성 방침 및 체제 결정
- 영역별, 교과별 교육과정 적성 방향 및 구성체제 결정
- 학교 중장기 교육발전계획 수립
- 교과, 영역, 학년별 지도 중점 설정

⑤ 학교 교육과정 시안 작성

- 학교 교육과정의 기저
- 학교 교육과정 편성 운영의 방향
  학교 교육목표 및 경영 방침
  노력 중점 및 특색 사업
  편제 및 단위 배당
  학교 교육과정 편성 · 운영의 기본 방침
- 교과, 재량활동, 특별활동 운영
  수준별 교육과정 운영
  선택중심 교육과정 운영
  재량활동의 운영
  특별활동의 운영
- 학교 교육과정의 평가
- 기타 운영 사항
  생활지도
  지원 관리

⑥ 학교 교육과정 편성 운영지원계획 수립

- 각 부장 교사 관장 업무별 추진계획
- 교육시책 관련 업무 추진계획
- 교육과정 중심의 교원 조직
- 학교 규칙 재 개정
- 학교 예산 운영계획
- 학교 시설 관리계획
- 교직원 복무규정

⑦ 학교 교육과정 시안 및 지원계획 심의 확정

- 시안 및 지원계획 심의, 검토, 분석
- 추출된 문제점 반영, 시안 수정 · 보완
- 학교 교육과정위원회 심의 후 학교 교육과정 확정

⑦ 학교 교육과정 운영

- 지속적인 연수와 교내 자율 장학의 활성화
- 운영과정의 문제점에 대한 탄력적 대응
- 장학 협의를 통한 교육과정 수정 및 보완 운영
- 학교 교육과정의 융통성 있는 운영
  (시간 운영, 장소 활용, 교사 조직, 학습 내용 조정, 집단 편성 등)

| ⑧ 학교 교육과정 평가와 개선 |
|---|
| • 교과, 특별활동, 재량활동 시간 편성 · 운영 수시평가 및 자료수집<br>• 평가기준에 따른 교육과정 평가<br>• 학교 교육과정 편성 · 운영, 평가결과 보고서 작성<br>• 개선점 추출, 다음 해의 편성 · 운영에 대한 반영(환류) |

[그림 5-14] 학교 교육과정 개발 절차

① 학교교육과정편성위원회 조직

학교 교육과정을 편성 · 개발하기 위해서는 우선 '학교교육과정위원회'를 구성하여야 한다. 위원회는 학교의 사정에 따라 다양한 형식으로 구성할 수 있다. 예시적으로 기획조정분과, 편성 · 운영분과, 교과활동분과, 재량활동 · 특별활동분과, 자료개발분과, 평가분석분과 등을 위원회의 하부조직으로 구성할 수 있다. 학교 교육과정 편성위원회의 조직을 제시하면 [그림 5-15]와 같다.

② 국가 및 지역 교육과정의 분석

전술한 바와 같이 학교 교육과정은 국가 교육과정과 시 · 도 교육과정 편성 · 운영지침의 틀 안에서 편성된다. 따라서 학교에서 우선적으로 이들 상위기관의 교육과정 지침 내용을 명확하게 이해하여야 하며, 그렇게 하기 위한 검토작업을 철저하게 실시해야 한다.

③ 실태조사

국가 교육과정과 시 · 도 교육청 수준의 교육과정 지침 내용을 파악한 후에는 학교 교육과정을 작성하는 데 요구되는 각종 기초 정보자료를 수집해야 한다. 질 높은 학교 교육과정을 편성하기 위해서는 여러 종류의 기초자료가 요구되기 때문이다. 그러나 수집되어야 할 기초자료의 종류가 무엇이며, 그러한 자료가 학교 교육과정의 편성과정에 어떻게 반영되어야 할 것인가에 대한 명확한 인식을 갖추는 일은 쉬운 일이 아니다. 지역의 일반적 특성 및 지역의 사회문제를 비롯하여 학교 및 학급의 규모, 과목별 교사 수 및 특기보유 현황, 학생 실태, 과목의 중요도 및 선호도, 교수-학습자료 및 시설 설비 현황, 학교 주변의 교육문화 시설의 종류, 학교운영위원회 등에 대한 자료가 수집되어야 한다.

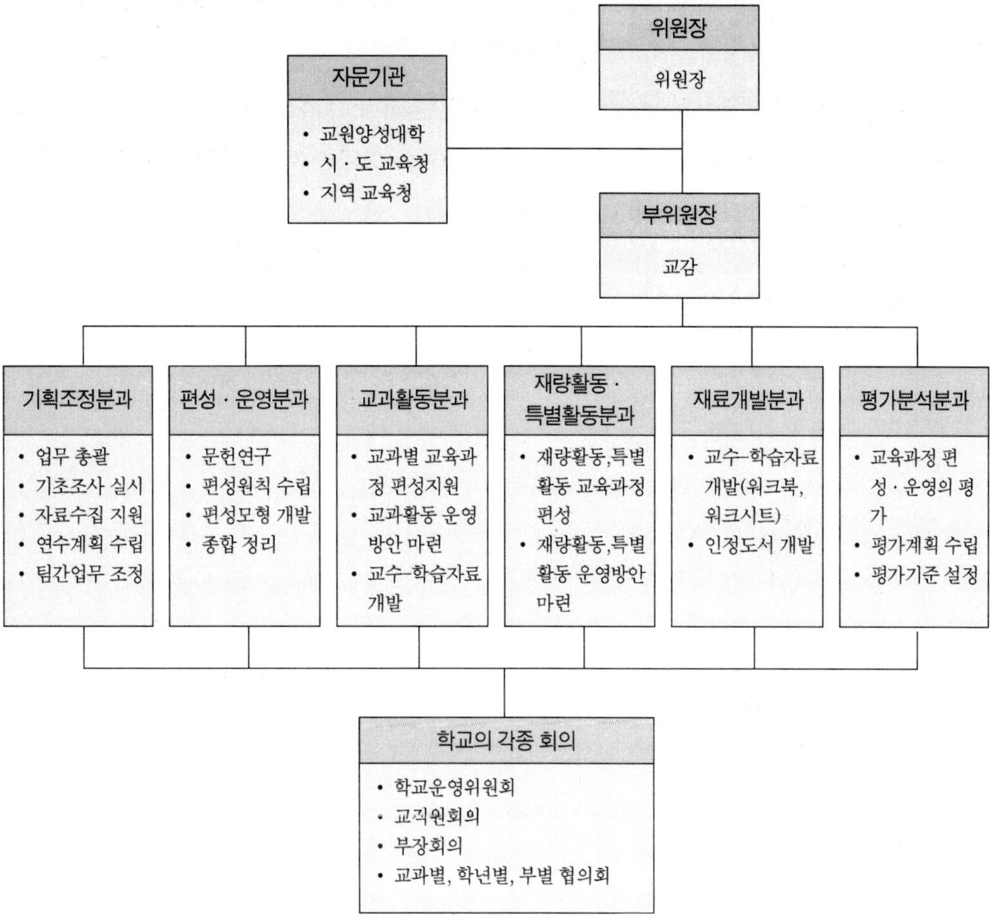


[그림 5-15] 학교교육과정편성위원회 조직

④ 학교 교육과정 시안 작성

앞의 여러 사항에 대한 정보가 수집 · 분석되면 학교 교육과정을 편성하기 위한 기초자료는 마련된 셈이다. 수집된 기초자료의 내용과 학교에서 특별히 강조하고 있는 교육이념이나 철학이 있다면 그러한 내용을 바탕으로 학교 교육과정의 다음과 같은 세부안을 작성하도록 한다.

먼저, 교과편제 및 시간표를 작성한다. 그리고 교과별 교육과정 구성 및 교수-학습자료를 재구성한다. 여기에는 교과별 목표의 조정, 재구성(기준목표의 상향, 하향, 추가 축소, 통합, 보완, 상세화), 교과별 교육내용의 조정, 재구성(추가, 보완, 축소, 통합, 내용 수준의 상향, 하향, 특정 내용의 강조, 상세화), 교육내용의 지도 순서(계절, 행사에 다른 지도 순서 고려, 교과별 학습 진도 고려), 교과별 지도시간(시간 양의 증배,

감축), 교과별 지도방법의 상세화(교과별 교과의 내용영역별, 목표별 지도방법의 상세화 및 지도 중심의 명시) 작업이 포함된다.

학교 교육과정의 구성체제를 제시하면 〈표 5-14〉와 같다.

이와는 별도로 교과별로도 교육과정이 작성되는 데 교과별 교육과정의 구성체제를 제시하면 〈표 5-15〉와 같다.

[표 5-14] 학교 교육과정의 구성체계(예시)

Ⅰ. 학교 교육과정의 기저
1. 상위 교육목표의 분석
2. ○○지역 교육의 지표와 기본 방향
3. ○○지역 교육의 강조점
4. 학교장 경영관
5. 전 학년도 학교 운영 실태 분석

Ⅱ. 학교 교육목표 및 노력 중점, 특색사업
1. 교육목표
2. 노력 중점
3. 특색 사업

Ⅲ. 학교 교육과정의 편성 및 단위 배당
1. 학교 교육과정의 편성
2. 이수 과정 및 단위 배당

Ⅳ. 학교 교육과정 운영
1. 연간 교육과정 운영 계획 및 수업 운영
2. 교과 운영
가. 수준별(단계형, 심화 · 보충형) 교육과정 운영
나. 선택중심 교육과정 운영
3. 재량활동 운영
4. 특별활동
5. 학업성취도 평가계획

Ⅴ. 생활지도 및 지원 관리
1. 생활지도
2. 학교 행사
3. 지원 관리(자체 연수 · 자율 장학 등)

Ⅵ. 학교 교육과정 운영 평가
1. 교육과정 평가계획
2. 교육과정 평가기준

〈부 록〉

- 연혁 · 지역 실태
- 학생 및 교직원 현황
- 학교운영조직
- 중 · 장기 발전계획

[표 5-15] 교과별 교육과정의 구성체제(예시)

1. 실태분석 및 시사점
   가. 실태분석
      (1) 학생의 특성 (2) 학부모의 요구
      (3) 지역사회의 특성 (4) 학교의 여건
   나. 실태분석에 따른 교과별 학교 교육과정 편성의 시사점
      (1) 교육목표면 (2) 교육내용면
      (3) 교육방법면 (4) 교육평가면
2. 교과목표
3. 교과내용
   가. 국가수준 교육과정 내용 체계
   나. 학교 교육과정 내용 체계
   다. 교육과정 내용의 단원별 구성
   라. 교수-학습목표의 상세화
4. 주요 활동 과제
5. 지도상의 유의점
   가. 내용 지도상의 유의점 나. 수업방법상의 유의점
6. 평가상의 유의점
   가. 평가의 원칙 나. 평가의 실제

### ⑤ 학교 교육과정 시안의 심의와 확정

편성된 학교 교육과정 시안은 평가과정을 통하여 수정 · 보완되어야 한다. 이러한 평가작업은 개발하여 확정된 학교 교육과정이 실제 현장에서 실천되는 과정에서 그 실행 가능성을 검토하는 가운데 이루어질 수 있다. 그리고 다른 학교의 학교 교육과정과의 상호 비교를 통해서도 이루어질 수도 있다. 학교 교육과정에 대한 평가기준으로는 학교 교육과정 편제의 적합성을 비롯하여 학교 교육과정 각론의 적합성, 교수-학습자료의 타당성, 평가의 타당성, 선택교과(재량활동) 운영의 충실성, 특별활동 시간 운영의 충실성 등을 들 수 있다(김재복 외, 1996).

### (2) 단위학교의 역할

교육과정 편성에 대한 학교의 역할은 교육과정 문서에 고시·명시되어 있다. 학교급별 지침과는 별도의 공통지침은 다음과 같다(교육부, 1997a).

① 학교는 교육부의 국가 교육과정과 시·도 교육과정 편성·운영지침, 지역 교육청의 학교 교육과정 편성·운영에 관한 장학자료를 바탕으로, 학교 실정에 알맞은 학교 교육과정을 편성·운영한다.
② 교육과정의 합리적 편성과 효율적 운영을 위하여 교원, 교육과정(교과교육) 전문가, 학부모 등이 참여하는 학교교육과정위원회를 구성하여 운영하며, 이 위원회는 학교장의 교육과정 운영 및 의사결정에 관한 자문역할을 담당한다.
③ 학교는 학교 교육과정 편성·운영 계획을 바탕으로 학년, 학급, 교과목별 교육과정을 편성할 수 있다.
④ 학교 교육과정을 편성·운영함에 있어서는 교원의 조직, 학생의 실태, 학부모의 요구, 지역사회의 실정 및 교육시설·설비 등 교육여건과 환경이 충분히 반영되도록 노력한다.
⑤ 수준별 교육과정을 적용하는 교과는 심화·보충학습을 위한 추가시간이 필요할 경우, 재량활동에 배당된 시간 등 별도의 시간을 활용할 수 있다.
⑥ 이 교육과정에 예시된 과목 이외의 과목을 설치·운영하고자 할 때에는, 시·도의 교육과정 편성·운영지침에 의거하여 사전에 필요한 절차를 거쳐야 한다.

교육과정 운영에 대한 학교의 역할은 교육부(1997a)에서 고시한 교육과정 문서에 다음과 같이 명시되어 있다.

① 학교 교육과정은 모든 교원이 전문성을 발휘하여 참여하는 민주적인 절차와 과정을 거쳐 편성·운영한다.
② 학교 교육활동 전반을 통하여 인성교육이 통합적이고 체계적으로 이루어지도록 하여야 한다.
③ 학교는 다음 네 가지 사항을 고려하여 수준별 교육과정을 운영한다.
  • 학교는 매년 수준별 교육과정 운영계획을 수립·시행한다.

- 단계형 수준별 교육과정 운영에 있어서, 교과, 학년 또는 단위 학교 상황에 따라 해당 단계 학습목표를 일정한 성취기준을 고려하여 차상 단계의 진급을 위한 자격기준을 설정한다.
- 심화보충형 수준별 교육과정은 다음과 같이 운영한다.
  - 시간(단위) 배당 기준에 제시된 교과별 연간 수업시간 수의 기본내용을 중심으로 운영하되, 심화학습과 보충학습도 함께 이루어지도록 한다. 필요한 경우 재량활동 등 별도의 시간을 확보하여 심화학습과 보충학습을 실시할 수 있다.
  - 교과용 도서 이외의 심화 · 보충학습 자료는 교육청이나 학교에서 개발한 것을 사용할 수 있다.
- 수준별 교육과정을 적용하는 교과들의 경우, 학습결손을 보충할 수 있도록 '특별보충과정'을 운영할 수 있다. 특별보충과정의 편성 및 운영에 관한 제반 사항은 학교가 자율적으로 결정한다.

## 장 요 약

교육과정 개발은 교과의 성격을 규명하고, 교육목적을 설정하고, 교육내용의 체계를 편성하고, 이를 효과적으로 전달하기 위한 교육방법, 교육평가, 교육운영 등에 대한 종합적인 계획을 수립하는 활동을 가리킨다. 여기에는 많은 활동이 포함된다. 우선 교육목표를 수립하고 목표를 달성하는 데 필요한 내용과 학습경험을 잘 선정하여 체계적으로 조직하고, 효율적으로 실행 · 평가하는 전반적인 과정을 의미한다. 교육과정 개발은 여러 수준에서 이루어지는데, 가장 광범위한 수준에 적용되는 교육과정 문서에서부터 특정한 학교에 적용되는 문서에 이르기까지 다양하다. 예를 들어, 전체 중 · 고등학교에 적용되는 교육과정에서부터 특정 중 · 고등학교에만 적용되는 문서에까지 적용범위가 다양한 문서가 개발된다.

교육과정 개발에는 다양한 사람이 참여하며, 개발활동은 참여자들이 가지는 생각과 신념에 따라 많은 영향을 받으며 사회적 · 제도적 · 법률적 요인 등을 고려해야 한다. 따라서 개발활동은 여러 요인에 의해 다양하게 전개된다. 개발활동에 참여하는 사람들은 자신이 선택한 교육과정의 관점에 따라 교육과정을 개발하고, 운영하며, 평가하게 된다. 성공적인 교육활동은 이

들 세 활동의 유기적인 결합을 통해서 이루어지며 교육과정 개발영역은 운영과 평가활동의 기초를 제공한다는 점에서 매우 중요하다.

교육과정 개발모형은 다양한 교육과정 개발의 과정이나 활동을 비교적 간명하게 제시하는 것을 의미한다. 모형이 필요한 것은 교육과정 개발과정에 관련되는 요인이 다양하며, 그 요인의 관계도 복잡하다는 점 때문에 관련 요인이나 변인을 간명하게 처리하기 위함이다. 개발모형에는 여러 가지가 있지만 대표적 모형으로는 타일러의 목표중심의 합리적 모형, 슈왑의 절충적 모형과 워커의 숙의모형으로 대표되는 실제적 개발모형, 지식의 구조로 대표되는 브루너의 개발모형, 아이스너의 예술적 개발모형, 프레이레의 해방적이고 생성적 개발모형 등이 있다.

교육과정 개발은 여러 단계를 거쳐서 이루어진다. 먼저 참여기관과 인사가 선정되고, 그들에 의해 프로그램에 담기는 주요 항목이 결정된다. 대개 그들은 교육목적의 설정, 교육내용의 선정과 조직, 학습경험의 선정과 조직, 교육평가의 내용과 방법 등에 관한 주요 항목을 결정하게 된다. 이러한 결정은 문서 형태로 출판 · 보급된다.

교육과정 개발과정은 다음과 같이 여러 단계를 거친다.

- 교육목표의 설정과 진술: 우선 교육과정을 개발함에 있어서 교육목표를 정하는 것이 가장 중요하면서 최우선적으로 진행된다. 교육목표는 교육과정 개발에서 이루어지는 여러 활동, 즉 교육내용과 학습경험의 선정과 조직, 교육평가의 방법과 도구의 결정 등의 방향을 잡아 주고 구체화하는 데 도움을 준다. 여기에서는 목표의 여러 수준을 고려하고, 다양한 설정 자원, 설정 원칙, 목표진술의 기준을 종합적으로 고려하여 타당하고도 합리적으로 목표를 설정해야 한다.
- 교육내용의 선정과 조직: 다음으로는 교육내용의 선정과 조직이 진행된다. 교육내용은 교육목표의 영향을 받는다. 따라서 교육목표와 일관된 내용이 선정되어야 하며, 교육목표 설정 시 고려한 요인이 내용선정에서도 마찬가지로 고려되어야 한다. 내용이란 교육과정 목표를 달성하기 위해 학교에서 가르치고 배우는 대상을 가리킨다. 그러나 교육내용을 보는 입장은 다양한데 우선 ① 교육내용을 지식과 동일하게 보는 입장, ② 지식 외에도 기능 · 정의적 측면을 고려하는 입장, ③ 교과나 과의 이름처럼 내용을 담는 그릇으로 보는 입장, ④ 공식적인 문서상의 내용과 그것을 실현하는 도구적 수업내용으로 구분하여 보는 형식적 입장 등이 있다. 특히 교육내용으로써 지식을 보는 입장이 개발활동에 많은 영향을 끼치고 있는데, 여기에는 브루너, 피터스와 히스트, 피닉스 등의 입장이 있다.

  교육내용을 선정하는 기준에는 중요성, 타당성, 사회적 적절성, 유용성, 학습가능성, 흥미 등이 있다. 내용선정 작업 이후에는 내용을 일정하게 배열하고 배치하여야 한다. 내용조직은 학습을 목적으로 내용을 체계적으로 조직하는 데 관계되는 제 원리다. 여기에는 스코프와 시퀀스가 중요한 요인이다. 스코프는 다양한 수준으로 구체화되는데, 우선 학교급 수준, 학년 수준, 교과목의 수준에서, 교과목 내의 단원 수준에서, 단원 내의 주제 수준에서 내용이 제시가 된다. 시퀀스는 교육내용을 배우는 순서로서 학습자가 어떤 내용을 먼저 배우고 어떤 내용을 뒤에 배우는가를 결정하는 것이다. 여기서 배워야 할 내용의 순서는 학교급, 학년, 학기, 월, 주, 차시별로 결정된다. 즉, 초 · 중 · 고에서 어떤 내용(교과)을 먼저 배우며, 어떤 내용(교과)을 나중에 배우는가 하는 문제, 한 교과를 한 학기, 한 학년 또는 초등학교부터 고등학교 3학년까지 연속해서 배운다면, 어떤 단원이나 주제를 어떤 시기(학교급, 학년, 학기, 월, 주, 일, 차시)에 배울 것인가를 결정하는 문제와 관련이 있다.

전통적으로 과거부터 많은 계열화 원리가 사용되어 왔으나 최근에는 과학적이고 체계적인 원리가 등장하고 있다. 그리고 수직적 연계성이 중요하게 고려되어야 하는데, 이것은 이전에 배운 내용과 앞으로 배울 내용의 관계에 초점을 둔 것으로, 특정한 학습의 종결점이 다음 학습의 출발점과 잘 맞물리도록 교육내용을 조직하는 것을 말한다. 수직적 연계성은 여러 수준에서 확보되어야 한다.

- 학습경험의 선정과 조직: 목표달성과 직결되고 교육내용과 적절하게 부합되는 학습경험을 선정하고 조직하는 일은 매우 중요한 일이다. 왜냐하면 교육목표 달성 여부는 최종적으로 학생의 학습경험에서 결정되기 때문이다.

학습경험이라는 용어는 한 과목에서 다루게 되는 교과내용이나 교사의 교수활동과는 동일한 것이 아니다. 학습경험은 학습자와 학습자가 처한 외적 환경과의 상호작용이라고 볼 수 있다. 학습은 학습자의 활동을 통해서 이루어진다. 학습경험은 다양한 의미로 논의되고 있으나 수업내용과 학습활동을 포함하는 것으로 볼 수 있기 때문에 학습경험의 선정작업 역시 수업내용과 학습활동으로 각각 구분하여 이루어져야 한다. 따라서 수업내용의 선정에서는 교육내용과는 다른 수업내용, 즉 교과서, 참고자료, 교과서나 참고자료에 없으나 학생에게 전달되는 내용 등을 중심으로 제시해야 한다. 그리고 학습활동에서는 보다 총체적이고 효과적인 학습경험을 위해서 교사의 수업계획까지 고려하여 선정 및 조직 작업이 이루어져야 한다.

학습경험 중 수업내용의 선정은 타당성, 확실성, 명확성, 가능성, 균형성, 능력, 흥미, 연계성의 원리에 의해서 이루어지고 목표, 내용, 학습자, 자원 등을 고려하여 수업내용을 선정해야 한다. 타일러에 의하면 학습경험은 기회의 원리, 만족의 원리, 가능성의 원리, 다경험의 원리, 다성과 원리에 의해서 이루어진다. 사고능력의 함양, 정보습득, 사회성 함양, 태도 계발이라는 다양한 목표를 달성하기 위하여 적합한 학습경험이 선정되어야 한다. 학습경험을 효과적으로 조직하기 위해서는 조직준거(계속성, 계열성, 통합성),

조직요소(지식, 기능 가치 등), 조직원리(논리적 조직, 심리적 조직, 연대기적 원리), 조직 구조(상층, 중층, 하층 구조) 등을 고려해야 한다.

교육과정 개발의 종착점은 단원 개발이라고 볼 수 있다. 단원의 개발도 교육과정 유형에 따라 상이하게 진행될 수 있다. 개발의 수준도 국가수준, 지역수준, 학교수준, 학생수준으로 다양하게 나타난다. 최근에는 단위학교에서 개발해야 하는 학교 교육과정 개발이 중요시되고 있다.

## 주요 개념

| | | | |
|---|---|---|---|
| 교육과정 개발 | 개발 참여자 | 합리적 목표모형 | Taba 모형 |
| 순환적 모형 | 절충 모형 | 역동적 상호작용 모형 | |
| Schwab의 공통요인 | 숙의모형 | 강령 | 숙의 |
| 설계 | 지식구조론 모형 | 나선형 | 예술적 개발모형 |
| 프레이리 개발모형 | 명세목표 | 교육목표 분류학 | |
| 교육목표의 위계와 수준 | 이원분류표 | 교육내용 | 학습경험 |
| 선정 및 조직준거 | 지식의 형식 | 의미의 영역 | 계열화 원리의 유목 |
| 조직 요소 | 조직 구조 | 단원 | SBCD |

## 연습문제

1. 교육과정 개발의 절차를 설명해 보시오.

2. 다양한 교육과정 개발 모형을 비교해 보시오.

3. 타일러의 목표모형의 문제점을 지적하고, 그 해결방안을 제시해 보시오.

4. 브루너의 개발 모형의 특징을 설명해 보시오.

5. 교육목표를 설정하고 진술하는 방법을 제시하시오.

6. 교육내용의 선정과 조직하는 방법을 설명해 보시오.

7. 학습경험을 선정하고 조직하는 방법을 설명해 보시오.

8. 단원 개발 절차를 설명해 보시오.

9. 교육과정 개발의 수준과 학교교육과정 개발 절차를 제시해 보시오.

10. 학교교육과정 개발에서 교사의 역할을 논의해 보시오.

제6장

# 교육과정 실행 및 운영

앞 장에서 살펴본 것처럼 교육과정 개발은 복잡한 과정을 거쳐서 하나의 문서 형태로 개발되어 표현된다. 이렇게 개발된 교육과정은 교육계획에 대한 '의도'를 가상 구체화한 것이다. 물론 잘 개발된 교육과정은 현장에 적용되는 요인을 고려하고 예상되는 '결과'를 종합적으로 고려하면서 이루어진 것이라고 볼 수 있다. 그러나 의도와 결과는 항상 일치하지는 않는다. 단적으로 말하면 교육과정 개발은 어떠한 교육과정을 통해 어떠한 교육을 할 것인가에 대한 계획과 의도의 차원이 강하다. 물론 개발이라는 활동은 이상적으로 보면 예비적으로 실천, 적용해 보고 난 후 그 결과를 반영하여 최종적으로 결과물을 산출하는 것이다. 그러나 여기에서 취급하는 개발은 학교현장에 적용하기 전까지의 단계를 다루고 있기 때문에 그 이후의 현장 적용의 문제를 남겨 놓고 있는 셈이다.

아무리 잘 개발된 교육과정이라도 그것이 제대로 학교현장에서 적용되지 못하면 아무 소용이 없게 된다. 학교현장의 여러 상황과 조건을 고려하여 본래의 목표를 제대로 달성할 수 있도록 교육과정을 실천에 옮겨야 한다. 교육과정을 현장에서 실천으로 옮기고 적용하는 데에는 여러 가지 요인이 영향을 미치지만 그 요인 중에서 가장 중요한 것은 교사라고 볼 수 있다. 왜냐하면 교육과정은 교사의 손에 의해서 실행되며 교사의 문제에 따라 교육과정의 가치가 결정되기 때문이다. 따라서 교육과정 실행에서 교사는 핵심적 요인이 되며 교육과정이 교실수업으로 전환되어 구체화되는 과정이므로 학교와 교실수업 환경이 중요하게 영향을 미치게 된다. 이 장에서는 교육과정 실행과 운영의 의미를 살펴보고 여기에 관련된 요인과 교사의 역할을 살펴본다. 교육과정 실행과 운영에서 교사는 적극적인 역할을 해야 하며 이 과정에서 영향을 미치는 다양한 요인을 제대로 이해하고 분석하여 자신의 교육적 역할을 다해야 한다.

## 1 교육과정 실행

교육과정 실행은 무엇을 의미하는가? 교육과정의 실행을 어떻게 바라보아야 하는가? 효과적인 교육과정 실행에 영향을 미치는 요인은 무엇인가?

### 1) 교육과정 실행의 개념

교육과정은 하나의 계획에서 시작한다. 교육과정의 실체는 교사가 그것을 실제 교실에서 실제 학생에게 시행할 때 드러난다. 교육과정을 신중하게 계획하고 개발하는 것은 분명 중요하지만, 교사가 그것을 인식하고 학급에서 교육과정을 시행하는 데 필요한 지식과 기술을 구비하지 않는다면 무의미하다.

실행(implementation)이란 용어는 교육과정 혹은 실라버스의 실제적 사용 혹은 교육과정이 실지로 이루어지는 것을 말한다(Fullan & Pompret, 1977). 실행은 교육과정계획과 교수활동의 순환과정에서 중요한 단계다. 교육과정을 채택하는 것은 교육과정을 사용하려는 어떤 사람(교사일수도 혹은 상급 관청의 관리자일 수도 있다)의 의도에 달려 있다. 그러나 그 의도가 교육과정이 시행되는지의 여부를 나타내지는 않는다.

자이스(Zais)에 의하면 교육과정 실행은 교육과정 구성 및 개발 과정에서 만들어진 교육과정을 효과적으로 전개하는 것을 의미한다(Zais, 1976: 18). 여기서 한 가지 짚고 넘어가야 할 점은 교육과정 자체가 이미 평가의 요소를 포함하고 있기 때문에 실행활동은 교육과정의 효과에 대한 평가를 위한 준비 과정을 포함한다는 것이다. 따라서 교육과정 실행은 교육과정 구성 및 개발 과정에 대해 평가적 피드백을 제공하며, 그 자료는 교육과정 수정 및 개선을 위해 유용하게 활용할 수 있다. 교육과정 구성 및 개발은 대개 특정 교육과정 영역에서 시작되어 현재의 교육과정 실천행위에 대한 대안적 기초로써 시행되는 것이다. 따라서 평가자료는 계속되는 교육과정 구성 및 개발활동에 방향을 제시해 주거나 이미 실행된 교육과정의 부분을 수정하기 위하여 구성 개발 단계에서 활용된다.

교육과정 실행이 개발된 교육과정을 사용하는 것이라면 개발자와 사용자가 일치할 수도 있고, 일치하지 않을 수도 있다. 즉, 학교 외부에서 개발된 것을 학교현장에서 실천에 옮기는 것과 학교 안에서 자체적으로 개발하여 실천하는 것으로 나눌 수 있다. 그런데 교육과정의 실행은 일반적으로 교육과정전문가가 개발한 교육과정을 학교와 교실에서 교사들이 실천에 옮기는 것이므로 적용이라고도 부른다. 이것은 실천자가 직접 참여하여 개발한 교육과정을 실천에 옮기는 것이 아니므로, 개발자와 실천자가 서로 다르다. 이때 교육과정 실행은 교육과정 개발과는 분리된 별개의 과정이 된다. 계획된 교육과정이 마치 연극의 대본이라면 이행되는 교육과정은 연극의 실연과 같다(Marsh & Willis, 1995). 이러한 구분에 기초하여 홍후조(2002)는 교육과정 운영을 이행과 실행으로 구분하고 있는데—전자를 이행(implementation)으로, 후자를 실행(enactment)으로 보고 있다—이것은 운영을 실행의 상위 범주로 보는 구분이다.

### 2) 교육과정 실행의 성격

그런데 교육과정 실행은 원본에 어느 정도 '충실(fidelity)' 해야겠지만, 연출자와 배우가 실제로 연극을 공연할 때는 텍스트를 해석하여 행위로 표출하기 때문에 어느 정도 '조정(adaptaion)' 이 필요하다. 우리나라에서는 학교 교육과정의 대부분은 외부 전문가에 의해 국가수준에서 개발된 것을 학교에서 원안대로 곧이곧대로 적용하거나 수정 혹은 재구성하여 적용하는 형편이어서 교육과정의 적용 측면이 많은 비중을 차지한다. 국가 교육과정 기준을 지역과 학교, 교원과 학생의 실태에 맞추어 운영하는 것은 필요하고도 바람직한 것이다.

이에 반해 실행의 후자의 측면은 개발한 사람이 실천에 옮기는 것이어서 개발자와 실천자가 일치한다. 즉, 제7차 교육과정에서 창의적 재량활동이나 특별활동 혹은 학교 특성화 프로그램과 같이 교육과정을 실천자 자신이 직접 참여하여 개발한 것을 실행하는 것이다. 이것은 교육과정 개발자와 실천자가 일치한다는 점에서 교육과정 실행이 교육과정 개발의 연속선상에 있는 활동이 된다. 교육과정 실행에는 실천가들의 집단적 · 자발적 · 창의적 · 전문적 능력이 요구된다. 교육과정 실행은 전통 있는 사립학교, 자율학교, 대안학교와 지방자치에 따른 지역과 학교중심의 교육과정을 운영해 온 영국, 미국, 캐나다 등에서 쉽게 찾아볼 수 있다.

교육과정 실행은 외부에서 개발한 것을 단순 적용(adoptation)하는 데서, 수정하거나 재구성하는 응용(application)과 실행자들이 직접 창안(creation)하여 실행하는 것에 이르기까지 그 수준도 다양하다. 교육과정 실행이 중요하게 다루어지는 것은 이전에 해 오던 대로 관행적으로 실행하는 것을 다루기보다 이전부터 잘해 오던 것을 유지하고, 잘못되어 온 실행을 고쳐 잘 실행하기 위한 것이므로, 그 실행은 이전과는 다른 변화된 것을 말한다. 교육과정 실행은 다른 말로 표현하면 교육과정의 변화를 실천하는 것이다. 그러므로 실행에는 실행을 해야 하는 당사자(보통 교사)에 의한 일정한 저항이 따르게 된다. 어떤 것이 좋은 교육과정 실행이냐는 상황에 따라 다르겠지만 충실한 교육과정 계획과 준비하에 교사와 학생이 교육경험의 질이 이전보다 나아지는 상태라고 할 수 있다(홍후조, 2002: 372-373에서 참고).

한편 실행은 교육과정의 실제적 적용을 의미하지만 또한 여기에는 하나의 중요한 태도 요소가 있다. 교사와 교장이 경쟁적인 교육과정 패키지 가운데 하나를 선택하도록 되어 있는 상황에서 태도나 성향의 문제는 분명 중요하다고 볼 수 있다. 예를 들면, 만약 사용하고 있는 현 교육과정이 어떤 영역에서 결핍되었다는 사실을 교사가 알게 된다면, 그때 이 문제를 극복할 수 있는 대안을 찾게 될 것이다. 레이스우드(Leithwood, 1981)는 교사가 교육과정의 역기능을 인식할 때 비로소 새 교육과정 실행에 관여할 것이라고 주장한다. 교사는 특별한 교과의 교수와 관련해서 현 실제와 선호된 실제 간의 간극을 줄이려는 욕구를 갖는다. 그러나 많은 교과에 있어, 개정된 혹은 새 교육과정은 교육청 내에 있는 모든 학교의 교사가 사용하도록 되어 있다. 그래서 사실상 선택의 여지는 없다. 교사가 대안을 고려해 볼 기회가 없다. 그러므로 교사의 과업은 새 교육과정을 가능한 한 효과적으로 사용하는 방법을 발견하는 것이다. 이런 상황에서 교사가 실행과 관련하여 할 수 있는 질문은 다음과 같다.

- 그것을 어떻게 하는가?
- 누구에게 도움을 청할 것인가?
- 실제에서 요구되는 것을 하고 있는가?
- 학습자에게 미치는 효과는 무엇인가?

새 교육과정을 어떻게 사용할 것인가에 대한 이러한 강조는 교사들에게 중요한 관심사다. 왜냐하면 전문가로서 교사들은 학생과 함께 특별한 접근과 자료를 성공적으로 사용하는 것에서 많은 내적 만족을 얻기 때문이다. 그러나 어떤 새 교육과정이 실행되려면 교사가 새 교육과정을 사용할 능력과 자신을 가질 수 있는 상당한 시간이 요구된다. 학교에서 교사가 새 교육과정을 완전히 받아들이고 그것과 관련된 활동이 일상사의 문제가 될 때 제도화의 단계에 들어섰다고 말할 수 있다.

### 3) 교육과정 실행의 극단적 견해

가끔 실제적으로는 거의 일어나지 않는 그러한 시행에 대해서 두 가지의 극단적인 견해가 있다. 그 하나는 무엇을 교실에서 시행할 것인지의 여부를 결정하는 데 있어 교사가 절대적인 권한을 갖는 것이다. 그러나 실제적으로 어떤 한 교사가 그런 광범위한 권한을 갖는 것은 불가능하다. 이 견해는 교사를 다음과 같이 가정하기 때문에 부적절한 것으로 판단된다.

- 교사는 체제, 학부모 혹은 지역사회에서 제한을 받지 않고 언제든지 새로운 코스 혹은 주제를 소개할 권한을 갖는다.
- 교사는 특별한 주제 혹은 단원과 연관된 지식, 기술, 가치의 충분한 범위에 대해 알고 그것에 접근한다.
- 교사는 학생을 위한 자료를 준비하는 데 필요한 시간을 충분히 갖을 수 있는 위치에 있다.

다른 하나의 극단적인 견해는 권위 있는 외부에서 교사 개개인이 교실에서 하는 일에 대해 완전한 처방을 내리는 것이다. 그것은 교사가 구체화된 방식으로 특별한 주제 혹은 단원을 선택하고 사용하도록 지시한다. 이 체제는 중앙에서 계획된 것으로 고정되고 독재적 · 권위적 · 전통적인 것을 특징으로 한다. 어떤 저자는 그런 체제에 대해 반대 입장을 개진하였고, 공식적인 교육과정이 의도된 대로 가르치고 있는지를 확인하기 위해 학교를 방문하는, 참견 잘하는 감독관에게 주목한다. 그들은 모든 학교에서 같은 시간에 같은 교육과정을 가르치는 획일성을 추구하는 관료주의적 억압을 비판한다.

따라서 현실적으로 교육과정 실행에 대한 견해는 이 두 극단 사이에 놓인다. 학교에서 어떤 교과는 중요한 핵심영역으로 간주하여 실라버스에서 자세히 취급된다. 이 교과에서 교사는 특정 내용을 다루기 위해 어떤 수업 계열을 따르도록 기대된다. 처방된 세목대로 따르는 것은 사용의 충실성(fidelity of use)이란 말로 표현된다. 그러나 한편으로 교사가 그들의 창조적 육감을 발휘하고 교육과정에 대해 개인적인 해석을 할 수 있는 다른 교과가 있을 수 있다. 이것은 적응이나 각색(adaptation) 혹은 과정 지향(process orientation)이라 부른다.

### 4) 교육과정 실행에 영향을 미치는 요인

1980년대 초기에 풀란(Fullan, 1982)은 문헌에서 자주 인용되는 실행에 영향을 미치는 요인의 목록(〈표 6-1〉 참조)을 만들었다. 이 요인들은 혁신 혹은 변화의 속성, 학구(교육청)의 특성, 한 단위로써의 학교의 특성, 지역학교체제의 외적인 요인을 말한다. 〈표 6-2〉에는 프로젝트 개발자의 경험에 근거한 넓은 범위의 요인의 목록을 제시하였다(Parsons, 1987).

[표 6-1] 실행에 영향을 미치는 요인(Fullan, 1982: 56)

A. 변화의 특성
- 1. 변화의 요구와 정당성
- 2. 분명함
- 3. 복잡함
- 4. 프로그램(자료 등)의 질과 실천가능성

B. 교육구 수준의 특성
- 5. 혁신적 시도의 역사
- 6. 채택 과정
- 7. 중앙 행정 지원과 관여

8. 교직원 개발(현직)과 참여
9. 시기 문제와 정보체제(평가)
10. 위원회와 지역사회 특성

C. 학교수준의 특성
11. 교장
12. 교사 간의 관계
13. 교사 특성과 정향

D. 지방 체제의 외적 특성
14. 정부의 역할
15. 외적 지원

[표 6-2] 성공적인 실행을 촉진하는 데 중요한 몇 가지 요인(Parason, 1987: 220-224)

1. 시간의 필요－실험하기 위한, 변화시키려는 태도를 위한 시간
2. 변화를 위한 기술공학－행동의 단계화된 계획이 요구됨
3. 학교문화 인식－상황적 조건의 인식
4. 자극과 보상의 제공－시간, 자원, 자료
5. 작업장 부단 공유－협동하고 공유하기 위한 것
6. 혁신을 위한 에너지 방출－올바른 조건을 창조
7. 협동적 틀－지역적 · 협동적 집단의 가치
8. 지도력－조정하고 이끌 인사
9. 체제 수준의 문화 인식－전체적인 정책의 인식
10. 정치적 시각을 위한 필요－이익 집단과의 만남 유지
11. 협력자를 얻을 필요성－지역과 학교에서 합법성과 지지를 획득
12. 개인의 역할 인식－헌신과 카리스마가 본질적 자질임

## 5) 교육과정 실행의 관점

교육과정 실행의 관점이란 교육과정의 전개 과정을 어떠한 시각으로 보는가 하는 문제를 의미한다. 이 문제에 대하여 여러 학자가 다양하게 그 관점을 소개하고 있다. 일찍이 하우스(House, 1974)는 공학적 · 정치적 · 문화적 관점으로, 로커스와 리버만(Loucks & Lieberman, 1983)도 동일하게 공학적 · 정치적 · 문화적 관점으로, 라로크(LaRocque, 1986)는 전통적 공학 모형, 정치적 모형, 문화적 · 형성적 모형

등으로, 스나이더 등(Snyder et al., 1992)은 교육과정 실행의 관점을 충실성 관점, 상호적응적 관점, 교육과정 형성 관점을 제시하였다(장원조, 1994: 5; Jackson, 1992: 402-434 재인용).

이상의 관점을 가장 대표적인 유형을 중심으로 정래해 보면 다음과 같다.

### (1) 교육목표 충실성 관점

이 관점의 특징은 특정 개혁 프로그램이 계획된 대로 잘 시행되었는지를 파악하고 그러한 시행을 촉진하거나 방해하는 요소를 밝혀내는 것이다. 특정 교육과정을 통하여 원하는 결과가 나왔다는 것은 원래의 계획에 충실하였다는 의미다. 즉, 학교 교육과정에서 제공된 지식이 교사에 의하여 의도한 바대로 잘 시행될 경우에 교육과정의 변화는 올바르게 이루어진 것으로 평가할 수 있다는 것이다. 충실성의 개념은 풀란과 폼프렛(Fullan & Pomfret, 1977)에 의해 제안된 것이다. 가장 핵심적인 것은 시행된 교육과정과 의도했던 목표 간의 유사성 정도에 따라 평가된다는 것이다.

이 관점을 지지하는 사람들은 혁신 자체의 중요성을 강조하고, 본보기가 되고 효과적인 것으로 보이는 산물, 즉 혁신이 학교에서 교사에 의해 기꺼이 받아들일 것이라고 가정한다. 로이트만과 메이어(Roitman & Mayer, 1982)에 의하면, 충실성 관점을 찬성하는 사람들은 정당성이 입증된 모형에 일치되게 혁신이 시행되어야 한다고 주장한다. 그렇지 않으면 희석되는 결과가 생기고, 그에 따라 결과의 효과가 감소되게 된다.

충실성 관점에서는 구조화된 접근이 권고된다. 이에 따라 교사들에게 단원 혹은 코스를 어떻게 가르칠 것인가에 대한 명백한 지침이 주어진다. 교사에게 주어지는 지침은 구체화되고 미리 만들어진 것이다. 물론 여기에서 제공되는 어떤 것도 단원에서 사용할 다양한 학교 맥락을 고려하여 만든 것은 아니다. 이 시각의 기본가정은 다음과 같다.

- 중앙에서 만들어지는 계획과 정의는 지역 사용자가 혁신을 정의함으로써 생길 수 있는 비효율성을 없애는 데 필요하다.
- 실행자들이 분명하게 느끼고, 권한을 적게 가질수록 그들은 더 충실성을 가지게 된다.

- 평가는 실행이 프로그램 실행계획과 얼마나 일치하는지를 알아보기 위해 수행된다.

실행에 대한 이러한 방향은 교사가 새 프로그램 혹은 단원을 사용하기 위해 철저히 훈련되어야 한다는 것을 함의하고 있다. 새로운 교육과정 패키지를 사용하기 위해 교사는 훈련받아야 하고, 일단 이 훈련을 받은 뒤에는 높은 수준의 기술을 숙달하여 그것을 가르치는, 주로 수동적 수령인의 역할을 한다.

확실히 어떤 교육과정 패키지는 중앙에서 계획하는 것이 효과적이다. 특히 그 내용이 숙달하기에 복잡하고 어려워 신중한 계열을 요구하는 것에서나 교사가 필요한 지식이나 기술을 가지고 있지 못한 교과에서, 그리고 적절한 진단검사, 성취검사를 포함할 수 있는 교과 혹은 단원은 중앙에서 계획하는 것이 더 적합하다. 1960년과 1970년대에 국가수준에서 만든 프로젝트 중 많은 것이 이 범주에 들어간다. 예를 들면, BSCS에서 교사의 역할은 철저히 프로그램화되어 있다.

### (2) 상호적응 관점

실행에 있어 두 번째 관점은 적응, 과정, 상호적응(mutual adaptation) 등으로 불린다. 이 관점은 교육과정 개발자나 이들의 연구 결과를 학교 수업상황에서 실제로 사용하는 사람들의 활동에서 나타나는 양상이다. 여기서는 교육과정 설계자와 이를 사용하는 사람 간의 상호 교섭과 유연성 있는 관계가 전제된다. 변화란 상당히 복잡하기 때문에 어떤 하나의 요인으로 쉽게 측정하기 어려운 과정이라는 것이다. 따라서 이 접근의 지지자는 다른 조직적 맥락과 교사의 요구로 인하여 혁신은 현장에 적합하도록 수정될 것이라고 본다(Berman & McLaughlin, 1977; Lighthall & Allan, 1989). 그들은 모든 혁신은 시행하는 동안 수정되고, 만약 사용자가 혁신의 바람직한 결과를 얻고자 한다면 수정은 필수적이라고 제안한다.

상호적응이라는 용어는 혁신과 제도적 상황이 조절되는 과정을 기술하기 위해 달린과 맥래플린(Dalin & McLaughlin, 1975)에 의해 처음으로 사용되었다. 이 용어는 특히 1970년대 미국에서 강조됨으로써 유행되었다.

상호적응은 개발자와 사용자 간에 이루어지는 바람직하고, 합리적인 수정으로서, 성공적 실행을 보장하는 가장 효과적인 방식으로써 구체화되었다. 예를 들어, 맥도널드와 워커(MacDonald & Walker, 1976)는 실행이란 실제로 '타협'을 포함한다는 것과 교육과정 개발자와 교사 간에 의미의 교환이 있다는 것을 주장한다. 파라 등(Farrar et al., 1980)과 러덕(Rudduck, 1976)은 교육과정이 교실에서 시행될 때 일어나는 일들을 문화적으로 해석한다. 예를 들어, 파라 등은 교육과정 패키지가 잘 정의된 청사진으로 나타남에도 불구하고 수정되고 바뀔 수 있는 실체로서 교사에 의해 인식되는 과정을 특징짓기 위해 진화라는 용어를 사용한다.

### (3) 형성 관점

형성 관점(enactment perspectives)에서 볼 때 교육과정은 교사와 학생에 의해 공동으로 만드는 교육경험이라고 할 수 있다. 충실성이나 상호적응의 관점의 핵심이라고 할 수 있는 외부에서 만든 교육과정 자료나 프로그램 수업전략 등은 도구로써의 의미만을 지니고 있다. 이러한 입장에서 주로 제기하고 있는 문제는, 첫째 어떤 것이 형성된 교육과정이며, 교사와 학생은 이를 어떻게 만들어 내는가, 둘째 외적인 요소(교육과정 자료, 정책 등)들은 교육과정의 형성에 어떤 영향을 끼치는가, 셋째 학생에게 미치는 영향은 어떤 것인가 등이라고 할 수 있다. 이러한 관점에서, 교육과정 지식은 개인적 · 외적 표준을 개별적으로 구성한 지식을 의미하며, 변화는 관찰 가능한 행동의 변화라기보다는 개인적인 발전 과정을 의미하고, 이에 따른 교사의 역할은 긍정적인 교육경험을 가능하게 하는 능력을 길러 주는 교육과정 개발자의 역할이라고 할 수 있다(조승제, 2002: 195).

이러한 형성의 관점에 대한 연구로 뉴론(Newlon, 1923)에 의한 덴버 교육과정 프로젝트가 있다. 이 연구에는 현직 교사가 대거 참여하였으며, 초 · 중등학교의 교과영역에 대한 교수요목을 재구성하고자 하였다. 뉴론에게 있어서 교사의 개인적인 성장과 사기는 교육과정을 시행하면서 발생하는 어떤 구체적인 결과보다 중요한 것이었다. 교육과정의 개발은 교실현장에서 시행되면서 형성되는 교육과정을 의미하는 것이었다. 또한 새로운 교육정책이 실시되는 과정에서 제기되는 문제점은 교사에게 있어서 문제 해결을 위한 좋은 기회로 작용할 수 있다. 그러므로 교사는 새로운 정책에 대해 항상 생각하는 자세를 가지고 있어야 하는 것이다.

이 관점에서 볼 때 교사와 학생은 학습의 특성과 과정을 결정짓는 핵심적인 위치에 있는 것이다. 이에 따른 중요한 교육적 변화는 교사의 사고나 감정, 입장 들의 변화와 함께 발생한다. 그러므로 교육과정 변화에 관한 연구는 교사를 올바르게 이해하는 것이 전제되어야 한다. 따라서 교육과정 전개 과정은 이 과정에 참여하는 개인과 조직이 상당히 복잡하면서도 갈등적인 역사적 · 개인적 · 이념적 맥락의 형성을 하면서 이루어지는 것으로 보고 있다.

## 2 교육과정의 운영

### 1) 운영의 의미

교육과정의 운영(management)은 포괄적으로 보면 교육과정 개발과 조직의 전체적 과정을 지칭하는 데, 즉 최초 교육과정 개념화에서 결정 및 채택, 갱신에 이르기까지 전 과정을 포함한다(Pratt & Short, 1994: 1320). 보다 정확하게 말하면 교육과정을 학교와 교실에서 사용하고 실천하는 과정에서 교육과정 실행을 지원하고 촉진하는 일련의 과정을 총칭한다. 따라서 운영의 문제는 효율적이고 체계적인 교육과정 실행과 관련되는 제 문제를 포함한다. 즉, 개발된 교육과정을 학교현장에 잘 안착하여 적용이 원활하게 이루어지도록 지원하고 촉진하는 제 여건(자료, 인사, 조직, 행 · 재정, 시설, 연수 및 훈련 등)을 정비하고 관리하는 측면을 의미한다. 따라서 앞에서 설명한 교육과정 실행은 개발과 활용의 측면을 의미하고, 운영은 관리의 측면을 의미한다.

그러므로 교육과정 운영은 교육과정 관리의 성격을 지니고 있다. 교육과정 관리는 학교에서 교육목표를 달성하기 위하여 학교 교육과정을 효과적으로 편성 · 운영하기 위하여 제 조건을 정비하고 조정하는 일을 말한다. 학교가 교육지도를 효과적으로 하기 위해서는 학교 교육과정의 편성 · 운영 · 평가의 일련의 과정을 효과적이고 효율적으로 작동되도록 지원해 주는 것이 필요하다. 이러한 과정을 효율적으로 지원하고 정비하는 일을 교육과정 관리라고 볼 수 있다. 학교장의 교육과정 관리의 주요 내용은 주로 학교 교육과정의 편성조직과 편성지도, 교직원 조직, 학교예산의 교육과정 운영 지원 중점 편성과 집행, 시설 · 설비, 교육자료 등의 정비, 교육과정 이수시간의 확인과 관리, 수업준비와 교재연구, 교육평가관리, 지역사회, 학부모 등의 학교교육에 대한 요구, 건의관리 등이라고 할 수 있다(함수곤 외, 2003: 438).

대부분 교육과정은 새로 개발 · 개정된 것이며, 전면개정된 것이거나 부분 수정된 것이다. 교육과정이 구현되는 과정을 크게 연구 개발, 실행 및 운영, 평가와 개선으로 나눈다면, 실행 및 운영은 연구 개발된 교육과정을 실행에 옮기는 과정이며, 동시에 실행의 지원체제이고, 넓은 의미의 교육과정운영은 교육활동 그 자체지만 좁은 의미의 교육과정 운영은 교실의 수업운영이 된다.

### 2) 교육과정 운영과 교사

교사는 교육과정이다. 즉, 교사의 수업지도와 학생생활지도 등 온갖 교육행위 그 자체가 학생들이 경험하는 교육과정이 된다. 교육과정은 교사다. 즉, 교육과정이 원안보다 질 높게 혹은 낮게 실현되는 것은 전적으로 운영하는 교사들에게 달려 있다. 그러므로 교육의 질은 교사의 질이다. 교사가 교육과정의 주인이라는 인식을 가지고 임하는 교사와 단순한 전달자라는 인식을 가진 교사는 교육과정 운영에서 차이를 보인다.

교사의 발달 단계나 정도에 따라 교육과정 운영의 방법과 효과는 다르다. 예비교사, 초임교사, 중견교사, 원로교사 등으로 교직경력이 많아지면서 교사들은 변화한다. 교사 변화의 방향은 전문성과 자율성이 향상되는 방향일 수도 있고, 역으로 저하되는 방향일 수도 있다. 교과나 학급담임에서, 학년 혹은 특정 부서의 부장교사, 교육전문직책, 교감, 교장으로 변화하면서도 교사의 시야는 달라진다. 넓게는 인생관과 교육관, 교직관, 학생관, 수업방법, 교재 사용, 평가, 학생생활지도, 학부모 응대 등에서 교사들은 변화를 보인다.

교사의 가르치는 분야에 대한 지식과 이해 정도, 전달방식의 숙련 정도, 교실 장악 능력, 개인의 건강과 가족 및 동료교사와 학생과의 관계 등에 따라 교육과정 운영은 달라지게 된다. 서투른 초임교사와 원숙한 경력교사, 교사의 인간적 성숙 정도, 남교사와 여교사, 전공교사와 부전공교사, 초등교사와 중등교사, 교육에 대한 철학과 열정이 있어 자신의 혼과 성을 다하는 전문적 교사와 생계수단으로써 형식적으로 타성에 젖어 교직을 수행하는 교사, 학생에 대한 직접적인 학습지도나 생활지도보다 공문이나 잡무처리를 통해 개인의 이익을 얻으려는 교사, 승진에 관심이 많은 교사와 승진에 별 관심이 없거나 아예 포기한 교사의 교육과정 운영은 서로 다르다.

현재와 같이 학생에 대한 수업지도와 생활지도를 소홀히 하고 교실에서 멀리 벗어날수록 승진하는 교원평가구조도 교육과정 운영을 저해하는 원인이 된다. 교원의 잦은 전보 이동으로 누구도 교육과정 운영 결과에 대한 책임을 지지 않고 또한 책임을 부과할 수도 없는 주인 없는 학교에서는 질 높은 교육과정 운영을 기대하기 어렵다.

학교 교육과정 운영에는 많은 인사가 관여한다. 교장, 비공식적 지도자, 변화 촉진자들이 교육과정의 운영에 영향을 미친다. 특히 교장은 학교 교육과정 운영의 질을 결정하는 데 주요한 역할을 한다. 교장은 강력한 영향력을 가지고 있어서 많은 교사는 그의 견해에 영향을 받는다. 만일 교장이 교사들의 협동작업을 지지하는 사람이라면 학교에서 통합교육과정을 개발하기가 쉽다. 반대로 교장의 통치가 엄격하여 교사들이 실패를 두려워하여 도전감을 갖기 어려운 분위기라면 새로운 교육과정의 효과적인 운영은 기대하기 어렵다(홍후조, 2002: 389-390).

## 3 교사의 역할과 운영 수준

### 1) 실행의 관점에 따른 역할

이상에서 살펴본 교육과정 실행의 관점에 따라 교사의 역할을 다양하게 설명할 수 있다. 첫째, 충실성의 관점에서 교사의 역할은 교육과정의 지시내용을 따르거나 초기에 계획된 바대로 교육과정을 실행하는 것이다. 이에 따라 교육과정을 성공적으로 실행하기 위한 교사의 역할은 결정적인 것이다. 둘째, 상호적응의 관점에서는 지역사회와 학교의 맥락에서 요구하는 바에 부응하기 위하여 교사는 교육과정 형성에 적극적으로 참여할 것을 요구받고 있으며, 교사의 역할이 교육과정 형성에 있어서 중심적인 것으로 보고 있다. 셋째, 형성의 관점에서는 교사와 학생이 없는 상황의 교육과정은 존재할 수 없다고 보기 때문에 교사의 역할은 교육과정 실행 과정에 있어서 전부인 셈이다.

그리고 새 교육과정을 완전히 시행하기 위해서는 교사에게 요구되는 네 가지의 핵심적인 변화가 있다. 즉, 교실 분반과 조직, 자료, 실천과 행동, 믿음과 이해의

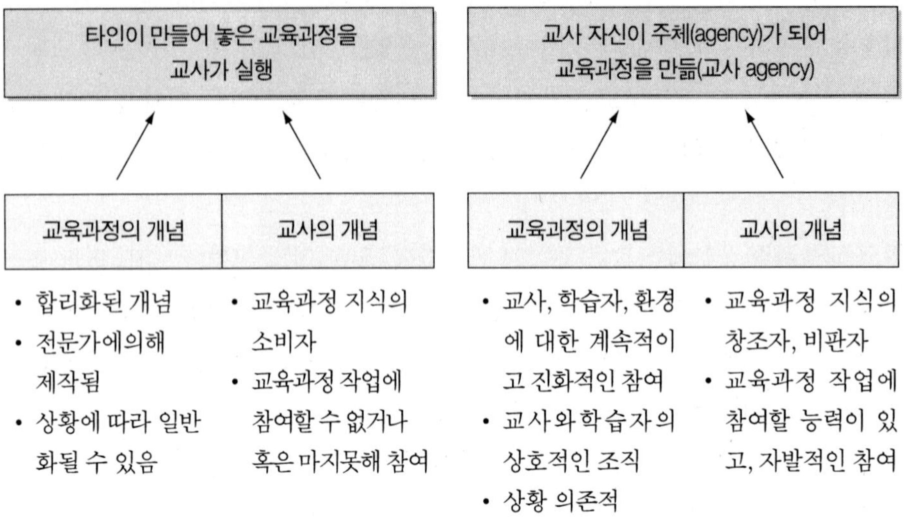


[그림 6-1] 교육과정의 개념과 교사의 개념 간 관계

변화다(Fullan et al., 1989: 8). 최근에는 교육과정 실행과 관련하여 교사의 역할을 보다 적극적인 개념으로 제시하는 경우도 있다. 파리스(Paris, 1993: 16-17)는 교실 수업 수준에서 교육과정을 구성하고 실행하는데, 교사 행위자(teacher agency) 개념을 [그림 6-1]과 같이 설명한다.

[그림 6-1]을 통해 알 수 있는 것은 교사행위자 개념이 시사하는 것은 교육과정을 어떻게 이해하고 거기에 적합한 교사의 역할 또한 연계한다는 것이다. 따라서 능동적인 역할을 견지하기 위해서는 교육과정 지식의 소비자에서 창조자로의 전환이 필요하며, 자발적인 참여가 요구된다.

### 2) 교사의 관심 수준에 따른 교육과정 운영 수준

교육과정 운영은 외부에서 개발한 것을 단순적용(adoption)하는 데서, 수정하거나 재구성하는 응용(application)과 실행자들이 직접창출(creation)하여 실행하는 것에 이르기까지 그 수준도 다양하다. 또한 교사들의 교육과정 운영 수준은 일반적으로 모방유지 수준, 중간변형 수준, 창의적 개발 수준의 세 수준으로 나눌 수 있다(Tanner et al., 1980: 636-650).

한편, 록스, 뉴러브와 홀(Loucks, Newlove, & Hall, 1975)은 관심중심 적용모형,

즉 CBAM(Concern-Based Adoption Model)과 같은 맥락에서 새 교육과정을 활용하는 혁신의 수준을 일곱 개로 세분화하였다. 교육과정 운영 수준을 구분해 보는 것이 중요한 이유는 이를 통해 교사들이 새 교육과정을 운영하는 방식에 차이가 드러나고 거기에 따라 적절한 지원조치 및 연수 프로그램을 적용함으로써 교사들의 운영 수준을 높일 수 있기 때문이다. 각 수준은 교사 행동의 영역을 포괄해 주는 것이지만 다음 수준으로 이행하고 있음을 표시해 주는 변환점(decision point) 행동에 의해 그 수준의 한계가 결정된다. 예를 들어, 어떤 사람이 교육과정 혁신에 대해 알고자 하여 행동을 취하게 될 때, 그는 변환점 A에 도달하게 되고 실행수준 0에서 I로 이동하게 된다(Hord et al., 김경자 역).

① 수준 0-실행 않는(Non-Use) 단계

교육과정 혁신에 대해 거의 혹은 전혀 알지 못하고 실행도 하지 않으며, 그것의 실행을 위한 어떠한 조처도 취하고 있지 않는다.

변환점 A-교육과정 혁신에 대해 보다 자세한 정보를 얻기 위해 행동을 취한다.

② 수준 I-초보적 입문(Orientation) 단계

교육과정 혁신에 대해 알고 있거나, 정보를 얻고 있으며, 교육과정 혁신이 지향하는 바와 실행에 필요한 조건을 탐색하고 있다.

변환점 B-교육과정 혁신을 시작할 시점을 계획함으로써 교육과정 혁신의 실행을 결정한다.

③ 수준 II-준비(Preparation) 단계

교육과정 혁신을 실행하려고 준비하고 있다.

변환점 C-교육과정 혁신을 실행하기 시작한다.

④ 수준 III-기계적 실행(Mechanical use) 단계

자신의 교육과정 실행을 되돌아볼 여유도 없이 하루하루의 단기적 교육과정 실행에 모든 노력을 기울인다. 실행은 학생들의 필요보다는 실행자인 교사의 필요에 의해 변화한다. 실행자인 교사는 무엇보다도 교육과정 혁신의 실행에 요구되는 업무를 익히는 데 노력을 기울인다. 실행은 대체로 체계적이지 못하고 피상적인 것이 된다.

변환점 D-1-한 가지 실행의 형태가 일상화된다.

⑤ 수준 IV A-일상화(Routine) 단계

교육과정 혁신의 실행이 안정된다. 그렇지만 계속적인 실행 중에서도 변화는 거의 일어나지 않는다. 교육과정 혁신의 실행이나 그 결과를 개선하기 위한 준비나 숙고는 찾아보기 힘들다.

변환점 D-2-학생의 학습 성과를 향상시키기 위해 공식적 혹은 비공식적인 평가에 근거하여 교육과정의 실행을 수정한다.

⑥ 수준 IV B-정교화(Refinement) 단계

교육과정 혁신의 대상자(학생)에 대한 효과를 높이기 위해 실행을 변형한다. 이때 실행의 변형은 학생에게 미치는 단기적이고 장기적인 결과에 대한 정보에 근거한다.

변환점 E-동료와 협력하여 학생들에게 맞도록 교육과정 혁신의 실행을 변화시켜 나간다.

⑦ 수준 V-통합화(Integration) 단계

가능한 영역에서 학생들에게 영향력을 미치기 위하여 교육과정 혁신과 관련 있는 동료 교사들의 활동을 자신의 교육과정의 실행에 결합시킨다.

변환점 F-현재 실행하고 있는 교육과정 혁신의 대안을 찾거나 대폭적인 수정을 시도하고자 한다.

⑧ 수준 VI-개선(Renewal) 단계

교육과정 혁신 실행의 질에 대한 재평가를 하고, 학생들에 대한 영향력을 높이려고 현재의 교육과정 혁신에 대한 대안이나 대폭적인 수정안을 찾고 있으며, 새롭게 개발된 형태를 검토하고 자신과 학교조직을 위해 새로운 목표를 탐색한다.

한 조사에 따르면 교사들의 80% 이상이 일상화 단계의 실천을 할 뿐 교육과정을 세련되게 하거나 개선하는 이는 많지 않다. 그다음으로 기계적 실천을 하는 교사들이 8% 정도, 정교화 단계의 실천을 하는 교사들은 6% 정도에 지나지 않는다(Marsh & Willis, 1995: 233; 홍후조, 2002: 406-489 재인용).

# 4 교육과정과 수업

## 1) 교육과정과 수업의 관계

우리는 흔히 교육과정과 수업[1]을 서로 별개의 것으로 생각하는 경향이 강하다. 물론 이 문제를 철학적으로 하나의 '활동'으로 볼 것인가, 아니면 '현상'으로 볼 것인가 하는 등의 별도의 깊은 논의가 필요한 부분이지만 학교교육(schooling)의 중요한 부분을 차지하는 관심사의 수준에서 언급하고자 한다.

소위 '아무리 좋은 교육과정을 만들어 놓아도 학교교육의 질이 좋지 않으면 아무 소용도 없다.'는 식(式)의 넋두리를 듣는다. 이 말은 교육과정의 개념을 '일어난 경험의 총체'라는 관점에서 넓게 사용하는 사람의 대화 속에서도 발견하는 경우가 많다. 교육과정과 수업을 분리하려는 사고가 그 말 속에 내재되어 있다고 할 수 있다. 전통적으로 교육과정과 수업을 이원적으로 보는 견해가 주류를 이루는 것 같다.

그러나 교육과정 분야에서 고전이라 할 수 있는 타일러(Ralph W. Tyler)의 『교육과정과 수업의 기본 원리(Basic Principles of Curriculum and Instruction)』에서는 그 서명 자체에서 시사받듯이 교육과정과 수업을 구분하지 않은 채 교육과정의 개발 절차를 논의하고 있다. 타일러의 교육과정관을 호스포드(Hosford)의 분류체계[2]에 따라 억지로 분류한다면 '목표와 방법의 계획'을 교육과정이라 보는 제3군에 속할 것이다.

반면 테너(Tanner) 부부는 극단적인 표현을 사용하면서까지 교육과정과 수업의 이원론의 공허성을 주장하고 있다. 즉, 교육과정과 수업을 이원화해서 사고하는 것은 복잡한 상호작용 현상을 단순하게 분석하여 개념화함으로써 대학 연구실의 이론과 연구의 촉진에는 공헌할지 모르지만, 학교와 교실이라는 교육의 실제적 장의 측면에서 보면 인위적이고 기계적인 것에 지나지 않는다고 말한다.

---

1) 이하 내용은 강현석(2002)의 교육연구 22권 4호 내용을 재구성한 것임.

2) 호스포드(Hosford, 1973)는 교육과정 정의를 네 가지 유목으로 분류하였는데 그것은 다음과 같다. 제1군: 학교에서 일어난 경험의 총체, 제2군: 학교에서 제공된 경험의 총체, 제3군: 목표와 방법의 계획, 제4군: 계획된 목표 또는 내용

일한 활동이나 현상을 서로 다른 언어로 지칭하는 데 불과하다는 것을 알 수 있다. 이 둘의 관계를 오해하지 말고 제대로 이해해야 한다. 대부분 다음의 오해가 교육 문제 해결에 어려움을 초래한다.

◈ 교육과정과 수업은 독자적 영역을 갖는 별개의 것이다

교육과정과 수업은 별도의 영역을 가지고 있으며 탐구문제나 관심사가 서로 달라 문제 해결 방식도 상이해야 한다고 본다. 대학에서 전문적인 연구집단이 임의적으로 구획하여 세력 확장을 위해 영역 간의 경계를 짓고 전문적인 언어로 위장하여 자기만의 언어로 연구하는 것은 반성적으로 숙고해 볼 일이다. 교육의 지향점과 그 근간을 제대로 이해하고 교육과정의 맥락 속에서 수업을 이해할 수 있는 눈을 지녀야 한다. 결국 교육은 교과를 '제대로' 가르치는 활동에서 시작되기 때문이며, 수업활동 역시 교과의 성격과 구조를 모르고서는 유행하는 기법과 천박한 사조에 쉽게 물들기 때문이다.

◈ 교육과정은 국가가 정하고 교사는 그대로 수업만 하면 되고, 수업에서 교육과정과 관련하여 교사의 자율성은 거의 없다

교육과정은 국가가 제도적으로 법률로 정하기 때문에 교사는 국가가 정한대로 교실에서 수업을 하기만 하면 된다는 것이다. 현실적으로 맞는 말이다. 보다 정확하게 말하면 현행 우리나라 교육과정 시스템은 전국적인 공통적 기준은 국가가 정하고, 지역별로 교육과정 편성 · 운영지침을 마련하고, 단위학교에서 학교 교육과정을 마련하도록 되어 있다. 이러한 교육과정 구조 속에서 교사는 단위학교 교육과정 편성과 운영에서 주체적인 역할을 다 해야 자신이 속한 학교의 교육과정이 효과적으로 편성되고 운영된다. 과거보다 더욱더 교사의 자발적이고 능동적인 자세를 요구하고 있으며 교육과정 재구성과 관련하여 그 자율성이 더욱 확장된 셈이다. 다만, 교사의 노력과 짐이 현실적으로 다소 늘어난 점은 존재한다.

◈ 다양한 수업방법일수록 효과가 크다

우리는 막연하게 수업방법의 사용에서 수업의 효과를 올리기 위해 이러저러한 매우 기발하고 다양한 방법을 총동원하는 경우가 있다. 그러나 수업에서 진실로 중요한 것은 학습자의 요구를 그대로 들어주는 것이 아니라 그 요구를 '교육적으

로 잘 해석하는 것'이며 거기에 기초하여 교육내용에 적합한 수업방법을 처방하는 것이다.

◈ **수업방법에 따라 교육과정을 재구성할 수 있다**

교육과정의 재구성은 수업의 결과에 기초해야 하기 때문에 수업의 결과에 따라 교육내용이 재구성되어야 한다는 것이다. 이는 일면 타당한 말이기도 하다. 그러나 보다 엄밀하게 말하면 교육내용에 따라 수업방법이 처방되는 것이지 그 역이 아니다. 다만, 교육과정의 재구성의 단서는 수업 후의 결과를 고려한다는 것이다. 따라서 교육과정이 수업방법을 처방하고 그 수업의 결과에 기초하여 교육과정이 재구성되는 순환적 과정이 지속적으로 이어진다는 점을 알아야 할 것이다.

◈ **교육에서는 교육과정보다 수업이 교사에게 직접적이므로 더 중요하다**

학교교육에서 보다 직접적인 것은 교사가 교실에서 교과를 가르치는 수업활동이므로 교육과정보다는 교실수업이 교사가 보다 신경을 써야 한다는 점이라는 것이다. 그러나 교실수업은 교육과정을 분석하는 일에 기초하여 일어나야 한다. 교육과정을 도외시한 수업활동은 지식기반이 없는 무의미한 활동이 되기 쉽다. 가르치는 활동은 가르치는 내용의 성격과 논리에 영향을 받기 마련이다. 보다 효과적이고 타당한 수업이 이루어지기 위해서는 우선 교육내용에 대한 이해가 선행되고 그 내용에 내재되어 있는 수업방법을 이해할 필요가 있다. 따라서 수업이 교육과정을 포괄한다든지 수업의 결과에 따라 교육과정을 변화시켜야 한다는 생각을 잘 탐색해 보고 교육과정과 수업 간의 긴밀한 관계성을 바로 볼 수 있어야 한다.

## 장 요 약

교육과정 실행은 여러 용어(시행, 이행, 운영, 전개 등)로 표현되어 사용되고 있다. 그러나 기본적 의미는 교육과정 구성 및 개발 과정에 의해 만들어진 교육과정을 효과적으로 전개하는 것을 의미한다.

교육과정 실행을 교육과정의 사용이나 활용의 측면에서 본다면 개발자와 사용자가 일치할 수도 있고, 일치하지 않을 수도 있다. 즉, 학교 외부에서 개발한 것을 학교현장에서 실천에 옮기는 것과 학교 안에서 자체적으로 개발하여 실천하는 것으로 나눌 수 있다. 따라서 교육과정의 실행은 일반적으로 교육과정 전문가들이 개발한 교육과정을 학교와 교실에서 교사들이 실천에 옮기는 것이므로 적용이라고도 부른다. 교육과정 실행은 외부에서 개발한 것을 단순 '적용' 하는 데서, 수정하거나 재구성하는 '응용' 과 실행자들이 직접 '창출' 하여 실행하는 것에 이르기까지 그 수준도 다양하다. 그리고 교육과정을 성공적으로 실행하기 위해서는 다양한 요인을 고려할 필요가 있다.

교육과정 실행의 활동에는 교육과정을 어떻게 보느냐는 생각이 영향을 미친다. 교육과정 실행의 관점이란 교육과정의 전개 과정을 어떠한 시각으로 보는가 하는 문제를 의미한다. 여기에는 시행된 교육과정과 의도했던 목표 간의 유사성 정도에 따라 평가되는 교육목표 충실도 관점, 교육과정 개발자와 학교수업 상황에서 실제로 사용하는 사람들 간의 상호교섭과 유연성을 강조하는 상호적응 관점, 교육과정을 교사와 학생에 의해 공동으로 만들어 가는 교육경험이라 전제하는 형성 관점 등이 있다.

교육과정 운영은 교육과정을 학교와 교실에서 사용하고 실천하는 과정에서 교육과정 실행을 지원하고 촉진하는 일련의 과정을 총칭한다. 따라서 운영의 문제는 효율적이고 체계적인 교육과정 실행과 관련되는 제 문제를 포함한다. 교육과정 운영에서는 교사의 역할이 매우 중요하며, 교사가 교육과정의 주인이라는 인식을 가지고 임하는 교사와 단순한 전달자라는 인식을 가진 교사는 교육과정 운영에서 차이를 보인다. 그리고 교사의 발달 단계나 정도에 따라 교육과정 운영의 방법과 효과는 다르다. 예비교사, 초임교사, 중견교사, 원로교사 등으로 교직 경력이 많아지면서 교사는 변화한다. 한편으로 교육과정 운영에는 많은 인사가 참여하는데, 운영의 질을 높이기 위해서는 여러 요인을 고려할 필요가 있다. 그리고 교육과정의 운영 수준은 교육과정 실행의 관점과 교사의 관심 수준에 따라 많이 달라진다.

교육과정 실행과 운영의 영역에서 수업은 거의 교육과정과 동일하게 인식된다. 수업은 곧 교육과정의 실행이기 때문이다. 그러나 교육과정과 수업의 관계를 오해함으로써 실행과 운영의 질을 저하시키는 일은 가급적 지양해야 한다.

## 주요 개념

| | | | |
|---|---|---|---|
| 교육과정 실행 | 실행의 관점 | 상호적응 관점 | 형성 관점 |
| 교육과정 운영 | 운영 수준 | 교육과정과 수업의 관계 | CBAM 모형 |
| 교사행위자 | 관심수준 | 혁신수준 | |

## 연습문제

1. 교육과정 실행의 개념을 정의해 보시오.
2. 실행의 세 가지 관점을 비교해 보시오.
3. 교육과정 운영에서 교사의 바람직한 역할을 제시해 보시오.
4. 현행 교육과정 운영상의 문제를 지적해 보고 그 해결방안을 세시해 보시오.
5. 교육과정과 수업의 올바른 관계에 대해서 논의해 보시오.
6. 새롭게 개정되는 교육과정에 대해 교사들이 무관심하거나 소극적인 이유에 대해 조사해 보시오.
7. 효과적인 실행에 영향을 미치는 다양한 요인에 대해서 설명해 보시오.

제7장

# 교육과정 평가

어떠한 교육과정을 통해 학생들에게 어떠한 교육목표를 달성하도록 할 것인가 하는 것은 교육과정 개발의 과정을 통해 구체화되며, 개발된 교육과정을 현장에 적용, 실천해 봄으로써 그 결과에 대한 것을 판단해 볼 수 있다. 애초에 기대하였던 목표가 제대로 달성되었는지, 개발의 전 과정이 제대로 수행되었는지, 실행의 과정에서 예상치 못한 일은 무엇이었는지 등의 문제를 살펴볼 필요가 있다. 제6장에서 살펴본 교육과정 개발이 제대로 이루어지려면 이러한 문제를 사전에 미리 분석한 후에, 평가활동이 예비적으로 진행되어야 한다.

교육과정 평가는 한편으로는 교육과정 개발의 마지막 단계인 동시에, 한편으로는 개발활동과는 별도로 이루어질 수 있다. 평가의 대상으로써 교육과정은 여러 가지로 설명할 수 있다. 교육과정 자체를 대상으로 할 수도 있고, 개발의 과정을 대상으로 삼을 수도 있고, 개발의 결과물을 대상으로 삼을 수도 있다. 교육과정 평가는 교육과정과 평가의 맥락에서 진행되기 때문에 그 개념과 성격이 양자에 의해서 영향을 받는다. 따라서 교육과정 평가의 과정에는 다양한 쟁점이 발생하며, 여타의 평가와는 상이한 성격을 지니기도 한다. 그리고 교육과정 평가를 설명하는 모형도 매우 다양하게 논의되고 있다.

이 장에서는 교육과정 평가의 개념, 교육과정 평가의 쟁점과 성격, 평가모형을 살펴봄으로써 교실수업에서 이루어지는 교육과정이나 수업에 대한 가치판단과 의사결정을 하는 데 도움을 주고자 한다.

## 1 교육과정 평가의 개념

한마디로 교육과정 평가는 교육과정을 평가하는 것이다. 따라서 이 개념은 일차적으로 교육과정을 무엇으로 볼 것인가 하는 문제와 이차적으로 평가를 어떻게 규정할 것인가에 따라 영향을 받게 된다. 교육과정 평가의 개념은 크게 세 가지 차원에서 구분하여 제시할 수 있다.

첫째, 교육과정의 기본적 관심사에 비추어 본 개념이다. 일반적으로 교육과정의 문제를 교육목표의 설정, 교육내용과 학습경험의 선정과 조직, 교육평가라고 한다면 이 문제들을 평가하는 것을 교육과정 평가라고 볼 수 있다.

둘째, 교육평가의 개념을 확장하여 본 개념이다. 지금까지 교육평가는 주로 교사에 의한 학생의 평가만을 강조해 왔다. 이러한 논리로 본다면 교육평가에는 학생의 평가뿐만 아니라 교사의 평가, 학교평가, 교육과정 평가 등이 있어야 한다. 학생의 평가가 주로 학생의 행동평가이거나 학업성취도 평가를 말하며, 교사의 평가는 주로 교사가 행하는 수업평가를 의미한다. 물론 교사평가가 수업평가 이외에도 여러 영역이 있을 수 있다. 이와 같이 교육평가를 보다 확장된 개념으로 생각한다면 그 속에는 교육과정 평가와 수업평가가 이미 들어 있어야 한다. 이러한 점에서 볼 때 교육과정 평가는 새로운 개념이 아니며, 논리적으로 보면 교육평가의 말속에 이미 그 뜻이 들어 있다. 그러나 현실적으로 교육과정에 초점을 두고 평가의 활동이 활발하게 진행되지 못하였다.

셋째, 교육과정의 영역이나 개발 과정에 비추어 본 개념이다. 일반적으로 교육과정 개발 과정을 교육과정 구상 및 설계－교육과정 개발－교육과정 실행 및 운영－교육과정 성과의 산출로 본다면 교육과정 평가는 구상 및 설계의 평가, 개발의 평가, 실행 및 운영의 평가, 성과의 평가로 볼 수 있다. 이런 점에서 허숙(1987)은 교육과정 평가의 개념 모형을 [그림 7-1]과 같이 제시하고 있다.

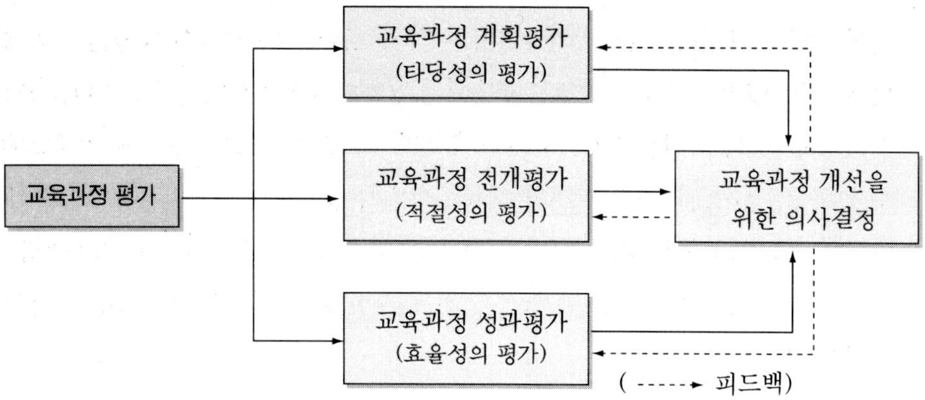


[그림 7-1] 교육과정 평가의 개념모형

이러한 점에서 일찍이 보우챔프(Beauchamp, 1968: 138)는 교육과정 평가에는 다음 네 가지 차원이 포함되어야 한다고 보았다. 첫째, 교사들의 교육과정 이용에 대한 평가, 둘째 교육과정의 설계에 대한 평가, 셋째 학생들의 학습 결과에 대한 평가, 넷째 교육과정 체제에 대한 평가다.

교사들의 교육과정의 이용에 대한 평가는 교사들의 교수전략과 교수활동 및 방법 등이 평가의 대상이 되며, 둘째 교육과정 설계에 대한 평가는 목표의 설정과 내용의 선정이나 조직 등을 포함한다. 셋째 차원인 학생의 학습 결과에 대한 평가는 학습의 결과로 학생들의 어떠한 행동이 어느 정도 변화하였는지를 판단함으로써 교육과정을 평가하는 것이며, 넷째 교육과정 체제에 대한 평가에서는 교육과정 개발의 절차와 그 과정에 참여하는 사람들, 그들의 역할과 조직 등이 평가된다.

또한 김종서는 교육과정 평가를 보다 나은 교육과정을 계획하거나 또는 운영하기 위한 교육과정의 연구활동으로 보고, 교육과정 평가의 요소를 교육목표의 평가, 과정계획의 평가, 교수-학습과정의 평가, 평가의 평가라는 네 가지 항목으로 분류하였다.

보다 최근에는 교육과정의 의미나 교육과정의 영역, 교육과정의 내용을 한 차원으로, 평가의 지향성이나 방법 등을 한 차원으로, 평가의 수준이나 단계 등을 한 차원으로 하여 종합적인 3차원으로 그 의미를 제시하고 있다. 한국에서 교육과정 평가를 가장 체계적으로 연구한 것으로 판단되는 최호성(1993)은 교육과정 평가를 교육과정의 체제, 평가의 지향성, 평가의 방법론에 따라 교육과정 평가의 모형과 개념을 제시하고 있다. 교육과정 체제 차원에는 상황, 설계, 실행이 포함되며, 평가의 지향성 차원에는 판단, 의사결정, 이해가 포함되며, 평가의 방법론 차원에는 양적 탐구, 질적 탐구가 포함되는 교육과정 평가의 3차원을 제시하고 있다. 여기에서 힌트를 얻어 김재춘 등(1998)은 교육과정 평가모형을 교육과정 영역(개발체제, 문서, 운영, 성과), 수준(국가, 지역, 학교), 방법(검정, 확인, 동의)의 3차원으로 제시하였다. 그리고 마찬가지로 허경철(2000)은 내용(교육목표, 교육내용, 교육방법, 평가), 수준(국가, 지역, 학교), 단계(계획, 전개, 구현)를 중심으로 교육과정 평가영역 모형을 제시하고 있다.

## 2 교육과정 평가의 쟁점과 성격

### 1) 교육과정 평가의 쟁점

교육과정 평가의 쟁점은 매우 다양하게 제시할 수 있다. 왜냐하면 교육과정과 평가에 의해서 그 의미와 방법이 규정되기 때문이다. 이하에서는 핵심적인 쟁점 사항만을 간략하게 제시한다(강현석, 이경섭, 1999).

- 교육과정의 개념에 의해서 영향을 강하게 받는다. 교육과정을 내용의 범위와 계열을 공식화한 문서로서의 교육과정, 학생들의 학습경험의 총체로서 교육과정, 성과를 나타내는 학습목표로서의 교육과정 어디에 초점을 두는가에 따라 그 개념이 달라진다.
- 교육과정 평가는 교육과정의 제 측면 중 계획, 과정, 결과 어디에 중심을 두는가에 따라 달라진다.
- 평가의 개념 중 어디에 초점을 두는가에 따라 달라지는데 의도된 성과의 성취(목표지향), 가치판단(가치판단지향), 선택과 의사결정(의사결정지향)에 따라 교육과정 평가의 개념은 달라진다.
- 교육과정 평가의 목적을 무엇으로 보는가에 따라 상이한 입장이 존재한다. 개선 대 판단, 의사결정 대 책무성, 판단—의사결정—이해 중 각각 어디에

우선순위를 두는가에 따라 상이하다.

- 평가의 관점을 무엇으로 보는가에 따라 상이한 입장이 존재한다. 전통적 관점, 경험형 관점, 행동주의적 관점, 학문구조형 관점, 인지주의 관점 중 어디에 우선순위를 두는가에 따라 평가는 다르게 진행된다.
- 평가 영역을 개발과정 체제(계획-실행-평가), 교육과정 개념(문서-경험-목표), 교육과정 요소(목표-내용-학습활동-평가)에서 각각 어디에 중점을 두는지에 따라 상충적인 견해가 존재한다.
- 평가의 방법과 수준에 관한 문제다. 양적 평가와 질적 평가가 상충하며, 평가의 수준에도 국가수준, 지역수준, 학교수준에 따라 교육과정 개념이 상이하다고 볼 수 있다.

### 2) 교육과정 평가의 성격

앞에서도 제시한 것처럼 교육과정 평가는 학생평가, 교사평가, 학교평가, 교육지원 기관평가 등과 서로 관련이 있으면서도 평가목적이나 평가영역에서 서로 차이점이 존재한다.

- 평가대상이 상이하다. 학생평가는 학생 혹은 학생의 행동발달 상황이나 학생을 매개로 하는 것을 평가대상으로 하며, 교사평가는 교사의 수업이나 교사의 행동을, 학교평가는 위 학교를, 교육지원 기관평가는 학교교육을 지원하는 기관, 즉 시 · 도 또는 시 · 군 · 구 교육청을 평가대상으로 삼는다. 이에 반해 교육과정 평가는 교육과정을 평가대상으로 한다.
- 평가의 목적은 본질적으로 학생의 교육적 경험의 성장을 지원하고 촉진해 주는 데 있지만 각 평가들은 다소 그 목적에서 차이를 보인다. 학생평가는 학생의 지적 · 정의적 · 심동적 능력의 평가를 혹은 학습자의 선수학습능력이나 선행학습의 진단, 학습자의 진로 및 적성 파악, 학습자의 자격 인증 선발이나 집단 내의 상대적 서열 결정 등 학습자 개인에 관한 정보수집이나 판단을 그 목적으로 한다. 교사평가는 다양한 차원에서 교사를 평가하며 주로 교사 수업의 질 개선에 주된 목적이 있다. 학교평가는 학교교육을 구성하는 다양한 영역에서 학교교육의 질을 개선하는 목적으로 평가한다. 구체적으로는 학교

의 수준 진단, 학교교육의 개선방안 모색, 학교인증, 책무성의 규명과 상벌의 적용에 활용된다. 최근에 실시되고 있는 교육지원 기관평가는 그 평가의 수준이 상이한데 주된 목적은 주로 행정적 측면에 치우쳐 행정의 효율성 제고에 치우쳐 있고, 교육과정의 본질적이고 구체적 영역에 대한 평가에는 소홀히 이루어지고 있다는 비판을 받고 있다.

앞에서 열거한 다섯 개의 평가활동은 그 목적과 대상에 있어서는 상호 구분되는 활동이지만 평가 실제에 있어서는 다소 중복되기도 한다. 학생평가는 교육과정 평가, 학교평가, 교육지원 기관평가와 각각 겹치는 부분이 존재한다. 예를 들어, 학생평가의 중핵적인 영역인 학업성취도평가는 교육과정 평가, 학교평가, 교육지원 기관평가의 성과를 평가하는 데 모두 사용할 수 있다. 학생평가 영역 가운데 다른 세 가지 평가와 중복되지 않는 독립적인 영역이 존재한다. 예컨대, 학생평가 가운데 개인의 능력인증이나 진로지도 혹은 선발을 위한 상대평가 등은 교육과정 평가나 학생평가에서 성과평가와는 무관한 영역으로 간주할 수 있다(김진규, 2002: 126-127).

학교평가와 교육과정 평가 간에도 중복되는 부분과 독립적인 영역이 존재한다. 학교평가에는 학교의 교육과정에 대한 평가가 하나의 평가영역으로 포함될 경우에 교육과정 평가는 학교평가의 하위영역으로 간주할 수 있다. 그러나 교육과정 평가에는 학교 교육과정 이외에도 국가수준 교육과정, 지역 교육과정에 관한 평가를 포함하고 있다는 점에서 학교평가와 구분되는 측면이 있다.

교육지원 기관평가에서도 유사한 양상을 찾을 수 있다. 교육지원 기관평가에는 지역 교육과정만이 교육청 평가의 하위영역으로 교육과정 평가와 중첩되는 부분이 있는 반면에 학교와 국가수준의 교육과정 평가라는 배타적인 영역이 존재한다.

## 3 교육과정 평가의 모형

다음에서 제시되는 모형은 순수한 교육과정 평가모형이기보다는 프로그램 평가의 차원에서 제시하는 것들이다(이성호, 1986; 배호순, 1994; 변창진 외, 1996; Worthen et al., 1997).

## 1) 목표지향 모형

### (1) 타일러(Tyler, 1942)의 모형

원래 학생들의 학업성취도를 평가하기 위해 제안된 평가모형이었다. 그러나 지금은 교육과정을 평가할 때도 이용되고 목표기준경영(Management by Objective: MBO)이 교육행정에 도입되면서 학교경영 및 학교관리 평가에도 활용되고 있다. 세부적인 절차를 보면 다음과 같다.

① **목표선정**: 일반 교육목표를 설정한다.
② **목표명시**: 일반 교육목표를 행동목표로 명세화한다.
③ **도구제작**: 평가방법과 평가도구를 선정 또는 개발한다.
④ **자료수집**: 평가도구를 사용하여 데이터를 수집한다.
⑤ **가치판단**: 수집된 데이터를 기준으로 목표의 도달도를 결정한다.

### (2) 프로버스(Provus, 1969)의 격차모형

교육 또는 경영 및 관리를 통해 달성해야 할 표준이나 준거와 실제 수행성과와의 차이, 괴리, 상위 또는 불일치점을 분석하는 데 주안을 두는 격차평가모형(Discrepancy Evaluation Model: DEM)이다. 여기에서 격차는 표준이나 준거에서 수행성과 간의 차이를 말한다. 세부적인 절차를 보면 다음과 같다.

① **설계**: 프로그램에 투입되는 투입(input; 投入), 과정(process; 過程), 산출(output; 産出) 변인을 각각 명시적으로 기술한다.
② **실행**: 평가의 표준 및 준거를 열거하고 그 적합도를 확인한다.
③ **과정**: 프로그램에서 계획한 변화가 일어났는지를 확인하기 위한 자료를 수집한다.
④ **성과**: 목표의 달성 여부와 그 정도를 확인한 다음 표준 또는 준거와의 일치/불일치 여부와 그 정도를 판단한다.
⑤ **비용-효과분석**: 수행성과와 목표달성을 위해 투입된 예산, 인력, 시간, 노력 등을 비교한다.

프로버스는 평가를 과정(process)으로 보고 있다. 즉, 평가란, 첫째 평가하고자 하는 프로그램의 수준(standards)을 합의 · 설정하는 과정이며, 둘째 그 설정된 수준과 현재의 프로그램 간에는 간극(dicrepancy)이 존재하는가를 결정하는 과정이며, 셋째 프로그램의 취약점을 구명하는 데 간극정보를 사용하는 과정이다. 프로그램의 수준에는 프로그램의 내용에 관한 수준과 프로그램의 개발에 관한 수준의 두 가지가 있다. 그런데 오늘날 교육현실에서 찾아볼 수 있는 프로그램 개발은 대체로 나누어 볼 때 사전계획 없이 외부에서 급조하여 즉시적으로 투입하는 경우, 사전에 철저히 계획하고 구조하여 투입하는 경우, 학교 그 자체가 설계하는 경우의 세 가지가 있다. 그런데 프로버스는 이 세 가지의 어느 경우에도 크게 성공하지 못하고 있는 것은 곧 프로그램 개발에 관한 평가수준이 제대로 설정되지 못하고 또 그것을 채택하여 평가가 이루어지지 못하기 때문이라고 보고 있다.

프로그램 개발 단계에 따른 교육과정의 평가는 5단계로 이루어진다. 즉, 제1단계는 프로그램의 정의(definition)를 구명하는 단계다. 프로그램의 목적, 특질 등을 밝히는 일이 여기에 속한다. 제2단계는 프로그램의 투입(installation)에 대한 평가다. 그리고 제3단계는 프로그램의 실시 과정(process)에 대한 평가이며, 제4단계는 프로그램의 결과, 성과(product)에 관한 평가다. 끝으로 제5단계는 꼭 있어야만 하는 것은 아니지만 비용효과분석(cost-benefit analysis)의 단계다.

프로버스는 평가의 목적을 타일러와 마찬가지로 어떤 주어진 프로그램의 결과를 보고 그것을 개선하고 유지하거나 또는 종결할 것인지 여부를 결정하는 목표지향적인 것으로 보았다. 따라서 프로버스의 입장에서 보면, 평가란 프로그램 개선과 프로그램 평정을 위한 계속적인 정보관리 과정으로 본다. 특히 그가 목표라고 부르는 절대수준을 정해 놓고, 그것과 현존 실태 간의 간극을 측정 · 평가하는 것을 중요하게 생각하였다. 따라서 준거지향평가 방식을 교육과정 평가에 적용한 것으로 판단된다.

### 2) 판단지향 모형

#### (1) 스크리븐(M. Scriven)의 탈목표 평가모형

다음으로, 스크리븐의 탈목표 평가모형이다. 그는 크론바흐(L. J. Cronbach)의 영향을 받아 평가의 목적은 어떠한 것의 가치를 판단하는 것이라고 보았다. 프로그램 평가의 선행조건으로 목표에 대한 관심을 강조하였다. 우리는 흔히 목표에 비추어서 그 목표가 성취되었는가의 여부를 따져 평가를 실시하지만, 스크리븐의 의문은 비록 목표 그대로 잘 성취되었다 하더라도 만약 그 목표가 본래 가치 없는 것이라고 할 때, 성취 역시 아무런 가치가 없는 것이다. 따라서 목표에 대한 사전 평가 없이 그냥 목표에 의거하여 그것을 기준 삼아 평가를 실시하여서는 안 된다. 이것이 탈목표모형(goal-free evaluation)이라고 부르는 이유이기도 하다.

1972년에 스크리븐에 의해 제안된 것으로, 기존의 목표기준평가가 목표를 준거로 하여 의도했던 일차적 성과만을 확인하고 이차적 또는 잠재적 부수효과(side effect)를 간과함으로써 실제 성과(actual outcome)를 평가하지 못한다는 문제점을 보완하기 위해 프로그램이 의도했던 효과뿐만 아니라 부수효과까지 포함시킨, 실제효과를 평가하는 방식을 말한다.

세부적인 절차를 보면 다음과 같다.

① **프로그램 시행과 관찰**: 프로그램을 운영하면서 목표를 의식하지 않고 프로그램의 운영 과정과 성과를 다각적으로 광범위하게 관찰 · 기록한다.
② **일차적 효과의 분석**: 관찰된 성과 중에 프로그램을 통해 획득하려고 의도했던 성과를 분석 · 정리해서 목표를 준거로 하여 그 가치를 판단한다.
③ **이차적 효과의 분석**: 프로그램을 운영해서 실제로 관찰한 성과 중에 목표에 진술하지 않았거나 또는 전혀 의도하지 않았으나 예상 외의 부수효과를 가져온 것을 추출하여 긍정적인 것과 부정적인 것으로 분류 · 정리하다
④ **표적집단의 요구분석**: 프로그램 참가자와 이해관계 당사자들의 프로그램에 대한 요구 또는 기대를 폭넓게 조사하여 항목별로 열거한다.
⑤ **사실상의 효과분석**: 표적집단의 요구와 프로그램에 대한 만족도를 준거로 하여 이차적 효과를 판단한 다음 일차적 효과와 함께 프로그램의 실제 효과를 종합적으로 판단한다.

스크리븐은 평가의 준거를 강조한다. 일반적으로 준거에는 두 가지 유형이 있는데, 하나는 내재적 준거이고, 다른 하나는 외재적 준거다. 내재적 준거란 그 프로그램에 내재하는 기본적인 속성을 의미하며, 외재적 준거란 그 프로그램이 발휘하게 되는 기능적 속성을 의미한다. 예컨대, 교육과정에서 목표가 얼마나 잘 행동적

으로 진술되었느냐, 내용선정과 조직이 얼마나 합리적으로 체계 있게 이루어졌느냐 등의 문제는 내재적 준거다. 그러나 그 프로그램이 실제로 편성되고 운영되는 가운데 그것이 얼마나 잘 운영되었고, 교사들은 얼마나 그것에 따라 충실히 가르치고 학생들은 성공적으로 배웠는가 하는 문제는 일종의 외재적 준거다. 그러나 지금까지 평가에서 보면 내재적 준거에 기초한 내재적 평가 또는 과정평가(process evaluation)에만 지나치게 편중되어 왔다고 보고 있다.

#### (2) 감정 · 비평모형

아이스너(Eisner, 1975)가 주장한 것으로, 교육평가에 대한 과학적 · 기술적 접근이 남긴 역작용을 제거할 목적으로 아이스너는 예술활동에서 많이 사용하는 감정(connoisseurship, 鑑定)과 비평(criticism, 批評)에서 교육비평이라는 개념을 도출하여 예술작품을 감정 또는 평가할 때 그 분야의 전문가가 사용하는 절차와 기술을 교육평가에 적용한 것이다.

세부적인 절차는 다음과 같다.

① **실제 사상에 대한 감상**: 직관을 토대로 평가하고자 하는 교육적 사상 또는 실제의 모습을 보고, 느끼고, 생각한 대로 담담하게 음미하고 감식한다.
② **기술적인 측면의 비평**: 교육적 사상을 관찰 · 감상해서 얻은 특징과 질을 상세하게 기술한다.
③ **해석적인 측면의 비평**: 기술한 특징과 질에 대한 교육적 의미와 가치를 자세하게 논리적으로 풀어서 설명한다.
④ **평가적인 측면의 비평**: 기술 · 해석한 교육적 의미와 가치를 질적으로 판단한다.
⑤ **결론의 도출과 제언**: 교육실제를 정확하게 이해하고 개선하는 데 필요한 결론을 도출한다.

### 3) 의사결정지향 모형

#### (1) 스터폴빔(Stufflebeam)의 CIPP 모형

스터폴빔 등(Stufflebeam, 1971)은 평가가 의사결정에 필요한 정보를 설계, 획득,

제공하는 과정이라는 정의를 바탕으로 CIPP〔Context evaluation(상황평가): Input evaluation(투입평가): Process evaluation(과정평가): Product evaluation(산출평가)〕 모형을 제안하고 있다.

① **상황평가**: 맥락평가라고도 볼 수 있으며, 프로그램이나 수업평가를 실시함에 있어 전반적인 맥락 또는 환경을 분석하여 필요한 조건과 실제 상황을 명시하고 필요조건과 실제 상황이 맞아떨어지지 않은 부분과 이유, 그리고 해결 방안을 확인 · 진단하는 과정이다.

② **투입평가**: 입력평가라고도 하며, 평가에 동원되는 자원 또는 자원체제의 활용 방법을 결정할 때 필요한 정보를 수집 · 제공하기 위한 평가다. 그러므로 투입 평가에서는 평가에 동원되는 인적 자원의 능력, 목표달성을 위한 전략, 선정된 전략의 실행을 위한 설계를 확인하고 사정한다. 또한 동원할 수 있는 자원, 시간, 예산에 비추어 여러 대안을 탐색하고 평가실시 과정에서 발생할 장애 또는 문제점을 검토한다(예: 집단토론, 문헌연구, 설문조사, 전문가 동원 등).

③ **과정평가**: 프로그램의 운영방법과 절차를 수정 · 보완하는 데 필요한 정보를 수집 · 제공하기 위해 프로그램이 실시되고 있는 동안 프로그램의 운영 상황을 정기적으로 검색하는 평가다(참여적 관찰, 집단토의, 설문조사 등).

④ **산출평가**: 성과평가 혹은 출력평가인데 프로그램이 종료된 후에 프로그램의 성과를 측정하는 평가다.

### (2) 알킨(Alkin)의 CSE 모형

알킨(Alkin, 1969)은 평가를 의사결정자가 선택할 수 있는 여러 대안 중의 최선의 방안을 선택하는 데 필요한 데이터를 요약 · 정리하여 제공할 목적으로 의사결정을 내려야 할 사안 또는 영역을 확인해서 관계 정보를 선정 · 수집 · 분석하는 과정이라고 하고 CSE〔UCLA대학교의 평가연구소(Center for the Study of Evaluation〕의 약자) 모형을 제시하였다.

세부적인 절차는 다음과 같다.

① **체제사정평가**(systems assessment evaluation): 특정 상황에 적합하거나 또는 필요한 교육목표를 선정하기 위해 교육목표의 폭과 깊이를 결정하는 데 있어

야 할 정보를 수집하는 과정이다. 즉, 추구하고자 하는 목표와 현재의 상태 간의 격차를 요구라고 했을 때 학생, 지역사회, 국가, 학계의 요구를 확인하여 교육을 통해 기대하는 요구와 체제 및 현상의 차이를 확인, 비교하는 평가다(관찰, 조사, 면담, 토의).

② **프로그램 계획평가**(program planning evaluation): 체제사정평가에서 확인, 선정한 체제의 교육적 요구를 충족시킬 수 있는 여러 방안 중에 가장 효과적인 방안을 선택하는 데 필요한 정보를 수집하는 과정을 프로그램 계획평가라고 한다.

③ **프로그램 실행평가**(program implementation evaluation): 프로그램을 선택, 결정한 다음 실제로 프로그램을 운영했을 때 프로그램 계획평가 단계에서 기대하고 결정한 사항이 어느 정도 충족되고 있는지를 확인하는 과정을 말한다(참여적 관찰, 면담, 토의, 조사 등).

④ **프로그램 개선평가**(program improvement evaluation): 프로그램을 개발하는 과정에서 계속 보완하는 작업이 필요하고, 기존 프로그램도 수정해야 한다. 그래서 프로그램 개선에 필요한 정보의 수집과 제공은 프로그램 평가에서 중요한 위치를 차지한다. 개선 · 보완에 필요한 정보가 주어지면 즉각적으로 개입해서 적절한 조치를 취하고 그 효과 또는 변화를 확인, 검증하는 것이 프로그램 개선평가의 일반적인 절차다.

⑤ **프로그램 승인평가**(program certification evaluation): 어떤 프로그램의 채택 여부를 결정하려고 하면 의사결정자에게는 프로그램의 질에 대한 전체적인 종합평가 결과가 필요하다. 의사결정자의 그와 같은 요구를 충족시킬 목적으로 의사결정자가 프로그램의 채택을 유보할 것인지, 부분적으로 수정하여 실시할 것인지, 또는 적극적으로 채택하고 보급할 것인지를 결정할 즈음에 있어야 할 정보를 수집 · 제공하기 위한 평가가 프로그램 승인평가다.

### 4) 자연주의 모형

자연주의 평가모형(naturalistic model of evaluation)은 프로그램의 내용, 구성, 운영과정, 효과, 중요 쟁점 등에 관한 정보를 자연주의적 탐구방법을 이용하여 수집 · 제공하는 평가방식을 총칭한다. 따라서 평가설계에 맞추어 인위적으로 조작하는 실험적인 장면보다 현장의 실제상황에서 평가를 실시하고 사례연구 형태로 데이터를 수집 · 분석하여 평가 결과를 되도록 수량화하지 않고 질적으로 나타내는 것이 자연주의 평가모형의 방법론적인 특색이다.

### (1) 조명적 평가모형

파레트와 해밀턴(Parlett & Hamilton, 1976)이 제안한 조명적 평가(illuminative evaluation)는 프로그램 제작의 이론적 근거와 목적, 개발 과정, 운영 절차, 실시 결과, 문제점 등을 총체적이고 심층적으로 탐구하려는 접근방식의 평가로써 측정과 예언보다는 기술과 해석을, 변인의 통제와 조작보다는 교육적 맥락을 있는 그대로 초상화를 그리듯이 현상적으로 기술하는 평가방법이다. 그러므로 이 모형에서는 프로그램의 일부 특성이나 개개 변인 간의 상관관계만을 분석하지 않고 전체성을 중시하여 프로그램에 작용하는 모든 변인 간의 역동적이고 총체적인 상호관계를 규명하려고 한다.

세부적인 절차는 다음과 같다(Marsh & Willis, 2003: 310).

① **관찰**: 평가하려는 상황의 일상적인 현실을 파악하고 전체적인 모습 또는 특징을 관찰할 목적으로 평가하려는 상황과 친숙하기 위해 참여적 활동을 하면서 직접 관찰하는 단계다.

② **탐구**: 선정된 쟁점과 원인을 심층적으로 분석하고 해결방안을 탐색하여 합의점을 찾는 단계다.

③ **설명**: 전체적이고 포괄적인 설명과 함께 쟁점이 된 문제가 생긴 배경과 과정을 사회인류학적인 탐구방식으로 인과관계를 규명하여 문서로 작성 · 보고하는 단계다.

### (2) 반응적 평가

반응적 평가(responsive evaluation)는 스테이크(Stake, 1972)에 의해 제안된 평가방법으로 교육활동의 복잡성을 이해하고, 관련 인사의 요구에 부응하여, 그들의 다양한 주장, 관심, 쟁점을 확인하기 위한 것이다. 반응적 평가에서는 평가와 직접적으로 또는 간접적으로 관계되는 여러 인사의 프로그램에 대한 반응을 제일 중요시하고 그들의 반응을 중심으로 평가의 내용과 절차를 수시로 수정 · 보완하는 융통성이 있고 생산적인 방법을 쓰기 때문에 평가자와 관련 인사 간의 지속적인 상호작용이 필요하다.

세부적인 절차는 다음과 같다.

① **관련자의 관심 확인**: 프로그램의 목적, 내용, 절차, 결과에 대한 관련 인사들의 입장과 견해를 청취한다.
② **관련자의 반응 수집**: 대화, 토의 등과 같은 방법을 이용하여 평가 과정에서 프로그램과 평가방법에 대한 관련 인사의 반응을 계속 수집한다.
③ **관심사 확인**: 관련 인사들의 반응을 분석 · 종합하여 프로그램에 대한 주요 관심사와 쟁점을 확인 · 결정한다.
④ **수정과 점검**: 평가내용과 절차에 대한 이견이 있을 때는 조정 · 합의하여 평가 절차를 수정 · 보완한다.
⑤ **보고서 작성**: 프로그램의 전체적인 특징과 함께 관련 인사들의 관심사를 중심으로 평가 결과를 질적으로 기술한다.

## 장 요 약

교육과정 평가는 교육과정을 평가하는 것이다. 그러므로 교육과정 평가는 교육과정, 평가, 그리고 이 양자의 관계에 의해서 규정된다. 교육과정 개념은 여러 측면으로 설명할 수 있다. 우선 교육과정의 기본적 관심사(목표의 설정, 교육내용과 학습경험의 선정과 조직, 교육평가 등)를 평가의 대상으로 삼을 수 있다. 다음으로는 교육과정 평가의 개념이 교사에 의한 학생 행동의 평가로 인식되는 교육평가의 협소한 개념에서 확장할 필요가 있다. 그리고 교육과정 영역이나 개발 과정의 측면에서 본 개념으로써 교육과정 계획 평가, 교육과정 시행 평가, 교육평가의 평가 등으로 보는 입장이다.

교육과정 평가에서 매우 다양한 쟁점이 제기될 수 있다. 쟁점이 제기되는 소재로는 교육과정의 개념, 교육과정의 제 측면(계획, 과정, 결과), 평가의 초점(목표지향, 가치판단, 의사결정지향), 교육과정 평가의 목적(개선 대 판단, 의사결정 대 책무성, 판단-의사결정-이해), 평가의 관점(전통적 관점, 경험형 관점, 행동주의적 관점, 학문구조형 관점, 인지주의 관점), 평가영역(개발과정 체제, 교육과정 개념, 교육과정 요소), 평가의 방법(양적 평가와 질적 평가), 평가의 수준(국가, 지역, 학교) 등이 있다.

교육과정 평가는 학생평가, 교사평가, 학교평가, 교육지원 기관평가 등과 서로 관련이 있으면서도 평가목적이나 평가영역에서 서로 차이가 존재한다.

교육과정 평가모형은 순수하게 교육과정 평가에서 출발한 것도 있지만 주로 프로그램 평가에서 발전된 것이 많다. 평가모형에는 목표지향 모형, 판단지향 모형, 의사결정지향 모형, 자연주의 모형 등이 있다. 목표지향 모형에는 타일러의 모형, 프로버스의 격차 모형이 있으며, 판단지향 모형에는 스크리븐의 탈목표 모형, 아이스너의 감정 · 비평 모형(혹은 포도주 감식 모형)이 있다. 또한 의사결정지향 모형에는 스터플빔의 CIPP모형, 알킨스의 CSE 모형이 있다. 자연주의 모형에는 파레트와 해밀턴의 조명적 평가, 스테이크의 반응적 평가모형이 있다.

## 주요 개념

| | | | |
|---|---|---|---|
| 교육과정 평가 | 평가의 쟁점 | 목표지향 평가모형 | 격차모형 |
| 탈목표 모형 | 감정 · 비평 모형 | CIPP모형 | CSE모형 |
| 자연주의 모형 | 조명적 평가 모형 | 반응적 평가 | |

## 연습문제

1. 교육과정 평가의 의미를 규정해 보시오.
2. 교육과정 평가의 개념 모형을 설명해 보시오.
3. 다양한 교육과정 평가 모형을 비교, 설명해 보시오.
4. 교육과정 평가와 교육평가의 차이점을 설명해 보시오.
5. 교육과정 평가와 현행 대학수학능력시험과의 관계를 설명해 보시오.

제8장

# 교육과정의 최근 동향

교육과정은 학교교육과 가장 밀접하게 관련되어 있어서 제도적인 교육정책이나 교육개혁의 방향에 가장 민감한 부문이다. 동시에 각 나라마다 교육과정을 통하여 교육의 개혁을 구체화하고 교사의 교실수업에 변화를 꾀하려고 한다. 전 세계적으로 교육과정에 대한 국가적 관심과 중요성을 점증하는 요즘에 다양한 이론이나 정책이 제시되고 논의되고 있다. 그중에서 제도적으로 착실하게 적용되어 성과를 보이는 것도 있으며, 하나의 슬로건으로 등장하여 바람처럼 사라지는 것도 있고, 이해당사자 간의 갈등을 증폭시키는 사례도 있다.

여기에서는 교육과정의 측면에서 비교적 지속적으로 제기되고 강조되고 있는 최근의 동향을 소개하기로 한다. 어떤 것은 새로운 것도 있고, 더러는 우리가 항상 접하는 것도 있다. 물론 최근에 제시되고 있는 새로운 교육과정의 아이디어들은 무수히 많다. 그 모든 것을 제시하기보다는 교실수업에 큰 영향을 미치고 있는 것을 매우 일반적인 수준에서 간략하게 제시하기로 한다. 여기에는 수준별 교육과정으로 촉발된 교육과정 차별화 혹은 교육과정 분화의 문제, 수요자 시대로 대변되는 학습자중심 교육과정의 문제, 교수방법과 유아교육에서 유행처럼 번지고 있는 구성주의 교육과정, 제7차 고등학교 교육과정과 수학능력시험의 선택에서 본격적으로 문제가 되고 있는 선택 교육과정, 분과화된 교육과정의 문제를 극복하려는 교육과정 통합의 문제, 무엇을 가르칠 것인가에 대한 엄격성을 요구하는 기준교육과정 운동이 포함된다.

## 1 교육과정 차별화

학습자 개개인의 개인차에 부응하는 교육과정의 개별화를 실현하기 위해서는 그동안 한국 교육과정의 문제점으로 지적되어 온 지나친 교육과정 의사결정의 중앙집권화와 국가 교육과정의 지나친 상세화가 지양되어야 한다. 따라서 학교중심의 교육과정 개발에 대한 융통성을 폭넓게 부여하여 각 학교의 실정에 맞게 또 학부모와 학생들의 요구를 수렴하여 교육과정이 융통성 있게 운영되도록 하는 것이 바람직하다. 더구나 수준별 교육과정의 도입으로 또다시 모든 학교 교육과정이 획일화되지 않도록 하기 위해서는 각 학교급별로 또 각 학교급의 특성에 따라 다양한 교육과정 차별화(curriculum differentiation) 방안을 구상해 볼 수 있다. 교육과정 차별화는 교육 대상이나, 여러 요인에 의해 이수해야 할 교육과정을 분화하는 것으로 일종의 계열화(traking)의 성격을 지니고 있다. 미국의 오크스(Oakes, 1985)는 이 문제를 학교가 불평등을 체계적으로 유도하고 있다고 보고, 중요한 이론적 차원으로 논의하고 있다(이하의 내용은 조인진, 1998: 479-481의 내용을 참고함).

제7차 교육과정에 수준별 교육과정이 도입된 후 열린교육과 수준별 교육과정과의 연계성이 논의되고 있다. 수준별 교육과정이나 열린교육은 다같이 학습자중심 교육이라는 교육개혁의 차원에서 추진되고 있지만 운영방안은 다른 방법으로 고안되고 있다. 더구나 수준별 교육과정과 열린교육은 그 관심과 출발점이 반드시 일치하는 것은 아니다.

수준별 교육과정은 각 교과영역을 고수하면서 교과내용을 위계화(단계화)하거나 난이도 수준을 조정하여 학생들의 능력에 적용시킴으로써 교육의 효율성을 높이겠다는 보수적인 교육관을 지니며, 교과중심의 운영방안을 제시하고 있다. 이에 비해 열린교육은 아동 경험의 총체적인 성장을 위하여 기존의 교과나 수업방법, 수업자료, 환경 등의 획일성에서 탈피하고자 하는 진보적인 교육관을 지니고 학습자중심의 수업방법을 강조한다. 수준별 교육과정이 학습자의 교과별 지적 능력에만 의거하여 학습자의 개인차를 고려하는 것에 비해 열린교육에서는 학습자의 다양한 능력과 적성, 필요, 흥미에 대한 개인차를 반영하여 다양한 수업을 운영하고 학습자는 자기주도적인 동시에 협력적인 학습이 이루어지도록 한다. 이러한 의미에서 열린교육은 학습자들에게는 자연스러운 교육과정의 차별화가 이루어질 수 있도록 한다.

열린교육에서 강조하는 통합교육과정은 수업방법과도 연결되며 자연스럽게 교육과정을 차별화하는 방안이다. 통합교육과정의 교육내용은 문제해결중심, 프로젝트중심, 주제중심으로 구성되며 간학문적(interdisciplinary) 주제와 소집단 협동학습을 통하여 자연스럽게 학생들의 능력과 흥미, 필요에 따라 교육과정이 차별화되도록 한다. 이러한 통합교육과정에서는 학습자들로 하여금 각자 자신의 수준에 맞는 방법으로 문제나 주제에 접근하여 현재 자신의 경험에서 할 수 있는 방법으로 의미를 이해하고, 다른 학습자와 상호작용하면서 다른 사람들의 관점을 이해하고 자신의 관점을 명료하고 정교화 할 수 있도록 되어 있다. 평가는 교수-학습에 바로 통합되도록 하고 교사는 학습자를 관찰하고 포트폴리오(portfolio), 학생의 일지 등과 같이 학습 수행 과정을 나타낸 자료를 평가의 근거로 삼는다. 학교에서는 교육과정에서 다룰 주요 주제를 학생과 학부모의 요구를 수용하여 결정하고 이를 학년별로 내용과 과정을 선정하여 구성한다.

고등학교 수준에서는 학생들의 다양한 필요와 흥미, 진로에 따라 일반계와 실업계 고등학교 외에도 다양한 특수 목적 고등학교, 특성화 고등학교(Magnet school), 대안학교(Alternative school) 등이 설립되어 다양하게 차별화된 교육과정을 개발하여 운영하고, 이를 지원하는 학생들에게 자연스럽게 교육과정이 차별화되도록 한다. 고등학교 수준에서는 학생들의 개성도 더욱 다양화되고 학업성취 수준도 폭넓어지므로 학생들의 진로, 필요, 흥미에 따라 학교 간의 교육과정 차별화(interschool curriculum differentiation)를 지향하는 것이 현실적인 방안이다.

각 학교에 교육과정 운영의 자율성을 부여하는 것과 더불어 교육수요자인 학생과 학부모에게 학교선택권을 주어야 한다. 학생들이 다양하게 개발되어 있는 각 학교의 교육과정을 참고로 하여 자신의 필요와 흥미, 능력, 적성에 따라 학교를 선택할 수 있어야 한다. 또한 교육수요자의 학교선택은 각 학교들로 하여금 교육과정 개발에 대한 적극적인 의지와 교사들의 수업개선에 대한 열의를 고무시키고 자극할 수 있다. 이는 자율과 경쟁을 통한 교육의 질과 교육의 경쟁력을 회복할 수 있는 방법이며, 수요자중심의 교육으로 전환하는 것이다.

미국의 차터학교(charter school)는 교육구에서 재정만 할당하고 각 학교에서 교육과정 편성과 운영, 교직원 임용과 보수, 재정 집행 등 모든 것을 학교가 결정한다. 즉, 단위학교에 최대한 자율성을 보장해 주고 학생과 학부모에게 학교를 선택할 수 있도록 한다. 차터학교는 각 학교의 교육과정 개발에 의해 자연스럽게 교육과정이 차별화되게 되며, 또 학교 안에서도 다양한 수업방법의 개발에 의해 학습자 스스로가 자신의 능력에 맞는 지식을 구성하고 의미를 탐색하며 자신의 지식을 계속적으로 재구성할 수 있도록 한다.

## 2 학습자중심 교육과정

현행 우리나라의 교육과정이나 주요 국가의 교육과정 개혁의 동향을 보면 전체적으로 큰 특징 중 하나는 수요자, 즉 학습자중심의 교육과정이라는 점을 들 수 있다. '학습자중심' 이라는 말은 그 표면적인 의미로 보면 매우 매력적인 말이다. 모든 교육이 학습자중심으로 이루어진다고 볼 때 이 말은 동어반복이다. 그러나 이 용어가 역사적으로 관심을 받고 문제가 되는 이유, 그리고 타당한 의미의 구명 등은 매우 폭넓은 논의를 필요로 한다. 여기에서는 이러한 문제보다는 보편적으로 얘기되는 사항을 중심으로 매우 간략하게 평면적으로 살펴보기로 한다.

수요자중심의 교육에서는 배우는 사람, 교육받는 대상자가 중심에 놓인다. 가르치는 사람의 일방적 판단보다는 배우는 사람의 관심과 흥미 그리고 욕구가 교육과정에서 존중된다. 즉, 교육받는 당사자 각자가 가지고 있는 다양한 능력과 잠재 가능성을 실현시키는 데 요구되는 필요성과 요구에 부응하는 교육이라고 볼 수 있다. 이하에서는 그동안 일반적으로 소개되어 온 내용을 중심으로 그 특징을 간략하게 살펴본다.

### 1) 학습자에게 선택의 권한을 부여

1995년 5 · 31 교육개혁을 시작한 이래, '수요자중심의 교육' 이라는 용어를 많이 사용하고 있다. 이는 교육을 제공하는 측과 교육의 혜택을 받는 측이 있다는 것을 전제로 한 것이라고 할 수 있다. 교육을 제공하는 측에는 정부에서 시작해서, 교육부, 교육청, 학교, 교사에 이르기까지 교육에 종사하는 모든 사람을 포괄적으로 교육의 공급자로 보고 있으며, 학생, 학부모, 더 나아가 사회에 이르기까지 교육의 혜택을 받는 모든 사람을 교육의 수요자로 보는 것이다. 그래서 지금까지의 교육을 공급자 측면에서만 생각해 왔다고 보고, 교육개혁은 교육수요자 측면에서 보자는 것이다. 그러나 수요자와 공급자라는 그 말 자체가 교육적이기보다는 다분히 상업적인 뉘앙스가 있고, 교육관련자가 너무 광범위하기 때문에 '수요자중심의 교육' 이라는 표현보다는 교육을 직접 받고 있는 학생이라는 협의의 뜻과 함께 교육적인 표현인 '학습자중심의 교육' 이라는 표현을 선호하는 학자들이 많다. 이렇게 표현되었을 때, '학습자중심의 교육' 과 대조되는 개념인 '교사중심의 교육' 을 일직선상의 양극에 놓고 논의할 수 있게 되는 것이다.

미국 교육과정사에서 보면 학습자중심의 교육이라는 표현이 많이 등장했던 시대는 1970~1980년대일 것이다. 이는 미국에서 1950~1960년대에 세력을 형성했던 학문중심 교육이 지나치게 교사중심이라고 비판을 받아 왔으며, 1960년대 후반부터 학문중심 교육에 대한 비판과 함께 인간주의를 표방했던 인간중심 교육을 많은 학자가 학습자중심 교육(Pinar, Reynolds, Slattery, & Taubman, 1995; 김복영 외, 2001 재인용)이라고 하였기 때문이다. 따라서 전통주의적 교육은 교사중심의 교육이 될 수밖에 없었고, 진보주의적 교육은 자연스럽게 학습자중심의 교육이 될 수 있었다.

학습자중심의 교육은 학습자에게 교육의 초점을 맞춘 것으로써, 일반적으로 학자들 사이에서는 학습자에게 학습선택의 권한을 부여하는 것을 말한다(황윤한, 2002). 즉, 학습자들의 요구(needs)는 물론 이들의 경험과 흥미와 관심사를 반영한 교육으로, 학습목표의 설정에서부터 내용의 선정, 방법, 평가에 이르기까지 학습자들에게 참여 기회를 제공하는 것이다. 그리고 학습자중심 교육의 최종 목표는 학습자가 스스로 학습할 수 있는 학습방법을 터득하여 자기학습자가 되도록 하는 것이라고 할 수 있다.

학습자에게 학습참여의 권한을 부여하는 방법은 학습내용의 선정에서부터 시작된다. 우리나라와 같이 국가수준의 교육과정을 편성 · 운영하는 국가에서는 학습자가 배울 내용을 국가가 정하게 된다. 이는 학습자의 보편적 발달 수준을 고려하여 교육과정을 개발하기 때문에, 학습자 개개인이 갖고 있는 특성, 즉 그들의 흥미, 적성, 호기심, 관심사 등을 반영하기 어렵다. 따라서 학습자중심의 교육이 되기 위해서는 가장 우선적으로 교육과정이 학습자의 얼굴을 보면서 교실현장에서 만들어져야 한다. 수업에서도 학습자가 주체가 되어 프로젝트나 주제 단원을 자신들이 선정하고 계획하고 실행하여 평가하고, 교사는 학습자의 수업을 안내하는 안내자 또는 조언자로의 역할을 한다. 평가에 있어서도, 최근에는 학습자가 평가기준을 설정하고 자신이 직접 자신의 학습 정도를 평가하는 학습자중심의 교육이 크게 부각되고 있다.

### 2) 학습자의 필요(needs) 반영

학습자에게 필요한 교육을 의미하는 말로 학습자의 '요구'나 '필요'라는 말을 혼용하여 쓰는 경우를 종종 볼 수 있다. 학습자 필요는 학습자가 무엇을 가르쳐 달라고 요구(ask for)하는 것이라는 뜻으로 '학습자의 요구'와 자주 혼용하여 쓰는 경우가 있으나, 여기서 쓰인 필요(needs)는 교육학적인 용어로서 '학습자의 연령 수준에 맞는 교육'이라는 개념과 '같은 연령의 학습자와의 차이(gap difference)' 라는 개념이 있다(Tyler, 1949). 따라서 학습자의 필요는 학습자가 그 나이에 맞는 마땅히 받아야 할 교육내용을 가르친다고 해야 할 것이다. 열 살이면 열 살의 아이가 일반적으로 받는 교육임과 동시에 이 아이와 평균 아이와의 학력차를 의미한다. 학습자의 필요가 가장 잘 반영되지 못하고 있는 사례는 특수학급이나 특수학교에 가면 종종 볼 수 있다. 나이는 20세에 가까운데, 문자 해득이 제대로 되어 있지 않다는 이유로 초등학교 1, 2학년 국어책을 반복적으로 읽게 하거나 기본 덧셈 · 뺄셈이 들어 있는 수학 익힘책을 반복적으로 풀게 하면서도 성교육이라든지, 직업교육은 시키지 않는 경우다.

학습자의 필요를 '학습자의 연령에 맞는 교육과 같은 연령의 평균 학습자와의 차이' 라고 했을 때, 학부모의 요구나 지역사회의 요구도 정의되어야 한다. 대개 학부모의 요구나 지역사회의 요구는 공식적인 절차나 문서 등을 통해 학교에 전달되는 것은 아니다. 학부모의 교육철학이나 생활환경과 지역사회의 전통과 문화에 의해 다르게 나타난다. 어떤 부모는 학력을 강조하는가 하면, 다른 부모는 학력보다는 특기 · 적성 개발 또는 인성 계발 등을 강조하기도 한다. 농어촌이나 도서벽지에 가면 학업적인 교육보다는 직업교육을 강조하는 학부모도 있다. 지역사회의 전통과 문화를 계승 · 발전해 나가기 위해서 지역적인 문화행사 등에 학생들의 참여를 요구하기도 한다. 따라서 학부모의 요구나 지역사회의 요구는 학생들이 그 사회에서 삶을 영위하는 데 필요한 내용이라 할 수 있다.

### 3) 학습자의 적성, 호기심, 관심사 반영

일찍이 듀이(Dewey, 1916)는 학습자 자신에게 의미 있고 그에게 중요한 경험을 제공하는 상황에서 지식과 아이디어가 창출된다고 하였다. 이는 최근 구성주의자들이 주장하는 지식 구성의 모습에서도 볼 수 있다. 구성주의자들은 지식은 기존 경험으로부터 개개인의 마음속에서 구성되며, 지식 구성은 자신이 속한 사회의 구성원에 의해 영향을 받는다고 하였다. 그래서 듀이는 교사를 학습자들이 심리적 상태에서 출발하여 논리적 구조에 이르기까지 안내하는 안내자로 보았다. 또 그렇게 되었을 때 최상의 교육 효과가 나타난다고 믿었다. 최근의 구성주의자들은 학습이 일어나는 과정을 지켜보면서 학습자의 특기, 호기심, 관심사 등이 반영되었을 때 지식 구성이 보다 활성화되고 창의적인 사고가 일어난다고 믿는다. 학습자 중심의 교육은 학습자들의 어린 시절뿐만 아니라 이들의 개별적인 차이와 다양성에 관심을 갖는 교육을 의미한다.

## 3 구성주의 교육과정

구성주의 교육과정은 축어적으로 보면 구성주의에 입각한 교육과정을 의미한다. 구성주의는 그 역사적 기원이 매우 다양하고 이해방식이나 접근방법도 매우 다양하다. 구성주의는 우리가 어떻게 지식을 획득하는지에 대한 인식론이라고 볼 수 있다. 구성주의에 대한 기본 가정은 학자에 따라 약간의 차이를 보이면서 다양하게 제시되고 있다(Duffy & Jonassen, 1991; Fosnot, 1984; Merrill, 1991; Savery & Duffy, 1994). 여러 학자의 견해를 종합하여 볼 때 구성주의의 기본가정은 크게 몇 가지로 정리해 볼 수 있다(최동근 외 2000: 376-377).

### 1) 지식은 인식의 주체에 의해 구성된다

더피와 요나센(Duffy & Jonassen, 1991: 9)은 "지식이 우리와 독립되어 존재하는 것이 아니라, 우리가 세상에 부여하는 것"이라고 하였다. 즉, 우리가 인식하는 세상에 대한 객관적인 지식은 없으며, 모든 지식은 인식의 주체인 개인에 의해서 주관적으로 구성된다는 것이다. 개인이 지식을 구성한다는 가정에는 인식 주체의 능동성을 함의하고 있다. 즉, 지식은 개인이 수동적으로 구성하는 것이 아니라 스스로의 경험을 바탕으로 능동적으로 구성한다는 것이다.

### 2) 지식은 맥락적이다

브라운, 콜린스와 두구드(Brown, Collins, & Duguid, 1989) 등은 학습은 그것이 발생하는 상황에 영향을 받는다고 가정한다. 이들에 따르면, 지식은 인식주체에 의해서 구성되지만 한편으로는 항상 상황 안에서 이루어지고, 지식은 그것이 습득된 상황과 분리될 수 없는 관계를 형성한다. 따라서 우리가 습득하는 지식은 어떤 맥락에서 학습했느냐에 따라, 개인이 소유한 선수지식 등에 따라 다르게 학습된다. 따라서 전이하는 것도 그 상황에 좌우된다. 이것을 상황적 인지(Situated Cognition)라고 한다.

### 3) 지식은 사회적 교섭을 통해 형성된다

앞의 두 가지 구성주의의 가정을 받아들일 경우, 한 가지 매우 심각한 문제가 생긴다. 즉, 지식이 인식의 주체에 의해 주관적으로 구성되며, 상황에 따라 상이하게 구성된다면 개개인이 구성한 지식이나 이해는 서로 검토될 수가 없다. 폰 글레이저펠트(Von Glasersfeld, 1989)는 개인의 지식이 객관적인 실체를 얼마나 잘 모사하였는가 또는 일치하는가의 관점에서 보다 그 지식이 현상에 얼마나 잘 어울리고 타당한가의 측면에서 고려되어야 함을 제시한다. 각 개인이 구성한 지식은 타인과의 상호작용 속에서 그 타당성 여부가 검토되어 지식으로 형성된다. 따라서 사실은 객관적인 실체가 아니라 단지 현재의 사회구성원이 상황에 대해 가장 그럴 듯하게 해석한 것으로 받아들인 것이다(Savery & Duffy, 1994).

이러한 구성주의는 일반적으로 지식은 구성되는 것이라는 전제하에 지식 구성을 개인의 인지적 작용에 두느냐 혹은 사회적 상호작용에 두느냐에 따라 인지적 구성주의와 사회적 구성주의로 구분된다. 폰 글레이저펠트의 인지적 구성주의는 지식이란 생물학적으로 결정된 발달 과정의 틀 안에서 동화와 조절작용을 거치면서 인지적 혼란에서 평형상태가 이루어지게 된다. 교수-학습 상황에서는 전문적 지식을 지닌 사람을 모방하는 것을 강조한다. 반면에, 사회적 구성주의는 개인 간의 활발한 상호작용에 더욱 관심을 기울인다. '비고츠키(Vygotsky)의 근접발달의 영역(Zone of Proximal Development: ZPD)'은 학습할 영역에 대하여 전문적 지식을 지닌 사람이 학습자의 학습을 도와주면 개인이 혼자 도달할 수 있는 인지적 발달 수준보다 더 나은 수준에 이를 수 있다는 개념이 핵심이라 할 수 있다.

이러한 구성주의는 교육과정 구성에서 지식의 문제와 상당히 관련되어 있다. 지식을 어떻게 볼 것인가? 학습자들의 지식의 형성 과정은 독특한가 아니면 보편성이 존재하는가? 지식의 형성 과정에 대한 개체성과 보편성에 대한 문제가 아직도 합의점을 찾는 데 난점이 존재하고 있다. 그런데 구성주의 문제는 상당 부분 교수-학습 방법상의 문제에서 자주 논의되고 있으며, 교육과정의 영역에서는 지식의 성격과 지식의 구성 문제, 교과서 구성의 문제 등과 함께 논의되고 있다. 그리고 최근에는 유아교육에서 활발하게 적용되고 있는데, 특히 피아제(Piaget)이론이 암시하는 활동들로 물리적 지식활동, 그룹게임, 갈등상황에 대한 토의 등을 중심으로 유아교육과정 구성을 전개하고 있다.

객관주의 인식론에 대한 비판으로써 본격적으로 대두된 구성주의는 객관주의자에 의해 몇 가지 문제점, 즉 구성주의의 비실용성, 비효율성, 교수전략의 부재, 평가의 실시 문제에서 다소 지적을 받고 있다.

## 4 선택 교육과정

선택 교육과정은 개정 교육과정 제7차 선택중심 교육과정에 의해 최근 들어 각광을 받고 있으며, 그간 공통필수 교육과정이나 수준별 교육과정에 비해 관심을 받지 못하였다. 이하에서는 여러 나라에서 운영되고 있는 선택 교육과정에 대해서 살펴본다〔이하 내용은 강현석 등(2004)의 『선택중심 교육과정의 이론과 실제』를 참고함〕.

### 1) 교육과정의 구조

#### (1) 미국

국가의 표준적 교육과정은 없으며 각 주마다 다양하게 이루어져 있다. 주, 학구, 학교별로 자율성을 가지며 각 학교구 내의 각 학교도 독자적인 교육과정을 편성 · 운영하고 있다. 국가 교육과정과 관련하여 연방정부는 주요 교과목에 대한 설명 및 자료를 제시한다. 주정부도 세부적인 교육과정을 편성 하지 않고 일반적인 표준(학업표준)만을 제시하고 있다. 고등학교는 학과별로 세분화되어 있고, 교육과정은 교과목별로 제시하기보다는 학과별로 학업표준을 설정하며, 주의 지침에 따라 학구의 수준에서 개발된다(강현석 외, 2004).

#### (2) 영국

국가 교육과정에 의거하여 학교 자체적으로 조정권한을 가지나 최근 들어 국가 기준이 강화되는 추세다. 국가는 '학습프로그램'과 '성취수준'을 제시하고 있다. 교과목 구성은 학년이 아닌 나이에 따라 4단계로 제시되는데, 여기에는 영어, 수학, 과학의 3개의 핵심(core) 교과목과 9개의 기초(non-core) 과목이 있다. 각각의 과목은 초 · 중등 교육과정에 따라 포함 여부가 상이하다.

#### (3) 일본

국가수준에서 고시하는 '고등학교 학습지도요령'에 따라 각 학교에서 학과제에 따라 편성 · 운영하고 있다. 이 기준에는 각 교과 · 과목 등의 이수와 수업시간 수, 단위 취득 등이 제시되어 있다. 그리고 졸업 때까지 전개할 종합적 학습시간은 3~6단위로 정해 놓고 있다. 그리고 국가의 학습지도요령의 교과목 외에 학교가 지역 및 학교, 학생의 실태, 학과의 특성을 고려하여 융통성이 있게 설치할 수 있는 학교 설정 과목과 교과를 명시하도록 하고 있다. 필수교과 · 과목은 과정 및 학과를 불문하고 표준단위 수를 배당하여 이수시켜야 하는데 10개의 필수교과에 따라 개설과목과 필수과목을 제시하고 있다. 보통 1학년의 경우 필수교과 30단위를, 2~3학년부터 학교설정 과목을 포함하여 각각 30단위를 이수하도록 하고 있다.

#### (4) 프랑스

고등학교는 3년 과정으로 크게 2개의 과정으로 나뉘는데, 고등학교 1학년은 결정 과정이며, 2, 3학년은 최종 과정이다. 통로로는 3개 계열(일반, 기술과학, 직업)이 있는데 2학년인 최종 과정 첫해에 각 통로별 계열이 선택되어 계열을 따라 학습하며 최종 학년말에 동일 계열 '바깔로레아(대학입학고사, 이하 바)'에 응시하게 된다. 일반계와 기술과학계는 대학수능고사를 거쳐 대학진입, 직업계는 '바' 취득 후 사회로 진출한다. 고교 학년별로 교육과정 선택과 이수 체계가 상이하며, 계열에 따라 '바'의 전공 종류도 상이하다.

#### (5) 호주

고등학교 과정은 중등부 과정(7∼10학년)과 고등부 과정(11, 12학년)으로 나뉜다. 대부분 중등부 과정을 거치면서 자신의 진로를 결정하여 직업전선에 뛰어들거나 11학년 또는 12학년까지 진학하여 대학입시를 준비한다. 11∼12학년 과정은 보통 같은 학교 내에서 공부할 수 있지만 주에 따라서 따로 분리된 학교에 입학하여 공부하기도 하며 대학에서 전공하고자 하는 분야에 따라 5∼6과목 정도를 선택하여 이수하게 된다. 교육과정은 주정부가 관장하나 주별로 차이가 있다.

### 2) 선택권한의 배분

#### (1) 미국

주정부는 고등학교 졸업에 필요한 과목 등을 제시하고, 학교는 주 지침에 따라 과목을 편성한다. 교과의 하위과목 중에서 필요와 흥미에 따라 선택한다. 각 주에서 졸업에 필요한 '필수과목영역'과 이수학점에 대한 지침을 제시하며, 그 범위 내에서 각 교육구가 졸업 이수과목과 학점을 결정한다. 캘리포니아 주의 경우 3년간의 국어와 사회, 2년간의 수학, 과학, 체육, 그리고 1년간의 예능 혹은 외국어 등 모두 6개 교과영역을 필수로 부과하고 있으며, 메릴랜드 주는 7개 교과영역을 필수로 부과하고 있다. 그러나 미국에서 필수교과목 영역이 주어진다는 것은 우리나라처럼 '수학 I' '국사' 등의 구체적인 과목이 부과된다는 것과는 의미가 다르다.

각 교과에서는 다양한 과목을 제시하여 학생들이 선택하도록 한다.

### (2) 영국

10~11학년은 국가가 60%, 40%는 학교재량, GCSE에 의한 교과목으로 구성된다. 4단계(14~16세) 학생들은 7개 교과만 필수로 이수하고, 나머지 대부분의 교과목은 선택이며, 16세 이후의 고등학생(12~13학년)들에게는 필수과목이 전혀 부과되지 않는다. 12~13학년은 국가교육과정이 적용 안 되며, 진로에 따라 적합한 2~5개 과목을 선택하여 집중적으로 이수한다. 10~11학년은 국가가 정한 4단계의 의무교육기간에 해당되므로 핵심과목과 기초과목을 반드시 배우도록 되어 있으며, 12~13학년은 자신의 진로에 적합한 과목을 2~5개 정도 선택하여 집중적으로 이수하게 되는데, 이 단계 학교 및 학년에서는 10~26개의 선택과목을 개설한다.

### (3) 일본

2003년 이전에는 졸업에 필요한 80단위(특별활동 제외) 중 34~45단위(42.5~56.3%) 정도를 자유선택과목으로 이수할 수 있으며, 11개 필수과목 중에서도 7개 과목은 필수선택과목으로 운영하였다. 그러나 2003학년 신입생부터 국가수준에서는 10개 교과별로 3개 이상 과목을 개설하고 있으며, 그중에서 1~2개 정도를 필수로 선택하도록 지정하고 있다. 학생들의 과목선택은 선택필수에 따른 선택과목 방식과 학교에서 보다 다양한 과목을 설치하여 학생들의 희망에 따라 선택하는 방식이 있다. 선택과목 등의 설치는 크게 '선택필수이수 교과 · 과목' 과 '보통교과 선택' '학교설정 교과 · 과목' 유형이 있다. 그리고 '종합적 학습시간' 과 '학교 외 수학' '학급활동' 도 일종의 학생 선택에 의해서 이루어지는 것이다. 또한 학교에서는 학생들의 진로상황 등을 고려하여 3학년에서 코스를 네 개로 구분하거나 문과계와 이과계를 두어 종합선택제 방식으로 이수하도록 운영하는 경우도 있다.

### (4) 프랑스

학년별로 과목 선택이 상이한데, 고등학교 1학년 학생들은 한 해 동안 공통필수과목을 듣고, 선택과목을 필수와 선택으로 이수하면서, 각자 자신의 적성과 능력에 따라 고 1 말에 '일반계'와 '기술과학계' 중에 어느 한 계열을 결정한다. 그 결정에 따라 '바'의 전공영역을 최종적으로 선택하고 전공에 따라 고 2부터는 교육과정이 개별화되면서 2년간의 본격적인 대학수능고사 준비에 들어가게 된다. 고등학교 2, 3학년은 세분화된 '바'의 전공영역에 따라 특수영역의 과목을 선택·이수하고 있다. 고 1의 공통필수 교과는 모두 여덟 개이고, 전공필수 선택과목은 열여섯 개 과목 중 2과목을 선택하도록 되어 있다. 자유선택과목은 필수선택과목과는 다른 과목으로 1~2개 선택하며, 2학년에서는 주로 고 1에서 선택한 계열의 '바' 시험에 대비한 학습을 한다. 3학년에서는 고 2와 같이 선택계열 '바'가 요구하는 공통필수과목을 계속해서 학습하되, 개인적인 전공 프로필을 줄 수 있는 전공선택과목을 한 과목 선택해서 학습한다.

#### (5) 호주

고등학교 수준에서는 최근에 필수과목 이수 간 수를 크게 축소하고 있다. 예를 들어, 빅토리아 주의 Mater Christi College의 경우에는 필수과목 이수 비중을 9학년의 경우 81%에서 29%로, 10학년에서는 71%에서 29%로 축소하였다. 빅토리아 주의 경우 11~12학년에서는 일곱 개 '교과영역'을 필수로 부과하고 있다. 그래서 보다 최근에는 선택과목의 범위가 매우 다양하게 개설되고 있다. 학생의 과목선택은 생활지도 담당자와 협의하여 이루어지고 있으며, 대학진학 희망자는 최소 5개의 주 위원회 과목을 필수로 선택하여 이수하고 있다.

### 3) 교과목 이수체계

#### (1) 미국

고등학교 졸업을 위한 총 이수단위는 주, 학구, 학교마다 다르다. 일부 주에서는 교과영역별로 반드시 이수해야 할 단위 수를 정하고 있으나, 각 교과마다 배당단위가 고정된 것이 아니라 졸업이나 수료에 필요한 단위 수는 학교별로 따로 정해져 있다. 그리고 주별로 고등학교 졸업에 필요한 단위로 일반코스와 진학코스별로 소정의 단위 수를 규정하고 있다. 일반적으로 매주 5~7개의 과목을 1년간 집중적으로 이수하며, 과목별 집중이수를 할 수 있는 단위제로 되어 있다. 한 교과영역 내에 수많은 하위 과목이 설치되어 있고, 각 교과영역은 1학기에서 8학기에 이르기까지 계열화되어 있다. 학생들은 하위과목 중에서 자신의 필요, 흥미, 수준에 맞는 과목을 선택하게 되어 있다. 교과영역 내에 포함된 과목의 종류나 수 등은 학교에 따라 매우 상이하다.

(2) 영국

10~11학년은 국가기준이 적용되며, 국가에서 필수과목만 제시하고 졸업이수단위는 정하지 않는다. 12~13학년은 진로에 따라 다양한 선택이 가능하다. 10~11학년은 국가 교육과정에서 필수과목만을 제시하고 졸업에 필요한 이수단위를 정해 놓고 있지 않으며 두 학년을 묶어서 이수과목을 제시하고 있다. 학기 당 이수과목 수는 8~11개 정도이며, 학교에 따라 그 이상이 되기도 한다. 12~13학년은 졸업에 필요한 이수단위가 정해져 있지 않고, 진학하고자 하는 대학의 학과에서 요구하는 GCS A/AS level 시험과목의 수준과 이수단위를 고려하여 과목의 이수단위를 결정한다. 이수과목 수는 학생이 진학하고자 하는 대학의 학과에서 요구하는 과목에 따라 상이한데, 대개 2~5과목 정도 이수하고 있다.

(3) 일본

2003년 이후부터는 졸업이수단위는 74단위 이상이며, 2~3학년에서 학교설정과목이 있다. 진로를 선택하는 학생에게 필수이수교과 · 과목이 설정되어 있고, 보통교과는 10교과 31단위 이상, 종합적 학습시간은 졸업까지 105~210 단위시간을 표준으로 학교가 적절히 배당한다. 교과목 선택의 세 가지 유형별로 보면 '선택필수이수 교과 · 과목'에서는 10개 필수교과별로 필수과목을 총 13~14개 과목을 선택하고, '보통교과선택'에서는 보통 2학년에서 학교설정 · 과목을 4단위까지, 3학년에서 12단위까지 이수하며, '학교설정 교과 · 과목'에서는 학생의 특성 및 진로희망을 고려하여 학교에서 다양한 과목을 개설하여 학생의 희망에 따라 선택하도록 한다.

(4) 프랑스

고등학교 1학년은 공통필수과목 여덟 개를 이수하고, 선택과목을 필수와 선택으로 이수하는데, 전공필수 선택과목은 열여섯 개 과목 중 두 개를 선택 이수하고, 추가적으로 자유선택을 하기도 한다. 따라서 1학년의 경우 이수해야 할 학습과목은 공통필수, 전공필수선택, 자유선택, 기타 등으로 구성되어 있다. 2~3학년도 전공에 따라 과목선택이 상이하다. 2학년에서는 주로 1학년에서 선택한 계열의 '바' 시험에 영향을 받으며, 3학년에서는 2학년과 같이 선택계열 '바' 가 요구하는 공통 필수과목을 계속해서 이수한다.

#### (5) 호주

11～12학년은 대학입시를 위한 구체적인 준비기간이 되며, 선택과목의 범위가 다양하다. 학생들은 희망하는 대학과 전공에 따라 관련 과목을 선택하여야 한다. 11～12학년에서는 능력별 수준에 따라 교육과정이 편성 · 운영되고 있다. 과목은 주 위원회 과목, 주 위원회 등록 과목, 학교과목 세 가지 유형으로 구분된다. 이 중 학교가 개설할 수 있는 것은 후자의 2개 유형 과목이다. 학생들은 능력별 수준에 따라 6개 라인별로 편성된 교과목을 라인 당 1과목 이수하여 총 6과목을 이수하게 된다. 따라서 한 학기의 수강과목은 5～6개 정도가 된다.

### 4) 운영상의 주요 특징

#### (1) 미국

과목별로 집중적 이수가 가능한 단위제를 운영하고 있다. 그리고 한 교과영역 내 하위의 과목이 설치되어 있고, 각 교과영역은 1～8학기에 걸쳐 계열화되고 있다. 또한 교과목보다는 학과별로 학습프로그램과 학업의 성취수준이 상세하게 제시되고 있어서, 교육과정 운영의 묘를 살리고 있다. 그리고 선택과 필수의 구분 이외에 명예과목과 고급반 과목의 별도 과정을 두어 학생들의 능력과 적성, 흥미 등을 고려하여 운영하고 있다.

#### (2) 영국

10～11학년은 학기당 8～11개 과목을 이수하며, 학교재량에 따라 선택과목의 수와 종류 및 시간이 상이하게 운영되고 있다. 또한 이수해야 할 과목코스의 형태를 선택 가능하도록 하고 있으며, 12～13학년은 대학이 요구하는 과목을 선택하며, 4개 선택과목 군에서 1과목씩 선택하도록 하고 있다. 그리고 특정 과목에 대해서는 능력별 학급편성을 시도하고 있는데, 대부분은 학생이 선택한 과목에서 특정 과목은 능력에 기초하여 심화코스로 이수하도록 되어 있으며, 일부 과목은 단축코

스도 가능하도록 되어 있다. 또한 그 이수단위도 학생의 필요에 맞춰 학교와 교사의 자율에 의해 결정된다. 특히 선택과목의 이수단위는 그 과목의 성격을 가장 잘 알고 있는 교사에게 일임하여 그 단위 수를 정하고 있다.

### (3) 일본

취득해야 할 총 단위 수 74단위 이상(학교설정교과 · 과목은 20단위 포함가능)으로서 학교유형별로 운영상의 기준이 상이하다. 필수과목지정 시 복수 과목 중에서 선택이수가 가능하도록 하고 있다. 완전 주 5일 수업제와 '종합적 학습시간'을 신설 운영하여, 총 수업시수와 교육내용 구성에 변화를 기하고 있다. 학생의 선택유형을 다양화하고 있으며, 학교설정 교과 · 과목의 20단위를 취득 총 단위 수에 포함시키고 있다.

### (4) 프랑스

2학년부터는 전공에 따라 교육과정 편성과 운영이 개별화된다. 이수교과목은 학년별로 공통필수, 전공필수선택, 자유선택, 기타과목으로 구성되고 있으며, 2~3학년은 '바'나 자격증 고사에 대비하기 위하여 수험준비를 하게 된다. 고등학교 1학년이 종료된 후 선택해야 할 계열을 세 가지로 구분 · 운영하고 있으며, 교육과정 문서가 1학년과 2~3학년으로 구분되어 구성된다. 특히 대입시험과 2~3학년의 교육과정이 매우 밀접하게 연결되어 있으며, 예능과 같은 특수 분야는 다른 분야보다 전문성을 일찍 계발하는 방향으로 교육과정이 운영되고 있다.

### (5) 호주

희망대학과 전공에 따라 관련 과목을 선택하고 있으며, 교육과정이 능력별 수준에 따라 편성 · 운영되고 있다. 고등학교는 11~12학년이며, 대학 진학반으로 구성되어 있다. 교사들은 1~2개 과목만 가르치고 한 학기에 5~6개 정도의 과목만을 수강하고 있어서 이수과목이 매우 적은 편이다.

이상과 같이 여러 측면에서 볼 때 학기당 실제 이수과목 수는 영국 3~5과목(10, 11학년은 8~10과목), 미국 5~7과목, 오스트레일리아 4~7과목, 프랑스 9~10과목, 일본 8~13과목 등으로 우리나라보다 훨씬 적은 편이다. 개설과목의 종류에 있어서는 미국과 영국이 가장 많은 종류의 교과목을 개설하고 있는 편이다. 일본도 '일반 교과'로 제시된 과목은 다양하지 않지만, '전문교과'에 제시된 다양한 과목 중에서 각 학교가 필요에 따라 적절한 과목을 자유롭게 선택하여 개설할 수 있게 하는 방법으로, 개설교과목을 다양화하고 있다. 프랑스의 경우는 계열에 따라 다양한 종류의 전공교과가 개설된다. 특히 단위학교는 지역의 특성을 살린 과목을 개설할 수 있고, 시설 및 교사 확보의 정도 등 학교 여건에 따라 조금씩 차이를 보이며, 각기 다양한 과목을 설치하고 학생들은 자신의 적성과 소질에 따라 과목을 선택하여 이수하기 때문에 학생마다 이수한 과목과 학습량이 상이하다고 볼 수 있다. 결국 학생이 스스로 자신의 과목을 선택하여 이수하게 하는 개인별 교육과정의 측면이 강하다고 볼 수 있다.

## 5 통합교육과정

### 1) 교육과정 통합의 개념

교과영역을 서로 분리하는 교과 선을 없애고, 따로 떨어진 별개의 교과영역이 사라지도록 하는 교육과정 구성의 한 접근방식이다. 더 나아가 둘 이상의 내용 교과목 간에 자연적이고 조화롭게 수업계획과 수업실행을 종합하고 혼합하고 융합하는 것을 의미한다. 통합교육과정은 개념적 접근방법이나 생활문제 중심의 접근방법을 활용한다. 그 속에서 여러 기능(技能)은 적합한 맥락에서 활용되고, 필요에 따라 새로운 기능을 가르치게 된다. 그리고 학생들은 탐구영역의 맥락 속에서 다양한 프로젝트와 조사활동을 자주적으로 선택하거나 그것을 스스로 개발할 수 있는 기회를 갖게 된다. 통합교육과정에 따라 학습하는 아동들은 그들과 관련 있는 학습경험에 투입될 기회를 상당히 많이 갖고 있다. 여기에는 그들이 관여하게 될 여러 종류의 프로젝트 및 활동뿐만 아니라 발달시켜야 할 개념도 포함된다. 마지막으로 통합교육과정은 아동의 발달을 어떤 외부의 확정된 기존의 표준에 비추어 측정하기보다는 오히려 그의 개별적인 발달 과정을 기록해 나가는 참 평가(authentic assessment)의 형식을 활용한다(강현석 외, 2003: 26).

교육과정 통합(curriculum integration)에 대한 의미가 지금까지 다양하게 제시되고 있지만 학습자에게 일어나는 학습의 통합과 학습자의 인격의 통합이 교육과정 통합 노력의 궁극적인 목적이 된다는 점에서 공통적이다. 즉, 시간과 공간적으로 달리한 학습경험이 상호 관련되어 하나의 의미 있는 전체로써 학습이 이루어지게 하고, 나아가서 학습자의 인격이 성숙되는 결과를 가져오도록 하는 모든 과정이라고 볼 수 있다. 이렇게 교육과정을 통합하는 과정에서 종전에 전통적으로 각 학문 또는 지식의 체계에 따라 분화된 교과 중심으로 학습경험을 선정하고 조직하던 것에서 탈피하여 전통적 교과 간의 벽을 고려하지 않고 보다 광역화하여 각 교과의 지식이나 경험을 재구성하여 학생의 흥미, 문제 중심으로 구성한 통합교과(integrated subject)가 나오게 되었다.

슈버트(Schubert, 1986)는 교육과정이 다루는 범위 및 통합의 정도에 따라 개별교과(separate subject), 광역교과(broad fields), 프로젝트(project), 중핵교과(core), 통합교과(integration)의 다섯 가지 접근방법으로 구분하였다. 통합의 정도에 따라 정리하면 앞의 〈표 8-1〉과 같다.

[표 8-1] 교육과정 개발의 범위와 통합의 정도

| ← 낮은 수준 | | | | | 높은 수준 → |
|---|---|---|---|---|---|
| 범위 | 개별 | 광역 | 프로젝트 | 중핵 | 통합 |
| 내용 | 세분화된 교과의 제목 | 세분화된 교과의 주제 중심 | 다학문적 주제중심 | 간학문적 주제중심 | 통합주제 중심 |
| 학생들의 참여 | 학생들의 참여 없음 | 극히 일부의 학생 참여 | 약간의 학생 참여 | 주제 선정 및 학습 계획에 학생 참여 | 교사 학생의 협동 |
| 교과 간의 관계 | 각 교과 간의 벽이 있는 가장 낮은 수준의 통합 | 각 교과에서 가져 온 학습자료 | 각 교과의 특성을 그대로 지니고 있는 학습자료 | 몇 개의 교과 간의 벽이 남아 있음 | 교과 간의 벽을 열어 버린 가장 높은 수준의 통합 |

### 2) 교육과정 통합의 접근법

교육과정을 통합하고자 하는 접근방법은 학자에 따라 다양하다. 교과나 학문이 가지고 있는 개념 · 기능 · 가치 또는 원리를 논리적으로 다른 교과나 학문의 것과 상호 관련시키는 구조적 접근이 있는 반면, 생활에서 문제 해결과 여러 경험의 표현활동 속에서 조직 요소를 가져오고, 교과나 학문에서 자료를 가져다 활용함으로써 이루어진 통합인 경험적 접근이 있다. 이들은 다시 교과 간 연계 형태에 따라 또는 학문 간 연계 형태에 따라 그 통합의 모습이 달라진다. 그리고 교육과정 통합은 교육과정 유형에 따라 다르게 전개될 수도 있는데 교과중심 교육과정에서는 통합의 정도는 다르지만 분과형 이외의 조직 형태(상관, 융합, 광역, 중핵 등)를 통합형으로 볼 수 있으며, 학문중심 교육과정에서는 기본적으로 학문의 구조와 논리에 따르기 때문에 분과형을 전제로 하지만 학문 간의 연계 정도에 따라 다르게 통합을 볼 수도 있다. 특히 교육과정 통합은 경험 중심 교육과정에 와서 활발하게 전개되었으며, 여기에는 목표 중심 통합, 사회기능 중심 통합, 청소년 욕구 중심 통합이 있었다(이종원, 1991).

이하에서는 교육과정의 통합을 위한 접근으로 일반적으로 논의되는 네 가지 범주, 즉 학문 분야, 언어 및 문학, 주제, 쟁점을 통한 통합(Wolfinger & Stockard, 1997)으로 나누어 살펴본다.

### (1) 학문 분야 중심의 통합

이 접근법은 서로 구별되는 둘 이상의 지식체계를 통합하며, 지식의 여러 범주를 함께 묶는 방식이다. 사회과나 과학과 같은 교과는 어느 정도 서로 구분이 되는 지식 체계를 통합하기 때문에 간학문적이라고 불린다. 예를 들어, 사회과는 역사학, 지리학, 정치학, 경제학, 인류학, 사회학에, 과학은 생물학, 화학, 물리학, 지질학, 생리학에 의거한다. 예를 들어, 사회과 수업시간에 역사, 지리 그리고 다른 사회과학을 서로 혼합하고 뒤섞는 것은 흔히 볼 수 있는 일이다. 비슷한 방식으로 초등학교 과학 수업시간에 생물학, 물리학, 화학, 지질학을 융합시키는 것을 쉽게 발견할 수 있다.

교과 간의 수업 통합과 관련된 것으로써 넓은 의미에서 통합교육과정은 학교 교육과정 사이에서 수업을 통합한다는 것을 의미한다. 그것은 모든 교과의 경계선을 가로질러 학교 교육과정의 다양한 영역을 통합하면서 전체적으로 통일하는 프로그램을 만든다는 생각을 야기한다. 자로리맥(Jarolimek et al., 1993)의 주장에 따르면, 통합교육과정의 주요한 강점은 아이들이 피상적인 지식을 넘어서서 고차적인 사고력에 이를 수 있도록 도와주기 위한 잠재력에 있다. 교육과정 통합은 아동들이 공부의 대상을 보다 충실히 이해할 수 있도록 도와주려는 목적에서 지식의 여러 범주를 불러모은다.

사회과는 이미 광범한 학문 분야의 기반을 소유하고 이 학문 분야를 그 자체의 내용영역 내에서 통합하고 있기 때문에, 초등학교 교과를 통합하는 데 이상적으로 적합하다. 사회과는 교육과정 통합에 있어서 비교적 완전한 포괄적 틀을 형성한다. 사회과에서 전통적인 내용영역을 통합하는 일은 학생들에게 그들의 지식과 기능을 단편화된 조각이 아니라 의미 있고 상호 연관된 방식으로 확장하고 세련화하는 데 도움을 줄 수 있는 교육과정을 제공한다.

학문 간 연계방식에 의한 통합의 종류에는 간학문적 통합, 다학문적 통합, 탈학문적 통합이 있다. 간학문적(interdisciplinary) 통합은 개념 혹은 방법이나 절차를 중심으로 두 개 이상의 학문을 연결하거나 재구성하는 방식이다. 다학문적(multidisciplinary) 통합은 주제 혹은 문제를 중심으로 관련된 학문의 개념이나 방법, 절차를 활용하여 몇 개 학문이 동시에 주제를 다루어 나가는 방식이다. 탈학문적(transdisciplinary) 통합은 학문 간의 개념이나 방법의 관련성에 관심을 두지 않고 학생들의 관심이나 흥미 또는 경험을 중심으로 학습내용이 선정되고 표현활동까지 전개되는 통합방식이다.

#### (2) 언어와 문학 중심의 통합

이 접근법은 학교 교과 내의 통합과 교과 사이의 통합을 위한 도구로써 많은 문학작품을 활용하는 방식이다. 교육과정을 통합하는 데 사용된 접근방법이 어떤 것이든 관계없이 아동문학의 '하위 장르'는 수업설계에서 중요한 역할을 할 것이다. 물론 이것은 언어와 문학을 통한 통합을 선택할 때 특별히 더 타당한 이야기가 될 것이다. [그림 8-1]은 아동문학의 하위 장르를 보여 주고 있다. 이것은 모든 교육과정 통합에서 필수적인 것이라고 볼 수 있다.

여러 가지 면에서 교육과정 통합의 출발점 아니면 적어도 주요 원동력이 되는 것은 총체적 언어운동이다. 많은 초등학교와 학급에서 총체적 언어철학으로의 운동은 초등학교 교육과정 통합의 선구자 노릇을 하였다. 굿맨(Goodman, 1986)의 지적에 따르면, 총체적 언어교수는 아동에게 언어와 사고를 통합하는 올바른, 그리고 내용이 풍부한 읽기 경험을 제공한다는 교육철학에서 나온다. 이런 점에서 올바른 읽기는 단지 고안되거나 형식에 얽매인 기초 독본 선정이 아니라, 사람들이 현실세계에서 읽을 때 하는 것과 똑같이 어떤 것에 관하여 읽는 것을 의미한다.

[그림 8-1] 아동문학의 하위 장르

'내용이 풍부한' 읽기자료는 다양한 종류의 양질의 책, 해설자료, 정보제공 자원을 말한다. 올바르고 내용이 풍부한 읽기, 사고, 언어 경험은 필연적으로 교과의 경계를 허무는 학습으로 나아간다. "언어는 모든 학교와 미래 학습을 위한 기반이며, 아이들이 언어를 사용하면서 그것을 배운다는 것, 그리고 사용하면서 배운 언어는 언제나 전체적이고, 의미 있고, 목적이 있다는 것을 믿는 교사는 학습자중심의 통합학급, 문학에 기초한 통합학급을 창출하려는 경향이 있다"(Stice et al., 1995: 94).

지난 몇 년 동안에 초등학교 교육과정에서 총체적 언어 접근법의 발전은 괄목할 만한 것이었다. 총체적 언어 접근의 실행은 널리 퍼졌으며, 종종 더 광범위한 교육과정 통합의 선구자 노릇을 하였다.

총체적 언어 교수는 국어과에서 가르치는 기능의 통합을 강조한다. 읽기, 쓰기, 말하기, 듣기, 국어과에 속하는 하위 기능(철자, 손으로 쓰기, 문법)을 따로따로 그리고 고립된 상태로 가르치기보다는 오히려 그것을 통합시킨다. 예를 들어, 읽기와 쓰기 기능의 수업은 단어 지각, 이해, 언어발달, 철자, 문법, 구두점, 대문자 사용법, 손으로 쓰기와 같은 하위기능을 포함하면서 아동문학을 통해 통합시킬 수 있다. 프레더릭스(Fredericks, 1992: 9)의 개념 정의에 따르면, 총체적 언어는 '아동에게 의미 있는 맥락 속으로 읽기, 쓰기, 말하기, 듣기의 통합'이다. 베리이터 등(Bereiter et al., 1987)은 국어과 기능의 교수는 학생들에게 전에는 존재하지 않았던 새로운 문해 '능력 부여'를 초래한다고 쓰고 있다. 추디(Tchudi, 1994)의 지적에 따르면, 총체적 언어 접근은 교육과정 전체를 통해서 읽기와 쓰기의 역할을 강조하고 교육과정에서 교과 사이의 관계를 맺어 줌으로써 통합교육과정을 창출한다. 헤닝스(Hennings, 1986)도 역시 총체적 언어 수업은 사고하기, 듣기, 말하기, 쓰기,

읽기 활동을 통합하여 사회과학과 자연과학의 의미 있는 내용을 의사소통하도록 하기 때문에 자연적으로 교육과정 통합을 지향한다고 말하고 있다.

### (3) 주제중심 통합

이 접근법은 핵심주제를 중심으로 탐구와 학습이 이루어지도록 통합한다. 교육과정의 교과통합방식 중 유용한 것은 탐구와 학습의 중심이 되는 핵심 주제를 사용하는 일이다. 주제연구와 주제단원은 핵심적인 아이디어를 중심으로 창출된 수업설계다. 주제단원은 국어, 수학, 사회과, 과학의 핵심개념을 강조한다. 단원 내의 활동은 다양한 교과와 교육과정 영역에서 필요한 기능을 통합한다. 주제 연구의 통합적 성격은 학습에 적합성과 의미를 부여한다. 주제단원의 활동범위는 일지, '일화기록', 체크리스트(점검표), 회의, 학생의 자기평가, 포트폴리오(작품 모음)에 의한 참평가를 통하여 학생의 학습에 대한 정확한 평가를 제공한다(Meinbach et al., 1995).

주제연구는 비교적 짧은 기간에 이루어져, 학교 일과 중 한 국면에 불과할 수도 있지만, 주제단원은 비교적 긴 시간에 걸쳐서, 이를테면 며칠, 몇 주, 아니면 심지어 그 이상에 걸쳐서 진행된다. 주제단원 교수법은 결코 새로운 것이 아니다. 그 시초는 존 듀이와 진보주의 교육운동 시기로 소급된다.

오늘날 경험 있는 교사는 대학에서 교사양성 프로그램을 거치면서 '단원법'을 배운 시절을 회상할 것이다. 하지만 1980년대에는 분과형 교육과정이 유행하면서 단원법 접근의 인기가 시들해졌다. 그러나 1990년대 중반에 와서 교육과정 통합은 일반적인 추세가 되었으며, 주제단원이 서로 다른 내용영역을 통합하기 위한 초점으로 다시 부상하기 시작하였다(Maxim, 1995). 주제연구와 주제단원은 핵심적인 접근방법이 되고 있으며, 그 결과 초등학교에서는 광범위하게 교육과정 통합이 이루어지고 있으며, 중학교 수준에서도 상당한 정도의 교육과정 통합이 이루어지고, 심지어 고등학교에서도 어느 정도의 교육과정 통합이 이루어지고 있다.

제이콥스 등(Jacobs et al., 1986)이 제안한 바, 주제연구 개발을 위한 4단계 계획은 다음과 같다.

① 주제 선정

② 주제와 연관되는 토픽과 아이디어에 대한 브레인스토밍

③ 주제의 조사를 안내할 수 있는 질문 설정
④ 주제의 탐구에 도움을 주는 활동의 설계 및 실행

메인비치 등(Meinbach et al., 1995)은 비슷한 방식으로 효과적이고 성공적인 주제 단원 설계를 위해 고려해야 할 다섯 가지 영역을 다음과 같이 제안한다.

① 주제 선정
② 주제 조직
③ 자원과 자료수집
④ 활동과 프로젝트 설계
⑤ 단원 실행

#### (4) 쟁점중심 통합

사회적 쟁점과 문제의 조사를 통하여 통합을 하는 방식이다. "학생들에게 그들의 세계와 실제로 연결되는 문제를 부여하고, 해결책을 찾도록 하고, 그다음에 뒤따르는 신중한 사고활동을 주의 깊게 관찰해 보라." (Savoie et al., 1994: 54) 학생들이 『월스트리트 저널(Wall Street Journal)』에서 찾은 어떤 문제와 관련된 쟁점을 검토하기 위하여 현실 세계의 맥락을 제공한 2주간의 프로젝트에 관하여 보고하면서 사보이 등(Savoie et al., 1994)이 밝힌 바에 따르면, 쟁점과 문제는 학생들로 하여금 의미 있는 교재를 파악하도록 하는 데 강한 동기를 부여하는 기제를 제공한다는 것을 알게 되었다. 그들은 문제에 기초한 학습이 특히 동기 부여를 많이 한다는 것을 알고, 쟁점 중심의 접근을 추구하면서 고려해야 할 절차를 다음과 같이 제시하였다.

① 문제를 가지고 시작한다.
② 그 문제가 학생들의 세계와 연결되도록 한다.
③ 교재를 학문 분야가 아니라 문제를 중심으로 조직한다.
④ 학생들에게 그들 자신의 학습을 구성하고 주도할 수 있도록 책임을 부여한다.
⑤ 대부분의 학습을 위한 맥락으로써 소규모 팀을 이용한다.
⑥ 학생들이 학습한 것을 산출물이나 수행을 통하여 보여 주도록 요구한다.

중대한 쟁점과 문제가 우리 세계에는 엄청나게 많다. 사회, 과학, 환경, 의학, 종교, 법, 철학, 도덕, 미디어 등의 쟁점이 있으며, 에이즈, 암, 핵전쟁, 오염과 같은 세계적 문제가 있다. 이러한 것은 교육과정 통합의 중요하고 일관성 있는 요건이 된다.

쟁점과 문제는 실제적이고 의미 있는 교육과정 통합이 일어날 수 있는 출발점을 제공한다. 그것은 학습자 개개인이 다른 학습자와 협력하면서, 학습의 추구와 성취를 위해 교과의 경계를 가로질러 통합된 수많은 진정한 활동과 일에 참가할 수 있는 영역이다.

## 6 교육과정 기준 운동

1980년대 이후 미국 교육개혁의 중요한 측면은 기준 운동(standard movement)에 있다. 기준 운동을 통해 교과내용을 엄선하고 성취수준을 향상시켜 보고자 한 것이다. 교육부 차관보이었던 래비치(Ravitch, 1995)가 미국 교육의 기준(National Standards in American Education: A Citizens Guide)에서 교육부문에서 명료한 기준을 설정해야 하는 필요성을 주장하였다. 미국인들이 생활을 개선하기 위해 엄격한 기준을 가지고 적용하는 것처럼 교육의 효율성을 높이기 위해서 기준이 필요하다는 것이다. 무엇을 가르칠 것인가? 그리고 그 기대하는 성취수준이 어디인가에 대한 명료한 기준이 있다면, 교육의 질이 제고될 것이라고 주장하였다.

따라서 이러한 맥락하에서, 즉 가장 전이력이 높고 생성력이 있는 지식을 학문적 · 과학적 성과로 보고, 그에 준하여 교과의 교육내용을 정비하였다. 미국은 1983년 『위기에 처한 국가(Nation at Risk)』라는 보고서를 통해 교육의 문제를 반성하였다. 즉, 교과에서는 무엇을 가르쳐야 하는가, 어떠한 방식의 평가를 사용해야 하는가, 수행의 수준을 어느 정도로 잡을 것인가에 대한 논의를 시작하였다. 이러한 노력은 각 교과 교육학회와 교사협의회 등을 통해 '무엇을 가르칠 것인가?'에 대한 논의를 활성화하는 계기가 되었고, 각 교과의 '기준'을 만드는 발단이 되었다.

이 운동에서는 내용기준(content standards), 수행기준(performance standards),

벤치마크(benchmarks) 등을 설정하고자 한다. 내용기준은 학생들이 무엇을 알아야 하고, 무엇을 해야 할 것인가를 구체화한 것이다. 내용기준은 지식과 기능, 사고력, 학습(working), 의사소통, 논리적 사고, 그리고 학교에서 가르치고 배워야 하는 학문으로부터 온 본질적인, 그리고 가장 중요하고 영속적인 아이디어, 개념, 쟁점, 딜레마, 지식을 포함한다. 수행기준이란 얼마나 잘 했으면 잘했다고 할 것인가를 구체화한 것이다. 수행기준이란 내용기준을 숙달하였다는 것을 판단하기 위해 요구되는 증거의 종류, 예를 들어 수학적 증명, 과학실험, 프로젝트, 시험 혹은 복수의 증거와 숙달을 판정(성취 혹은 'A' 학점)할 수 있는 학생 수행의 질을 규명한 것이다.

벤치마크란 일반적인 언어로 표현된 기준을 발달적으로 적합하게 그 의미를 규정한 것으로, 기준을 지식과 기능으로 상세화하고 구체화하여 표현한 것이다. 마르차노(Marzano)와 켄들(Kendall)이 든 예를 보면 과학의 기준은 네 수준의 벤치마크, 즉 K-2, 3-5, 6-8, 9-12로 구분된다. 그리고 각 수준의 벤치마크는 학년별로도 상세화와 구체화가 가능하다.

그러나 이러한 기준 운동은 학교에서 가르쳐야 할 교과의 내용이 중요하고 생성력이 있는 것인가 하는 반성을 야기하였으며, 한편으로는 학문중심 교육과정으로의 회귀라고 평하기도 한다. 또 다른 한편에서는 그것이 정말 중요하고 핵심적인 내용을, 전이력 있는 내용을 담고 있는가라는 점에서 회의적인 평가를 내린다. 그러나 기준 운동에서 중요한 것은 학교에서 가르쳐야 할 '최선의 내용'을 담으려는 노력이 계속되고 있다는 점이다.

현재 거의 모든 교과의 기준이 국가수준(엄밀히 말하면 국가수준의 교과교육학회 혹은 교사교육협의회를 의미), 주 수준에서 만들고, 이에 기초한 학교 교육과정이 개발되어 사용되고 있다. 기준에 포함된 내용이 해당 교과의 성격을 반영하는 중요하고도 핵심적인 지식인가에 대한 평가가 진행 중이지만 적어도 학문적 내용(academic content)과 학문적 기대를 표현하고 있다는 점에서 긍정적 평가가 나오고 있다.

기준 운동의 요지는 학문적 성과 중에서도 핵심적이고 중요한 것을 서로 관련짓는 방식으로 교과의 내용을 정비하고 기준 운동으로 나타내고, 이를 학생들에게 의미 있는 방식으로 실생활 맥락 속에서 이해하게 하며, 다시 이해한 것을 사용하여 창의적으로 문제를 해결하게 하여 학교에서 가르치는 내용을 초월할 수 있도록 한다는 것이다.

미국의 국가과학교육기준에서 그 구체적인 예를 살펴볼 수 있다. 국가과학교육기준에서는 과학교육기준을 여섯 가지로 나누어 기술하고 있는 데, 그것은 다음과 같다(NCSESA, 서혜애 외, 2000).

① **과학교수기준**: 각 학년의 과학 교사가 무엇을 알아야 하고, 또 무엇을 할 수 있어야 하는지를 기술
- 탐구 중심의 과학 프로그램 계획
- 학생들의 학습을 안내하고 촉진하는 활동
- 교수 및 학습에 대한 지속적인 평가
- 학생들이 과학을 배울 수 있는 환경의 조성
- 과학 학습자 공동체의 육성
- 학교 과학 프로그램의 계획과 개발, 실행, 개설

② **과학교사 교육기준**: 교사들의 지식과 기능을 계발하기 위한 이상을 제시
- 탐구를 통한 과학 내용의 학습
- 과학에 대한 지식과 학습, 학생에 대한 지식의 통합
- 평생학습을 위한 이해와 능력의 계발
- 전문성 계발 프로그램의 일관성과 통합성

③ **평가기준**: 수행된 평가의 질을 판단하기 위한 준거를 제공
- 정보제공을 위한 평가계획과 평가수행의 일관성
- 과학학습 성취 및 학습기회의 평가
- 수집된 자료의 기술적 질과 그 자료에 근거한 활동 결과 사이의 일치
- 평가수행의 공정성
- 학생의 성취 및 학습기회에 대한 평가에서 도출된 추론의 타당성

④ **과학내용기준**: 유치원으로부터 12학년(K-12학년)까지의 과정을 통해, 자연과학 분야에서 학생들이 무엇을 알아야 하고, 무엇을 할 수 있어야 하는지를 제시
- 과학의 통합 개념과 과정
- 탐구로서의 과학
- 물상 과학
- 생명 과학
- 지구와 우주 과학
- 과학과 기술

[표 8-2] 국가과학교육기준의 내용 기준

| 영역 | 수준 | | |
|---|---|---|---|
| | K-4 | 5-8 | 9-12 |
| 탐구로서의 과학 | 과학적 탐구에 필요한 능력<br>과학적 탐구에 대한 이해 | 과학적 탐구에 필요한 능력<br>과학적 탐구에 대한 이해 | 과학적 탐구에 필요한 능력<br>과학적 탐구에 대한 이해 |
| 물상과학 | 물체의 성질과 물질<br>물체의 위치와 운동<br>빛 · 열 · 전기 · 자기 | 물질의 성질과 성질의 변화<br>운동과 힘<br>에너지의 전달 | 원자의 구조<br>물질의 구조와 성질<br>화학반응<br>운동과 힘<br>에너지 보존과 무질서의 증가<br>에너지와 물질의 상호작용 |
| 생명과학 | 생물의 특성<br>생물의 생활사<br>생물과 환경 | 생물체계의 구조와 기능<br>재생과 유전<br>조절과 행동<br>개체군과 생태계<br>생물의 다양성과 적응 | 세포<br>유전의 분자적 기초<br>생물학적 진화<br>생물계의 물질 · 에너지 · 조직<br>생물의 행동 |
| 지구와 우주과학 | 지구물질의 성질<br>하늘의 물체<br>지구와 하늘의 변화 | 지구의 구조<br>지구의 역사<br>태양계의 지구 | 지구의 에너지<br>지질화학적 순환<br>지구의 기원과 진화<br>우주의 기원과 진화 |
| 과학기술 | 자연물과 인공물의 구분 능력<br>기술적 설계 능력<br>과학과 기술에 관한 이해 | 기술적 설계 능력<br>과학과 기술에 관한 이해 | 기술적 설계 능력<br>과학과 기술에 관한 이해 |
| 개인적 · 사회적 관점의 과학 | 개인적 건강<br>인구의 특성과 변화<br>자원의 형태<br>환경의 변화<br>지역의 과학과 기술 | 개인적 건강<br>인구 · 자원 · 환경<br>자연의 위험<br>위험과 이익<br>사회의 과학과 기술 | 개인적 · 사회적 건강<br>인구성장<br>자연자원<br>환경의 질<br>자연적 · 인공적 위험<br>지역적 · 국가적 · 세계적 과학과 기술 |
| 과학의 역사와 본성 | 인간 노력으로서의 과학 | 인간 노력으로서의 과학<br>과학의 본성<br>과학의 역사 | 인간 노력으로서의 과학<br>과학지식의 본성<br>역사적 관점 |

- 개인적 · 사회적 관점의 과학
- 과학의 역사와 본성

또한 이 내용기준은 수준으로 나누어 수준별 도달해야 할 목표를 제시하였다.

⑤ **과학교육 프로그램 기준**: 질 높은 학교 과학 프로그램을 제공하기 위해 필요한 조건을 기술

- 과학 프로그램과 다른 기준과의 일관성 및 과학 프로그램의 학년 간 일관성
- 학생들의 발달 단계에 적합하고, 흥미로우며, 학생들의 삶과 관련되고, 탐구중심으로 조직되며, 다른 교과목과 연계된 다양한 교육과정 속에 모든 내용 기준을 포괄함
- 과학 프로그램과 수학 교육의 조화
- 모든 학생에게 적절하고 충분한 자료 제공
- 모든 학생에게 기준을 배울 수 있는 동등한 기회 부여
- 교사를 격려하고, 지원하고, 지지하는 공동체의 육성

⑥ **과학교육 체제 기준**: 과학교육 체제 전반의 수행을 판단하는 준거로 구성

- 과학교육 관련 정책과 교수기준, 전문성 계발기준, 평가기준, 내용기준, 프로그램 기준과의 조화
- 관련 부처, 기관, 조직 상호간 과학교육정책의 조화
- 과학교육정책의 지속성
- 과학교육정책을 뒷받침하기 위한 자원의 제공
- 과학교육정책에 반영된 평등성
- 과학교육정책이 과학교육에 미칠 수 있는 예기치 않은 효과
- 기준에서 제시하는 과학교육의 새로운 이상을 실현하기 위한 개개인의 책임

그러나 이러한 기준 운동을 주도하였던 라비치(Ravitch, 2010)는 최근에 입장을 크게 바꾸어 교육개혁이 원래 목표에서 벗어나 있음을 발견하고 성적 올리기로 변질되고 있는 기준 운동과 시장 만능주의에 도취된 학교선택제에 대한 문제들을 지적하고 나섰다. 성공적인 교육을 위해서는 철저하고 진보적인 교육과정을 개발하고, 모든 학생에게 동등한 배움의 기회를 제공해야 하며, 필요한 시설과 자재뿐만 아니라 경제적 자원도 필요하다는 것이다. 나아가 학생은 배울 자세가 돼 있고 교사는 가르칠 준비가 돼 있는 강력한 의지를 갖춘 사회가 뒷받침되어야 한다고 주장하고 있다.

# 7 내러티브 교육과정[1)]

인간은 언제나 특정한 시간, 공간과 상황 속에서 존재하며, 한 사람으로서의 교사나 학생은 자신의 경험, 정신과 신체, 그리고 의도 속에서 이야기를 하고, 다시 그 이야기를 계속해서 재구성하면서 의미를 형성해 나가고 자신의 교육과정을 구성해 나간다. 교육과정은 경험과 상황, 상호작용, 시간과 공간의 모든 측면을 고려해야 하며 여러 상황 속에서 경험된 무엇이다. 이런 점에서 내러티브와 교육과정과의 관계는 총체적이다. 따라서 내러티브는 교육의 과정 전반, 즉 교육목표, 내용선정과 조직, 교수방법, 평가의 문제와 관련되어 있다.

첫째, 교육목표의 문제다. 내러티브 사고는 교육목표에 많은 시사를 준다. 내러티브는 서술형식일 뿐만 아니라 특정 영역적 사고에 적합한 인지도구 내지 사고양식이다. 이런 점에서 볼 때 교육목표는 내러티브 사고의 성장을 촉진하는 목표, 즉 내러티브 사고 기술과 관련된 지식, 능력과 태도를 설정하는 것이 필요하다. 이러한 목표는 이야기 구성 능력, 해석학적 사고 능력, 내러티브화(narrativising) 능력을 포함하며, 특히 브루너(Bruner, 1996: 125)는 내러티브 발견(narrative heuristics)을 강조하였다. 인지도구로서의 내러티브 형식이나 영역 특정적 사고방식에 부합하는 것으로서 내러티브는 결국 내러티브적 이해능력을 요청한다. 이것은 교과학습에서 상상력과 감정이입을 필요로 한다. 이와 관련하여 브루너(Bruner, 1996: 42)가 제시하고 있는 내러티브 능력을 기르기 위한 두 가지 방법(신화와 역사, 민담 등을 통해 정체성을 길러 주는 것과 소설을 통해 상상력을 높이는 일)을 고려할 필요가 있다.

둘째, 내용선정 및 조직의 문제다. 내러티브 사고양식의 교육내용은 크게 두 가지로 분석할 수 있다. 우선 교육내용 자체가 내러티브적 해석의 성격을 띠는 속성적 차원과 내러티브 사고양식 그 자체가 교육내용이 될 수 있는 대상적 차원이다. 전자는 교육내용을 구성하는 여러 차원의 것, 예를 들어 지식, 기능, 가치관 및 태도 등이 내러티브적 성격을 그 속성상 함축하고 있어야 한다는 측면인 반면, 후자는

1) 이 내용은 한국교육과정학회 편(2010). 강현석의 내러티브 교육과정 개발의 방향과 과제, 285-327을 참고한 것임

내러티브적 사고양식 그 자체가 교육의 과정에서 교수-학습의 대상으로서 기능할 수 있다는 것이다. 이와 관련하여 브루너(Bruner, 1996)가 제시하고 있는 내러티브 능력을 기르기 위한 두 가지 방법은 대상적 차원의 내러티브 교육내용이 될 수 있다. 자라나는 아이들이 정체성을 갖고 자신의 문화 속에서 한 위치를 발견하는데 내러티브 사고기술은 중요하며, 교육내용은 이것을 강조하여 내러티브를 만들며 이해하는 기술과 능력을 학교교육이 길러 주어야 한다. 결국 사고방식, 행위방식, 그리고 감정의 표현방식과 관련이 있는 학교의 교육과정이나 교과를 강조해야 한다.

내러티브 사고양식은 또한 나선형 조직을 해석할 수 있는 근거를 제공한다. 우리가 지식을 조직하고 경험하는 가장 자연적이고 초기적 방식은 내러티브 형식에 의해서 이루어진다. 나선형 교육과정의 아이디어를 초보적으로 이해하고 과도기를 거쳐 그 아이디어를 충분히 파악하는 일은 나선형의 아이디어를 스토리나 내러티브 형식으로 구체화하는 일에 의존한다. 의미를 전달하는 사태의 계열로서 내러티브는 과학적 설명에 의해 증명되는 것이 아니라 그럴듯한 인간의 의도적 세계를 이야기처럼 다양하게 해석하는 것이다. 결국 이야기 구조로서의 내러티브에 주목한다면 내용, 즉 학교교과를 이야기 형태로 조직하는 것(Egan, 1986)이 요청되기도 한다.

셋째, 교수-학습방법의 문제다. 교수는 기본적으로 의미를 만드는 것에 관한 것이다(Gudmundsdottir, 1991: 216-217). 교사는 그들이 가르치는 내용 속에서 자신을 위해서 의미 만들기를 해야 하며, 자신의 사적인 의미를 학생이 이해할 것이라고 느끼는 형식으로 전환해 주어야 한다. 이것을 하기 위하여 교사는 교수내용지식을 필요로 한다. 교수는 하나의 스토리를 쓰는 것과 같다. 교수를 이해한다는 것은 하나의 스토리를 해석하는 데에 도달하는 것과 같은 것이다(Polkinghorne, 1988: 142). 이런 점에서 내러티브가 수업의 소재, 전달 수단, 수업 내용, 인식의 도구(김한종, 1999)로 활용할 수 있다. 수업의 내용으로서 내러티브는 수업의 소재로써 이야기나 사건, 즉 교사가 가지고 있는 수업의 소재에 관한 내용 지식이 변형 과정을 거쳐서 만들어진 것이다. 대부분의 교사는 자신이 가장 잘 아는 부분에 대해서 설명을 길게 한다. 인식도구로써 내러티브는 경험의 흐름을 이해할 수 있게 한다. 내러티브는 무수히 많은 내적 관계를 맺고 있는 일련의 사실을 하나의 이야기로 인식하게 되는데, 이것이 사태 인식의 기본적 성격이다.

이야기 구조는 학생들의 내적 지식에 이야기의 전형적인 구조를 형성하는 스키마로서, 학습에서 이야기를 이해하도록 안내하는 인지적 구조 역할을 한다(이흔정, 2003: 42). 이건(Egan, 1986)의 이야기하기로서의 수업(teaching as story telling) 모형에서 수업은 달성해야 할 목표의 집합체가 아니라 좋은 이야기다. 요컨대, 내러티브 관련 수업에서는 소극적인 방법으로는 기존의 내러티브 구조를 가지고 있는 이야기를 활용하여 수업을 전개하는 것이며, 보다 적극적인 방법으로는 수업의 전개 자체를 내러티브식 구조로 조직하는 것이다. 더 나아가 이야기식 구조를 가지지 않는 사건을 내러티브 구조로 조직하는 수업모델이 개발되어야 한다.

끝으로 평가의 문제다. 내러티브에 대한 폭넓은 이해와 함께 새로운 평가방법이 필요하다. 내러티브는 우리가 이미 아는 것에서 유도되며, 이것을 넘어서 더 멀리 나아가도록 허용해 준다. 즉, 우리가 이미 마주친 적이 있는 개별적인 사실을 넘어서 더 포괄적인 미지의 무엇을 깨우칠 수 있게 한다. 이것을 '지식의 구조' 라고 한다. 이것을 얻게 되는 것은 우리 인생에서 귀중한 기쁨이며, 학습의 위대한 개가일 것이다. 평가를 통해 학습자에게 이것을 체험하도록 해 주어야 한다. 훌륭한 과학 수업을 참관하다 보면 '적을수록 더 좋다(less is more)'는 교훈을 깨닫게 된다. 우리가 지향하는 과학과 교육과정, 학습계획, 수업실제, 혹은 교육연구의 핵심부에는 늘 이 진부하고도 당연한 지침이 들어 있다. 그런데 좋은 이야기란 바로 최소한을 가지고 최선의 성과를 얻는 경로다. 또한 이미 알고 있는 것을 가지고 생각하는 것을 배울 수 있게 한다. 이를 통해 과학 만들기가 진행된다. 그러므로 이것이 과학교육을 평가하는 첫 번째 기준이 되어야 한다. 그러기 위해서는 과학교육 현상과 방법에 있어서의 내러티브 위치를 먼저 폭넓게 이해할 필요가 있다(Bruner, 1996: 121-129).

내러티브 교육과정의 의미는 여러 가지로 해석할 수 있다. 즉, 어느 특정 측면을 강조하여 내러티브 교육과정의 의미를 구성할 수 있다. 이들 측면을 그 구체성의 정도에 따라 몇 가지로 제시해 보면 다음과 같다. 첫째, 내러티브가 곧 교육과정이며(Bruner, 1996), 교육과정은 단순히 내용 그 자체보다는 내용에 대한 해석을 의미한다(Doyle & Carter, 2003). 둘째, 교육의 과정과 교육과정의 공통요인(common places)인 교사, 학생, 교재, 환경이 내러티브 혹은 내러티브 사고양식에 의해 재개념화 될 수 있다(Conle, 2003). 셋째, 교육과정 내용이 내러티브 인식론에 의해 정당화된다(Polkinghorne, 1988; Clandinin & Connelly, 2000). 넷째, 교육과정 내용선정과 조직이 내러티브와 이야기 구조를 통해 가능하다는 점이다(Lauritzen & Jaeger, 1997). 다섯째, 교육과정의 양태, 즉 편성과 운영의 구조가 내러티브 성격을 지닌다는 점이다(McEwan & Egan, 1995). 여섯째, 교육과정, 즉 학습의 수단이 내러티브라는 관점(narrative learning)이다(Bigge & Shermis, 1999).

이상의 측면을 가장 포괄적으로 보면 내러티브가 곧 교육과정이라는 점이다. 내러티브 자체가 교육과정을 의미하고, 교육과정이 곧 내러티브의 의미로 재개념화 될 수 있다는 것이다. 이러한 의미는 결국 교육의 과정이 내러티브 혹은 내러티브 사고양식에 의해 재개념화 될 수 있다는 것을 의미한다. 따라서 교육과정에서 핵심적인 교육과정 내용이 내러티브 인식론에 의해 정당화되는 관점이다. 구체적으로는 교육과정 내용선정과 조직이 내러티브를 통해 가능하다는 것이다. 이러한 과정을 거치면서 결국 교육과정의 편성과 운영의 논리가 내러티브적 성격을 지니게 된다. 이러한 교육과정의 체계 속에서는 학교 학습 자체가 내러티브라는 수단을 통해 이루어진다. 따라서 이상의 측면을 종합해 보면 내러티브 교육과정은 내러티브를 통해 학생의 학습기회를 구성적이고 해석적으로 조직하여 지식과 경험을 지속적으로 재구성할 수 있도록 해 주는 구조를 의미하는 것으로, 내러티브 자체가 곧 교육과정을 의미하는 것이다.

## 장 요 약 »

최근에 교육과정과 관련한 다양한 움직임이 등장하고 있다. 교육개혁과 변화의 개선으로 논의되는 내용이 어떤 경우에는 교실 실제에 직접적인 영향을 두기도 하며, 많은 논쟁점을 야기하기도 한다. 그리고 교육과정 동향은 내용 면이나 국가별로 매우 다양하게 전개되기 때문에 그 범위를 제시하기가 어렵다. 이하에서 제시하는 것은 평범한 것도 있으며, 현재 진행 중인 것도 있다.

제7차 수준별 교육과정과 현행 교육과정의 도입으로 교육과정 차별화에 대한 논의가 많이 전개되었다.

① 교육과정 차별화 혹은 교육과정 분화는 교육과정 이수자의 여러 차원에 적합하게 교육과정 이수 양태를 매우 다양하게 차별화하여 수준에 따라 분화시키는 것이다. 교육과정 차별

화는 교육대상이나, 여러 요인에 의해 이수해야 할 교육과정을 분화시키는 것으로 일종의 계열화의 성격을 지니고 있다. 고등학교 수준에서는 학생들의 다양한 필요와 흥미, 진로에 따라 일반계와 실업계 고등학교 외에도 다양한 특수목적 고등학교, 특성화 고등학교(Magnet school), 대안학교(Alternative school) 등이 설립되어 각 학교가 다양하게 차별화된 교육과정을 개발하여 운영하고 이를 지원하는 학생들에게 자연스럽게 교육과정이 차별화되도록 한다. 고등학교 수준에서는 학생들의 개성도 더욱 다양화되고 학업성취수준도 폭넓어지므로 학생들의 진로, 필요, 흥미에 따라 학교 간의 교육과정 차별화를 지향하는 것이 현실적인 방안이다.

각 학교에 교육과정 운영의 자율성을 부여하는 것과 더불어 교육수요자인 학생과 학부모에게 학교선택권을 주어야 한다. 학생들이 다양하게 개발되어 있는 각 학교의 교육과정을 참고로 하여 자신의 필요와 흥미, 능력, 적성에 따라 학교를 선택할 수 있어야 한다. 또한 교육수요자의 학교선택은 각 학교들로 하여금 교육과정 개발에 대한 적극적인 의지와 교사들의 수업개선에 대한 열의를 고무시키고 자극할 수 있다. 이는 자율과 경쟁을 통한 교육의 질과 교육의 경쟁력을 회복할 수 있는 방법이며 수요자중심의 교육으로 전환되는 것이다.

② 학습자중심 교육과정은 학습자에게 선택의 권한을 부여하며, 학습자의 필요를 반영하며, 학습자의 적성, 호기심, 관심사를 반영하려고 노력한다.

지식은 인식의 주체에 의해 구성되며, 맥락적이고, 사회적 협상을 통해 형성된다고 보는 ③ 구성주의 교육과정 입장이 각과 교육에서 강조되고 있다. 주로 인지적 구성주의, 사회적 구성주의 입장에서 지식의 구성 과정과 학습자와 수업전개, 수업환경의 구성의 문제를 다양하게 논의하고 있다.

④ 선택교육과정은 제7차 선택중심 교육과정과 최근 교육과정 개정에 의해 각광을 받고 있으며, 그간 공통필수 교육과정이나 수준별 교육과정에 비해 관심을 받지 못하였다. 선택교육과정은 학생에게 과목선택권한을 최대화 하지만 선택의 주체가 학생 이외에도 국가, 교육청 등이 있으므로 합리적인 선택이 필요하다. 여러 나라에서도 다양한 선택교육과정이 운영되고 있다. 특히 교육과정의 구조, 선택권한의 배분, 교과목 이수체계, 운영상의 요인 들이 다소 상이하므로 선택교육과정의 편성과 운영에서는 다양한 요인을 적절하게 고려할 필요가 있다. 그러나 학생의 선택권한은 교육자의 입장에서 교육권과 상충할 가능성이 있으므로 균형적인 교육과정 개발이 필요하다.

⑤ 교육과정 통합에 대한 의미가 지금까지 다양하게 제시되고 있지만 학습자에게 일어나는 학습의 통합과 학습자의 인격의 통합이 교육과정 통합 노력의 궁극적인 목적이 된다는 점에서 공통적이다. 즉, 시간과 공간적으로 달리한 학습경험이 상호 관련되어 의미 있게 모아져서 하나의 전체로서 학습이 이루어지게 하고, 나아가서 학습자의 인격이 성숙되는 결과를 가져오도

록 하는 모든 과정이라고 볼 수 있다. 이렇게 교육과정을 통합하는 과정에서 종전에 전통적으로 각 학문 또는 지식의 체계에 따라 분화된 교과 중심으로 학습경험을 선정하고 조직하던 것에서 탈피하여 전통적 교과 간의 벽을 고려하지 않고, 보다 광역화하여 각 교과의 지식이나 경험을 재구성하여 학생의 흥미, 문제 중심으로 구성한 통합교과가 나오게 되었다. 통합방법에는 보통 교육과정이 다루는 범위 및 통합의 정도에 따라 개별교과(separate subject), 광역교과(broad fields), 프로젝트(project), 중핵교과(core), 통합교과(integration) 등의 다섯 가지 접근 방법으로 구분하고 있다. 그리고 통합을 위한 접근으로는 일반적으로 논의되는 네 가지 범주, 즉 학문 분야, 언어 및 문학, 주제, 쟁점을 통한 통합이 있다.

⑥ 기준 교육과정 운동은 교과내용을 엄선하고 성취수준을 향상시켜 보려는 의도에서 출발하여 구체적으로는 내용기준(content standards), 수행기준(performance standards), 벤치마크(benchmarks) 등을 설정하고자 한다. 내용기준은 학생들이 무엇을 알아야 하고, 무엇을 해야 할 것인가를 구체화한 것이다. 수행기준이란 얼마나 잘 했으면 잘 했다고 할 것인가를 구체화한 것이다. 벤치마크란 일반적인 언어로 표현된 기준을 발달적으로 적합하게 그 의미를 규정한 것으로, 기준을 지식과 기능으로 상세화하고 구체화하여 표현한 것이다. 기준 운동의 핵심은 학문적 성과 중에서도 핵심적이고 중요한 것을 서로 관련짓는 방식으로 교과의 내용을 정비하고, 이를 학생들에게 의미 있는 방식으로 실생활 맥락 속에서 이해하게 하며, 다시 이해한 것을 사용하여 창의적으로 문제를 해결하게 하여, 학교에서 가르치는 내용을 초월할 수 있도록 한다는 것이다.

⑦ 내러티브 교육과정은 인간의 다양한 사고양식을 강조한다. 특히 내러티브 사고의 성격에 주목하여 교육과정을 새롭게 바라보는 최근의 동향을 대표하고 있다. 인간의 이야기 구성에 대한 행위를 강조하며 이야기 구성을 통한 의미 창조와 경험의 이해 방식을 재개념화 하여 교육과정의 개발에 새로운 방안을 던져 주고 있다.

## 주요 개념

| | | | |
|---|---|---|---|
| 교육과정 차별화 | 트래킹(Tracking) | 구성주의 | 학습자중심 교육과정 |
| 학습자 요구와 필요 | 선택교육과정 | 통합교육과정 | 기준 교육과정운동 |
| 내용기준 | 수행기준 | 벤치마크 | 내러티브 교육과정 |
| NCLB법 | | | |

## 연습문제

1. 학습자 개인차에 부응하는 교육과정의 편성과 운영방법에 대해서 조사해 보시오.

2. 구성주의 교육과정의 입장에서 교과서 개발방법에 대해서 설명해 보시오.

3. 외국의 선택교육과정에서 알 수 있는 시사점에 대해서 설명해 보시오.

4. 교육과정에서 기준 운동이 등장하게 된 배경에 대해서 설명해 보시오.

5. 자신이 담당하게 될 교과목의 내용기준, 수행기준과 벤치마크를 알아보시오.

6. 자신의 교과 중 한 단원을 내러티브를 적용하여 재구성해 보시오.

7. 초·중등학교의 통합 교육과정 적용 실태를 조사해 보시오.

8. 최근 미국의 「낙오학생방지법(NCLB)」에 대한 비판과 시사점을 논의해 보시오.

제9장

# 교육평가의 의미

교육평가의 의미를 포괄적으로 이해하기 위하여 여기에서는 먼저 교육평가의 개념을 여러 학자의 개념 정의를 통해 파악해 보고 학교현장에서 교육평가와 유사하게 사용되고 있는 관련 용어를 살펴봄으로써 교육평가의 의미를 심도 있게 이해해 보고자 한다. 그리고 교육평가의 역사적인 흐름을 개괄적으로 파악해 보기 위해 교육평가의 역사를 살펴본다. 또한 교육평가가 교육활동에서 담당하는 주요 기능을 살펴보고 이러한 교육평가에는 어떤 유형이 있는지를 살펴본다.

## 1 교육평가의 개념

교육평가(educational evaluation)라는 용어는 학교현장에서 흔히 검사, 시험 등으로 널리 알려져 있는 용어이며, 이와 관련된 활동을 교육평가 활동이라 부르고 있다. 우리가 흔히 알고 있는 검사, 시험 등과 같은 용어는 교육평가의 개념과 유사하나 교육평가란 용어와 완전히 같은 의미는 아니다. 어떤 관점에서 보면 교육평가의 개념 속에 검사나 시험이라는 용어가 포함된다고도 볼 수 있다. 그만큼 교육평가의 개념은 매우 광범위한 의미를 담고 있다고 볼 수 있다.

교육평가의 개념을 이해하기 위해서 먼저 평가(evaluation)라는 용어의 의미부터 파악해 보기로 한다. 평가란 용어의 사전적 의미는 사물 또는 그 속성에 대한 가치 판단을 나타낸다. 따라서 여기서 우리가 먼저 알아야 할 것은 평가라는 용어의 의미 속에는 반드시 가치에 대한 판단이 들어가 있음을 알 수 있다. 만약 우리가 어떤 사람에 대해 '저 사람은 너무 정치적이야.'라고 판단을 내렸을 때 여기에는 '정치적'이라는 가치가 분명히 들어가 있는 것이다. 또 '저 학생은 수학 점수가 90점이므로 수학을 매우 잘 해.' 라고 판단을 했을 때 '수학을 잘 해' 라는 가치의 판단이 포함되어 있는 것이다. 이처럼 평가라는 용어를 이해할 때 명심해 두어야 할 것은 가치의 판단이 들어가 있다는 점이다.

평가라는 용어에서 가장 중요한 것이 가치의 판단이라고 볼 때 교육평가라는 개념은 교육이라는 활동에서 이루어지는 어떤 가치의 판단과 관련된 용어임을 알 수 있다. 이와 더불어 가치의 판단을 내리기 위해서는 반드시 일정한 기준이 있어야 한다. 이렇게 볼 때 교육평가라는 개념은 일정한 기준에 의거하여 일련의 교육활동 속에서 이루어지는 가치를 조사하여 판단하는 행위를 말한다.

### 1) 교육평가의 정의

앞에 제시된 교육평가의 일반적 의미에 덧붙여 교육평가의 개념을 좀 더 자세히 살펴보기 위해 교육평가의 정의를 유형별로 나누어 살펴보기로 한다. 이와 같은 개념 정의의 유형은 교육평가의 강조점이 어디에 있느냐에 따라 분류할 수 있다. 이는 크게 목표달성중심의 정의, 의사결정중심의 정의, 가치판단중심의 정의라는 세 가지 정의로 나눌 수 있다(김진규, 2002).

#### (1) 목표달성중심의 정의

목표달성중심의 교육평가는 타일러(Tyler)식 정의로서 교육 또는 수업활동을 통해 교육 또는 수업목표가 어느 정도 달성되었는가에 초점을 두는 정의다. 이것은 교육평가란 교육 또는 수업목표를 평가의 기준으로 삼아 교육 또는 수업활동을 통해 달성된 성과 또는 결과를 측정하여 이에 대한 판단을 내리는 활동으로 정의하는 것이다.

결국, 이 정의에서 가장 중요한 것은 교육 또는 수업의 과정(process)이라기 보다는 교육 또는 수업의 결과(result) 또는 성과(outcome)이므로 교육평가 활동이 매우 명확하게 이루어질 수 있는 장점이 있다. 그러나 만약 교육 또는 수업목표가 잘못 설정되어 진술되었을 때는 이것이 교육평가의 결과에도 영향을 미칠 수 있기 때문에 교육 또는 수업목표의 설정 및 진술에 유의해야 한다는 단점도 있다. 목표달성 중심의 교육평가의 정의는 가장 전통적이고 고전적인 정의라고 볼 수 있다.

#### (2) 의사결정중심의 정의

의사결정중심의 교육평가는 교육평가를 교육 또는 수업과 관련된 합리적인 의사결정을 내리는 데 필요한 정보를 수집하는 일련의 활동 또는 과정으로 정의하고 있다. 이러한 정의는 교육 또는 수업활동의 결과나 성과뿐만 아니라 일련의 교육 또는 수업활동의 과정에 대한 정보를 수집하는 것도 교육평가의 개념 속에 포함시키고 있어 교육평가의 개념을 보다 넓게 정의하고 있다. 크론바흐(Cronbach)나 스터플빔(Stufflebeam)과 같은 학자가 이러한 정의에 속하는 대표적인 학자다.

그리고 이 정의에서는 의사결정에 필요하다면 교육 또는 수업의 성과뿐만 아니라 정책, 제도, 시설, 재정 등과 같이 교육에 투입되고 운영되는 투입(input)과 과정에 대한 정보도 수집하여 활용할 것을 강조하고 있다. 따라서 이러한 정의는 교육 또는 수업활동의 결과 또는 성과에 치우친 나머지 판단을 내리기까지의 정보수집의 활동이나 과정에 초점을 둘 수 있다는 장점을 가지고 있다. 그러나 판단을 내리기 위한 개관적인 기준이 모호하여 자칫하면 교육평가의 개념이 정보수집 활동의 개념과 구분하기 어려운 단점이 있다.

#### (3) 가치판단중심의 정의

가치판단중심의 교육평가는 교육 또는 수업과 관련된 어떤 대상의 장점, 질, 가치 등을 판단하는 과정과 그 산물로 교육평가를 정의하고 있다. 따라서 이러한 정의에서 교육평가의 과정은 먼저 평가의 기준을 설정하고 관련된 정보를 수입한 다음 그 평가의 기준을 적용하여 특정 대상의 가치나 유용성, 효과성, 효율성, 중요성 등을 판단하는 것이다. 이 정의에 속하는 대표적인 학자에는 스크리븐(Scriven)과 스테이크(Stake) 등을 들 수 있다.

## 2) 교육평가의 구성 요소

앞에서 보았듯이 교육평가의 개념은 그 초점이 어디에 있느냐에 따라 혹은 그 목적이 어디에 있느냐에 따라 다양하게 정의할 수 있다. 그러나 교육평가의 개념을 이해하기 위해 반드시 필요한 구성 요소가 있다. 교육평가의 개념을 구성하는 요소에는 평가목적, 평가주체, 평가대상, 평가기준, 평가방법이 있다(채선희, 1998).

### (1) 평가목적

모든 평가에는 반드시 그 목적이 존재하며 '왜' 평가를 해야 하는가와 관련된 요소다. 예를 들면, 학생들의 학업성취도를 평가하기 위해서는 반드시 평가의 목적이 있어야 하며, 학교를 평가하기 위해서도 반드시 평가의 목적이 있어야 한다. 이처럼 평가목적은 교육평가의 구성 요소 중에서 가장 중요하며 가장 우선적으로 고려되어야 할 요소인 것이다.

평가목적은 평가활동의 출발점이 되며, 이것은 평가주체, 평가대상, 평가기준, 평가방법 등 평가활동 전반에 직접적 · 간접적으로 영향을 미친다. 따라서 평가목적은 평가활동 전반에 걸쳐 성공적인 평가가 이루어질 수 있도록 해 주는 지침의 역할을 한다.

### (2) 평가주체

평가주체는 '누가' 평가를 담당하느냐의 문제와 관련된 구성 요소다. 평가의 주체는 평가의 목적에 근거하여 결정되기도 하지만 외부에 의해서도 결정되기도 한다. 보통 평가의 주체는 사람이 담당하게 되는데 평가의 주체가 되기 위해서는 먼저 평가의 목적을 분명히 인식하고 있어야 하며, 나아가 평가절차, 평가방법, 평가결과 분석 등과 같은 평가에 대한 전문지식을 갖추고 있는 사람이어야 한다.

### (3) 평가대상

평가대상은 '무엇'을 평가하느냐의 문제다. 구체적으로 무엇은 사람이 될 수도 있고 사물이 될 수도 있다. 예를 들어, 학생이 평가의 대상이 될 수 있으며 학교, 시설물, 조직 등이 평가의 대상이 될 수 있다. 그러나 실제 평가 활동으로 들어가면

막연히 학생, 학교, 조직 등이 평가대상이 되기보다는 더욱 구체적인 것이 평가의 대상이 된다. 즉, 학생의 성취도, 태도, 능력 등이 평가의 대상이 되며, 학교의 조직, 예산, 시설 등이 평가의 대상이 된다.

무엇이 평가의 대상이 되느냐 하는 것은 역시 평가의 목적, 평가의 주체 등에 의하여 결정된다. 구체적인 평가의 목적이 결정되고 이에 따라 평가의 주체가 결정되며, 또한 평가의 대상이 결정되는 것이다. 예를 들어, 중학생의 수학성취도 경향을 파악하는 것이 평가의 목적(평가목적)이라면 이에 의거하여 교사(평가주체)가 중학생들의 수학성취도 경향을 평가하게 되며, 그다음 구체적으로 중학생의 수학성취도 경향을 평가하기 위해 초등학교에서 중학교까지의 수학점수(평가대상)를 조사하여 분석한 후 평가하게 되는 것이다.

### (4) 평가기준

평가목적, 평가주체, 평가대상이 결정되면 그다음 고려해야 할 요소가 평가기준이다. 평가기준 요소는 '무엇에 의해'라는 문제다. 평가를 가치판단의 행위라고 정의할 때 여기에는 평가주체의 주관성이 개입될 여지가 있다. 이러한 주관성은 잘못하면 평가의 목적을 성공적으로 달성하는 데 악영향을 끼칠 수 있다. 따라서 분명하고 명확한 평가기준의 마련은 성공적인 평가활동에 있어서 필수불가결한 요소인 것이다.

평가기준은 평가목적, 평가주체, 평가대상에 따라 다양하게 설정할 수 있으므로 평가기준을 설정할 때 고려해야 할 중요한 사항은 평가기준의 신뢰성, 타당성, 객관성 등이 확보되어야 한다. 이를 위해서 평가의 주체는 평가의 목적과 평가대상에 대한 분석이 선행되어야 하며, 평가 전반에 대한 넓은 안목을 지니고 있어야 한다.

### (5) 평가방법

평가방법은 '어떻게' 평가할 것인가의 문제다. 이것은 평가의 목적과 기준에 의거하여 객관적이고 과학적인 평가방법을 결정하여 이를 실제 평가활동에 적용하는 것이다. 수없이 많은 평가방법 중 어떤 평가방법을 활용해야 하는가 하는 평가방법의 절대적인 선정기준은 없으므로 평가목적 및 평가대상을 충분히 고려하여 적절한 평가방법을 선정하여 사용해야 한다.

## 2 교육평가와 관련된 용어의 이해

교육평가라는 개념에서 평가라는 용어와 유사하게 사용되지만 구분이 되어야 할 용어가 몇 가지 있다. 평가와 자주 혼용되어 사용되고 있는 용어에는 측정이나 사정 등과 같은 것이 있다. 이들 용어를 좀 더 자세히 살펴보기로 한다.

### 1) 측 정

측정(measurement)의 사전적인 정의는 '무엇무엇에 숫자적인 양을 부과하는 것(assigning a numerical quantity to.)' 이다. 자나 초시계와 같은 도구는 높이나 속도 등을 알아보기 위해 사용되지만 많은 지적 능력이나 교육적 관심사가 되는 것의 양화는 직접적으로 측정되기보다는 간접적으로 측정된다. 따라서 전형적으로 검사(test)가 지능이나 능력의 수준과 같은 차원을 측정하기 위해 사용된다(Choppin, 1990).

그리고 측정은 본질적으로 가치가 없다는 점에서 가치 중립적인 개념이다. 길이나 무게와 같은 대상의 물리적 속성의 측정은 가치가 없으며 단순히 연구될 속성이다. 이와 비슷하게 행동과학에서 태도, 문제 해결, 기계적 추론 등과 같은 심리적 특성은 가치가 없다. 또한 교육분야에서 측정은 어떤 특성에 대해 개인 간 비교를 목적으로 이루어진다. 어떤 특성에 대해 측정한 결과를 가지고 개인과 개인을 상호 비교하기 위한 목적이 전통적인 측정의 개념 속에 내포되어 있는 의미다(Wolf, 1990).

이렇게 볼 때 측정은 어떤 행동이나 성격, 사물, 사건 등에 대해 양적으로 서술하는 것을 의미하며, 평가는 어떤 대상의 질이나 값, 가치 등을 판단하여 결정하는 것을 나타낸다. 요컨대, 평가와 측정은 그 과정에 가치가 적극적으로 개입하느냐의 여부에 따라 구분된다(김재춘 외, 2002).

측정과 평가라는 용어를 상호 비교하여 제시하면 〈표 9-1〉과 같다.

[표 9-1] 측정과 평가의 비교

| 측정 | 평가 |
|---|---|
| 가치 중립적(value-free) | 가치 지향적(value-oriented) |
| 대상의 특성을 수량화하는 것<br>(quantifying) | 대상의 가치를 판단하는 것<br>(value judging) |
| 개인의 기술(description)과<br>비교(comparison)를 목적으로 함 | 시행(treatment)의 효과를<br>기술하는 것을 목적으로 함 |

### 2) 사 정

사정(assessment, 査定)이라는 용어는 일반적으로 사람에게 적용할 때 사용된다. 이 용어는 정리하고(grading), 검토하고(examining), 검증하는(certifying) 것을 포함하는 활동을 말한다. 예를 들면, 특정 과목에 대한 학생성취도를 사정할 수 있고, 특정 직업에 대한 지원자의 태도를 사정할 수 있으며, 교사의 유능성을 사정할 수 있다(Choppin, 1990). 이와 같은 예에서 알 수 있듯이 사정은 다양한 증거의 비형식적인 종합에 기초하고 있어서 정보를 수집하여 종합하는 과정으로 보고 있다.

좀 더 구체적으로 아렌즈(Arends, 1994)는 사정을 정보를 수집하여 종합하는 과정으로 정의하고 있으며, 한국교육평가연구회(1995)는 다양한 측정 결과를 통하여 한 개인의 전체적인 모습을 조명하는 전인적 평가라고 정의하고 있다. 그리고 한국교육심리학회(2000)는 개인, 집단(기관), 또는 프로그램의 특성이나 수행수준에 관하여 정보를 도출하는 제반 절차로 규정하고 있다. 이처럼 학자마다 사정의 의미를 약간씩 다르게 규정하고 있으나 평가와 분명하게 구분하기가 어렵다는 것을 알 수 있다.

그러나 사정과 평가를 구분할 때 중요한 것은 그 목적이 어디에 있느냐에 초점을 둘 필요가 있다. 일반적으로 사정은 사람에 대한 정보를 수집하여 해석하도록 종합적으로 정리하는 데 그 목적이 있는 반면에, 평가는 수집한 자료를 바탕으로 하여 가치나 질을 판단하는 데 그 목적이 있다. 사정과 평가의 의미를 비교하여 제시하면 〈표 9-2〉와 같다.

[표 9-2] 사정과 평가의 비교

| 사정 | 평가 |
|---|---|
| 주로 사람에게 적용 | 사람, 조직, 기관, 프로그램 등에 적용 |
| 비형식적, 형식적 | 형식적 |
| 정보를 수집하여 종합하는 과정 | 가치 및 질 등을 판단하는 과정 |

### 3) 검 사

검사(test)란 시험, 고사 등과 같이 측정을 위한 도구이며 행동의 증거를 수집하는 도구라 하여 측정도구라고도 부른다. 즉, 인간의 내재된 잠재적 속성은 직접적인 측정이 불가능하기 때문에 간접적인 측정을 해야 하며, 이를 위해 사용하는 도구를 검사라고 부른다(성태제, 2003). 검사는 넓은 의미로 보면 개인의 특성을 측정할 목적으로 일정한 조건하에 미리 정해 놓은 문서나 자극을 제시한 다음 그에 대한 반응 및 성과를 어떤 기준을 근거로 하여 양적 또는 질적으로 비교 · 기술하는 조직적인 절차를 말하며, 좁은 의미로 보면 누가, 언제, 어디서 실시해도 검사의 내용과 실시, 채점, 해석방법이 동일하도록 표준화한 검사를 의미한다. 보다 자세한 내용은 11장 검사법에서 제시된다.

검사는 인간의 잠재적 특성을 측정하는 도구로써 측정 내용에 따라 매우 다양하다. 인간의 잠재적 특성은 크게 인지적 특성, 정의적 특성, 심동적 특성으로 구분할 수 있다. 인지적 특성은 인간의 지적 능력과 관련된 영역으로 지적 능력을 측정하기 위한 검사로 지능검사, 학업적성검사, 학업성취도검사가 있다. 정의적 특성을 측정하는 검사는 정의적 행동 특성이 다양하기 때문에 수많은 검사가 있다. 예를 들어, 성격검사, 흥미검사, 불안검사, 직업적성검사 등이 있다. 심동적 특성은 가시적 인간행동에 대한 것으로 일반적으로 점검표나 채점표에 의하여 측정된다.

이상에서 살펴본 세 가지 용어를 비교적 쉽게 구분하여 보면 [그림 9-1]과 같다. [그림 9-1]에 비추어 보면 검사는 자료수집 방법 중의 하나다. 자료를 수집하는 방법에는 무수한 도구가 존재한다. 그중에서 검사는 한 가지 방법일 뿐이다.

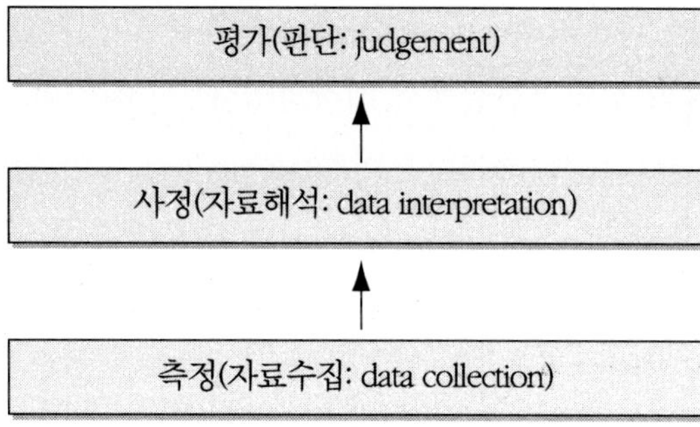


[그림 9-1] 용어의 강조점 차이

## 3 교육평가의 역사

하나의 전문분야인 교육평가에 대해 폭넓게 이해하기 위해서는 그 역사적인 흐름을 파악하는 것이 매우 중요하다. 이러한 역사의 이해는 교육평가의 뿌리뿐만 아니라 전체적인 동향을 이해하는 데 도움을 준다. 편의상 서구와 우리나라로 나누어 교육평가의 역사를 개략적으로 살펴보기로 한다.

### 1) 서구에서 교육평가의 역사

서구에서 교육평가의 역사는 크게 6단계로 나눌 수 있다. 그 6단계는 ① 개혁의 시대(1800~1900년), ② 효율성과 검사의 시대(1900~1930년), ③ 타일러 식 시대(1930~1945년), ④ 무지의 시대(1946~1957년), ⑤ 확장의 시대(1958~1972년), ⑥ 전문화의 시대(1973~1990년)다(Madaus, Scriven, & Stufflebeam, 1983). 각 발전 단계별로 주요 특징을 중심으로 해서 개략적으로 살펴보기로 한다.

#### (1) 개혁의 시대(1800~1900년)

이 단계는 산업혁명의 시기로써 급격한 경제적 · 기술적 변화가 있었던 시기였다. 이 시기에 영국과 미국을 중심으로 교육과 사회 프로그램을 개선하고자 하는 높은 관심이 있었다. 이러한 관심은 교육연구에서 실험주의로 나타났다. 이 실험주의의 철학과 방법은 인간행동의 정교한 관찰과 기록을 시작한 분트(Wundt)와 다른 독일 심리학자들의 심리실험실에서 시작하였다. 이 시기의 주요한 학자들로는 카텔(Cattell), 홀(Hall), 주드(Judd), 모이만(Meumann) 등이 있었다. 그리고 이들은 모두 심리측정(psychological measurement)의 문제에 깊은 관심을 가지고 있었다. 교육연구에서의 이러한 심리측정의 발전은 교육평가의 발전의 출발점이 된 것이다.

#### (2) 효율성과 검사의 시대(1900~1930년)

이 시기 동안 교육평가와 관련하여 두드러진 발전은 프로그램 효과에 대한 체계적 · 경험적 연구의 증가와 표준화 검사의 사용이었다. 이 시기 말에 학교평가를 전문으로 하는 센터가 많은 대학에 설치되었다. 이 시기에 표준화 검사의 높은 가용성과 빈번한 사용에도 불구하고 평가활동은 좁은 정보 요구와 질문에 집중되었다. 이러한 경향은 1960년대까지 지속되었다.

#### (3) 타일러식 시대(1930~1945년)

이 시기에 타일러의 연구는 교육평가분야의 연구에 커다란 영향을 미쳤다. 사실 현대적인 의미의 교육평가 연구는 1932년에서 1940년 동안 이루어진 8년 연구에 대한 타일러의 평가로 보는 사람이 많이 있다. 타일러가 도입한 평가의 개념은 이전의 단순한 비교연구보다 더 범위가 크고 실제적이었다. 이러한 타일러식 평가모형은 목표지향적(goal-driven)으로 널리 알려졌는데 프로그램이 목표에 도달한 정도에 평가의 초점이 있었다. 타일러는 교육제도의 입력보다는 성과에 초점을 맞추었고, 규준지향(norm-referenced)보다는 준거지향(criterion-referenced) 평가모형이었다. 이러한 타일러의 연구는 향후 교육과정, 측정, 평가의 개념에 지대한 영향을 미쳤다.

#### (4) 무지의 시대(1946~1957년)

이 시기에는 표준화 검사의 확대와 검사설계 및 채점기술에 있어서 높은 증진이 있었다. 교육평가는 여전히 좁은 요구와 질문에 집중되었고 목표지향적 평가모형이 계속되었으며, 타일러식 접근방법이 지배적이었다.

#### (5) 확장의 시대(1958~1972년)

1950년대 말부터 1960년대에 걸쳐 미국은 교육에서 연방 정부의 역할이 급격히 증가하였다. 이러한 경향은 1957년 소련의 스푸트니크의 발사에 의해 가속화되었고 연방정부 차원에서 교육과정 개발에 많은 노력을 기울였다. 이러한 노력은 유아교육뿐만 아니라 중등교육의 프로그램의 개발로 이어졌고 새로운 평가모형에 대한 요구가 증가하였다. 따라서 이 시기에 많은 새로운 평가모형이 개발되었다.

#### (6) 전문화의 시대(1973~1990년)

1970년대 중엽 이후 평가는 단순한 연구에서 벗어나 하나의 전문 분야로 나타났다. 많은 전문 저널이 나타났고 미국평가학회(American Evaluation Association)가 설립되었다. 그리고 평가분야의 많은 코스가 생겼으며 대학에서 학위과정이 생기게 되어 평가전문가를 양성하게 되어 지속적인 발전이 이루어졌다.

### 2) 우리나라에서 교육평가의 역사

우리나라에서 서구와 같은 비교적 과학적이고 체계적인 교육평가 연구가 도입된 것은 1950년대 무렵이었다(김재춘 외, 2002). 이 시기부터 서구의 교육평가 이론 및 방법이 소개되었고 많은 사람이 교육평가에 관심을 가지게 되었다. 이러한 발전은 특히 미국의 교육평가 발전과 무관하지 않았다. 1950년대에 이루어진 각종 표준화 심리검사의 제작 및 활용은 우리나라의 교육 및 측정 분야의 발전을 가속화시킨 계기가 되었다.

이와 더불어 타일러 식 교육평가 개념 및 모형이 도입되면서 교육평가 분야는 이론적으로 발전을 이루게 되었다. 그러나 서구식 평가 개념 및 모형의 도입에 따른 실천은 심리검사가 곧 평가라는 인식과 교육평가를 학생의 성적을 측정하는 것으로만 인식하게 되는 문제점도 야기하였다. 이러한 경향에 반하여 최근에는 결과에 치중한 평가보다는 수행평가 또는 질적 평가와 같은 과정을 중시하는 평가 개념 및 방법이 많이 연구되어 다양한 평가방법이 개발되어 활용되고 있다.

교육평가의 발전에 영향을 미친 우리나라의 교육역사에 나타난 주요한 사건을 살펴보면 크게 여섯 가지로 열거할 수 있다(김진규, 2002). 이를 개략적으로 살펴보면 다음과 같다. 첫째, 문교부에서 1955년 학적부를 생활기록부로 대체시키고 각급 학교에 행정적으로 처리하도록 법제화하였다. 둘째, 1950년에 들어와서 학생들의 행동 특성을 과학적으로 측정하기 위한 각종 표준화 심리검사가 개발되기 시작하였다. 셋째, 1976년에 중앙정부에서 준거지향(criterion-referenced) 또는 목표지향(goal-referenced) 평가방법을 공식적으로 도입할 것을 천명하였다. 넷째, 1984년에 한국교육학회 교육평가연구회의 창립으로 교육평가의 전문성이 강화되었다. 다섯째, 1985년 8월에 중앙교육평가원(국립교육평가원)이 설립되었다. 여섯째, 1998년 1월에 한국교육과정평가원이 정부출연기관으로 발족되어 국립교육평가원이 수행해 왔던 교육평가 기능을 승계하게 되었다.

이에 덧붙여 교육평가의 발전을 시기별로 정리해 보면 〈표 9-3〉과 같다.

## 4 교육평가의 기능

교육평가가 교육 분야뿐만 아니라 학교현장에서 담당하는 역할 및 기능은 매우 다양하다. 거시적인 관점에서 보면 교육정책의 효율성 또는 효과성의 점검 및 대

[표 9-3] 한국 교육평가의 시기별 발전

| 시기 | 특징 | 주요내용 |
|---|---|---|
| 제1기<br>(1945~1950년대 말) | 새로운 교육평가 개념 도입기 | • 교육평가에 대한 새로운 개념 도입<br>• 평가에 대한 과학적 접근(점수, 통계 등의 개념 이해/객관식 문항형식의 도입)<br>• 표준화된 지능검사의 도입 |
| 제2기<br>(1960~1975년대 중반) | 측정 중심 이론과 실천의 발달기 | • 측정 중심의 학문탐구 경향<br>• 다양한 표준화 검사의 개발 및 활용<br>• 학력평가를 교육과정 목표의 달성 정도를 측정하는 것으로 연계시키려는 노력 |
| 제3기<br>(1975~현재) | 교육평가 연구의 다양화 시기 | • 교육평가의 이론 및 실제의 발전을 위한 구조적 환경 조성(교육평가연구회 창립, 교육평가연구지 발간, 국립교육평가원 설립)<br>• 교육평가의 관심분야의 다양화 및 확대<br>• 측정 및 통계 분야의 새로운 전문인력 증가 |

출처: 김진규(2002), p. 164.

안 제시가 교육평가의 한 기능이 될 수 있고 미시적인 관점에서 보면 학교 교사가 학생들의 학습을 점검하고 확인하는 기능이 또한 교육평가의 한 기능이 될 수 있다. 이렇게 볼 때 교육평가의 기능을 일률적으로 규정하기가 어려울 정도로 무수히 많다고 볼 수 있다.

변창진 등(2001)은 평가의 대상이 되는 내용을 중심으로 분류하여 교육평가의 기능을 ① 교육요구 사정, ② 교육목표 선정, ③ 교육시설 확충, ④ 프로그램 개발, ⑤ 교육재정 지원, ⑥ 학교운영 개선, ⑦ 투자효과 분석, ⑧ 교육과정 운영, ⑨ 교육환경 보완, ⑩ 교육정책 수립, ⑪ 교육방법 개선, ⑫ 교정지도 실시, ⑬ 교육계획 수립, ⑭ 학습집단 편성, ⑮ 특별활동 운영, ⑯ 학습 결과 확인, ⑰ 학습동기 촉진, ⑱ 피드백 제공이라는 항목으로 열거하였다. 그리고 이중 학교현장에서 교사들이 실시하는 교육평가의 기능은 교육요구 사정, 교육목표 선정, 프로그램 개발, 학교운영 개선, 교육과정 운영, 교육환경 보완, 교육방법 개선, 교정지도 실시, 학습집단 편성, 특별활동 운영, 학습 결과 확인, 학습동기 촉진, 피드백 제공을 위한 것이라고 하였다.

한편, 김대현과 김석우(2003)는 교육평가의 기능을 ① 학습자의 학업성취도 평가, ② 학습 곤란점의 진단 및 치료, ③ 교육 프로그램의 교육적 효과 평가, ④ 진로지도를 위한 자료수집, ⑤ 교육정책 및 일반정책의 수립 조력으로 열거하였다.

이처럼 학자마다 다양하게 제시된 교육평가의 기능을 변창진 등(2001)은 ① 형성적 기능, ② 총괄적 기능, ③ 전략적 기능이라는 세 가지로 일목요연하게 재분류하고 있다. 이들이 분류한 세 가지는 교육평가의 기능을 이해하는 데 유용하므로 좀 더 자세히 살펴보기로 한다.

### 1) 형성적 기능

교육평가의 형성적 기능(formative function)이란 새로운 교육과정이나 수업전략을 개발하기 위한 또는 현재 사용하고 있는 교육과정, 프로그램, 지도방법, 학교시설, 학교운영 등을 수정 · 보완 · 개선하기 위한 방안을 탐색 · 결정하는 데 필요한 정보를 수집할 목적으로 실시하는 평가를 말한다. 형성적 기능은 교육과정에서 나타난 문제점을 확인하여 수정 · 보완하거나 보다 좋은 교육내용, 교육방법, 교육환경 등을 개발하기 위해 어떤 교육적 조치를 집행하기 전에 또는 그 교육행위가 수행되는 도상에서 실시하는 평가의 기능이라고 해서 흔히 교육평가의 전향적 기능(proactive function)이라고도 한다.

따라서 교육요구 사정, 교육목표 선정, 교육정책 수립, 학습집단 편성에 필요한 정보를 수집하기 위한 평가의 기능은 전향적 평가의 기능이며, 프로그램 개발, 교육방법 개선, 피드백 제공, 교정지도 실시, 특별활동 운영에 필요한 정보를 수집하기 위해 실시하는 평가의 기능 역시 전향적 평가의 기능에 속한다. 이렇게 볼 때 교육평가의 형성적 기능의 주된 초점은 개발, 수정 · 보완, 대안탐색 등에 있다고 할 수 있다.

### 2) 총괄적 기능

교육의 최종 성과를 평가하거나 자격인정, 선발, 교육을 계획하고 실행한 당사자의 책무를 밝힐 목적으로 실시하는 평가를 교육평가의 총괄적 기능(summative function)이라고 한다. 총괄적 기능은 어떤 교육적 조치나 활동이 끝난 시점에서 실시하는 평가의 기능이므로 후향적 기능(retroactive function)이라고도 부른다.

따라서 개발된 최종 프로그램의 효율성을 확인 · 검증하기 위한 평가나 일정 기간 교육이 끝난 다음 개개 학생들의 성취도를 측정하는 평가는 모두 평가의 후향적 기능에 속한다. 또한 소정의 교육이 종료된 후에 자격을 판정하기 위해, 일정 인원을 선발하기 위해, 또는 교육적 성과에 대한 교사의 책무성을 밝힐 목적으로 실시하는 평가도 모두 평가의 후향적 기능에 속한다. 이렇게 볼 때 교육평가의 총괄적 기능의 주된 초점은 선발, 자격인정, 책무확인 등에 있다고 할 수 있다.

### 3) 전략적 기능

교육평가의 전략적 기능(strategical function)이란 단순히 학생들의 주의를 환기시키고, 학습동기를 유발하거나 지역사회 및 학부모에게 학교교육의 방향과 초점의 변화 또는 학교에서 특별히 기획하고 있는 행사나 활동을 홍보할 목적으로 실시하는 평가의 기능을 말한다.

이러한 전략적 기능의 예에는 학생들의 학습동기와 학습태도를 바로잡을 목적으로 수업시간에 간단한 퀴즈를 실시한다거나 자연보호나 불조심에 대한 학생과

[표 9-4] 교육평가의 기능

| 기능 | 주요 특징 |
|---|---|
| 형성적 기능 | • 개발, 수정 · 보완, 대안탐색<br>• 정보수집이 주목적<br>• 교육행위 시작 전 또는 진행 중에 실시<br>• 전향적 |
| 총괄적 기능 | • 선발, 자격인정, 책무확인<br>• 성과 및 영향의 평가가 주목적<br>• 교육적 조치 및 활동이 끝난 시점에 실시<br>• 후향적 |
| 전략적 기능 | • 홍보, 주의환기, 동기촉진<br>• 전략적인 목적으로 실시<br>• 심리적 · 사회적 · 정치적 |

학부모의 주의를 환기시킬 목적으로 글짓기 대회나 포스터를 그리게 하여 평가하고 시상하는 것 등이 있을 수 있다. 이렇게 볼 때 교육평가의 정략적 기능의 주된 초점은 홍보, 주의환기, 동기촉진 등에 있다고 할 수 있다. 교육평가의 세 가지 기능을 요약하여 제시하며 〈표 9-4〉와 같다.

## 5 교육평가의 유형

교육평가의 유형은 그 분류하는 기준에 따라 여러 가지로 나눌 수 있다. 예를 들어, 평가의 대상이 누구냐에 따라 학생평가, 교사평가, 학교평가, 교육과정 평가 등이 있을 수 있고, 평가의 기준에 따라 규준지향평가와 준거지향평가로 나눌 수 있으며, 평가의 기능을 기준으로 하여 진단평가, 형성평가, 총괄평가 등으로 분류할 수 있다.

여기에서는 교육평가의 유형을 여러 가지 준거에 따라 분류해 보고 각 유형의 의미, 특징 등을 개략적으로 살펴보고자 한다.

### 1) 평가대상에 따른 유형

평가대상에 따른 유형은 평가의 대상이 무엇이냐에 따라 분류되는 경우를 말한다. 교육과 관련된 평가의 대상으로는 인적 대상인 학생과 교사, 추상적 대상인 교육과정, 학교, 교육정책 등을 들 수 있으며, 이는 각각 학생평가, 교사평가, 교육과정 평가, 학교평가, 정책평가 등으로 부른다.

평가대상에 따른 교육평가의 유형은 굉장히 많지만 여기에서는 널리 알려져 있는 유형을 중심으로 학생평가, 수업평가, 교육과정 평가, 학교평가에 대해서만 살펴보기로 한다.

#### (1) 학생평가

학생평가(student evaluation)란 학생이 지닌 능력이나 특성의 가치를 판단하는 것으로 주로 교사에 의해 이루어지는 평가를 말한다. 아마도 학교현장에서 가장 많이 실시되는 평가라 볼 수 있다. 이러한 학생평가는 학교에서 중간시험이나 기말시험을 통해 학생이 학교에서 습득한 학업성취 결과를 평가하거나 관찰이나 면담 등을 통하여 학생의 행동발달상황 등을 평가하여 교사가 학생의 생활기록부에 기록하는 것으로 보통 이루어진다(김재춘 외, 2002; 김진규, 2002).

학교현장에서 학생평가와 관련하여 가장 중요하면서 핵심적인 부분은 학업성취도라 할 수 있다. 어떻게 보면 학업성취도에 대한 평가는 학생평가의 전부라고 해도 과언이 아닐 정도로 전통적인 평가영역이라 할 수 있다. 그러나 최근 지적 영역에 대한 평가인 학업성취도 평가뿐만 아니라 정의적 영역에 대한 평가인 태도, 동기, 흥미, 성격 등에 관한 전인적 평가의 중요성이 점점 증가하고 있다.

#### (2) 수업평가

수업평가(instruction evaluation)란 수업이 진행되는 과정에서 학생들의 성취도를 중심으로 수업의 내용과 방법을 평가하여 그 결과를 수업 개선에 활용하거나, 한 학기 동안의 수업이 끝나고 설문지를 이용하여 수업에 대한 학생들의 반응을 조사하여 다음 학기에 반영하는 강의평가로도 활용되는 평가를 의미한다.

수업평가는 수업 전이나 중간, 수업 후의 어느 측면을 강조하느냐에 따라 수업 전의 경우는 학생의 사전지식, 학급의 규모 등이 평가의 대상이 될 수 있고, 수업 중간의 경우에는 수업방법이나 학생과의 관계 등이 평가의 대상이 될 수 있다. 그리고 수업 후의 경우에는 수업성과가 평가의 대상이 된다.

#### (3) 교육과정 평가

교육과정 평가(curriculum evaluation)란 학교 교육과정의 질적 효과를 판단하기 위하여 의도된 교육과정, 전개된 교육과정, 실현된 교육과정의 질적 수준과 그 성과를 조사하고 측정하여 의사결정자들이 교육과정의 지속과 개정에 대한 판단을 내릴 수 있도록 정보를 수집하는 일련의 과정을 말한다.

최근 학교 교육과정에 대한 관심이 높아지면서 학교 교육과정이 얼마나 잘 편성되었고 또 그 효과는 얼마인지에 대한 평가가 매우 중요하다. 이러한 교육과정의 질적 수준에 대한 평가는 향후 교육과정의 개편 및 재편성에 귀중한 정보가 될 수 있으므로 최근 교육과정의 평가는 점점 더 전문화되어 가고 있다.

#### (4) 학교평가

학교평가(school evaluation)는 개별 단위학교를 하나의 평가대상으로 삼아 학교의 제반 부문이 올바른 방향으로 기능하고 있는가를 평가하는 것을 의미한다. 학교평가에서는 행정가의 행정 및 관리능력, 교사의 교수기능과 수업방법, 교과의 구성 및 조직, 학생의 학업성취도 등 다양한 영역이 평가의 대상이 된다.

최근 우리나라뿐만 아니라 서구에서 학교의 기능에 대한 재고와 개선을 위해 그동안 등한시해 왔던 학교평가를 국가차원에서 진행하고 있으며 많은 예산을 투자하고 있다. 그러나 학교평가의 결과가 학교의 서열을 조장하기 위한 목적으로 활용되는 경우도 없지 않아서 그 목적이 자칫 훼손되기도 한다. 따라서 학교평가의 실시도 중요하지만 그 결과를 학교기능의 개선 및 보완에 초점을 두고 활용되는 것도 매우 중요하다.

### 2) 평가영역에 따른 유형

평가영역에 따른 유형은 단순히 평가대상이 아닌 평가대상이 지닌 어떤 특성이나 능력에 대하여 평가를 할 때의 유형이다. 가장 널리 알려진 평가영역에 따른 유형으로는 블룸(Bloom)이 제안한 교육목표분류(taxonomy of educational objectives)

방법에 의한 지적 영역, 정의적 영역, 심동적 영역이다.

### (1) 지적 영역평가

지적 영역(cognitive domain)의 평가란 교육목표에 진술되어 있는 학습내용을 기억, 이해, 추론 등과 같은 사고작용을 통해 획득해야 하는 지적 학습목표의 달성 여부와 그 정도를 측정하여 평가하는 것을 의미한다.

블룸의 분류에 따르면, 지적 영역은 지식, 이해, 적용, 분석, 종합, 평가의 하위 영역으로 구분되며 각 하위영역은 다시 세분된다. 결국 지적 영역의 평가는 지식력, 이해력, 적용력, 분석력, 종합력, 평가력과 같은 학생의 인지적 사고능력을 평가하는 것이라 볼 수 있다.

### (2) 정의적 영역평가

정의적 영역(affective domain)의 평가는 학습동기, 협동성, 책임감, 준법성, 사회성, 자아개념, 흥미, 태도, 가치 등과 같은 특성에 있어서의 학습목표가 달성된 정도를 확인하는 평가를 말한다. 학교생활기록부에 기록하는 행동발달상황의 평가는 가장 전형적인 정의적 영역의 평가이며, 학교 또는 교과에 대한 흥미 및 태도에 대한 평가도 정의적 영역의 평가에 속한다고 할 수 있다.

이와 같이 정의적 목표의 달성 여부를 확인하는 평가가 정의적 영역의 평가에 속한다. 그러나 우리나라에서 지적 학습과 평가에 비해 정의적 학습과 평가에 대한 적은 관심은 종종 문제가 되고 있는데, 이는 수학과 과학 성취도 국제비교연구의 결과에서 우리나라 학생의 정의적 특성이 다른 나라의 학생에 비해 상대적으로 부정적인 경향을 보이고 있다는 사실에서 나타나고 있다(김진규, 2002).

### (3) 심동적 영역평가

심동적 영역(psychomotor domain)의 평가는 손, 발, 다리, 어깨 등과 같은 신체의 일부 또는 전신을 움직여서 성취할 수 있는 학습목표의 달성 여부와 그 정도를 측정하여 평가하는 것을 의미한다(변창진 외, 2001). 이것은 동작을 요구하는 학습내용에 대한 평가를 말한다.

예체능 과목에서 노래 부르기, 그림 그리기, 체육활동, 율동 등의 실기평가를 비롯하여 실업과목에서 도구나 기계를 조작하는 능력이나 과학과목에서 실험기기를 다루는 능력을 평가하는 것 등은 모두 심동적 영역의 평가에 속한다고 볼 수 있다 (변창진 외, 2001).

### 3) 평가기능에 따른 유형

평가기능에 따른 유형은 평가가 어떤 기능을 하느냐에 따라 유형을 분류하는 경우를 주로 말하는데, 때로는 평가가 언제 이루어지느냐 하는 평가의 시기에 따라서도 분류하기도 한다. 이러한 유형은 크게 진단평가, 형성평가, 총괄평가로 나뉜다. 각 유형의 특징 및 기능을 좀 더 자세히 살펴보기로 한다.

#### (1) 진단평가

진단평가(diagnostic evaluation)란 교수-학습활동이 시작되기 전 학습자의 특성을 체계적으로 측정하여 평가하는 것으로 학습자의 능력 및 특성을 사전에 파악하여 수업전략을 위한 기초자료를 얻고 최적의 교수-학습방법을 선택하기 위하여 이루어지는 평가를 말한다(김대현, 김석우, 2003). 따라서 진단평가는 단원의 학습을 위해 수업을 실시하기 전 학습자가 반드시 알고 있어야 할 기초지식이나 기술을 가지고 있는지를 점검하는 출발점행동(entry behavior) 평가 또는 투입행동(input behavior) 평가를 의미한다(변창진 외, 2001).

진단평가가 가지고 있는 여러 가지 기능을 좀 더 상세히 살펴보면 다음과 같다(김대현, 김석우, 2003; 이칭찬, 황선경, 2003).

- **예진적 기능**: 학습자의 기초 학습능력, 학습동기, 선수학습 수준 등을 확인하는 기능을 말한다. 수업시작 전 학습자의 선행학습 정도를 정확하게 파악하여 수업에 활용하기 위한 기능이다.
- **학습 실패의 원인 파악**: 학습 실패의 원인이 되는 여러 가지 학습장애 요인을 알아보는 기능이다. 학습자의 신체적 · 정서적 요인뿐만 아니라 환경적 요인에 대한 정보를 수집하여 학습장애의 요인을 파악하고 진단해 보는 기능이다.
- **교수전략을 위한 진단**: 진단평가를 통해 교사는 수업을 전개하기 전에 학습자에게 결핍되어 있는 기능이나 능력을 개발시키는 데 도움을 줄 수 있는 교수전략을 세우는 데 필요한 정보를 수입하는 기능이다.

진단평가의 예로서는 수업시간 전에 쪽지시험 또는 퀴즈를 실시한다든지, 수업을 실시하기 전에 복습 여부를 묻는 질문 등을 들 수 있다. 진단평가에서는 좀 더 체계적으로 준비도검사, 적성검사, 자기보고서, 관찰법 등의 도구를 사용할 수도 있다.

### (2) 형성평가

형성평가(formative evaluation)란 교수–학습활동이 이루어지고 있는 도중에 교수–학습활동이 계획대로 진행되고 있는지의 여부를 확인하고 점검할 목적으로 행하는 평가를 의미한다. 즉, 수업활동이 진행되는 도중에 학생들에게 피드백(feedback)을 제공하고 교수–학습방법을 개선하여 학생들의 학습을 증진시키기 위해 실시하는 평가를 말한다.

교사의 입장에서 볼 때 형성평가는 가르치고 있는 내용을 학생들이 얼마나 잘 이해하고 있는지를 점검하고, 학생들의 능력, 태도, 학습방법 등을 확인하여 수업방법을 개선할 목적으로 이루어지는 것이다. 구체적인 형성평가의 기능을 살펴보면 다음과 같다(김대현, 김석우, 2003).

- **학습자의 학습진행 속도 조절**: 교과내용의 분량이 많거나 학습내용이 일정한 선후관계에 의하여 조직되어 있을 때, 적절한 빈도로 평가를 실시함으로써 학습진행 속도를 조절할 수 있다.
- **학습의 강화**: 형성평가를 통하여 설정된 학습목표를 거의 달성하였다는 사실을 학습자가 확인함으로써 그 뒤에 이어지는 학습을 용이하게 해 줄 뿐만 아니라 학습동기를 유발시킬 수 있다.
- **학습곤란의 진단 및 교정**: 학습자에게 수업목표에 비추어 무엇을 성취했고 무엇을 더 학습해야 하는지를 구체적으로 알려 줄 수 있기 때문에 학습자는 자신의 학습결손 또는 곤란을 발견하여 고칠 수 있다.
- **학습지도 방법의 개선**: 형성평가를 통하여 교사는 교수방법의 장단점을 구체적으로 파악하여 이를 개선할 수 있다.

형성평가의 예로서는 수업의 개선을 위해 컴퓨터를 이용한 개별평가, 수업시간 중 학생들의 질문이나 교사가 학생을 지명해서 하는 질문, 숙제 등을 통하여 학습목표가 달성된 정도를 확인하는 것 등을 들 수 있다.

#### (3) 총괄평가

총괄평가(summative evaluation)는 교수-학습활동이 끝난 시점인 학기말 또는 학년말에 교수목표의 달성 여부를 종합적으로 판정하는 평가를 말하며 총합평가라고도 부른다. 즉, 총괄평가는 일련의 교수-학습활동이 마감되는 학기말 또는 학년말에 평가를 통하여 학생들이 성취한 정도를 파악하는 평가다.

총괄평가는 학생들의 학업성취도 수준을 판정하여 성적을 산출하는 데 주된 목적이 있다. 구체적인 총괄평가의 기능은 다음과 같다(김대현, 김석우, 2003).

- **학습자의 성적 결정**: 전체 과목에 대해 평가의 결과를 가지고 학습자의 성적을 내고 평점을 부여하며 서열을 매기는 기능을 한다.
- **학습자의 미래 학업성적의 예측**: 총괄평가를 통한 평가의 결과는 학습자의 미래 학업성적을 예측하는 데 도움을 준다.
- **집단 간의 성적 비교**: 학습자 집단 간의 종합적인 학습 결과를 비교 · 분석함으로써 학습 성과에 대한 정보를 수집할 수 있다.
- **학습자의 자격 인정**: 총괄평가의 결과는 학습자가 지닌 기능이나 능력, 지식이 요구하는 정도의 자격에 부합하는지를 판단하여 인정하기 위한 근거 또는 정보를 제공해 준다.

지금까지 설명된 평가기능에 따른 유형인 진단평가, 형성평가, 총괄평가의 주요 특징을 요약하여 제시하면 〈표 9-5〉와 같다.

### 4) 평가기준에 따른 유형

평가기준에 따른 유형은 어떤 평가의 기준을 사용하느냐에 따라 구분되는 유형을 말하며 여기에는 규준지향평가와 준거지향평가가 있다. 각 유형을 좀 더 구체적으로 살펴보기로 한다.

[표 9-5] 진단평가, 형성평가, 총괄평가의 비교

| 평가유형<br>특징 | 진단평가 | 형성평가 | 총괄평가 |
|---|---|---|---|
| 평가목적 | • 학습결손의 진단<br>• 학습준비도 확인 | • 학습과제 성취 여부 결정<br>• 교수전략 개선 | • 학업성적 판정<br>• 자격부여 |
| 평가시기 | • 수업 전 | • 수업과정 중 | • 수업 후<br>• 학기말, 학년말 |
| 평가기준 | • 절대평가(상대평가 혼용) | • 절대평가 | • 절대평가 및 상대평가 |
| 평가대상 | • 학습의 준비도 | • 학습과제 수행과정 | • 학습과제 수행의 결과 |
| 활용 | • 수업전개 시 정보 제공 | • 즉각적인 수업의 개선 | • 학생 및 학부모에 학업 성취 결과 통보<br>• 집단간 성취도 비교 |

출처: 진영은 외(2003), p. 318.

### (1) 규준지향평가

규준지향평가(norm-referenced evaluation)란 학습자의 성취 결과를 그가 속해 있는 집단에 비추어 상대적인 위치를 알아보는 평가방법이다. 이것은 절대적인 기준이 없고 학생들이 획득한 점수의 평균 또는 미리 정해 놓은 비율에 따라 개개 학생들이 시험에서 받은 점수의 가치가 상대적으로 결정된다고 해서 상대평가라고도 한다. 따라서 어떤 학습자의 성취수준은 규준을 이용하여 그가 속해 있는 학급이나 학년 등의 상대적인 위치에 비추어 해석된다. 규준지향평가에서 규준(norm)이란 원점수(raw score)의 상대적 위치를 설명하기 위하여 쓰이는 척도로써 모집단을 대표하기 위하여 추출된 표본에서 산출된 평균과 표준편차로 만든다.

규준지향평가는 선발적 교육관에 바탕을 두고 있다. 따라서 학습자의 상대적인 능력이나 기술을 비교하여 학습자를 선발하거나 우열을 가려내는 것에 목적을 두고 있다. 학습자가 무엇을 얼마만큼 알고 있느냐에 대한 관심보다는 개인의 성취수준을 비교집단의 규준에 비추어 상대적 서열을 판단하는 데 관심이 있으며, 어떤 학습자의 성취가 상위에 있는지 또는 하위에 있는지에 관심을 두고 등위(rank)나 백분위(percentile rank) 등으로 표시한다.

규준지향평가의 주요 특징을 살펴보면 다음과 같다(이칭찬, 황선경, 2003).

- **검사의 신뢰도 강조**: 학습자의 개인차를 얼마나 오차 없이 정확하게 측정하였는가에 중점을 둔다.
- **점수의 정상분포 가정**: 높은 점수나 낮은 점수 쪽에 편포되기보다는 좌우가 대칭적이고 중앙이 높은 정상분포곡선(normal distribution)을 가정한다.
- **선발적 기능**: 학습자의 개인차를 극대화하는 선발적 기능을 강조한다.

그리고 규준지향평가의 주요 장점 및 단점을 살펴보면 다음과 같다(김대현, 김석우, 2003; 이칭찬, 황선경, 2003). 먼저 규준지향평가가 가지고 있는 주요 장점을 제시하면 다음과 같다.

- **개인차의 변별 가능**: 다른 학생에 비해 상대적으로 얼마나 잘 했는지에 관한 개인의 상대적인 위치와 능력을 비교하고 우열을 가려 개인 간의 차이를 내고 변별할 수 있는 것이 가능하다.
- **교사의 편견을 배제**: 객관적인 검사제작 기술을 통해 성적을 표시하고 있어서 교사의 편견을 배제할 수 있다.
- **동기유발에 유리**: 학습자들의 경쟁을 통하여 학습동기를 촉진시킬 수 있다.

한편, 규준지향평가가 지니는 주요 단점을 살펴보면 다음과 같다.

- **수업활동의 개선 및 보완에 부적절**: 학생 간의 상대적인 우열과 개인차이 변별에 지나친 관심을 두어 수업활동에서 구체적으로 보완하고 개선해야 할 부분이 무엇인지를 판단하는 데 소홀히 하기 쉽다.
- **참다운 의미의 학력평가가 불가능**: 학생의 성취도가 학생이 속한 집단 내에서의 상대적 비교로써 판정되기 때문에 학습내용을 완전히 이해한 경우라도 집단 전체가 우수하면 학업성취도가 낮은 것으로 분석할 수 있다.
- **과다한 경쟁심리 조장**: 학생 간에 학력의 상대적 위치 또는 순위를 결정하기 때문에 지나친 경쟁심리가 조장될 가능성이 있다.
- **다른 집단과의 비교 불가능**: 평가의 기준점을 집단의 평균치로 보기 때문에 학습 결과나 교육성과를 다른 집단과 비교할 수 없다.

### (2) 준거지향평가

준거지향평가(criterion-referenced evaluation)는 학습목표를 평가의 기준으로 하여 목표달성 여부 또는 그 정도를 확인하는 평가방법이다. 다른 학습자와의 상대적인 비교를 하는 것이 아니라 학습목표에 비추어 평가한다고 하여 목표지향평가(goal-referenced evaluation)라고도 하며, 오직 학습목표를 기준으로 개개의 학생이 알아야 할 것을 알고 있느냐, 모르고 있느냐를 판정한다고 해서 절대평가라고도 한다.

준거지향평가는 발달적 교육관에 기초를 두고 있다. 이는 학습자의 선발이나 개인차에 초점이 있는 것이 아니라 가능한 한 모든 학습자가 의도하는 바의 학습목표를 달성할 수 있도록 적절한 학습방법을 제공하고 학습 결과의 평가는 학습목표의 달성 여부에 초점이 주어진다.

준거지향평가는 다음과 같은 주요 특징을 가지고 있다.

- **검사의 타당도 강조**: 원래 측정하려고 계획했던 학습목표를 얼마나 충실하게 측정하고 있느냐에 중점을 둔다.
- **점수의 부적 편포 가정**: 모든 학습자가 설정된 학습목표를 달성해 주기를 바라기 때문에 검사점수의 분포가 오른쪽으로 치우친 정상분포에서 벗어난 부적 편포를 가정한다.
- **발달적 교육관**: 학습자 개개인에 적합한 교수-학습 기회를 제공하면 주어진 학습목표에 도달할 수 있다는 발달적 교육관에 기초하고 있다.

그리고 준거지향평가는 다음과 같은 장점 및 단점을 가지고 있다(김대현, 김석우, 2003). 먼저 장점을 살펴보면 다음과 같다.

- **교수-학습활동의 개선에 적합**: 학습자가 무엇을 알고, 무엇을 모르는지에 대한 구체적인 정보를 제공해 줌으로써 교수-학습활동을 보완 및 개선하는 데 적합하다.
- **교육활동 전반의 개선이 용이**: 교육목표, 교육과정, 교육방법 등의 개선에 용이하다.
- **고등정신능력의 배양에 적합**: 상대평가에 치중하지 않으므로 이해, 비교, 분

석, 종합 등의 고등정신능력을 배양할 수 있다.

다음으로 단점을 살펴보면 다음과 같다.

- **개인차의 변별에 부적합**: 학습자 개인 간의 비교 및 우열을 판정하기가 어렵다.
- **준거설정의 문제**: 평가의 절대기준이 학습목표이지만 이러한 학습목표를 누가 정하느냐 또는 어떻게 정하느냐 하는 것이 문제가 될 수 있다.
- **점수의 통계적 활용이 불가능**: 검사점수의 정상분포를 가정하지 않기 때문에 점수를 통계적으로 활용하기가 어렵다.

### (3) 능력참조평가

능력참조평가(ability-referenced evaluation)는 학생이 지니고 있는 능력에 비추어 얼마나 최선을 다했느냐에 초점을 두는 평가방법이다. 학생 개인이 지니고 있는 능력을 얼마나 발휘했느냐에 관심을 두므로 개인을 위주로 하는 평가방법이라 할 수 있다. 예를 들어, 우수한 능력을 지녔음에도 불구하고 최선을 다하지 않은 학생과 능력이 낮더라도 최선을 다한 학생이 있을 때 후자의 성취수준이 낮더라도 더 좋은 평가 결과를 얻을 수 있다. 이와 같이 능력참조평가는 각 학생의 능력과 노력에 의하여 평가되는 특징을 지니고 있다(성태제, 2003).

능력을 얼마나 발휘했느냐에 관심을 두는 능력참조평가는 표준화 적성검사에서도 사용할 수 있다. 그러나 적성검사 점수의 경우 이는 다른 변인과 합성되어 있으므로 해석하기가 곤란한 경우가 있으며, 학생이 지니고 있는 능력에 대한 정확한 정보가 없을 경우 능력참조평가의 어려움이 있다. 그리고 능력참조평가는 특정 기능과 관련된 능력의 정확한 측정치에 의존하게 되므로 해당 능력에 제한되어 학습자의 수행을 해석하게 되는 한계를 지닌다. 그러나 능력참조평가는 개인을 위주로 개별적 평가를 실시한다는 장점이 있다(성태제, 2003).

### (4) 성장참조평가

성장참조평가(growth-referenced evaluation)는 교육과정을 통하여 얼마나 성장하였느냐에 관심을 두는 평가방법이다. 최종 성취수준에 대한 관심보다는 초기 능력수준에 비추어 얼마만큼 능력의 향상을 보였느냐를 강조하는 평가방법이다. 즉,

사전 능력수준과 관찰 시점에 측정된 능력수준 간의 차이에 관심을 둔다. 따라서 성장참조평가는 학생들에게 학업증진의 기회 부여와 개인화를 강조하는 특징을 지니고 있다(성태제, 2003).

성장참조평가의 결과가 타당하기 위해서는 다음과 같은 조건을 충족하여야 한다. 첫째, 사전에 측정한 점수가 신뢰로워야 한다. 둘째, 현재 측정한 측정치가 신뢰로워야 한다. 셋째, 사전 측정치와 현재의 측정치의 상관이 낮아야 한다(성태제, 2003). 이것은 사전에 측정한 측정치나 현재 측정한 측정치가 신뢰롭지 않다면 능력의 변화를 분석하기가 어렵다는 의미다. 또한 사전 측정치나 현재의 측정치가 상관이 높다면 이는 성장에 의한 것이 아니라 관계에 의한 결과로 봐야 할 것이다.

지금까지 설명된 평가기준에 따른 유형인 규준지향평가, 준거지향평가, 능력참조평가, 성장참조평가의 주요 특징을 비교하여 제시하면 〈표 9-6〉과 같다.

[표 9-6] 규준지향, 준거지향, 능력참조, 성장참조평가의 주요 특징 비교

| 평가 유형 / 특징 | 규준지향평가 | 준거지향평가 | 능력참조 평가 | 성장참조 평가 |
|---|---|---|---|---|
| 기본 개념 | • 상대평가<br>• 학생의 학업성취도를 그가 속한 집단의 결과에 비추어 상대적으로 평가<br>• 상호 우열의 판단 | • 절대평가, 목표지향 평가<br>• 주어진수업목표를 어느 정도 달성했느냐에 초점<br>• 수업목표 달성도 만을 절대기준으로 삼는 평가 | • 최대 능력 발휘 | • 능력의 변화 |
| 통계적 논리 | • 정상분포를 가정 | • 부적 편포를 가정 | | |
| 우선되는 평가기준 | • 신뢰도<br>• 측정도구가 얼마나 일관성 있는 측정값을 재어내는가? | • 타당도<br>• 측정도구와 측정대상 간의 속성 일치 | | |
| 교육관 | • 선발적 교육관 | • 발달적 교육관 | • 개별학습 | • 개별학습 |
| 평가준거 | • 집단의 학업성취의 평균값에 의한 상대적 서열 | • 개인의 학습목표 달성도 | • 개인의 수행 정도와 소유 능력 | • 개인의 성장, 변화의 정도 |

| | | | | |
|---|---|---|---|---|
| 장점 | • 개인차를 변별하는 데 적합<br>• 표준화 검사형태일 경우 객관도가 높음<br>• 경쟁을 통한 학습동기 유발이 가능<br>• 선발에 목적을 두는 평가에 적합 | • 교수-학습 과정의 개선에 필요한 정확한 정보의 획득<br>• 경쟁심리를 완화<br>• 개인에게 의미 있는 학업성취도 제공 | • 최대 능력 발휘<br>• 교수적 기능 강조 | • 학습 향상<br>• 교수적 기능 강조 |
| 단점 | • 경쟁심이 지나치면 학습의욕 저해<br>• 개인의 성적이 집단의 평균에 의해 결정됨으로 진정한 학력을 알기에는 미흡<br>• 학습 결과를 타 집단과 비교할 수 없음 | • 평가의 절대적 기준을 마련하는 데 어려움이 있음 | | |

출처: 성태제(2003), p. 78; 진영은 외(2003), p. 316.

### 5) 평가방법에 따른 유형

평가방법에 따른 유형은 교육평가를 수행하기 위해 사용되는 방법이 어떤 것이냐에 따라 분류되는 유형이다. 여기에는 양적 평가와 질적 평가가 있다.

#### (1) 양적 평가

양적 평가(quantitative evaluation)란 검사도구를 제작하여 이를 시행하여 점수를 산출하는 경우를 말한다. 즉, 수량화된 자료나 증거를 가지고 평가대상을 기술하고 분석하는 평가방법이다. 학교에서 실시하고 있는 시험에 의한 평가방법은 모두 양적 평가에 속한다.

양적 평가는 주로 수량화된 자료를 얻는 데 주된 목적이 있으며 학생들의 학업성취도를 평가하는 인지적 영역의 평가에 사용된다. 이러한 양적 평가는 객관적인 자료를 얻는 데는 많은 도움을 줄 수 있으나 학생들의 학습활동의 질적인 측면을 평가하는 데는 많은 어려움이 있다.

### (2) 질적 평가

질적 평가(qualitative evaluation)는 관찰이나 면담, 실기평가 등을 통하여 수량화되지 않은 다양한 형태의 자료를 수집하여 평가하는 것을 말한다. 즉, 양적 평가에서 배제하는 평가의 주관적 측면과 수량화하기 힘들거나 수량화할 수 없는 영역을 평가하는 방법이다.

질적 평가는 양적 평가의 단점을 보완하고자 등장한 평가이며 양적 평가로 하기 어려운 정의적 영역이나 심동적 영역을 평가하는 데 사용된다. 따라서 학생들의 학습활동의 질적인 측면에 대한 정보를 수집하고 이를 평가하는 데 적합하다. 현재 우리나라의 초등학교와 중학교에서 시행되고 있는 수행평가가 일종의 질적 평가에 해당한다고 볼 수 있다.

지금까지 설명된 교육평가의 유형을 일목요연하게 정리하여 요약해 보면 앞의 〈표 9-7〉과 같다.

[표 9-7] 교육평가의 유형 분류

| 준 거 | 교육평가 유형 |
|---|---|
| 평가대상 | • 학생평가: 학생의 능력, 특성, 성취수준 등을 평가<br>• 수업평가: 교수-학습활동 등을 평가<br>• 교육과정 평가: 교육과정의 질과 개정과정의 타당성 등을 평가<br>• 학교평가: 학교에서 제공하는 교육 서비스의 질을 평가 |
| 평가영역 | • 지적 영역 평가: 기억, 이해, 추론 등의 사고 과정을 평가<br>• 정의적 영역 평가: 성격, 태도, 행동발달상황 등의 정의적 특성을 평가<br>• 심동적 영역 평가: 실기평가와 같은 동작을 평가 |
| 평가기능 | • 진단평가: 학생의 출발점 위치를 파악하는 평가<br>• 형성평가: 수업 개선에 필요한 정보를 수집하는 평가<br>• 총괄평가: 학생의 성취 정도를 판단하는 평가 |
| 평가기준 | • 규준지향평가: 학생의 성취 정도를 다른 학생들과 상대적으로 비교하는 평가<br>• 준거지향평가: 학생의 성취 정도를 학습목표에 비추어 확인하는 평가 |
| 평가방법 | • 양적 평가: 검사 등을 사용하여 수량화된 자료를 얻는 평가<br>• 질적 평가: 관찰, 면담, 실기평가 등을 통해 수량화되지 않은 다양한 형태의 자료를 얻는 평가 |

출처: 김재춘 외(2002), pp. 222-223.

## 장 요약

교육평가란 일정한 기준에 의거하여 일련의 교육활동 속에서 이루어지는 가치를 조사하여 판단하는 행위를 의미한다. 이러한 교육평가 개념에 대한 정의는 교육평가의 강조점이 어디에 있느냐에 따라 목표달성중심의 정의, 의사결정중심의 정의, 가치판단중심의 정의로 분류할 수 있다. 목표달성중심의 정의는 타일러 식 정의이며 가장 전통적이고 고전적인 정의로써 교육 또는 수업목표를 평가의 기준으로 삼아 교육 또는 수업활동을 통해 달성된 성과 또는 결과를 측정하여 이에 대한 판단을 내리는 활동으로 교육평가를 정의한다. 의사결정중심의 정의는 교육평가의 개념을 보다 넓게 정의하면서 교육 또는 수업과 관련된 합리적인 의사결정을 내리는 데 필요한 정보를 수집하는 일련의 활동 또는 과정으로 교육평가를 정의한다. 가치판단중심의 정의는 교육평가를 교육 또는 수업과 관련된 어떤 대상의 장점, 질, 가치 등을 판단하는 과정과 그 산물로 정의한다.

교육평가의 개념을 구성하는 요소에는 평가목적, 평가주체, 평가대상, 평가기준, 평가방법이 있다. 평가목적은 '왜' 평가를 해야 하는가와 관련된 요소로써 교육평가 구성 요소 중 가장 중요하며 우선적으로 고려되어야 할 요소다. 평가주체는 '누가' 평가를 담당하느냐의 문제와 관련된 요소다. 평가대상은 '무엇을' 평가하느냐의 문제로써 사람이 될 수도 있고 사물이 될 수도 있다. 평가기준은 '무엇에 의해' 라는 문제로써 신뢰성, 타당성, 객관성 등이 확보되어야 하며 명확한 평가기준의 마련은 성공적인 평가활동을 위해 필수불가결한 요소다. 평가방법은 '어떻게' 평가할 것인가의 문제로써 평가의 목적과 기준에 의거하여 객관적이고 과학적인 방법을 결정해야 한다.

교육평가에서 평가와 관련된 용어에는 측정과 사정이 있다. 측정은 어떤 행동이나 성격, 사물, 사건 등에 대해 양적으로 서술하는 것을 의미하며 가치 중립적인 개념인 반면에 평가는 어떤 대상의 질이나 값, 가치 등을 판단하여 결정하는 것으로 가치 지향적인 개념이다. 사정은 일반적으로 사람에게 적용되며 정보를 수집하여 종합하는 과정으로 볼 수 있는 반면에 평가는 수집된 자료를 바탕으로 하여 가치나 질을 판단하는 과정이다.

서구에서 교육평가의 역사는 크게 개혁의 시대(1800~1900년), 효율성과 검사의 시대(1900~1930년), 타일러 식 시대(1930~1945년), 무지의 시대(1946~1957년), 확장의 시대(1958~1972년), 전문화의 시대(1973~1990년)로 나눌 수 있다. 우리나라에서 교육평가의 역사는 크게 1기(1945~1950년)의 새로운 교육평가 개념 도입기, 2기(1960~1975년)의 측정중심 이론과 실천의 발달기, 3기(1975~현재)의 교육평가 연구의 다양화 시기로 나눌 수 있다.

교육평가의 기능에는 크게 형성적 기능, 총괄적 기능, 정략적 기능이 있다. 형성적 기능이란 전향적 기능이라고도 하며 새로운 교육과정이나 수업전략을 개발하기 위한 또는 현재 사용하고 있는 교육과정, 프로그램, 지도방법, 학교시설, 학교운영 등을 수정 · 보완 · 개선하기 위한 방안을 탐색, 결정하는 데 필요한 정보를 수집할 목적으로 실시하는 평가기능을 말한다. 총괄적 기능은 후향적 기능이라고도 하며 교육의 최종성과를 평가하거나 자격인정, 선발, 교육을 계획하고 실행한 당사자의 책무를 밝힐 목적으로 실시하는 평가의 기능을 말한다. 정략적 기능은 단순히 학생들의 주의를 환기시키고, 학습동기를 유발하거나 지역사회 및 학부모에게 학교교육의 방향과 초점의 변화 또는 학교에서 특별히 기획하고 있는 행사나 활동을 홍보할 목적으로 실시하는 평가의 기능을 말한다.

교육평가의 유형은 평가대상별, 평가영역별, 평가기능별, 평가기준별, 그리고 평가방법별로 분류할 수 있다. 평가대상별 유형 분류는 평가의 대상이 무엇이냐에 따라 분류하는 것으로 여기에는 학생평가, 수업평가, 교육과정 평가, 학교평가 등이 있다. 평가영역별 유형 분류는 평가대상이 지닌 어떤 특성이나 능력에 대해 평가할 때의 분류로써 지적 영역 평가, 정의적 영역 평가, 심동적 영역 평가가 있다. 평가기능별 유형 분류는 평가가 어떤 기능을 하느냐에 따라 분류하는 것으로 진단평가, 형성평가, 총괄평가가 있다. 그리고 평가기준별 유형 분류는 평가를 할 때 어떤 기준을 사용하느냐에 따라 분류하는 것으로 여기에는 규준지향평가와 준거지향평가가 있으며, 평가방법별 유형 분류는 평가를 수행하기 위해 사용되는 방법이 어떤 것이냐에 따라 분류하는 것으로 여기에는 양적 평가와 질적 평가가 있다.

## 주요 개념

| | | | |
|---|---|---|---|
| 교육평가 | 측정 | 사정 | 검사 |
| 진단평가 | 형성평가 | 총괄평가 | 규준지향평가 |
| 준거지향평가 | 능력참조평가 | 성장참조평가 | |

## 연습문제

1. 교육평가의 의미를 정리하고 관련된 유사 용어를 조사하시오.

2. 교육평가의 구성 요소를 논하시오.

3. 교육평가의 기능을 논하시오.

4. 교육평가의 유형을 그 분류기준에 따라 나누어 보고 각 유형의 의미를 논하시오.

5. 서구와 우리나라의 교육평가 역사를 비교하여 설명하시오.

제10장

# 교육평가의 일반적 절차

이 장에서는 교육평가의 일반적 절차에 대해 살펴본다. 교육평가의 절차는 그 상황에 따라 여러 가지 형태로 진행될 수 있으나 여기에서는 주로 학교현장에서 교사가 학생을 평가할 때 이루어지는 절차를 중심으로 알아보고자 한다.

교육평가의 일반적 절차는 ① 평가목적의 확인, ② 평가영역 및 내용의 선정, ③ 평가방법의 결정, ④ 평가도구의 선정 및 개발, ⑤ 평가시행을 위한 계획 수립, ⑥ 평가환경의 구축, ⑦ 자료의 수집, ⑧ 자료의 분석, ⑨ 평가 결과에 대한 해석, ⑩ 평가 결과의 보고, ⑪ 평가 결과의 활용이라는 11단계로 나눌 수 있다.

## 1 평가목적의 확인

교육평가의 첫 번째 단계는 평가목적을 확인하는 것이다. 이것은 교사가 학생을 평가하고자 할 때 '왜 평가를 해야 하는가'라는 점을 고려하는 것이다. 평가목적의 확인은 이후 진행되는 평가의 후속 단계에 계속 영향을 미칠 수 있다. 즉, 평가의 목적에 따라 평가내용, 평가방법, 평가시기 등 진행되는 평가의 전체적인 모습이 달라지게 되므로 교사는 평가를 실시하기 전에 평가하는 목적을 구체적으로 파악하여 확인할 필요가 있다.

학교현장에서 이루어지는 평가의 목적에는 여러 가지가 있을 수 있으나 크게 두 가지 정도로 볼 수 있다. 첫째는 교사가 자신의 수업활동을 보완하고 개선하기 위해 평가를 실시하는 자의적 목적이 있다. 이것은 교사가 자신의 수업에 대한 피드백을 얻기 위한 목적으로 수업시간에 다룬 내용을 중심으로 수업 전 또는 중에 평가를 실시하여 그 결과를 수업활동의 보완 및 개선에 활용하는 것이다. 따라서 이러한 목적하에서 이루어지는 평가에는 진단평가 또는 형성평가를 들 수 있다.

둘째는 외부에 의해 교사에게 부여되는 타의적 목적이 있다. 이것은 교사가 자신의 수업활동의 보완이나 개선을 목적으로 평가를 실시한다기보다는 학교생활기록부의 교과별 내신이나 행동발달상황에 기록하려는 목적으로 실시하는 것을 의미한다. 이 경우 교사는 객관적인 평가방법을 이용해야 하며 평가의 내용도 한 학기 또는 한 학년 동안 학생들이 학습한 전체 내용을 포괄하여 평가를 실시한다. 아마도 총괄평가가 이러한 목적하에서 평가가 이루어지는 전형적인 예라 할 수 있다.

## 2 평가영역 및 내용의 선정

평가의 목적이 확인되어 결정되고 나면 두 번째 단계로 이루어지는 평가의 단계는 평가영역 및 내용의 선정이다. 이 단계는 결정된 평가의 목적에 근거하여 '무엇을 평가하는가'를 고려하는 것이다. 말할 것도 없이 평가영역 및 내용의 선정은 평가의 목적에 근거하여 가장 적절한 것을 선정해야 한다.

평가영역과 관련하여 평가목적에 비추어 학생의 지적 영역을 평가할 것인지, 아니면 정의적 영역이나 심동적 영역을 평가할 것인지를 결정한다. 인지적 영역에서는 교과별로 평가할 것인가 아니면 범교과 수준에서 평가할 것인가의 문제도 결정할 필요가 있다. 평가내용과 관련해서는 평가내용의 범위와 수준에 대한 결정이 이루어져야 한다. 이러한 사항을 고려하여 평가목적을 달성하기 위해 가장 적합한 평가영역과 내용이 선정되어야 한다.

## 3 평가방법의 결정

평가목적이 결정되고 평가영역 및 내용이 선정되면 세 번째 단계에서 고려해야 할 점은 평가방법의 결정이다. 평가방법은 학생들을 왜 평가하며 구체적으로 어떤 영역과 내용을 평가하는가에 따라 달라지므로 평가방법은 여러 가지가 활용할 수 있다. 그러나 무엇보다도 중요한 것은 평가의 목적에 근거하여 평가하려는 내용을 가장 잘 드러내고 변별할 수 있는 방법을 선택하는 것이다. 예를 들어, 진단평가나 형성평가를 위해서는 간단한 평가방법을 사용할 수 있으나 총괄평가의 경우에는 이보다 더 복잡하고 객관적인 방법을 사용해야 한다. 또한 지적 영역을 평가하는 경우와 정의적 · 심동적 영역을 평가하는 경우 동일한 평가방법을 사용하기보다 다른 평가방법을 사용해야 한다.

평가방법을 결정하는 과정에서 교사가 고려해야 할 또 다른 점은 '왜 최종적으로 그러한 평가방법을 선택했는가'에 대한 타당한 이유를 확보는 것이다. 즉, 학생의 글쓰는 능력을 평가하기 위해 논술형 문항으로 구성된 검사를 실시하는 경우, 그 이유가 무엇인지를 명확하게 밝혀야 한다는 의미다. 이것은 특정 평가방법을 선택한 논리적 근거가 될 수도 있다.

구체적인 평가방법에 대해서는 11장에서 더 상세히 살펴보기로 한다.

## 4 평가도구의 선정 및 개발

평가목적, 평가영역 및 내용, 평가방법이 결정되고 나면 네 번째 단계에서는 평가도구를 선정하거나 또는 개발하는 일이다. 평가도구는 기존에 개발된 도구를 사용할 수도 있고 교사 자신이 직접 개발하여 사용할 수도 있다. 기존에 개발되어 있는 평가도구를 사용할 때에는 그 평가도구는 용도, 특성 등을 면밀히 검토하여 사용해야 하며 교사 자신이 개발하여 사용할 때에는 평가목적, 평가영역 및 내용, 평가방법 등을 충분히 고려하여 개발해야 한다.

교사가 직접 검사를 제작하여 학생의 성취수준을 평가하려 한다면 필요한 문항을 개발해야 한다. 학교현장에서는 이를 시험문제 출제로 주로 부른다. 관찰을 통해 학생의 태도 등을 평가하고자 한다면 구체적인 관찰 항목과 관찰 결과를 기록할 수 있는 관찰기록표를 제작해야 한다. 면접을 통해 학생의 문제 등을 평가하려고 한다면 면담기록표를 제작해야 한다.

교사가 기존의 평가도구를 이용할 경우에는 그 도구의 용도, 특성뿐만 아니라 검사도구의 신뢰도 및 타당도 등을 면밀히 검토한 후 사용해야 한다. 예를 들어, 학생의 지능, 적성, 창의성 등을 평가할 경우 이미 공인되어 있는 지능검사, 적성검사, 창의성 검사 등을 구입하여 사용할 수 있고, 또 학생의 학업성취도를 표준화된 학력검사로 사용할 수도 있다. 이 경우 유의해야 할 점은 각 검사도구가 검사도구로서 구비해야 할 요소를 충분히 갖추고 있는지를 검토하는 것이다.

학교 현장에서는 주로 교사자작검사가 많이 사용되고 있으므로 교사자작검사를 만드는 방법 등에 대해서는 12장에서 좀 더 구체적으로 살펴보면서 내용, 절차, 방법 등을 습득해 보기로 한다.

## 5 평가시행을 위한 계획 수립

교육평가의 다섯 번째 단계는 평가의 시행을 위해 구체적인 계획을 수립하는 일이다. 이 단계에서는 평가대상, 평가횟수, 평가시기, 평가장소, 평가에 필요한 인원, 채점방식, 기타 장비 등 평가를 실제로 실시하는 데 필요한 제반 여건을 점검하여 이를 사전에 계획하는 일이 이루어진다.

먼저, 평가대상은 평가의 목적에 따라 그 대상 및 범위가 달라질 수 있다. 학생들의 학업성취도를 파악하거나 종합생활기록부에 점수를 기록하는 등의 목적으로 평가가 실시되는 경우에는 모든 학생이 평가의 대상 및 범위가 될 것이다. 그러나 교사가 수업의 보완 또는 개선을 위하여 피드백을 얻고자 하는 목적으로 평가하는 경우에는 전체 학생보다는 일부 학생들이 평가의 대상이 될 것이다.

다음으로 평가횟수와 관련하여서 학교에서 이루어지는 공식적인 평가의 경우에는 학교의 일정에 따라 평가횟수가 결정되는 것이 일반적이므로 학교의 평가 일정을 고려하여 평가횟수에 대한 계획을 세우면 된다. 그러나 비공식적인 평가의 경우 평가내용 및 영역의 특성을 고려하여 평가횟수에 대한 계획을 수립하면 된다. 비공식적인 평가는 한 번 이루어질 수도 있고 여러 번 실시될 수도 있다.

평가시기는 평가횟수와 마찬가지로 학교에서의 공식적인 평가일 경우에는 학교 일정을 고려하여 그 시기를 계획하면 된다. 그러나 비공식적인 평가일 경우 교사의 판단에 따라 그 시기가 결정될 수 있다.

평가장소는 지필검사의 경우 교실에서 평가를 실시하면 되나 실기평가나 수행평가 등은 다른 장소를 마련해야 하는 경우도 발생한다. 음악실, 과학실, 미술실, 운동장 등 평가장소로 사용할 수 있는 장소는 학기 초에 미리 결정하여 적절한 공간이나 시간 배정 등이 확보될 수 있도록 계획을 세울 필요가 있다.

평가인원은 평가하는 방식에 따라 그 담당업무와 인원수가 달라질 수 있다. 지필검사의 경우 몇 명의 시험감독이 필요하고 실기평가의 경우에는 평가시행 요원 이외에 별도의 기록자가 필요한가 등에 대한 계획이 수립되어야 한다.

마지막으로, 평가시행을 위한 계획을 수립할 때는 평가 결과를 채점하는 방식이나 결과보고방식 등에 대한 계획도 함께 수립할 필요가 있다. 이밖에도 평가를 실제로 실시하는 데 필요한 인적 · 물적 자원에 대해서도 계획을 사전에 수립할 필요가 있다.

## 6 평가환경의 구축

여섯 번째 단계는 평가를 실시하기 위한 계획이 수립되고 나면 평가를 실시하기 위한 환경을 구축하는 일이다. 학교 일정에 맞추어 평가시기를 결정하고 이를 학교와 학생들에게 알린 후 가능한 평가장소를 확보하고, 평가도구 및 기타 장비를 마련하고, 감독자나 채점자 등을 선정한다. 지필검사의 경우 시험지와 답안지를 준비하고, 컴퓨터를 이용하여 평가를 실시할 경우 컴퓨터의 하드웨어와 소프트웨어를 점검한다.

평가를 실시하기 전에 평가환경에 대한 완벽한 점검이 이루어져야 한다. 예를 들어, 듣기평가를 할 때 모든 교실의 음향장치가 적당한지, 평가장소의 조명이나 소음상태 등이 적당한지 등에 대한 점검이 필요하다.

평가환경을 구축하기 위한 노력은 비단 물리적 환경에만 국한되지 않는다. 평가 대상 학생들 가운데 평가에 대한 심리적 불안감이 있다든지 하는 심리적 특성으로 인해 평가에 영향을 받게 되는 학생이 없는지를 파악하여 적절한 조치를 취하는 것 등도 평가환경의 구축에서 간과해서는 안 될 부분이다.

## 7 자료의 수집

일곱 번째 단계는 평가를 실시하여 자료를 수집하는 것이다. 지필검사의 경우 주로 시험 답안지를 이용하게 되는데 때때로 OMR 카드를 이용하기도 한다. 수집된 자료는 분석이 용이하도록 잘 정리해 두어야 하며 자료의 손실 등이 발생하지 않도록 주의를 기울여야 한다. 특히 컴퓨터에 자료를 입력하게 될 경우에는 자료를 분실하거나 잘못 입력되지 않도록 조심해야 한다.

컴퓨터를 이용하여 평가를 실시할 경우 별도의 자료입력 과정이 필요 없고 분실의 염려가 없다는 장점이 있다. 그러나 수집된 자료를 정리할 때 자료가 잘못 옮겨지거나 손실되지 않도록 주의해야 한다.

## 8 자료의 분석

여덟 번째 단계는 수집된 자료를 분석하는 것이다. 수집된 자료는 평가목적과 내용에 맞추어 적절한 분석을 실시해야 한다. 자료의 분석은 크게 양적 분석과 질적 분석으로 나눌 수 있다. 어떤 방법을 사용하느냐 하는 것은 수집된 자료의 성격에 따라 달라진다. 수집된 자료가 양적인 자료로 되어 있을 경우 일반적으로 통계적 분석방법을 사용하며, 질적인 자료로 되어 있을 경우 질적인 분석방법을 사용한다.

대체로 지적 영역에 해당하는 평가의 결과는 수집된 자료가 양적으로 되어 있는 경우가 많다. 이 경우 학급별, 학년별, 교과별 평균이나 표준편차, 범위, 백분위 점수 등을 계산하여 각 집단의 특성을 가장 잘 나타낼 수 있는 방식으로 자료를 요약하는 기술통계분석(descriptive statistical analysis)을 사용한다. 필요하면 그래프나 도표를 이용할 수도 있다.

학생의 정의적 영역에 대한 평가 결과는 양적 자료로 되어 있지 않다. 따라서 이 경우 평소 학생에 대한 관찰 결과, 면담 결과, 의견조사 등을 통해 수집된 질적인 형태의 자료를 항목별로 유목화하거나 유사한 점, 다른 점 등 어떤 의미 있는 체계에 의해 분석하는 것이 필요하다. 때때로 동일한 자료에 대해 양적 분석방법과 질적 분석방법이 병행해서 사용할 때도 있다.

자료의 분석 단계에서 유의해야 할 점은 자료의 특성에 맞는 분석기법을 선택하여 적용해야 한다는 것이다. 수집된 자료에서 의미 있는 결과를 도출해 내기 위해서는 그 자료에 적합한 기법을 적용하여 분석하는 것이 중요하다. 자료분석기법의 종류, 의미 등 구체적인 자료분석기법에 대한 내용은 15장에서 좀 더 자세히 살펴보기로 한다.

## 9 평가 결과에 대한 해석

아홉 번째 단계는 자료분석을 통해 나타난 평가 결과를 해석하는 것이다. 평가를 실시하여 자료를 수집하고 이를 분석하는 단계는 비교적 기술적인 절차에 의해 이루어지지만 평가 결과에 대한 해석은 보다 종합적으로 이루어져야 한다. 즉, 시험에서 90점을 받은 학생이 누구냐는 식의 해석보다는 어떤 학생이 90점을 얻었다는 의미가 무엇이며, 상대적으로 더 낮은 점수를 얻은 학생은 어떤 도움이 필요한가 등과 같이 구체적으로 해석이 이루어져야 한다.

평가 결과를 해석할 때 유의할 사항 몇 가지를 살펴보면 다음과 같다.

- 점수 자체에 초점을 두어서는 안 된다. 점수 자체는 측정을 통하여 나온 측정치에 불과하므로 한 학생이 받은 점수는 그 학생이 속해 있는 집단 내에서 해석되어야 한다.
- 다른 참조자료를 활용하여 해석한다. 검사점수도 중요하지만 평소 그 학생에

대해 관찰한 자료나 면담한 자료가 있으면 이를 충분히 고려하여 그 학생의 교육적 성과를 해석해야 한다.

- 평가의 기준을 고려한다. 검사점수는 규준지향평가와 준거지향평가에서 각기 다른 의미를 가질 수 있다. 따라서 평가의 기준이 무엇이냐를 항상 유념하여 검사점수를 해석해야 한다.

## 10 평가 결과의 보고

열 번째 단계는 평가 결과를 보고하는 것이다. 평가 결과에 대한 해석이 이루어지고 나면 이를 적절한 형태로 요약·정리하여 필요한 사람에게 보고하게 된다. 평가의 목적이 외부에 의해 부여되었느냐 또는 교사 스스로에 의해 설정되었느냐에 따라 평가 결과의 보고 형태가 달라질 수 있다. 평가의 목적이 외부에서 부여되었을 경우에는 일정한 서식이 있지만 교사 스스로에 의해 설정되었을 때는 일정한 서식이 없다.

평가 결과를 보고할 때 보고자가 고려해야 할 중요한 점을 열거하면 다음과 같다.

- 보고자는 무엇보다 먼저 누구(보고대상)에게 왜 평가 결과를 보고해야 하고(보고자의 보고목적) 그 사람은 왜 평가 결과를 보고 받아야 하는가(보고 받는 자가 보고 받아야 하는 이유)?
- 보고 받을 대상자로 선정된 사람들이 갖고 있는 평가 결과에 대한 관심은 무엇인가?
- 보고 대상자로 선정된 사람들이 평가 결과 중에 보다 구체적으로 알고 싶어하는 것은 무엇인가?
- 보고 대상자로 선정된 사람들은 학교교육에 대해 일반적으로 어느 정도 깊이 알고 있으며, 교육평가의 목적과 방법 및 절차에 대해 어느 정도 알고 있는가?

### 1) 서식이 있을 때

외부에 의해 부가된 경우는 일반적으로 평가 결과의 보고 형태나 대상은 이미 결정되어 있다. 따라서 이 경우에는 그에 따라 작성하면 된다. 종합생활기록부에 학생의 내신성적이나 행동발달상황을 기재하기 위해 평가를 실시한 경우 그 결과를 보고하는 형식은 이미 정해진 학교 종합생활기록부 양식에 맞추어 정리하면 된다.

최근에는 이러한 일련의 작업이 컴퓨터로 이루어지고 있으므로 그 절차 및 방법에 익숙해질 필요가 있으며, 또한 누락되는 항목이 없도록 유의해야 한다. 평가 결과를 보고하는 서식이 있을 때 일반적으로 고려해야 할 사항으로 ① 보고서식, ② 기록방법, ③ 보고절차, ④ 통지방법 등을 들 수 있다.

### 2) 서식이 없을 때

평가 결과를 보고하는 일정 서식이 없는 경우에는 평가목적, 평가내용, 보고내상, 보고방법 등과 같은 조건을 고려하여 보고하는 서식을 결정하는 것이 바람직하다. 평가의 목적과 내용이 다르면 서식에 부분적으로 변화가 있다고 해도 평가 결과를 보고하는 양식은 대동소이하다.

교사 스스로 어떤 목적에 의해 평가를 실시한 경우 평가 결과의 보고 형태는 평가의 목적과 내용에 비추어 결과를 가장 잘 파악할 수 있는 형태로 제시하면 된다. 일반적으로 보고서식이 없이 평가 결과를 보고할 때 고려해 한 사항으로는 ① 보고목적, ② 보고대상, ③ 보고내용, ④ 보고형식, ⑤ 보고방법, ⑥ 체크내용 정리 등을 들 수 있다.

## 11 평가 결과의 활용

교육평가 절차의 마지막인 열한 번째 단계는 평가 결과의 활용이다. 평가 결과를 활용할 때는 평가실시 목적이 달성되도록, 그리고 평가목적에 맞게 활용해야 하며 목적을 달성하기 위해서는 협동적인 노력이 필요하고 평가실시 목적이 달성되었는지를 반드시 확인해야 한다.

평가 결과가 효과적으로 활용되기 위해서는 다음과 같은 지침을 고려할 필요가 있다.

- 평가자는 평가 결과 사용자를 파악하고 그에 상응하는 보고방식을 선택해야 한다.
- 평가 결과는 필요할 때 즉각적으로 사용할 수 있도록 가용성이 있어야 한다.
- 평가자는 여러 이해관계 당사자들의 관심을 존중하고 수렴해야 한다.
- 평가 결과에 대한 보다 구체적인 설명과 해석, 결과 활용 방법이 제시되어야 한다.
- 평가에는 평가 결과를 활용하는 과정과 그 결과를 포함하는 활동이 반드시 포함되어야 한다.

평가 결과가 활용될 수 있는 부분을 개략적으로 살펴보면 다음과 같다.

- **평가목적에 의해 활용**: 선발을 위해 평가를 했다면 평가 결과에 비추어 학생을 선발하고, 교사의 수업개선을 위해 평가를 했다면 평가 결과를 바탕으로 수업을 개선하는 데 활용한다.
- **교육적인 목적으로 활용**: 원래 의도한 평가목적 이외에 부수적으로 활용할 수 있는 곳에 교육적 목적으로 결과를 활용할 수 있다.
- **교사의 자기평가자료로 활용**: 평가의 목적이 무엇인가에 상관없이 학생평가의 결과는 교사의 교수-학습활동 및 학생지도를 위해 간접적으로 활용할 수 있다. 학생에 대한 평가 결과는 교사 자신에 대한 평가 결과일 수도 있다는 취지하에 교수활동 및 학생지도활동의 개선에 평가 결과를 활용할 수 있다.

## 12 메타평가

메타평가(meta evaluation)란 평가자체에 대한 평가를 말한다. 학교현장에서 이루어지는 평가는 앞에서 살펴본 평가목적의 확인 단계에서부터 마지막 평가 결과의 활용 단계로 보통 끝난다. 그러나 교사는 평가의 각 단계가 제대로 이루어졌는가에 대한 평가가 필요하다. 이를 메타평가라 부른다.

교육평가의 일반적 절차를 중심으로 메타평가에서 중점을 두고 평가해야 할 것을 제시하면 다음과 같다.

- **평가목적의 평가**: 평가목적이 교육적으로 바람직한 목적이었는지, 실용적인 목적이었는지, 그리고 달성 가능한 목적이었는지 등을 중심으로 평가한다.
- **평가영역 및 내용의 평가**: 평가영역 및 내용이 평가목적에 부합되게 선정되었는지를 평가한다.
- **평가방법의 평가**: 평가목적 및 평가내용을 잘 평가할 수 있는 평가방법이 결정되었는가, 결정된 평가방법이 교육적으로 바람직했는가, 혹은 현실적으로 활용 가능한 평가방법이었는지에 대해 평가한다.
- **평가도구의 평가**: 평가도구가 평가목적과 평가내용에 부합하고 양질의 도구였는지를 평가한다. 그리고 개발한 평가도구의 신뢰도, 타당도 및 양호도 검증이 제대로 이루어졌는지를 평가한다. 또한 어떤 점이 개선되어야 하는지를 평가한다.
- **평가시행 계획 수립의 평가**: 계획 수립 단계에서 미처 고려하지 못한 사항이라든지 실제 평가를 실시하면서 예측하지 못하여 발생한 문제점은 무엇이었는지 등을 평가한다.
- **평가환경 구축의 평가**: 평가실시를 위해 필요한 인적 · 물적 요인의 마련이 얼마나 효율적으로 이루어졌는지 등에 대해 평가한다.
- **자료수집의 평가**: 자료수집 과정의 효율성 및 정확성 등에 대해 평가한다.
- **자료분석의 평가**: 자료의 특성에 적합한 분석기법이 사용되었는가 등에 대해 평가한다.
- **평가 결과 해석의 평가**: 분석된 자료에 대한 해석이 타당하게 이루어졌는지 등을 평가한다.
- **평가 결과 보고의 평가**: 평가 결과를 보고하는 양식이 평가 결과를 정확하게 그리고 일목요연하게 작성되었는지 등을 평가한다.
- **평가 결과 활용의 평가**: 평가 결과가 평가목적에 맞게 적절하게 활용되었는

지, 교육적 목적에 맞게 활용되었는지 등을 평가한다.

지금까지 살펴본 교육평가의 일반적 절차를 요약 · 정리하여 제시하면 [그림 10-1]과 같다.

| 교육평가의 일반적 절차 | | 메타평가 |
|---|---|---|
| 평가의 목적 확인 | ⇔ | 평가하는 목적의 타당성 및 교육적 가치에 대한 검토 |
| ↓ | | |
| 평가영역 및 내용의 선정 | ⇔ | 선정된 평가영역 및 내용의 타당성 및 균형성에 대한 검토 |
| ↓ | | |
| 평가방법의 결정 | ⇔ | 평가방법의 적합성, 신뢰성, 실용성 등에 대한 검토 |
| ↓ | | |
| 평가도구의 선정 및 개발 | ⇔ | 평가도구의 양호도 검토 |
| ↓ | | |
| 평가시행을 위한 계획 수립 | ⇔ | 평가시행 계획의 적절성, 효율성 등에 대한 검토 |
| ↓ | | |
| 평가환경의 구축 | ⇔ | 평가환경 구축의 적합성, 효율성 등 검토 |
| ↓ | | |
| 자료의 수집 | ⇔ | 자료수집 과정의 효율성 및 정확성 등의 검토 |
| ↓ | | |
| 자료의 분석 | ⇔ | 자료분석방법의 적절성 검토 |
| ↓ | | |
| 평가 결과에 대한 해석 | ⇔ | 평가 결과 해석의 타당성 검토 |
| ↓ | | |
| 평가 결과의 보고 | ⇔ | 평가 결과 보고양식의 적절성 및 교육적인 영향력 등에 대한 검토 |
| ↓ | | |
| 평가 결과의 활용 | ⇔ | 평가 결과 활용의 적절성 및 교육개선에 대한 기여도 검토 |

[그림 10-1] 교육평가의 일반적 절차 및 메타평가

출처: 김재춘 외(2002), p. 242.

## 장 요 약

교육평가의 절차는 그 상황에 따라 여러 가지 형태로 진행될 수 있으나 주로 학교현장이나 교사가 학생을 평가할 때 이루어지는 절차를 중심으로 살펴볼 때, 교육평가의 일반적 절차는 크게 11단계로 나눌 수 있다. 교육평가의 첫 번째 단계는 평가목적의 확인이다. 이것은 교사가 학생을 평가할 때 '왜 평가를 해야 하는가' 라는 점을 고려하는 것이다. 학교현장에서 이루어지는 평가의 목적에는 교사가 자신의 수업활동을 보완하고 개선하기 위해 평가를 실시하는 자의적 목적이 있으며, 외부에 의해 교사에게 부여되는 타의적 목적이 있다. 두 번째 단계는 평가영역 및 내용의 선정이다. 이 단계는 결정된 평가의 목적에 근거하여 '무엇을 평가하는가' 를 고려하는 것이다. 평가영역은 학생의 지적 영역을 평가할 것인지 아니면 정의적 · 심동적 영역을 평가할 것인지를 결정하며, 평가내용은 범위와 수준을 결정한다.

세 번째 단계는 평가방법의 결정이다. 평가방법은 학생을 왜 평가하며 구체적으로 어떤 영역과 내용을 평가하는가에 따라 달라지므로 평가방법은 여러 가지를 활용할 수 있다. 네 번째 단계는 평가도구의 선정 및 개발이다. 평가도구는 기존에 개발된 도구를 사용할 수 있고 교사 자신이 직접 개발하여 사용할 수도 있다. 평가도구의 선정 및 개발 시 도구의 신뢰도, 타당도, 객관도, 실용도 등을 면밀히 검토하여야 한다. 다섯 번째 단계는 평가시행을 위한 계획 수립이다. 이 단계에서는 평가대상, 평가횟수, 평가시기, 평가장소, 평가에 필요한 인원, 채점방식, 기타 장비 등 평가를 실제로 실시하는 데 필요한 제반 여건을 점검하여 이를 사전에 계획하는 일이 이루어진다.

여섯 번째 단계는 평가환경의 구축이다. 학교 일정에 맞추어 평가시기를 결정하고 이를 학교와 학생들에게 알린 후 가능한 평가장소를 확보하고, 평가도구 및 기타 장비를 마련하고, 감독자나 채점자 등을 선정한다. 지필검사의 경우 시험지와 답안지를 준비하고, 컴퓨터를 이용하여 평가를 실시할 경우 컴퓨터의 하드웨어나 소프트웨어를 점검한다. 일곱 번째 단계는 자료의 수집이다. 지필검사의 경우 주로 시험답안지를 이용하게 되는데 때때로 OMR카드를 이용하기도 한다. 수집된 자료는 분석이 용이하도록 잘 정리해 두어야 하며 자료의 손실 등이 발생하지 않도록 주의를 기울여야 한다. 특히 컴퓨터에 자료를 입력할 경우 자료를 분실하거나 잘못 입력되지 않도록 조심해야 한다.

여덟 번째 단계는 자료의 분석이다. 수집된 자료는 평가목적과 내용에 맞추어 적절한 분석을 실시해야 한다. 자료의 분석을 크게 양적 분석과 질적 분석으로 나눌 수 있다. 수집된 자료가 양적인 자료로 되어 있을 경우 일반적으로 통계 분석방법을 사용하며, 질적인 자료로 되어 있을 경우 질적 분석방법을 사용한다. 아홉 번째 단계는 평가 결과에 대한 해석이다. 평가를 실시하여 자료를 수집하고 이를 분석하는 단계는 비교적 기술적인 절차에 의해 이루어지지만 평가 결과에 대한 해석은 보다 종합적으로 이루어져야 한다.

열 번째 단계는 평가 결과의 보고다. 평가의 목적이 외부에 의해 부여되었느냐 또는 교사 스스로에 의해 설정되었느냐에 따라 평가 결과의 보고 형태는 달라질 수 있다. 평가의 목적이 외부에서 부여되었을 경우에는 일정한 서식이 있지만 교사 스스로에 의해 설정되었을 때는 일정한 서식이 없다. 마지막 열한 번째 단계는 평가 결과의 활용이다. 평가 결과는 평가목적에 의해 활용될 수 있으며, 교육적인 목적으로 활용될 수 있고, 교사의 자기평가 자료로 활용될 수 있다. 학교현장에서 이루어지는 평가는 지금까지 제시한 단계로 끝나는 것이 일반적이지만 교사는 평가의 각 단계가 제대로 이루어졌는가에 대한 평가가 필요한데 이를 메타평가라고 한다. 즉, 메타평가란 평가 자체에 대한 평가를 말한다.

## 주요 개념

교육평가 절차　　평가도구　　평가환경　　메타평가

## 연습문제

1. 교육평가의 일반적 절차에 대해 논해 보시오.
2. 현재 학교현장에서 이루어지고 있는 교육평가의 모습을 평가의 일반적 절차에 비추어 비판해 보시오.
3. 메타평가의 의미를 설명해 보시오.
4. 교육평가의 일반적 절차와 메타평가를 상호 비교하여 설명해 보시오.
5. 현재 교육평가에서 베타평가가 활성화되기 위한 방안을 제안해 보시오.

제11장

# 교육평가 방법과 도구

이 장에서는 교육평가 방법과 이를 위한 중요한 도구에 대해 살펴본다. 평가를 위해 사용할 수 있는 방법은 평가의 목적과 평가내용에 따라 여러 가지가 있을 수 있다. 이를 모두 살펴보는 것은 어려움이 있으므로 학교현장에서 빈번하게 사용되는 방법과 도구를 중심으로 살펴보고자 한다. 여기에서 다루지 않은 방법 및 도구는 다른 서적을 참고하기 바란다.

학교현장에서 교사가 많이 사용할 수 있는 평가방법에는 관찰법, 면접법, 조사법, 검사법 등을 들 수 있다. 이들은 평가방법일 뿐만 아니라 자료를 수집하기 위한 방법으로도 간주할 수 있다. 그리고 이들 평가방법은 학생의 인지적 특성보다는 주로 정의적 특성 및 심동적 특성을 평가하는 데 사용된다.

그런데 우리가 정의적 행동 특성을 평가하는 데에는 이와 관련되는 다음과 같은 문제를 종합적으로 고려해 볼 필요가 있다.

- 행동 증거의 대표성과 포괄성을 염두에 두어야 한다.
- 아는 것과 행하는 것은 항상 일치하지 않는다.
- 어떤 행동을 보여 준 것이 교수목표 달성의 증거가 항상되는 것은 아니다.
- 가치의 교육에서 가치판단과 관련된 많은 정보를 제공하고, 교사의 시범

(modeling)이 매우 중요하다.

이러한 점을 고려하면서 진행되어야 할 교육평가 방법 각각의 의미와 특징, 종류, 장단점, 사용 시 유의사항 등을 살펴보고 각 방법에서 자주 사용되는 도구도 병행하여 알아본다.

## 1 관찰법

### 1) 의 미

교사는 학교현장에서 학생의 행동에 대하여 심리학적 판단을 내림에 있어서 관찰의 방법을 적용할 경우가 많다. 교사는 일상생활에서 학생 이해의 가장 기본적인 관찰을 의식적 · 무의식적으로 수없이 하게 된다. 그러나 이러한 수많은 관찰이 모두 신뢰할 수 있는 관찰이 될 수는 없다. 따라서 평가활동에서 평가방법으로써의 관찰은 교사가 일상생활에서 행하는 관찰과는 다르며, 보다 더 체계적인 관찰을 요구하고 있다.

관찰법(observation method)은 관찰을 통해 다양한 정보를 수집하는 방법을 말한다. 좀 더 엄밀하게 말하면 관찰 목적에 일치되는 현장에서 인간과 관련된 일련의 행동과 환경을 선택, 유발, 기록, 기호화하는 방법이라 할 수 있다. 관찰법은 비언어적 행동에 대한 자료를 수집하는 것에 일차적인 목표를 두고 있으며 이를 위해 시각 외에 가능한 모든 감각을 동원할 필요가 있다. 정밀한 관찰을 위해서는 필요하다면 모든 도구를 이용하기도 한다.

학교현장에서 관찰법이 이용되는 경우는 많다. 예를 들어, 실험, 실습, 실기 등을 평가할 때 직접 보지 않고 또는 듣지 않고서는 평가가 불가능하다. 또 교육시설평가나 학교운영평가에도 현장방문을 통해 직접 점검, 확인하는 절차가 따르기 때문에 관찰법이 필요하다. 그리고 학생들의 정의적 영역이나 심동적 영역의 평가, 수행평가 등에서도 관찰법이 활용된다. 이렇게 볼 때 평가활동에서 관찰법은 체계적인 계획하에서 관찰을 통해 과학적으로 실시되어야 할 매우 중요한 평가방법인 동시에 자료수집 방법이라 할 수 있다.

### 2) 장단점

관찰법은 관찰자의 훈련과 역량에 의존하기 때문에 관찰의 성패는 관찰자에게 달려 있다고 볼 수 있다. 또 잘못된 관찰 결과에 의해 정의적 특성을 해석하고 판단할 때 거기에는 큰 오류를 범하게 된다. 관찰법의 장점을 제시하면 다음과 같다.

- 관찰법은 학생의 정의적 특성이나 운동기능적 행동에 대한 정보를 수집하고 평가하는 데 적합하다.
- 지필검사를 통해 수집한 자료에 대한 보완자료를 수집하는 방법으로 유용하다.
- 실태조사, 현장조사 등을 해야 할 경우 관찰법이 필요하다.
- 학생 자신이 정확하게 인식하지 못하는 무의식적 행동이나 말, 그리고 글로 표현하기 어려운 행동에 대한 자료를 수집할 수 있다.
- 학생의 연령이나 배경, 지적 수준에 관계 없이 다양한 상황에서 융통성이 있게 적용할 수 있다.
- 학생의 반응을 왜곡시킬 가능성이 적어 객관적인 측정을 할 수 있다.

다음으로 단점을 살펴보면 다음과 같다.

- 학생이 개인적으로 드러내기를 꺼리는 사적인 행동에 대한 자료를 수집하는 데 어려움이 있다.
- 교사가 자신이 관찰하고 있다는 사실을 인식할 경우 의도적으로 행동을 변화시킬 수 있으므로 관찰 결과가 왜곡될 수 있다.
- 관찰하고자 하는 행동을 미리 구체적으로 결정하지 않으면 피상적인 행동의 관찰에 그칠 가능성이 있다.
- 관찰 결과를 해석하는 기준이나 방법이 불명료할 경우 오류를 범하기 쉽다.
- 행동을 관찰하고 그 결과를 기록, 분석하는 데 시간과 비용이 많이 소요된다.

### 3) 사용 시 유의사항

관찰법을 사용할 때 유의해야 할 사항을 살펴보면 다음과 같다.

- 관찰하고자 하는 행동의 종류, 관찰방법, 관찰기간, 기록방법 등 관찰계획을 구체적으로 수립해야 한다.
- 관찰자의 선입견이나 편견이 개입되지 않도록 객관적으로 관찰해야 하며, 관찰한 행동에 대한 해석이나 판단을 내리지 않는 것이 좋다.
- 가능하면 자연스러운 상황에서 관찰을 해야 하며, 특정 상황이나 시기에 국한하지 말고 광범위하고 다양하게 반복적으로 관찰하는 것이 좋다.
- 관찰의 오차를 최소화할 수 있는 도구를 사용하여 관찰해야 하며, 한 가지 도구만을 사용하지 말고 여러 가지 도구를 종합적으로 사용하는 것이 좋다.
- 신뢰도를 높이기 위해 한번에 하나의 행동만을 관찰해야 한다.
- 행동을 관찰하는 즉시 그 결과를 기록 · 요약하는 것이 좋다.

### 4) 도 구

관찰법에서 사용되는 도구에는 고정된 한 가지만이 있는 것이 아니고 여러 가지가 있을 수 있다. 따라서 여기서 그 모든 도구를 제시할 수는 없고 가장 많이 사용되고 있는 도구를 중심으로 살펴본다.

#### (1) 일화기록

일화기록(anecdotal record)은 자연스러운 장면에서 우연히 관찰된 행동 및 사건 중에 의미 있고 중요하다고 생각되는 것을 구체적으로 기록하는 도구다. 일화기록은 지필검사와 같이 객관적인 방법으로는 평가하기 곤란한 특별활동상황, 행동발달상황, 교과 관련 정의적 영역에 대한 평가자료를 수집할 때 적합하다. 그리고 이 방법은 학생의 문제행동을 연구하거나 종단적(longitudiual) 관찰기록에 매우 유용하다.

그러나 일화기록은 일상생활에서 일어나는 전형적인 행동을 관찰하지 못하고 단편적이고 피상적인 행동의 기록에 치우칠 가능성이 크고, 관찰 및 기록의 객관성을 유지하기가 어려우며 자료의 처리 및 분석이 복잡하다는 단점이 있다.

일화기록을 사용할 때 유의할 점은 다음과 같다.

- 어떤 행동이 언제, 그리고 어떤 조건에서 나타났는가를 사실적이고 구체적으로 기록해야 한다.
- 하나의 일화기록에는 한 개의 사건만을 기록한다.
- 학생의 성장 및 발달을 이해하는 데 유의미한 행동을 기록한다.
- 행동이 발생한 즉시 기록한다.
- 특정 시점에서 가장 전형적인 행동을 기록한다.
- 필요한 경우 참고사항과 그 행동에 대한 해석 및 대처방안을 별도로 기록한다.

[그림 11-1]은 일화기록 양식의 한 예를 보여 주고 있다.

• 이름 : ____________
• 학년 : ____________ 반: ____________ 번호 : ____________
• 일시 : ____________
• 장소 : ____________
• 관찰자 : ____________
• 관찰내용 :
• 참고사항:

[그림 11-1] 일화기록 양식

(2) 평정표시

평정표시(rating)는 평정척도 문항으로 구성된 관찰기록용지를 가지고 관찰하고자 하는 대상의 빈도나 강도를 질적 또는 양적으로 평정, 기록하는 도구다. 평정표시는 지적 영역의 학습 결과를 비롯하여 정의적 영역 및 심동적 영역을 평가할 때 사용할 수 있다. 특히 행동발달상황이나 실험, 실습, 실기평가에서 유용하게 사용할 수 있으며, 교육정책, 학교운영, 수업방법 등을 평가할 때도 사용할 수 있다. 여기에서 사용하는 평정척의 종류에는 숫자평정척, 도식평정척, 상대적 평정척, 등위법, 강제평정척이 있다. 평정은 학생의 과거의 행동 특성 정도와 관련되는 것이므로 교사의 편견이 작용할 수 있는데 이 과정에서 다음과 같은 오차의 근원이 존재한다. 후광효과, 관용의 오차(generosity error)와 인색의 오차(severity error), 집중경향의 오차, 논리적 오차 등이 바로 그것이다.

평정표시의 한 예를 제시하면 [그림 11-2]와 같다.

• 이름 : ____________

• 학년 : ____________ 반: ____________ 번호: ____________

• 일시 : ____________

• 장소 : ____________

• 관찰자 : ____________

1. 전체적으로 구도가 안정되게 잡혀 있다. ······ ① ② ③ ④ ⑤
2. 혼색이나 중색이 잘 되어 있다. ······ ① ② ③ ④ ⑤
3. 전체의 화면에서 중요한 것을 강조하여 그렸다. ······ ① ② ③ ④ ⑤

• 참고사항

[그림 11-2] 평정표시

(3) 목록검색

목록검색(check-list)은 체크리스트를 이용하여 관찰하고자 하는 행동, 조건, 상황, 실태 등의 존재 또는 출현 여부를 열거된 목록에 체크하는 도구다. 목록검색은 정의적 영역의 평가를 비롯하여 실험, 실습, 실기평가와 실태평가, 수업평가 등에 사용되며 지적 영역을 평가하는 장면에서도 활용이 가능하다.

목록검색의 한 예를 제시하면 [그림 11-3]과 같다.

(4) 등위표시

등위표시는 평가자가 관찰, 평가하고자 하는 일련의 사물, 행동, 조건, 상황, 실태의 양 또는 질을 차례로 배열한 다음 등수를 매기는 도구다. 이것은 평정하려는 사람이나 대상의 수가 적을 때는 쉽게 적용할 수 있으나 많을 때는 부적절하다.

등위표시의 한 예를 제시하면 [그림 11-4]와 같다.

• 이름 : ______________

• 학년 : ______________ 반: ______________ 번호: ______________

• 일시 : ______________

• 장소 : ______________

• 관찰자 : ______________

1. __3__ 학생이 심화학습을 하고 있다.
2. _____ 학생이 생각하고 인내심을 가지며 스스로 학습한다.
3. __3__ 학생이 자신의 속도에 맞게 학습한다.

• 참고사항

[그림 11-3] 목록검색

• 이름 : ______________

• 학년 : ______________ 반: ______________ 번호: ______________

• 일시 : ______________

• 장소 : ______________

• 관찰자 : ______________

• 체육활동에서 나타난 순위

(2) 달리기 (4) 턱걸이

(1) 높이뛰기 (3) 윗몸 일으키기

• 참고사항:

[그림 11-4] 등위표시

## 2 면접법

### 1) 의 미

면접법(interview method)은 언어적 상호작용을 매개로 하여 면접대상자로부터 평가목적에 부합되는 여러 가지 정보를 수집하는 방법을 의미한다. 면접법은 이미 설명된 관찰법과 병행하여 사용되는 것이 일반적이다.

구두시험 또는 구술고사(oral test)라는 용어가 교사와 학생들의 귀에 아주 익숙하듯이 학교에서 면접법을 평가에 사용한 역사는 아주 오래되었다. 면접법은 면접을 진행하는 동안 응답내용 이외의 여러 가지 측면을 포괄적으로 관찰할 수 있고 필요에 따라 즉시 융통성 있게 심층적인 내용을 물어볼 수 있으며, 전문적인 지식이나 기술 없이도 누구나 쉽게 사용할 수 있다는 간편함 때문에 평가방법으로 널리 사용되고 있다.

### 2) 종 류

#### (1) 개별면접과 집단면접

개별면접(individual interview)이란 면접자와 면접대상자가 1:1 형식으로 이루어지는 면접을 말한다. 이는 단독면접 또는 단독-개별면접이라고도 한다.

집단면접(group interview)이란 면접자와 면접대상자 중 어느 한쪽이 2명 이상이거나 양쪽이 모두 2명 이상으로 구성되어 한 자리에서 동시에 이루어지는 면접을 의미한다.

#### (2) 직접면접과 간접면접

직접면접(direct interview)이란 면접자와 면접대상자가 직접 서로 얼굴을 맞대고 대화를 나누면서 필요한 정보를 수집하는 면대면의 형태를 취하는 면접을 일컫는다.

간접면접(indirect interview)이란 면접자와 면접대상자가 직접 얼굴을 맞대지 않고 이루어지는 면접을 말한다. 전화면접, 컴퓨터 이용 면접, 화상면접 등이 여기에 속한다.

#### (3) 구조적 면접과 비구조적 면접

구조적 면접(structured interview)은 질문 내용, 질문 순서, 용어 사용 등이 엄격히 정해져 있어서 면접자가 면접 과정에서 융통성을 발휘할 수 없는 형태의 면접을 말한다. 흔히 표준화 면접이라고도 부른다.

비구조적 면접(non-structured interview)이란 개방형 질문을 사용하고 질문의 형태 및 내용을 면접자가 결정할 수 있는 형태의 면접을 가리킨다. 흔히 비표준화 면접이라고도 부른다.

### 3) 장단점

면접법이 주관적인 판단에 기초하여 평가할 가능성이 있고 반응의 진실성을 확인할 방법이 없다는 이유로 비판을 받는 부분도 없지 않으나 다양한 접근방식을 통해 여전히 학교현장에서 자주 이용되는 평가방법이다. 면접법의 장단점을 살펴보면 다음과 같다. 먼저 장점을 제시하면 다음과 같다.

- 면접자와 면접대상자의 직접적인 대화와 접촉을 통해 다양하고 심층적인 정보를 수집할 수 있다.
- 평가대상의 연령이 어릴 경우 적합한 자료수집 방법이다.
- 관찰법, 질문지법 등을 통해 얻은 정보에 대한 보충자료를 수집할 때 보조적으로 사용할 수 있다.
- 면접 과정에서 질의응답이나 반복적인 설명을 통해 면접대상자에게 질문의 의미를 충분히 이해시킬 수 있다.
- 개인적으로 민감한 문제에 대한 정보를 수집할 때 적합하다.

다음으로 단점을 제시하면 다음과 같다.

- 시간과 노력이 많이 소요된다.
- 면접자의 태도나 행동이 면접대상자에게 영향을 미쳐 반응이 왜곡될 수도 있다.

- 일반적으로 면접 결과의 신뢰도와 객관도가 낮으며 통계분석에도 제약이 있다.
- 면접자의 기술, 자질 및 경험이 미흡하면 좋은 자료를 얻기 어렵다.

### 4) 사용 시 유의사항

- 면접의 목적을 분명히 설정하고 면접을 통해 어떤 정보를 수집할 것인지 등을 충분히 고려하여 면접계획을 체계적으로 수립한다.
- 면접대상자가 자신의 의견과 문제를 솔직하게 표현할 수 있도록 허용적인 분위기를 조성한다.
- 가급적이면 질문에 대해 자신의 생각을 충분히 표현할 수 있는 방식으로 질문한다.
- 특정 반응이 바람직하다는 것을 암시하거나 유도하는 질문은 삼간다.
- 면접 결과를 즉시 기록하고 면접 결과에 대해 비밀을 유지한다.
- 질문에 사용하는 표현과 어휘는 면접대상자의 수준에 적합해야 한다.
- 면접대상자가 응답하기를 꺼리는 개인적인 문제는 다루지 않는다.

### 5) 도 구

면접법을 이용하여 평가를 할 때 사용할 수 있는 도구는 정형화되어 있지 않다. 면접법을 위한 도구는 면접을 실시하는 면접자나 학교 등이 여러 가지 점을 고려하여 자체적으로 제작하여 사용하는 것이 일반적이다. 따라서 일률적으로 면접법을 위한 도구를 제시하기는 어렵다.

면접법을 위한 도구를 일반적으로 면접조사표(interview sheet)라 부른다. 면접조사표를 제작할 때 고려해야 할 점은 먼저 면접 질문 형태를 결정해야 하는데, 두 개 이상의 선택지 가운데 하나를 선택하도록 하는 선택형 또는 폐쇄형 질문으로 할 것인지 또는 응답의 형식이나 내용에 제한을 가하지 않는 개방형 질문으로 할 것인지를 결정해야 한다. 그리고 각 면접질문을 논리적인 순서로 일관성 있게 배열해야 하며, 면접자가 면접을 진행하는 데 필요한 지시사항 등을 제시해야 한다. 면접조사표의 양식은 면접 실시의 목적과 피면접자의 수준에 따라 매우 다양하므로 여기에서는 생략한다.

## 3 조사법

### 1) 의 미

조사법(survey method)이란 사물 또는 사상의 실태, 조건, 관련 변인 등을 규명하기 위해 필요한 정보를 수집하여 정리 · 분석하는 방법을 말한다. 흔히 조사법은 사회조사법이라고도 부르며 면접조사, 전화조사, 우편조사, 설문지 조사 등과 같은 방법을 주로 사용하고 있다.

조사법은 자료수집 경로를 기준으로 우편조사, 면접조사, 전화조사 등으로 구분할 수 있고, 질문에 누가 응답하느냐를 기준으로 조사대상자가 직접 응답하는 직접조사와 조사대상자를 관찰한 제3자가 응답하는 대리조사로 나눌 수 있다. 그리고 조사대상자 수를 기준으로 전집조사와 표집조사로 나눌 수 있다.

### 2) 장단점

조사법은 많은 평가방법 중에 널리 사용되고 있는 방법 중 하나로서, 다음과 같은 장단점이 있다. 먼저 장점을 살펴보기로 한다.

- 비용이 적게 들고 제작이 간편하다.
- 조사자가 조사대상자에게 미치는 영향을 줄일 수 있다.
- 개인적 생활경험이나 심리적 특성을 조사할 수 있다.
- 충분한 시간의 제공으로 충실한 회답을 얻을 수 있다.

다음으로 단점을 살펴보면 다음과 같다.

- 조사대상자의 문장이해력과 표현능력에 의존하기 때문에 이러한 능력이 부

족한 조사대상자에게는 적용하기 어렵다.
- 질문지에 응답한 내용의 진위를 확인하기 어렵다.
- 질문지의 회수율이 낮을 수 있다.

### 3) 사용 시 유의사항

- 조사목적을 분명히 하고 이에 맞게 계획을 세운다.
- 어휘선택과 표현이 간단 · 명료해야 한다.
- 애매모호한 표현이 포함되지 않도록 유의해야 한다.
- 조사대상자의 연령과 능력에 적절한 형식을 사용한다.
- 질문지의 문항 수를 적절하게 조정한다.
- 질문지의 회수율을 높일 수 있는 방안을 적절히 강구한다.

### 4) 도 구

조사법에서 가장 많이 사용되는 도구는 질문지(questionnaire)다. 질문지는 정의적 영역뿐만 아니라 심동적 · 지적 영역에 대한 조사에서 사용되며 교육정책, 수업 등을 평가할 때도 자주 사용된다. 따라서 조사법에서 사용되는 도구는 많이 있으나 여기서는 가장 보편적인 질문지에 대해서만 살펴보기로 한다.

#### (1) 질문지의 형식

질문지의 형식은 크게 나누어서 자유응답형과 선택형으로 구분된다. 자유응답형은 응답자가 생각하는 바를 자유롭게 문장으로 표현하는 방법이고, 선택형은 이미 마련되어 있는 몇 개의 내용 중에서 선택하여 응답하도록 하는 방법이다. 질문지는 선택형을 많이 쓰고 있는데, 이는 응답률을 높이고 자료처리를 하는 데 편하기 때문이다. 그러나 이 경우에 있어서 선택 문항은 평가자의 주관이나 좁은 경험 영역에 머무르기 쉬우므로 이를 타당하게 꾸미기 어렵다. 따라서 예비조사를 통하여 예상되는 선택문항을 구상해야 한다. 예를 들어, 학생들의 편식에 대한 연구를 하는 경우에는 '네가 좋아하는 음식의 이름을 써라.' '네가 싫어하는 음식의 이름을 써라.'와 같은 자유응답형 문항에 의하여 사전조사를 하고, 여기에 나타난 반응

결과를 분석한 뒤 선택형 문항을 작성하는 것이 좋다.

① 자유응답형

자유응답형은 제한 자유응답형과 무제한 자유응답형으로 구분된다. 제한 자유응답형의 예를 들면, "현 학제를 찬성하는 이유 중 가장 중요한 것 하나를 써 주시오." 또는 "두 가지만 써 주시오." 하는 식으로 제한되는 경우이고, 무제한 자유응답형은 "생각나는 대로 항목별로 써 주시오." 하는 방식이다. 이러한 자유응답형은 응답자가 대답하기도 어렵고 자료처리하기도 어려운 단점을 가지고 있지만 경우에 따라서는 의견을 청취한다거나, 사전조사의 경우에 유용하게 이용할 수 있다.

② 선택형

선택형은 여러 항목에서 하나 또는 둘, 경우에 따라서는 셋을 선택하도록 한다. 이러한 선택형은 항목에 응답자가 반응하고자 하는 내용을 모두 포함하도록 해야 하나 그렇지 못할 수가 있기 때문에 문항 다음에 기타를 두어 마땅한 문항이 없을 때는 문장으로 자기의 의견이나 사실을 기입하게 할 수도 있다.

③ 체크리스트형

체크리스트형은 무제한으로 해당사항을 체크하게 하는 것을 말한다. 체크리스트형의 예는 [그림 11-5]와 같다.

• 경제생활 영역에서 선생님의 문제는 어떤 것이 있습니까? 절실히 느끼는 것을 찾아 ______에 3표를 해 주십시오.

______ 교직보다 경제적으로 나은 것이 있지만 교직에 머물고 있다.
__3__ 가족을 부양하는 일 때문에 행동에 지장이 많다.
______ 학생들 앞에 나서기가 부끄럽도록 의복이 남루하다.
⋮

[그림 11-5] 체크리스트형의 예

④ 분류형

분류형은 선택형의 일종으로 일정한 기준이나 표준에 따라서 항목을 분류하는 방법이다. 기준이나 표준으로는 혐오, 찬성/반대, 흥미, 태도가 된다. 분류형의 예는 [그림 11-6]과 같다.

• 다음에 여러 가지 형용사가 있다. 그것이 보다,

한국인을 적절히 표현하고 있는 것이면............. A
일본인을 적절히 표현하고 있는 것이면............. B
중국인을 적절히 표현하고 있는 것이면............. C라고 ______에 써 넣어라.

| | | |
|---|---|---|
| _____ 재주 있는 | _____ 조직적인 | _____ 인내심 있는 |
| _____ 비열한 | _____ 교활한 | _____ 낙관적인 |
| _____ 침착한 | _____ 민주적인 | _____ 건실한 |
| _____ 독창적인 | _____ 책임감 있는 | _____ 매력 있는 |

[그림 11-6] 분류형의 예

⑤ 척도형

척도형(scale method)은 조사대상자에게 미리 정해 놓은 척도에 따라 결정하도록 요구하는 방법이다. 척도에는 3, 5, 7단계 등이 있으나 가장 많이 사용되고 있는 것은 리커트식 5단계다. 내용으로는 '대단히 찬성한다' '찬성한다' '찬성도 아니고 반대도 아니다' '반대한다' '대단히 반대한다'와 같은 것 또는 '대단히 좋다' '좋다' '보통이다' '나쁘다' '대단히 나쁘다' 등 여러 가지가 있을 수 있다.

척도형의 문항형식 예는 [그림 11-7]과 같다.

⑥ 등위형

등위형은 어떤 질문 내용을 일정한 기준에 따라 순위를 매기는 방법이다. 질문 내용의 수가 적으면 1번부터 끝번까지 매기게 할 수 있으나, 많을 때에는 몇 개로 한정시키고 번호를 매기게 한다. 등위형의 예는 [그림 11-8]과 같다.

• 각 질문에 대해 오른쪽에 있는 다섯 가지의 선택지 중 당신에게 가장 알맞은 것을 골라 해당 칸에 3표를 하시오.

| | 매우 나쁘다 | 나쁘다 | 보통이다 | 좋다 | 매우 좋다 |
|---|---|---|---|---|---|
| 1. 형제끼리 싸움을 한다. | | | | | |
| 2. 부모에게 말대답을 한다. | | | | | |

• 선생님은 현직교육강습을 통하여 배운 바가 교육현장에 가서 어느 정도 활용될 수 있으리라고 생각하십니까? 하나를 골라 ____ 칸에 3표를 하시오.

___ 매우 많이 활용할 것이다.

___ 다소 활용될 것이다.

_3_ 보통이다.

___ 별로 활용되지 않을 것이다.

___ 전혀 활용되지 않을 것이다

[그림 11-7] 척도형의 예

• 다음 여러 나라 중 어느 나라가 가상 살기 좋다고 생각하십니까. 순서대로 번호를 기입하시오.

( ) 이탈리아　　( ) 멕시코　　( ) 미국

( ) 독일　　( ) 스위스　　( ) 영국

( ) 일본　　( ) 프랑스　　( ) 한국

• 다음 여러 과목 중에서 당신이 가장 좋아하는 과목 다섯 가지만 골라서 왼편 ___ 에 3표를 하고, 3표가 된 것에 한하여 좋아하는 순서에 따라 오른편 ( )에 번호를 기입하시오.

___ 국어( )　___ 사회( )　___ 영어( )　___ 음악( )

___ 수학( )　___ 미술( )　___ 생물( )　___ 체육( )

___ 물리( )　___ 농업( )　___ 화학( )　___ 상업( )

___ 역사( )　___ 공업( )　___ 지리( )

[그림 11-8] 등위형의 예

### (2) 질문지 작성 과정

질문지는 아무리 뛰어난 전문가라 하더라도 한 번 작성된 초안으로 의도된 자료를 얻을 수는 없다. 질문지를 작성하기 위해서는 질문지를 작성하기 위한 단계를 정해 놓고, 각 단계별로 수시로 문제점을 파악하여 수정 · 보완해 나가야 나중에 발생할 수 있는 문제점을 미리 줄이거나 막을 수 있다.

질문지를 작성하기 위한 일반적인 단계는 다음과 같다.

- 필요한 정보의 결정
- 자료수집 방법의 결정
- 개별 항목의 내용 결정
- 질문 형태의 결정
- 개별 문항의 완성
- 질문의 수와 순서 결정
- 설문지의 외형 결정
- 설문지의 사전조사
- 설문지 완성

### (3) 질문지 작성 시 유의사항

- 명확하고 이해하기 쉬워야 한다.
- 응답자의 지식, 태도, 의견 등을 정확히 반영하는 응답을 이끌어 내야 한다.
- 무엇보다도 단순 간결한 용어를 사용해야 한다.
- 가급적 짧은 문장으로 질문내용을 압축한다.
- 응답으로 사용되는 용어는 상호 배타적이어야 한다.
- 복수의 질문을 한 질문 내에 포함시키지 않는다.
- 응답을 유도하는 질문은 하지 않는다.

# 4 검사법

## 1) 의 미

검사법(testing method)의 의미는 넓은 의미와 좁은 의미로 나눌 수 있다. 넓은 의미의 검사법은 신체적 · 정신적 · 사회적 능력 또는 특성에 대한 개인차를 측정할 목적으로 일정 조건하에 미리 정해 놓은 문서나 자극을 제시한 다음 그에 대한 반응 및 성과를 어떤 기준을 근거로 하여 양적으로 혹은 질적으로 비교 · 기술하는 조직적인 절차를 말한다. 좁은 의미의 검사법은 누가, 언제, 어디서 실시해도 검사의 내용과 실시, 채점, 해석 등의 방법이 동일하도록 표준화된 검사만을 이용하여 검사하는 것을 나타낸다.

## 2) 장단점

표준화된 검사를 이용하는 검사법의 경우 수집된 자료 및 정보가 관찰법, 면접법, 조사법 등과 같은 평가방법을 사용하여 수집한 정보 및 자료보다 신뢰도나 타당도 면에 있어서 더 양호하다. 그러나 전문가가 만들어 놓은 검사를 구입해야 하기 때문에 비용이 많이 든다는 단점도 있다. 이러한 단점을 제외하면 표준화된 검사법은 시간과 노력이 적게 들고 가장 실용적이면서도 객관적인 방법이라 할 수 있다.

## 3) 도 구

검사법에서 사용되는 주된 도구는 검사(test)다. 검사는 그 특성에 따라 여러 가지 유형으로 나눌 수 있다. 예를 들어, 검사는 그것이 표준화되어 있느냐, 측정내용이 무엇이냐, 실시방법이 무엇이냐 등에 따라 여러 가지 유형으로 나뉜다. 여기서는 검사의 유형을 다양한 기준에 따라 분류하고 각 유형의 의미를 살펴보기로 하며(변창진 외, 2001), 각 검사 유형에 속하는 구체적인 검사의 예는 다른 서적을 참고하기 바란다.

### (1) 표준화 여부별 검사 유형

- **표준화 검사**(standardized test): 일반적으로 검사제작의 절차, 검사내용, 검사의 실시조건, 채점 및 해석 과정이 엄격하게 규정된, 전문가들이 제작한 검사를 말한다.
- **비표준화 검사**(non-standardized test): 교사가 만든 시험이나 설문지 또는 연구자들이 비공식적으로 제작한 척도나 설문지 등을 말하며, 비형식적 검사라고도 한다.

### (2) 표현 양식별 검사 유형

- **언어성 검사**(verbal test): 문항 진술과 표현에 있어서 문자로 구성된 검사를 말한다.
- **비언어성 검사**(nonverbal test): 문항 표현과 진술에 있어서 기호, 도형, 그림으로 구성된 검사를 가리킨다.

### (3) 측정 내용별 검사 유형

- **최대능력검사**(test of maximum performance): 일정한 시간 내에 특정 검사에서 최대한의 능력을 발휘하도록 하는 검사로서, 지적 영역과 심동적 영역의 검사가 여기에 속한다.
- **전형적 행동검사**(test of typical performance): 특정 개인의 대표적인 행동을 측정하려는 검사로서, 정의적 영역의 검사가 이에 속한다. 성능검사라 부르기도 한다.

### (4) 실시 방식별 검사 유형

- **개인검사**(individual test): 한 사람의 검사자가 한 번에 한 명의 피검사자를 상대로 실시하는 검사를 가리킨다.
- **집단검사**(group test): 한 사람의 검사자가 한 번에 여러 명의 피검사자를 대상으로 하여 동시에 일률적으로 실시하는 검사를 말한다.

### (5) 측정 단위별 검사 유형

- **속도검사**(speed test): 거의 모든 피검사자가 쉽게 풀 수 있음은 물론 곤란도

가 비슷한 문항을 제시한 다음 그것을 수행하는 데 소요된 시간을 재는 검사로서, 속도제한검사라 부르기도 한다.

- **역량검사**(power test): 곤란도가 매우 다양한 문항을 제시한 다음 시간을 전혀 제한하지 않는 상태에서 어떤 수준으로 수행할 수 있는가를 측정하는 검사를 말하며, 역량제한검사라 부르기도 한다.

## 장 요약 >>

평가방법은 평가의 목적과 평가내용에 따라 여러 가지가 있을 수 있으나 학교현장에서 교사가 많이 사용할 수 있는 평가방법에는 관찰법, 면접법, 조사법, 검사법 등을 들 수 있다. 이러한 방법은 평가를 실시하기 위한 방법이며 또한 자료를 수집하기 위한 방법이다. 우선 관찰법은 관찰을 통해 다양한 정보를 수집하는 방법을 말한다. 즉, 관찰목적에 일치되는 현장에서 인간과 관련된 일련의 행동과 환경을 선택, 유발, 기록, 기호화하는 방법이다. 학교현장에서 관찰법이 이용되는 경우는 실험, 실습, 실기 등의 평가, 교육시설 및 학교운영 등의 평가, 학생들의 정의적 영역이나 심동적 영역의 평가, 수행평가 등이다. 관찰법에서 사용되는 도구에는 일화기록, 평정표시, 목록검색, 등위표시 등이 있다.

면접법은 언어적 상호작용을 매개로 하여 면접대상자로부터 평가목적에 부합하는 여러 가지 정보를 수집하는 방법을 의미한다. 면접법은 관찰법과 병행하여 사용하는 것이 일반적이다. 면접법의 종류에는 개별면접과 집단면접, 직접면접과 간접면접, 구조적 면접과 비구조적 면접 등이 있다. 면접법에서 사용되는 도구는 정해진 것이 없지만 일반적으로 면접조사표라 불리는 도구를 많이 사용한다.

조사법은 사물 또는 사상의 실태, 조건, 관련 변인 등을 규명하기 위해 필요한 정보를 수집하여 정리 · 분석하는 방법을 말한다. 흔히 조사법은 사회조사법이라고도 부르며 면접조사, 전화조사, 우편조사, 설문지 조사 등과 같은 방법이 많이 사용되고 있다. 조사법은 자료수집 경로를 기준으로 우편조사, 면접조사, 전화조사 등으로 구분하며, 질문에 대한 응답자를 기준으로 직접조사와 대리조사로 나눌 수 있다. 그리고 조사대상자의 수에 따라 전집조사와 표집조사로 구분할 수 있다. 조사법에서 가장 많이 사용되는 도구는 질문지이며 질문지의 형식은 크게 자유응답형과 선택형으로 나눌 수 있다. 이 외에도 체크리스트형, 분류형, 척도형, 등위형 등이 있다.

검사법은 넓은 의미로 볼 때 신체적 · 정신적 · 사회적 능력 또는 특성에 대한 개인차를 측정할 목적으로 일정 조건하에 미리 정해 놓은 문서나 자극을 제시한 다음 그에 대한 반응 및 성과를 어떤 기준을 근거로 하여 양적으로 혹은 질적으로 비교, 기술하는 조직적인 절차를 말한다. 좁은 의미로는 표준화 검사만을 이용하여 검사하는 것을 나타낸다. 검사법에서 주로 사용하는 도구는 검사다. 검사의 유형에는 표준화 여부별로 볼 때 표준화 검사와 비표준화 검사, 표현 양식별로 볼 때 언어성 검사와 비언어성 검사, 측정 내용별로 볼 때 최대능력검사와 전형적 행동검사, 실시 방식별로 볼 때 개인검사와 집단검사, 측정 단위별로 볼 때 속도검사와 역량검사가 있다.

## 주요 개념

| | | | |
|---|---|---|---|
| 관찰법 | 일화기록 | 평정표시 | 면접법 |
| 구조적 면접 | 구술고사 | 조사법 | 질문지법 |
| 검사법 | 표준화 검사 | 속도검사 | 역량검사 |

## 연습문제

1. 관찰법의 의미와 그 장단점을 설명해 보시오.

2. 면접법의 의미와 그 장단점을 설명해 보시오.

3. 조사법의 의미와 그 장단점을 설명해 보시오.

4. 검사법의 의미와 그 장단점을 설명해 보시오.

5. 정의적 행동특성을 평가하는 방법을 설명해 보시오.

6. 심동적 영역의 행동을 평가하는 방법을 설명해 보시오.

제12장

# 교수-학습에서 검사

이 장에서는 교수-학습 상황에서 가장 많이 사용되고 있는 지필검사의 제작과 관련된 내용을 다룬다. 일반적으로 학교현장에서는 검사라는 말보다는 시험, 고사 등의 용어가 더 자주 사용되고 있으나 여기에서는 이와 동일한 의미로 검사라는 용어를 사용한다. 학교에서 교수-학습의 성과에 대한 평가는 대부분 지필검사를 통해 이루어지므로 교사는 지필검사의 제작 과정에 대해 잘 숙지할 필요가 있다.

하나의 지필검사를 만들기 위해서는 계획단계에서부터 문항의 분석까지 매우 광범위하고 복잡한 과정을 거친다. 예를 들어, 계획단계에서는 평가목적을 확인, 결정하고 이에 따라 평가목표를 진술하고 이원분류표를 작성하는 일이 요구된다. 검사문항의 작성단계에서는 이원분류표에 의거하여 다양한 형식의 검사문항을 작성해야 한다. 최근에는 수행평가가 학교현장에서 많이 활용되고 있으므로 수행평가 문항도 작성해야 한다. 그리고 작성된 검사문항을 가지고 예비검사를 실시하여 이를 수정·보완하기 위해서는 문항의 분석이 필요하다.

이 장에서는 검사의 제작 과정 중에서 계획단계에서 주로 이루어지는 평가목표와 관련된 내용, 이원분류표와 관련된 내용, 그리고 검사문항의 작성과 관련된 내용을 다루고, 수행평가 및 문항분석과 관련된 내용은 다른 장에서 더 자세히 다루기로 한다.

# 1 교수-학습에서 검사의 계획

검사의 계획이란 구체적으로 검사문항을 작성하기 전에 체계적이고 객관적인 문항을 만들기 위해 사전에 면밀한 계획을 세우는 활동을 말한다. 모든 일에는 그 일을 무사히 마치기 위해서 그 일에서 필요한 사항을 미리 계획하듯이 검사도구의 제작에서도 예외 없이 계획이 필요하다. 검사도구의 제작에서 이러한 일련의 계획 활동은 평가의 목적을 소기에 달성하고 목적에 부합하는 문항을 만들기 위해 반드시 필요한 작업이다.

그러므로 검사개발을 위해 사전에 충실한 계획을 수립하고 이에 따라 검사를 개발하지 않는다면 최종적으로 질이 높은 검사 결과를 얻는다는 것은 매우 어려운 일이다. 따라서 여기에서는 검사도구를 제작하기 위해 사전에 어떠한 일을 해야 하는지를 살펴보고자 한다.

## 1) 검사제작의 일반적 절차

검사의 계획 과정만을 좀 더 구체적으로 살펴보기 전에 검사제작의 전체적인 절차부터 먼저 개략적으로 알아보기로 한다. 검사의 제작 절차는 크게 8단계로 나누어 볼 수 있다(김재춘 외, 2002). 이 8단계를 살펴보면, ① 검사목적의 확인, ② 재고자 하는 내용의 명료화, ③ 이원분류표 작성, ④ 문항 유형, 문항 수, 난이도 등의 결정, ⑤ 문항 및 검사지 개발, ⑥ 검사시행, ⑦ 검사 및 문항분석, ⑧ 검사 결과의 활용이다. 각 단계를 간략히 소개하고 좀 더 자세한 내용은 이후에 살펴보기로 한다.

1단계인 검사목적의 확인에서는 검사의 목적을 분명히 확인하는 것이다. 진단평가, 형성평가, 총괄평가 중 어떤 평가를 할 것인지 또는 규준지향평가와 준거지향평가 중 어떤 목적으로 평가를 할 것인지를 결정해야 한다. 검사의 목적이 무엇이냐에 따라 검사의 유형이 결정되고 그 결정에 따라 검사개발 시 유의해야 하는 사항이 바뀌며, 또한 최종적으로 검사 결과의 양호성을 판단하는 기준도 바뀐다. 결국 검사의 목적을 분명히 하여 어떤 유형의 검사를 개발해야 하는지를 결정하고 결정된 유형의 검사의 질을 높이기 위해 노력을 기울여야 한다.

2단계인 재고자 하는 내용의 명료화는 검사에서 무엇을 잴 것인가를 명료화하는 것이다. 검사에서 재고자 하는 것을 포괄적으로 또는 상세하게 기술할 수도 있는데 어떻게 기술하느냐 하는 것은 검사의 유형과 직접 관련되어 있다. 그리고 검사에서 재고자 하는 내용이 잘 반영되는 것은 각 교과 단원의 교수-학습목표 또는 수업목표다.

3단계인 이원분류표의 작성은 검사문항의 틀을 제공해 주는 이원분류표를 만드는 일이다. 이원분류표는 검사가 재고자 하는 문항을 내용 요소와 행동 요소로 나누어 분류하는 것이다.

4단계인 문항 유형, 문항 수, 난이도 등의 결정에서는 어떠한 유형의 문항을 만들고, 몇 개의 문항을 만들며, 문항의 쉽고 어려운 정도를 고려하여 결정하는 일이다.

5단계인 문항 및 검사지 개발은 실제 문항을 만들고 검사지를 제작하는 단계다. 실제 문항을 만들기 위해 이전에는 문항카드가 많이 이용되었으나 이제는 컴퓨터를 이용하여 만드는 것이 보편화되었다. 검사지의 제작에서는 검사지에 지시문을 포함하고, 문항 유형 및 난이도 등을 고려하여 문항을 적절히 배열하여 만든다.

6단계인 검사시행은 검사를 학생들에게 실시하는 것이다.

7단계인 검사 및 문항분석에서는 검사시행 후 나온 결과를 가지고 검사지 및 문항을 분석하는 것이다. 검사지의 분석에서는 신뢰도, 타당도, 객관도, 실용도 등을 알아보며, 문항분석에서는 난이도, 변별도, 곤란도 등을 중심으로 검사문항의 전반적인 양호도를 파악하는 것이다.

8단계인 검사 결과의 활용에서는 검사의 결과를 평가의 목적에 비추어 적합하게 사용하는 것이다. 즉, 수업개선이나 학생의 학업성취도 결정에 사용한다.

이러한 8단계 중 1~4단계를 검사의 계획단계라 볼 수 있고, 5단계를 검사문항의 작성단계라 볼 수 있다. 그리고 6단계를 검사실시단계로, 7단계를 문항분석단계로, 8단계를 활용단계로 볼 수 있다.

### 2) 검사제작의 계획

교수-학습 상황에서 검사도구 또는 지필검사도구를 만드는 과정에서 제일 먼저 고려해야 할 사항은 검사도구 제작과 관련된 계획을 수립하는 것이다. 이 단계를 '계획단계'라 부른다. 검사제작의 일반적 절차에서도 살펴보았듯이 검사제작의 계획 수립에서는 검사목적의 확인, 교수-학습목표 또는 수업목표의 진술, 이원분류표의 작성, 문항의 유형, 수, 난이도 결정 등과 같은 일이 이루어진다. 각각의 일을 좀 더 자세히 살펴보기로 한다.

### (1) 검사목적의 확인

검사목적의 확인에서는 검사를 실시하는 목적을 분명히 확인하는 것이다. 앞에서도 지적하였듯이 학교현장에서 이루어지는 검사는 크게 두 가지 목적을 지니고 있다. 첫째는 상대적 우열을 가리기 위한 목적이며, 둘째는 목표의 달성 여부를 파악하기 위한 목적이다. 첫째 목적을 달성하기 위해서는 규준지향검사를 만들어야 하며, 둘째 목적을 달성하기 위해서는 준거지향검사를 만들어야 한다.

한편, 검사 결과가 어디에 쓰이느냐에 따라 검사목적이 달라질 수 있다. 즉, 수업을 보완 및 개선하기 위한 목적이 있을 수 있으며, 학생들의 성적을 산출하기 위한 목적이 있을 수 있다. 전자의 목적의 경우에는 진단평가에 맞는 검사가 만들어지며, 후자의 목적의 경우는 형성평가 또는 총괄평가에 맞는 검사가 만들어진다.

이처럼 검사의 목적이 무엇이냐에 따라 검사의 유형이 결정되고 그 결정에 따라 검사개발 시 유의해야 하는 사항이 바뀌며, 최종적으로 검사 결과의 양호성을 판단하는 기준도 바뀐다. 결국 검사의 목적을 분명히 하여 어떤 유형의 검사를 개발해야 하는지를 결정하고 결정된 유형의 검사 질을 높이기 위해 노력을 기울여야 한다.

### (2) 교수-학습목표의 진술

교수-학습목표 또는 수업목표는 검사에서 재고자 하는 내용을 가장 잘 반영하고 있는 것이라 할 수 있다. 검사문항은 바로 교수-학습목표를 얼마나 잘 반영하고 있는가가 매우 중요하다. 교수-학습목표가 구체적이고 명세적으로 진술되어 있으면 검사문항을 만드는 데 많은 도움을 줄 수 있다.

교수-학습목표 또는 수업목표는 그것이 진술되는 세분화와 명세성의 정도에 따라 일반적 목표와 명세적 목표로 나눌 수 있다. 일반적 목표는 목표의 진술내용과 표현이 추상적이고 포괄적이어서 일반성의 수준이 높다. 반면에 명세적 목표는 진술내용과 표현이 구체적이고 명세적이어서 일반성의 수준이 낮다. 교수-학습목표가 검사문항의 작성에 사용되기 위해서는 학생의 학습내용 및 행동을 잘 반영하도록 구체적이고 명세적으로 진술하기를 권장하고 있다.

① 목표진술을 위한 일반적 조건

구체적이고 명세적인 교수–학습목표 또는 수업목표를 진술하기 위해서는 일반적으로 다음과 같은 조건을 고려하여 진술해야 한다.

- 측정이 가능하고 관찰 가능한 행동으로 진술한다(행위동사).
  측정이 가능하고 관찰이 가능한 외현적 행동을 나타내는 행위동사를 사용하여 진술한다. '쓴다' '열거한다' '말한다' 등과 같은 행위동사는 학습자가 행동으로 나타낼 수 있으며 관찰과 측정이 가능한 동사다. 따라서 목표의 진술 시 이러한 동사를 사용하는 것이 바람직하다.
- 교사의 행동이 아닌 학생의 행동으로 기술한다(학생).
  학생에게 기대되는 행동변화의 방향이나 수준이 초점이 된다. 예를 들어, '무엇을 설명하게 한다.' '최대공약수를 구하게 한다.'와 같은 목표는 교사의 행동을 나타내므로 적절하지 못하다. 반면에 '무엇을 설명할 수 있다.' '최대공약수를 구할 수 있다.'와 같은 목표는 학생의 행동으로 진술된 목표이므로 적절하다.
- 교수–학습의 최종 성과인 도달점 행동으로 진술한다(도달점 행동).
  수업시간 중이나 단원의 학습 도중에 나타나는 학생 행동을 강조하기보다는 수업시간이나 단원이 끝났을 때 나타날 수 있는 학생의 변화된 행동과 관련하여 진술한다. 예를 들어, '말할 주제를 인식한다.'보다는 '말할 주제에 알맞은 내용을 선정하여 말할 수 있다.'로 진술한다.
- 학습내용과 기대되는 학생의 행동을 동시에 진술한다(내용 및 행동과 기준).
  학습을 통해 획득된 내용과 행동의 양적 · 질적 수준을 판단하는 기준을 포함하여 목표를 진술한다. 예를 들어, '최소공배수를 구할 수 있다.' 보다는 '두 수의 최소공배수를 구할 수 있다.'로 진술한다.
- 기르고자 하거나 변화시키고자 하는 학습능력에 따라 포함되는 동사의 형태를 달리한다. 동일한 학습내용이라도 기르고자 하는 학습능력이 달라지면 동사가 달라진다. 예컨대, 학습능력이 이해능력이라면 '그래프를 이해한다.'로 진술하지만적용능력이라면 '그래프를 그린다.'로 진술한다.

참고로 일반적 목표와 명세적 목표에서 사용되는 동사를 비교하여 몇 가지를 제

[표 12-1] 목표진술 시 동사의 비교

| 일반적 목표에서의 동사 예 | 명세적 목표에서의 동사 예 |
|---|---|
| 안다, 이해한다, 깨닫는다, 인식한다, 파악한다, 즐긴다, 믿는다, 감상한다 등 | 쓴다, 암송한다, 지적한다, 구별한다, 열거한다, 비교한다, 대조한다, 찾아낸다, 진술한다, 적용한다, 말한다 등 |

시하면 〈표 12-1〉과 같다.

② 목표진술의 방식

교수-학습목표 또는 수업목표를 진술하는 방식은 학자에 따라 다르다. 널리 사용되고 있는 방식으로는 타일러(Tyler)식 진술방식, 메이거(Mager)식 진술방식, 가네(Gagné)식 진술방식, 그론룬드(Gronlund)식 진술방식을 들 수 있다. 각 진술방식을 진술에 포함시켜야 할 주요 요소를 중심으로 비교하여 살펴보면 〈표 12-2〉와 같다.

타일러식 진술방식은 한 진술문 속에 구체적인 '내용'과 '도달점 행동'으로 진술하며, 형성평가보다는 총괄평가에서 활용할 수 있다. 메이거식 진술방식은 '도달점 행동', '조건', '수락기준'을 포함하여 진술한다. '조건'은 도달점 행동이 발생되어야 할 조건이나 장면을 말하며, '수락기준'은 도달점 행동의 결과가 성공적인지 아닌지를 판단하기 위한 기준을 말한다. 가네식 진술방식은 '도달점 행동' '조

[표 12-2] 목표진술 방식의 비교

| 진술방식 | 청중 | 행동 | 준거 | 조건 | 내용 | 비고 |
|---|---|---|---|---|---|---|
| 타일러 | 학습자<br>(학생) | 도달점 행동 | | | 내용 | |
| 메이거 | 학습자<br>(학생) | 도달점 행동 | 준거<br>(수락기준) | 조건 | 내용 | 조건에 내용 포함 |
| 가네 | 학습자<br>(학생) | 도달점 행동 | | 조건 | 내용 | 조건에 내용 포함,<br>보조 및 핵심동사 |
| 그론룬드 | 학습자<br>(학생) | 도달점 행동<br>(내현적 행동) | | | 내용 | 일반적 목표<br>(주목표) |
| | 학습자<br>(학생) | 도달점 행동<br>(외현적 행동) | | | 내용 | 명세적 목표<br>(하위목표) |

건' '내용' 으로 진술하며, 특히 '도달점 행동'은 보조동사와 핵심동사로 구성된다. 마지막으로 그론룬드식 진술방식은 '내용'과 '도달점 행동' 으로 진술하며, 목표를 일반적 목표와 명세적 목표로 나누어 진술한다.

③ 목표진술 방식의 예

앞에서 제시한 네 가지의 진술방식을 예시하면 다음과 같다.

[타일러식 진술방식]

학생은 동학농민운동의 역사적 원인을 열거할 수 있다.
(학습자) (내용) (도달점 행동)

[메이거식 진술방식]

십단위 수를 두 개씩 무작위로 뽑아 만든 20개의 덧셈문제를 주면, 수판을 사용하지 않고 (조건) 학생은 (학습자) 20개의 문제 가운데 적어도 18개는 (수락기준) 정확히 계산할 수 있다. (도달점 행동)

[가네식 진술방식]

어미가 se로 끝나는 한 쌍의 낱말을 주면 교재나 사전을 보지 않고 (조건) 학생은 (학습자) 그것을 소리내어 읽어 가면서 (도달점 행동: 보조동사) s와 z의 발음을 구분한다. (도달점 행동: 핵심동사)

[그론룬드식 진술방식]

1.0 학생은 동학농민운동의 원인을 열거할 수 있다(일반적 목표: 주 목표).
1.1 학생은 개혁운동의 원인을 설명한 글 중에서 동학농민운동의 원인을 바르게 찾을 수 있다(명세적 목표: 하위목표).
1.2 학생은 자신의 말로 동학농민운동의 원인을 바르게 설명할 수 있다(명세적 목표: 하위목표).

### (3) 이원분류표의 작성

교수-학습목표 또는 수업목표가 진술되고 나면 진술된 목표가 어떤 성질의 목표로 구성되어 있는가를 확인하고 점검하는 절차가 필요한데 이를 교육목표 분류라고 한다. 교육목표 분류를 위해 가장 널리 사용되고 있는 것은 이원분류표다. 이원분류표는 학습 결과를 평가하기 위한 청사진이 되며 검사가 재고자 하는 바를 일목요연하게 나타낸 것으로 문항작성을 위한 구체적인 지침이 된다.

이원분류표는 세로에 검사가 재고자 하는 바를 문항이 어떤 내용을 측정하는가를 보여 주는 내용 요소와 가로에는 그 내용을 어느 지적 능력 수준을 측정하는가를 보여 주는 행동 요소로 교차시켜 목표를 이원적으로 분류하는 방법이다. 내용 요소에는 보통 교과목 단원의 이름이 들어간다. 행동 요소에서는 지적 영역의 경우 블룸(Bloom)이 제시한 교육목표 분류학에 근거한 지적 정신능력의 수준(지식, 이해, 적용, 분석, 종합, 평가)이 들어가며, 정의적 영역의 경우 크래즈월(Krathwohl), 블룸과 마시아(Masia)가 개발한 정의적 행동 특성의 내면화 5단계(수용, 반응, 가치화, 조직화, 인격화)가 들어간다. 그리고 심동적 영역의 경우에는 심슨(Simpson)이 제안한 5단계(지각, 태세, 인도된 반응, 기계화, 복합적 외현 행동)가 들어간다. 지적 · 정의적 · 심동적 영역에서 각 행동 요소의 의미는 〈표 12-3〉을 참조하기 바라며, 보다 더 구체적인 내용은 다른 서적을 참고하길 바란다.

#### ① 작성 절차

이원분류표의 작성 절차를 간략히 요약하면 다음과 같다.

- 교육과정, 교과용 지도서, 교과서를 참조하여 결정한 내용 요소를 종축에 차례로 기입한다.
- 지적 영역, 정의적 영역, 심동적 영역의 행동 요소를 빠짐없이 횡축에 기입한다.
- 목표를 하나씩 읽고 내용×행동이 교차되는 여러 개의 칸 중에 어느 한 칸에 속하는지를 판정하여 그 해당 칸에 빈도를 표시한다.
- 빈도 표시를 숫자로 바꾸어 쓰고 합계란에는 빈도의 합을 구하여 기록한다.
- 단 한 칸에도 빈도가 없는 종렬과 횡렬은 지워 버린다.
- 총 문항 수를 분모로 하고 칸마다 빈도를 분자로 하는 백분율을 구하여 괄호

[표 12-3] 지적 · 정의적 · 심동적 영역별 행동 요소의 의미

| 영역 | 행동 요소 | 의미 |
|---|---|---|
| 지적 영역 | 지식 | 재생에 의하여 학습된 내용을 기계적으로 기억해 내는 능력 |
| | 이해 | 자료나 기호, 용어 등의 의미를 파악하는 능력 |
| | 적용 | 과거에 학습한 자료나 내용을 새로운 구체적인 사태에 사용할 줄 아는 능력 |
| | 분석 | 자료를 구성 부분으로 분해하고 부분 간의 관계와 그것이 어떻게 조직되는가를 발견하는 능력 |
| | 종합 | 여러 가지 요소나 부분을 어떤 하나의 구조나 형태로 결합하는 능력 |
| | 평가 | 특정한 목적을 위하여 사용된 자료나 방법의 가치를 평가하는 능력 |
| 정의적 영역 | 수용 | 어떤 현상이나 자극을 감지하는 것 |
| | 반응 | 현상에 대해 단순히 수용하는 것 이상으로 능동적으로 반응하는 단계 |
| | 가치화 | 행동의 지침이 되는 근본적인 가치에 관여되어 동기가 유발되는 단계 |
| | 조직화 | 하나 이상의 가치가 관계된 상황에서 하나의 체계로 그 가치를 조직하고, 그들 간의 상호관계를 결정하고, 지배적인 가치체계를 수립하는 것 |
| | 인격화 | 이미 수용되어 조직화된 가치체계에 따라 일관성 있는 행동을 할 만큼 인격의 일부로 내면화된 상태 |
| 심동적 영역 | 지각 | 감각기관을 통해 사물의 질, 관계 등을 시사하는 과정 |
| | 태세 | 어떤 특정한 행위나 경험을 하기 위한 예비적 적응 상태 |
| | 인도된 반응 | 운동기능을 발달시키는 초기 단계 |
| | 기계화 | 상황에 따라 자기가 갖고 있는 행위의 레퍼토리에서 선택하여 자동적으로 반응 |
| | 복합적 외현반응 | 최소한의 노력과 시간으로 가장 유효하고 원활하게 행위할 수 있는 단계와 수준 |

속에 기입한다.

② 이원분류표의 예

〈표 12-4〉는 초등학교 6학년 2학기 기말평가, 규준지향검사를 위한 이원분류표 예시를 위해 만든 것이다. 〈표 12-4〉의 이원분류표는 출제될 총 문항 수는 40문항이며, '수와 연산' 내용에서 가장 많은 문항이 출제되고, '규칙성과 함수' 내용에서는 문항이 출제되지 않을 것임을 보여 준다. 또한 지식, 이해, 적용, 분석, 종합의 지적 능력을 재는 문항은 출제되지만 평가력을 재는 문항은 출제되지 않을 것임을 보여 준다.

[표 12-4] 초등학교 6학년 수학 이원분류표

| 내용 | 행동 | | | | | | 계 |
|---|---|---|---|---|---|---|---|
| | 지식 | 이해 | 적용 | 분석 | 종합 | 평가 | |
| 수와 연산 | 4 | 2 | 4 | 0 | 0 | 0 | 10(25%) |
| 도형 | 2 | 1 | 2 | 1 | 2 | 0 | 8(20%) |
| 측정 | 2 | 3 | 1 | 2 | 0 | 0 | 8(20%) |
| 확률과 통계 | 0 | 1 | 1 | 3 | 1 | 0 | 6(15%) |
| 문자와 식 | 0 | 0 | 1 | 3 | 4 | 0 | 8(20%) |
| 규칙성과 함수 | 0 | 0 | 0 | 0 | 0 | 0 | 0(0%) |
| 계 | 8<br>(20%) | 7<br>(17%) | 9<br>(23%) | 9<br>(23%) | 7<br>(17%) | 0<br>(0%) | 40(100%) |

이처럼 이원분류표는 문항을 작성하기 위한 틀이 되는 동시에 문항작성의 전체적인 계획을 한 눈에 파악할 수 있는 계획표가 된다. 따라서 문항작성의 계획에서 빠지지 말고 해 두어야 할 중요한 일 중 하나다.

#### (4) 문항의 유형, 수, 난이도 결정

검사제작의 계획단계에서 문항의 유형, 수, 난이도 등도 미리 계획하는 것이 바람직하다. 앞에서 설명한 이원분류표가 잘 계획되면 문항 수는 어느 정도 자동적으로 결정될 수 있다. 그러나 문항의 유형을 무엇으로 할 것이며, 각 문항의 쉽고 어려운 정도인 난이도는 따로 계획해야 한다.

문항의 유형은 매우 다양하다. 물론 여러 문항 유형 중 목적하는 내용과 행동을 측정하기에 가장 적합한 문항 유형을 선택해야 함은 당연하다. 그러나 각 문항 유형은 그 나름의 특성과 장단점이 있으므로 검사의 목적과 현실적 제약을 충분히 고려하여 이원분류표의 내용과 행동을 측정하기에 가장 적절한 문항 유형을 선택하여 사용하는 것이 좋다. 문항의 유형에 대해서는 뒤에서 좀 더 자세히 살펴보기로 한다.

덧붙여서 문항의 수는 대부분 검사시간에 의해 결정된다. 그리고 문항의 난이도는 문항의 유형을 고려하여 결정해야 한다. 문항의 난이도에 대한 상세한 내용은 다른 장에서 더 설명할 것이다.

# 2 검사문항의 작성

실제 검사문항을 작성하는 단계가 검사문항의 작성단계다. 검사문항을 작성하기 위해서는 검사문항의 유형에 대한 충분한 지식을 가지고 있어야 한다. 따라서 여기에서는 검사문항의 작성에 필요한 검사문항의 유형 및 각 유형의 작성 요령 등을 중심으로 살펴보기로 한다.

## 1) 검사문항의 유형

학교현장에서 주로 이루어지는 검사는 교사에 의해 제작되는 교사자작검사가 많으며, 지필 또는 필답 검사가 대부분이다. 따라서 여기서 설명되는 내용은 교사자작에 의한 지필검사의 문항을 만들 때 필요한 문항 유형과 그 작성방법에 대해 알아보고자 한다.

문항의 유형은 크게 선택형과 서답형으로 나눌 수 있다. 선택형에는 선다형, 진위형, 연결형이 있으며, 서답형에는 단답형, 완성형, 논술형이 있다. 각 문항 유형을 좀 더 자세히 살펴보기로 한다.

### (1) 선택형

선택형(selection type)은 검사문항에 실려 있는 여러 가지 답지 중에서 맞거나 가장 맞는 답을 고르게 하는 것으로 기억 유형 중에서 재인(recognition)을 요구한다고 하여 재인형이라고도 하며, 흔히 객관식 또는 객관형이라고도 부른다.

선택형 문항은 정답이 분명하므로 객관적이고 신뢰도가 높은 채점을 할 수 있다는 점, 비교적 많은 수의 문항을 출제할 수 있기 때문에 내용을 포괄적으로 다룰 수 있다는 점, 채점 및 통계적 분석이 쉽다는 점, 채점에 소요되는 시간과 노력이 적게 든다는 점 등의 장점이 있다. 반면에 정답을 전혀 모르고도 추측에 의해 응답할 수 있다는 점, 단순 지식의 암기력을 측정할 위험이 있다는 점 등의 단점이 있다.

선택형 문항이 적절한 경우는 다음과 같다.

- 평가받을 학생 수가 많다거나 동일한 문항을 다시 사용할 가능성이 있을 때

- 보다 신뢰할 수 있는 문항을 원할 때
- 평가의 공정성, 객관성 및 다른 불필요한 요인이 점수에 영향을 미칠 가능성을 가능한 제거하고자 할 때
- 비판적으로 답안지를 채점할 능력이 부족한 대신 객관적인 문항을 제작하는 데 더 자신이 있다고 생각될 때
- 문항보다는 평가실시 후에 그 결과를 시급히 보고해야 할 때 등이다.

선택형은 다시 선다형, 진위형, 연결형으로 나눌 수 있다.

① 선다형

선다형(multiple-choice)은 두 개 이상의 답지가 부여되어 그중 맞는 답지 혹은 가장 알맞은 답지를 선택하는 문항 유형이다. 선택형 문항 유형 중 가장 많이 쓰이는 유형으로 어떤 사실, 용어, 개념, 원리, 이론 등에 대한 지식을 측정하는 데 유용하다. 선다형 문항을 작성할 때 유의할 점을 살펴보면 다음과 같다.

- 문항은 중요한 학습내용을 포함하여야 한다.
- 문항마다 질문의 내용이 하나의 사실을 묻도록 단순, 명쾌하게 구조화되어야 한다.
- 용어의 정의나 개념을 묻는 질문에서는 용어를 질문하고 답지에 그 용어의 정의나 개념을 나열하는 것이 좋다.
- 문항이나 답지를 간단하고 명확한 단어로 서술하여야 한다.
- 문항의 질문 형태는 가능하면 긍정문이어야 한다.
- 문항의 질문 내용 중 답을 암시하는 내용이 포함되지 않아야 한다.
- 그럴듯하고 매력적인 틀린 답지를 만들어야 한다.
- 정답이 두 개 이상일 경우 최선의 답을 선택하도록 환기시켜야 한다.
- 피험자에게 옳은 답지를 선택하거나 틀린 답지를 제거할 수 있는 단서를 제공하지 말아야 한다.
- 가능하면 답지를 짧게 하는 것이 바람직하다.

선다형에는 정답형, 최선답형, 다답형, 미완형, 합답형, 제외 항목형 등이 있다.

각 유형의 의미와 문항의 예를 살펴보기로 한다.

정답형 여러 개의 답지 중에서 정답이 오직 하나밖에 없는 문항 유형이다. 문항의 예는 다음과 같다.

> 후우버 댐을 건설하여 로스앤젤레스에 전력과 공업용수를 공급하고 사막을 옥토로 바꾸어 놓은 종합개발지역은 어느 강 유역인가?
> ① 테네시 강 ② 콜로라도 강
> ③ 콜롬비아 강 ④ 미주리 강

최선답형 모든 답지가 깊이 따지면 정답이 될 가능성이 있지만 가장 적합한 것을 하나만 고르도록 요구하는 문항 유형이다.

> 민주주의 사회에서 가장 중시하는 것은 무엇인가?
> ① 의무 완수 ② 권리 주장
> ③ 인간 존중 ④ 권력 존중

다답형 답지에 있는 여러 개의 정답을 모두 고르도록 만드는 문항 유형이다.

> 다음 중 존칭어를 잘못 사용한 것은? (답은 두 개 이상일 수 있다.)
> ① 진지를 먼저 잡수소. ② 나는 배부르니 안 먹겠소.
> ③ 그러지 말고 저희 집에 오셔요. ④ 그럼 안녕히 계십시오.

미완형 진술문의 일부분이 빠져 있는 불완전한 문장에서 빠져 있는 부분을 정답으로 채우게 하는 문항 유형이다.

> 한쪽으로 치우친 분포라면 집중경향에 대한 최선의 추정치는_______(이)다.
> ① 평균치 ② 중앙치
> ③ 최빈치 ④ 범위

합답형　답지의 하나 또는 여러 개가 합하여 정답이 되는 문항 유형이다.

> 우리나라에서 섬진강이 흐르고 있는 도는?
> [㉠ 전라북도 ㉡ 전라남도 ㉢ 경상북도 ㉣ 경상남도]
> ① ㉠, ㉡　　② ㉡, ㉢
> ③ ㉠, ㉣　　④ ㉡, ㉣
> ⑤ ㉠, ㉡, ㉢, ㉣

제외 항목형　답지에서 이질적인 것을 하나 고른 후 별도로 제시된 답지 중에서 나머지가 왜 공통적인지를 찾아내는 문항 유형이다.

> 아래의 왼편에 기술된 답지 중에서 세 개는 동질적이고 하나는 다르다. 그 다른 것을 가려 낸 후 오른편에 있는 답지 중에서 나머지 세 개의 특성이 비슷한 이유를 찾아라.
> ① 검정　　㉠ 비모수통계
> ② t 검정　　㉡ 기술통계
> ③ 분산분석　　㉢ 다원분석
> ④ 회귀분석　　㉣ 곡선분석

② 진위형

진위형(true-false type)은 피험자에게 진술문을 제시하고 그것의 진위를 판단하게 하는 유형으로 흔히 양자택일형이라고 부른다. 진위형 문항을 작성할 때 유의할 점을 살펴보면 다음과 같다.

- 질문, 즉 진술문에는 중요한 내용이 포함되어야 한다.
- 한 개의 문항은 하나의 내용만을 포함하도록 한다.
- 부정문의 사용은 가능한 한 줄이고 이중부정은 피해야 한다.
- 가능한 한 단순한 문장으로 간단명료하게 질문한다.
- 답의 단서가 될 수 있는 절대적 어구나 일반적 어구는 사용하지 않는다.

진위형에는 단일형과 군집형 등이 있다. 각 유형의 의미와 문항의 예를 살펴보기로 한다.

단일형　한 개의 진술문을 주고 한 진술문의 진위 또는 정오를 판별하게 유형이다.

| 다음 글을 읽고 맞으면 ○, 틀리면 ×를 (　　) 속에 하여라.<br>1. 기체의 부피는 온도에 정비례하고 압력에 반비례한다. (　　) |
|---|

군집형　한 가지 아이디어를 가진 문제에 대해 여러 각도로 진위형 진술문을 주어 각각 진위를 판단하게 하는 유형이다.

| 기체의 부피는?<br>맞다 틀리다<br>(　)(　) 1. 온도가 올라가면 증가하는 경향이 있다.<br>(　)(　) 2. 압력이 증가하면 증가하는 경향이 있다.<br>(　)(　) 3. 압력을 증가시키고 온도를 내리면 일정하게 된다.<br>(　)(　) 4. 압력을 증가시키고 온도를 내리면 영으로 줄어든다. |
|---|

③ 연결형

연결형(matching type)은 일련의 문제군과 답지군을 배열하여 문제군의 질문의 정답을 답지군에서 찾아 연결하는 문항 유형으로서 배합형이라고도 한다. 연결형 문항을 작성할 때 유의할 점을 살펴보면 다음과 같다.

- 전제나 답지는 고도로 동질성을 가진 것끼리 제시하도록 한다.
- 전제보다 답지의 수가 많아야 한다.
- 전제와 답지의 각 문항은 최대한 계열성 있게 배열한다.
- 전제나 답지의 수를 적절히 제한하여야 한다.

연결형에는 단순연결형, 복합연결형, 분류연결형, 관계분류형 등이 있다. 각 유형의 의미와 문항의 예를 살펴본다.

단순연결형 답지 중에 전제와 답지가 한 세트로 구성되어 있는 문항 유형이다.

다음에 있는 동물명의 임신기간 및 부화기간을 앞에서 찾아 그 번호를 써 넣어라.

| 〈임신 및 부화기간〉 | 〈동물〉 |
|---|---|
| ① 280~283일 | (  ) 돼지 |
| ② 330~340일 | (  ) 닭 |
| ③ 143~150일 | (  ) 말 |
| ④ 112~114일 | (  ) 양 |
| ⑤ 67~70일 | (  ) 소 |
| ⑥ 20~21일 | |

복합연결형 한 개의 전제에 두 개의 답지가 마련되어 있어서 서로 연결시키는 문항 유형이다.

다음에 든 인명에 관하여 (A)에서 업적이나 관계 사실을, (B)에서 국적을 골라라.

| A | B | | (A) | (B) |
|---|---|---|---|---|
| (  ) | (  ) | 가. 코흐 | 1. X광선 | 1. 오스트리아 |
| (  ) | (  ) | 나. 멘델 | 2. 원자폭탄 | 2. 영국 |
| (  ) | (  ) | 다. 퀴리부인 | 3. 결핵균 | 3. 프랑스 |
| (  ) | (  ) | 라. 뉴튼 | 4. 우성인자 | 4. 독일 |
| (  ) | (  ) | 마. 에디슨 | 5. 중력 | 5. 미국 |
| | | | 6. 축음기 | 6. 소련 |

분류연결형 어떤 조건, 인물, 개념, 사건 들을 〈보기〉에 묶어 전제를 나타내고 거기에서 답지를 선택하여 연결하는 문항 유형이다.

다음에 있는 동물들을 제시한 A, B, C, D의 항목에 따라 분류하라.

〈보기〉 A. 조류 B. 포유류 C. 어류 D. 양서류

| | | |
|---|---|---|
| (  ) 고래 | (  ) 도룡뇽 | (  ) 올챙이 |
| (  ) 송사리 | (  ) 박쥐 | (  ) 개 |
| (  ) 독수리 | (  ) 소 | (  ) 쥐 |

**관계분류형** 하나의 전제에 대해 두 개의 조건 또는 사실을 제시하고 그 관계를 분류해 내는 문항 유형이다.

> 다음 문제는 아래의 두 개의 진술문(A, B)이다. 다음 요령에 따라 답하라.
> 그 문제에 A에만 관계 있으면 ……………………………………………… 가
> 그 문제가 B에만 관계 있으면 ……………………………………………… 나
> 그 문제가 A, B 둘에 다 관계가 있으면 …………………………………… 다
> 그 문제가 A, B 둘에 다 관계 없으면 ……………………………………… 라
>
> 1. 공업의 발달
>    A. 자본 B. 기술
> 2. 인구 증가
>    A. 산아제한 B. 인공위성

### (2) 서답형

서답형(supply type)은 주어진 검사문항에 대해 시험을 보는 사람이 어떠한 단서도 주어지지 않은 상황에서 자신의 머릿속에서 정답을 재생해서 답지에 기입하는 형태의 것을 말하며, 재생형(recall) 혹은 주관식, 수관형이라고도 한다.

서답형 문항은 선택형 문항에 비하여 고차적인 학습성과를 측정할 수 있으며 추측으로 정답을 맞힐 가능성을 최소화할 수 있다는 장점이 있으나, 채점이 어려울 뿐만 아니라 객관도가 낮다는 단점이 있다.

서답형 문항이 적절한 경우는 다음과 같다.

- 평가대상 학생 수가 적고 또한 같은 문항을 다시 사용할 필요가 없을 때
- 학생들의 문장구성력이나 표현능력을 아울러 평가해 보고자 할 때
- 학업성취도보다는 학생들의 태도나 의견에 더 많은 관심이 있을 때
- 채점자가 답안지를 비판적으로 채점하는 데 더 자신이 있을 때
- 답안지를 채점할 시간보다는 문항을 작성할 시간적 여유가 없을 때

서답형은 다시 단답형, 완성형, 논술형으로 나눌 수 있다.

① 단답형

단답형(short-answer type)은 간단한 단어, 어구, 수, 기호 등을 제한된 형태로 피험자가 써 넣는 문항 유형으로써 용어의 정의나 의미를 측정할 때 자주 사용된다. 단답형 문항을 작성할 때 유의할 점을 살펴보면 다음과 같다.

- 간단한 형태의 답이 나올 수 있도록 문항을 만든다.
- 정답의 수는 되도록 한 개 또는 몇 개가 되도록 한정한다.
- 수치나 계산에 관련된 문제에서는 기대하는 정확성의 정도 혹은 계산 절차의 수준을 명시하도록 한다.

단답형에는 의문문장형, 명령문형 등이 있다. 문항의 예는 다음과 같다.

- 의문문장형
  1. 삼국사기의 저자는 누구인가?
- 명령문형
  1. 공업이 발달하는 조건을 세 가지만 들어라.

② 완성형

완성형(completion type)은 질문을 위한 문장에 여백을 두어 질문하는 문항 유형이다. 문항을 작성할 때 다음과 같은 점에 유의할 필요가 있다.

- 중요한 내용을 여백으로 두고 여백의 수를 적절히 제한한다.
- 정답이 짧은 단어나 기호로 응답되도록 질문한다.
- 진술문 가운데 답을 암시하는 내용이 없어야 한다.
- 여백은 질문의 후미에 두는 것이 바람직하다.
- 채점 시 여백 하나를 채점단위로 한다.

완성형에는 불완전 문장형, 불완전 도표형, 제한 완전형 등이 있다. 문항의 예는 다음과 같다.

> • 불완전 문장형
> 1. 유전은 ( ) 세대 사이의 ( ) 관계다.
>
> • 불완전 도표형
>
> | 〈원급〉 | 〈비교급〉 | 〈최상급〉 |
> |---|---|---|
> | strong | ( ) | ( ) |
> | ( ) | bigger | ( ) |
>
> • 제한 완전형
> 1. 고래는 ( )로 숨을 쉬고 포유동물과 마찬가지로 ( )을 먹는다.

③ 논술형

논술형(essay type)은 주어진 질문에 제한 없이 여러 개의 문장으로 응답하는 문항 유형으로써 이론적으로는 피험자의 반응을 거의 무한하게 허용하는 자유반응 유형이다.

논술형 문항을 작성할 때 유의할 점을 살펴보면 다음과 같다.

- 피험자 집단의 특성을 고려해야 한다.
- 질문의 요지가 분명하고 구조화되어야 한다.
- 문항은 난이도의 순서대로 배열해야 한다.
- 문항 점수를 제시한다.
- 가능하면 채점기준을 미리 마련하여야 한다.

논술형에는 확대 반응형, 제한 반응형이 있다. 문항의 예는 다음과 같다.

> • 확대 반응형
> 다음 글을 읽고 핵가족에 대한 찬성 또는 반대의 주장을 나름대로 전개하라.
>
> 〈다음〉
>
> 우리나라는 그동안 사회가 급속도로 발전함에 따라 전통적인 확대가족제도가 무너지고 핵가족이 점차 늘어나고 있다. 이에 따라 좋은 점도 있는 반면에 여러 가지 사회문제도 발생하고 있다.
>
> • 제한 반응형
> 핵가족제도의 장점과 단점을 각각 두 가지씩만 들되 300자 이내로 작성하라.

## 장 요 약

학교에서 교수-학습 성과에 대한 평가는 대부분 지필검사를 통해 이루어지므로 지필검사의 제작 과정에 대해 살펴볼 필요가 있다. 일반적으로 학교현장에서 검사라는 말보다는 시험, 고사 등의 용어가 더 자주 사용되고 있으나 여기서는 이와 동일한 의미로 검사라는 용어를 사용한다. 검사의 일반적 제작 절차는 크게 8단계로 나눌 수 있다. 이 8단계는 ① 검사목적의 확인, ② 재고자 하는 내용의 명료화, ③ 이원분류표 작성, ④ 문항 유형, 문항 수, 난이도 등의 결정, ⑤ 문항 및 검사지 개발, ⑥ 검사시행, ⑦ 검사 및 문항분석, ⑧ 검사 결과의 활용이다. 이러한 8단계 중 ①~④까지를 검사의 계획단계, ⑤를 검사문항의 작성단계, ⑥을 검사 실시단계, ⑦을 문항 분석단계, ⑧을 활용단계로 볼 수 있다.

검사제작의 계획단계에서는 검사목적의 확인, 교수-학습목표 또는 수업목표의 진술, 이원분류표의 작성, 문항의 유형, 수, 난이도 결정 등과 같은 일이 이루어진다. 검사목적의 확인은 검사를 실시하는 목적을 분명히 확인하는 것이다. 즉, 규준지향평가인지 준거지향평가인지, 진단평가 또는 형성평가인지 총괄평가인지 등을 확인한다. 교수-학습목표의 진술은 검사문항을 만들기 위해 교수-학습목표 또는 수업목표를 구체적이고 명세적으로 진술하는 것이다. 목표진술의 방식에는 타일러(Tyler)식 진술방식, 메이거(Mager)식 진술방식, 가네(Gagné)식 진술장식, 그론룬드(Gronlund)식 진술방식이 있다.

이원분류표의 작성은 세로에 검사가 재고자 하는 바를 문항이 어떤 내용을 측정하는가를 보여 주는 내용 요소와 가로에는 그 내용을 어느 지적 능력 수준을 측정하는가를 보여 주는 행동 요소로 교차하여 목표를 이원적으로 분류하는 것이다. 내용 요소에는 보통 교과목 단원의 이름이 들어간다. 행동 요소에는 지적 영역의 경우 지적 정신능력의 수준(지식, 이해, 적용, 분석, 종합, 평가)이 들어가며, 정의적 영역의 경우 정의적 행동 특성의 내면화 5단계(수용, 반응, 가치화, 조직화, 인격화)가 들어간다. 그리고 심동적 영역의 경우에는 5단계(지각, 태세, 인도된 반응, 기계화, 복합적 외현 행동)가 들어간다.

문항의 유형, 수, 난이도 결정에서 문항 수는 이원분류표에 따라 결정하며, 문항 유형은 검사의 목적과 현실적 제약을 충분히 고려하여 이원분류표의 내용과 행동을 측정하기에 가장 적절한 문항 유형을 선택하여 사용한다. 그리고 문항의 난이도는 문항의 유형을 고려하여 결정한다.

검사문항의 작성을 위해서는 검사문항의 유형에 대한 지식이 필요하다. 검사문항의 유형은 크게 선택형과 서답형으로 나눌 수 있다. 선택형은 검사문항에 실려 있는 여러 가지 답지 중에서 맞거나 가장 맞는 답을 고르게 하는 것으로 기억 유형 중에서 재인을 요구한다고 하여 재인형이라고도 하며 흔히 객관식 또는 객관형이라고도 부른다. 선택형은 다시 선다형, 진위형, 연결형으로 나눌 수 있다. 선다형은 두 개 이상의 답지가 부여되어 그중 맞는 답지 혹은 가장 알맞은 답지를 선택하는 문항 유형이다. 선다형에는 정답형, 최선답형, 다답형, 미완형, 합답형, 제외 항목형 등이 있다. 진위형은 피검사자에게 진술문을 제시하고 그것의 진위를 판단하게 하는 유형으로 흔히 양자택일형이라고 부른다. 진위형에는 단일형과 군집형 등이 있다. 연결형은 일련의 문제군과 답지군을 배열하여 문제군의 질문의 정답을 답지군에서 찾아 연결하는 문항 유형으로 배합형이라고도 한다. 연결형에는 단순연결형, 복합연결형, 분류연결형, 관계분류형 등이 있다.

서답형은 주어진 검사문항에 대해 피검사자가 어떠한 단서도 주어지지 않은 상황에서 자신의 머릿속에서 정답을 재생하여 답지에 기입하는 형태의 것을 말하며 재생형, 또는 주관식, 주관형이라고도 한다. 서답형은 다시 단답형, 완성형, 논술형으로 나눌 수 있다. 단답형은 간단한 단어, 어구, 수, 기호 등을 제한된 형태로 피검사자가 써 넣는 문항 유형이다. 단답형에는 의문문장형과 명령문형 등이 있다. 완성형은 질문을 위한 문장에 여백을 두어 질문하는 문항 유형으로써 여기에는 불완전 문장형, 불완전 도표형, 제한 완전형 등이 있다. 논술형은 주어진 질문에 제한 없이 여러 개의 문장으로 응답하는 문항 유형으로써 확대 반응형과 제한 반응형 등이 있다.

## 주요 개념

| | | | |
|---|---|---|---|
| 검사계획 | 수업목표 | 행위동사 | 명세적 목표 |
| 이원분류표 | 선택형 | 서답형 | |

## 연습문제

1. 검사제작의 일반적 절차에 대해 논해 보시오.

2. 수업목표를 타일러식, 메이거식, 가네식, 그론룬드식으로 각각 2개 이상 만들어 보시오.

3. 초 · 중 · 고등학교 중 특정 교과목의 단원 1개를 선정하여 이원분류표를 제작해 보시오.

4. 이원분류표에서 평가문항의 수를 결정하는 방법을 설명해 보시오.

5. 선택형 문항을 작성하는 데 유의할 사항을 제시해 보시오.

6. 초 · 중 · 고등학교 중 자신이 가르치게 될 교과목의 특정 단원을 선정하여 교재에 제시된 유형별로 문항을 제작해 보시오.

제13장

# 수행평가

현재 우리나라 학교교육 비정상성의 본질 중의 하나를 교육목표, 교육방법 및 교육평가 간의 괴리라는 현상에서 찾아볼 수 있다. 그동안 우리나라 교육은 고등정신 능력 및 바람직한 품성의 함양을 교육의 목표로 제시해 왔으나 교육방법과 평가는 이러한 능력이나 품성의 함양과는 반대되는 방향으로 진행되어 왔다. 교육목표의 성격에 가장 부합하는 방식으로 평가의 관행을 개선하는 일은 교육의 정상화를 도모하기 위해서 우선적으로 시행되어야 할 과제 중의 하나로 보인다. 이러한 측면에서 볼 때, 수행평가는 현재 우리의 학교 교육과정에서 제시하고 있는 교육목표의 달성 여부를 평가하는 데에 적절한 방법 중의 하나로 여겨진다.

또한 미래 정보화 사회에서는 단편적 · 사실적 지식의 암기 · 이해 능력보다는 정보의 탐색, 수집, 분석, 비판, 종합, 창출 능력, 자기주도적인 평생학습 능력, 효율적인 의사소통 능력 등이 절실하게 요구된다. 사실적 지식의 기억, 이해의 정도에 대한 평가는 사지택일형과 같은 기존의 평가방식으로 가능하였으나 정보화 사회에서 요구되는 고등정신 능력은 새로운 방식의 평가방법을 필요로 한다. 따라서 세계의 교육선진국에서는 이러한 능력을 타당하게 측정하는 수행평가방식을 적극적으로 도입, 강조하고 있다.

이 장에서는 수행평가에 대해 포괄적으로 살펴보기 위해 수행평가의 개념에 대해 먼저 알아보고, 이어서 수행평가의 일반적 절차 및 주요 기법을 알아보며, 고등학교 국어 및 과학 과목에서 이루어지는 수행평가의 예를 제시하여 수행평가에 대한 이해를 높인다.

## 1 수행평가의 개념

여기에서는 수행평가의 개념을 이해하기 위하여 수행평가의 배경, 수행평가의 의미 및 특징, 기존 평가와의 비교 등을 살펴본다.

### 1) 수행평가의 등장 배경

최근에 와서 수행평가 등에 관한 관심이 커지게 된 것은 단순히 평가의 개선만을 위한 것은 아니다. 그 배경에는 교육의 본질에 관한 심각한 반성이 있었고, 결과적으로 평가를 개선하려는 움직임이 나타난 것이다. 따라서 수행평가의 개념을 이해하기 위해서는 이러한 배경의 흐름을 이해하는 것이 필요하다. 이러한 배경은 대략 다음과 같은 몇 가지로 나누어 볼 수 있다.

#### (1) 표준화 검사에 대한 반성

수행평가의 도입은 그동안 시행되어 온 표준화 검사 및 선택형의 선다형 평가에 대한 비판과 반성에서 나온 일종의 대안평가다. 학생 수가 폭발적으로 증가하여 전체를 신속하게 상대적으로 평가해야 할 필요성이 생겨나고 또 평가의 신뢰도가 중요시되자 객관식 평가가 보편화되고, 표준편차에 의하여 개인의 상대적 위치를 나타내는 표준화 검사가 학생의 선발과 평가에서 중요한 자리를 차지해 왔다.

이러한 평가는 널리 알려진 것처럼 수량적 평가이며, 전체에서 특정한 학생이 차지하고 있는 위치를 알려 주는 규준지향적 평가다. 결과적으로 이러한 평가는 점수와 규준에 의해서 개인을 평가하는 획일성, 전체를 총괄하는 중앙 집중적 성격, 평가 자체가 학생을 가르친 교사를 떠나서 외부적으로 이루어지는 외부적 평가, 개인의 구체적 상황을 고려하지 않고 미리 정해진 정답에 의해서 답안을 처리하기 때문에 탈맥락적이며, 의미의 보편성에 너무 집착하는 특징을 가진다. 객관식 검사는 특히 학생들의 사고력을 자극하지 못한다는 비판을 받아 왔다.

표준화 검사나 객관식 검사가 가지고 있는 이러한 특징에 대해서 학생들의 사고력을 자극하고 학생들의 지식이 생산되는 구체적인 환경을 존중하며, 학생들의 학습은 미리 정해진 객관적인 기준에 의해서 평가되는 것이 아니라 구체적인 맥락을 중심으로 평가되어야 한다는 주장이 나타나게 되었다. 학습자가 가지는 의미는 다양성의 존중이라는 관점에서 평가되어야 하며, 수량보다는 질적인 측면을 학습에서 중시하게 되었다. 수행평가는 이러한 주장의 산물인 것이다.

### (2) 질적인 연구에 대한 관심

1980년대에 오면서 수량적이고 통계적인 기술을 사용하는 실증적이고 과학적인 연구보다 질적인 연구에 대한 관심이 사회과학 전반에서 일어난 것도 수행평가의 출현을 증진시켰다. 질적인 연구에서는 사회적 상황을 해석할 때 보편적인 기준에 따라서 어떤 하나의 해답을 찾지 않고 각 개인이 가지는 독특한 의미를 중시한다. 이는 진리라는 것은 사회적으로 건설되며 맥락에 의해서 해석되어야 한다는 맥락 존중적인 입장을 취한다.

하나의 정답이 있고, 그것과 다른 모든 것은 오답으로 처리하는 객관식 평가와는 달리 질적인 연구에서는 개인의 모든 반응은 그 독창성과 독특성에 의해서 평가된다. 질적인 연구는 객관적으로 존재하는 산출물에만 관심이 있는 것이 아니라 그러한 산출물을 산출하는 과정을 존중하며, 변인과 변인 사이의 인과관계의 존재를 확인하는 것보다 그러한 변인 사이에 존재하는 관계의 메커니즘을 생생하게 그려 내는 데 커다란 관심을 갖고 있다. 이러한 연구의 경향은 수행평가의 출현을 촉진하였다.

### (3) 인지적 구성주의에서 오는 영향

인지적 구성주의의 발달에서 오는 영향도 있다. 1980년대 이후 인지적 구성주의는 학습심리학이나 교육심리학, 그리고 학습 프로그램의 개발에 많은 영향을 주었다. 그 이전까지의 학습활동과 프로그램은 주로 행동주의의 영향을 받았다. 행동주의는 지식을 학생의 외부에 객관적으로 존재하는 것으로 보고 그것을 상과 벌을 적당히 주어 가면서 가장 효과적으로 학습하도록 하였다. 단계별로 학습내용이 정해져 있는 프로그램 학습이 그 대표적인 것이다.

그러나 인지적 구성주의자들은 학습은 학습자가 미리 머릿속에 가지고 있는 스키마에 새로운 자극이 가해질 때, 이미 있는 스키마와의 사이에서 수용, 수정, 변화 등이 일어나서 나타나는 것이라는 다분히 학습자중심의 이론을 주장했다. 말하자면 학습은 학습자의 내부에서 학습자에 의해서 일어나는 것이지, 외부의 객관적인 지식의 체계를 받아들여서 나타나는 것이 아니라는 것이다. 지식의 원천과 학습에 대한 이러한 인지심리학자들의 구성주의적 관점은 개인이 구성해 가는 의미를 중요시하는 수행평가와 같은 맥락으로 볼 수 있다.

#### (4) 실제 사회에서 필요한 능력 요청

교육의 성취도에 대한 새로운 관심이 수행평가를 출현케 하고 있다. 오래 전에 영국의 로크가 형식도야설을 주장한 이래 대부분 학습자에게 기본적인 지식이나 기술을 가르치면 나중에 그것을 어떤 상황에 응용할 수 있다고 믿고, 이러한 교육을 실시해 왔다. 그러나 이러한 가정이 지금에는 맞지 않다는 것이 연구자들에 의해 밝혀지고, 교육방법에도 의심을 갖게 되었다. 이것은 사회가 복잡해지고 학습해야 할 지식이나 기술도 고정되어 있지 않기 때문에 학교에서 배운 것이 응용되는 데에는 많은 한계가 있게 된 것이다. 따라서 학교에서는 되도록 학교 밖의 실제 상황에서 필요하게 되는 지식이나 기능을 직접 가르치는 것이 바람직하다는 생각을 가지게 되었다. 실제의 상황에 필요한 것을 평가해야 한다는 수행평가는 바로 이러한 것이다.

### 2) 수행평가의 의미

#### (1) 의미

최근 여러 선진국에서 교육개혁의 중요한 방법의 하나로 시행·강조되고 있는 평가방식인 수행평가는 그 의미가 학자에 따라 차이가 있어 하나로 명확하게 정의하기가 어렵다. 그러나 몇몇 학자들의 수행평가에 대한 정의를 살펴보기로 한다(백순근, 1999 재인용).

새로운 문제나 특정의 과제를 해결하는 능력을 측정하기 위한 체계적 시도로서 실제 또는 모의상황에서 피평가자들이 보이는 반응을 전문가인 평가자가 직접 관찰하고 판단함으로써 이루어지는 평가방식(Stiggins & Bridgeford, 1982).

피평가자들이 특정의 산출물을 만들어 내거나 구체적인 활동을 수행하게 함으로써 자신들의 능력을 직접적으로 나타낼 것을 강조하는 평가방식(Haertel, 1992).

피평가자의 반응을 평가하는 과정에서 평가자의 관찰과 전문적인 판단을 특히 중시하는 평가방식(Mehrens, 1992).

앞에 제시된 주요 정의를 기초로 하여 수행평가의 의미를 규정해 보면, 수행평가(performance assessment)란 평가자(교사)가 피평가자들(학습자 또는 학생)의 학습과제의 수행 과정이나 결과를 직접 관찰하고, 그 관찰 결과를 전문적으로 판단하는 평가방식이라고 정의할 수 있다. 이 정의를 좀 더 구체적으로 살펴보면, 먼저 학습과제라 함은 학습자에게서 성취되기를 기대하는 교육과정상 각 교과 교육목표와 관련되는 것으로 가능한 한 실제 상황에서 보다 의미 있고, 중요하고, 유용한 과제를 의미한다.

수행이란 학생이 단순히 답을 선택하는 것이 아니라, 학생 스스로 답을 구성하는 것으로 산출물이나 작품을 만들어 내는 것, 태도나 가치관을 행동으로 드러내는 것 등을 모두 포함하는 의미며, 관찰은 학습자가 수행하는 과정이나 그 결과를 평가자가 읽거나, 듣거나, 보거나, 느끼거나 하는 행동을 모두 포함하는 것을 말한다. 그리고 판단이란 평가자가 관찰한 것을 객관성, 합리성, 타당성, 신뢰성 등이 있는 기준을 준거로 하여 점수화하거나, 문장화하는 것을 의미한다.

이렇게 볼 때 수행평가는 학습자들이 교육의 목표인 높은 사고력이나 문제해결력 등이 있다는 것을 관찰할 수 있는 행동이나 산출물로 보여 주도록 요청하는 평가방식이라 할 수 있다. 학교현장에 이루어지는 수행평가의 경우 수행평가는 학생들의 작품이나 활동을 직접 관찰하고, 관찰된 결과를 전문적 · 주관적으로 판단함으로써 이루어지는 평가이며, 선택형 검사 이외의 다른 모든 방법으로 평가하는 방식이라고 할 수 있다.

### (2) 유사 용어

수행평가와 유사한 의미를 지니고 있는 유사 용어에는 대안적 평가, 참평가, 역동적 평가, 직접적 평가 등이 있다(국립교육평가원, 1996). 이들 유사 용어와의 차이를 알아보면서 수행평가의 의미를 좀 더 명료히 하고자 한다.

- **대안적 평가**(alternative evaluation): 어느 특정한 평가체제나 방식을 의미하는 것이 아니라 한 시대의 주류를 이루는 평가체제와 그 성질을 달리하는 평가체제를 의미한다. 즉, 오늘날은 객관식 선택형 평가방식이 아닌 평가방식으로 수행평가가 해당된다.
- **참평가**(authentic evaluation): 실제 상황에서 수행되는 행위를 토대로 하여 이루어지는 평가를 의미한다. 학생의 교통질서 의식이나 태도를 평가하고자 할 때 실제 거리에서 학생들이 하는 행위를 관찰함으로써 평가하는 경우 참평가에 해당된다.
- **역동적 평가**(dynamic evaluation): 학생이 이미 학습한 결과나 이미 완료된 발달의 수준(또는 상황)보다는 학습의 과정 및 현재 진행 중인 발달 상황을 파악함으로써 학생이 미래에 나타내 보일 학습이나 발달의 가능성에 대한 전망을 중시하는 평가다. 학생에게서 현재 발달하고 있는 능력이나 곧 발달할 가능성이 있는 능력은 다른 학생과의 공동생활에서 가장 잘 나타나기 때문에 역동적 평가에서는 협동학습 상황을 특히 중시하고 이러한 상황하에서 전개되는 교사와 학생 간, 학생 상호간의 역동적인 관계를 평가의 대상으로 중시한다. 역동적 평가는 학생들의 현재 능력뿐만 아니라 교사나 친구들과의 역동적 상호작용에 의하여 곧 발달하게 될 능력의 종류와 그 수준을 파악하는 일을 중요하게 생각하기 때문에 학생들의 발달 과정, 즉 문제해결 전략의 사용 과정이나 해결 전략의 발달 과정을 특히 중시하는 평가방식이다. 수행평가는 과정을 중시한다는 점에서 역동적 평가와 공통점이 있다.
- **직접적 평가**(direct evaluation): 평가하고자 하는 것을 간접적으로가 아니라 직접적으로 평가하는 것을 의미한다. 즉, 국어의 말하기 능력을 지필검사를 통해서 한다면 이는 간접평가다. 이러한 평가방법으로는 사실 우리가 재고자 하는 능력이나 태도를 제대로 평가할 수 없다. 수행평가는 가능한 한 직접적 평가를 지향한다. 직접적 평가가 가능하면 직접적 평가를 하되 불가능한 경

우는 가능한 평가하고자 하는 대상을 가장 타당하게 잴 수 있는 방법을 모색함으로써 대상에 대한 직접적 접근을 시도할 수 있는 평가방식이다.

### 3) 수행평가의 특징

#### (1) 일반적 특징

수행평가의 일반적 특징을 살펴보면 다음과 같다(백순근, 1998).

- 수행평가는 학생이 문제의 정답을 선택하는 것이 아니라, 자기 스스로 답을 작성(서술 혹은 구성)하거나 행동으로 나타내도록 하는 평가방식이다.
- 수행평가는 추구하고자 하는 교육목표의 달성 여부를 가능한 실제 상황에서 파악하고자 하는 평가방식이다.
- 수행평가는 교수–학습의 결과뿐만 아니라 교수–학습의 과정도 함께 중시하는 평가방식이다.
- 수행평가는 단편적인 영역에 대해 일회적으로 평가하기보다는 학생 개개인의 변화 · 발달 과정을 종합적으로 평가하기 위해 전체적이면서도 지속적으로 이루어지는 것을 강조하는 방식이다.
- 수행평가는 개개인을 단위로 해서 평가하기도 하지만, 집단에 대한 평가도 중시하는 평가방식이다.
- 수행평가는 학생의 학습 과정을 진단하고 개별학습을 촉진하려는 노력을 중시하는 평가방식이다.
- 수행평가는 학생의 지적 영역(창의성이나 문제해결력 등 고등사고기능을 포함)뿐만 아니라, 학생 개개인의 행동발달 상황이나 흥미 · 태도 등 정의적 영역, 그리고 심동적 영역에 대한 종합적이고 전인적인 평가를 중시하는 평가방식이다.
- 수행평가는 기억, 이해와 같은 단순사고능력보다는 창의, 비판, 종합과 같은 고등사고능력의 측정을 중시하는 평가방식이다.

#### (2) 수행평가와 기존 평가방식과의 비교

수행평가 방식과 전통적 평가방식이라 할 수 있는 선택형 방식을 비교하기 위하여 주요 요소를 중심으로 살펴보면 〈표 13-1〉과 같다.

[표 13-1] 수행평가와 기존 평가방식

| 구분 | 수행평가 | 기존 평가방식(선택형) |
|---|---|---|
| 평가목적 | • 지도, 조언, 개선<br>• 수업목표의 달성 여부 판정 | • 선발, 분류, 배치<br>• 서열에 의한 우열 판정 |
| 평가체제 | • 절대평가<br>• 질적 평가 | • 상대평가<br>• 양적 평가 |
| 평가내용 | • 절차적 지식(방법적 지식)<br>• 학습의 과정 중시 | • 명제적 지식(내용적 지식)<br>• 학습의 결과 중시 |
| 평가방법 | • 관찰자 판단 위주<br>• 개별 교사에 의한 평가 중시<br>• 소규모 평가 중시<br>• 지속적 · 종합적 평가<br>• 전문성, 타당성, 적합성 강조 | • 선택형 평가 위주<br>• 표준화 검사 중시<br>• 대규모 평가 중시<br>• 일회적 · 부분적 평가<br>• 객관성, 일관성, 공정성 강조 |
| 평가시기 | • 학습활동의 모든 과정<br>• 교수-학습과 평가활동 통합 | • 학습활동이 종료되는 시점<br>• 교수-학습과 평가활동 분리 |
| 교사의 역할 | • 학습의 안내자, 촉진자 | • 지식의 전달자 |
| 학생의 역할 | • 능동적인 학습자<br>• 지식의 창조자 | • 수동적인 학습자<br>• 지식의 재생산자 |
| 교수-학습활동 | • 학생 중심<br>• 지적 · 정의적 · 심동적 영역 모두 강조<br>• 탐구위주<br>• 창의성 등 고등사고기능 강조 | • 교사 중심<br>• 지적 영역 중심<br>• 암기위주<br>• 기본 학습능력 강조 |

## 2 수행평가의 방법

### 1) 일반적 절차

수행평가를 어떻게 실시하느냐 하는 것은 평가의 목적 및 내용 등에 따라 달라질 수 있기 때문에 수행평가를 실시하는 절차가 정해져 있는 것은 아니다. 그러나 일반적으로 볼 때, 수행평가는 다음과 같은 절차에 의해 이루어진다.

- 평가를 하고자 하는 이유를 명확히 한다. 진단평가인지, 형성평가인지, 총괄평가인지를 명확히 한다.
- 평가하고자 하는 교육목표(성취기준)를 명확히 한다. 성취기준이란 국가수준의 교육과정을 구체화하여 학생들이 성취해야 할 능력 또는 특성의 형태로 진술한 것을 의미한다.
- 성취기준을 실제 얼마나 성취했는지의 수준을 파악하기 위한 기준(평가기준)을 명확히 한다. 평가기준이란 특정 성취기준에 대하여 학생들이 성취할 것으로 기대되는 수준을 몇 개로 나누고(예: 상/중/하), 각 수준의 내용을 구체적으로 진술한 것을 의미한다.
- 적절한 평가기법을 결정하고, 평가도구를 개발한다. 평가하는 이유, 성취기준, 평가기준을 모두 고려함과 동시에 현장의 교육여건을 고려하여 가장 적절하다고 판단되는 평가기법을 결정한다. 평가기법에 적절한 평가도구(채점기준표 포함)를 개발한다.
- 실제로 평가를 실시한다.
- 미리 개발된 채점기준표에 따라 채점하고 그 결과를 보고한다.

### 2) 평가기법

수행평가의 여러 가지 방법은 새롭게 개발되었다기보다는 과거에도 있었던 것이지만, 평가의 목적이 교수–학습의 과정을 개선하고 개별 학생에게 지도 · 조언하고 충고하기 위해 사용된다면 어떠한 방법도 수행평가의 방법이 될 수 있다. 특히 수행평가에서는 교수–학습활동과 평가활동을 상호 통합적으로 진행하는 것을 강조하기 때문에 다양한 교수–학습방법이 곧 수행평가를 위한 방법이 될 수 있다.

현재 널리 사용되고 있는 수행평가의 기법으로는 서술형(주관식) 검사, 논술형 검사, 실기시험, 실험 · 실습법, 관찰법, 토론법, 구술시험, 면접법, 자기평가 보고서법, 동료평가 보고서법, 연구보고서법, 포트폴리오법 등이 있으며, 이러한 구분은 상호 배타적이라기보다는 보완적이다.

### (1) 서술형 및 논술형 검사

서술형 검사란 흔히 주관식 검사라고 하는 것으로 문제의 답을 선택하는 것이 아니라 학생들이 직접 서술(구성)하는 검사다. 논술형 검사는 일종의 서술형 검사지만, 개인 나름의 생각이나 주장을 창의적이고 논리적이면서도 설득력 있게 조직하여 작성해야 함을 강조한다는 점에서 일반 서술형과 구별하기도 한다.

### (2) 실기시험

실기시험이란 학생들의 지식이나 기능을 직접 행동으로 나타내도록 하는 시험이다. 종래의 실기시험과 수행평가에서 말하는 실기시험의 차이는 시험을 치르는 상황이 통제되거나 강요된 상황인가 아니면 자연스러운 상황인가의 차이에 달려 있다.

### (3) 실험 · 실습법

실험 · 실습법은 자연과학 분야에서 많이 사용하는 것으로, 어떤 과제에 대해서 학생들로 하여금 직접 실험 · 실습을 하게 한 후 그 결과 보고서를 제출하게 하는 것이다. 이 때 개인 단위로 실험 · 실습을 하게 할 수도 있고 팀을 구성하여 공동작업을 하게 할 수도 있다.

### (4) 관찰법

관찰은 학생들의 지식이나 기능을 평가하기 위한 가장 보편적인 기법 중의 하나로, 개별 학생 단위로나 집단 단위로 관찰하여 평가하는 것이다.

### (5) 토론법

토론법이란 교수-학습활동과 평가활동을 통합적으로 수행하는 대표적인 기법 중의 하나로, 특정 주제에 대해 학생들이 서로 토론하는 것을 보고 평가하는 것이다.

### (6) 구술시험

구술시험은 종이와 붓이 발명되기 전부터 시행되어 오던 가장 오래된 수행평가의 한 형태로써, 학생들에게 특정 교육내용이나 주제에 대해서 질문한 다음, 학생의 의견이나 생각을 발표하도록 하여 평가하는 것이다.

### (7) 면접법

면접법이란 교사가 학생들과 대화를 통해서 얻고자 하는 자료나 정보를 수집하여 평가하는 기법이다.

### (8) 자기평가 및 동료평가 보고서법

자기평가(self-evaluation) 보고서법이란 특정 주제나 교수-학습영역에 대하여 자기 스스로 학습 과정이나 학습 결과에 대해 자세히 평가하도록 하여 그 결과(보고서)를 보고 · 평가하는 것이며, 동료평가(peer-evaluation) 보고서법이란 동료가 상대방을 서로 평가하도록 하여 그 결과(보고서)를 보고 · 평가하는 것이다.

### (9) 연구보고서법

연구보고서법이란 각 교과별로나 통합교과적으로 특정 주제에 대해서 자기 나름대로 자료를 수집하고 분석 · 종합하여 연구보고서를 작성 · 제출하도록 하여 평가하는 것이다. 이때 연구의 주제나 범위에 따라 개인적으로 할 수도 있고, 관심 있는 학생들이 함께 모여서 단체로 할 수도 있다.

### (10) 포트폴리오법

포트폴리오(portfolio)법이란 자신이 쓰거나 만든 작품을 지속적이면서도 체계적으로 모아 둔 개인별 작품집 혹은 서류철을 이용한 평가기법이다. 포트폴리오는 학생의 논술문, 작품, 시험답안지 등을 일정기간 동안 모아서 학생이 얼마나 성장하였으며, 교사의 수업이나 교육과정은 적절했는지를 평가할 수 있는 문서집을 말하는 것이다.

포트폴리오법을 사용할 때 유의할 점은 다음과 같다.

- 시간적으로 장기간에 걸친 학생의 작품을 모아 성장 정도를 반영한다.
- 그때 그때의 발전 과정을 제시한다.
- 학생의 강점과 약점을 확인하여 학생에게 피드백을 준다.
- 어떤 주제에 대해서 글, 그림, 사진, 도표 등 다양한 종류의 자료를 모은다.
- 주제에 대해서 학생의 높은 사고력을 평가한다.
- 전통적인 학습에서 뒤로 처져 있는 학생들에게 능력을 발휘할 수 있도록 기

회를 준다.

- 포트폴리오를 작성할 때 교사는 내용과 형태에 대해서 학생과 미리 협의한다.
- 교과서에 많이 의존하는 것보다 교과서를 기초로 하여 자유롭게 작성한다.
- 교사는 중간에 살펴보고 학생에게 피드백을 주면서 개선의 기회를 준다.

#### (11) 기타

열린 교육 등에서 강조하는 다양한 교수-학습방법〔예: 역할놀이, 현장조사, 작품감상, 만들기, 전시회, 발표대회, 협력학습, 신문활용 교육, 직소우(jigsaw), 개념도(conceptual map) 구성하기 등〕이 곧 수행평가를 위한 평가기법이 될 수 있다.

## 3 수행평가의 예

수행평가에 대한 이해를 높이기 위해 수행평가의 몇 가지 평가기법을 중심으로 고등학교 국어과와 과학과에서 수행평가의 예를 들어 보기로 한다. 이를 위해 각 평가기법별로 수행평가를 실시하기 위해 준비해야 할 성취기준 및 평가기준, 평가문항, 채점기준 등을 제시해 보기로 한다. 그 외의 교과에 대한 수행평가의 예는 다른 수행평가 전문서적을 참고하기 바란다.

### 1) 고등학교 국어과 수행평가의 예

#### (1) 서술형 검사

① 성취기준 및 평가기준

| 대영역 | 언어 | 중영역 | 국어의 사용 | 소영역 | 국어순화 |
|---|---|---|---|---|---|
| 성취기준 | 남북한 언어의 이질화를 인식하고, 남북한 언어통일의 필요성을 말할 수 있다. | | | | |
| 평가기준 | 상 | 남북한 언어의 이질화 현상과 남북한 언어통일의 필요성을 풍부한 예나 구체적 근거를 들어 정확하게 설명한다. | | | |
| | 중 | 남북한 언어의 이질화 현상과 남북한 언어통일의 필요성을 대체로 이해하고는 있으나, 풍부한 예나 구체적 근거를 들어 설명하는데는 다소 어려움을 보인다. | | | |

| | | |
|---|---|---|
| | 하 | 남북한 언어의 이질화 현상과 남북한 언어통일의 필요성에 대해 제대로 인식하지 못하고 있으며, 풍부한 예나 구체적 근거를 들어 설명하지 못한다. |

| 문항형태 | 서술형 | 수준 구분 | 상/중/하 |
|---|---|---|---|

② 문항

지문을 참조하여 남북한 언어학자들 사이의 의사소통이 어려웠던 언어의 특성에 대해 700자 내외로 설명하시오. (40분)

③ 채점기준표(루브릭)

| 상(2점) | 중(1점) | 하(0점) |
|---|---|---|
| 남북한 언어 이질화 현상과 관련하여 '북한의 말다듬기' 운동을 제시하고, 언어의 사회성과 자의성이라는 특성과 연관지어 구체적인 예를 들어 설명한다. | • 남북한 언어 이질화 현상과 관련하여 '북한의 말다듬기' 운동을 제시한다.<br>• 언어의 사회성과 자의성 중 하나만을 지적하면서 예를 들어 설명한다.<br>• 말다듬기 운동에 대한 언급은 없지만 사회성 · 자의성과 연관지어 구체적 근거를 제시하며 설명한다. | • 남북한 언어 이질화 현상과 관련하여 '북한의 말다듬기' 운동에 대한 언급도 없고, 언어의 사회성과 자의성임을 제대로 알지 못한다.<br>• 사회성 · 자의성과 관련된 설명에서 지문의 구체적 예를 언어의 특성과 관련지어 설명하지 못한다. |

(2) 논술형 검사

① 성취기준 및 평가기준

| 대영역 | 읽기 | 중영역 | 읽기의 원리 | 소영역 | 내용 이해의 여러 가지 원 |
|---|---|---|---|---|---|
| 성취기준 | 글의 내용을 주어진 분량에 따라 요약할 수 있다. | | | | |
| 평가기준 | 상 | 글의 내용을 주어진 분량에 따라 요약할 수 있다. | | | |
| | 중 | 문단 사이의 의미 관계를 도시할 수 있다. | | | |
| | 하 | 중심문단과 뒷받침 문단을 구별할 수 있다. | | | |
| 문항형태 | 논술형 | 수준 구분 | 상/중/하 | | |

② 문항

다음은 컴퓨터 통신에 나타난 언어 사용의 문제점을 지적한 글이다. 핵심적인 내용을 요약하고, 그 문제점과 해결방안을 중심으로 1,200자 내외(±200자)로 논술하시오. (50분)

③ 채점기준표

| 상(2점) | 중(1점) | 하(0점) |
|---|---|---|
| 컴퓨터 통신에서 국어, 영어에 이르기까지 언어 오염이 심각하다는 점과 효과적인 의사소통을 위해서는 정확한 문장의 언어 구사가 필요하다는 점을 정확히 요약했다. | 컴퓨터 통신에서 언어 오염이 심각하다는 점과 효과적인 의사소통을 위해서는 정확한 문장의 언어 구사가 필요하다는 점 두 가지 중 일부를 요약했다. | 컴퓨터 통신에서 언어 오염이 심각하다는 점과 효과적인 의사소통을 위해서는 정확한 문장의 언어 구사가 필요하다는 점을 정확히 요약하지 못했다. |

### (3) 포트폴리오형 검사

① 성취기준 및 평가기준

<table>
<tr><td>대영역</td><td>문학</td><td>중영역</td><td>문학작품 감상의 실제</td><td>소영역</td><td>문학작품을 효과적으로 이해하고 감상하는 태도 및 습관</td></tr>
<tr><td>성취기준</td><td colspan="5">작품을 스스로 선택하여 읽고 작품에 대한 자신의 생각이나 느낌을 표현하는 습관을 지닌다.</td></tr>
<tr><td rowspan="3">평가기준</td><td>상</td><td colspan="4">작품을 읽고 그에 대해 적극적으로 토론하는 습관을 가지며 자주 작품에 대한 생각이나 느낌을 글로 표현한다.</td></tr>
<tr><td>중</td><td colspan="4">작품을 읽고 작품에 대한 생각이나 느낌을 자주 글로 표현한다.</td></tr>
<tr><td>하</td><td colspan="4">작품을 읽기는 하지만 작품에 대한 생각이나 느낌을 제대로 표현하지 못한다.</td></tr>
<tr><td>문항형태</td><td colspan="2">포트폴리오</td><td colspan="2">수준 구분</td><td>상/중/하</td></tr>
</table>

② 문항

다음에 제시한 것은 문학 감상기록장이다. 평소에 읽은 문학작품에 대한 느낌이나 감상을 수시로 서술하여 한 학기 후에 제출하라.

③ 채점기준표

| 상(2점) | 중(1점) | 하(0점) |
|---|---|---|
| • 감상기록장을 성실히 작성하였으며, 작성하는 과정에 문학에 대한 태도에 긍정적인 변화가 보인다.<br>• 책이나 글을 스스로 찾아 읽고, 생각과 느낌을 표현하는 데 익숙하여, 10편 이상의 문학작품에 대한 감상을 성실히 기록하였다. | • 문학작품을 자발적으로 찾아 읽는 습관이 부족하여, 감상기록장을 기록하되, 각 항목에 대한 기록이 상투적이다.<br>• 6~9편의 문학작품에 대한 감상을 기록하였다. | • 감상기록장에서 2~3항목에 편중하여 기록하였고, 그 내용이 미흡하다.<br>• 5편 이하의 문학작품에 대한 감상을 기록하였다. |

(4) 실기형 검사

① 성취기준 및 평가기준

| 대영역 | 말하기 | 중영역 | 말하기의 실제 | 소영역 | 공식적인 말하기의 태도와 습관 |
|---|---|---|---|---|---|
| 성취기준 | 좌담회, 토의, 토론 등에 규칙을 지켜 적극적으로 참여한다. | | | | |
| 평가기준 | 상 | 좌담회, 토의, 토론 등의 말하기에서 문제해결에 적극적으로 참여한다. | | | |
| | 중 | 좌담회, 토의, 토론 등의 말하기에 참여한다. | | | |
| | 하 | 좌담회, 토의, 토론 등에 관심을 가지지만 참여하지 않는다. | | | |
| 문항형태 | 실기형 | | 수준 구분 | | 상/중/하 |

② 문항

> 아래는 '학생들이 교복을 입어야 하는가' 라는 토론 주제에 대한 학생들의 의견이다. 이 내용을 참고하고 관련 자료를 모아 이 주제로 친구 8명이 한 조가 되어 유의사항에 유의하면서 ○월 ○일까지 토론을 하여라. 토론의 장면을 비디오로 녹화하여 제출하여야 한다. 토론 시간은 20분 내외다.

③ 채점기준표

| 상(2점) | 중(1점) | 하(0점) |
|---|---|---|
| 토론의 규칙을 제대로 협력적인 말하기 태도를 보인다. | 토론의 규칙을 어기지는 않지만 협력적이지 못하다. | 토론의 규칙을 자주 어긴다. |

## 2) 고등학교 과학과 수행평가의 예

### (1) 서술형 검사

① 성취기준 및 평가기준

| 대영역 | 환경 | | 중영역 | 온실효과 |
|---|---|---|---|---|
| 성취기준 | 지구 온난화 현상으로 나타나는 지구 환경 변화를 설명할 수 있다. | | | |
| 평가기준 | 상 | 온실효과에 따른 지구 온난화 현상의 영향을 설명할 수 있다. | | |
| | 중 | 온실효과가 일어나는 과정을 과학적으로 설명할 수 있다. | | |
| | 하 | 온실효과가 일어나는 과정을 과학적으로 설명하지 못한다. | | |
| 문항형태 | 서술형 | | 수준 구분 | 상/중/하 |

② 문항

> 온실효과로 나타날 수 있는 지구 환경의 변화 세 가지를 열거하시오.

③ 채점기준표

| 상(2점) | 중(1점) | 하(0점) |
|---|---|---|
| 세 가지를 쓰면 | 두 가지를 쓰면 | 한 가지도 쓰지 못하면 |

### (2) 논술형 검사

① 성취기준 및 평가기준

<table>
<tr><td>대영역</td><td colspan="2">환경</td><td>중영역</td><td>소음</td></tr>
<tr><td rowspan="3">평가기준</td><td>상</td><td colspan="3">• 소음의 발생 원인과 피해 사례를 열거할 수 있다.<br>• 소음을 줄일 수 있는 대책을 열거할 수 있다.</td></tr>
<tr><td>중</td><td colspan="3">소음의 발생 원인과 피해 사례를 열거할 수 있다.</td></tr>
<tr><td>하</td><td colspan="3">소음의 발생 원인과 피해 사례를 열거하지 못한다.</td></tr>
<tr><td>문항형태</td><td colspan="2">논술형</td><td>수준 구분</td><td>상/중/하</td></tr>
</table>

② 문항

• 여러분 자신이 다음 네 곳 중의 한 곳에 살고 있다고 가정하자.

| | |
|---|---|
| 가) 야간작업이 잦은 공장의 옆집 | 나) 차량통행이 많은 도로변 |
| 다) 공항 근처 | 라) 상가 위의 다세대 주택 |

이 곳에 살고 있는 사람이 겪고 있는 일반적인 소음 피해를 감안하여 공장의 경영자, 교통문제 담당관, 공항관리공단, 상가 주인 등 가장 관련이 깊은 사람이나 기관 한 곳을 정하여 소음피해를 개선해 달라는 편지를 쓰시오. 편지를 쓸 때, 먼저 어떤 피해를 입고 있는지 호소하고 이에 따른 구체적인 개선책을 제안하시오.

③ 채점기준표

| 상(2점) | 중(1점) | 하(0점) |
|---|---|---|
| 피해사례 및 개선책이 설득력 있고 근거가 있게 제시되었으면 | 부족하면 | 아무것도 없으면 |

### (3) 포트폴리오형 검사

#### ① 성취기준 및 평가기준

| 대영역 | 지구 | | 중영역 | 태도평가이므로 중영역이 없음 |
|---|---|---|---|---|
| 성취기준 | • 지구자원과 환경에 관심을 갖고, 자원절약과 환경보호를 실천하려는 태도를 갖는다.<br>• 일기변화에 관심을 갖고 일기예보를 실생활에 활용하려는 태도를 보인다.<br>• 우리나라의 해양과 태양계 등에 관심을 갖고 계속 탐구하려는 태도를 보인다. | | | |
| 평가기준 | 상 | • 지구자원과 환경에 관심을 갖고, 자원절약과 환경보호를 실천하려는 태도를 보인다.<br>• 일기변화에 관심을 갖고 일기예보를 실생활에 활용하려는 태도를 보인다. | | |
| | 중 | • 지구자원과 환경에 관심을 갖으나 자원절약과 환경보호를 실천하려는 태도를 보이지 않는다.<br>• 일기변화에 관심을 보이나 일기예보를 실생활에 활용하려는 태도를 보이지 않는다. | | |
| | 하 | • 지구자원과 환경에 관심을 보이지 않는다.<br>• 일기변화에 관심을 보이지 않는다. | | |
| 문항형태 | 포트폴리오 | | 수준 구분 | 상/중/하 |

#### ② 문항

◈ 다음을 읽고 과제를 수행해 보자.

1) 자원절약과 환경보전에 관한 자료를 조사하여 스크랩한 후, 환경보전의 필요성을 정리하고 실천방안을 제시하여라.
2) 약 2주간에 걸쳐 신문의 일기예보가 실제 기상과 일치했는지 조사하고, 일기 예보가 실생활에 이용되는 예를 조사하여라.

◈ 과제 수행방법

1) 기간: 2개월
2) 과제 수행방법
   - 개별 조사 연구
   - 교과서 이외의 자료(잡지, 신문, 전문 서적 등)를 이용하고, 인용한 참고자료를

목록으로 과제의 끝부분에 기록하도록 한다.
3) 과제물을 제출한 후 과제로 제시된 주제에 관하여 조별 자유 토의를 하고 그 내용을 정리한다.
4) A4 용지를 이용하고 분량은 제한 없음

③ 채점기준표

| | 상(2점) | 중(1점) | 하(1점) |
|---|---|---|---|
| 조사한 자료의 분량 | 4개~ | 1~3개 | 없음 |
| 자원절약과 환경보호의 필요성에 대한 인식도 | 높다 | 보통 | 낮다 |
| 자원절약과 환경보호를 실천하려는 태도 | 높다 | 보통 | 낮다 |
| 일기예보를 실생활에 활용하려는 태도 | 높다 | 보통 | 낮다 |
| 과제물의 내용, 자유 토의 내용, 교사와의 면담 내용의 일치도 | 높다 | 보통 | 낮다 |

## 4 서술형 평가

### 1) 서술형 평가의 의미

서술형 평가는 진위형, 선다형과 같이 지필평가에서 많이 활용되는 서술형 문항을 중심으로 이루어지는 평가로서, 주어진 문제나 지시에 따라 학습자가 자유롭게 자신의 의견을 서술식으로 작성한 자료를 이용하는 평가방법이다. 주로 어떤 정보에 대한 이해나 분석, 또는 문제해결능력 등을 파악하기 위해 많이 사용되는 방법으로, 내용의 이해 정도와 함께 글을 조직적으로 구성하는 능력까지 측정할 수 있다.

서술형 평가는 선택형 문항으로 평가되는 경우와 달리, 문항제작보다는 평가준거와 방법을 명확하게 개발하는 것이 매우 중요하다. 서술형 평가의 경우에는 채점하는 사람의 주관이 개입되어 공정한 판단을 내리는 데 한계가 있기 때문이다.

## 2) 서술형 평가의 상황

- **단순한 지식의 암기보다는 고차원의 사고능력을 평가할 때:** 평가는 수업의 학습목표나 의도된 학습성과를 반영하여 실시되어야 한다. 예를 들어, 비판적 사고나 문제해결력을 가르치는 수업에서는 단순한 지식의 암기나 회상이 아닌 사고능력을 평가할 수 있는 방법을 사용해야 한다. 서술형 평가는 특정한 기술의 이해나 지식의 암기를 평가하기보다는 종합적이고 비판적인 고차원의 능력을 평가할 때 더 유용하다.
- **학생들의 개별적인 학업성취도를 심층적으로 진단하고 피드백을 제공하고자 할 때:** 선택형 문항을 중심으로 하는 학습평가에서는 학습자의 반응을 이미 정해진 대안에서 찾을 수 있기 때문에 미리 설정된 범위를 벗어나기 어렵다. 그러나 수업목표에 준거한 채점기준(rubric)을 가진 서술형 평가는 학생들의 학습 과정을 정확하게 진단하고 심층적으로 파악할 수 있다. 또한 교수자는 정성적으로 파악된 학생들의 학습 결과를 자신의 교수방법, 학습내용의 수준을 조절하기 위한 기초 자료로 활용할 수 있다.

## 3) 서술형 평가의 방법

- 학습내용 혹은 강의내용 중에서 서술형 문항을 이용하여 평가될 영역을 결정한다. 단순한 암기 혹은 적용보다는 복잡한 문제해결 및 태도 함양 등의 고차적인 능력에 관련된 학습영역을 평가한다.
- 서술형 문항에는 학생이 수행해야 할 과제를 명료하게 제시한다. 과제나 문제에 관한 설명이 충분히 포함되어야 하며, 진술의 구체성 정도와 이를 뒷받침하는 자료가 필요한지를 명시해야 한다.

> (예시) 행동의 가치에 대해 논하시오. 행동목표는 오랫동안 교육에서 많이 사용되어 왔다. 교재와 수업시간을 통해 행동목표의 장점과 단점에 관하여 토론하였다. 자신을 교육에서 행동목표를 사용하는 것에 반대한다고 가정하고, 교과서와 수업시간에 다루었던 세 개 이상의 논거를 사용하여 자신의 입장을 지지하시오.

- 논쟁적인 문제를 다루는 문항은 학생이 '어떠한 입장'을 갖는지보다는 그에

대한 근거 제시 여부를 평가해야 한다. 학생들에게 특정한 결론이나 해결책을 수용하도록 요구하는 것은 정당화될 수 없지만, 특정 결론의 근거를 제시할 줄 아느냐를 평가하는 것은 정당하다.

> (예시) 한반도 긴장 해소를 위한 미국의 입장은 무엇인지 쓰시오. 한반도 긴장 해소를 위해 북 · 미 간 대화가 필수적이라는 주장이 있다. 이 주장에 찬성인지, 반대인지를 쓰고, 이 입장을 지지할 수 있는 논리적 이유를 최소한 세 가지 이상 쓰시오.

- 학생의 성취도뿐만 아니라 창의성, 문장표현력 등 포괄적인 영역을 측정하기 위한 방법으로 '응답 자유' 서술형 평가를 이용한다. 이 유형은 학생이 자유롭게 기술하도록 하는 방식이다. 그러나 응답 분량과 응답을 조직하고 작성하는 데 많은 시간이 소요된다. 따라서 한두 문제를 제시하는 총괄평가나 학기말 리포트 같은 과제물로 더 적합하다.

> (예시) 미래 사회는 화석연료의 고갈로 에너지 위기 상황이 초래될 것으로 예상된다. 에너지 위기를 극복할 수 있는 다양한 대안을 서술하시오.

- '응답 제한' 서술형 평가는 학생이 습득한 지식을 적절한 방법으로 조직하여 결론을 내리도록 하는 방법이다. 이 형식은 문제에 대한 답변의 자유도를 제한하는 방식이다. 구체적으로 문제를 제시해야 하며, 문항의 진술에는 학생의 응답에 지침이 되는 제한 사항과 채점을 위한 준거가 포함되어 있어야 한다.

> (예시) 미래 사회는 화석연료의 고갈로 에너지 위기 상황이 초래될 것으로 예상된다. 이에 선진국은 에너지 문제를 해결하기 위해 핵융합 에너지를 연구 개발 중이다. 핵융합 발전의 원리와 장단점을 쓰시오.

- 서술형 평가가 신뢰성과 공정성을 확보하기 위해서는 채점기준인 루브릭(rubric)을 마련해야 한다. 잘 만들어진 루브릭은 교수자가 무엇을 어떻게 평가할 것인가를 안내하고, 전통적인 평가에서 구분하기 어려웠던 준거척도인 '부족한(poor, C)' '좋은(good, B)' '우수한(excellent, A)' 등의 용어를 객관적으로 기술함으로써 교수자와 학생 모두가 등급을 매기는 과정을 쉽게 이해할

수 있게 한다.

- 서술형 평가의 채점방법은 크게 총체적 기준과 분석적 기준으로 시행할 수 있다. 총체적 기준은 전체 결과나 인상을 평가하는 것이며, 분석적 기준은 결과를 본질적 특성 혹은 범위로 나누어 따로따로 판단할 때 사용하는 것으로 각 특성마다 독립적으로 점수를 부여한다.

## 장 요 약

수행평가가 등장한 배경은 다음과 같다. 첫째, 표준화 검사에 대한 반성으로 수행평가의 도입은 그동안 시행되어 온 표준화 검사 및 선택형의 선다형 평가에 대한 비판과 반성에서 나온 일종의 대안평가다. 둘째, 질적인 연구에 대한 관심으로 1980년대에 오면서 수량적으로 통계적인 기술을 사용하는 실증적이고 과학적인 연구보다 개인의 모든 반응을 그 독창성과 독특성에 의해 평가하는 질적인 연구에 대한 관심이 사회과학 전반에서 일어난 것도 수행평가의 출현을 증진시켰다. 셋째, 인지적 구성주의에서 오는 영향으로 인지적 구성주의에 대한 관점은 개인이 구성해 가는 의미를 중요시하는 수행평가와 그 맥을 같이한다. 마지막으로, 실제 사회에서 필요한 능력 요청으로 교육의 성취도에 대한 새로운 관심이 수행평가를 출현하게 하고 있으며, 실제상황에 필요한 것을 평가하는 것이 수행평가인 것이다.

수행평가란 평가자(교수자 또는 교사)가 피평가자(학습자 또는 학생)의 학습과제의 수행 과정이나 결과를 직접 관찰하고 그 관찰 결과를 전문적으로 판단하는 평가방식이다. 학교현장에서 이루어지는 수행평가의 경우 수행평가는 학생들의 작품이나 활동을 직접 관찰하고 관찰된 결과를 전문적 · 주관적으로 판단함으로써 이루어지는 평가이며, 선택형 검사 이외의 다른 모든 방법으로 평가하는 방식이라고 할 수 있다. 수행평가는 다양한 특징을 가지고 있으며, 기존의 평가방식과 비교할 수 있다. 그리고 수행평가와 유사하게 사용되는 용어에는 대안적 평가, 참평가, 역동적 평가, 직접적 평가 등이 있다.

수행평가의 일반적 절차는 다음과 같다. 첫째, 평가를 하고자 하는 이유를 명확히 한다. 둘째, 평가하고자 하는 교육목표(성취기준)를 명확히 한다. 셋째, 성취기준을 실제 얼마나 성 취했는지의 수준을 평가하기 위한 기준(평가기준)을 명확히 한다. 넷째, 적절한 평가기법을 결정하고 평가도구를 개발한다. 다섯째, 실제로 평가를 실시한다. 마지막으로 미리 개발된 채점기준표에 따라 채점하고 그 결과를 보고한다. 수행평가를 위한 기법에는 서술형(주관식) 검사, 논술형 검사, 실기시험, 실험 · 실습법, 관찰법, 토론법, 구술시험, 면접법, 자기평가 보고서법, 동료평가 보고서법, 연구보고서법, 포트폴리오법 등이 있다.

서술형 평가란 진위형, 선다형과 같이 지필평가에서 많이 활용되는 서술형 문항을 중심으로 이루어지는 평가로써 주어진 문제나 지시에 따라 학습자가 자유롭게 자신의 의견을 서술식으로 작성한 자료를 이용하는 평가방법이다. 서술형 평가는 단순한 지식의 암기보다는 고차원의 사고능력을 평가할 때와 학생들의 개별적인 학업성취도를 심층적으로 진단하고 피드백을 제공하고자 할 때 유용하다.

## 주요 개념

| | | | |
|---|---|---|---|
| 수행평가 | 대안적 평가 | 참평가 | 역동적 평가 |
| 직접적 평가 | 포트폴리오 | 서술형 평가 | |

## 연습문제

1. 수행평가의 의미를 정리하고 자기 자신의 정의를 내리시오.
2. 수행평가가 등장한 배경을 논해 보시오.
3. 수행평가와 유사한 용어를 조사하여 그 의미를 설명해 보시오.
4. 수행평가의 특징을 정리하고 기존 평가방식과 비교하여 설명해 보시오.
5. 수행평가의 평가기법을 조사해 보시오.
6. 포트폴리오의 의미와 사용 시 유사점 등을 논해 보시오.
7. 서술형 평가의 의미와 서술형 평가가 유용한 상활을 설명해 보시오.

제14장

# 검사도구의 구비조건

검사도구는 평가활동에 있어서 없어서는 안 될 중요하고 유용한 도구지만 평가의 목적을 소기에 달성하기 위해서는 반드시 갖추어야 할 조건이 있다. 어떤 검사도구를 사용하느냐 하는 것은 평가의 결과에 심각한 영향을 미칠 수 있기 때문에 검사도구가 갖추어야 할 조건을 제대로 갖추고 있는지를 점검하는 것은 평가활동에 빠져서는 안 될 중요한 활동 중의 하나다

검사도구가 구비해야 할 중요한 조건으로 신뢰도, 타당도, 객관도, 실용도 등을 들 수 있다. 이 외에도 학자에 따라 다른 조건을 열거하기도 하지만 전통적으로 널리 쓰이고 있는 조건은 앞의 네 가지다. 따라서 이 장에서는 이들 네 가지 조건의 의미 및 신뢰도 산출 또는 추정방법에 대해 구체적으로 알아보고자 한다.

# 1 신뢰도

## 1) 의 미

일상생활에서 자신의 키나 몸무게 등을 측정하기 위해서 키나 몸무게를 재는 도구를 사용하게 된다. 한 번 측정하여 나온 키나 몸무게의 수치를 기록해 놓은 다음 일정기간이 지난 후 이전에 사용하였던 똑같은 도구를 이용하여 다시 자신의 키나 몸무게를 측정하였을 때 이전의 수치와 차이가 많이 나는 수치를 얻었다면 아마도 키나 몸무게를 측정하기 사용하였던 도구를 믿지 못하고 의심하게 될 것이다. 이 말은 측정도구에 문제가 있어서 신뢰하지 못하겠다는 뜻이다. 키나 몸무게를 측정하는 도구를 신뢰할 수 없는데 어떻게 자신의 키나 몸무게가 정확하다고 할 수 있겠는가? 결국 측정도구의 신뢰도가 낮으면 측정 결과에도 영향을 미친다고 볼 수 있다.

키나 몸무게처럼 정확하게 그 수치를 측정할 수는 없지만 학교현장에서 교사는 학생의 다양한 특성을 측정하기 위해 다양한 검사도구를 사용한다. 그러나 키나 몸무게의 예에서처럼 학생의 특성을 측정하는 검사도구가 측정할 때마다 다른 결과를 보여 준다면 교사 역시 그 검사도구를 믿지 못할 것이다. 이처럼 검사도구의 믿음, 신뢰성 등과 관련된 개념이 신뢰도다.

이렇게 본다면 검사도구의 신뢰도(reliability)란 한 검사가 측정하고자 하는 내용을 어느 정도 일관성 있게 측정하고 있는지를 알려 주는 검사도구의 일관성 또는 정확성을 의미한다. 좀 더 전문적으로 말하면, 신뢰도는 한 검사가 재려고 하는 측정대상이 무엇이든 그것을 어느 정도 정확하게 측정하느냐에 관심을 가지고 주로 측정 과정에 작용하는 오차만을 문제삼는 검사의 정확성을 가리키는 개념이다. 즉, 신뢰도는 측정하고자 하는 것을 얼마나 안정적으로 일관성 있게 측정하느냐 하는 것이며, 검사도구가 얼마나 정확하게 오차 없이 측정하느냐에 관한 문제다. 따라서 신뢰도는 검사도구의 믿음성, 안정성, 일관성, 정확성 등을 나타내는 데 쓰인다.

## 2) 신뢰도 추정방법

검사도구의 신뢰도를 추정하는 방법에는 여러 가지가 있다. 대표적으로 널리 쓰이고 있는 신뢰도 추정방법에는 검사-재검사 신뢰도, 동형검사 신뢰도, 채점자 신뢰도, 반분 신뢰도, 문항내적 합치도, Cronbach 계수 등이 있다. 각 신뢰도 추정방법의 의미, 특징 그리고 추정방법 등에 대해 살펴보기로 한다.

### (1) 검사-재검사 신뢰도

#### ① 의미

검사-재검사 신뢰도(test-retest reliability)는 같은 검사도구를 같은 대상에게 일정 간격을 두고 두 번 실시한 후 첫 번째 얻은 검사점수와 두 번째 얻은 검사점수가 일치하는 정도를 나타낸다. 두 점수 간에 일치되는 정도를 보여 준다고 하여 안정성 계수라고도 부른다.

검사-재검사 신뢰도를 추정할 때 유의할 점은 이 신뢰도에서 오차의 원인은 검사와 재검사 간의 시간 간격이라는 것이다. 따라서 검사와 재검사 사이의 시간 간격이 길면 길수록 신뢰도 계수는 작아지고 반면에 짧을수록 신뢰도 계수는 커지기 때문에 신뢰도 계수를 해석하는 데 특히 시간 간격을 잘 고려해야 한다. 검사-재검사 실시 간격을 고려하지 않고 상관계수의 크기만 보고 검사-재검사 신뢰도 계수를 해석하는 것은 위험하다(문수백, 2003).

검사-재검사 신뢰도는 신뢰도 추정방법이 간단하다는 장점이 있지만 몇 가지 단점도 가지고 있다. 주요 문제점을 살펴보면, 첫째 검사 실시 간격의 문제다. 실시 간격은 검사를 두 번 실시하는 데 따른 기억효과를 없애기 위한 것이나 실시 간격은 검사도구의 특성에 따라 달라질 수 있다. 둘째, 검사를 두 번 실시하는 데 따른 문제다. 현실적으로 검사를 두 번 실시해야 하는 번거로움과 검사환경, 검사에 대한 동일한 동기와 태도 등을 만들기 어렵다는 것이다.

#### ② 추정방법

검사-재검사 신뢰도 계수는 첫 번째 얻은 점수(X)와 두 번째 얻은 점수(Y) 간의 상관계수를 산출하여 추정하게 되는데, 일반적으로 피어슨(Pearson)의 적률상관계수를 많이 사용한다. 피어슨의 적률상관계수를 구하는 공식에 의해 산출된 상관계수의 크기는 최소한 .80 이상 되어야 한다(문수백, 2003). 피어슨의 적률상관계수를 구하는 공식은 교육통계 서적을 참고하기 바란다.

### (2) 동형검사 신뢰도

#### ① 의미

동형검사 신뢰도(equivalent-form reliability)는 동형의 검사도구를 제작하여 동일한 대상에게 검사를 실시하여 그 두 검사의 점수 간의 상관 정도를 알아보는 것이다. 동형검사 신뢰도는 동일한 대상에게 두 검사에서 얻는 점수의 일치도를 알아보기 때문에 동형성 계수라고도 한다. 동형검사란 표면적인 내용은 서로 다르지만 두 검사가 측정이론에서 보아 동질적이며 동일하다고 추정할 수 있는 문항으로 구성된 검사이며, 문항의 난이도 및 변별도가 같거나 비슷하게 구성된 검사다.

동형검사 신뢰도는 검사내용, 즉 문항의 차이 또는 문항의 표집에서 생기는 검사도구의 신뢰도에 관심을 두고 있다. 따라서 동형검사 신뢰도에서 찾는 오차는 검사내용의 차이에서 일어나는 오차라 할 수 있다. 동형검사 신뢰도는 두 개의 동형검사를 동일 대상에게 동시에 실시하므로 실시 간격이 문제가 되지 않으며 신뢰도 계수의 추정이 쉽다는 장점을 지니고 있으나 동시에 몇 가지 제한점도 가지고 있다.

- 동형검사 혹은 동등검사를 제작하기가 매우 어렵다는 것이다. 실제로 측정하고자 하는 영역이 한정되는 경우가 있고, 동일한 난이도의 문항을 표집한다는 것도 어려운 일이다.
- 연습의 효과에 취약하다는 것이다. 비록 동형검사를 이용하는 것이 동일한 검사를 두 번 실시하는 것보다는 연습의 효과를 줄여 주기는 하지만 이를 완전히 없애 주지는 못한다(문수백, 2003).

#### ② 추정방법

동형검사 신뢰도 계수는 문항내용은 다르지만 측정내용, 문항 수와 문항형식을 비롯하여 곤란도, 변별도 등이 같도록 만든 두 개의 동형검사(A형, B형)를 동일한 대상에게 거의 연속적으로 실시했을 때 A형에서 받는 점수와 B형에서 받는 점수들 간의 피어슨의 적률상관계수를 구하여 추정한다. 동형검사 신뢰도 계수가 낮을 경우 동형검사 간의 호환성을 가정하기 어렵기 때문에 적어도 적률상관계수로 추정된 계수가 .90 이하가 되면 검사점수를 같은 점수로 가정하고 사용할 수 없다(문수백, 2003).

### (3) 반분 신뢰도

#### ① 의미

반분 신뢰도(split-half reliability)는 한 개의 검사도구를 어떤 대상에게 실시한 후 이를 두 부분으로 나누어 각 부분이 마치 독립된 검사인 것처럼 취급하여 두 부분에서 얻은 점수가 어느 정도 일치하는가의 정도를 나타내는 것이다. 반분 신뢰도를 추정하기 위해 가장 먼저 해결해야 할 사항은 어떤 방법으로 반분하여 두 개의 동형검사를 얻을 것인가 하는 것이다.

검사를 두 부분으로 나누는 방법에는 전후절반법과 기우절반법이 많이 사용되고 있다. 전후절반법(first-second half method)이란 한 검사를 검사문항의 배열순서에 따라 전반부와 후반부로 반분하는 방법이다. 이 방법은 비교적 문항 수가 적거나 검사문항의 난이도가 골고루 분포되어 있을 경우 적합하다. 기우절반법(odd-even method)이란 검사문항의 번호에 따라 홀수번호 문제와 짝수번호 문제로 나누어 반분하는 것이다. 이 방법은 검사문항이 비교적 많은 검사나 난이도에 따라 문항이 배열되어 있는 검사에 적절하다.

반분 신뢰도는 하나의 검사를 가지고 추정해 낸 동형검사 신뢰도라는 점에서 아주 간편하고 경제적이다. 그러나 하나의 검사문항이 동질적이 아니면 다른 신뢰도에 비해 과소평가되는 반면에 순수한 속도검사에서는 과대평가된다. 따라서 동질성이 낮은 문항으로 구성된 검사와 속도검사의 신뢰도를 추정하는 데 반분 신뢰도를 쓰지 말아야 한다.

#### ② 추정방법

반분 신뢰도를 추정하는 방법은 일단 한 개의 검사를 전후절반 또는 기우절반하여 반쪽검사에서 피검사자들이 받은 점수를 h로 하고, 나머지 반쪽 검사에서 받은 점수를 h' 로 하여 피어슨의 적률상관계수를 산출한다. 그런데 여기서 구한 적률상관계수는 한 개의 검사를 반쪽으로 나누어 구한 계수이므로 Spearman-Brown의 교정공식으로 교정하면 다음과 같은 공식을 얻을 수 있다. 이 공식을 이용하면 $r_{hh'}$를 교정하여 문항 수를 두 배로 증가시켰을 때의 신뢰도를 구할 수 있다(문수백, 2003).

$$r_{tt} = \frac{2r_{hh'}}{1+r_{hh'}}$$

$r_{tt}$ : 전체 검사의 교정된 신뢰도 계수
$r_{hh'}$ : 반분된 검사점수 간의 상관계수

### (4) 문항내적 합치도

#### ① 의미

문항내적 합치도(inter-item consistency)는 한 검사 내에 있는 문항 하나하나를 각각 독립된 별개의 검사로 간주하여 문항 간 일관성 또는 합치성으로 신뢰도를 나타내는 것이다. 문항내적 합치도는 한 검사에 포함된 문항 간 반응의 일관성을 문항의 동질성 여부에 의해 결정하기 때문에 흔히 동질성 계수라고도 한다.

문항내적 합치도를 이용하려면 그 검사는 단일 특성을 재는 문항으로 구성되어 있어야 한다. 만약 단일 특성을 재지 않거나 문항의 곤란도가 일정하지 않은 검사의 문항내적 합치도를 이용하여 신뢰도를 구하면 그 검사의 신뢰도는 과소평가될 우려가 있다. 따라서 이질적인 문항으로 구성된 검사에는 문항내적 합치도 계수는 의미가 없다. 그러므로 검사가 단일요인을 재고 있고 동질적이라면 매우 타당하고 효과적으로 사용할 수 있는 신뢰도 추정방법이다.

#### ② 추정방법

문항내적 합치도를 추정하는 방법에는 Kuder-Richardson 계수와 Cronbach (alpha) 계수가 있다. 문항내적 합치도는 이상적으로 .90 이상 되어야 한다. 특히 인지능력을 측정하는 검사의 경우 다른 심리적 특성보다 높아야 하며, Cronbach 계수는 아무리 낮아도 .70 이하가 되어서는 안 된다(문수백, 2003).

Kuder-Richardson 계수　　Kuder-Richardson(KR) 계수는 검사에 있는 문항 간

정답과 오답의 일관성을 종합적으로 추정한 상관계수다. KR 계수를 구하는 공식은 KR 20과 KR 21이 있다. KR 20은 문항형식에서 문항의 반응이 맞으면 1, 틀리면 0으로 채점하는 양분 문항의 경우에 사용하고, KR 21은 문항점수가 1, 2, 3, 4, 5점 등의 연속점수일 때 사용한다. KR 20 및 KR 21의 산출공식은 다음과 같다.

$$KR20: r_{tt} = \frac{n}{n-1}\left[1 - \frac{\Sigma pq}{S_t^2}\right]$$

$$KR21: r_{tt} = \frac{n}{n-1}\left[1 - \frac{\overline{X}(n-\overline{X})}{nS_t^2}\right]$$

n: 검사 속의 문항의 수
p: 각 문항에 정답을 한 학생의 비율
q: 각 문항에 오답을 한 학생의 비율(q=1−p)
$S_t^2$: 전체 검사점수의 변량
$\overline{X}$: 전체 검사점수의 평균
$r_{tt}$: KR 계수

Cronbach α계수 Cronbach 계수는 Kuder-Richardson 계수의 산출공식인 KR 20보다 일반화시킨 공식에 의하여 얻은 계수다. KR 20은 문항이 정오의 두 가지 상태, 즉 1점과 0점으로 채점되는 검사에만 적용될 수 있으나 Cronbach 계수는 부분점수를 부가하는 서답형이나 논문형 검사 또는 평정치(1, 2, 3, 4, 5)처럼 이분법적으로 채점되지 않는 경우에도 사용이 가능하다. Cronbach 계수는 하나의 특성만을 측정하기 위해 개발된 검사에 적합하며 내적 일관성 지수라고도 부른다. Cronbach 계수의 산출공식은 다음과 같다.

$$\alpha = \frac{n}{n-1}\left[1 - \frac{\Sigma S_t^2}{S^2}\right]$$

n: 검사 속의 문항 수
$S_t^2$: 한 개 문항의 변량
$S^2$: 검사의 전체 변량

### 3) 신뢰도에 영향을 미치는 요인

검사도구를 만들 때 검사도구의 신뢰도를 높이기 위해서는 신뢰도에 영향을 주는 요인을 고려해야 한다(김대현, 김석우, 2003). 신뢰도에 영향을 미치는 요인에는 다음과 같은 것이 있다.

- 검사의 길이, 즉 문항의 수다. 문항의 수가 적은 검사보다는 많은 검사로 측정하는 것이 측정오차를 줄일 수 있어 신뢰도가 높아진다.
- 문항의 난이도가 적절해야 한다. 검사가 너무 어렵거나 쉬우면 피검사자의 진짜 능력을 측정하기 어렵기 때문에 신뢰도가 낮아진다.
- 문항의 변별도가 높아야 한다. 문항이 피검사자를 능력에 따라 구분할 수 있는 변별력이 있어야 한다.
- 검사도구의 내용이 보다 구체적이고 좁은 범위의 내용이어야 한다.
- 검사시간이 충분해야 한다. 충분한 시간이 주어졌을 때 문항반응의 안정성을 보장받을 수 있기 때문이다.

이상의 네 가지 신뢰도 추정방법을 그 주요 특징만을 간략하게 비교하여 표로 제시해 보면 〈표 14-1〉과 같다.

[표 14-1] 신뢰도 종류의 비교

| 종류 \ 구분 | 명칭 | 검사 회수 | 검사지 수 | 오차 원인 |
|---|---|---|---|---|
| 검사-재검사 신뢰도 | 안정성 계수 | 2 | 1 | 검사 간격 |
| 동형검사 신뢰도 | 동형성 계수 | 1 | 2 | 검사 내용 |
| 반분 신뢰도 | 동형성 계수 | 1 | 1 | 이질적 검사문항 |
| 문항내적 합치도 | 동질성 계수 | 1 | 1 | 문항 간 이질성 |

# 2 타당도

## 1) 의 미

키와 몸무게를 재는 도구의 일관성 및 정확성이 신뢰도의 개념과 관련이 있다면, 타당도는 도구가 정말로 키와 몸무게를 재고 있느냐와 관련된 개념이다. 이 말은 만약 몸무게를 재려고 하는데 키를 재는 도구로 몸무게를 측정한다고 하면 그 도구는 재려고 하는 것을 재고 있지 못한 것이다. 즉, 몸무게를 재는 데 타당하지 못한 도구인 셈이다. 이처럼 도구의 목적과 부합되게 기능하는 정도와 관련된 개념이 타당도다.

이와 같이 타당도(validity)는 검사도구가 본래 측정하고자 하던 것을 충실히 측정하고 있는가의 문제이며 재려고 하는 것을 제대로 재고 있느냐의 문제다. 따라서 타당도는 주어진 검사가 어떤 목적으로 얼마나 적절하게 사용할 수 있는 유용한 검사인지를 말해 주는 정도라고 할 수 있다. 예컨대, 특정한 지능검사가 지능을 재는 문항으로 되어 있지 않고 학력을 재는 문항으로 구성되어 있다면 그 지능검사는 타당하지 못한 검사도구가 되는 것이다.

타당도는 검사의 목적과 관련된 근거에 의해 평가되므로 어떤 검사를 단순히 '타당도가 있다' 또는 '타당도가 없다' 고 평가하는 것은 잘못된 것이며, 타당도 근거에 따라 구체적으로 검사가 측정하고자 하는 특정한 목적에 비추어, 예컨대 '○○타당도가 높다.' 또는 '○○타당도가 낮다.' 와 같이 평가하는 것이 정확한 표현이다.

여러 검사도구에서 요구되는 타당도는 반드시 동일한 것이 아니다. 검사도구의 종류가 다름에 따라서 필요로 하는 타당도의 종류도 달라지게 된다. 또한 검사의 목적에 따라서 어떠한 타당도가 필요한가가 결정되며 거기에 필요한 종류의 타당도를 구해야 한다.

타당도를 이해하기 위해서 다음과 같은 사항에 주목할 필요가 있다(성태제, 1996).

- 타당도는 피검사자 집단에 사용된 검사도구에 의해서 얻은 검사 결과의 해석에 대한 적합성이지 검사 자체와 관련된 것이 아니다. 그러므로 편의상 검사의 타당도라 표현하지만 정확히 말하여 검사 결과에 의해 만들어진 해석에

대한 타당성을 말하는 것이다.

- 타당도는 정도의 문제다. 타당도가 있다 혹은 없다로 말하는 것이 아니라 어느 정도 낮다, 적절하다, 높다 등으로 표현해야 한다.
- 타당도는 특별한 목적이나 해석에 제한된다. 한 검사가 모든 목적에 부합될 수 없듯이 이 검사는 무엇을 측정하는 데 타당하다고 표현해야 한다.
- 타당도는 단일한 개념이다. 다양한 종류의 타당도 개념과 관계된 전통적 관점은 무시되고 다양한 종류의 근거에 기초한 단일한 개념으로 타당도가 해석되고 있다.

### 2) 종 류

타당도의 종류는 크게 내용타당도, 준거관련타당도, 구인타당도로 나눌 수 있다. 준거관련타당도는 다시 예언타당도와 공인타당도로 나눌 수 있다. 각 타당도의 의미와 특징을 좀 더 구체적으로 알아본다.

#### (1) 내용타당도

내용타당도(content validity)란 한 검사를 구성하고 있는 문항이 그 검사가 측정하고자 하는 내용을 측정하기 위해 만들 수 있는 문항 전집을 대표할 수 있도록 문항이 표집되어 있는 정도를 말한다. 다시 말하면, 검사의 문항이 측정을 위하여 규정된 내용영역이나 혹은 전체를 얼마나 잘 대표하느냐의 정도를 나타내는 것이다.

내용타당도는 성취검사와 같이 측정하고자 하는 대상이 비교적 구체적으로 상당히 알려져 있을 때 채택할 수 있는 유용한 개념이다. 그리고 검사가 측정하고자 하는 내용을 골고루 측정할 수 있도록 문항을 얼마나 잘 표집했느냐의 판단이다. 즉, 내용타당도의 판단은 검사가 측정하고자 하는 분야의 전문가에 의해 이루어진다. 검사개발자의 주관적 판단에 의해 선택된 문항이 다른 전문가에 의해 역시 적합한 것으로 판단될 경우 객관적 절차에 의해 주어진 검사가 내용타당도의 증거를 가지고 있다고 여길 수 있다.

이상의 내용타당도(content validity index: CVI)는 다음과 같은 공식에 의해 산출될 수 있다.

$$\text{CVI} = \frac{\text{두 평정자가 같은 평가목표를 측정하는 것으로 판단하는 문항수}}{\text{전체 문항수}} \times 100$$

이 공식에 의하면 80% 이상이면 바람직하다고 볼 수 있다.

내용타당도는 다음과 같은 몇 가지 제한점을 지니고 있다.

- 어떤 수량적인 수치로 나타낼 수 없을 뿐만 아니라 그 내용을 몇 가지 질적인 영역으로 나누어 검사와 전집 간의 관계를 설명하는 데 따라야 할 어떤 공통된 규칙이 없다.
- 내용타당도를 결정하는 과정에 있어서 보다 구체적이고 객관적이며 조작적인 과정이 부족하기 때문에 전문가 간에 그 검사의 내용타당도에 관해 서로 다른 판단을 내릴 수 있다.
- 전집의 한계를 명료하게 정의할 수 없기 때문에 전문가 간에 의견의 차이를 갖게 된다.

### (2) 준거관련타당도

준거관련타당도(criterion-related validity)는 외적 준거를 이용하여 검사도구의 타당도에 대한 증거를 검토하는 것을 말한다. 여기서 준거란 검사의 타당화를 위해 사용되는 예측 정보를 말하며 준거는 검사의 목적에 따라 어떤 것이든 될 수 있다. 예를 들면, 어떤 검사를 학업성취도를 예측하기 위해 사용할 경우 학업성취도가 준거가 된다. 준거관련타당도는 검사점수와 준거와의 관계에 관한 경험적 자료를 수집해야 하기 때문에 경험적 타당도라 부르기도 한다.

준거관련타당도는 준거 측정치를 수집하는 시기에 따라 예언타당도와 공인타당도로 나눌 수 있다. 검사도구의 타당화를 위해 측정되는 준거측정치가 대체로 검사의 측정이 이루어진 다음 일정한 기간이 지난 후에 얻어지는 경우를 예언타당도라 하며, 준거측정치가 타당화하려는 검사도구와 거의 동시에 얻어지는 경우를 공인타당도라 한다.

- **예언타당도**(predictive validity): 검사도구의 점수를 이용해서 일정 시간이 경과한 후 피검사자의 행동수준 또는 성과를 예언할 수 있는 정도를 말한다. 이

때 준거는 미래의 행동 특성이기 때문에 예언타당도는 검사점수가 미래의 수행을 어느 정도 정확하게 예언하는가를 경험적으로 밝히는 데 그 목적이 있다. 즉, 현재의 수준이 대체 어느 정도가 되는지를 설명하고 동시에 장차 다른 행동수준이 어느 정도 될 것인가를 예언하려는 것이다. 예를 들면, 수능성적은 학생들의 성취도가 현재 어떤 수준에 있느냐를 정확히 알려 줄 뿐만 아니라 그들이 장차 대학에 입학하여 얼마나 성공적으로 학업을 마칠 수 있는지를 예측할 수 있게 해 준다. 한 검사의 예언타당도에 대한 증거를 수집하기 위해 채택되는 외적 준거의 종류는 얼마든지 있고 예언타당도 계수는 외적 준거를 무엇으로 하느냐에 따라 달라진다. 그리고 예언타당도를 나타내는 계수는 검사점수와 외적 준거 측정치 간의 상관계수를 추정하여 사용한다. 상관계수가 클수록 예언의 정확성은 커지며 예언의 오차는 적어지므로 결국 검사의 예언타당도가 높다고 할 수 있다.

- **공인타당도**(concurrent validity): 검사 자체와 준거가 동시에 측정되면서 검증되는 타당도다. 공인타당도는 예언타당도와는 달리 예언에는 관심이 없고 어떤 검사점수가 '현재' 시점에서 다른 검사점수(준거)와 어느 정도 일치되느냐를 따진다. 예를 들면, 새로 만든 영어학력검사(X)와 현재 널리 사용되고 있는 다른 영어학력검사(Y)와의 상관은 공인타당도에 속한다. 이 경우 X의 변량과 Y의 변량이 일치되는 정도를 추정해서 두 검사가 거의 같은 내용을 측정하고 있다는 것을 밝히려고 한다. 공인타당도 계수는 동일 집단에게 새로 제작한 검사와 타당성을 널리 인정받고 있는 검사를 거의 동시에 실시한 후 두 검사점수 간의 상관계수를 추정하여 사용한다.

### (3) 구인타당도

구인타당도(construct validity)는 특정 검사가 조작적으로 정의된 구인을 실제로 측정하고 있는지를 검증하여 나타내는 타당도를 말한다. 여기서 구인이란 지능, 동기, 태도, 학력 등과 같이 직접 관찰하거나 측정할 수 없는 특성 또는 현상을 이론적으로 개념화한 일종의 구성 개념이다. 구인타당도를 검증하는 예를 살펴보면, 창의력을 측정할 때 창의력이 민감성, 정교성, 독창성, 융통성으로 구성되어 있다고 한다면 이와 같은 것을 구인이라 하고 그 검사도구가 이 구인을 측정하고 있는지를 밝히는 것과 같은 것이다.

구인타당도를 추정하는 방법에는 통계적 방법이 많이 쓰이는데 대표적으로 상관계수방법, 실험설계방법, 요인분석방법 등을 들 수 있다. 각 방법을 간략하게 소개하면 다음과 같다.

- **상관계수방법**: 각 구인에 의하여 얻은 점수와 심리적 특성을 측정하는 총점과의 상관계수에 의해 타당도를 검증하는 방법이다. 구인점수와 총점 간의 상관계수가 낮으면 그 구인은 심리적 특성을 설명해 주지 못함을 알 수 있다.
- **실험설계방법**: 심리적 특성을 구성하는 구인을 실험집단에 처치하고 통제집단에는 처치하지 않고 두 집단에서 심리적 특성의 차이가 나타나는지를 측정하여 그 구인이 심리적 특성을 설명하는 구인인지 아닌지를 판단하는 방법이다.
- **요인분석방법**: 복잡하고 정의되지 않은 많은 변수 간의 상호관계를 분석하여 상관이 높은 변수를 모아 요인으로 규명하고, 그 요인의 의미를 부여하는 방법이다.

지금까지 알아본 타당도의 세 가지 종류가 가지고 있는 주요 특성을 요약하여 제시하면 〈표 14-2〉와 같다.

[표 14-2] 내용타당도, 준거관련타당도, 구인타당도의 비교

| 타당도 / 특징 | 내용타당도 | 준거관련타당도 | 구인타당도 |
|---|---|---|---|
| 주요문제 | 이 검사문항의 표집이 전집을 얼마나 잘 대표하고 있는가? | 이 검사도구가 어떤 준거 측정치에 비추어 미래 행동을 얼마나 잘 예측해 주고 있는가? | 이 검사는 어떤 특성을 재고 있는가? |
| 추정방법 | 표집의 적합성을 따진다. 수량을 나타내는 어떤 지수에 의한 추정이 불가능하다. | 이 검사점수와 기준 측정치의 결과를 비교한다. 여러 가지 수량적 표현방식이 있지만 상관계수가 가장 많이 사용된다. | 이 검사가 어떤 것을 재고 있는지에 대한 각종 증거를 수집하고 축적한다. 상관분석, 요인분석 등이 사용된다. |
| 예 | 어떤 교과의 한 단원의 내용을 표집한 시험문제지, 몇 가지 종류의 사람에 대한 반응을 표집하여 태도를 측정하려는 성격검사 | 학업적성검사를 가지고 대학 성적을 예측하는 경우(예언타당도), 어떤 유명한 개인지능검사 대신에 이와 상관이 높은 집단지능검사를 사용하여 경비를 절약하려는 경우(공인타당도) | 지능이나 창의성 등을 특성을 측정하는 검사를 만든 다음 이 특성을 재고 있다는 증거의 수집 |

출처: 이칭찬, 황선경(2003), p. 333.

### 3) 타당도와 신뢰도의 관계

타당도와 신뢰도의 관계를 간략히 살펴보면, 먼저 타당도의 필수조건은 신뢰도다. 즉, 타당하기 위해서는 반드시 신뢰할 수 있어야 한다. 그런데 검사도구의 타당도가 높다고 해서 반드시 신뢰도가 높은 것이라고 볼 수 있는 것은 아니다. 아무리 목적에 적합한 검사를 만들기 위해 노력했다 할지라도 최종 점수가 오차 투성이면 목적에 적합한 정보를 제공한다고 말할 수 없다. 다음으로 신뢰도가 항상 타당도의 충분조건이 되는 것은 아니다. 즉, 신뢰할 만하다고 해서 항상 타당한 것은 아니다. 아무리 오차가 없고 일관성 있는 검사점수라도 목적에 적합하지 않은 것을 재고 있다면 아무 소용이 없다.

## 3 객관도

객관도(objectivity)란 채점자 신뢰도라고 할 수 있는데 검사의 채점자가 편견 없이 얼마나 공정하게 채점하느냐의 문제다. 즉, 객관도는 채점자의 채점이 얼마나 신뢰롭고 일관성이 있느냐를 의미한다.

객관도를 높이기 위한 방법 몇 가지를 제시하면 다음과 같다.

- 검사도구를 객관화하여야 한다.
- 채점자의 소양을 높여야 한다.
- 명확한 채점기준이 있어야 한다.
- 여러 사람이 공동으로 채점해서 그 결과를 종합하는 것이 효과적이다.
- 반응내용에만 충실한 채점을 하여야 한다.

## 4 실용도

실용도(usability)는 검사도구의 실용적인 가치 정도를 의미한다. 즉, 검사도구가 경비, 시간, 노력 등을 적게 들여서 평가의 목적을 충실하게 달성할 수 있어야만 실용성이 있는 것이다. 타당도, 신뢰도, 객관도가 높은 검사가 필요한 결정을 내리는 데 아무리 좋은 정보를 제공해 준다고 해도 그 검사를 실제로 이용하는 데 비용이나 노력이 많이 들면 활용하기 어렵다.

실용도를 높일 수 있는 몇 가지 조건을 살펴보면 다음과 같다.

- 검사의 실시와 채점이 쉬워야 한다.
- 해석과 활용이 용이해야 한다.
- 비용, 시간, 노력 등이 절약되어야 한다.

## 장 요약

검사도구가 구비해야 할 중요한 조건으로 신뢰도, 타당도, 객관도, 실용도 등을 들 수 있다. 신뢰도란 한 검사가 측정하고자 하는 내용을 어느 정도 일관성 있게 측정하고 있는지를 알려 주는 검사도구의 일관성 또는 정확성을 말한다. 다시 말해, 한 검사가 재려고 하는 측정대상이 무엇이든 그것을 어느 정도 정확하게 측정하느냐에 관심을 가지고 주로 측정 과정에 작용하는 오차만을 문제삼아 검사의 정확성을 가리키는 개념이 신뢰도다. 따라서 신뢰도는 검사도구의 믿음성, 안정성, 일관성, 정확성 등을 나타내는 데 쓰인다. 이러한 신뢰도에 영향을 주는 요인에는 ① 검사의 길이, 즉 문항의 수, ② 문항의 난이도, ③ 문항의 변별도, ④ 검사도구의 내용, ⑤ 검사시간 등이 있다.

신뢰도를 추정하는 방법에는 검사-재검사 신뢰도, 동형검사 신뢰도, 채점자 신뢰도, 반분신뢰도, 문항내적 합치도, Cronbach $\alpha$ 계수 등이 있다. 검사-재검사 신뢰도는 같은 검사도구를 같은 대상에게 일정 간격을 두고 두 번 실시한 후 첫 번째 얻은 검사점수와 두 번째 얻은 검사점수가 일치하는 정도를 나타낸다. 두 점수 간에 일치하는 정도를 보여 준다고 하여 안정성

계수라고도 부른다. 검사-재검사 신뢰도 계수는 첫 번째 얻은 점수와 두 번째 얻은 점수 간의 적률상관계수를 산출하여 추정하며, 산출된 상관계수의 크기가 최소한 .80 이상이 되어야 신뢰할 수 있는 검사도구라 할 수 있다.

동형검사 신뢰도는 동형의 검사도구를 제작하여 동일한 대상에게 검사를 실시하여 그 두 검사의 점수 간의 상관 정도를 알아보는 것으로 동일한 대상에게 두 검사에서 얻은 점수의 일치도를 알아보기 때문에 동형성 계수라고도 한다. 동형검사 신뢰도 계수는 두 개의 동형검사(A형, B형)를 동일한 대상에게 거의 연속적으로 실시하였을 때 A형에서 받는 점수와 B형에서 받는 점수 간의 적률상관계수를 구하여 추정하며, 추정된 상관계수가 .90 이상이 되어야 신뢰할 수 있는 검사도구라 할 수 있다.

반분 신뢰도는 한 개의 검사도구를 어떤 대상에게 실시한 후 이를 두 부분으로 나누어 각 부분이 마치 독립된 검사인 것처럼 취급하여 두 부분에서 얻은 점수가 어느 정도 일치하는지의 정도를 나타내는 것이다. 검사를 두 부분으로 나누는 방법에는 한 검사를 검사문항의 배열 순서에 따라 전반부와 후반부로 반분하는 전후절반법과 검사문항의 번호에 따라 홀수번호 문제와 짝수번호 문제로 나누어 반분하는 기우절반법이 있다. 반분 신뢰도 계수는 일단 한 개의 검사를 전후절반 또는 기우절반하여 반쪽 검사에서 얻은 점수와 나머지 반쪽 검사에서 얻은 점수 간의 적률상관계수를 산출한다. 그런데 이 적률상관계수는 한 개의 검사를 반쪽으로 나누어 구한 계수이므로 전체 검사도구의 신뢰도를 구하기 위해서는 Spearman-Brown 공식을 이용하여 교정해 주어야 한다.

문항내적 합치도는 한 검사 내에 있는 문항 하나하나를 각각 독립된 별개의 검사로 간주하여 문항 간 일관성 또는 합치성으로 신뢰도를 나타내는 것이다. 이를 동질성 계수라고도 한다. 문항내적 합치도 계수를 추정하는 방법에는 Kuder-Richardson(KR) 계수와 Cronbach(alpha) 계수가 있다. KR 계수는 검사에 있는 문항 간 정답과 오답의 일관성을 종합적으로 추정한 상관계수이며 이를 구하는 공식에는 양분 문항에 사용하는 KR 20과 연속점수에 사용하는 KR 21이 있다. Cronbach 계수는 KR 20보다 일반화한 공식에 의하여 얻은 계수로서 내적 일관성지수라고 부르며, 부분점수를 부가하는 서답형이나 논문형 검사 또는 평정치로 채점되는 경우에 사용이 가능하다. 문항내적 합치도는 이상적으로 .90 이상이 되어야 하며, Cronbach 계수는 아무리 낮아도 .70 이하가 되어서는 안 된다.

타당도란 검사도구가 본래 측정하고자 하던 것을 충실히 측정하고 있는가의 문제이며 재려고 하는 것을 제대로 재고 있느냐의 문제다. 따라서 타당도는 주어진 검사가 어떤 목적으로 얼마나 적절하게 사용될 수 있는 유용한 검사인지를 말해 주는 정도라고 할 수 있다. 타당도의 종류에는 내용타당도, 준거관련타당도, 구인타당도가 있으며, 준거관련 타당도에는 다시 예언타당도와 공인타당도가 있다.

내용타당도란 한 검사를 구성하고 있는 문항이 그 검사가 측정하고자 하는 내용을 측정하기 위해 만들 수 있는 문항 전집을 대표할 수 있는 문항이 표집되어 있는 정도를 말한다. 즉, 검사의 문항이 측정을 위하여 규정된 내용영역이나 혹은 전체를 얼마나 잘 대표하느냐의 정도를 나타내는 것이 내용타당도다. 일반적으로 내용타당도의 판단은 검사가 측정하고자 하는 분야의 전문가에 의해 이루어진다.

준거관련타당도란 외적 준거를 이용하여 검사도구의 타당도에 대한 증거를 검토하는 것을 말한다. 여기서 준거란 검사의 타당화를 위해 사용되는 예측정보를 나타낸다. 준거관련타당도는 경험적 타당도라 부르기도 한다. 준거관련타당도는 준거측정치를 수집하는 시기에 따라 예언타당도와 공인타당도가로 나뉜다. 예언타당도란 검사도구의 점수를 이용하여 일정 시간이 경과한 후 피검사자의 행동수준 또는 성과를 예언할 수 있는 정도를 말한다. 예언타당도를 나타내는 계수는 검사점수와 외적 준거 측정치 간의 상관계수를 추정하여 사용하며, 상관계수가 클수록 예언의 정확성은 커지며 예언의 오차가 적어지므로 결국 검사의 예언타당도가 높다고 할 수 있다. 공인타당도란 검사 자체와 준거가 동시에 측정되면서 검증되는 타당도로서 어떤 검사점수가 '현재' 시점에서 다른 검사점수(준거)와 어느 정도 일치되느냐를 따지는 것이다. 공인타당도 계수는 동일 집단에게 새로 제작한 검사와 타당성을 널리 인정받고 있는 검사를 거의 동시에 실시한 후 두 검사점수 간의 상관계수를 추정하여 사용한다.

구인타당도란 특정 검사가 조작적으로 정의된 구인을 실제로 측정하고 있는지를 검증하여 나타내는 타당도를 말한다. 여기서 구인이란 지능, 동기, 태도, 학력 등과 같이 직접 관찰하거나 측정할 수 없는 특성 또는 현상을 이론적으로 개념화한 일종의 구성 개념이다. 구인타당도를 추정하는 방법에는 상관계수방법, 실험설계방법, 요인분석방법이 있다.

신뢰도와 타당도의 관계를 보면 신뢰도는 타당도의 필수조건이다. 그런데 검사도구의 타당도가 높다고 해서 반드시 신뢰도가 높은 것은 아니다. 그리고 신뢰도가 항상 타당도의 충분조건이 되는 것은 아니다. 아무리 오차가 없고 일관성이 있는 검사점수라도 목적에 적합하지 않는 것을 재고 있다면 아무 소용이 없다.

객관도란 채점자 신뢰도라고 할 수 있는데 검사의 채점자가 편견 없이 얼마나 공정하게 채점하느냐의 문제다. 실용도란 검사도구의 실용적인 가치 정도를 의미한다. 검사도구가 경비, 시간, 노력 등을 적게 들여서 평가의 목적을 충실하게 달성할 수 있어야만 실용성이 있는 것이다.

## 주요 개념

| | | | |
|---|---|---|---|
| 신뢰도 | 검사-재검사 신뢰도 | 동형검사 신뢰도 | 반분신뢰도 |
| 문항내적 합치도 | 타당도 | 내용타당도 | 준거관련타당도 |
| 구인타당도 | 객관도 | 실용도 | |

## 연습문제

1. 신뢰도의 의미 및 그 종류를 설명해 보시오.
2. 신뢰도에 영향을 미치는 요인에 대해 논해 보시오.
3. 타당도의 의미 및 그 종류를 설명해 보시오.
4. 타당도에 영향을 미치는 요인에 대해 논해 보시오.
5. 신뢰도와 타당도의 관계를 설명해 보시오.
6. 객관도와 실용도의 의미를 설명해 보시오.

제15장

# 검사 결과의 분석

이 장에서는 검사 결과를 분석하기 위하여 필요한 통계적 개념을 알아보고 검사 실시를 통해 검사의 문항을 분석하는 방법에 대해 살펴보고자 한다. 일반적으로 검사 결과는 수치로 표시되는 경우가 많으므로 이를 적절히 해석하고 활용하기 위해서는 검사점수를 정리하여 요약할 필요가 있다. 이때 필요한 것이 바로 통계적 개념인 것이다. 통계적 개념을 알고 있으면 평가목적에 맞게 검사점수를 해석하고 보고하는 데 많은 도움을 줄 수 있다. 따라서 여기서는 널리 쓰이는 통계적 개념을 중심으로 그 의미와 특징 등을 살펴본다.

그리고 검사도구의 전반적인 질은 그 도구를 구성하고 있는 문항의 특성에 의존하기 때문에 검사도구가 효과적이었는지의 여부를 판단하기 위해서는 검사의 문항을 분석하여 검토하는 것이 필요하다. 이러한 일련의 과정을 문항분석이라고 하며, 여기서는 고전검사이론에 기초한 문항분석방법과 문항반응이론에 기초한 문항분석방법으로 구분하여 알아본다.

# 1 기초통계 개념

기초통계(elementary statistics)는 검사를 실시하여 얻은 점수를 정리 · 요약하여 점수의 특성을 쉽고 편리하게 기술하는 통계를 말하는데 흔히 기술통계(descriptive statistics)라고 한다. 다시 말해서, 기술통계는 주로 특정 집단에 대한 자료나 정보를 수집 · 정리 · 요약 · 해석하는 통계(예: 빈도분포, 평균, 표준편차 등)를 말하고, 추리통계는 표집의 특성, 즉 표집치 혹은 통계치를 이용하여 전집의 특성, 즉 전집치 혹은 모수치를 추정하는 통계(예: t검증, F검증 등)를 의미한다. 한편 추리통계는 전집의 분포에 대한 특별한 가정(예: 전집의 분포가 정상분포를 이룬다는 가정)을 전제로 한 상태에서 표집치를 이용하여 전집치를 추정하는 통계인 모수통계(parametric statistics)와 특별한 가정을 전제하지 않은 상태에서 표집치를 이용하여 전집치를 추정하는 통계인 비모수통계(non-parametric statistics)로 나눌 수 있다.

기초통계 또는 기술통계를 통해 나온 수치를 기술통계치라고 부른다. 기술통계치는 점수(score) 또는 데이터(data)를 요약 · 정리하여 검사 결과를 일목요연하게 제시하는 데 유용하며, 이를 근거로 검사 결과에 대해 해석을 하는 데 많은 도움을 준다. 여기에 설명되지 않은 통계 개념 및 고급통계는 다른 교육통계 및 교육연구방법론 서적을 참고하기 바라며, 여기서는 많이 쓰이는 기초 또는 기술통계를 중심으로 그 개념의 의미와 특징 그리고 산출방법 등을 살펴보기로 한다.

## 1) 빈도분포와 그래프

### (1) 빈도분포

빈도분포(frequency distribution)란 검사 결과를 통해 얻은 점수를 크기의 순서에 따라 나열한 다음 각 점수에 해당하는 대상의 수를 빈도로 나타낸 것을 말하며, 도수분포라고도 부른다. 이러한 빈도분포를 하나의 표로 작성하면 이를 빈도분포표 또는 도수분포표라고 한다. 빈도분포표는 집단의 검사점수의 전체적인 분포 및 특성을 한눈에 쉽게 파악하는 데 많이 쓰이고 있다.

빈도분포표는 점수의 분포를 나타내는 방법에 따라 단순빈도분포표, 묶음빈도분포표, 누가빈도분포표로 구분한다. 즉, 검사점수를 어떻게 표시하느냐에 따라 분포표는 조금씩 달라진다. 그러나 사용하는 목적은 거의 비슷하다. 단순빈도분포표를 만드는 과정은 다음과 같다.

- 가장 높은 점수에서부터 가장 낮은 점수까지 점수를 차례로 정리한다.
- 각 점수가 나타난 빈도를 그 점수 옆에 기록한다. 〈표 15-1〉은 단순빈도분포표의 한 예를 보여 준다.

여러 개의 점수가 포함되는 급간(class interval)을 사용하여 더욱 점수를 요약한 표가 묶음빈도분포표다. 묶음빈도분포표에서는 넓게 분포되어 있는 점수를 급간으로 사용하여 묶음으로써 단순하게 요약한다. 여기서 중요한 사항은 급간의 크기를 얼마로 하느냐다. 급간의 크기는 전해진 원칙이 없으나 되도록 홀수로 정하는 것이 좋다. 왜냐하면 점수를 묶고 난 후의 통계적 분석은 모두 급간의 중간치를 사용하기 때문이다. 누가빈도분포표는 제일 아래의 급간에서 시작하여 그 급간의 모든 빈도를 더해 가면서 빈도로 표시한 표를 말한다.

〈표 15-1〉의 단순빈도분포표를 묶음빈도분포표와 누가빈도분포표로 작성하면 〈표 15-2〉와 같다.

[표 15-1] 단순빈도분포표의 예

| 점수 | 빈도(f) | 점수 | 빈도(f) | 전수 | 빈도(f) |
|---|---|---|---|---|---|
| 30 | 1 | 20 | 4 | 10 | 4 |
| 29 | 2 | 19 | 1 | 9 | 2 |
| 28 | 1 | 18 | 2 | 8 | 1 |
| 27 | 3 | 17 | 1 | 7 | 2 |
| 26 | 3 | 16 | 3 | 6 | 3 |
| 25 | 0 | 15 | 4 | 5 | 0 |
| 24 | 4 | 14 | 5 | 4 | 4 |
| 23 | 2 | 13 | 2 | 3 | 2 |
| 22 | 3 | 12 | 0 | 2 | 0 |
| 21 | 7 | 11 | 3 | 1 | 1 |

[표 15-2] 묶음빈도분포표와 누가빈도분포표의 예

| 급간(i) | 빈도(f) | 누가빈도(cf) |
|---|---|---|
| 26~30 | 10 | 70 |
| 21~25 | 16 | 60 |
| 16~20 | 11 | 44 |
| 11~15 | 14 | 33 |
| 6~10 | 12 | 19 |
| 1~5 | 7 | 7 |

#### (2) 그래프

그래프(graph)는 점수의 특성을 이해하기 쉽게 요약하여 그림으로 나타낸 것을 말한다. 즉, 빈도분포표를 시각적으로 나타낸 그림이 그래프다. 널리 사용되고 있는 그래프의 종류에는 막대그래프, 선그래프, 히스토그램, 파이그래프 등이 있다. 각 그래프의 종류에 대한 구체적인 내용은 다른 교육통계 서적을 참고하기 바란다.

점수를 그래프로 나타낸 후 그 그래프를 해석할 때는 그래프의 대칭성, 편포성, 최빈성, 첨도 등에 초점을 둔다. 대칭성은 그래프가 가운데를 중심으로 좌우가 같은가를 보는 것이고, 편포성은 그래프가 왼쪽 혹은 오른쪽으로 몰려 있는가를 보는 것이다. 그리고 최빈성은 빈도수가 상대적으로 많은 점수가 몇 개이며 그 위치가 어디인가를 보는 것이며, 첨도는 그래프가 전체적으로 평평한지 뾰족한지를 보는 것이다.

### 2) 집중경향치

앞에서 설명한 빈도분포표로 점수를 배열함으로써 점수의 특성에 대한 대략적인 이해를 할 수 있으나 보다 정확성을 기하기 위해서는 어떤 수치적 지표가 필요하다. 이런 면에서 집중경향치가 유용하며 널리 쓰이고 있다. 집중경향치(central tendency)란 어떤 빈도분포의 대표적 경향을 하나의 수치로 설명할 수 있는 가장 대표적인 수치를 의미한다. 이러한 집중경향치에는 최빈치, 중앙치, 평균치가 있다.

(1) 최빈치

최빈치(mode)는 빈도분포에서 빈도가 가장 많은 점수 또는 급간의 중앙치를 말한다. 〈표 15-1〉의 단순 빈도분포표에서 최빈치는 빈도가 가장 많은 점수인 21이다. 그리고 〈표 15-2〉의 묶음 빈도분포표에서 최빈치는 가장 빈도가 많은 급간인 21~25의 중앙치인 23이다.

(2) 중앙치

중앙치(median)는 빈도분포에서 가장 중간에 있는 점수를 말한다. 전체 사례 수(N)가 홀수일 경우 (N+1)/2번째의 점수가 중앙치가 되며, 전체 사례 수가 짝수이면 (N/2)번째의 점수와 (N/2)+1번째 점수를 합하여 2로 나누어서 나온 점수가 중앙치가 된다. 간단한 예를 통해 중앙치를 구해 보면 54, 68, 73, 86, 97의 점수분포에서 전체 사례 수가 5로서 홀수이므로 앞의 공식에 대입하면 (5+1)/2=3번째의 점수인 73이 중앙치다. 54, 68, 73, 75, 86, 97의 점수분포에서는 전체 사례 수가 6으로서 짝수이므로 앞의 공식에 대입하면 (6/2)=3번째의 점수인 73과 (6/2)+1=4번째의 점수인 75를 합하여 2로 나누면 74, 즉 (73+75)/2=74가 중앙치가 된다.

(3) 평균치

평균치(mean: M)는 평균의 수치를 말하는데 보통 평균이라고 부르며 집중경향치 중에서 가장 널리 사용되며 가장 안정적이고 신뢰할 수 있다. 평균은 단순빈도분포표에 있는 모든 점수를 합하여 나온 값을 전체 사례 수로 나누어 구한다. 그리고 묶음빈도분포표에서는 각 급간의 중앙치에다 그 급간에 속하는 사례 수를 곱한 다음 전체 사례 수로 나누어 구한다.

### 3) 분산도

분산도(variability)는 어떤 빈도분포에서 점수가 흩어져 있는 정도를 나타내 주는 통계적 방법 또는 지수를 말한다. 이는 변산도라고도 하며 점수의 집중경향치가 같다고 하더라도 점수의 분포가 넓게 또는 좁게 퍼져 있을 수 있으므로 점수분포의 성질을 이해하는 데 있어서 중요한 지수다. 많이 사용되고 있는 분산도에는 범위, 사분편차, 변량, 표준편차 등을 들 수 있다.

### (1) 범위

범위(range: R)는 한 점수분포에서 최저 점수와 최고 점수 간의 간격 또는 차이를 말하며 다음과 같은 공식에 의해 구한다.

$$\text{범위}(R) = \text{최고 점수} - \text{최저 점수} + 1$$

여기서 1를 더하는 것은 최고 점수와 최저 점수의 정확한계를 포함시키기 때문이다. 범위는 구하기가 간편하다는 장점이 있으나 점수분포의 양 극단 점수인 최저 점수 및 최고 점수만이 범위의 결정에 포함되고 그 외 나머지 점수는 무시되므로 전체 점수분포의 분산도를 적절하게 설명하지 못한다는 단점이 있다.

### (2) 사분편차

사분편차(quartile deviation: Q)는 어떤 점수분포에서 전체 사례의 50%가 차지하는 점수범위의 절반을 의미한다. 빈도분포에서 점수를 크기 순으로 배열하였을 때 최저 점수에서 25%에 해당하는 점수를 제1사분점수($Q_1$)라 하고, 75%에 해당하는 점수를 제3사분점수($Q_3$)라고 한다. 이때 $Q_3$와 $Q_1$ 간의 거리를 사분범위라고 하며 사분범위의 반을 사분편차라고 한다. 이를 공식으로 나타내면 다음과 같다.

$$Q = \frac{Q_3 - Q_1}{2}$$

사분편차는 점수분포에서 양 극단 점수의 영향을 받지 않으므로 범위에 비해 보다 정확한 분산도를 나타내지만 개별 점수 간의 실제 간격을 계산하지 못하므로 분산도를 정확하게 알려 주지 못한다.

### (3) 변량

변량(variance: V, $S^2$)은 한 점수분포에 있는 모든 개개 점수($X_i$)와 평균치(M)와의 차이를 각각 제곱해서 합한 것을 총 사례 수(N)로 나눈 값을 말한다. 변량을 공식으로 표현하면 다음과 같다.

$$S^2 = \frac{\Sigma (X_j - M)^2}{N}$$

#### (4) 표준편차

편차(deviation: d)란 점수분포에서 각 점수와 평균 간의 차이(X-M)를 말하는데 표준편차(standard deviation: SD, S)는 바로 편차를 제곱하여 모두 합한 값을 전체 사례 수로 나눈 다음 제곱근을 하여 구한 값을 말한다. 따라서 표준편차를 산출하는 공식을 나타내 보면 다음과 같다.

$$\text{표준편차}(SD, \sigma) = \sqrt{\frac{\Sigma (X-M)^2}{N}}$$

표준편차는 분산도 중에서 가장 많이 사용되고 있으며 범위나 사분편차보다 안정성이 있고 신뢰할 수 있다. 그리고 표준편차는 점수들이 평균에서 얼마나 떨어져 있는가를 보여 주는 수치이므로 이 값이 클수록 점수가 평균을 중심으로 많이 흩어져 있다는 의미를 나타내며, 작을수록 평균 부근에 뭉쳐 있다는 의미를 나타낸다.

표준편차는 알 수 있는 바와 같이 평균을 중심으로 한 것이며, 변산도 중에서 가장 신뢰할 수 있으며 가장 많이 쓰이는데, 이는 정규분포곡선의 원리에 따라서 해석할 수 있게 된다. 그러면 우선 정규분포곡선에 대하여 간단히 알아보면서 표준편차의 의미를 생각해 보자.

정규분포곡선은 가우스(Gauss) 등의 연구로 널리 알려지게 되었기 때문에 가우스 곡선이라고도 한다. 정규분포곡선은 종 모양으로 되었으며 평균치를 중심으로 하여 좌우로 대칭적이다. 정규분포곡선의 모양과 평균치에서부터 각 표준편차만큼에 놓이게 되는 전체 사례수에 대한 백분율은 대략 68%(34% + 34%), 96%(48% + 48%) 등이다. 표준편차는 점수분포의 흩어진 정도를 나타내줄 뿐만 아니라 다음에 설명할 표준점수 및 신뢰도 계수 등을 계산하는 기초가 된다.

## 2 점수표시방법

검사를 통해 얻은 점수는 각종 서식에 맞추어 작성하고 기록해야 할 때가 종종 있다. 특히, 교사는 학생의 검사점수를 종합생활기록부 등과 같은 정해진 서식에 기록하여 보관하여야 하며 때때로 검사 결과를 보고해야 하는 경우도 생긴다. 따라서 검사점수를 어떻게 표시하느냐 하는 점수표시방법에 대한 지식은 매우 유용하다 할 수 있다.

검사 점수를 표시하는 방법에는 여러 가지가 있으나 여기서는 학교현장에서 널리 쓰이고 있는 방법을 중심으로 살펴본다. 대표적인 점수표시방법에는 원점수, 백점만점점수, 등위점수, 백분위점수, 표준점수 등이 있다.

### 1) 원점수

원점수(raw score)는 어떤 검사에서 피검사자가 얻은 원래의 점수를 그대로 사용하는 방법으로 소점이라 부르기도 한다. 예컨대, 어떤 학생이 한 문항 당 1점씩 채점되는 학력고사에서 20문항 중 15문항을 맞추었다면 그 학생의 원점수는 15점이 된다.

원점수는 피검사자의 검사에 대한 수행능력을 숫자로 요약해 주기는 하지만, 다른 정보가 없을 경우 원점수 자체는 거의 무의미하다. 또한 여러 원점수를 해석할 수 있는 기준점이 없어 하나의 원점수의 상대적인 위치를 알 수 없다.

### 2) 백점만점점수

인위적으로 0점과 100점을 기준점으로 하는 표시방법으로, 만점을 100점으로 고정해 두고 있기 때문에 편리하고 가장 흔히 사용된다. 백점만점점수는 인위적인 기준점이 있다는 것을 제외하면 그 특성이 원점수 표시방법과 같다.

백점만점점수도 편리한 표시방법이나 유의미한 준거점 또는 기준점이 없으며, 점수의 안정성이 없어서 객관성이나 일관성이 결여되어 있다. 즉, 검사도구의 내용이 쉽거나 어려운데 따라서 점수는 크게 달라진다.

### 3) 등위점수

등위점수(rank-order score)란 원점수나 백점만점점수로 표시된 점수를 순서대로 배열해 놓고 점수가 제일 높은 것에서부터 제일 낮은 것까지 순위를 붙여 그 순위를 점수로 활용하는 방법을 말한다. 일반적으로 등위점수는 순위/사례 수와 같은 분수 모양으로 표시한다. 예를 들어, 50명의 집단에서 등위점수는 1/50, 10/50, 20/50 등으로 표시한다.

등위점수는 집단 내에서 한 사람의 상대적 위치를 직접 비교해 볼 수 있으며, 다른 검사 결과와 서로 비교해 볼 수 있는 장점이 있다. 그러나 등위 차이와 능력 차이가 일치하지 않는다는 단점도 있다.

### 4) 백분위점수

백분위점수(percentile score)는 어떤 점수분포에서 최고점부터 최하점까지 순서대로 배열하였을 때 어떤 학생의 원점수 아래에 전체 학생의 몇 %가 분포되어 있는가를 나타내는 방법이다. 백분위점수는 어떤 점수 아래에 전체 사례 수의 몇 %가 또는 어떤 점수 위에 전체 사례 수의 몇 %가 있는가를 보여 준다. 예를 들면, 어떤 검사에서 한 학생의 원점수가 60점으로 이에 해당하는 백분위점수가 40이라면 이 학생보다 점수가 낮은 학생들이 전체 사례 중 40%라는 뜻이다.

백분위점수는 100이라는 공통기준이 있어 다른 집단의 점수분포, 다른 검사도구에 의한 점수분포에서 나온 점수들의 비교가 가능하여 표준화 검사에서 규준으로 자주 사용된다. 백분위점수의 장점은 한 학생의 점수가 집단 내에서 차지하는 상대적 위치를 알 수 있게 해 주며, 같은 검사를 다른 집단에 실시했을 때도 비교할 수 있다는 것이다. 단점에는 백분위점수의 차이로써 능력의 차이를 동간적으로 해석할 수 없으며, 원점수를 백분위점수로 전환할 때 중간점수는 과소평가하고 상하의 극단 점수는 과대평가하는 경향이 있다는 것이다.

백분위점수를 계산하는 과정을 살펴보면 다음과 같다.

- 전체 사례에 대한 원점수를 높은 점수에서 낮은 점수의 순서로 첫 번째 행에 기입한다.
- 각 원점수에 해당하는 빈도(f)를 두 번째 행에 기입한다.
- 분포의 밑에서부터 각 원점수의 아래에 있는 빈도를 합한 누가빈도(cf)를 계산하여 세 번째 행에 기입한다.
- 누가빈도를 전체 사례 수(N)로 나누어 100을 곱해 준 공식 (cf/N)×100을 적

[표 15-3] 백분위점수의 예

| 원점수 | 빈도(f) | 누가빈도(cf) | 백분위점수 |
|---|---|---|---|
| 75 | 1 | 50 | 100 |
| 72 | 1 | 49 | 98 |
| 63 | 2 | 48 | 96 |
| 58 | 4 | 46 | 92 |
| 49 | 2 | 42 | 84 |
| ⋮ | ⋮ | ⋮ | ⋮ |
| 35 | 2 | 3 | 6 |
| 27 | 1 | 1 | 2 |

용하여 계산된 각 원점수에 대한 백분위점수를 네 번째 행에 기입한다.

앞에서 설명한 백분위점수를 계산하는 절차에 따라 만들어진 예를 제시하면 〈표 15-3〉과 같다.

### 5) 표준점수

표준점수(standard score)는 어떤 점수분포에서 평균을 중심으로 하여 원점수를 표준편차를 단위로 하여 나타낸 전환점수를 말하며 평균을 기준으로 평균과의 차이를 구하고, 이를 다시 표준편차로 나누어 점수로 표시한다.

표준점수는 원점수와는 달리 의미 있는 기준점이 있고, 능력의 동간성을 지니고 있으며, 표준편차를 단위로 하기 때문에 능력의 상대적 수준을 비교할 수 있고, 여러 검사에서 나온 결과를 의미 있게 비교할 수 있는 장점을 가지고 있다. 그러나 두 검사의 점수분포가 서로 비슷한 모양을 이룰 때만 보다 적절한 비교가 가능하다는 단점도 있다. 표준점수에는 여러 종류가 있지만 여기서는 널리 쓰이고 있는 Z점수, T점수 및 스테나인에 대해 알아본다.

#### (1) Z점수

Z점수(Z score)는 가장 대표적인 표준점수로서 평균에서의 편차점수를 그 분포

의 표준편차로 나누어 얻은 점수다. 한 분포의 원점수를 Z점수로 전환하면 이 Z점수의 분포는 평균이 0, 표준편차가 1인 정상분포로 바뀌기 때문에 분포가 다른 점수 간의 상대비교가 가능해진다. Z점수를 구하는 공식은 다음과 같다.

$$Z = \frac{(X-M)}{SD}$$

X: 각 원점수
M: 집단의 평균
SD: 집단의 표준편차

Z점수를 계산하는 과정을 예를 들어 설명해 보면, 어떤 학생이 국어 60점, 수학 60점을 각각 받았다고 하자. 이 학생이 속한 학급의 국어 평균과 표준편차가 각각 68과 8이고, 수학 평균과 표준편차가 각각 56과 4라고 했을 때, 이 학생의 국어 및 수학점수를 Z점수로 전환하기 위해 앞의 공식에 대입하면 국어 Z점수 = (60−68)/8 = −1.0이며, 수학 Z점수 = (60−56)/4 = 1.0이다. 이렇게 볼 때 이 학생의 경우 원점수로 보면 국어와 수학의 점수가 비슷하게 보이지만 Z점수로 보면 평균 0, 표준편차 1인 정상분포상에서 1.0이 −1.0보다 훨씬 상위에 있으므로 국어보다는 수학을 훨씬 살하였다고 볼 수 있다.

### (2) T점수

T점수(T score)는 표준편차를 단위로 하고 있다는 점에서 Z점수와 마찬가지의 표준점수다. 그러나 Z점수는 원점수가 평균보다 작을 경우 모두 음수로 표시되며 대부분의 점수가 소수점으로 표시되는 불편함이 있어서 평균 50, 표준편차 10으로 전환한 표준점수가 T점수다. T점수의 계산공식은 다음과 같다.

$$T = 10Z + 50$$

Z: Z점수

Z점수를 설명할 때 사용하였던 예에서 T점수를 구하면 국어 T점수는 10(−1.0) + 50 = 40이며, 수학 T점수는 10(1.0) + 50 = 60이다. 계산된 T점수에 대한 해석은 Z점수와 유사하다.

#### (3) 스테나인

스테나인(stanine)은 standard와 nine의 두 단어를 합하여 만든 것으로 이해 및 활용이 쉬운 표준점수다. 스테나인은 원점수를 최고점에서 최저점까지 배열할 수 있는 자료라면 어느 것이나 적용할 수 있다는 장점이 있다.

스테나인은 원점수 분포를 평균이 5, 표준편차가 2인 점수분포로 옮겨 놓은 것으로 원점수의 분포를 9개의 부분으로 나누게 된다. 최고의 스테나인 점수는 9이며, 최저의 스테나인 점수는 1, 그리고 중간부분에는 5가 된다. 각각의 스테나인은 폭의 크기가 1/2인 표준편차로 되어 있으며 각 스테나인에 속하는 전체 사례 수의 백분율(%)은 다음과 같다.

| 스테나인 | 1 | 2 | 3 | 4 | 5 | 6 | 7 | 8 | 9 |
|---|---|---|---|---|---|---|---|---|---|
| 백분율(%) | 4 | 7 | 12 | 17 | 20 | 17 | 12 | 7 | 4 |

## 3 상관계수

### 1) 의 미

상관(correlation)이란 두 개의 변수 또는 변인 간의 관계를 의미하며, 상관계수(correlation coefficient)란 두 개의 변수 또는 변인이 서로 관계되어 있는 정도를 나타내는 지수를 말한다. 즉, 한 변수 또는 변인의 값이 변함에 따라 다른 변수 또는 변인의 값이 얼마만큼 같이 변하는가의 정도를 나타낸다. 이러한 상관계수를 산출하는 방법을 상관분석이라 한다.

상관계수는 두 개의 변수 또는 변인이 공변하는 방향과 수치를 나타내는 것으로서 상관계수의 부호가 +이면 한 변수 또는 변인이 증대함에 따라 다른 한 변수 또는 변인도 증대하며, 반대로 부호가 −이면 한 변수 또는 변인이 증대함에 따라 다른 한 변수 또는 변인은 감소한다는 것을 의미한다.

상관계수는 +1에서 −1 사이의 값을 취한다. +와 −는 상관의 방향을 나타내며, 0에서 1까지의 값은 상관의 크기 또는 정도를 나타낸다. 상관계수가 +이면 정적 상관(positive correlation), −이면 부적 상관(negative correlation)이라고 한다.

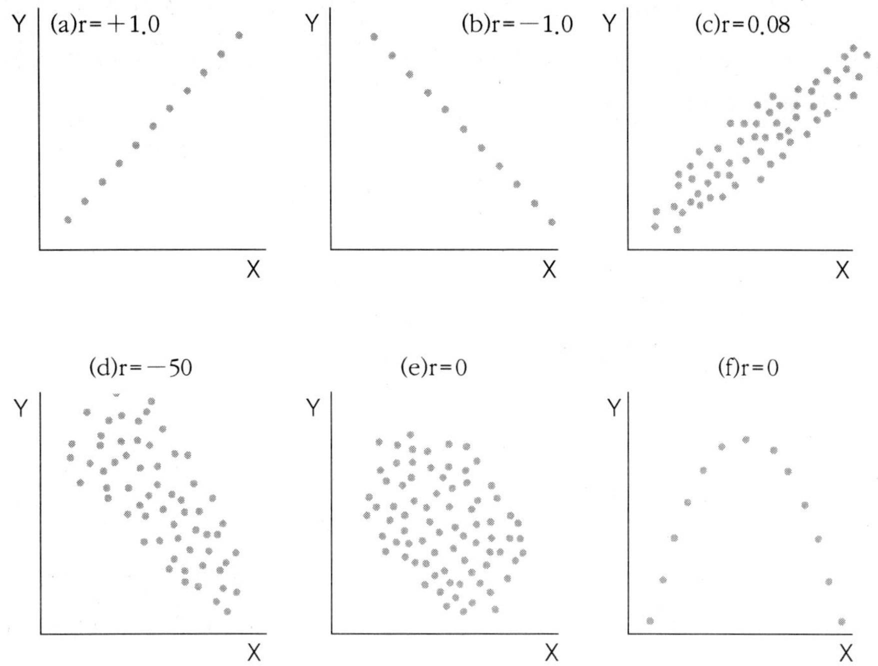


[그림 15-1] 여러 가지 상관계수

그리고 상관계수가 +1이면 완전 정적 상관, −1이면 완전 부적 상관, 0이면 무상관이라 한다.

### 2) 종 류

상관계수의 종류에는 적률상관계수(product-moment correlation: $\gamma$), 등위상관계수, 양분상관계수, 양류상관계수, 사분상관계수, 파이계수, 유관계수, 상관비 등이 있다. 여기서는 적률상관계수에 대해서만 살펴보고 다른 상관계수에 대한 내용은 다른 교육통계 서적을 참고하기 바란다.

적률상관계수(product-moment correlation: $\gamma$)는 피어슨(Pearson)이 개발하였다고 하여 피어슨의 적률상관계수라고도 한다. 우리가 흔히 상관계수라고 부르는 것은 대부분 피어슨의 적률상관계수에 해당된다. 적률상관계수를 사용하기 위해서는 두 변인 모두 연속적인 특성을 지녀야 하며, 동간척도나 비율척도에 의하여 측정되어야 한다는 전제조건이 있다. 그리고 이 적률상관계수를 해석할 때 유의할 점은 동간성이나 비율성이 존재하지 않는다는 것이다. 예를 들면, $\gamma=.20$과 $\gamma=.30$ 간의 차이가 $\gamma=.40$과 $\gamma=.50$ 간의 차이와 같다고 볼 수 없으며, $\gamma=.40$이 $\gamma=.20$의 두 배라고 할 수 없다.

## 4 문항분석

### 1) 의 미

문항분석(item analysis)이란 검사의 개별 문항이 원래 의도한 검사도구의 목적을 제대로 수행할 수 있도록 만들어졌는지를 다양한 측면에서 확인하는 작업을 말하며, 문항의 양호도 분석이라고 한다. 문항분석에서 문항에 대한 피검사자의 반응을 분석하는 것은 문항을 수정하거나 양질의 문항을 선택하기 위한 필수적인 과정이다.

문항분석은 다음과 같은 필요성에 의해 이루어지는데(강승호 외, 1996), 이러한 필요성은 동시에 문항분석을 실시하는 목적이며 문항분석의 기능이라 볼 수 있다.

- 문항분석은 문항을 개선하기 위해 실시한다. 문항분석은 문항개발 절차의 일부로서 일차적으로 개발한 문항을 특정 표본에 예비적으로 실시해 보고 문제가 있다고 판명된 문항을 수정 · 보완하거나 폐기함으로써 문항의 양호도를 높이고 궁극적으로 검사도구의 양호도를 높이는 데 기여할 수 있다.
- 문항분석 결과는 교수-학습 및 평가 과정에 환류(feedback)시킴으로써 교수-학습 과정을 향상시키는 데 도움이 된다. 검사도구를 학생들에게 실시한 결과 어떤 문항에 대한 학생들의 성적이 기대 수준에 못 미치는 경우 이것이 학생들의 능력 부족 때문인지, 교사의 수업방식에 문제가 있는지, 평가방법이 잘못되었는지 등을 파악하여 그 결과를 향후 수업 및 평가 과정에 환류시킬 수 있다.
- 문항분석은 교사와 학생들이 시험 결과에 대해 토론하는 과정의 유용도와 효율성을 높여 준다. 시험지가 채점된 후 시험 결과를 가지고 학생들과 토론할

때 교사는 미리 문항을 분석한 결과를 준비해 두고 있으면 정답이나 문제의 의미 해석 등에 관하여 생기는 논란을 효율적으로 해결하는 데 도움이 된다.

- 문항분석 절차는 교사의 전문성을 키우는 데 도움이 된다. 문항분석을 통하여 교사는 자신의 판단착오나 기술적 결함 등을 알 수 있어서 문항개발 기술을 향상시키는 데 도움이 된다.
- 문항분석은 문항은행의 구축에 필요한 절차다. 문항분석 결과 양호도가 좋은 문항은 문항은행에 보관하고 나쁜 양호도를 가진 문항은 수정 · 보완하여 문항은행에 보관해 두면 이후 필요할 때 이들 문항을 다시 쓸 수 있다.

## 2) 문항분석이론

문항분석을 실시하는 방법은 기본적으로 이론에 기초하고 있다. 문항분석이 기초하고 있는 문항분석이론은 크게 고전검사이론과 문항반응이론으로 구분할 수 있다. 여기서는 각 이론의 주요 특징만을 살펴보기로 하고(김진규, 2002), 더 상세한 내용은 다른 검사이론 서적을 참고하기 바란다.

### (1) 고전검사이론

고전검사이론(classical test theory)은 검사도구의 총점에 의해 분석되는 이론이며, 관찰점수를 진점수와 오차점수의 합으로 가정하여 전개한 검사이론이다. 개인의 능력이 불변하다고 전제할 때, 독립적으로 반복 측정한 검사의 평균점수를 개인의 진점수로 추정한다. 그리고 측정오차와 진점수 간의 상관관계가 0이라고 가정하므로, 관찰점수의 분산은 진점수의 분산과 오차점수의 분산으로 분할된다.

검사 점수의 해석과 검사의 양호도를 점검할 때 기본모형으로 이용되지만 검사문항에 따라 피검사자의 능력이 달리 추정되는 단점이 있다. 고전검사이론에 의하여 문항을 분석하였을 경우 같은 문항이라도 능력이 높은 학생들이 응답한 자료를 가지고 분석하면 쉬운 문항으로, 능력이 낮은 학생들이 응답한 자료를 가지고 분석하면 어려운 문항으로 분석되므로 문항 특성의 불변성 개념을 지지하지 못한다. 또한 검사의 총점으로 능력을 추정하므로 검사가 쉬우면 학생의 능력은 과대 추정되고, 검사가 어려우면 능력이 과소 추정되므로 피검사자의 능력 불변성 개념을 유지하지 못하는 단점이 있다.

### (2) 문항반응이론

문항반응이론(item response theory: IRT)은 고전검사이론이 가지고 있는 문제점을 극복하기 위해 제안된 이론이다. 문항반응이론은 피검사자의 검사 결과에 영향을 미치는 관찰할 수 없는 잠재적 특성이 있다고 가정하고 피검사자의 검사점수에서 잠재적 특성을 추정하는 절차와 관련된 일련의 이론이다. 문항반응이론은 피검사자의 잠재된 능력수준과 문항에 대한 반응의 관계를 수학적으로 나타내며, 피검사자의 능력에 따른 문항의 답을 맞힐 확률을 나타내는 문항특성곡선에 기초한 이론이다.

- **기본가정**: 문항반응이론의 기본가정에는 일차원성 가정과 지역독립성 가정이 있다. 일차원성(unidimensionality) 가정은 하나의 특성으로 문항점수나 문항의 상호관계를 설명할 수 있다는 가정이며, 한 검사의 모든 문항이 오직 하나의 잠재적 특성만을 재어야 한다는 가정이다. 지역독립성(local independence) 가정은 피검사자의 능력 수준을 감안하여 한 검사의 문항에 대한 반응은 각각 통계적으로 상호 독립적이라는 가정이다. 특정 문항에 대한 반응은 다른 문항에 대한 반응에 전혀 영향을 미치지 않으며, 능력과 문항 특성에 의해서만 문항반응이 결정된다는 것이다.
- **불변성**(invariance) **개념**: 문항 특성 불변성과 피검사자 불변성으로 구분된다. 문항 특성 불변성이란 문항의 특성인 문항난이도, 문항변별도, 문항추측도가 피검사자 집단의 특성에 의하여 변화되지 않는다는 것이다. 즉, 문항반응이론에서 어떤 문항의 특성은 피검사자 집단의 능력에 관계없이 항상 똑같은 수준으로 문항을 평가할 수 있다는 것이다. 피검사자 불변성이란 피검사자의 능력은 어떤 검사나 문항을 택함으로써 변하는 것이 아니라 고유한 능력 수준에 있다는 것이다. 즉, 어떤 피검사자가 어려운 검사를 택하든 쉬운 검사를 택하든 피검사자의 능력은 변하지 않는다는 가정이다.
- **문항특성곡선**(item characteristic curve: ICC): 피검사자의 능력 수준에 따라 문항의 답을 맞힐 확률을 나타내는 S자 형태의 곡선을 의미한다. 문항특성곡선은 파검사자 j의 능력수준 $\theta$j와 그에 따른 문항 I의 답을 맞힐 확률 Pi($\theta$j) 간의 함수관계를 말한다. 문항특성곡선은 [그림 15-2]와 같다.

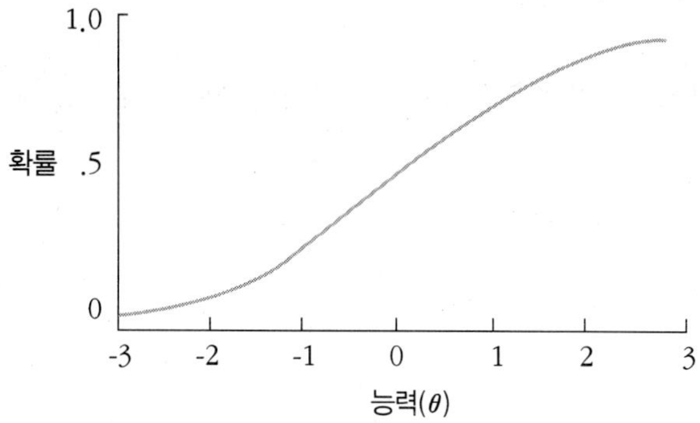


[그림 15-2] 문항특성곡선

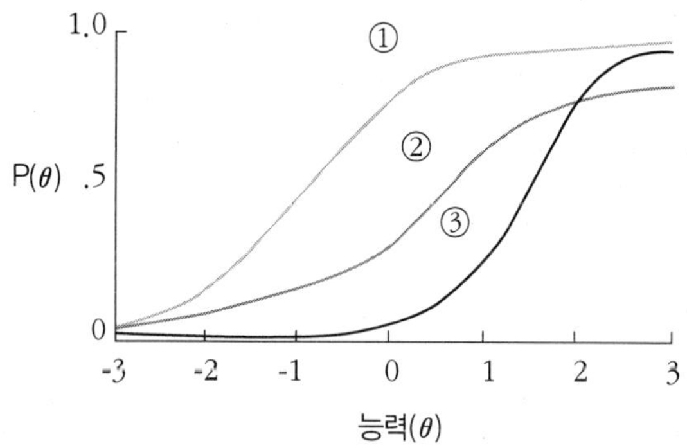


[그림 15-3] 세 가지 문항의 문항특성곡선

인간의 능력을 $\theta$로 표기하고 능력수준은 $-$에서 $+$에 위치한다. 문항반응이론에서는 인간의 능력평균을 0, 표준편차를 1로 하기 때문에 인간의 능력이 음수로 표기될 수 있다. 능력이 높을수록 문항의 답을 맞힐 확률은 증가하나 선형적으로 증가하지 않는다.

문항특성곡선은 문항마다 고유한 특성을 지니고 있기 때문에 각각 그 형태가 상이하다. 예를 들어, 세 가지 문항의 문항특성곡선이 [그림 15-3]과 같다고 해 보자. ①, ②, ③ 문항 모두 형태가 다르다. ①과 ③을 비교해 보면 ③ 문항이 더 어렵고, ②와 ③ 문항을 비교해 보면 ③ 문항이 P의 변화가 심하므로 피험자의 능력을 더 잘 변별할 수 있다. 이와 같이 곡선에 의하여 문항의 난이도, 변별도를 알 수 있게 된다.

### 3) 문항분석이론의 비교

두 가지 문항분석이론의 주요 관점을 중심으로 요약 · 비교하면 〈표 15-4〉와 같다.

[표 15-4] 고전검사이론과 문항반응이론의 비교

| 관점 | 고전검사이론 | 문항반응이론 |
|---|---|---|
| 기본가정 | 관찰점수는 진점수와 오차점수 | 문항특성곡선에 근거 |
| 진점수 추정 | 반복측정 가정 | 반복측정 불필요 |
| 문항모수 설명 | 비교적 간편한 계산 공식 | 복잡한 수리적 모형 |
| 문항특성 추정 | 피검사자 특성에 의해 변함 | 피검사자 특성에 영향을 받지 않음 |
| 피검사자 능력 추정 | 검사도구의 특성에 의해 변함 | 불변성을 지님 |
| 측정오차 | 피검사자에 따른 측정오차 동일 | 피검사자에 따른 측정오차 상이 |
| 신뢰도 검증 | 오차점수의 분산과 관계 있음 | 검사정보 함수는 피검사자 능력 수준에 따라 다름 |

### 4) 문항분석방법

문항분석방법은 실제로 문항분석에 사용되는 방법을 말한다. 문항분석방법은 크게 나누어 고전검사이론을 이용한 분석방법과 문항반응이론을 이용한 분석으로 나눌 수 있다. 고전검사이론을 이용한 문항분석은 규준지향검사냐 또는 준거지향검사냐에 따라 분석방법이 다르며, 또한 문항의 유형, 즉 선택형이냐 서답형이냐에 따라 문항분석 공식이 달라진다. 따라서 여기서 설명되는 고전검사이론을 이용한 문항분석은 주로 규준지향검사에서 선택형 문항에 적용하는 분석방법이다.

#### (1) 고전검사이론을 이용한 문항분석

##### ① 문항난이도

문항난이도(item difficulty)란 문항이 쉽고 어려운 정도를 나타내는 지수로서 문항곤란도라 부르기도 한다. 문항난이도는 정답의 백분율이기 때문에 난이도 지수가 높을수록 그 문항은 쉽다는 것을 의미한다. 문항난이도는 백분율로 표시하기도 하고 비율로 표시하기도 한다. 문항난이도에 의하여 문항을 평가하는 절대적 기준은 없으나 .30 미만이면 매우 어려운 문항, .30 이상 .80 미만이면 적절한 문항, .80 이상이면 매우 쉬운 문항으로 평가한다.

문항난이도 지수를 구하는 공식에는 특정 요인을 고려하느냐에 따라 여러 가지로 나눌 수 있다. 즉, 일반 공식, 미달항(시간이 부족하여 미처 응답하지 못한 문항)을 고려한 공식, 추측 요인을 고려한 공식, 추측 요인과 미달항을 동시에 고려한 공식 등이 있다. 이를 차례대로 살펴보면 다음과 같다.

일반 공식　문항난이도를 계산하는 일반 공식은 다음과 같다.

$$P = \frac{R}{N} \times 100$$

P: 문항난이도 지수
R: 정답한 학생 수
N: 전체 사례 수

미달항을 고려한 공식　미달항을 고려한 공식은 다음과 같다.

$$P = \frac{R}{N\text{-}NR} \times 100$$

P: 문항난이도 지수
R: 정답한 학생 수
N: 전체 사례 수
NR: 미달항을 가진 학생 수

시간이 모자라서 미처 풀지 못한 학생이 많을 경우에 일반 공식을 적용하면 문항난이도가 부당하게 낮아지게 되므로 이 공식을 사용해야 한다.

추측 요인을 고려한 공식　선택형 문항의 경우 학생들이 정답으로 반응한 것 중에는 정답을 모르고 추측하여 우연히 맞춘 반응도 포함되어 있을 수 있다. 따라서 추측 요인을 고려하지 않으면 문항난이도를 과대추정할 수 있다. 추측 요인을 고려한 공식은 다음과 같다.

$$P = \frac{(R - \frac{W}{k-1})}{N} \times 100$$

P : 문항난이도 지수
R: 정답한 학생 수
N: 전체 사례 수
W: 오답한 학생 수
k: 답지 수

추측 요인과 미달항을 고려한 공식  추측 요인과 미달항을 동시에 고려한 공식은 다음과 같다.

$$P = \frac{(R - \frac{W}{k-1})}{N\text{-}NR} \times 100$$

P: 문항난이도 지수
R: 정답한 학생 수
N: 전체 사례 수
NR: 미달항을 가진 학생 수
w: 오답한 학생 수
k: 답지 수

문항난이도 지수의 계산 예  270명을 대상으로 영어시험을 치른 결과 22번 문항에 대해 다음과 같은 답지 반응분포를 얻었다고 가정하자.

| 답지 | ① | ②(정답) | ③ | ④ | 미달항(NR) | 합계 |
|---|---|---|---|---|---|---|
| 합계 | 25 | 185 | 28 | 17 | 15 | 270 |

일반 공식에 의해 난이도 지수를 계산하면 P=(185/270)×100≒69이며, 미달항을 고려하여 난이도 지수를 계산하면 P={185/(270-15)}×100≒73이다. 추측 요인을 고려하여 난이도 지수를 계산하면 P=[{185-(70/4-1)}]/270×100≒60이며, 추측 요인과 미달항을 동시에 고려한 난이도 지수를 계산하면 P=[[185-(70/4-1)]/(270-15)]×100≒63이다.

### ② 문항변별도

문항변별도(item discrimination)란 문항이 피검사자의 능력을 변별해 줄 수 있는 변별력을 말하며 변별 정도를 나타내는 지수를 변별도지수(discrimination index: DI)라고 한다. 예를 들어, 문항의 변별력이 높은 경우는 총점이 높은 학생들(상위능력집단)은 대부분 맞게 답했고 총점이 낮은 학생들은(하위능력집단) 틀리게 답한 경우다. 그러나 변별력이 낮은 경우는 문항이 너무 쉬워 총점이 높은 학생이나 낮은 학생 모두 정답을 한 경우와 문항이 너무 어려워 총점이 높은 학생과 낮은 학생 모두 오답을 한 경우다.

문항변별도지수에 의하여 문항을 평가하는 절대적인 기준은 없으나, 문항변별도 지수가 .40 이상이면 변별력이 좋은 문항이라 할 수 있으나 .20 미만인 문항은 변별력이 낮으므로 수정을 해야 한다. 특히 문항변별도 지수가 음수인 문항은 검사에서 반드시 제외하여야 한다. 문항변별도지수를 계산하기 위해 존슨(Johnson)이 제시한 공식을 살펴보면 다음과 같다.

$$DI = \frac{R_u - R_L}{f}$$

DI: 문항변별도지수

$R_U$: 상위능력집단의 정답자 수

$R_L$: 하위능력집단의 정답자 수

f: 상위능력집단(혹은 하위능력집단)의 사례 수

문항변별도지수를 계산하는 예를 들어 보면, 300명을 대상으로 다음과 같은 표를 얻었다고 하였을 때 변별도지수를 구해 보자.

공식에 대입하면 DI = (72-27)/81 ≒ .56이다.

| | | 정답 | 오답 | |
|---|---|---|---|---|
| | 상 | 72 | 9 | 81(27%) |
| 총점 | 중 | 51 | 87 | 138(46%) |
| | 하 | 27 | 54 | 81(27%) |
| | | 150 | 159 | 300 |

③ 오답의 매력도

선택형 문항 중에서 선다형 문항과 결합형 문항의 문항분석을 할 때 사용되는 오답의 매력도(attractiveness of distractors: AD)란 오답지가 정답지처럼 보여 피검사자가 오답지를 정답으로 택할 가능성을 말한다. 이것은 오답의 능률도라 부르기도 한다. 오답의 매력도를 구하는 공식은 다음과 같으며, 이 공식을 이용해 각 오답지의 매력도를 판단하는 기준을 구한다.

$$AD = \frac{1-P}{Q-1}$$

AD: 오답의 매력도
P: 문항난이도
Q: 답지 수

각 오답지의 응답비율이 오답의 매력도보다 높으면 매력적인 답지이며, 그 미만일 경우에는 매력적이지 않은 답지로 판단하면 된다.

실제로 오답의 매력도를 구하기 위하여 문항반응분포(item response distribution)를 작성해야 한다. 문항반응분포란 문항마다 답지별 반응빈도와 백분율을 나타낸 것이다. 예를 들어, 120명을 대상으로 다음과 같은 사지선다형 문항의 각 답지에 대한 응답 결과를 얻었다고 하자.

| 답지 | 반응자 수 | 반응비율 | 판단 |
|---|---|---|---|
| ① | 25 | .21 | 매력적인 오답지 |
| ② | 21 | .18 | 매력적인 오답지 |
| ③ | 19 | .16 | 매력적이지 않은 오답지 |
| ④(정답) | 25 | .45 | 정답지 |

먼저 오답의 매력도를 판단하는 기준을 구해 보면 AD=(1-.45)/(4-1)≒.18이다. 이 기준을 가지고 각 답지의 반응비율과 비교하여 보면 ①번과 ②번의 답지는 매력적인 오답지로 판단되나, ③번 답지는 매력적이지 않은 오답지로 판단된다.

### (2) 문항반응이론을 이용한 문항분석

#### ① 문항난이도

문항반응이론에서 문항난이도는 문항의 답을 맞출 확률(P$\theta$)이 .5에 대응하는 능력 수준($\theta$)을 말하며 b로 표기한다. 일반적으로 문항난이도는 −2에서 +2 사이에 있으며 값이 커질수록 어려운 문항으로 판단한다. 문항특성곡선의 문항난이도를 그림으로 나타내면 [그림 15-4]와 같다.

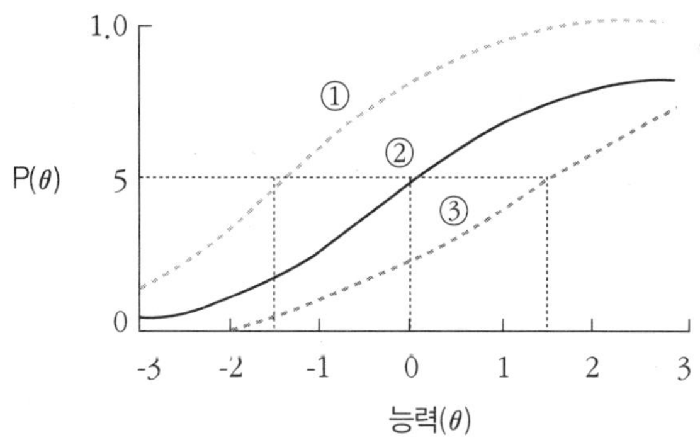


[그림 15-4] 문항특성곡선의 문항난이도

[그림 15-4]에 비추어 보았을 때 ①, ②, ③ 문항의 문항특성곡선을 보면, 능력 수준이 0에 있는 피험자가 답을 맞힐 확률은 ① 문항의 경우는 .8이며, ② 문항의 경우는 .5, ③ 문항의 경우는 .1로서 ③ 문항이 가장 어렵다고 볼 수 있다.

#### ② 문항변별도

문항반응이론에서 문항변별도는 문항특성곡선의 기울기와 관계가 있다. 즉, 문항특성곡선상의 문항난이도를 표시하는 점에서 문항특성곡선의 기울기를 말하며 a로 표기한다. 문항특성곡선의 기울기가 가파르면 문항변별도가 높아지는 반면에 기울기가 완만하면 낮아지게 된다. 일반적으로 문항변별도는 0에서 +2까지의 값을 가지며 높아질수록 좋은 문항이다. 만약 문항변별도가 음수 값을 가지는 문항은 피검사자 능력이 높아질수록 문항의 답을 맞출 확률이 낮아지기 때문에 검사에서 제외시켜야 한다.

문항특성곡선상의 문항변별도는 [그림 15-5]와 같다.

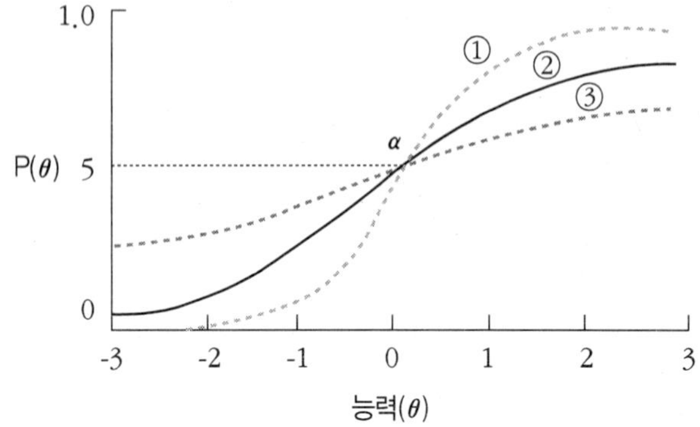


[그림 15-5] 문항특성곡선상의 문항변별도

이상의 그림을 통해서 보면 ①, ②, ③ 세 문항이 문항난이도는 같으나 문항특성곡선의 기울기가 다르고, ① 문항이 ③ 문항보다 답을 맞힐 확률이 심하게 변하고 있어서 피험자를 더 잘 변별해 준다고 볼 수 있다.

③ 문항추측도

문항반응이론에서 문항추측도란 능력이 전혀 없음에도 불구하고 문항의 답을 맞추는 확률을 말하며 c라고 표기한다. 일반적으로 답지가 네 개인 문항에서의 문항추측도의 범위는 0에서 .20 사이이다. 문항추측도는 능력이 전혀 없는 피검사자가 문항의 답을 맞출 확률을 의미하므로 이 값이 높을수록 좋지 않은 문항이라 할 수 있다. 문항분석에서 문항추측도가 상대적으로 높은 문항은 추후에 수정하거나 제거해야 한다.

## 장 요약

혼히 수치로 표시되는 검사 결과를 분석하기 위해서는 기초적 통계 개념에 대한 이해가 필요하다. 기초통계란 검사를 실시하여 얻은 점수를 정리 · 요약하여 점수의 특성을 쉽고 편리하게 기술하는 통계를 말하는데 흔히 기술통계라고 한다. 기초통계 또는 기술통계를 통해 나온 수치를 기술통계치라 한다. 빈도분포란 검사 결과를 통해 얻은 점수를 크기의 순서에 따라 나열한 다음 각 점수에 해당하는 대상의 수를 빈도로 나타낸 것을 말하며 도수분포라고도 부른다. 이러한 빈도분포를 하나의 표로 작성하면 이를 빈도분포표 또는 도수분포표라고 한다. 빈도분포표에는 단순빈도분포표, 묶음빈도분포표, 누가빈도분포표가 있다. 그래프는 점수의 특성을 이해하기 쉽게 요약하여 그림으로 나타낸 것을 말하며 그 종류에는 막대그래프, 선그래프, 히스토그램, 파이그래프 등이 있다.

집중경향치란 어떤 빈도분포의 대표적 경향을 하나의 수치로 설명할 수 있는 가장 대표적인 수치를 의미한다. 여기에는 최빈치, 중앙치, 평균치가 있다. 최빈치란 빈도분포에서 빈도가 가장 많은 점수 또는 급간의 중앙치를 말한다. 중앙치란 빈도분포에서 가장 중간에 있는 점수를 말한다. 평균치는 평균의 수치를 말하는데 보통 평균이라 부르며 집중경향치 중에서 가장 널리 사용되며 가장 안정적이고 신뢰할 수 있다.

분산도란 변산도라고도 하며, 어떤 빈도분포에서 점수가 흩어져 있는 정도를 나타내 주는 통계적 방법 또는 지수를 말한다. 분산도에는 범위, 사분편차, 변량, 표준편차 등이 있다. 범위란 한 점수분포에서 최저 점수와 최고 점수 간의 간격 또는 차이를 말한다. 사분편차란 어떤 점수분포에서 전체 사례의 50%가 차지하는 점수범위의 절반을 의미한다. 빈도분포에서 점수들을 크기 순으로 배열하였을 때 최저 점수에서 25%에 해당하는 점수를 제1사분점수($Q_1$)라 하고, 75%에 해당하는 점수를 제3사분점수($Q_3$)라고 한다. 이때 $Q_3$와 $Q_1$ 간의 거리를 사분범위라고 하며 사분범위의 반을 사분편차라고 한다. 변량은 한 점수분포에 있는 모든 개개 점수와 평균치의 차이를 각각 제곱해서 합한 것을 총 사례 수로 나눈 값을 말한다. 표준편차는 편차(각 점수와 평균 간의 차이)를 제곱하여 모두 합한 값을 전체 사례 수로 나눈 다음 제곱근을 하여 구한 값을 말하며, 표준편차는 점수들이 평균에서 얼마나 떨어져 있는가를 보여 주는 수치다.

검사점수를 표시하는 방법에는 원점수, 백점만점점수, 등위점수, 백분위점수, 표준점수 등이 있다. 원점수란 어떤 검사에서 피검사자가 얻은 원래의 점수를 그대로 사용하는 방법으로 소점이라 부르기도 한다. 백점만점점수는 0점과 100점을 기준점으로 하는 표시방법이다. 등위점수는 원점수나 백점만점점수로 표시된 점수를 순서대로 배열해 놓고 점수가 제일 높은 것에서 제일 낮은 것까지 순위를 붙여 그 순위를 점수로 활용하는 방법이다. 백분위점수는 어떤 점수분포에서 최고점부터 최하점까지 순서대로 배열하였을 때 어떤 학생의 원점수 아래에 전체 학생의 몇 %가 분포되어 있는가를 나타내는 방법이다. 표준점수는 어떤 점수분포에서 평균을 중심으로 하여 원점수를 표준편차를 단위로 하여 나타낸 전환점수를 말한다. 여기에는 Z점수, T점수, 스테나인 등이 있다.

상관이란 두 개의 변수 또는 변인 간의 관계를 의미하며, 상관계수는 그 관계의 정도를 나타내는 지수로서 +1에서 −1사이의 값을 취한다. 상관계수가 +이면 한 변수가 증대함에 따라 다른 한 변수도 증대하는 정적 상관을 나타내며, −이면 한 변수가 증대함에 따라 다른 한 변수가 감소하는 부적 상관을 나타낸다. 상관계수의 종류에는 적률상관계수, 등위상관계수, 양분상관계수, 양류상관계수, 사분상관계수, 파이계수, 유관계수, 상관비 등이 있다.

문항분석이란 검사의 개별 문항이 원래 의도한 검사도구의 목적을 제대로 수행할 수 있도록 만들었는지를 다양한 측면에서 확인하는 작업을 말하며 문항의 양호도분석이라고도 한다. 그리고 문항분석이 기초하고 있는 이론에는 크게 고전검사이론과 문항반응이론이 있다. 고전검사이론을 이용한 문항분석은 규준지향검사에서 선택형 문항에 주로 적용되며, 그 기법에는 문항난이도, 문항변별도, 오답의 매력도가 있다. 문항난이도란 문항이 쉽고 어려운 정도를 나타내는 지수로서 문항곤란도라 부르기도 한다. 문항난이도는 정답의 백분율이기 때문에 난이도지수가 높을수록 그 문항은 쉽다는 것을 의미한다. 문항난이도 지수를 구하는 공식에는 일반 공식, 미달항(시간이 부족하여 미처 응답하지 못한 문항)을 고려한 공식, 추측 요인을 고려한 공식, 추측 요인과 미달항을 고려한 공식 등이 있다. 문항변별도란 문항이 피검사자의 능력을 변별해 줄 수 있는 변별력을 말하며 변별 정도를 나타내는 지수를 변별도 지수라고 한다. 오답의 매력도란 오답의 능률도라고도 하며 오답지가 정답지처럼 보여 피검사자가 오답지를 정답으로 택할 가능성을 말한다.

문항반응이론을 이용한 문항분석에는 문항난이도, 문항변별도, 문항추측도가 있다. 문항난이도는 문항의 답을 맞출 확률이 .5에 대응하는 능력 수준을 말하며, −2에서 +2 사이에 있으며 값이 커질수록 어려운 문항으로 판단한다. 문항변별도는 문항특성곡선의 기울기와 관계가 있으며, 기울기가 가파르면 문항변별도가 높아지는 반면에 기울기가 완만하면 문항변별도가 낮아지게 된다. 일반적으로 문항변별도는 0에서 +2까지의 값을 가지며 높아질수록 좋은 문항이다. 문항추측도는 능력이 전혀 없음에도 불구하고 문항의 답을 맞추는 확률을 말하며, 일반적으로 답지가 네 개인 문항에서 문항추측도의 범위는 0에서 .20 사이이고 이 값이 높을수록 좋지 않은 문항이다.

## 주요 개념

| | | | |
|---|---|---|---|
| 기술통계치 | 빈도분포 | 집중경향치 | 분산도 |
| 표준점수 | 상관계수 | 문항분석 | 문항반응이론 |
| 문항특성곡선 | 문항난이도 | 문항변별도 | 오답의 매력도 |

## 연습문제

1. 한 학급 학생에게 검사를 실시하여 원점수를 산출하고 학생들의 퍼센타일, Z점수, T점수를 산출해 보시오.
2. 스테인나인 점수를 설명하고 T점수와의 같은 점과 다른 점을 설명해 보시오.
3. 문항분석의 의미 및 그 기능을 설명해 보시오.
4. 고전검사이론과 문항반응이론을 상호 비교하여 설명해 보시오.
5. 문항난이도와 문항변별도와의 관계를 설명해 보시오.

제16장

# 교육평가의 최근 동향

학교교육의 핵심은 교과를 교육과정에 의거하여 잘 가르치고 그 결과를 제대로 확인하는 활동이라고 볼 수 있다. 교과를 교과의 특성에 맞게 제대로 가르치고 학생의 사고와 행동에 진정한 변화가 초래되어 그 변화를 내면화하여 자신과 사회, 주위 세계를 제대로 이해하고 우리가 사는 사회를 행복하게 만드는 데 기여할 수 있는 인간으로 양성하는 것이다.

이러한 과정에서 학교교육은 교육과정—수업—평가의 관계가 긴밀하게 연계되어 과학적이고 체계적인 교육을 수행해야 한다. 특히 오늘날 평가의 영향력으로 인해 교육과정과 수업이 많은 어려움에 처하기도 하지만 교육과정에 따라 수업과 평가가 일관되게 관계를 지녀야 할 것으로 보인다. 따라서 이 삼자는 어느 하나도 사소한 것이 아니며, 모두 상호 영향력 속에서 건전한 경쟁과 발전을 해 나가야 한다.

학교현장의 실제에서 보면 교육평가의 변화가 학교교육의 전체 모습을 규정해 버리는 경향이 강하다. 따라서 교육평가의 변화하는 모습을 잘 파악할 필요가 있으며, 이에 대한 이론적 · 실제적 대비가 필요하다고 볼 수 있다. 그리고 평가라는 문제가 근본적으로는 인간의 행동과 삶의 문제와 관련될 수밖에 없는 문제이므로 그 변화의 문제는 성격상 매우 철학적인 속성을 띠고 있다. 다만, 여기에서는 지금까지 간략하게 논의되고 있는 여러 문제를 다시 한 번 정리하고 음미해 보는 수준에서 논의하기로 한다.

따라서 이 장에서는 교육평가의 부분에서 최근에 강조되는 동향을 간략하게 정리해 보고 학교교육이 나아가야 할 방향을 논의하고자 한다.

## 1 교육평가의 동향에 대한 여러 입장

일찍이 김호권 등(1986)은 교육평가의 새로운 동향을 다음과 같이 크게 네 가지로 매우 간략하게 제시한 바가 있다.

- 학습 성과의 최종적인 판단 과정에서 학습 성과의 향상을 위한 피드백 정보 체제로서의 평가관의 변천
- 상대평가에서 절대평가로의 전환
- 객관식 출제에서 주 · 객관식 출제의 균형 있는 강조로의 전환
- 잠재적 교육과정으로서의 평가라는 관점의 대두

이와 유사하면서도 새로운 사항을 추가하면서 성태제(2003)는 교육평가의 최근 동향을 다음과 같이 크게 다섯 가지로 제시하고 있다.

- 규준과 준거 참조평가에서 능력과 성장참조 평가로
- 검사에서 총평으로
- 선택형 평가에서 논술형, 나아가 수행평가로
- 고전검사이론에서 문항반응이론으로
- 지필검사에서 컴퓨터화 검사로

그리고 변창진 등(1996)은 이와는 다르게 아홉 가지로 상세하게 제안하고 있는데 그것은 다음과 같다.

- 준거기준평가의 대두

- 기초학력평가의 실시
- 프로그램 평가의 강화
- 장기평가계획의 수립과 집행
- 정의적 영역의 평가에 대한 관심 고조
- 형성평가 및 수업평가의 강조
- 국제비교평가의 확산
- 메타평가의 중요성 인식
- 투자－효과분석법의 도입

평가에 대한 이러한 변화는 교육관의 변화에도 원인이 있지만, 그보다는 경제 개념이 교육에 도입되면서 점차 교육적 논리보다는 경제적 논리에 근거한 평가에 초점이 맞추어지고 있음을 부인하기 어렵다. 또한 컴퓨터의 발달과 더불어 대형 자료를 보다 쉽고 간편하게 분석 · 비교할 수 있어 다각적인 측면에서 평가하는 방향으로 나가고 있다.

정종진(1996)은 여덟 가지로 제시하고 있는 데 앞의 방향과 매우 유사한 성격을 지니고 있으며, 보다 학교교육과 밀접하게 연관지으려 하고 있다. 그 내용은 다음과 같다.

- 교육평가 개념의 확대
- 양적 평가와 질적 평가의 조화
- 학교평가에 대한 관심의 대두
- 발달적 교육관과 목표지향평가에로의 전환
- 피드백 정보체제의 중요성
- 정의적 특성 평가의 강조
- 객관식 평가와 주관식 평가의 균형
- 잠재적 교육과정으로서의 평가

강이철(2001)은 (기업) 교육평가와 관련하여 다음과 같이 다섯 가지로 제시하고 있다.

- **준거지향평가와 형성평가의 강화**: 절대평가로 많이 알려져 있는 준거지향평가(criterion-referenced evaluation)는 평가기준을 프로그램의 목표달성 여부에 둠으로써 교육 프로그램의 질을 확보하는 데 중요한 정보를 제공한다. 이는 마치 그릇을 만들어 내는 틀(framework)의 품질 및 기준을 매번 수정 · 보완하여 완벽한 상태로 제작할 경우 어떠한 상황에서도 최상의 그릇을 만들어 내는 것과 같은 이치다. 이같이 프로그램의 질 확보를 위해 명세적인 교수목표를 활용하는 것이 최근에 국제표준협회(International Standards Organization: ISO)에서 인증하는 교육 품질 확보를 위한 최상의 방법이 될 수 있다.
- **프로그램 평가의 강화**: 학교(기업) 교육은 주로 개인의 업무에 필요한 지식이나 기능의 전달에 초점을 두고 이루어지고 있다. 교육생 개개인의 지식 · 기능 수준을 확인함으로써 얻을 수 있는 일회적이고 단편적인 정보보다는 장기적이고 체계적으로 교육 프로그램 자체를 평가함으로써 그 결과를 토대로 수정 · 보완하는 일에 노력을 기울여야겠다. 이를 통하여 학교(기업) 교육의 역사가 깊어 감에 따라 우리 학교(기업)에 알맞은 프로그램을 개발하고 운영 · 관리하는 방법 및 절차상의 노하우(know-how)가 쌓이게 된다.
- **평가의 분류 기능 강화**: 현장의 업무가 점점 전문화되고 다양화됨에 따라 각 해당 분야에 적합한 인력을 발굴, 육성하는 일이 기업 교육평가의 중요한 목표가 되고 있다. 기존의 일반적이고 종합적인 능력을 지닌 '종합능력자(generalists)'를 발굴, 확인하는 것도 중요하지만, 특정 분야에 특출한 능력을 보이는 '특수전문가(specialists)'를 조기에 발굴하기 위한 다양한 측정과 평가 방안을 개발, 도입, 활용할 필요성이 있다. 외국 우수 기업의 경우, 일찍부터 임직원의 전문역량을 확인하여 특정분야에 뛰어난 사람을 집중적으로 교육시켜 해당 분야의 전문가로 육성, 활용하는 예가 많다. 예를 들어, 협상전문가, 평가전문가, 관리전문가 등 특정 분야에 특수한 역량을 가진 사람을 활용함으로써 경영상의 효율성을 제고할 수 있게 된다.
- **정의적 영역의 평가에 대한 관심 고조**: 학교(기업)의 현장에서 대인관계의 중요성이 부각되고 있고, 최근에 감성지수(Emotional Quotient: EQ)가 지능지수(Intelligence Quotient: IQ)보다 더욱 의미 있는 정보를 제공해 주는 것으로 설득력 있게 주장되고 있다. 정의적 영역의 학습 성과를 평가하는 방법은 실용성과 객관성에 있어 심각한 문제가 있다. 짧은 기간 내에 달성하기가 어려운

속성으로 인해 장기간에 걸친 관찰을 필요로 하며, 교육생을 개별적으로 관리하여 평가해야 하기 때문에 시간과 비용에 있어 많은 투자가 요구된다. 또한 설문을 통한 자기보고 방식을 사용함으로써 평가 결과의 객관성 문제가 제기된다. 외국 자료를 번안하여 사용하는 경우, 생태학적 타당도(ecological validity)와 문화적이나 사회적으로 상이한 규준(norm)으로 인해 그 결과를 일률적으로 수용하기 어렵다.

- **현장 평가의 강화(구성주의적 평가)**: 교육환경이나 내용은 실제 이들이 적용할 환경이나 내용과 가능한 일치할 때 그 효과가 극대화됨은 이미 밝혀진 사실이다. 그러나 이제껏 교실에서 이루어져 온 많은 교육은 이러한 명백한 사실을 반영하지 못했다. 또한 교실에서 이루어지는 교육의 모습을 보면 여러 면에서 많은 문제를 안고 있다. 무엇보다도 전달하고자 하는 내용이 현장의 것과 괴리되어 있어 그 유용성 및 적용 가능성에 심각한 의문을 던져 준다. '내용의 탈맥락화(decontextualization)' 라는 이 문제는 연쇄적으로 또 다른 문제를 야기한다. 즉, 교육내용을 가르치기 쉽고 이해하기 쉽도록 하기 위해 과도하게 단순화(oversimplification)함으로 해서 복잡다단한 현장의 문제를 본질적으로 이해하는 데 큰 어려움을 주게 된다. 물론 이로 인해 평가 또한 영향을 받게 되는데, 단순한 지식을 전달하는 교육에 있어 손쉬운 평가방법은 그 지식을 기계적으로 기억하거나 암기하는 수준(simple regurgitation)을 확인하는 일이다. 이러한 방법으로는 실제 얻고자 하는 소기의 성과를 밝힐 수가 없나. 또한 교실에서 평가를 수행함으로 해서 간과하기 쉬운 교육목적 중 하나는 현장문제에 대한 상황 대처능력을 확인할 수 없다는 것이다. 현장의 많은 문제는 기계적인 문제해결 절차를 단순히 따라 함으로써 해결할 수 없는 복잡한 여러 요인이 복합적으로 작용하고 있는 속성을 갖고 있다. 한 가지 문제를 해결함과 동시에 예상하지 않은 다른 문제가 발생하는 경우가 빈번한 상황에서 문제상황을 정확히 분석할 수 있는 창의력이 요구된다.

이상의 교육평가 동향에 관한 입장에서 알 수 있는 것은 다음과 같이 그 방향을 정리해 볼 수 있다.

- 학습의 결과뿐만 아니라 학습의 과정도 중시하는 평가

- 최종적 결과의 지식만이 아니라 통합적 지식(결과적 지식+절차적 지식)의 평가
- 획일적이고 형식적인 표준화 검사 외에도 다양한 방법의 검사 도입
- 소위 중간고사나 기말고사처럼 일회적으로 끝나 버리는 평가가 아니라 지속적인 평가
- 탈맥락적이고 상황에 적합하지 않은 무미건조한 평가에서 맥락적 지식의 평가
- 일정한 규준이나 틀에서 타인의 성취와 비교하는 평가가 아닌 목표지향 평가
- 비공개적이고 위압적으로 진행되던 평가에서 평가기준 공개 및 평가 과정에 대한 학생의 참여
- 기존의 평가가 주로 학습자 개인만의 평가를 측정하였다면 앞으로는 개인뿐만 아니라 개인이 소속되어 활동한 집단도 평가

이상의 평가에 대한 동향의 특징을 한마디로 요약하기는 힘들겠지만 일찍이 아이스너(Eisner)가 이론적으로 논의한 참평가의 개념과 매우 유사한 면이 많다고 생각된다. 그러므로 그 참평가의 방향을 여기에서 소개하기로 한다.

행동목표의 비판으로 유명한 아이스너는 그 대안으로 문제해결목표와 표현적 결과를 제안하다. 예술비평가들은 예술작품에 대해 말로 표현하기 어려운 특징을 다른 사람이 그 작품에 대해 보다 깊이 이해하도록 도와주는 언어로 표현하는 어려운 일을 맡고 있다. 교육비평은 지각능력과 관련이 깊으며, 비평은 미묘하고 복잡하며 중요한 것을 보고 지각하는 능력을 필요로 한다. 인지력이 있는 지각 행위를 미술에서 감식안이라 하며, 감식가가 되기 위해서는 관찰하고 보고-평가하는 법을 배워야 한다. 그런 감식안의 기초 위에 비평이 가능하다. 즉, 감식안은 평가의 기술이고 비평은 설명의 기술이다. 감식안은 개인적인 활동으로 이것은 대상의 특징을 인지하고 이해하는 것이다. 그것은 서술이나 공적인 판단이 아니다. 이런 공적인 판단을 서술하는 것이 비평이다. 교육비평에서 감식안은 아무리 강조해도 지나치지 않다. 감식안은 비평에 자료를 제시하는 인식의 기본적인 핵을 제공한다. 비평능력 없이 감식가는 될 수 있지만 감식능력 없이 비평가는 될 수 없다. 교육적 감식안을 학생들의 학업성취를 평가하는 일과 관련시켜 이해할 필요가 있다.

여기에서 참평가의 의미가 구성될 수 있다. 학교에서 행하는 평가가 '참평가

(authentic assessment)'가 되려면 다음과 같은 여덟 가지 기준을 따라야 한다(박승배, 2001; Eisner, 1994).

- 학생들이 알고 있는 것, 할 수 있는 것을 평가하기 위한 과제는 학교 내에서만 국한된 것이 아니라 학교 밖의 세계에서 부딪힐 수 있는 것이어야 한다.
- 학생들을 평가하기 위해 사용된 과제는 결과뿐만 아니라 문제를 해결하는 과정도 보여 줄 수 있는 것이어야 한다.
- 평가에 사용된 과제는 그 과제를 만든 지적 공동체의 가치를 반영하여야 한다.
- 평가과제는 한 사람의 활동에만 국한될 필요는 없다. 우리가 부딪히는 많은 과제는 집단의 노력을 필요로 한다.
- 평가과제는 그 문제 또는 질문에 대한 해결책 또는 답이 한 가지 이상이 될 수 있게 구성되어야 한다.
- 평가과제는 수업시간에 배운 것을 그대로 측정하는 것이어서는 안 되고, 학생으로 하여금 배운 것을 새로운 상황에 적용하도록 요구하는 것이어야 한다.
- 평가과제는 학생들이 단편적인 사실과 함께 보다 전체적인 맥락에 신경을 쓰도록 하는 것이어야 한다.
- 평가과제는 학생들이 배운 것을 표현하기 위하여 제시 형태를 다양하게 선택할 수 있도록 허용하는 것이어야 한다.

## 2 학교현장에서 고려해야 할 교육평가의 최근 동향

이상의 여러 평가 입장들과 평가 동향에 대한 여덟 가지 공통적인 방향을 고려하면서 교육평가의 최근 동향을 크게 두 가지 측면에서 제시해 보면 다음과 같다.

### 1) 평가의 고유성과 관련한 동향

#### (1) 평가관의 변화

- **능력 참조 평가의 대두:** 학생이 지니고 있는 능력에 비추어 얼마나 최선을 다하였느냐에 초점을 두는 평가방법이다. 학생 개인이 지니고 있는 능력을 얼마나 발휘하였느냐에 관심을 둔다.
- **성장 참조 평가의 강조:** 교육과정을 통하여 얼마나 성장하였느냐에 관심을 두는 평가다. 최종 성취 수준에 대한 관심보다는 초기 능력 수준에 비추어 얼마만큼 능력의 향상을 보였느냐를 강조하는 평가다.

#### (2) 평가원리의 변화

- **발달적 평가의 원리:** 학생을 차별적으로 구분하고 변별하기보다는 모든 학생들의 발달을 촉진하고 지원해 주는 평가가 이루어져야 한다.
- **전인적 평가의 원리:** 부분적이고 단편적인 교과지식만이 아니라 학생의 전인적인 평가가 이루어지도록 총체적인 행동 특성을 골고루 살펴보는 평가가 이루어져야 한다.
- **통합적 평가의 원리:** 서로 구분되는 분리형 분과주의를 극복하고 모든 요소와 측면을 종합적으로 판단하는 통합적 성격의 평가가 이루어져야 한다.
- **다양한 표현 양식의 원리:** 학생의 능력은 다양하게 표출된다. 따라서 평가도 논리 · 수학적이고 이론적인 표현 양식 외에도 다양하게 이루어져야 한다.
- **체계적 평가의 원리:** 평가는 교육과정과 수업, 평가의 관계 속에서 이루어져야 한다.

#### (3) 평가방법의 변화

- **검사에서 총평으로:** 평가는 사는 학습현장에서만 인간의 능력을 측정하는 수준에서 벗어나서 전체를 고려하는 총체적 접근법이 사용되어야 한다. 계량적인 측정 방법 외에도 전체적이며 직관적인 판단, 질적인 평가, 과거와 현재, 미래를 통합한 판단이 중요하다.
- **양적 평가에서 질적 평가로:** 인간의 총체적인 특성은 계량적으로 측정이 안 되는 것이 더 많다. 전인적 특성을 평가하기 위해서는 질적 평가가 강조되어

야 한다.

- **간접적 평가에서 직접적 평가로**: 기존의 평가는 학생의 능력을 간접적 환경의 맥락에서 측정하여 왔다. 그 과정에서 온전한 평가는 제약이 따른다. 제대로 평가하기 위해서는 직접적인 방법으로 대상을 평가해야 한다.
- **구조화된 평가에서 비구조화된 평가로**: 평가의 절차와 방법이 사전에 형식적으로 이루어진 상황에서는 학생의 능력을 온전하게 평가하는 일에 어려움이 따른다. 어느 정도 탄력성과 융통성이 보장되는 평가 방법이 요청된다.
- **인위적 평가방법에서 자연적 평가방법으로**: 학생의 능력을 가장 잘 반영하는 자연스런 장면에서 평가가 이루어져야 한다.
- **주관적 평가의 고려**: 수량화를 통한 방법은 평가의 객관성과 공정성을 보장하지만 의미의 동물인 인간의 능력과 행동을 평가 · 판단하고 이해하는 데에는 한계가 있다. 간주관적 요소를 고려해야 한다.

### (4) 새로운 유형의 문항 개발

현재까지 사용되는 선택형 문항과 서답형 문항 이외에 교정 진위형 문항, 연계 진위형 문항, 삽입형 문항, 배열형 문항이 소개되고 있다. 새로 소개된 문항 유형의 적용과 문항의 장단점, 특정에 대한 연구가 이루어져야 할 것이다. 이외에 컴퓨터화 검사가 보편화되고 있으므로 새로운 유형의 문항이 개발되고 이 문항들이 어떤 수준의 정신능력을 측정하며 장단점은 무엇인지에 대한 연구가 있어야 할 것이다.

### (5) 문항반응이론 적용의 활성화

인간의 능력을 측정하기 위하여 사용되는 검사이론으로서 문항반응이론이 널리 쓰이고 있다. 문항반응이론은 문항특성의 불변성과 피험자 능력의 불변성을 유지하지 못하고 능력을 정확하게 추정하지 못하는 고전검사이론의 한계를 극복하기 때문이다. 특히 문항반응이론은 피험자의 진점수를 보다 정확히 추정하기 때문에 인위적으로 부여한 부분점수의 문제를 극복할 수 있으며, 양질의 문항을 보관하기 위한 문제은행 구축에 필요한 이론이다. 문항반응이론에 의한 안정적 문항모수 추정은 양질의 문항개발과 피험자 능력을 정확하게 추정하므로 자격증 부여나 상위 학교 진학 등의 행정적 기능을 위하여 사용될 수 있다. 최근에 와서는 문항에 답을 맞히고 틀리고의 수준을 벗어나서 각기 다른 답지까지 분석하는 다분문항반응이론이 이용되고 있으며 피험자가 응답한 답지까지 고려하여 피험자의 능력을 추정한다. 문항반응이론으로 이분문항반응이론뿐만 아니라 다분문항반응이론을 적용하여 인지적 행동 특성과 정의적 행동 특성을 평가하는 검사를 분석하고 피험자 능력과 특성을 추정하여야 한다. 나아가 일차원성을 가정하는 문항반응이론과 더불어 다차원의 능력을 평가하는 다차원 문항반응이론이 활성화될 것이다(성태제, 2002).

#### (6) 차별기능문항 추출

대학 진학 시험이나 취업을 위한 검사, 그리고 자격증 검사 등 고부담검사는 모든 피험자에게 공정하게 이루어져야 한다. 문항들이 특정집단에게 유리하거나 불리하게 제작되지 않아야 한다. 우리나라의 경우, 학교 현장에서도 계층 간의 위화감 조성이나 가정의 경제적 사정을 반영하는 시험이나 평가 과제가 학생들에게 부여되어서 문제가 되고 있다. 향후 집단에 따라 문항들이 서로 다른 기능을 하지 못하도록 하는 평가가 이루어져야 한다.

#### (7) 컴퓨터화 검사

컴퓨터의 성능이 빨라지고 보편화되면서 교육평가를 위하여 실시하는 검사는 지필검사에서 컴퓨터화 검사로 전환하고 있는 과정이다. 그 예로 TOEFL이 컴퓨터화 검사로 전환하였고 GRE는 컴퓨터화 검사 중 컴퓨터화 능력적응 검사를 이용하고 있다. 컴퓨터화 검사를 위하여 문제은행을 구축하여야 하며, 어떠한 형태의 문항도 제작할 수 있는 프로그램이 개발되고 있다. 뿐만 아니라 컴퓨터 이용검사, 컴퓨터화 능력적응 검사(Computerized Adaptive Testing: CAT)를 실시할 수 있는 실행 프로그램도 개발되어 활용되고 있으며, 검사 결과를 분석하는 프로그램, 그리고 보고하고 해석하는 과정까지를 포함하는 통합적인 컴퓨터화 검사 프로그램의 개발이 이루어지고 있다. 컴퓨터화 검사 프로그램을 이용하여 검사를 실시하고 지필검사와의 비교를 통하여 컴퓨터화 검사의 장단점을 분석하고 학교현장에 컴퓨터화 검사를 적용할 수 있게 하여야 한다(성태제, 2002).

#### (8) 신 교육목표 분류학에 따른 평가의 변화

우리에게 익히 잘 알려진 블룸(Bloom)의 교육목표 분류학은 최근에 많은 비판을 받고 있다. 특히 하웬스타인(Hauenstein, 1998), 마자노(Marzano, 2001), 앤더슨(Anderson) 등(2001)은 과거 목표의 분류를 다양하게 비판하고 있다. 예를 들어, 하웬스타인은 행동 영역을 다섯 가지 수준, 즉 습득, 동화, 적응, 수행, 포부 수준으로 분류한 다음, 여기에 부합되게 인지적 영역(개념화, 이해, 적용, 평가, 종합), 정의적 영역, 심동적 영역을 각각 다섯 가지 수준으로 전면 재조정하고 있다. 교과평가는 이제 여기에 부합되게 조정될 필요가 있다.

### (9) 기준 운동에 따른 수행기준과 벤치마크 설정

1980년대 이후 미국 교육개혁의 중요한 측면은 기준 운동(standard movement)에 있다. 기준 운동을 통해 교과내용을 엄선하고 성취수준을 향상시켜 보고자 하였다. 이러한 맥락에서, 즉 가장 전이력이 높고, 생성력이 있는 지식을 학문적·과학적 성과로 보고, 그에 준하여 교과의 교육내용을 정비하였다. 즉, 교과에서는 무엇을 가르쳐야 하는가, 어떠한 방식의 평가를 사용해야 하는가, 수행의 수준을 어느 정도로 잡을 것인가에 대한 논의를 시작하였다. 이러한 노력은 각 교과 교육학회와 교사협의회 등을 통해 '무엇을 가르칠 것인가?'에 대한 논의를 활성화시키는 계기가 되었고, 각 교과의 '기준'을 만드는 발단이 되었다.

여기에는 내용기준(content standards), 수행기준(performance standards), 벤치마크(benchmarks) 등을 설정하는데, 내용기준은 학생들이 무엇을 알아야 하고, 무엇을 해야 할 것인가를 구체화한 것이다. 내용기준은 지식과 기능, 사고력, 학습(working), 의사소통, 논리적 사고, 그리고 학교에서 가르치고 배워야 하는 학문으로부터 온 본질적인, 그리고 가장 중요하고 영속적인 아이디어, 개념, 쟁점, 딜레마, 지식을 포함한다. 수행기준이란 얼마나 잘했으면 잘했다고 할 것인가를 구체화한 것이다. 수행기준이란 내용기준을 숙달하였다는 것을 판단하기 위해 요구되는 증거의 종류(예를 들어, 수학적 증명, 과학실험, 프로젝트, 시험 혹은 복수의 증거)와 숙달을 판정(성취 혹은 "A" 학점)할 수 있는 학생 수행의 질을 규명한 것이다. 벤치마크란 일반적인 언어로 표현된 기준을 발달적으로 적합하게 그 의미를 규정한 것으로, 기준을 지식과 기능으로 상세화하고 구체화하여 표현한 것이다. 마자노와 켄달(Marzano & Kendall)이 든 예를 보면 과학의 기준은 네 수준의 벤치마크, 즉 K-2, 3-5, 6-8, 9-12로 구분된다. 그리고 각 수준의 벤치마크는 학년별로도 상세화와 구체화가 가능하다.

## 2) 제도와 정책상의 동향

### (1) 교육의 책무성과 평가영역의 확대

교육의 책무성(accountability)에 대한 관심이 높아지면서 평가영역이 크게 달라지고 있다. 학생의 학업성취도평가에 국한된 좁은 의미의 평가에서 벗어나 교사의 수업평가, 교원평가, 교육과정평가, 학교평가, 교육행정가평가, 교육(행정)기관평가 등 평가영역이 점차로 확대되고 있으며(김성훈, 김신영, 김재철, 반재천, 백순근, 서민원, 2010), 그에 따라 교육에 대한 책무성의 범위가 달라지고 있다. 대체로 교육평가를 통해서 책무성을 확인하므로 평가 없는 책무성은 교육개선에 아무런 의미를 지니지 못한다.

### (2) 학생의 인지적 · 정의적 · 심동적 특성의 총합적 평가 강화

학업성취도검사, 학력검사, 학업적성검사, 직업적성검사, 지능검사 등 인지적 영역의 각종 검사를 개발하여 학생들의 학업능력과 적성을 조기에 측정하고 파악하여 학습활동과 진학 및 생애 계획과 진로지도에 활용하는 것이 강화되고 있다. 그리고 성격검사, 동기검사, 자아개념검사, 태도검사, 가치관검사 등 정의적 영역의 심리측정검사를 개발하여 이를 실질적인 인성지도와 인간교육에 활용하는 것이 강화되고 있다.

또한 운동기능검사, 소근육운동기능검사, 대근육운동기검사 등 심동적 검사를 개발하고 미술, 음악, 실과 등 예능계와 실과계의 능력과 적성을 조기에 발견하여 이 영역의 교육을 강화하고자 하고 있다. 이러한 일련의 총합적 측정과 평가는 학생의 능력과 적성, 재능 등을 조기에 선별하고 선발하는 목적으로 적절하게 활용되고 있다.

### (3) 교사의 평가 전문성 제고

교사로 하여금 평가할 수 있는 능력과 평가할 수 있는 환경을 만들어 주는 것이 더욱 강화되고 있다. 정부나 평가전문기관은 교육평가를 직접 시행하여 그 결과를 확인하는 것보다 교사로 하여금 평가할 수 있는 환경과 능력을 개발해 주는 것이 보다 바람직할 것이다. 왜냐 하면 수업활동과 평가활동은 교사의 가장 중요한 본래의 업무이기 때문이다. 평가전문가나 평가전문기관이 교육의 성과를 확인하는 평가업무를 대신해 준다면 이는 교사의 평가 전문성을 떨어뜨리게 만들 수 있다. 교사는 학생을 가르치고 학업성취도를 평가함으로써 교육의 성과를 확인하고, 자신의 교육방법을 반성하며, 학생의 속내를 판단하여 교육의 방향을 유도하며, 교사 자신의 권위를 높이는 것이 필요하다(박도순, 원효헌, 이원석, 2011).

그러므로 교사가 다양한 평가 장면을 이해하여 평가의 목적에 따라 효율적으로 평가할 수 있도록 평가에 관한 전문가적 지식과 방법을 제공하고, 필요한 평가자료를 개발하여 제공하는 방향으로 초점을 맞추어야 한다. 학업능력의 진단과 학습성취의 형성적 평가와 총합적 평가는 교사가 주도적으로 활용하여 교육의 성과를 스스로 확인하도록 해야 한다.

#### (4) 국가교육과정에 근거한 평가의 강조

국가교육과정에 근거한 평가를 통하여 학교교육의 정상적인 운영을 도모하고자 한다. 학교교육의 정상적인 운영을 위하여 교과서 위주의 수업이 아니라 교육과정에 근거한 수업이 운영되어야 하고 그에 따른 평가가 수반되어야 한다. 교육과정, 수업, 평가가 하나의 통합된 학습체제로 구축될 때 교육력이 극대화될 수 있다.

#### (5) 평가방법의 다양화와 인터넷 활용 평가의 확대

평가방법의 다양화가 강조되고 있다. 선택형 검사에 대한 비판과 더불어 대안적 평가방법의 일환으로 수행평가방법이 도입되어 시행되고 있다. 더욱이 서울시 교육청 및 경기도 교육청을 중심으로 서술형 평가의 도입을 추진하고 있어 서술형 평가에 대한 관심이 고조되고 있다. 그리고 인터넷을 활용한 수업이 점차 보편됨에 따라 인터넷을 활용한 다양한 평가방법이 등장하고 있다.

#### (6) 평가 결과의 공개와 투명성 확보 강조

평가 결과에 대한 공개와 그에 대한 투명성의 확보가 강조되고 있다. 평가 결과는 학생 본인에게 공개하여 확인시키며, 이의 신청이 있을 때에는 면밀히 검토하여 적절한 조치를 취하여야 한다. 수행평가의 경우는 평가 결과의 공개뿐만 아니라 평가계획 단계에서 마련된 채점기준을 공개하는 것이 바람직하다. 평가 과정에서 불신과 오해의 소지가 없도록 각별한 주의가 필요하다.

### (7) 교육과정 평가의 강조

교육과정 평가의 주 목적은 교육과정의 질적 관리에 있다. 교육과정 평가란 새로 개발된 교육과정이 사회적 요구와 학습자의 요구에 알맞은 것인가, 새 교육과정을 반영하는 학습자료의 내용과 조직은 타당한가, 의도된 목표로써의 교육과정과 수업 속에 반영된 교육과정, 그리고 수업을 통하여 학생들에게 실현된 학습 성과로써의 교육과정 사이에 어느 정도 경험적 일치성과 일관성이 있는가, 만약 그렇지 못하다면 그 원인은 무엇인가 등에 관한 정보를 체계적으로 수집하고 판단하는 과정이라고 할 수 있다.

교육과정을 효과적으로 운영하고 개선하려면 교육과정 평가는 필수적이다. 특히 단일 교육과정을 시행하는 경우에는 기존 교육과정의 효과성과 효율성을 검토하여 계속적인 적용 여부를 결정하거나 새로운 교육과정을 개발하는 데 도움이 될 만한 기초자료를 수집하기 위하여 교육과정 평가연구는 필요하다. 우리나라는 그동안 많은 교육과정 개편을 전면적으로 단행하면서 제대로 된 교육과정 평가 결과에 기초한 경우는 부족하다고 할 정도로 이 분야의 평가를 소홀히 하여 왔다. 따라서 앞으로 교육과정 평가에 대한 중요성이 높아지면서 교육과정 평가가 강조될 전망이다.

### (8) 교육정책 평가의 강조

학교교육의 모든 활동이 교육제도의 틀과 교육정책에 의하여 지배되고 규제받는다. 어떤 교육정책이 결정되고 집행되는가에 따라 학교에서의 교수-학습활동이 달라지고, 학교의 분위기를 크게 좌우하고, 교육 관련 이해당사자들의 의식구조에 큰 영향을 미친다. 그러나 이렇듯 중요한 교육정책이 어떤 과정을 거쳐 형성되고 여기에 어떤 요인이 작용하고 있으며, 어떻게 실천이 되고 또 그 효과는 무엇인가 등에 대한 체계적인 평가와 분석이 이루어지지 못하였다. 교육정책 평가는 교육정책의 형성, 교육정책의 집행, 그리고 교육정책의 효과 측면에서 이루어질 수 있다. 즉, 교육정책에 대한 상황평가, 투입평가, 과정평가, 산출평가 등이 가능하다. 그동안 교육개혁이니 교육정책이니 하여 우리는 새로운 정책과 제도의 홍수 속에서 숱한 시행착오를 거쳐 온 것이 사실이다. 앞으로 교육정책의 합리성과 그에 대한 신뢰를 더욱 높이기 위해 교육정책 평가가 강화될 것이다.

### (9) 국가수준 교육성취도 평가의 확대

세계 각국은 국가 단위로 그 나라의 교육과정에 나타난 교육의 성취도를 평가하여 국가가 설정한 교육목표의 성취 수준을 확인하여 국가 교육정책 수립과 교육과정의 개편을 서두르고 있다. 이는 교육의 성취도를 국가 수준으로 확인하기 위한 것이며, 교육투자에 대한 국가의 책무성을 점검하는 기능을 가지고 있다. 국가 교육의 목표가 학생의 변화된 행동으로 측정하여 산업사회에서 활용할 수 있는 인력(manpower)의 배양이라는 차원에서 성취도평가가 이루어지고 있다.

최근에 세계 각국은 교육의 투입변수, 과정변수, 산출변수로서의 국가의 교육체제 전체를 평가하는 데 초점을 맞추고 있다. 국가수준의 교육성취도평가는 다음과 같은 장점이 있다.

- 교육목표 달성의 수준을 점검할 수 있다. 교육은 의도적이며 계획적인 사업이며, 이 사업을 위하여 재원과 시간과 인력을 필요로 한다. 투자에 대한 효과가 검증되어야 한다. 학교교육의 성취도는 정기적으로 평가되고 이에 대한 반성과 새로운 시도가 마련되어야 한다.
- 교육과정의 효과를 평가할 수 있다. 시대의 변화에 따라, 학문의 발전에 따라 교육과정은 계속해서 개편하게 되며, 각각의 국가교육과정이 학생들의 학업성취도를 통하여 평가할 수 있으며, 그 결과에 따라 교육과정 개편의 기초자료를 마련할 수 있다.
- 교육평가를 시행함으로써 교육성취도를 투입변수와 교육의 과정변수에 따라 비교가 가능하다. 교육성취도의 차이에 따라 교육정책을 다양하게 마련할 수 있다. 특히 평준화 지역과 비평준화 지역 간의 교육정책의 우선순위를 마련할 수 있다.

### (10) 국제수준 교육성취도평가의 확대

현재 지구촌의 각국은 국가경쟁력 강화에 초점을 맞추어 국가경영을 강화하고 있다. 국가경쟁력은 교육에 의하여 높일 수 있다는 가정하에 국가적 경제발전과 교육의 질적 수준과의 관계를 면밀하게 분석하고 있으며, 교육에 투자를 강화하고 있다. 따라서 교육의 성취도를 국제적으로 비교하고자 하는 나라가 늘어나고 있다. 이러한 경향을 나타내는 대표적인 사례는 OECD가 주관하고 있는 PISA(Programme for International Student Assessment)[1]나 미국 Boston College에 있는 International Study Center가 주관하는 TIMSS & PIRIS(Trends in Mathematics and Science Study & Progress in International Reading Literacy Study)[2]을 꼽을 수 있다. 이러한 교육성취도 국제비교에 우리나라도 지속적으로 참여하고 있다. 향후 이러한 국제수준 교육성취도평가는 더욱 확대될 전망이다.

## 장 요 약 »

교육평가는 학교교육에 매우 직접적으로 영향을 미치고 있다. 본래적으로 교육평가는 교육과정과 수업이 진행된 이후 시점에서 작동해야 하는 것이지만 현실적으로는 항상 그렇지가 않다. 평가에 의해 오히려 교육과정과 수업이 영향을 받는 경우가 있다. 따라서 평가의 영향력과 중요성으로 볼 때 평가의 최근 동향과 변화를 직시하여 학교교육의 문제에 대처하는 지혜를 모아야 한다.

그간 교육평가의 동향에 대해서는 다양한 입장이 개진되어 왔다. 그중에서도 공통적인 방향을 몇 가지만 제시해 보면, 첫째 학습의 결과뿐만 아니라 학습의 과정도 중시하는 평가, 둘째 최종적 결과의 지식만이 아니라 통합적 지식(결과적 지식+ 절차적 지식)의 평가, 셋째 다양한 방법의 검사 도입, 넷째 일회적으로 끝나 버리는 평가가 아니라 지속적인 평가, 다섯째 탈맥락적이지 않은 맥락적 지식의 평가, 여섯째 규준지향 평가가 아닌 목표지향 평가, 일곱째 평가기준 공개 및 평가 과정에의 학생 참여, 여덟째 개인뿐 아니라 개인이 소속되어 활동한 집단도 평가하는 것이다.

현재 교육평가에서 평가관이나 평가원리 평가방법의 변화 외에도 여러 가지 변화가 진행되고 있다. 우선 새로운 유형의 문항개발, 문항반응이론의 활성화, 컴퓨터화 검사, 차별기능 문항의 확인, 신 교육목표 분류학에 따른 평가의 변화, 기준운동의 변화, 교육의 책무성과 평가영역의 확대, 학생의 인지적 · 정의적 · 심동적 특성의 총합적 평가 강화, 교사의 평가전문성 제고, 국가교육과정에 근거한 평가의 강조, 평가방법의 다양화와 인터넷 활용 평가의 확대, 평가 결과의 공개와 투명성 확보 강조, 교육과정 평가의 강조, 교육정책 평가의 강조, 국가수준

1) PISA에 대한 자세한 내용은 홈페이지(http://www.oecd.org/pages/0,3417,en_32252351_32235731_1_1_1_1_1,00.html)를 참조하기 바람.
2) TIMSS & PIRIS에 대한 자세한 내용은 홈페이지(http://timss.bc.edu/)를 참조하기 바람.

교육성취도 평가의 확대, 국제수준 교육성취도 평가의 확대 등을 들 수 있다.

## 주요 개념

| | | | |
|---|---|---|---|
| 평가원리 | 평가관 | 참 평가 | 질적 평가 |
| 성장참조 평가 | 능력참조 평가 | 컴퓨터화 검사 | 차별기능문항 |
| 신 교육목표 분류학 | 기준 운동 | 수행기준 | 벤치마크 |
| 책무성 | 교육정책 평가 | 서술평 평가 | PISA |
| TIMSS & PIRIS | | | |

## 연습문제

1. 최근 교육평가의 동향의 주요 특징을 설명해 보시오.
2. 수행평기기 잘 정착히기 위헤서는 어떠한 문제가 선결되어아 하는지를 논해 보시오.
3. 컴퓨터화 검사를 활용하기 위해서 교사에게 요구되는 능력에 대해서 설명해 보시오.
4. 최근에 블룸 등이 제안하였던 교육목표 분류학이 상당 부분 바뀌었는데, 이에 대한 향후 평가의 변화를 예상해 보시오.
5. 자신이 가르치게 될 교과목의 수행기준을 확인해 보시오.
6. 국가수준에서 학생들의 교육성취도를 평가하는 목적을 설명해 보시오.
7. 국제수준에서 학생들의 교육성취도를 평가하는 목적을 설명해 보시오.

# 부록

부록 I

# 제6차 유치원 · 초등학교 · 중학교 · 고등학교 교육과정의 편성과 운영

제6차 교육과정
(교육부 고시 제1992-15호)

## 유치원 교육과정

교육법 제155조 제1항에 의거하여 유치원 교육과정을 다음과 같이 고시한다.

1992년 9월 30일

교 육 부 장 관

유치원 교육과정은 별책과 같다.

**부칙**

1. 이 교육과정은 1995년 3월 1일부터 시행한다.
2. 문교부 고시 제87-9호 유치원 교육과정(1987. 6. 30.)은 1995년 2월 23일로 폐지한다.

### 교육과정의 편성과 운영

1. 교육과정의 성격

가. 이 교육과정은 유치원의 교육목적(교육법 제146조) 및 교육목표(교육법 제147조)를 달성하기 위한 국가수준의 교육과정으로서, 교육법 제155조 제1항에 의거하여 고시한 것이다.

나. 이 교육과정은 문교부 고시 제87-9호 유치원 교육과정(1987. 6. 30.)을 개정한 것으로, 전국의 유치원에서 1995학년도부터 편성 · 운영하여야 할 교육과정의 공통적이며 일반적인 기준을 제시한 것

이다.

다. 이 교육과정에 제시된 기준 이외에, 더 필요한 구체적인 편성 · 운영 지침은 지방 교육 자치에 관한 법률 제27조 제6호에 의거, 각 시 · 도 교육감이 지역의 특수성과 유치원의 실정에 알맞게 정하여 실시한다.

## 2. 교육과정의 구성 방침

이 교육과정을 통하여 추구하는 인간상은 건강한 사람, 자주적인 사람, 창의적인 사람, 도덕적인 사람으로 한다.

이를 구현하기 위한 교육과정의 구성 방침은 다음과 같다.

가. 도덕성과 공동체 의식이 투철한 민주시민을 육성한다.

나. 사회의 변화에 대응할 수 있는 창의적인 능력을 개발한다.

다. 유아의 발달 특성을 고려하여 교육내용과 방법을 다양화한다.

라. 교육과정 편성 · 운영 체제를 개선하여 교육의 질 관리를 강화한다.

## 3. 교육과정의 구성 중점

가. 기본 생활 교육을 강조한다.

나. 유아의 요구와 흥미, 개별성을 존중한다.

다. 놀이 중심의 교육이 이루어지도록 한다.

라. 유아의 전인적 성장 · 발달을 돕는다.

## 4. 교육과정의 영역과 시간

가. 교육과정은 건강 생활, 사회 생활, 표현 생활, 언어 생활, 탐구 생활로 구성한다.

나. 교육 일수는 연간 180일을 기준으로 하되, 유아의 연령을 고려하여 조정할 수 있다.

다. 하루의 교육 시간은 180분을 기준으로 한다.

## 5. 교육과정 편성 · 운영의 기본 지침

가. 편성

〈시 · 도 교육청〉

(1) 시 · 도는 다음 사항이 포함된 교육과정 편성 · 운영 지침을 작성하여 각 유치원에 제시한다.

① 교육 일수와 교육 시간에 관한 사항

② 3세아 교육 및 종일제 운영에 관한 사항

③ 교육 활동 계획 및 지도에 관한 사항

④ 환경 구성에 관한 사항

⑤ 교육평가에 관한 사항

⑥ 기타 필요한 사항

(2) 시 · 도는 유아, 교원, 유치원의 실정, 주민의 요구, 지역의 특수성 등에 대한 조사 결과를 기초로 하여 교육과정 편성 · 운영 지침을 작성한다.

(3) 시 · 도는 교육과정의 편성 · 운영에 관한 조사 · 연구와 자문 기능을 담당할 위원회를 구성하여 운영한다. 이 위원회에는 교원, 교육 행정가, 교육 전문가, 학부모 등이 참여하도록 한다.

(4) 시 · 도는 유치원, 연구 기관, 대학(교) 등과 연계하여 교육과정 편성 · 운영에 관한 연구를 추진하고, 그 결과를 편성 · 운영 지침의 개선에 반영한다.

〈유치원〉

(1) 유치원은 교육법 및 교육법 시행령 그리고 이 교육과정과 시 · 도의 교육과정 편성 · 운영 지침에 의거하여 유치원 실정에 알맞은 교육과정을 편성한다.

(2) 교육과정의 합리적 편성과 효율적 운영을 위하여 교육과정 편성 · 운영에 관한 지역 또는 유치원 단위의 연구 체제를 확립하고, 교육의 질 관리를 위하여 노력한다.

(3) 각 영역에 제시된 교육내용 Ⅰ, Ⅱ는 유아의 발달 정도에 알맞게 적용될 수 있도록 편성한다.

(4) 교육 시간은 유아의 연령, 발달 수준, 건강 상태, 계절, 활동 유형 등을 고려하여 적절하게 조정하여 편성 · 운영한다.

(5) 유치원은 지역사회의 실정 및 특수성, 학부모의 요구 등을 교육과정 편성에 반영한다.

나. 운 영

〈시 · 도 교육청〉

(1) 시 · 도는 정기적으로 각 유치원의 교육과정 편성 · 운영 실태를 파악하고, 적절한 지도와 조언을 한다.

(2) 시 · 도는 이 교육과정에 제시된 각 영역이 독립된 교과가 아닌 점에 특히 유의하여 통합적으로 운영되도록 지도한다.

(3) 시 · 도는 각종 교육 활동자료를 개발하여 보급하는 데 힘쓴다.

(4) 시 · 도는 유치원 교육 활동에 대한 교원의 지도 능력을 향상시키기 위하여 교육과정 연수 계획을 수립하여 추진한다.

〈유치원〉

(1) 교육 활동은 유아의 발달 수준과 흥미를 고려하여 선정하고, 통합적으로 운영한다.

(2) 기본 생활 습관은 교육과정의 전 영역을 통하여 형성되도록 한다.

(3) 실내외 교육환경은 다양한 흥미 영역으로 구성하여 교육 활동이 충실히 이루어지도록 한다.

(4) 교육 활동은 놀이중심으로 운영하고, 이에 필요한 다양한 놀잇감을 준비하도록 한다.

(5) 교육의 효과를 높이기 위하여 다양한 방법으로 부모 교육을 실시한다.

제6차 교육과정
(교육부 고시 제1992-16호)

# 초등학교 교육과정

교육법 제155조 제1항에 의거하여 초등학교 교육과정을 다음과 같이 고시한다.

1992년 9월 30일

교 육 부 장 관

초등학교 교육과정은 별책과 같다.

부칙
1. 이 교육과정은 1995년 3월 1일부터 시행한다.
다만, 초등학교 3, 4학년은 1996년 3월 1일, 5, 6학년은 1997년 3월 1일부터 시행한다.
2. 문교부 고시 제87-9호 초등학교 교육과정(1987. 6. 30.)은 1997년 2월 28일로 폐지한다.

## 교육과정의 편성과 운영

### 1. 교육과정의 성격

가. 이 교육과정은 초등학교의 교육목적(교육법 제93조) 및 교육목표(교육법 제94조)를 달성하기 위한 국가수준의 교육과정으로서, 교육법 제155조 제1항에 의거하여 고시한 것이다.

나. 이 교육과정은 문교부 고시 제87-9호 초등학교 교육과정(1987. 6. 30.)을 개정한 것으로, 전국의 초등학교에서 1995학년도부터 편성 · 운영하여야 할 교육과정의 공통적이며 일반적인 기준을 제시한 것이다.

다. 이 교육과정에 제시된 기준 이외에, 더 필요한 구체적인 편성 · 운영 지침은 지방 교육 자치에 관한 법률 제27조 제6호에 의거, 각 시 · 도 교육감이 지역의 특수성과 학교의 실정에 알맞게 정하여 실시한다.

### 2. 교육과정의 구성 방침

이 교육과정을 통하여 추구하는 인간상은 건강한 사람, 자주적인 사람, 창의적인 사람, 도덕적인 사람으로 한다.

이를 구현하기 위한 교육과정의 구성 방침은 다음과 같다.

가. 도덕성과 공동체 의식이 투철한 민주시민을 육성한다.

나. 사회의 변화에 대응할 수 있는 창의적인 능력을 개발한다.

다. 학생의 개성, 능력, 요구를 고려하여 교육내용과 방법을 다양화한다.

라. 교육과정 편성 · 운영 체제를 개선하여 교육의 질 관리를 강화한다.

### 3. 편제

가. 교육과정은 교과, 특별 활동, 학교 재량 시간으로 편성한다.

나. 교과는 도덕, 국어, 수학, 사회, 자연, 체육, 음악, 미술, 실과로 한다. 다만, 1, 2학년의 교과는 바른생활, 국어, 수학, 슬기로운 생활, 즐거운 생활로 한다.

### 4. 시간배당 기준

① 이 표의 시간 수는 34주를 기준으로 한 연간 최소 시간 수임(1학년은 30주로 함)

② 1단위 시간은 40분을 원칙으로 함

③ 1학년 연간 수업시간 수 790시간 중 (70)시간은 입학 초기 학교 적응 활동(3월)에 배당하여야 함

| 구분 \ 학년 | | 1학년 | 2학년 | 3학년 | 4학년 | 5학년 | 6학년 |
|---|---|---|---|---|---|---|---|
| 교과 | 도덕 | 바른 생활<br>60 | 68 | 34 | 34 | 34 | 34 |
| | 국어 | 210 | 238 | 238 | 204 | 204 | 204 |
| | 수학 | 120 | 136 | 136 | 136 | 170 | 170 |
| | 사회 | 슬기로운 생활 | | 102 | 102 | 136 | 136 |
| | 자연 | 120 | 136 | 102 | 136 | 136 | 136 |
| | 체육 | | | 102 | 102 | 102 | 102 |
| | 음악 | 즐거운 생활 | | 68 | 68 | 68 | 68 |
| | 미술 | 180 | 238 | 68 | 68 | 68 | 68 |
| | 실과 | · | · | 34 | 34 | 34 | 34 |
| 특별 활동 | | 30 | 34 | 34 | 68 | 68 | 68 |
| 학교 재량 시간 | | · | · | 34 | 34 | 34 | 34 |
| 연간 수업시간 수 | | 790<br>(70) | 850 | 952 | 986 | 1,054 | 1,054 |

### 5. 편성 · 운영의 기본 지침

#### 가. 편성

〈시 · 도 교육청〉

(1) 시 · 도는 다음 사항이 포함된 교육과정 편성 · 운영 지침을 작성하여 각 학교에 제시한다.

① 지역의 특수성, 학생 · 교원 · 주민의 요구와 필요의 반영 및 이에 따른 교육 운영에 관한 사항

② 교과와 특별 활동의 시간 확보와 운영에 관한 사항

③ 교과와 특별 활동의 교육 중점에 관한 사항

④ 입학 초기 학교 적응 활동 및 학교 재량 시간 운영에 관한 사항

⑤ 학교 교육과정 운영에 필요한 각종 교육 자료에 관한 사항

⑥ 교육평가에 관한 사항

⑦ 특수아 교육에 관한 사항

⑧ 학교 교육과정 편성 · 운영 기구와 조직에 관한 사항

⑨ 학교 교육과정의 작성 절차 및 체제에 관한 사항

⑩ 기타 필요한 사항

(2) 시 · 도는 지역의 특수성, 교육의 실태, 학생 · 교원 · 주민의 요구와 필요 등에 대한 조사 결과를 기초로 하여 교육과정 편성 · 운영 지침을 작성한다.

(3) 시 · 도는 교육과정의 편성 · 운영에 관한 조사 연구와 자문 기능을 담당할 위원회를 구성하여 운영한다. 이 위원회에는 교원, 교육 행정가, 교육 전문가, 학부모 등이 참여하도록 한다.

(4) 시 · 도는 학교, 연구 기관, 대학 등과 연계하여 교육과정 편성 · 운영에 관한 연구를 추진하고, 그 결과를 편성 · 운영 지침의 개선에 반영한다.

〈학교〉

(1) 학교는 교육법 및 교육법 시행령 그리고 이 교육과정과 시 · 도의 교육과정 편성 · 운영 지침에 의거하여 학교 실정에 알맞은 교육과정을 편성한다.

(2) 교육과정의 합리적 편성과 효율적 운영을 위하여 교육과정 편성 · 운영에 관한 학교 단위의 연구 체제를 확립하고, 교육의 질 관리를 위하여 노력한다.

(3) 교과와 특별 활동 및 학교 재량 시간에 배당된 시간은 연간 34주를 기준으로 한 최소한의 시간이므로, 이 기준에 미달되지 않도록 편성한다.

(4) 학교에서는 연간 이수 시간을 계절, 학교 실정, 학생 실태, 교육 여건 등에 알맞게 월별, 주별로 적절히 배정하여 편성한다.

(5) 1단위 시간은 40분을 원칙으로 하되, 계절, 학교 실정, 교과와 특별 활동의 특성 등에 따라 적절하게 조정하여 편성 · 운영할 수 있다.

(6) 학생의 개성과 능력, 요구 등을 고려한 교육과정을 편성하기 위하여 학생에 관한 각종 기초 조사 결과를 활용한다.

(7) 학교는 지역사회의 실태 및 특수성, 학부모의 요구 등을 교육과정 편성에 반영한다.

나. 운영

〈시 · 도 교육청〉

(1) 시 · 도는 정기적으로 각 학교의 교육과정 편성 · 운영 실태를 파악하고, 적절한 지도, 조언을 한다.

(2) 시 · 도는 교과와 특별 활동 및 학교 재량 시간의 '목표-내용-방법-평가' 의 일관성 있는 실천 과정을 확인하고, 실증적인 자료를 수집하여 교육의 질 관리에 활용한다.

(3) 시 · 도는 교과용 도서 이외의 각종 교육 자료를 개발하여 보급하는 데 힘쓴다.

(4) 시 · 도는 특정 분야에서 탁월한 재능을 보이는 학생과 학습 장애가 있는 학생들을 위한 대책을 마련하고 지원한다.

(5) 시 · 도는 교과와 특별 활동에 대한 교원의 지도 능력을 향상시키기 위하여 교육과정 연수 계획을 수립하여 추진한다.

〈학교〉

(1) 학교는 각 교과의 핵심적 요소들이 체계적으로 학습되도록 계획하고, 이를 일관성 있게 지도한다.

(2) 각 학년별로 요구되는 학습목표를 모든 학생이 성취하도록 지도하고, 학생의 능력에 알맞은 학습의 기회와 방법을 제공하며, 학습 결손이 누적되거나 학습 의욕이 저하되지 않도록 노력한다.

(3) 학습 활동에서 학생의 직접적인 체험 활동(실험, 관찰, 조사, 수집, 노작, 토론, 견학 등)이 많이 이루어지도록 하고, 학습의 개별화에 노력한다.

(4) 학생들에게 공동 학습 과제를 제시하고, 소집단 학습 활동을 통하여 공동으로 문제를 해결하는 경험을 많이 갖도록 한다.

(5) 교과와 특별 활동의 내용 배열은 반드시 학습의 순서를 의미하는 것이 아니므로, 필요한 경우에는 순서와 비중, 방법 등을 조정하여 운영할 수 있다.

(6) 학습의 효과를 높이기 위하여 교과용 도서 이외에 교육 방송, 시청각 기교재, 컴퓨터, 각종 학습 자료 등을 활용한다.

(7) 학교는 모든 교육 활동을 통해 학생의 기본 생활 습관을 형성하고, 정확한 국어 사용 능력을 신장하는 데 계획적인 노력을 기울인다.

(8) 교과와 특별 활동의 효율적 운영을 위하여 지역사회의 인적, 물적 자원을 계획적으로 활용한다.

(9) 특별 활동은 각 영역이 균형 있게 운영되도록 하고, 학교별 중점 영역을 설정, 육성함으로써 학교의 독특한 전통을 가꾸어 나가도록 한다.

(10) 학교 재량 시간의 운영은 시 · 도의 교육과정 편성 · 운영 지침에 따르되, 교육과정 편제에 제시된 교과 및 특별 활동의 보충 · 심화 또는 학교의 독특한 교육적 필요, 학생의 요구 등에 따른 창의적인 교육활동 시간으로 활용할 수 있다.

(11) 도덕 교육, 환경 교육, 경제 교육, 근로 정신 함양 교육, 보건 · 안전 교육, 성 교육, 진로 교육, 통일 교육 등은 관련된 교과와 특별 활동을 통하여 중점적으로 지도하되, 학교 교육 활동 전반에 걸쳐 통합적으로 다루어지도록 하고, 지역사회 및 가정과의 연계 지도에도 힘쓴다.

(12) 특정 분야에 탁월한 재능을 보이는 학생은 그 특성을 파악하여 적절히 지도한다.

(13) 특수 학급을 설치 · 운영하는 경우, 학생의 장애 정도와 능력을 고려하여 이 교육과정을 조정 · 운영하거나 특수 학교 교육과정 및 교과용 도서를 활용할 수 있다.

다. 평가

(1) 학교는 교과와 특별 활동의 학년별 성취 수준을 설정하고, 다양한 평가 도구와 방법으로 성취도를 평가하여, 학생의 목표 도달도를 확인하고 수업의 질 개선을 위한 자료로 활용한다.

(2) 교과의 평가는 선다형 일변도의 지필 검사를 지양하고, 서술형 주관식 평가와 표현 및 태도의 관찰 평가가 조화롭게 이루어지도록 한다.

(3) 도덕, 체육, 음악, 미술, 실과 등과 같이 정의적, 기능적, 창의적인 면이 특히 중시되는 교과는 선다형 지필 검사를 지양하고, 태도, 표현, 기능 등의 평가에 타당한 평정 기준과 평가방법을 적용한다.

(4) 1, 2학년의 교과 활동 평가는 학생의 활동 상황과 특징, 진보의 정도 등을 파악하여, 그 결과를 문장으로 기술한다.

(5) 학교는 매년 교육과정 운영 실적을 자체 평가하여, 그 결과를 다음 학년도의 교육과정 편성과 운영에 반영한다.

라. 기타

(1) 복식 학급을 편성 · 운영하는 경우에는, 교육내용의 학년별 순서를 조정하거나 공통 소재를 선정하여 교재를 재구성하여 활용할 수 있다.

(2) 공민 학교는 이 교육과정에 준하되, 학교 및 지역사회의 특수성과 학생의 실태에 알맞게 시간배당 기준과 교과 내용을 적절히 조정하여 운영할 수 있다.

제6차 교육과정
(교육부 고시 제1992-11호)

## 중학교 교육과정

교육법 제155조 제1항에 의거하여 중학교 교육과정을 다음과 같이 고시한다.

1992년 9월 30일

교 육 부 장 관

중학교 교육과정은 별책과 같다.

부칙
1. 이 교육과정은 1995년 3월 1일부터 시행한다.
2. 문교부 고시 제87-7호 중학교 교육과정(1987. 3. 31.)은 1995년 2월 28일로 폐지한다.

첨부: 별책(생략)

## 교육과정의 편성과 운영

### 1. 교육과정의 성격

가. 이 교육과정은 중학교의 교육목적(교육법 제100조) 및 교육목표(교육법 제101조)를 달성하기 위한 국가수준의 교육과정으로서, 교육법 제155조 제1항에 의거하여 고시한 것이다.

나. 이 교육과정은 문교부 고시 제87-7호 중학교 교육과정(1987. 3. 31.)을 개정한 것으로, 전국의 중학교 및 이에 중하는 학교에서 1995학년도부터 편성 · 운영하여야 할 교육과정의 공통적이며 일반적인 기준을 제시한 것이다.

다. 이 교육과정에 제시된 기준 이외에, 더 필요한 구체적인 편성 · 운영 지침은 지방 교육 자치에 관한 법률 제27조 제6호에 의거, 각 시 · 도 교육감이 지역의 특수성과 학교의 실정에 알맞게 정하여 실시한다.

## 2. 교육과정의 구성 방침

이 교육과정을 통하여 추구하는 인간상은 건강한 사람, 자주적인 사람, 창의적인 사람, 도덕적인 사람으로 한다.

이를 구현하기 위한 교육과정의 구성 방침은 다음과 같다.

가. 도덕성과 공동체 의식이 투철한 민주시민을 육성한다.

나. 사회의 변화에 대응할 수 있는 창의적인 능력을 개발한다.

다. 학생의 개성, 능력, 진로를 고려하여 교육내용과 방법을 다양화한다.

라. 교육과정 편성 · 운영 체제를 개선하여 교육의 질 관리를 강화한다.

## 3. 편제

가. 교육과정은 교과와 특별 활동으로 편성한다.

나. 교과는 필수 교과와 선택 교과로 한다.

(1) 필수 교과는 도덕, 국어, 수학, 사회, 과학, 체육, 음악, 미술, 가정, 기술 · 산업, 영어로 한다.

(2) 선택 교과는 한문, 컴퓨터, 환경, 기타 필요한 교과로 한다.

## 4. 시간배당 기준

① 이 표의 시간 수는 34주를 기준으로 한 연간 최소 시간 수임

② 1단위 시간은 45분을 원칙으로 함

| 구분 \ 학년 | | 1학년 | 2학년 | 3학년 |
|---|---|---|---|---|
| 필수 과목 | 도 덕 | 68 | 68 | 68 |
| | 국 어 | 136 | 170 | 170 |
| | 수 학 | 136 | 136 | 136 |
| | 사 회 | 102 | 136 | 136 |
| | 과 학 | 136 | 136 | 136 |
| | 체 육 | 102 | 102 | 102 |
| | 음 악 | 68 | 34~68 | 34~68 |
| | 미 술 | 68 | 34~68 | 34~68 |
| | 가 정 | 68 | 34 | 34 |
| | 기술 · 산업 | 34 | 68 | 68 |
| | 영어 | 136 | 136 | 136 |
| 선택과목 | 한 문 | 34~68 | 34~68 | 34~68 |

| | | | | |
|---|---|---|---|---|
| | 컴퓨터 | | | |
| | 환경 | | | |
| | 기타 | | | |
| 특별활동 | | 34~68 | 34~68 | 34~68 |
| 연간 수업시간 수 | | 1,156 | 1,156 | 1,156 |

5. 편성 · 운영의 기본 지침

가. 편성

〈시 · 도 교육청〉

(1) 시 · 도는 다음 사항이 포함된 교육과정 편성 · 운영 지침을 작성하여 각 학교에 제시한다.

① 지역의 특수성, 학생 · 교원 · 주민의 요구와 필요의 반영 및 이에 따른 교육 운영에 관한 사항

② 교과와 특별 활동의 시간 확보와 운영에 관한 사항

③ 교과와 특별 활동의 교육 중점에 관한 사항

④ 선택 교과의 운영에 관한 사항

⑤ 학교 교육과정 운영에 필요한 각종 교육 자료에 관한 사항

⑥ 교육평가에 관한 사항

⑦ 특수아 교육에 관한 사항

⑧ 학교 교육과정 편성 · 운영 기구와 조직에 관한 사항

⑨ 학교 교육과정의 작성 절차 및 체제에 관한 사항

⑩ 기타 필요한 사항

(2) 시 · 도는 지역의 특수성, 교육의 실태, 학생 · 교원 · 주민의 요구와 필요 등에 대한 조사 결과를 기초로 하여 교육과정 편성 · 운영 지침을 작성한다.

(3) 시 · 도는 교육과정의 편성 · 운영에 관한 조사 연구와 자문 기능을 담당할 위원회를 구성하여 운영한다. 이 위원회에는 교원, 교육 행정가, 교육 전문가, 학부모 등이 참여하도록 한다.

(4) 시 · 도는 학교, 연구기관, 대학 등과 연계하여 교육과정 편성 · 운영에 관한 연구를 추진하고, 그 결과를 편성 · 운영 지침의 개선에 반영한다.

〈학교〉

(1) 학교는 교육법 및 교육법 시행령 그리고 이 교육과정과 시 · 도의 교육과정 편성 · 운영 지침에 의거하여 학교 실정에 알맞은 교육과정을 편성한다.

(2) 교육과정의 합리적 편성과 효율적 운영을 위하여 교육과정 편성 · 운영에 관한 학교 단위의 연구 체제를 확립하고, 교육의 질 관리를 위하여 노력한다.

(3) 교과와 특별 활동에 배당된 시간은 연간 34주를 기준으로 한 최소한의 시간이므로, 이 기준에 미달되지 않도록 편성한다.

(4) 학교에서는 연간 이수 시간을 계절, 학교 실정, 학생 실태, 교육 여건 등에 알맞게 월별, 주별로 적절히 배정하여 편성한다.

(5) 1단위 시간은 45분을 원칙으로 하되, 계절, 학교 실정, 교과와 특별 활동의 특성 등에 따라 적절하게 조정하여 편성, 운영할 수 있다.

(6) 학생의 개성과 능력, 진로 등을 고려한 교육과정을 편성하기 위하여 학생에 관한 각종 기초 조사 결과를 활용한다.

(7) 학교는 지역사회의 실태 및 특수성, 학부모의 요구 등을 교육과정 편성에 반영한다.

나. 운영

〈시 · 도 교육청〉

(1) 시 · 도는 정기적으로 각 학교의 교육과정 편성 · 운영 실태를 파악하고, 적절한 지도 · 조언을 한다.

(2) 시 · 도는 교과와 특별 활동의 '목표–내용–방법–평가'의 일관성 있는 실천 과정을 확인하고, 실증적인 자료를 수집하여 교육의 질 관리에 활용한다.

(3) 시 · 도는 교과용 도서 이외의 각종 교육 자료를 개발하여 보급하는 데 힘쓴다.

(4) 시 · 도는 각 학교가 선택 교과를 잘 운영할 수 있도록 교원의 배치, 시설 · 자료 등의 정비 확충에 행 · 재정적 지원을 한다.

(5) 시 · 도는 특정 분야에서 탁월한 재능을 보이는 학생과 학습 장애가 있는 학생들을 위한 대책을 마련하고 지원한다.

(6) 시 · 도는 교과와 특별 활동에 대한 교원의 지도 능력을 향상시키기 위하여 교육과정 연수 계획을 수립하여 추진한다.

(7) 소규모 중학교의 정상적인 교육과정 운영을 지원하기 위하여 교원의 배치 및 활용 방안을 연구하고, 그 결과를 인사 관리에 활용한다.

(8) 사회과의 국사 영역은 별도의 교과용 도서를 편찬하여 활용할 수 있으므로, 교원의 배치에 유의한다.

〈학교〉

(1) 학교는 각 교과의 핵심적 요소들이 체계적으로 학습되도록 계획하고, 이를 일관성 있게 지도한다.

(2) 각 학년별로 요구되는 학습목표를 모든 학생이 성취하도록 지도하고, 학생의 능력에 알맞은 학습의 기회와 방법을 제공하며, 학습 결손이 누적되거나 학습 의욕이 저하되지 않도록 노력한다.

(3) 학습 활동에서 학생의 직접적인 체험 활동(실험, 관찰, 조사, 수집, 노작, 토론, 견학 등)이 많이 이루어지도록 하고, 학습의 개별화에 노력한다.

(4) 학생들에게 공동 학습 과제를 제시하고, 소집단 학습 활동을 통하여 공동으로 문제를 해결하는 경험을 많이 가지게 한다.

(5) 교과와 특별 활동의 내용 배열은 반드시 학습의 순서를 의미하는 것이 아니므로, 필요한 경우에는 순서와 비중, 방법 등을 조정하여 운영할 수 있다.

(6) 학습의 효과를 높이기 위하여 교과용 도서 이외에 교육 방송, 시청각 기교재, 컴퓨터, 각종 학습 자료 등을 활용한다.

(7) 학교가 한문, 컴퓨터, 환경 이외에 기타 필요한 교과를 선택 교과로 설정 · 운영하고자 할 경우에는, 시 · 도의 교육과정 편성 · 운영 지침에 의거하여 사전에 필요한 절차를 거쳐야 한다.

(8) 특별 활동은 각 영역이 균형 있게 운영되도록 하고, 학교별 중점 영역을 설정 · 육성함으로써 학교의 독특한 전통을 가꾸어 나가도록 한다.

(9) 특별 활동의 효율적 운영을 위하여 지역사회의 인적 · 물적 자원을 계획적으로 활용한다.

(10) 도덕 교육, 환경 교육, 경제 교육, 근로 정신 함양 교육, 보건 · 안전 교육, 성 교육, 진로 교육, 통일 교육 등은 관련되는 교과와 특별 활동을 통하여 중점적으로 지도하되, 학교 교육 활동 전반에 걸쳐 통합적으로 다루어지도록 하고, 지역사회 및 가정과의 연계 지도에도 힘쓴다.

(11) 특정 분야에 탁월한 재능을 보이는 학생은 그 특성을 파악하여 적절히 지도한다.

(12) 특수 학급을 설치 · 운영하는 경우, 학생의 장애 정도와 능력을 고려하여 이 교육과정을 조정 · 운영하거나 특수 학교 교육과정 및 교과용 도서를 활용할 수 있다.

다. 평가

(1) 학교는 교과와 특별 활동의 학년별 성취 수준을 설정하고, 다양한 평가 도구와 방법으로 성취도를 평가하여, 학생의 목표 도달도를 확인하고 수업의 질 개선을 위한 자료로 활용한다.

(2) 교과의 평가는 선다형 일변도의 지필 검사를 지양하고, 서술형 주관식 평가와 표현 및 태도의 관찰 평가가 조화롭게 이루어지도록 한다.

(3) 도덕, 체육, 음악, 미술, 실과 등과 같이 정의적, 기능적, 창의적인 면이 특히 중시되는 교과는 태도, 표현, 기능 등의 평가에 타당한 평정 기준과 척도를 작성하여 활용한다.

(4) 학교는 매년 교육과정 운영 실적을 자체 평가하여, 그 결과를 다음 학년도의 교육과정 편성과 운영에 반영한다.

라. 기타

(1) 중학교에 준하는 기타 학교의 교육과정은 이 교육과정에 준한다.

(2) 다음 각 학교는 시 · 도 교육감의 승인을 얻어, 이 교육과정을 학교의 실정과 학생의 실태에 알맞게 조정하여 운영할 수 있다.

① 체육 중학교

② 고등 공민 학교, 기술 학교

③ 교육법 제103조의 제4항에 의거하여 설치된 근로 청소년을 위한 특별 학급 및 산업체 부설 중학교

제6차 교육과정
(교육부 고시 제1992-19호)

# 고등학교 교육과정
(Ⅰ)

교육법 제155조 제1항에 의거하여 고등학교 교육과정을 다음과 같이 고시한다.

1992년 10월 30일

교 육 부 장 관

고등학교 교육과정은 별책과 같다.

**부 칙**

1. 이 교육과정은 1995년 3월 1일 신입생부터 시행한다.
2. 문교부 고시 제88-7호 고등학교 교육과정(1988. 3. 31.)은 1998년 2월 28일로 폐지한다.

## 교육과정의 편성과 운영

### 1. 교육과정의 성격

가. 이 교육과정은 고등학교의 교육목적(교육법 제104조) 및 교육목표(교육법 제105조)를 달성하기 위한 국가수준의 교육과정으로서, 교육법 제155조 제1항에 의거하여 고시한 것이다.

나. 이 교육과정은 문교부 고시 제88-7호 고등학교 교육과정(1988. 3. 31.)을 개정한 것으로, 전국의 고등학교 및 이에 준하는 학교에서 1996학년도부터 편성 · 운영하여야 할 교육과정의 공통적이며 일반적인 기준을 제시한 것이다.

다. 이 교육과정에 제시된 기준 이외에, 더 필요한 구체적인 편성 · 운영 지침은 지방 교육 자치에 관한 법률 제27조 제6호에 의거, 각 시 · 도 교육감이 지역의 특수성과 유치원의 실정에 알맞게 정하여 실시한다.

### 2. 교육과정의 구성 방침

이 교육과정을 통하여 추구하는 인간상은 건강한 사람, 자주적인 사람, 창의적인 사람, 도덕적인 사람으로 한다.

이를 구현하기 위한 교육과정의 구성 방침은 다음과 같다.

가. 도덕성과 공동체 의식이 투철한 민주시민을 육성한다.

나. 사회의 변화에 대응할 수 있는 창의적인 능력을 개발한다.

다. 학생의 개성, 능력, 진로를 고려하여 교육내용과 방법을 다양화한다.

라. 교육과정 편성 · 운영 체제를 개선하여 교육의 질 관리를 강화한다.

### 3. 편제

가. 교육과정은 교과와 특별 활동으로 편성한다.

나. 교과는 보통 교과와 전문 교과로 한다.

(1) 보통 교과는 윤리, 국어, 한문, 수학, 사회, 과학, 체육, 교련, 음악, 미술, 실업 · 가정, 외국어와 교양 선택으로 한다([표 1]).

① 보통 교과에는 고등학교의 모든 학생이 이수하는 공통 필수과목과 각 과정에 알맞게 이수하는 과정별 필수과목 및 선택과목을 둔다.

② 공통 필수과목은 교육부가 결정하고, 과정별 필수과목은 시 · 도 교육청이 편성하며, 과정별 선택과목은 학교가 선택한다.

(2) 전문 교과는 농업, 공업, 상업, 수산 · 해운, 가사 · 실업, 과학, 체육, 예술, 외국어에 관한 교과로 한다([표 2]).

① 전문 교과에는 교육부가 결정하는 계열별 필수과목과 시 · 도 교육청이 편성하는 학과별 필수과목, 학교가 선택하는 학과별 선택과목을 둔다.

다. 특별 활동은 학급 활동, 학교 활동, 클럽 활동, 단체 활동의 4개 영역으로 편성한다.

### 4. 단위 배당 기준

가. 보통 교과

[표 1]

| 교과 | 공통 필수과목 | 과정별 필수과목 | 과정별 선택과목 |
|---|---|---|---|
| 1. 윤리 | 윤리(6) | | 과정별 필수과목에서 제외된 교과목 중에서 선택(8) |
| 2. 국어 | 국어(10) | 화법(4), 독서(4), 작문(6), 문법(4), 문학(8) | |
| 3. 한문 | | 한문 I (6), 한문 II (4) | |
| 4. 수학 | 공통수학(8) | 수학 I (10), 수학 II (10), 실용수학(8) | |
| 5. 사회 | 공통사회(8)<br>국사(6) | 정치(4), 경제(4), 사회 · 문화(4)<br>세계사(6), 세계지리(6) | |

| 교과 | 공통 필수과목 | 과정별 필수과목 | 과정별 선택과목 |
|---|---|---|---|
| 6. 과학 | 공통과학(8) | 물리 I (4), 물리 II (8), 화학 I (4), 화학 II (8)<br>생물 I (4), 생물 II (8), 지구과학 I (4), 지구과학 II (8) | |
| 7. 체육 | 체육 I (8) | 체육 II (6) | |
| 8. 교련 | | 교련(6) | |
| 9. 음악 | 음악 I (4) | 음악 II (4) | |
| 10. 미술 | 미술 I (4) | 미술 II (4) | |
| 11. 실업 · 가정 | | 기술(8), 가정(8), 농업(6), 공업(6), 상업(6), 수산업(6),<br>가사(6), 정보산업(6), 진로 · 직업(6) | |
| 12. 외국어 | 공통영어(8) | 영어 I (8), 영어 II (8), 영어독해(6), 영어회화(6),<br>실무영어(6), 독일어 I (6), 독일어 II (6),<br>에스파냐어 I (6), 에스파냐어 II (6),<br>중국어 I (6), 중국어 II (6), 일본어 I (6), 일본어 II (6)<br>러시아어 I (6), 러시아어 II (6) | |
| 13. 교양 선택 | | | 철학, 논리학, 심리학, 교육학, 생활경제, 종교, 환경과학, 기타 중에서 선택(4) |
| 이수단위 | 70 | 106 | 12 |
| 특별활동 | 학급활동(12)<br>클럽활동(12)<br>단체활동(4) | | |

① 보통 교육을 주로 하는 일반계 고등학교는 2학년부터 인문 · 사회 과정, 자연 과정, 직업 과정 및 기타 필요한 과정을 들 수 있다. 단, 직업 과정으로의 변경은 3학년에서도 가능하다.

② ( ) 안의 숫자는 단위 수이며, 1단위는 매주 50분 수업을 기준으로 하여 1학기(17주) 동안 이수하는 수업량을 말한다.

③ 체육 II, 음악 II, 미술 II는 [표 2]의 체육, 예술에 관한 전문 과목 중에서 선택한다.

나. 전문 교과

[표 2]

| 교과 | 과목 | | | 학과 |
|---|---|---|---|---|
| 1. 농업에 관한 교과 | 농업 발전 | 농업 실습 | 농업 생산 환경 | 농업과 |
| | 농업 경영 | 농업 기계 | 생물 공학 | 임업과 |
| | 환경 보전 | 농업 공작 | 작물 | 축산과 |
| | 임업 | 산림 토목 | 임업 경영 | 원예과 |
| | 임산 가공 | 축산 | 영양 · 사료 | 잠업과 |
| | 채소 | 과수 | 화훼 | 자영농과 |
| | 시설 원예 | 양잠 | 견섬유 | 농업토목과 |
| | 농업 토목 설계 | 농업 토목 | 농업수리 | |
| | | 재료 · 시공 | | 식품가공과 |
| | 농지 개발 | 식품 가공 | 식품 과학 | 농업기계과 |
| | 식품 위생 | 식품 미생물 | 식품 가공 기기 | 생활과학과 |
| | 농업 동력 | 농작업기 | 농업 기계 | |
| | | | 요소 · 제도 | 조경과 |
| | 농업 기계 공작 | 생활 과학 | 농가 경영 | 농산물유통과 |
| | 생활 원예 | 농촌 보건 위생 | 원예 · 조경 | 기타 학과 |
| | 조경 계획 | 조경 시공 · 관리 | 농산물 유통 | |
| | 농산물 판매 관리 | | | |
| 2. 공업에 관한 교과 | 공업 입문 | 제도 | 공업 실습 | 기계과 |
| | 기계 일반 | 전기 일반 | 공업 영어 | 전자기계화 |
| | 기계 설계 | 기계 공작 | 판금 · 용접 | 금속과 |
| | 기계 재료 | 금형 설계 | 공업 역학 | 자원과 |
| | 유체 기기 | 원동기 | 공기 조화 설비 | 전기과 |
| | 전자 기계 | 전자 기계 회로 | 금속 재료 | 전자과 |
| | 금속 제련 | 주조 | 금속 열처리 | 통신과 |
| | 금속 표면 처리 | 소성 가공 | 제선 · 제강 | 전자계산기과 |
| | 자원 개발 | 자원 탐사 | 자원 처리 | 토목과 |
| | 화약 · 발파 | 자원 개발 기계 | 석재 가공 | 토목과 |
| | 전기 이론 | 전기 기기 | 전력 | 건축과 |
| | 전기 설비 | 산업 전자 | 전기 · 전자 재료 | 디자인과 |
| | 전기 · 전자 측정 | 전기 응용 | 전자 이론 | 화학공업과 |
| | 자동 제어 | 전자 기기 | 공업 계측 | 세라믹과 |
| | 전자 응용 | 계장 | 통신 이론 | 식품공업과 |
| | 데이터 통신 | 통신 관계 법규 | 전자계산기 구조 | 섬유과 |

| 교과 | 과목 | | | 학과 |
|---|---|---|---|---|
| 2. 공업에 관한 교과 | 시스템 프로그램 | 프로그래밍 I | 특량 | 인쇄과 |
| | 역학 | 토목 재료 · 시공 | 토목 설계 | 자동차과 |
| | 수리 · 토질 | 토목 계획 | 건축구조 · 시공 | 조선과 |
| | 건축 계획 | 건축 재료 | 건축 법규 | 항공과 |
| | 디자인 일반 | 디자인 재료 | 색채 관리 | 기타 학과 |
| | 광고 · 사진 | 공업 화학 | 화학 공학 | |
| | 제조 화학 | 화공 계측 제어 | 환경 기술 | |
| | 세라믹 이론 | 세라믹 재료 | 세라믹 공정 | |
| | 세라믹 공업 | 도자기 | 발효 공업 | |
| | 식품 제조 공정 | 섬유 재료 | 방적 · 방사 | |
| | 제직 | 편성 · 봉제 | 염색 · 가공 | |
| | 인쇄 일반 | 인쇄 재료 | 평판 인쇄 | |
| | 특수 인쇄 | 인쇄 사진 | 자동차 구조 | |
| | 자동차 전기 | 자동차 정비 | 차량 법규 | |
| | 중장비 구조 정비 | 선박 이론 | 선박 구조 | |
| | 선박 건조 | 선박 의장 | 항공기 일반 | |
| | 비행 원리 | 항공기 기체 | 항공기 기관 | |
| | 항공기 장비 | 항공 전자 장치 | | |
| 3. 상업에 관한 교과 | 상업 경제 | 상업 실습 | 경영대요 | 상업과 |
| | 상업 구기 | 전자 계산 일반 | 상업 법규 | 회계과 |
| | 상업 계산 | 상업 실무 | 마케팅 | 무역과 |
| | 상품 | 문서 실무 | 유통 관리 일반 | 정보처리과 |
| | 기업 회계 | 원가 회계 | 세무 회계 | 상업디자인과 |
| | 무역 업무 | 상업 영어 | 국제 경제 | 관광경영과 |
| | 프로그래밍 II | 자료 처리 | 전자 계산 실무 | 비서과 |
| | 경영통제 | 상업디자인 일반 | 상업 미술 | 기타 학과 |
| | 그래픽 디자인 | 컴퓨터 그래픽 | 비서 일반 | |
| | 비서 실무 | 속기 | 사무자동화 일반 | |
| 4. 수산 · 해운에 관한 교과 | 수산 일반 | 해운 일반 | 수산 · 해운 실습 | 어업과 |
| | 어업 | 항해 | 선박 운용 | 양식과 |
| | 해사 법규 | 해사 영어 | 선박 일반 | 자영수산과 |
| | 선화 운송 | 수산 경영 | 수산 생물 | 수산식품과 |
| | 수산 양식 | 양식 생물 질병 | 양식 시설 | 동력기계과 |
| | 수산 가공 | 냉동 기계 | 냉동 설비 · 설계 | 전자통신과 |
| | 열기관 | 선박 보조 기계 | 선박 전기 · 전자 | 냉동기계과 |
| | 기계 설계 · 공작 | 통신 공학 | 전자 통신 기기 | 항해과 |
| | 통신 운용 | 통신 실험 | 자동화 선박 | 선박운항과 |
| | 해양 · 기상 | | | 기타 학과 |

| 교과 | 과목 | | | 학과 |
|---|---|---|---|---|
| 5. 가사 · 실업에 관한 교과 | 자영 사업 일반<br>유아 교육 원리<br>노인 생활 지원<br>의복 구성<br>급식 관리<br>관광 일반<br>관광 영어<br>실내 디자인<br>기타 | 가사 · 실업 실습<br>유아 생활 교육<br>복식 디자인<br>영양과 식품<br>자수<br>호텔 업무<br>관광 일본어 | 인간 발달<br>노인 복지<br>의복 재료 · 관리<br>조리<br>한국 문양<br>여행 관리<br>주거 | 유아교육과<br>의상과<br>조리과<br>자수과<br>관광과<br>실내디자인과<br>기타 학과 |
| 6. 과학에 관한 교과 | 물리 실험<br>지구 과학 실험<br>컴퓨터 과학 I<br>고급 화학<br>과제 연구 I<br>과제 연구 II<br>기타 | 화학 실험<br>과학사<br>수학III<br>고급 생물<br>컴퓨터 과학 II<br>워크숍 | 생물 실험<br>전자 과학<br>고급 물리<br>고급 지구 과학<br>과학 철학<br>원서 강독 | |
| 7. 체육에 관한 교과 | 체육 개론<br>체조<br>무용<br>수영 경기<br>사격<br>빙상<br>요트<br>스키<br>카누 | 스포츠 과학<br>수영<br>육상 경기<br>구기 경기<br>양궁<br>사이클<br>조정<br>펜싱<br>기타 | 육상<br>구기<br>체조 경기<br>투기<br>역도<br>골프<br>볼링<br>배드민턴 | |
| 8. 예술에 관한 교과 | 시창 · 청음<br>성악<br>합창 · 합주<br>음악 일반<br>미술사<br>디자인<br>동작법<br>무용 창작<br>현대 무용<br>기타 | 음악 이론<br>기악<br>실내악<br>소묘<br>회화<br>서예<br>무용 이론<br>한국 무용<br>전통 무용 | 음악사<br>작고<br>연주<br>미술 이론<br>조소<br>미술 일반<br>무용사<br>발레<br>무용 음악 | 음악과<br>미술과<br>무용과 |
| 9. 외국어에 관한 교과 | 영어 독해 I<br>영어 회화 II | 영어 독해 II<br>영어 작문 I | 영어 회화 I<br>영어 작문 II | 영어과<br>독일어과 |

| 교과 | 과목 | | | 학과 |
|---|---|---|---|---|
| 9. 외국어에 관한 교과 | 영어 문법 I<br>영미 문화 II<br>독일어 독해 I<br>독일어 회화 II<br>독일어 문법 I<br>독일 문화 II<br>프랑스어 독해 I<br>프랑스어 회화 II<br>프랑스어 문법 I<br>프랑스 문화 II<br>에스파냐어 독해 I<br>에스파냐어 회화 II<br>에스파냐어 문법 I<br>에스파냐어권 문화 II<br>중국어 독해 I<br>중국어 회화 II<br>중국어 문법 I<br>중국 문화 II<br>일본어 독해 I<br>일본어 회화 II<br>일본어 문법 I<br>일본 문화 II<br>러시아어 독해 I<br>러시아어 회화 II<br>러시아어 문법 I<br>러시아 문화 II<br>기타 | 영어 문법 II<br>영어 청해<br>독일어 독해 II<br>독일어 작문 I<br>독일어 문법 II<br>독일어 청해<br>프랑스어 독해 II<br>프랑스어 작문 I<br>프랑스어 문법 II<br>프랑스어 청해<br>에스파냐어 독해 II<br>에스파냐어 작문 I<br>에스파냐어 문법 II<br>에스파냐어 청해<br>중국어 독해 II<br>중국어 작문 I<br>중국어 문법 II<br>중국어 청해<br>일본어 독해 II<br>일본어 작문 I<br>일본어 문법 II<br>일본어 청해<br>러시아어 독해 II<br>러시아어 작문 I<br>러시아어 문법 II<br>러시아어 청해 | 영미 문화 I<br>고급 실무 영어<br>독일어 회화 I<br>독일어 작문 II<br>독일 문화 I<br>실무 독일어<br>프랑스어 회화 I<br>프랑스어 작문 II<br>프랑스 문화 I<br>실무 프랑스어<br>에스파냐어 회화 I<br>에스파냐어 작문 II<br>에스파냐어권 문화 I<br>실무 에스파냐어<br>중국어 회화 I<br>중국어 작문 II<br>중국 문화 I<br>실무 중국어<br>일본어 회화 I<br>일본어 작문 II<br>일본 문화 I<br>실무 일본어<br>러시아어 회화 I<br>러시아어 작문 II<br>러시아 문화 I<br>실무 러시아어 | 프랑스어과<br>에스파냐어과<br>중국어과<br>일본어과<br>러시아어과 |
| 이수 단위 | | 82~ | | |

① 전문 교육을 주로 하는 고등학교는 [표 2]에서 필요한 전문 과목을 82단위 이상 이수한다.

② 전문 교육을 주로 하는 고등학교에서는 다음 과목을 필수적으로 이수한다.

㉮ 농업 계열: 농업 발전, 농업 실습, 전자 계산 일반

㉯ 공업 계열: 공업 입문, 제도, 전자 계산 일반

㉰ 상업 계열: 상업 경제, 상업 부기, 전자 계산 일반

㉱ 수산 · 해운 계열: 수산 일반(수산), 해운 일반(해운), 수산 · 해운 실습, 전자 계산 일반

㉲ 가사 · 실업 계열: 가사 · 실업 실습, 전자 계산 일반

㉳ 과학 계열: 물리 실험, 화학 실험, 생물 실험, 지구 과학 실험

㉴ 체육 계열: 체육 개론, 육상, 체조, 수영

㉵ 예술 계열: 시창 · 청음, 음악 이론(음악과), 소묘, 미술 이론(미술과), 동작법, 무용 이론(무용과)

㉶ 외국어 계열: 각 학과 해당 외국어 각 과목 Ⅰ 및 청해

③ 전문 교과의 각 과목별 이수 단위는 다음에 제시된 단위 이하로 배당한다.

㉮ 농업에 관한 교과: 18단위

㉯ 공업에 관한 교과: 8단위

㉰ 상업에 관한 교과: 12단위

㉱ 수산 · 해운에 관한 교과: 20단위

㉲ 가사 · 실업에 관한 교과: 12단위

㉳ 외국어에 관한 교과: 8단위

㉴ 농업, 공업, 상업, 수산 · 해운, 가사 · 실업에 관한 교과의 실습 과목과 과학, 체육, 예술에 관한 교과의 각 과목에 대한 이수 단위는 시 · 도가 정한다.

### 5. 편성 · 운영의 기본 지침

#### 가. 편성

〈시 · 도 교육청〉

(1) 시 · 도는 다음 사항이 포함된 교육과정 편성 · 운영 지침을 작성하여 각 학교에 제시한다.

(가) 일반계 고등학교 교육과정 편성 · 운영에 관한 사항

① 과정별 필수과목(106단위)의 이수 모형

② 과정별 선택과목(12단위)의 운영

③ 기타 필요한 과정의 설치 · 운영

(나) 실업계 및 기타계 고등학교 교육과정 편성 · 운영에 관한 사항

① 보통 교과와 전문 교과 이수 모형

② 학과별 필수 전문 과목의 이수 모형

(다) 교육과정에 표시되지 않은 교과목의 신설에 관한 사항

(라) 교육과정 운영에 필요한 각종 교육 자료에 관한 사항

(마) 교육평가에 관한 사항

(바) 특수아 교육에 관한 사항

(사) 학교 교육과정 편성 · 운영 기구와 조직에 관한 사항

(아) 학교 교육과정의 작성 절차 및 체제에 관한 사항

(자) 기타 필요한 사항

(2) 시 · 도는 지역의 특수성, 교육의 실태, 학생 · 교원 · 주민의 요구와 필요 등에 대한 조사 결과를 기초로 하여 교육과정 편성 · 운영 지침을 작성한다.

(3) 시 · 도는 교육과정의 편성 · 운영에 관한 조사 연구와 자문 기능을 담당할 위원회를 구성하여 운영한다. 이 위원회에는 교원, 교육 행정가, 교육 전문가, 학부모 등이 참여하도록 한다.

(4) 시 · 도는 학교, 연구 기관, 대학 등과 연계하여 교육과정 편성 · 운영에 관한 연구를 추진하고, 그 결과를 편성 · 운영 지침의 개선에 반영한다.

〈학교〉

(1) 학교는 교육법 및 교육법 시행령 그리고 이 교육과정과 시 · 도의 교육과정 편성 · 운영 지침에 의거하여 학교 교육과정을 편성하되, 3년간 총 이수 단위는 204단위를 기준으로 한다.

(2) 일반계 고등학교는 다음 사항에 유의하여 학교 교육과정을 편성한다.

(가) 과정별 필수과목은 시 · 도의 교육과정 편성 · 운영 지침에 제시된 이수 모형 중에서 당해 학교에 적합한 모형을 선택하여 편성한다. 필요한 경우 선택한 모형에 제시된 과목을 동일 교과의 다른 과목과 교체하여 편성할 수 있다.

(나) 과정별 선택과목은 과정별 필수과목에서 제외된 과목과 교양 선택과목 중에서 선택한다.

(다) 직업 과정은 40단위 이상, 기타 과정은 30단위 이상의 전문 과목을 [표 2]에서 선택하여 편성한다.

(라) 과정별 필수과목 및 선택과목은 기준 단위를 2단위까지 증감하여 운영할 수 있다. 다만, 기준 단위가 4단위인 과목은 증배 운영만 가능하다.

(3) 실업계, 기타계 고등학교는 다음 사항에 유의하여 학교 교육과정을 편성한다.

(가) 보통 교과는 [표 1]에 제시된 공통 필수과목(70단위)과 과정별 필수과목에서 선택하여 편성하되, 과학 계열과 외국어 계열 고등학교는 다음 과목을 반드시 포함하여야 한다.

① 과학 계열: 수학 I, 수학 II, 물리 II, 화학 II, 생물 II, 지구 과학 II

② 외국어 계열: 해당 외국어에 관한 과목 I, II

(나) 과정 필수과목 중에서 전문 교과의 기초가 되는 과목을 선택하여 이수할 경우, 이를 해당 공통 필수과목의 이수로 간주할 수 있다.

(다) 내용이 유사하거나 관련되는 보통 교과와 전문 교과는 상호 교체하여 편성 · 운영할 수 있다.

(라) 전문 교과는 계열별 필수과목 및 학과별 필수과목을 포함하여 편성한다. 다만, 외국어 계열은 전공 외국어 이외의 2개 외국어를 포함하여야 한다.

(마) 전문 교과는 필요한 경우 계열별 필수과목과 학과별 선택과목을 교체하여 편성할 수 있다.

(바) 보통 교과는 기준 단위를 2단위까지 증감하여 운영할 수 있다. 다만, 보통 교과의 이수 단위는 총 이수 단위의 40~60%가 되어야 한다.

(4) 교육과정의 운영은 단위제를 원칙으로 하되, 학교의 실정에 따라 단위제와 학년제를 병용할 수 있다.

(5) 학기당 이수 과목 수는 12과목 내외(교양 선택과목과 특별 활동 제외)로 편성하며, 공통 필수과목을 먼저 이수하고, 점차 과정별 필수 및 선택과목과 전문 과목을 이수하도록 편성한다.

(6) 특별 활동에 배당된 기준 단위는 학급 활동 및 클럽 활동(12단위)과 단체 활동(4단위)에 한한 것으로, 학교 활동 시간은 별도로 확보해야 한다.

(7) 교양 선택에서 종교 과목을 부과할 때에는 종교 이외의 과목을 포함, 복수로 과목을 편성하여 학생에게 선택의 기회를 주도록 한다.

(8) 교양 선택의 기타는 전문 교과 중에서 선택하여 편성하거나, 그 밖에 필요한 과목을 설정하여 운영하되 시 · 도의 교육과정 편성 · 운영 지침에 따른다.

(9) 교육과정의 합리적 편성과 효율적 운영을 위하여 교육과정 편성 · 운영에 관한 학교 단위의 연구 체제를 확립하고, 교육의 질 관리를 위하여 노력한다.

(10) 학생의 개성과 능력, 진로 등을 고려한 교육과정을 편성하기 위하여 학생에 관한 각종 기초 조사 결과를 활용한다.

(11) 학교 교육과정을 편성, 운영함에 있어서는 교원의 조직, 학생의 실태, 학부모의 요구 및 지역사회의 실정 등이 충분히 반영되도록 노력한다.

(12) 이 교육과정에 명시되지 아니한 계열의 교육과정은 유사 계열의 교육과정에 준한다. 부득이 새로운 계열의 설치 및 그에 따른 교육과정을 편성할 경우와 학교의 실정에 따라 새로운 과목을 설정하여 운영하고자 할 경우에는 시 · 도의 교육과정 편성 · 운영 지침에 의거하여 사전에 필요한 절차를 거쳐야 한다.

(13) 교육부 직할 학교는 당해 시 · 도 교육청의 편성 · 운영 지침을 참고하여 학교장이 편성한다.

나. 운영

〈시 · 도 교육청〉

(1) 시 · 도는 정기적으로 각 학교의 교육과정 편성 · 운영 실태를 파악하고, 적절한 지도, 조언을 한다.

(2) 시 · 도는 교과와 특별 활동의 '목표-내용-방법-평가'의 일관성 있는 실천 과정을 확인하고, 실증적인 자료를 수집하여 교육의 질 관리에 활용한다.

(3) 시 · 도는 교과용 도서 이외의 각종 교육 자료를 개발하여 보급하는 데 힘쓴다.

(4) 시 · 도는 특정 분야에서 탁월한 재능을 보이는 학생과 학습 장애가 있는 학생들을 위한 대책을 마련하고 지원한다.

(5) 시 · 도는 교과와 특별 활동에 대한 교원의 지도 능력의 향상과 신설 과목에 대한 효율적 지도를 위하여 교육과정 연수 계획을 수립하여 추진한다.

(6) 소규모 중학교의 정상적인 교육과정 운영을 지원하기 위하여 교원의 배치 및 활용 방안을 연구하고, 그 결과를 인사 관리에 활용한다.

〈학교〉

(1) 각 교과의 기초적, 기본적 요소들이 체계적으로 학습되도록 계획하고, 이를 일관성 있고 지속성 있게 지도한다.

(2) 각 교과목 학습목표를 모든 학생이 성취하도록 지도하고, 우수 학생과 부진 학생은 그 능력에 알

맞은 성취가 가능하도록 계획적인 배려와 지도를 하여 학습 결손이 누적되거나 학습 의욕이 저하되지 않도록 노력한다.

(3) 지엽적이고 단순한 사실의 기억보다는 탐구적인 활동을 통하여 개념 및 원리를 이해하고, 이를 새로운 사태에 적용하는 기회를 많이 가지게 한다. 특히 여러 가지 자료를 활용한 정보 처리 능력을 가지도록 하는 데 힘쓴다.

(4) 개별적인 학습 활동과 더불어 소집단 공동 학습 활동을 중시하여 공동으로 문제를 해결하는 경험을 많이 갖도록 한다.

(5) 각 교과 활동에서는 학습의 개별화가 이루어지도록 하고, 발표 · 토의 활동과 실험, 관찰, 조사, 실측, 수집, 노작, 견학 등의 직접 체험 활동이 충분히 이루어지도록 유의한다.

(6) 학습의 효과를 높이기 위하여 교과용 도서 이외에 교육 방송, 시청각 기교재, 컴퓨터, 각종 학습 자료 등을 활용한다.

(7) 기준 단위 이상으로 운영하는 교과목은 교과용 도서 이외에 심화 · 보충 자료를 개발하여 활용한다.

(8) 교과용 도서가 개발되지 않은 교과목의 교재는 관련 법규에 따라 교과목의 목표 및 학생의 능력을 고려하여 적절한 자료를 선정하여 활용할 수 있다.

(9) 학생의 과정 선택이나 과목 선택에 있어서는 학생 개개인의 의사가 반영되도록 하며, 학생의 진로와 관련된 요인을 분석 · 검토하여 결정하도록 지도한다.

(10) 학생의 적성과 능력에 적합한 진로를 결정할 수 있도록 상담의 기회를 마련한다.

(11) 특정 분야에 탁월한 재능을 보인 학생은 그 특성을 파악하여 적절히 지도한다.

(12) 심신 장애 학생 및 학습 부진 학생의 지도에 있어서는, 이들 학생의 능력과 특성을 고려하여 적절한 지도가 이루어지도록 배려한다.

(13) 교육 활동 전반을 통하여 남녀의 역할에 관한 편견을 가지지 않도록 지도한다.

(14) 전문 과목의 학습 활동은 실험 · 실습 및 실기의 비율을 50% 기준으로 하되, 계열 및 과목의 특성에 알맞도록 조정할 수 있다.

(15) 전문 과목의 학습은 현장 실습으로 대체할 수 있다. 이 경우, 현장 실습은 학과의 교육과정 내용과 직접 관련이 있어야 하며, 교사의 지도 아래 가급적 최종 학년에서 실시하도록 한다.

(16) 실험 · 실습이나 실기 지도에 있어서는 실습 시설 및 기계 · 기구 사용 시 안전에 특히 유의하도록 한다.

(17) 특별 활동은 각 영역이 균형 있게 운영되도록 노력하여야 하며, 각 학교별로 특색 있는 중점 영역을 설정하여 육성함으로써 학교의 전통을 가꾸어 나가도록 한다.

(가) 지역사회의 인적 자원과 물적 자원을 계획적으로 활용하고, 학생의 개성, 취미, 흥미, 특기 등이 충분히 신장될 수 있도록 배려한다.

(나) 공동체 의식과 민주 시민의 자질이 형성될 수 있는 자율적인 집단 활동이 되도록 한다.

(다) 단체 활동은 지역 및 학교 실정과 활동 내용의 특성에 따라 연속적인 집중 이수를 할 수 있으

며, 교련과 담당 교사가 지도하는 것을 원칙으로 한다.

(18) 도덕 교육, 환경 교육, 경제 교육, 근로 정신 함양 교육, 보건 · 안전 교육, 성 교육, 진로 교육, 통일 교육 등은 관련되는 교과와 특별 활동을 통하여 중점적으로 지도하되, 학교 교육 활동 전반에 걸쳐 통합적으로 다루어지도록 하고, 지역사회 및 가정과의 연계 지도에도 힘쓴다.

(19) 교육과정의 3년간 총 이수 단위는, 학교의 필요에 따라 일반계 고등학교에서는 보통 교과를 총 이수 단위의 5%, 실업계 및 기타계 고등학교에서는 전문 교과를 총 이수 단위의 10% 범위 내에서 시 · 도 교육감의 승인을 얻어 증배, 운영할 수 있다.

다. 평가

(1) 학교는 교과와 특별 활동의 학년별 성취 수준을 설정하고, 다양한 평가 도구와 방법으로 성취도를 평가하여, 학생의 목표 도달도를 확인하고, 수업의 질 개선을 위한 자료로 활용한다.

(2) 교과의 평가는 선다형 일변도의 지필 검사를 지양하고, 서술형 주관식 평가와 표현 및 태도의 관찰 평가가 조화롭게 이루어지도록 한다.

(3) 실험 · 실습의 평가는 교과목의 성격을 고려하여 합리적인 세부 평가 기준을 작성하여 실시한다.

(4) 체육, 교련, 음악, 미술 등과 같이 정의적, 기능적, 창의적인 면이 특히 중시되는 교과의 평가는 태도, 표현, 기능 등의 평가에 타당한 평정 기준과 척도에 의거하여 실시한다.

(5) 교양 선택과목의 평가는 해당 과목의 특성에 알맞게 평가하되, 생활 기록부에는 평가 결과를 문장으로 기록하도록 한다.

(6) 실업계 고등학교에서 현장 실습에 대한 평가는 학교 실정에 알맞게 그 기준과 방법을 설정하여 운영하도록 한다.

(7) 학교가 편성 · 운영한 교육과정의 적합성과 타당성을 매년 자체 평가하여 문제점과 개선점을 추출하고, 다음 학년도의 교육과정 편성 · 운영에 그 결과를 반영한다.

라. 기타

(1) 고등학교에 준하는 기타 학교의 교육과정은 이 교육과정에 준한다.

(2) 야간 수업을 하는 학교에서도 이 교육과정에 제시된 교과와 특별 활동의 내용을 모두 지도한다. 다만, 1시간의 수업을 40분으로 단축하여 운영할 수 있다.

(3) 교육법 제107조 3항의 규정에 의하여 설치된 방송 통신 고등학교에서는, 이 교육과정의 일반계 고등학교에 준하는 것을 원칙으로 하되, 다음 사항에 유의하여야 한다.

(가) 수업은 방송에 의한 수업, 통신에 의한 수업, 학교 출석 수업 등으로 한다.

(나) 학교 출석 수업 일수는 연간 26일 이상으로 한다.

(4) 교육법 제107조 제4항의 규정에 의하여 설치된 근로 청소년을 위한 특별 학급 및 산업체 부설 고등학교는 해당 교육감의 승인을 얻어 이 교육과정의 편제와 단위 배당 기준을 조정하여 운영할 수 있다.

(가) 편제와 단위 배당 기준은 실업계 고등학교에 준하되, 136단위 이상을 이수해야 한다.

(나) 학교 교육과정은 기본 학습 능력 및 기술의 신장에 관련된 교과목의 내용을 중심으로 편성한다.

부록 II

# 제7차
# 초 · 중등학교 교육과정 —국민공통 기본교육과정—

교육부 고시 제1992-15호

교육법 제155조 제1항에 의거하여 초 · 중등학교 교육과정을 다음과 같이 고시합니다.

1997년 12월 30일

교 육 부 장 관

1. 초 · 중등학교 교육과정은【별책 1】과 같습니다.
2. 초등학교 교육과정은【별책 2】와 같습니다.
3. 중학교 교육과정은【별책 3】과 같습니다.
4. 고등학교 교육과정은【별책 4】와 같습니다.
5. 국어과 교육과정은【별책 5】와 같습니다.
6. 도덕과 교육과정은【별책 6】과 같습니다.
7. 사회과 교육과정은【별책 7】과 같습니다.
8. 수학과 교육과정은【별책 8】과 같습니다.
9. 과학과 교육과정은【별책 9】와 같습니다.
10. 실과(기술 · 가정) 교육과정은【별책 10】과 같습니다.
11. 체육과 교육과정은【별책 11】과 같습니다.
12. 음악과 교육과정은【별책 12】와 같습니다.
13. 미술과 교육과정은【별책 13】과 같습니다.
14. 외국어과 교육과정은【별책 14】와 같습니다.

15. 바른 생활, 슬기로운 생활, 즐거운 생활, 우리들은 1학년 교육과정은【별책 15】와 같습니다.
16. 중학교 재량 활동의 선택과목 교육과정은【별책 16】과 같습니다.
17. 한문, 교련, 교양 선택과목 교육과정은【별책 17】과 같습니다.
18. 특별활동 교육과정은【별책 18】과 같습니다.
19. 농업 계열 고등학교 전문 교과 교육과정은【별책 19】와 같습니다.
20. 공업 계열 고등학교 전문 교과 교육과정은【별책 20】과 같습니다.
21. 상업 계열 고등학교 전문 교과 교육과정은【별책 21】과 같습니다.
22. 수산 · 해운 계열 고등학교 전문 교과 교육과정은【별책 22】와 같습니다.
23. 가사 · 실업 계열 고등학교 전문 교과 교육과정은【별책 23】과 같습니다.
24. 과학 계열 고등학교 전문 교과 교육과정은【별책 24】와 같습니다.
25. 체육 계열 고등학교 전문 교과 교육과정은【별책 25】와 같습니다.
26. 예술 계열 고등학교 전문 교과 교육과정은【별책 26】과 같습니다.
27. 외국어 계열 고등학교 전문 교과 교육과정은【별책 27】과 같습니다.
28. 국제 계열 고등학교 전문 교과 교육과정은【별책 28】과 같습니다.

부칙

1. 이 교육과정은 학교급별, 학년별로 다음과 같이 시행합니다.
   가. 2000년 3월 1일: 초등학교 1, 2학년
   나. 2001년 3월 1일: 초등학교 3, 4학년, 중학교 1학년
   다. 2002년 3월 1일: 초등학교 5, 6학년, 중학교 2학년, 고등학교 1학년
   라. 2003년 3월 1일: 중학교 3학년, 고등학교 2학년
   마. 2004년 3월 1일: 고등학교 3학년
2. 교육부 고시 제1992-16호 초등학교 교육과정(1992. 9. 30)과 교육부 고시 제1995-7호 초등학교 교육과정(1995. 11. 1.)은 2002년 2월 28일, 교육부 고시 제1992-11호 중학교 교육과정(1992. 6. 30.)은 2003년 2월 28일, 교육부 고시 제1992-19호 고등학교 교육과정(1992. 10. 30.)은 2004년 2월 29일로 폐지합니다.

## 교육과정의 성격

이 교육과정은 교육법 제155조 제1항에 의거하여 고시한 것으로, 초 · 중등학교의 교육목적과 교육목표를 달성하기 위한 국가 수준의 교육과정이며, 초 · 중등학교에서 편성, 운영하여야 할 학교 교육과정의 공통적, 일반적인 기준을 제시한 것이다.

이 교육과정의 성격은 다음과 같다.

가. 국가 수준의 공통성과 지역, 학교, 개인 수준의 다양성을 동시에 추구하는 교육과정이다.

나. 학습자의 자율성과 창의성을 신장하기 위한 학생중심의 교육과정이다.

다. 교육청과 학교, 교원 · 학생 · 학부모가 함께 실현해 가는 교육과정이다.

라. 학교 교육 체제를 교육과정중심으로 개선하기 위한 교육과정이다.

마. 교육의 과정과 결과의 질적 수준을 유지, 관리하기 위한 교육과정이다.

## 교육과정 구성의 방향

### 1. 추구하는 인간상

우리나라의 교육은 홍익인간의 이념 아래 모든 국민으로 하여금 인격을 도야하고, 자주적 생활 능력과 민주 시민으로서 필요한 자질을 갖추게 하여 인간다운 삶을 영위하게 하고, 민주 국가의 발전과 인류 공영의 이상을 실현하는 데 이바지하게 함을 목적으로 하고 있다.

이러한 교육 이념을 바탕으로, 이 교육과정이 추구하는 인간상은 다음과 같다.

가. 전인적 성장의 기반 위에 개성을 추구하는 사람

나. 기초 능력을 토대로 창의적인 능력을 발휘하는 사람

다. 폭넓은 교양을 바탕으로 진로를 개척하는 사람

라. 우리 문화에 대한 이해의 토대 위에 새로운 가치를 창조하는 사람

마. 민주 시민 의식을 기초로 공동체의 발전에 공헌하는 사람

### 2. 교육과정의 구성 방침

이 교육과정이 추구하는 인간상을 구현하기 위한 구성 방침은 다음과 같다.

가. 사회적 변화의 흐름을 주도할 수 있는 기본 능력을 길러 줄 수 있도록 교육과정을 구성한다.

나. 국민 공통 기본 교육과정과 선택 중심 교육과정 체제를 도입한다.

다. 교육내용의 양과 수준을 적정화하고, 심도 있는 학습이 이루어지도록 수준별 교육과정을 도입한다.

라. 학생의 능력, 적성, 진로를 고려하여 교육내용과 방법을 다양화한다.

마. 교육과정 편성과 운영에 있어서 현장의 자율성을 확대한다.

바. 교육과정 평가 체제를 확립하여 교육에 대한 질 관리를 강화한다.

## 학교급별 교육목표

이 교육과정이 추구하는 인간상을 구현하기 위하여 다음과 같이 학교급별 교육목표를 둔다.

### 1. 초등학교 교육목표

초등학교의 교육은 학생의 학습과 일상 생활에 필요한 기초 능력 배양과 기본 생활 습관을 형성하는 데 중점을 둔다.

가. 몸과 마음이 균형 있게 자랄 수 있는 다양한 경험을 가진다.

나. 일상 생활의 문제를 인식하고 해결하는 기초 능력을 기르고, 자신의 생각과 느낌을 다양하게 표현하는 경험을 가진다.

다. 다양한 일의 세계를 이해할 수 있는 폭넓은 학습경험을 가진다.

라. 우리의 전통과 문화를 이해하고 애호하는 태도를 가진다.

마. 일상 생활에 필요한 기본 생활 습관을 기르고, 이웃과 나라를 사랑하는 마음씨를 가진다.

### 2. 중학교 교육목표

중학교의 교육은 초등학교 교육의 성과를 바탕으로, 학생의 학습과 일상 생활에 필요한 기본 능력과 민주 시민으로서의 자질을 함양하는 데 중점을 둔다.

가. 심신의 조화로운 발달을 추구하고, 자기 발견의 기회를 가진다.

나. 학습과 생활에 필요한 기본 능력과 문제해결력을 기르고, 자신의 생각과 느낌을 창의적으로 표현하는 경험을 가진다.

다. 다양한 분야의 지식과 기능을 익혀 적극적으로 진로를 탐색하는 경험을 가진다.

라. 우리의 전통과 문화에 대한 자긍심을 지니고, 이를 발전시키려는 태도를 가진다.

마. 자유 민주주의의 기본적 가치와 원리를 이해하고, 민주적인 생활방식을 익힌다.

### 3. 고등학교 교육목표

고등학교의 교육은 중학교 교육의 성과를 바탕으로, 학생의 적성과 소질에 맞는 진로 개척 능력과 세계 시민으로서의 자질을 함양하는 데 중점을 둔다.

가. 심신이 건강한 조화로운 인격을 형성하고, 성숙한 자아 의식을 가진다.

나. 학문과 생활에 필요한 논리적, 비판적 사고력과 태도를 익힌다.

다. 다양한 분야의 지식과 기능을 익혀, 적성과 소질에 맞게 진로를 개척하는 능력을 기른다.

라. 우리의 전통과 문화를 세계 속에서 발전시키려는 태도를 가진다.

마. 국가 공동체의 형성과 발전을 위해 노력하며, 세계 시민으로서의 의식과 태도를 가진다.

## 편제와 시간(단위) 배당 기준

### 1. 편제

가. 교육과정은 국민 공통 기본 교육과정과 고등학교 선택 중심 교육과정으로 구성한다.

나. 국민 공통 기본 교육과정은 교과, 재량 활동, 특별 활동으로 편성한다.【표 1】

(1) 교과는 국어, 도덕, 사회, 수학, 과학, 실과(기술 · 가정), 체육, 음악, 미술, 외국어(영어)로 한다. 다만, 초등학교 1, 2학년의 교과는 국어, 수학, 바른 생활, 슬기로운 생활, 즐거운 생활 및 우리들은 1학년으로 한다.

(2) 재량 활동은 교과 재량 활동과 창의적 재량 활동으로 한다.

(3) 특별 활동은 자치 활동, 적응 활동, 계발 활동, 봉사 활동, 행사 활동으로 한다.

다. 고등학교 선택 중심 교육과정은 교과와 특별 활동으로 편성한다.

(1) 교과는 보통 교과와 전문 교과로 한다.

## 2. 시간(단위) 배당 기준

가. 국민 공통 기본 교육과정

[표 1]

| 구분 (학교/학년) | | 초등학교 | | | | | | 중학교 | | | 고등학교 | | |
|---|---|---|---|---|---|---|---|---|---|---|---|---|---|
| | | 1 | 2 | 3 | 4 | 5 | 6 | 7 | 8 | 9 | 10 | 11 | 12 |
| 교과 | 국 어 | 국어 210 | 238 | 238 | 204 | 204 | 204 | 170 | 136 | 136 | 136 | | |
| | 도 덕 | | | 34 | 34 | 34 | 34 | 68 | 68 | 34 | 34 | | |
| | 사 회 | 수학 120 | 136 | 102 | 102 | 102 | 102 | 102 | 102 | 136 | 170 (국사 68) | | |
| | 수 학 | 바른 생활 60 | 68 | 136 | 136 | 136 | 136 | 136 | 136 | 102 | 136 | | |
| | 과 학 | | | 102 | 102 | 102 | 102 | 102 | 136 | 136 | 102 | | |
| | 실 과 | 슬기로운 생활 90 | 102 | · | · | 68 | 68 | 68 | 102 | 102 | 102 | 선택과목 | |
| | 체 육 | | | 102 | 102 | 102 | 102 | 102 | 102 | 68 | 68 | | |
| | 음 악 | 즐거운 생활 180 | 204 | 68 | 68 | 68 | 68 | 68 | 34 | 34 | 34 | | |
| | 미 술 | | | 68 | 68 | 68 | 68 | 34 | 34 | 68 | 34 | | |
| | 외국어 (영어) | 우리들은 1학년 80 | · | 34 | 34 | 68 | 68 | 102 | 102 | 136 | 136 | | |
| 재량 활동 | | 60 | 68 | 68 | 68 | 68 | 68 | 136 | 136 | 136 | 204 | | |
| 특별 활동 | | 30 | 34 | 34 | 68 | 68 | 68 | 68 | 68 | 68 | 68 | 8단위 | |
| 연간 수업 시간 수 | | 830 | 850 | 986 | 986 | 1,088 | 1,088 | 1,156 | 1,156 | 1,156 | 1,224 | 144단위 | |

① 이 표의 국민 공통 기본 교육 기간에 제시된 시간 수는 34주를 기준으로 한 연간 최소 수업시간 수다.

② 1학년의 교과, 재량 활동, 특별 활동에 배당된 시간 수는 30주를 기준으로 한 것이며, '우리들은 1학년'에 배당된 시간 수는 3월 한 달 동안의 수업시간 수를 제시한 것이다.

③ 1시간의 수업은 초등학교 40분, 중학교 45분, 고등학교 50분을 원칙으로 한다. 다만, 기후, 계절, 학생의 발달 정도, 학습내용의 성격 등을 고려하여 실정에 알맞도록 조절할 수 있다.

④ 11, 12학년의 특별 활동과 연간 수업시간 수에 제시된 숫자는 2년 동안 이수하여야 할 단위수다.

나. 고등학교 선택 중심 교육과정

(1) 보통 교과

[표 2]

| 구분 | | 국민공통 기본교과 | 선택과목 | |
|---|---|---|---|---|
| | | | 일반 선택과목 | 심화 선택과목 |
| 교과 | 국어<br>도덕<br>사회 | 국어(8)<br>도덕(2)<br>사회(10)<br>국사(4) | 국어 생활(4)<br>시민 윤리(4)<br>인간 사회와 환경(4) | 화법(4), 독서(8), 작문(8), 문법(4), 문학(8)<br>윤리와 사상(4), 전통 윤리(4)<br>한국지리(8), 세계지리(8), 경제지리(6)<br>한국 근 · 현대사(8), 세계사(8), 법과 사회(6)<br>정치(8), 경제(6), 사회 · 문화(8) |
| 교과 | 수학<br>과학<br>기술 ·<br>가정 | 수학(8)<br>과학(6)<br>기술 ·<br>가정(6) | 실용 수학(4)<br>생활과 과학(4)<br>정보 사회와 컴퓨터(4) | 수학 I(8), 수학 II(8), 미분과 적분(4)<br>확률과 통계(4), 이산 수학(4)<br>물리 I(4), 화학 I(4), 생물 I(4)<br>지구과학 I(4), 물리 II(6), 화학 II(6)<br>생물 II(6), 지구과학 II(6)<br>농업과학(6), 공업기술(6), 기업경영(6)<br>해양과학(6), 가정과학(6) |
| 교과 | 체육<br>음악<br>미술 | 체육(4)<br>음악(2)<br>미술(2) | 체육과 건강(4)<br>음악과 생활(4)<br>미술과 생활(4) | 체육이론(4), 체육실기(4 이상)*<br>음악이론(4), 음악실기(4 이상)*<br>미술이론(4), 미술실기(4 이상)* |
| 교과 | 외국어 | 영어(8) | | 영어 I(8), 영어 II(8), 영어회화(8)<br>영어독해(8), 영어작문(8) |
| 교과 | 외국어 | | 독일어 I(6), 프랑스어 I(6)<br>스페인어 I(6), 중국어 I(6)<br>일본어 I(6), 러시아어 I(6)<br>아랍어 I(6) | 독일어 II(6), 프랑스어 II(6)<br>스페인어 II(6), 중국어 II(6)<br>일본어 II(6), 러시아어 II(6)<br>아랍어 II(6) |
| 교과 | 한문<br>교련<br>교양 | | 한문(6)<br>교련(6)<br>철학(4), 논리학(4) | 한문 고전(6) |

| 구분 | | 국민공통 기본교과 | 선택과목 | |
|---|---|---|---|---|
| | | | 일반 선택과목 | 심화 선택과목 |
| | 한문<br>교련<br>교양 | | 심리학(4), 교육학(4)<br>생활경제(4), 종교(4)<br>생태와 환경(4)<br>진로와 직업(4), 기타(4) | 없음 |
| | 이수단위 | (56) | 24 이상 | 112 이하 |
| 재량 활동 | | (12) | | |
| 특별 활동 | | (4) | 8 | |
| 총 이수 단위 | | | 216 | |

① ( ) 안의 숫자는 단위 수이며, 1단위는 매주 50분 수업을 기준으로 하여 1학기(17주) 동안 이수하는 수업량이다.

② 국민 공통 기본 교과와 재량 활동에 배당된 단위 수 및 특별 활동 4단위는 10학년에서 이수하도록 한 것이다.

③ * 표시한 체육, 음악, 미술 교과의 심화 선택과목은 [표 3]의 체육, 예술에 관한 전문 교과의 과목 중에서 선택한다.

④ 교양 교과에서 심화 선택과목이 필요한 경우 [표 3]의 과목 중에서 선택하거나 시・도 운영 지침에 의거, 새로운 과목을 신설할 수도 있다.

(2) 전문 교과

[표 3]

| 교과 | 과목 | | | | 기준 학과 |
|---|---|---|---|---|---|
| 농업에 관한 교과 | 농업이해 | 농업기초기술 | 농업정보관리 | 농업경영 | 식물자원과 |
| | 생물공학기초 | 재배 | 작물생산기술 | 숲과 인간 | 동물자원과 |
| | 산림자원기술 | 원예 | 생활원예 | 생산자재 | 농업경영과 |
| | 원예기술 I | 원예기술 II | 축산 | 사육기술 I | 농업토목과 |
| | 사육기술 II | 누에와 비단 | 잠사기술 | 농업기계 | 식품가공과 |
| | 농업기계공작 | 농업기계기술 I | 농업기계기술 II | 농업과 물 | 농업기계과 |
| | 농촌과 농지개발 | 농업토목기술 I | 농업토목기술 II | 식품과학 | 조경과 |
| | 식품위생 | 식품가공기술 I | 식품가공기술 II | 환경보전 | 농산물유통과 |
| | 환경관리 I | 환경관리 II | 조경 | 조경기술 I | 환경보전과 |
| | 조경기술 II | 농산물유통 | 유통관리 I | 유통관리 II | 기타학과 |
| | 기타 | | | | |

| 교과 | 과목 | 기준 학과 |
|---|---|---|
| 공업에 관한 교과 | 공업입문, 기초제도, 정보기술기초, 전문제도<br>기계일반, 전기일반, 공업영어, 기계설계<br>기계공작법, 원동기, 유체기기, 공기조화설비<br>기계기초공작, 공작기계 I, 공작기계 II, 산업설비<br>금형제작, 전자기계이론, 전자기계회로, 전자기계공작<br>전자기계제어, 금속재료, 금속제조, 소성가공<br>주조, 금속처리, 자원개발, 화약 · 발파<br>석재가공, 시추 · 지하수, 자원개발조성, 자원개발기계<br>전기응용, 전기회로, 전기기기, 전력설비 I<br>전력설비 II, 전기 · 전자측정, 자동화설비, 전자기기<br>전자 · 전산 응용, 전자회로, 계측제어, 통신일반<br>정보통신, 통신시스템, 컴퓨터구조, 시스템프로그래밍<br>프로그래밍, 디지털논리회로, 멀티미디어, 역학<br>토목설계, 토목일반, 측량, 토목재료 · 시공<br>수리 · 토질, 지적전산, 지적실무, 건축구조<br>건축계획일반, 건축시공 I, 건축시공 II, 건축시공 III<br>디자인일반, 색채관리, 조형, 제품디자인<br>공예, 공업화학, 단위조작, 제조화학<br>화공계측제어, 뉴 세라믹, 소결 세라믹, 고온 세라믹<br>응결 · 경화세라믹, 용융세라믹, 발효공업, 식품제조기계<br>식품공업 I, 식품공업 II, 섬유재료, 방적 · 방사<br>제포 · 봉제, 염색 · 가공, 인쇄일반, 인쇄재료<br>평판인쇄, 특수인쇄, 사진 · 전자제판, 사진기술<br>자동차 · 건설기계, 자동차기관, 자동차새시, 자동차전기<br>건설기계구조 · 정비, 선박이론, 선박구조, 선박의장<br>선박건조, 항공기일반, 항공기기체, 항공기기관<br>항공기장비, 항공기전자장치, 환경공업일반, 대기 · 소음방지<br>수질관리, 폐기물처리, 기타 | 기계과<br>전자기계과<br>금속과<br>자원과전기과<br>전자과<br>통신과<br>전자계산기과<br>토목과<br>건축과<br>산업디자인과<br>화학공업과<br>세라믹과<br>식품공업과<br>섬유과<br>인쇄과<br>자동차과<br>조선과<br>항공과<br>환경공업과<br>기타 학과 |
| 상업에 관한 교과 | 상업경제, 회계원리, 경영대요<br>상업법규, 상업계산실무, 기업회계<br>원가회계, 세무회계, 국제경영<br>무역영어, 국제상무, 전자계산실무<br>프로그래밍실무, 시각디자인일반, 시각디자인실무<br>그래픽디자인, 컴퓨터그래픽, 비서일반<br>비서실무, 사무자동화일반, 문서실무<br>마케팅, 광고일반, 유통정보실무<br>기타<br>컴퓨터일반, 경영실무, 회계실무, 자료처리, 사진, 관광경영실무, 사무자동화실무, 유통관리일반 | 경영정보과<br>회계정보과<br>통상정보과<br>정보처리과<br>시각디자인과<br>관광경영과<br>비서과<br>사무자동화과<br>유통경영과<br>기타 학과 |

| 교과 | 과목 | | | | 기준 학과 |
|---|---|---|---|---|---|
| 수산·<br>해운에<br>관한 교과 | 수산일반<br>수산생물<br>양식생물질병<br>수산물판매관리<br>냉동기계<br>선박전기·전자<br>잠수기술<br>해사영어<br>전자통신운용 | 해사일반<br>수산경영일반<br>수산가공<br>해양환경<br>냉동설비·설계<br>기계설계·공작<br>항해<br>선화운송<br>기타 | 해양일반<br>어업<br>수산가공기계<br>해양오염<br>열기관<br>해양토목<br>선박운용<br>전자통신공학 | 수산·해운정보처리<br>수산양식<br>수산물유통<br>냉동일반<br>선박보조기계<br>해양구조물설계·시공<br>해사법규<br>전자통신기기 | 어업과<br>수산양식과<br>자영수산과<br>수산식품과<br>수산물유통과<br>해양환경과<br>냉동기계과<br>동력기계과<br>해양토목과<br>항해과<br>선박운항과<br>전자통신과<br>기타 학과 |
| 가사·<br>실업에<br>관한 교과 | 인간 발달<br>외국조리<br>한국의복구성<br>한국무늬<br>가구디자인<br>유아놀이·표현지도<br>관광조리<br>헤어미용 | 식품과 영양<br>제과제빵<br>서양의복구성<br>자수<br>디스플레이<br>관광일반<br>관광영어<br>피부관리 | 급식관리<br>의복재료·관리<br>홈패션<br>주거<br>유아교육원리<br>여행업무<br>관광일본어<br>공중보건 | 한국조리<br>복식디자인<br>편물<br>실내디자인<br>유아생활교육<br>호텔업무<br>노인생활지원<br>기타 | 조리과<br>의상과<br>자수과<br>실내디자인과<br>유아교육과<br>관광과<br>노인복지·간호과<br>미용과<br>기타 학과 |
| 과학에<br>관한 교과 | 물리실험<br>과학사<br>고급수학<br>고급지구과학<br>현대과학과 기술<br>기타 | 화학실험<br>전자과학<br>고급물리<br>과제연구 I<br>원서강독 | 생물실험<br>컴퓨터과학 I<br>고급화학<br>과제연구 II<br>워크숍 | 지구과학실험<br>컴퓨터과학 II<br>고급생물<br>환경과학<br>과학철학 | |
| 체육에<br>관한 교과 | 체육개론<br>수영<br>체조경기<br>사격<br>사이클<br>볼링<br>카누 | 스포츠과학<br>구기<br>수영경기<br>양궁<br>골프<br>스키<br>기타 | 육상<br>무용<br>구기경기<br>역도<br>요트<br>펜싱 | 체조<br>육상경기<br>투기<br>빙상<br>조정<br>배드민턴 | |

| 교과 | 과목 | | | | 기준 학과 |
|---|---|---|---|---|---|
| 예술에 관한 교과 | 음악이론 | 음악사 | 시창 · 청음 | 전공실기 | 음악과 |
| | 실내악 | 합창 · 합주 | 연주 | 컴퓨터와 음악 | 미술과 |
| | 음악감상 | | | | 무용과 |
| | 미술이론 | 미술사 | 소묘 | 회화 | 문예창작과 |
| | 판화 | 조소 | 디자인 | 공예 | 연극영화과 |
| | 서예 | 영상미술 | | | 사진과 |
| | 무용이론 | 무용사 | 동작분석 | 한국무용 | |
| | 발레 | 현대무용 | 민속무용 | 무용음악 | |
| | 무용창작 | 무용감상 | | | |
| | 문학개론 | 문학사 | 문장론 | 고전문학 | |
| | 현대문학 | 시창작 | 소설창작 | 희곡창작 | |
| | 연극개론 | 영화개론 | 연극사 | 영화사 | |
| | 화술 | 기초연기 | 무대기술 | 라디오 · 텔레비전 | |
| | 전공실기 | | | | |
| | 사진개론 | 사진사 | 기초촬영실기 | 중급촬영실기 | |
| | 암실실기 | 조명실기 | 사진편집 | | |
| | 기타 | | | | |
| 외국어에 관한 교과 | 영어독해 I | 영어독해 II | 영어회화 I | 영어회화 II | 영어과 |
| | 영어작문 I | 영어작문 II | 영어청해 | 영어문법 | 독일어과 |
| | 영어권문화 | 실무영어 | | | 프랑스어과 |
| | 독일어독해 I | 독일어독해 II | 독일어회화 I | 독일어회화 II | 스페인어과 |
| | 독일어작문 I | 독일어작문 II | 독일어청해 | 독일어문법 | 중국어과 |
| | 독일문화 | 실무독일어 | | | 일본어과 |
| | 프랑스어독해 I | 프랑스어독해 II | 프랑스어회화 I | 프랑스어회화 II | 러시아어과 |
| | 프랑스어작문 I | 프랑스어작문 II | 프랑스어청해 | 프랑스어문법 | 아랍어과 |
| | 프랑스문화 | 실무프랑스어 | | | |
| | 스페인어독해 I | 스페인어독해 II | 스페인어회화 I | 스페인어회화 II | |
| | 스페인어작문 I | 스페인어작문 II | 스페인어청해 | 스페인어문법 | |
| | 스페인어권문화 | 실무스페인어 | | | |
| | 중국어독해 I | 중국어독해 II | 중국어회화 I | 중국어회화 II | |
| | 중국어작문 I | 중국어작문 II | 중국어청해 | 중국어문법 | |
| | 중국문화 | 실무중국어 | | | |
| | 일본어독해 I | 일본어독해 II | 일본어회화 I | 일본어회화 II | |
| | 일본어작문 I | 일본어작문 II | 일본어청해 | 일본어문법 | |
| | 일본문화 | 실무일본어 | | | |
| | 러시아어독해 I | 러시아어독해 II | 러시아어회화 I | 러시아어회화 II | |
| | 러시아어작문 I | 러시아어작문 II | 러시아어청해\ | 러시아어문법 | |
| | 러시아 문화 | 실무러시아어 | | | |
| | 아랍어독해 I | 아랍어독해 II | 아랍어회화 I | 아랍어회화 II | |

| 교과 | 과목 | | | | 기준 학과 |
|---|---|---|---|---|---|
| | 아랍어작문 I<br>아랍문화<br>기타 | 아랍어작문 II<br>실무아랍어 | 아랍어청해 | 아랍어문법 | |
| 국제에 관한 교과 | 영어강독<br>중국어강독<br>국제정치<br>정보과학<br>한국의 전통문화<br>과제연구 | 독일어강독<br>일본어강독<br>국제경제<br>국제법<br>한국의 현대사회<br>예능실습 | 프랑스어강독<br>러시아어강독<br>국제문제<br>지역이해<br>한국어<br>기타 | 스페인어강독<br>아랍어강독<br>비교문화<br>인류의 미래사회 | |
| 이수 단위 | 82~ | | | | |

① 전문 교육을 주로 하는 고등학교는 [표 3]에서 필요한 전문 과목을 82단위 이상 이수한다.

② 전문 교육을 주로 하는 고등학교에서는 다음 과목을 필수적으로 이수한다.

㉮ 농업 계열: 농업 이해, 농업 기초 기술, 농업 정보 관리

㉯ 공업 계열: 공업 입문, 기초 제도, 정보 기술 기초

㉰ 상업 계열: 상업 경제, 회계 원리, 컴퓨터 일반

㉱ 수산 · 해운 계열: 해양 일반, 수산 · 해운 정보 처리, 수산 일반(수산 계열), 해사 일반(해운 계열)

㉲ 가사 · 실업 계열: 인간 발달, 컴퓨터 일반

㉳ 외국어 계열: 각 학과 해당 외국어 과목 I 및 청해

㉴ 국제 계열: 영어 강독, 지역 이해, 한국의 전통 문화

③ 전문 교과의 각 과목별 이수 단위는 시 · 도 교육감이 정하되, 외국어와 국제에 관한 교과의 각 과목별 이수 단위는 8단위 이하로 배당한다.

④ 국제 계열 고등학교에서 이수하는 외국어 과목은 외국어에 관한 교과의 과목에서 선택하여 이수한다.

## 교육과정의 편성 · 운영 지침

### 1. 기본 지침

가. 국민 공통 기본 교육과정

1학년부터 10학년까지의 10년 동안에는 국민 공통 기본 교육과정을 편성, 운영한다.

(1) 국민 공통 기본 교육과정의 시간배당 기준에 배당된 각 학년별 교과, 재량 활동, 특별 활동의 수업시간 수는 이 기간 동안에 모든 학생들이 필수적으로 이수해야 할 연간 기준 수업시간 수다.

(2) 국민 공통 기본 교과 중 다음의 교과는 수준별 교육과정을 편성, 운영한다.

(가) 수학 교과는 1학년부터 10학년까지 10단계, 영어 교과는 7학년부터 10학년까지 4단계를 두고, 각 단계별로 학기를 단위로 하는 2개의 하위 단계를 설정하여 단계형 수준별 교육과정을 운영한다.

(나) 국어 교과는 1학년부터 10학년까지, 사회와 과학 교과는 3학년부터 10학년까지, 영어 교과는 3학년부터 6학년까지 심화 · 보충형 수준별 교육과정을 운영한다.

(3) 재량 활동에서 교과 재량 활동은 중등학교의 선택과목 학습과 국민 공통 기본 교과의 심화 · 보충 학습을 위한 것이며, 창의적 재량 활동은 학교의 독특한 교육적 필요, 학생의 요구 등에 따른 범교과 학습과 자기 주도적 학습을 위한 것이다.

(가) 초등학교의 재량 활동은 학교의 실정에 따라 융통성 있게 배정할 수 있으나, 교과의 심화 · 보충 학습보다는 학생의 자기 주도적 학습 능력을 촉진시키기 위한 창의적 재량 활동에 중점을 둔다.

(나) 중학교의 교과 재량 활동의 연간 수업시간 수는 102시간 이상이며, 한문, 컴퓨터, 환경, 생활 외국어(독일어, 프랑스어, 스페인어, 중국어, 일본어, 러시아어, 아랍어), 기타의 선택과목 학습 시간에 우선 배정하고, 나머지 시간은 국민 공통 기본 교과의 심화 · 보충 학습 시간으로 활용한다. 창의적 재량 활동에는 연간 34시간 이상을 배정한다.

(다) 고등학교 1학년의 교과 재량 활동 연간 이수 단위 수는 10단위이며, 국민 공통 기본 교과의 심화 · 보충 학습에 4~6단위, 선택 중심 교육과정의 선택과목에 4~6단위를 배정한다. 다만, 실업계 고등학교의 교과 재량 활동은 전문 교과로 대체하여 이수할 수 있다. 창의적 재량 활동에는 2단위를 배정한다.

(4) 특별 활동은 다음과 같이 편성, 운영한다.

(가) 특별 활동에 배정된 시간(단위) 수는 학생의 요구와 지역 및 학교의 특성을 고려하여 학교 재량으로 배정하되, 영역 간의 균형이 유지될 수 있도록 유의한나.

(나) 시간(단위) 수가 배정되지 않은 활동에는 학교의 실정에 따라 별도의 시간을 확보한다.

(다) 특별 활동은 학교의 필요에 따라 시간(단위) 배당 기준보다 더 많은 시간을 확보하여 운영할 수 있으며, 다양한 방식으로 시간 운영을 통합하거나 분할하여 융통성 있게 할 수 있다.

나. 고등학교 선택 중심 교육과정

11, 12학년의 2년 동안에는 선택 중심 교육과정을 편성, 운영한다.

(1) 선택 중심 교육과정의 총 이수 단위는 144단위로, 선택과목에 136단위, 특별 활동에 8단위로 나누어 편성한다.

(2) 일반계 고등학교의 교과 편성 · 운영

(가) 보통 교과의 선택과목은 일반 선택과목과 심화 선택과목으로 구분한다.

(나) 일반 선택과목은 교양 증진 및 실생활과 연관된 과목이며, 심화 선택과목은 학생의 진로, 적성

과 소질을 계발하는 데 도움이 되는 과목이다.

(다) 일반 선택과목은 학생들의 균형적인 이수를 위하여 ① 인문 · 사회 과목군(국어, 도덕, 사회), ② 과학 · 기술 과목군(수학, 과학, 기술 · 가정), ③ 예 · 체능 과목군(체육, 음악, 미술), ④ 외국어 과목군(외국어), ⑤ 교양 과목군(한문, 교련, 교양)으로 나눈다. 모든 학생은 교양 과목군에서는 2개 과목 이상, ①~④ 과목군에서는 각각 1과목 이상을 이수한다. 다만, 자신의 진로와 관련하여 집중 이수하고자 하는 심화 선택과목군의 일반 선택과목은 이수하지 않을 수도 있다.

(라) 심화 선택과목 중 과목명에 II가 있는 과목을 선택하기 위해서는 I 을 먼저 이수해야 하나, 학교의 실정, 학생의 요구, 교과목의 성격에 따라 이수를 면제하거나 대체할 수 있다.

(마) 선택과목에 배당된 136단위 중에서 시 · 도 교육청, 단위 학교는 각각 28단위 이상 지정할 수 있다. 학생의 선택 비율은 최대 50%까지 하되, 지역이나 학교의 실정에 따라 가능한 학교부터 점진적으로 시행하도록 한다.

(바) 보통 교과의 선택과목은 기준 단위를 2단위까지 증감 운영할 수 있다. 다만, 이수 단위가 4단위인 과목은 증배 운영만 가능하다.

(사) 교양 교과에서 일반 선택과목의 기타 (4)는 관련 전문 교과의 과목 중에서 선택하거나, 새로운 과목을 신설하여 이수할 수 있다.

(3) 실업계와 기타계 고등학교의 교과 편성 · 운영

(가) 국민 공통 기본 교과에 배당된 56단위는 필수적으로 이수하도록 하고, 이를 포함하여 보통 교과를 82단위 이상 이수하도록 한다.

(나) 선택과목 중에서 전문 교과의 기초가 되는 과목을 선택하여 이수할 경우, 이를 해당 국민 공통 기본 교과의 이수로 간주할 수 있다.

(다) 교원 및 시설 여건과 학생들의 요구를 반영하는 11학년에서도 국민 공통 기본 교과의 일부를 편성할 수 있다.

(라) 보통 교과의 선택과목은 기준 단위를 2~4단위까지 증감 운영할 수 있다.

(마) 내용이 유사하거나 관련되는 보통 교과의 선택과목과 전문 교과는 교체하여 편성, 운영할 수 있다.

(바) 전문 교과는 필요한 경우 다른 계열의 전문 과목을 선택하여 편성, 운영할 수 있다.

(사) 특성화 고등학교, '2 · 1' 체제를 운영하는 공업 계열 고등학교 등과 같이, 전문 교육의 강화가 요구되는 학교는 시 · 도 교육감의 승인을 받아 보통 교과 및 전문 교과의 총 이수 단위 수를 조정, 운영할 수 있다.

(아) 학교는 필요에 따라 시 · 도 교육감의 승인을 받아 총 교과 이수 단위를 10% 범위 내에서 증배 운영할 수 있다.

(4) 11, 12학년의 특별 활동에 배당된 8단위는 지역 및 학교 실정에 따라, 각 영역별 이수 단위를 학교에서 재량으로 편성한다.

## 2. 지역 및 학교에서의 편성 · 운영

### 가. 시 · 도 교육청

(1) 편성

(가) 시 · 도는 이 교육과정에 의거하여 다음 사항이 포함된 각급 학교 교육과정 편성 · 운영 지침을 작성하고, 이를 관내의 지역 교육청과 각급 학교에 제시한다.

① 국민 공통 기본 교육과정의 교과, 재량 활동, 특별 활동의 시간 확보와 운영에 관한 사항
② 국민 공통 기본 교육과정의 교과, 재량 활동, 특별 활동의 교육 중점에 관한 사항
③ 단계형, 심화 · 보충형, 과목 선택형 수준별 교육과정의 편성과 운영에 관한 사항
④ 중학교 재량 활동의 선택과목 시간 확보와 운영에 관한 사항
⑤ 고등학교 선택 중심 교육과정의 편성과 운영에 관한 사항
⑥ 교육과정에 표시되지 않은 교과목의 신설과 운영에 관한 사항
⑦ 고등학교의 계열, 학과의 신설과 운영에 관한 사항
⑧ 일반계 고등학교의 과정 설치와 운영에 관한 사항
⑨ 실업계 및 기타계 고등학교의 전문 교과 이수 단위에 관한 사항
⑩ 실업계 및 기타계 고등학교의 전문 교과 실험 · 실습에 관한 사항
⑪ 실업계 고등학교의 현장 실습에 관한 사항
⑫ 고등학교 총 이수 단위 수의 증배 운영에 관한 사항
⑬ 교과, 재량 활동, 특별 활동의 교육평가에 관한 사항
⑭ 교과용 도서의 인정, 개발, 보급에 관한 사항
⑮ 조기 입학, 조기 진급 및 졸업에 관한 사항
⑯ 특수아 및 귀국자 자녀의 교육에 관한 사항
⑰ 학교 교육과정의 작성 절차 및 체제에 관한 사항
⑱ 독서 목록 작성 · 활용에 관한 사항
⑲ 교육과정 편성 · 운영에 관한 평가와 질 관리에 관한 사항
⑳ 재량 활동 및 특별 활동 운영의 지원에 관한 사항
㉑ 특성화 고등학교, '2 · 1' 체제 운영 공업 계열 고등학교의 교육과정 운영에 관한 사항
㉒ 기타 필요한 사항

(나) 시 · 도는 교육과정의 편성 · 운영에 관한 조사 연구와 자문 기능을 담당할 교육과정 위원회를 구성하여 운영한다. 이 위원회에는 교원, 교육 행정가, 교육과정 전문가, 교과 교육 전문가, 학부모, 지역사회 인사, 산업체 인사 등이 참여할 수 있다.

(다) 시 · 도는 지역의 특수성, 교육의 실태, 학생 · 교원 · 주민의 요구와 필요 등을 반영하여 시 · 도의 교육 중점을 설정하고, 교육과정 편성 · 운영 지침을 작성한다.

(라) 시 · 도는 학교, 연구 기관, 대학, 산업체 등과 연계하여 교육과정 편성 · 운영에 관한 연구를

추진하고, 그 결과를 편성 · 운영 지침의 작성 및 개선에 반영한다.

(마) 시 · 도는 각급 학교가 새 학년도 시작에 앞서 교육과정 편성 · 운영에 관한 계획을 세울 수 있도록 교육과정 편성 · 운영 자료를 개발, 보급하고, 교원의 전보를 적기에 시행한다.

(2) 운영

(가) 시 · 도는 관내의 지역 교육청에서의 교육과정 운영 지원 실태와 각급 학교의 교육과정 편성과 운영 실태를 정기적으로 파악하고, 효과적인 교육과정의 운영과 개선 및 질 관리에 필요한 적절한 지원, 지도, 조언을 한다.

(나) 교원의 교과, 재량 활동, 특별 활동에 대한 지도 능력 향상을 위하여 각급 학교 교원에 대한 연수 계획을 수립, 시행한다.

(다) 중학교의 선택과목, 고등학교의 선택 중심 교육과정이 정상적으로 운영될 수 있도록 장기적인 교원 수급 계획을 수립, 시행한다.

(라) 중학교 사회과의 국사 영역은 별도의 교과용 도서가 편찬되므로 교원의 배치에 유의한다.

(마) 교과, 재량 활동, 특별 활동 운영을 위한 각종 교수-학습 자료를 연구, 개발하여 보급하고, 교육 시설, 설비, 자료 등의 정비 확충에 필요한 행 · 재정적인 지원을 한다.

(바) 각 학교가 수준별 교육과정을 효율적으로 운영하는 데 필요한 행 · 재정적인 지원을 한다.

(사) 소규모 학교의 정상적인 교육과정 운영을 지원하기 위해서 교원의 배치, 학생의 교육받을 기회의 확충에 필요한 행 · 재정적인 지원을 한다.

(아) 교육과정 편성 · 운영의 개선을 위한 연구 · 시범 학교를 운영하고, 수업 개선을 위한 연구 교사를 두어 적극적으로 지원한다.

(자) 특정 분야에서 탁월한 재능을 보이는 학생과 학습 장애가 있는 학생들을 위한 교육 기회를 마련하고 지원한다.

(차) 귀국자 자녀의 교육 경험의 특성과 배경을 고려하고, 이 교육과정을 이수하는 데 어려움이 없도록 지원한다.

(카) 중등학교에서 이 교육과정에 예시된 선택과목 이외의 과목을 설치, 운영하는 경우에 대비하여, 이를 위한 지침을 학교에 제시해 주고, 학교로 하여금 필요한 사전 절차를 밟도록 지원한다.

(타) 각 고등학교가 개설하지 못하는 과목을 선택하고자 하는 학생들이 해당 과목을 이수할 수 있도록 다양한 기회를 마련해 주고, 학생들이 지역사회를 공공성 있는 사회 교육 시설을 통해 이수한 과정을 인정해 주는 방안을 마련한다.

(파) 교과, 재량 활동, 특별 활동의 '목표-내용-방법-평가'의 일관성 있는 실천 과정을 확인하고, 실증적인 자료를 수집하여 교육의 질 관리에 활용한다.

나. 지역 교육청

(1) 편성

(가) 지역 교육청은 시 · 도의 각급 학교 교육과정 편성 · 운영 지침을 기초로 하여 다음 사항이 포

함된 학교 교육과정 편성 · 운영에 관한 실천 중심의 장학자료를 작성하여 초 · 중등학교에 제시한다.

① 지역의 특수성에 바탕한 중점 교육 활동에 관한 사항

② 학교 교육과정의 편성 · 운영에 필요한 교육자료 및 지원에 관한 사항

③ 학교 간 교육과정 편성 · 운영의 협조에 관한 사항

④ 학교 간 교원의 순회 및 수급 협조에 관한 사항

⑤ 학교 간 교육 시설과 설비의 공동 활용에 관한 사항

⑥ 복식 학급 운영 등 소규모 학교의 교육과정 편성 · 운영에 관한 사항

⑦ 학교 교육과정의 평가와 질 관리에 관한 사항

⑧ 기타 필요한 사항

(나) 지역 특성에 적합한 학교 교육과정 편성 · 운영을 지도하고, 이를 지원하기 위하여 교원, 교육 행정가, 교육과정(교과) 전문가, 학부모, 지역 인사 등이 참여한 교육과정 위원회를 구성하여 운영한다.

(다) 학교 간에 공동으로 협의하여 학교 교육과정을 편성, 운영할 수 있도록 지원한다.

(2) 운영

(가) 지역 교육청은 각 학교의 교육과정 운영이 충실히 이루어질 수 있도록 장학 활동 계획을 수립하고, 정기적으로 시행한다.

(나) 학교 교육과정 편성 · 운영 방법에 관한 지역별 교원 연수를 실시한다.

(다) 각 학교의 교육과정 편성 · 운영을 지원하기 위한 각종 자료를 개발, 보급한다.

(라) 특수아, 귀국자 자녀를 위한 교육 기회를 마련하여 운영한다.

(마) 학교 교육과정의 효과적 운영을 위하여 학생의 배정, 교원의 원활한 교류, 학교 간 시설과 설비의 공동 활용, 자료의 공동 개발 활동에 관하여 학교 간 및 인접 교육청간의 협조 체제를 구축한다.

(바) 관내 학교의 교육과정 편성 · 운영의 개선을 위한 연구 · 시범 학교를 운영, 지원하고, 수업 연구 교사 및 교과별 연구회 활동을 지원한다.

(사) 교과, 재량 활동, 특별 활동의 실천 과정을 확인, 평가하여 교육의 질 관리에 활용한다.

다. 학교

(1) 편성

〈공통 지침〉

(가) 학교는 이 교육과정과 시 · 도의 교육과정 편성 · 운영 지침, 지역 교육청의 학교 교육과정 편성 · 운영에 관한 장학 자료를 바탕으로, 학교 실정에 알맞은 학교 교육과정을 편성 · 운영한다.

① 교과와 재량 활동 및 특별 활동에 배당된 시간은 연간 34주를 기준으로 한 최소한의 시간이므

로, 이 기준에 미달되지 않도록 편성한다.

② 학교에서는 연간 수업시간 수를 계절, 학교 실정, 학생 실태, 교육 여건 등에 알맞게 월별, 주별로 적절히 배정하여 편성한다.

③ 주간 및 1일의 시간 배정은 요일 및 교과 간의 균형이 유지되도록 하며, 교과의 특성과 재량 활동, 특별 활동의 내용에 따라서는 시간을 통합하여 연속적으로 운영할 수 있다.

(나) 교육과정의 합리적 편성과 효율적 운영을 위하여 교원, 교육과정(교과 교육) 전문가, 학부모 등이 참여하는 학교 교육과정 위원회를 구성하여 운영하며, 이 위원회는 학교장의 교육과정 운영 및 의사결정에 관한 자문의 역할을 담당한다.

(다) 학교는 학교 교육과정 편성 · 운영 계획을 바탕으로 학년, 학급, 교과목별 교육과정을 편성할 수 있다.

(라) 학교 교육과정을 편성, 운영함에 있어서는 교원의 조직, 학생의 실태, 학부모의 요구, 지역사회의 실정 및 교육 시설 · 설비 등 교육 여건과 환경이 충분히 반영되도록 노력한다.

(마) 수준별 교육과정을 적용하는 교과는 심화 · 보충 학습을 위한 추가 시간이 필요할 경우, 재량 활동에 배당된 시간 등 별도의 시간을 활용할 수 있다.

(바) 이 교육과정에 예시된 과목 이외의 과목을 설치, 운영하고자 할 때에는, 시 · 도의 교육과정 편성 · 운영 지침에 의거하여 사전에 필요한 절차를 거쳐야 한다.

〈학교급별 지침〉

(가) 초등학교

① 초등학교의 교과 중에서 주당 평균 3시간 이상의 수업시간 수가 배당된 교과는 주당 평균 1시간 이내에서 시수를 감축하여 학생의 요구와 학교의 필요에 따른 창의적 재량 활동에 증배, 활용할 수 있다. 이 경우에는 감축된 교과의 학습 활동과 관련되는 직접적인 체험 활동 등으로 통합, 운영하여야 한다.

② 초등학교 수준별 교육과정 운영을 위한 학습 집단은 학급 내 집단 편성을 원칙으로 하되, 학교의 여건이나 교사, 학생의 특성에 따라 다양한 방법을 활용할 수 있다.

③ 복식 학급을 편성, 운영하는 경우에는, 교육내용의 학년별 순서를 조정하거나 공통 주제를 중심으로 교재를 재구성하여 활용할 수 있다.

④ 초등학교 재량 활동에서는 주제 탐구, 소집단 공동 연구, 학습하는 방법의 학습, 통합적인 범교과 학습 등 다양한 교육 프로그램을 학교와 교사, 학생의 요구와 필요에 따라 편성하여 선택적으로 운영할 수 있다.

⑤ 초등학교에서는 모든 교육 활동을 통해 학생의 기본 생활 습관을 형성할 수 있도록 편성하고, 정확한 국어 사용 능력을 신장할 수 있도록 특별히 배려한다.

(나) 중학교

① 수준별 교육과정 운영을 위한 학습 집단은 학교의 실정에 따라 다양하게 편성할 수 있다.

② 중학교 재량 활동은 다음 사항에 유의하여 편성 · 운영한다.

- 학교는 재량 활동에 배당된 시간 수를 학생의 요구와 학교의 실정을 기초로 융통성 있게 배정한다.
- 국민 공통 기본 교과의 심화 · 보충 학습의 경우, 수준별 교육과정을 적용하는 교과의 학습에 편중되지 않도록 유의한다.
- 선택과목을 개설할 경우, 학교는 2개 이상의 과목을 동시에 개설함으로써 학생들의 선택권이 보장되도록 유의한다.

(다) 고등학교

① 일반계 고등학교는 10학년까지 국민 공통 기본 교육과정을 이수할 수 있도록 교과를 편성한다.

② 수준별 교육과정 운영을 위한 학습 집단은 학교의 실정에 따라 다양하게 편성할 수 있다.

③ 수학 및 영어 교과에서 국민 공통 기본 교육과정에서 도달해야 할 수준에 이르지 못한 11, 12학년 학생들을 위해 수학과 영어의 단계형 과목(예: 수학 9-나, 10-가, 10-나, 영어 9-b, 10-a, 10-b 등)을 별도로 설치해 주거나, 10학년에 설치된 단계형 과목을 이수할 수 있도록 허용한다. 이 경우에는 최대 16단위까지만 일반 선택과목 이수 단위로 간주한다.

④ 일반계 고등학교의 교육과정에는 학생의 진로와 관련된 엄격한 과정을 따로 두지 아니하며, 개별 학생은 자신이 선택하여 이수한 과목들을 모아 자신의 과정을 만들어 가는 것을 원칙으로 한다. 학교는 학생의 진로 선택을 돕고, 계열성 있는 선택과목의 이수를 위하여 필요한 과정을 설치하여 운영할 수 있으며, 이와 관련한 구체적인 사항은 시 · 도 교육청이 정한 지침에 따른다.

⑤ 창의적 재량 활동을 포함한 고등학교의 재량 활동에서는 학생의 적성과 진로 등을 고려하여 11, 12학년의 선택 중심 교육과정과 연계하여 운영할 수 있도록 노력한다.

⑥ 선택과목은 학교의 실정과 학생들의 요구를 반영해서 편성한다. 특히 시 · 도가 정한 일정 규모 이상의 학생이 이 교육과정의 편제에 있는 특정 선택과목의 개설을 요청할 경우, 학교는 이를 개설하여야 한다.

⑦ 학기당 이수 과목 수는 시 · 도 교육감이 정한 범위 이내로 편성하되, 가능한 10과목 이내로 하도록 한다.

⑧ 학교가 종교 과목을 부과할 때에는 종교 이외의 과목을 포함, 복수로 과목을 편성하여 학생에게 선택의 기회를 주어야 한다.

⑨ 일반 선택과목은 선행 학습의 정도와 관계 없이 선택할 수 있다.

⑩ 학교장은 자신의 학교에서 개설하지 않은 선택과목 이수를 희망하는 학생이 있을 경우, 그 과목을 개설한 다른 학교에서의 이수도 인정하도록 한다. 특정 과목의 경우, 공공성 있는 지역사회의 학습장에서의 학습이 해당 학교에서보다 효과적이라고 판단할 경우, 학교장은 이를 허용하여야 하며, 이와 관련한 구체적인 사항은 시 · 도가 정한 지침에 따른다.

⑪ 실업계 및 기타계 고등학교의 학과별 필수과목은 필요한 경우 학교장이 정할 수 있으며, 선택과목은 학교장이 정하는 비율의 범위 내에서 학생이 선택하여 이수할 수 있도록 한다.

⑫ 실업계 고등학교에서 전문 교과의 학습은 현장 실습으로 대체할 수 있다. 이 경우, 현장 실습은 학교의 교육과정 내용과 직접 관련이 있어야 하며, 교사의 지도 아래 가급적 최종 학년에서 실시하도록 한다.

⑬ 외국어 계열 고등학교에서는 전공 외국어 이외의 2개 외국어를 포함하여 전문 교과를 편성하여야 한다.

⑭ 이 교육과정에 명시되지 아니한 계열의 교육과정은 유사 계열의 교육과정에 준한다. 부득이 새로운 계열의 설치 및 그에 따른 교육과정을 편성할 경우와 학교의 실정에 따라 새로운 과목을 설정하여 운영하고자 할 경우에는 시 · 도의 교육과정 편성 · 운영 지침에 의거하여 사전에 필요한 절차를 거쳐야 한다.

(2) 운영

(가) 학교 교육과정은 모든 교원이 전문성을 발휘하여 참여하는 민주적인 절차와 과정을 거쳐 편성, 운영한다.

(나) 학교 교육 활동 전반을 통하여 인성 교육이 통합적이고 체계적으로 이루어지도록 하여야 한다.

(다) 학교는 다음 사항을 고려하여 수준별 교육과정을 운영한다.

① 학교는 매년 수준별 교육과정 운영 계획을 수립, 시행한다.

② 단계형 수준별 교육과정 운영에 있어서, 교과, 학년 또는 단위 학교의 상황에 따라 해당 단계 학습목표의 일정한 성취 기준을 고려하여 차상급 단계의 진급을 위한 자격 기준을 설정한다.

③ 심화 · 보충형 수준별 교육과정은 다음과 같이 운영한다.

- 시간(단위) 배당 기준에 제시된 교과별 연간 수업시간 수의 기본 교육내용을 중심으로 운영하되, 심화 학습과 보충 학습도 함께 이루어지도록 한다. 필요한 경우, 재량 활동 등 별도의 시간을 확보하여 심화 학습과 보충 학습을 실시할 수 있다.
- 교과용 도서 이외의 심화 · 보충 학습자료는 교육청이나 학교에서 개발한 것을 사용할 수 있다.

④ 수준별 교육과정을 적용하는 교과들의 경우, 학습 결손을 보충할 수 있도록 '특별 보충과정'을 운영할 수 있다. 특별 보충과정의 편성 및 운영에 관한 제반 사항은 학교가 자율적으로 결정한다.

(라) 학교는 다음과 같은 사항에 유의하여 학교 교육과정을 편성 · 운영한다.

① 각 교과의 기초적, 기본적 요소들이 체계적으로 학습되도록 계획하고, 이를 일관성 있고 지속성 있게 지도한다.

② 각 교과목별 학습목표를 모든 학생이 성취하도록 지도하고, 능력에 알맞은 성취가 가능하도록 다양한 학습의 기회와 방법을 제공하며, 이를 위한 계획적인 배려와 지도를 하여 학습 결

손이 누적되거나 학습 의욕이 저하되지 않도록 노력한다.

③ 교과 수업은 탐구적인 활동을 통하여 개념 및 원리를 이해하고, 이를 새로운 사태에 적용하는 기회를 많이 가지게 한다. 특히, 여러 가지 자료를 활용한 정보 처리 능력을 가지도록 하는 데 힘쓴다.

④ 개별적인 학습 활동과 더불어 소집단 공동 학습 활동을 중시하여 공동으로 문제를 해결하는 경험을 많이 가지게 한다.

⑤ 각 교과 활동에서는 학습의 개별화가 이루어지도록 하고, 발표 · 토의 활동과 실험, 관찰, 조사, 실측, 수집, 노작, 견학 등의 직접 체험 활동이 충분히 이루어지도록 유의한다.

⑥ 교과와 특별 활동의 내용 배열은 반드시 학습의 순서를 의미하는 것이 아닌 예시적인 성격을 지니고 있으므로, 필요한 경우에 지역의 특수성, 계절 및 학교의 실정과 학생의 요구, 교사의 필요에 따라 각 교과목의 학년별 목표에 대한 지도 내용의 순서와 비중, 방법 등을 조정하여 운영할 수 있다.

⑦ 교과와 재량 활동, 특별 활동의 효율적인 운영을 위하여 지역사회의 인적, 물적 자원을 계획적으로 활용한다.

⑧ 실험 · 실습이나 실기 지도에 있어서는 실습 시설 및 기계 · 기구 사용 시 안정에 특히 유의하도록 한다.

⑨ 교육 활동 전반을 통하여 남녀의 역할에 관한 편견을 가지지 않도록 지도한다.

(마) 특별 활동의 각 영역이 균형 있게 운영되도록 노력하여야 하며, 각 학교별로 특색 있는 중점 영역을 설정하여 육성함으로써 학교의 전통을 가꾸어 나가도록 한다.

① 지역사회의 인적 자원과 물적 자원을 계획적으로 활용하고, 학생의 개성, 취미, 흥미, 특기 등이 충분히 신장될 수 있도록 배려한다.

② 공동체 의식과 민주 시민의 자질이 형성될 수 있는 자율적인 집단 활동이 되도록 한다.

③ 지역 및 학교 실정과 활동 내용의 특성에 따라 연속적인 집중 이수를 할 수 있으며, 다양한 방법으로 융통성 있게 운영하도록 한다.

④ 학생의 적성과 능력에 적합한 진로를 결정할 수 있도록 상담의 기회를 마련한다.

(바) 학습 효과를 높이기 위하여 교과용 도서 이외에 교육 방송, 시청각 기교재, 각종 학습자료 등을 활용한다.

(사) 교과용 도서 중심의 교육에서 탈피하여 교육 정보망, 멀티미디어 등 컴퓨터를 활용한 교육이 활성화되도록 한다.

(아) 민주 시민 교육, 인성 교육, 환경 교육, 경제 교육, 에너지 교육, 근로 정신 함양 교육, 보건 교육, 안전 교육, 성 교육, 소비자 교육, 진로 교육, 통일 교육, 한국 문화 정체성 교육, 국제 이해 교육, 해양 교육, 정보화 및 정보 윤리 교육 등 범교과 학습은 재량 활동을 통하여 중점적으로 지도하되, 관련되는 교과와 특별 활동 등 학교 교육 활동 전반에 걸쳐 통합적으로 다루어

지도록 하고, 지역사회 및 가정과의 연계 지도에도 힘쓴다.

(자) 학교에서는 학생들이 좋은 글을 많이 읽을 수 있도록 독서 목록을 작성하고, 국어과를 비롯한 각 교과 교육과 재량 활동 및 특별 활동에 활용할 수 있도록 한다.

(차) 심신 장애 학생을 위한 특수 학급을 설치, 운영하는 경우, 학생의 장애 정도와 능력을 고려하여 이 교육과정을 조정, 운영하거나, 특수 학교 교육과정 및 교수-학습 자료를 활용할 수 있다.

(카) 학교는 학생과 학부모의 요구를 바탕으로 방과 후 혹은 방학 중 프로그램을 개설할 수 있으며, 학생들의 자발적인 참여를 원칙으로 한다.

(타) 학교는 동학년 모임, 교과별 모임, 현장 연구, 자체 연수 등을 통해서 교사들의 교육 활동 개선이 이루어지도록 한다.

(파) 학교는 학교 교육과정 편성과 운영의 적합성, 타당성, 효과성을 자체 평가하여 문제점과 개선점을 추출하고, 다음 학년도의 교육과정 편성 · 운영에 그 결과를 반영한다.

### 3. 교육과정의 평가와 질 관리

가. 이 교육과정의 질 관리를 위하여 국가 수준에서는 주기적으로 학생 학력 평가, 학교와 교육기관 평가, 교육과정 편성 · 운영에 관한 평가를 실시한다.

(1) 학업성취도를 평가하기 위하여 교과별, 학년별 학생평가를 실시하고, 평가 결과는 교육과정의 적절성 확보와 그 개선에 활용한다.

(2) 학교의 교육과정 편성 · 운영과 교육청의 교육과정 지원 상황을 파악하기 위하여 학교와 관련 교육청에 대한 평가를 주기적으로 실시한다.

(3) 교육과정 편성 · 운영과 지원 체제의 적절성과 실효성을 평가하기 위한 연구를 수행한다. 이 교육과정이 적용되는 첫해부터 다양한 절차를 거쳐 해당 학교, 학년, 학생에게 적절한지를 조사하여 평가하되, 교육과정 평가 연구는 교육과정의 편제, 시간(단위) 배당, 편성 · 운영 지침의 적절성과 그 적용 효과에 중점을 둔다.

나. 국가 수준에서는 학교에서 교육과정의 정신을 구현한 평가 활동이 원활히 이루어질 수 있도록 다양한 방안을 강구해서 학교 현장에 제공해 주어야 한다.

(1) 교과별로 '절대 평가 기준' 을 개발, 보급하여 학교가 교과 교육과정의 목표에 부합되는 평가를 실시할 수 있도록 한다.

(2) 국가 수준의 평가 문항 은행을 구축하여 에듀넷 등 컴퓨터 통신망을 통해 학교가 평가에 이용할 수 있도록 한다.

(3) 교과별 평가 활동에 활용할 수 있는 다양한 평가 방법, 절차, 도구 등을 개발하여 학교에 제공한다.

다. 학교에서 실시하는 평가 활동은 다음과 같은 사항을 고려해서 이루어져야 한다.

(1) 평가는 모든 학생들이 교육목표를 성공적으로 달성하기 위한 교육의 과정으로 실시한다.

(2) 학교는 다양한 평가 도구와 방법으로 성취도를 평가하여 학생의 목표 도달도를 확인하고, 수업의 질 개선을 위한 자료로 활용한다.

(3) 교과의 평가는 선다형 일변도의 지필 검사를 지양하고, 서술형 주관식 평가와 표현 및 태도의 관찰 평가가 조화롭게 이루어지도록 한다.

(4) 실험 · 실습의 평가는 교과목의 성격을 고려하여 합리적인 세부 평가 기준을 마련하여 실시한다.

(5) 정의적, 기능적, 창의적인 면이 특히 중시되는 교과의 평가는 타당한 평정 기준과 척도에 의거하여 실시한다.

(6) 학교와 교사는 학교에서 가르친 내용과 기능을 평가하도록 유의한다. 학생이 학교에서 배울 기회를 마련해 주지 않고, 학교 밖의 교육 수단을 통해서 익힐 수밖에 없는 내용과 기능은 평가하지 않도록 유의한다.

(7) 초등학교의 교과 활동 평가는 학생의 활동 상황과 특징, 진보의 정도 등을 파악하여, 그 결과를 서술적으로 기록하는 것을 원칙으로 한다.

(8) 재량 활동에 대한 평가는 교과 재량 활동과 창의적 재량 활동의 특성과 학생의 특성을 감안하여 평가의 주안점을 학교에서 작성, 활용한다. 다만, 창의적 재량 활동의 평가는 그 결과를 문장으로 기록하도록 한다.

### 4. 특수한 학교에서의 교육과정의 편성과 운영

가. 초 · 중 · 고등학교에 준하는 학교의 교육과정은 이 교육과정에 따라서 편성한다.

나. 교육부 직할 학교의 교육과정은 해당 시 · 도 교육청의 편성 · 운영 지침을 참고하여 학교장이 편성한다.

다. 공민 학교, 고등 공민 학교, 기술 학교, 근로 청소년을 위한 특별 학급 및 산업체 부설 학교, 기타 특수한 학교는 이 교육과정을 바탕으로 학교의 실정과 학생의 특성에 알맞은 학교 교육과정을 편성하고, 시 · 도 교육감의 승인을 얻어 운영한다.

라. 야간 수업을 하는 학교의 교육과정은 이 교육과정을 따르되, 다만 단위 수업시간을 40분으로 단축하여 운영할 수 있다.

마. 방송 통신 고등학교는 이 교육과정에 제시된 고등학교 선택 중심 교육과정을 따르되, 시 · 도 교육감의 승인을 얻어 이 교육과정의 편제와 단위 배당 기준을 조정하여 운영할 수 있다.

(1) 편제와 단위 배당 기준은 고등학교 선택 중심 교육과정에 준하되, 172단위 이상 이수하도록 한다.

(2) 교육은 방송 통신에 의한 수업, 출석 수업 및 첨삭 지도의 방법에 의한 수업으로 한다.

(3) 학교 출석 수업 일수는 연간 20일 이상으로 한다.

바. 교육과정의 연구를 위해 새로운 방식으로 교육과정을 편성, 운영하고자 하는 학교는, 교육부 장관의 승인을 받아 이 교육과정의 기준과는 다르게 학교 교육과정을 편성, 운영할 수 있다.

부록 III

# 제7차 개정 초 · 중등학교 교육과정

교육인적자원부 고시 제2007-79호

초 · 중등교육법 제23조 제2항에 의거하여 초 · 중등학교 교육과정을 다음과 같이 고시합니다.

2007년 2월 28일

부총리 겸 교육인적자원부장관

1. 초 · 중등학교 교육과정은【별책 1】과 같습니다.
2. 초등학교 교육과정은【별책 2】와 같습니다.
3. 중학교 교육과정은【별책 3】과 같습니다.
4. 고등학교 교육과정은【별책 4】와 같습니다.
5. 국어과 교육과정은【별책 5】와 같습니다.
6. 도덕과 교육과정은【별책 6】과 같습니다.
7. 사회과 교육과정은【별책 7】과 같습니다.
8. 수학과 교육과정은【별책 8】과 같습니다.
9. 과학과 교육과정은【별책 9】와 같습니다.
10. 실과(기술 · 가정) 교육과정은【별책 10】과 같습니다.
11. 체육과 교육과정은【별책 11】과 같습니다.
12. 음악과 교육과정은【별책 12】와 같습니다.
13. 미술과 교육과정은【별책 13】과 같습니다.
14. 외국어과 교육과정은【별책 14】와 같습니다.
15. 바른 생활, 슬기로운 생활, 즐거운 생활, 우리들은 1학년 교육과정은【별책 15】와 같습니다.
16. 중학교 재량 활동의 선택 과목 교육과정은【별책 16】과 같습니다.
17. 한문, 교양 선택 과목 교육과정은【별책 17】과 같습니다.
18. 특별 활동 교육과정은【별책 18】과 같습니다.

19. 농생명 산업 계열 전문 교과 교육과정은 【별책 19】와 같습니다.
20. 공업 계열 전문 교과 교육과정은 【별책 20】과 같습니다.
21. 상업 정보 계열 전문 교과 교육과정은 【별책 21】과 같습니다.
22. 수산 · 해운 계열 전문 교과 교육과정은 【별책 22】와 같습니다.
23. 가사 · 실업 계열 전문 교과 교육과정은 【별책 23】과 같습니다.
24. 과학 계열 전문 교과 교육과정은 【별책 24】와 같습니다.
25. 체육 계열 전문 교과 교육과정은 【별책 25】와 같습니다.
26. 예술 계열 전문 교과 교육과정은 【별책 26】과 같습니다.
27. 외국어 계열 전문 교과 교육과정은 【별책 27】과 같습니다.
28. 국제 계열 전문 교과 교육과정은 【별책 28】과 같습니다.

부칙

1. 이 교육과정은 학교 급별, 학년별로 다음과 같이 시행합니다.
   가. 2009년 3월 1일: 초등학교 1, 2학년
   나. 2010년 3월 1일: 초등학교 3, 4학년, 중학교 1학년
   다. 2011년 3월 1일: 초등학교 5, 6학년, 중학교 2학년, 고등학교 1학년
   라. 2012년 3월 1일: 중학교 3학년, 고등학교 2학년
   마. 2013년 3월 1일: 고등학교 3학년
2. 단, 수학과 및 외국어과(영어)의 교육과정은 교육인적자원부 고시 제2006-75호(2006. 8. 29.)에 의거하여 다음과 같이 시행합니다.
   가. 2009년 3월 1일: 초등학교 1, 2학년, 중학교 1학년, 고등학교 1학년
   나. 2010년 3월 1일: 초등학교 3, 4학년, 중학교 2학년, 고등학교 2학년
   다. 2011년 3월 1일: 초등학교 5, 6학년, 중학교 3학년, 고등학교 3학년

## 교육과정의 성격

이 교육과정은 초 · 중등교육법 제23조 제2항에 의거하여 고시한 것으로, 초 · 중등학교의 교육목적과 교육목표를 달성하기 위한 국가 수준의 교육과정이며, 초 · 중등학교에서 편성, 운영하여야 할 학교 교육과정의 공통적, 일반적인 기준을 제시한 것이다.

이 교육과정의 성격은 다음과 같다.

가. 국가 수준의 공통성과 지역, 학교, 개인 수준의 다양성을 동시에 추구하는 교육과정이다.
나. 학습자의 자율성과 창의성을 신장하기 위한 학생 중심의 교육과정이다.
다. 교육청과 학교, 교원 · 학생 · 학부모가 함께 실현해 가는 교육과정이다.

라. 학교 교육 체제를 교육과정 중심으로 개선하기 위한 교육과정이다.

마. 교육의 과정과 결과의 질적 수준을 유지, 관리하기 위한 교육과정이다.

## 교육과정의 편성과 운영

## Ⅰ. 교육과정 구성의 방향

### 1. 추구하는 인간상

우리나라의 교육은 홍익인간의 이념 아래 모든 국민으로 하여금 인격을 도야하고, 자주적 생활 능력과 민주 시민으로서 필요한 자질을 갖추게 하여 인간다운 삶을 영위하게 하고, 민주 국가의 발전과 인류 공영의 이상을 실현하는 데 이바지하게 함을 목적으로 하고 있다.

이러한 교육 이념을 바탕으로, 이 교육과정이 추구하는 인간상은 다음과 같다.

가. 전인적 성장의 기반 위에 개성을 추구하는 사람

나. 기초 능력을 토대로 창의적인 능력을 발휘하는 사람

다. 폭넓은 교양을 바탕으로 진로를 개척하는 사람

라. 우리 문화에 대한 이해의 토대 위에 새로운 가치를 창조하는 사람

마. 민주 시민 의식을 기초로 공동체의 발전에 공헌하는 사람

### 2. 교육과정의 구성 방침

이 교육과정이 추구하는 인간상을 구현하기 위한 구성 방침은 다음과 같다.

가. 사회적 변화의 흐름을 주도할 수 있는 기본 능력을 길러 줄 수 있도록 교육과정을 구성한다.

나. 국민 공통 기본 교육과정과 선택 중심 교육과정 체제를 도입한다.

다. 교육 내용의 양과 수준을 적정화하고, 심도 있는 학습이 이루어지도록 한다.

라. 학생의 능력, 적성, 진로를 고려하여 교육 내용과 방법을 다양화한다.

마. 교육과정 편성과 운영에 있어서 현장의 자율성을 확대한다.

바. 교육과정 평가 체제를 확립하여 교육에 대한 질 관리를 강화한다.

## Ⅱ. 학교급별 교육목표

이 교육과정이 추구하는 인간상을 구현하기 위하여 다음과 같이 학교급별 교육목표를 둔다.

### 1. 초등학교 교육목표

초등학교의 교육은 학생의 학습과 일상생활에 필요한 기초 능력 배양과 기본 생활 습관을 형성하는 데 중점을 둔다.

가. 몸과 마음이 균형 있게 자랄 수 있는 다양한 경험을 가진다.

나. 일상생활의 문제를 인식하고 해결하는 기초 능력을 기르고, 자신의 생각과 느낌을 다양하게 표현하는 경험을 가진다.

다. 다양한 일의 세계를 이해할 수 있는 폭넓은 학습 경험을 가진다.

라. 우리의 전통과 문화를 이해하고 애호하는 태도를 가진다.

마. 일상생활에 필요한 기본 생활 습관을 기르고, 이웃과 나라를 사랑하는 마음씨를 가진다.

### 2. 중학교 교육목표

중학교 교육은 초등학교 교육의 성과를 바탕으로, 학생의 학습과 일상생활에 필요한 기본 능력과 민주 시민으로서의 자질을 함양하는 데 중점을 둔다.

가. 심신의 조화로운 발달을 추구하고, 자기 발견의 기회를 가진다.

나. 학습과 생활에 필요한 기본 능력과 문제해결력을 기르고, 자신의 생각과 느낌을 창의적으로 표현하는 경험을 가진다.

다. 다양한 분야의 지식과 기능을 익혀 적극적으로 진로를 탐색하는 경험을 가진다.

라. 우리의 전통과 문화에 대한 자긍심을 지니고, 이에 발전시키려는 태도를 가진다.

마. 자유 민주주의의 기본적 가치와 원리를 이해하고, 민주적인 생활방식을 익힌다.

### 3. 고등학교 교육목표

고등학교의 교육은 중학교 교육의 성과를 바탕으로, 학생의 적성과 소질에 맞는 진로 개척 능력과 세계 시민으로서의 자질을 함양하는 데 중점을 둔다.

가. 심신이 건강한 조화로운 인격을 형성하고, 성숙한 자아 의식을 가진다.

나. 학문과 생활에 필요한 논리적, 비판적, 창의적 사고력과 태도를 익힌다.

다. 다양한 분야의 지식과 기능을 익혀, 적성과 소질에 맞게 진로를 개척하는 능력을 기른다.

라. 우리의 전통과 문화를 세계 속에서 발전시키려는 태도를 가진다.

마. 국가 공동체의 형성과 발전을 위해 노력하며, 세계 시민으로서의 의식과 태도를 가진다.

## Ⅲ. 편제와 시간(단위) 배당 기준

### 1. 편제

가. 교육과정은 국민 공통 기본 교육과정과 고등학교 선택 중심 교육과정으로 구성한다.

나. 국민 공통 기본 교육과정은 교과, 재량 활동, 특별 활동으로 편성한다. [표 1]

(1) 교과는 국어, 도덕, 사회, 수학, 과학, 실과(기술 · 가정), 체육, 음악, 미술, 외국어(영어)로 한다. 다만, 초등학교 1, 2학년의 교과는 국어, 수학, 바른 생활, 슬기로운 생활, 즐거운 생활 및 우리들

은 1학년으로 한다.

(2) 재량 활동은 교과 재량 활동과 창의적 재량 활동으로 한다.

(3) 특별 활동은 자치 활동, 적응 활동, 계발 활동, 봉사 활동, 행사 활동으로 한다.

다. 고등학교 선택 중심 교육과정은 교과와 특별 활동으로 편성한다.

(1) 교과는 보통 교과와 전문 교과로 한다.

(가) 보통 교과는 국어, 도덕, 사회, 수학

## 2. 시간(단위) 배당 기준

가. 국민 공통 기본 교육과정

[표 1]

<table>
<tr><th colspan="2" rowspan="2">학교<br>학년<br>구분</th><th colspan="6">초등학교</th><th colspan="3">중학교</th><th>고등학교</th></tr>
<tr><th>1</th><th>2</th><th>3</th><th>4</th><th>5</th><th>6</th><th>7</th><th>8</th><th>9</th><th>10</th></tr>
<tr><td rowspan="14">교과</td><td>국 어</td><td colspan="2" rowspan="14">6.315 국어<br>210 238<br><br>수학<br>120 136<br><br>바른 생활<br>60 68<br><br>슬기로운 생활<br>90 102<br><br>즐거운 생활<br>180 204<br><br>우리들은 1학년<br>80 ·</td><td>238</td><td>204</td><td>204</td><td>204</td><td>170</td><td>136</td><td>136</td><td>136(8)</td></tr>
<tr><td>도 덕</td><td>34</td><td>34</td><td>34</td><td>34</td><td>68</td><td>68</td><td>34</td><td>34(2)</td></tr>
<tr><td rowspan="4">사 회</td><td rowspan="4">102</td><td rowspan="4">102</td><td rowspan="4">102</td><td rowspan="4">102</td><td colspan="4">사 회</td></tr>
<tr><td>102</td><td>·</td><td>68</td><td>102(6)</td></tr>
<tr><td colspan="4">역 사</td></tr>
<tr><td>·</td><td>102</td><td>68</td><td>102(6)</td></tr>
<tr><td>수 학</td><td>136</td><td>136</td><td>136</td><td>136</td><td>136</td><td>136</td><td>102</td><td>136(8)</td></tr>
<tr><td>과 학</td><td>102</td><td>102</td><td>102</td><td>102</td><td>102</td><td>136</td><td>136</td><td>136(8)</td></tr>
<tr><td rowspan="2">실 과</td><td rowspan="2">·</td><td rowspan="2">·</td><td rowspan="2">68</td><td rowspan="2">68</td><td colspan="3">기술 · 가정</td><td></td></tr>
<tr><td>68</td><td>102</td><td>102</td><td>102(6)</td></tr>
<tr><td>체 육</td><td>102</td><td>102</td><td>102</td><td>102</td><td>102</td><td>102</td><td>68</td><td>68(4)</td></tr>
<tr><td>음 악</td><td>68</td><td>68</td><td>68</td><td>68</td><td>68</td><td>34</td><td>34</td><td>34(2)</td></tr>
<tr><td>미 술</td><td>68</td><td>68</td><td>68</td><td>68</td><td>34</td><td>34</td><td>68</td><td>34(2)</td></tr>
<tr><td>외국어<br>(영어)</td><td>34</td><td>34</td><td>68</td><td>68</td><td>102</td><td>102</td><td>136</td><td>136(8)</td></tr>
<tr><td colspan="2">재량 활동</td><td>60</td><td>68</td><td>68</td><td>68</td><td>68</td><td>68</td><td>102</td><td>102</td><td>102</td><td>102(6)</td></tr>
<tr><td colspan="2">특별 활동</td><td>30</td><td>34</td><td>34</td><td>68</td><td>68</td><td>68</td><td>68</td><td>68</td><td>68</td><td>68(4)</td></tr>
<tr><td colspan="2">연간<br>총 수업시간 수</td><td>830</td><td>850</td><td>952</td><td>952</td><td>1,054</td><td>1,054</td><td>1,122</td><td>1,122</td><td>1,122</td><td>1,190(70)</td></tr>
</table>

① 이 표의 국민 공통 기본 교육 기간에 제시된 시간 수는 34주를 기준으로 한 연간 최소 수업시간 수다. 단, 3~6학년의 연간 총 수업시간 수는 주 5일 수업에 따라 감축된 시간 수이므로 학교에서는 교과 수업시간 수 중 연간 34시간의 범위 내에서 감축하여 운영한다.

② 1학년의 교과, 재량 활동, 특별 활동에 배당된 시간 수는 30주를 기준으로 한 것이며, '우리들은 1학년' 에 배당된 시간 수는 3월 한 달 동안의 수업시간 수를 제시한 것이다.

③ 1시간의 수업은 초등학교 40분, 중학교 45분, 고등학교 50분을 원칙으로 한다. 다만, 기후, 계절, 학생의 발달 정도, 학습내용의 성격 등을 고려하여 실정에 알맞도록 조절할 수 있다.

④ 10학년의 ( ) 안에 제시된 숫자는 단위 수다.

나. 고등학교 선택 중심 교육과정

(1) 보통 교과

[표 2]

| 구분 | | 선택 과목 |
|---|---|---|
| 교과 | 국어 | 화법(6), 독서(6), 작문(6), 문법(6), 문학(6), 매체 언어(6) |
| | 도덕 | 현대 생활과 윤리(6), 윤리와 사상(6), 전통 윤리(6) |
| | 사회 | 한국 지리(6), 세계 지리(6), 경제 지리(6), 한국 문화사(6), 세계 역사의 이해(6), 동아시아사(6), 법과 사회(6), 정치(6), 경제(6), 사회 · 문화(6) |
| | 수학 | 수학의 활용(6), 수학 I(6), 미적분과 통계 기본(6), 수학 II(6), 적분과 통계(6), 기하와 벡터(6) |
| | 과학 | 물리 I(6), 물리 II(6), 화학 I(6), 화학 II(6), 생명 과학 I(6), 생명 과학 II(6), 지구 과학 I(6), 지구 과학 II(6) |
| | 기술 · 가정 | 농업 생명 과학(6), 공학 기술(6), 가정 과학(6), 창업과 경영(6), 해양 과학(6), 정보(6) |
| | 체육 | 운동과 건강 생활(4), 스포츠 문화(4), 스포츠 과학(6) |
| | 음악 | 음악 실기(4), 음악과 사회(4), 음악의 이해(6) |
| | 미술 | 미술과 삶(4), 미술 감상(4), 미술 창작(6) |
| | 외국어 | 영어 I(6), 영어 II(6), 실용 영어 회화(6), 심화 영어 회화(6), 영어 독해와 작문(6), 심화 영어 독해와 작문(6) |
| | | 독일어 I(6), 독일어 II(6), 프랑스어 I(6), 프랑스어 II(6), 스페인어 I(6), 스페인어 II(6), 중국어 I(6), 중국어 II(6), 일본어 I(6), 일본어 II(6), 러시아어 I(6), 러시아어 II(6), 아랍어 I(6), 아랍어 II(6) |
| | 한문 | 한문 I(6), 한문 II(6) |
| | 교양 | 생활과 철학(4), 생활과 논리(4), 생활과 심리(4), 생활과 교육(4), 생활과 종교(4), 생활 경제(4), 안전과 건강(4), 진로와 직업(4), 환경(4) |
| | 이수 단위 | 132 |
| 특별 활동 | | 8 |
| 총 이수 단위 | | 140 |

① ( ) 안의 숫자는 단위 수이며, 1단위는 매주 50분 수업을 기준으로 하여 1학기(17주) 동안 이수하는 수업량이다.

② 〈삭제〉

③ 〈삭제〉

④ 학교는 필요한 경우 시 · 도 교육감의 승인하에 [표 3]의 전문 교과 과목을 개설하거나 새로운 과목을 신설할 수 있다.

(2) 전문 교과

[표 3]

| 교과 | 과목 | | | | 기준 학과 |
|---|---|---|---|---|---|
| 농생명 산업 | 농업 이해 | 농업 기초 기술 | 농업 정보 관리 | 농업 경영 | 식물 자원과 |
| | 생물 공학 기초 | 재배 | 작물 생산 기술 | 숲과 인간 | 동물 자원과 |
| | 산림 자원 기술 | 원예 | 생활 원예 | 생산 자재 | 농업 토목과 |
| | 원예 기술 Ⅰ | 원예 기술 Ⅱ | 동물 자원 | 사육 기술 Ⅰ | 식품 가공과 |
| | 사육 기술 Ⅱ | 누에와 비단 | 조경 | 조경 기술 Ⅰ | 농업 기계과 |
| | 조경 기술 Ⅱ | 농업과 물 | 농촌과 농지 개발 | 농업 토목 기술 Ⅰ | 조경과 |
| | 농업 토목 기술 Ⅱ | 농업 기계 | 농업 기계 공작 | 농업 기계 기술 Ⅰ | 농산물유통정보과 |
| | 농업 기계 기술 Ⅱ | 식품 과학 | 식품 위생 | 식품 가공 기술 Ⅰ | 환경 · 관광 농업과 |
| | 식품 가공 기술 Ⅱ | 농산물 유통 | 농산물 유통 관리 Ⅰ | 농산물유통관리 Ⅱ | 생물 공학과 |
| | 환경 보전 | 환경 관리 Ⅰ | 환경 관리 Ⅱ | 농업과 관광 | |
| 공업 | 공업 입문 | 기초 제도 | 정보 기술 기초 | 전문 제도 | 기계과 |
| | 기계 일반 | 전기 일반 | 공업 영어 | 기계 설계 | 전자 기계과 |
| | 기계 공작법 | 원동기 | 유체 기기 | 공기 조화 설비 | 금속 재료과 |
| | 기계 기초 공작 | 공작 기계 Ⅰ | 공작 기계 Ⅱ | 산업 설비 | 전기과 |
| | 금형 제작 | 전자 기계 이론 | 전자 기계 회로 | 전자 기계 공작 | 전자과 |
| | 전자 기계 제어 | 로봇 기초 | 로봇 제작 | 재료 일반 | 통신과 |
| | 금속 제조 | 재료 가공 | 주조 | 금속 처리 | 컴퓨터 응용과 |
| | 전기 응용 | 전기 회로 | 전기 기기 | 전력 설비 Ⅰ | 토목과 |
| | 전력 설비 Ⅱ | 전기 · 전자 측정 | 자동화 설비 | 전자 기기 | 건축과 |
| | 전자 · 전산 응용 | 전자 회로 | 계측 제어 | 통신 일반 | 디자인과 |
| | 정보 통신 | 통신 시스템 | 컴퓨터 구조 | 시스템 프로그래밍 | 화학 공업과 |
| | 프로그래밍 | 디지털 논리 회로 | 측량 | 역학 | 환경 공업과 |
| | 토목 설계 | 토목 일반 | 토목 재료 · 시공 | 수리 · 토질 | 세라믹과 |
| | 지적 전산 | 지적 실무 | 건축 구조 | 건축 계획 일반 | 식품 공업과 |
| | 건축 목공 | 건축 시공 Ⅰ | 건축 시공 Ⅱ | 디자인 일반 | 섬유과 |
| | 색채 관리 | 조형 | 제품 디자인 | 공예 | 인쇄과 |
| | 시각 디자인 | 컴퓨터 그래픽 | 공업 화학 | 단위 조작 · 공정 | 자동차과 |

| 교과 | 과목 | | | | 기준 학과 |
|---|---|---|---|---|---|
| 공업 | 제조 화학 | 분석 화학 | 기능성 세라믹 | 제어 | 조선과 |
| | 구조 세라믹 | 세라믹 디자인 | 발효 공업 | 세라믹 원리 · 공정 | 항공과 |
| | 식품 분석 | 식품 공업 기술 | 섬유 재료 | 식품 제조 기계 | 컴퓨터 게임과 |
| | 제포 · 봉제 | 염색 · 가공 | 인쇄 일반 | 방적 · 방사 | 만화 · 애니메이 |
| | 평판 인쇄 | 특수 인쇄 | 사진 · 전자 제판 | 인쇄 · 사진 재료 | 션과 |
| | 자동차 · 건설 | 자동차 기관 · | 자동차 섀시 | 사진 | 영상 제작과 |
| | 기계 | 자동차 차체 수리 | 선박 이론 | 자동차 전기 · | |
| | 건설 기계 구조 · 정비 | 항공기 일반 | 항공기 기체 | 전자 제어 | |
| | 선박 건조 | 항공기 전자 장치 | 환경 공업 일반 | 선박구조 | |
| | 항공기 장비 | 폐기물 처리 | 컴퓨터 게임 기획 | 항공기 기관 | |
| | 대기 · 소음 방지 | 만화 · 애니메이 | 애니메이션 제작 | 수질 관리 | |
| | 컴퓨터 게임 그래픽 | 션 기초 | 방송 시스템 | 컴퓨터 게임 | |
| | 영화 · 방송 제작 | 촬영 · 조명 | | 프로그램 | |
| | | | | 만화 창작 | |
| 상업 정보 | 상업 경제 | 컴퓨터 일반 | 회계 원리 | 기업과 경영 | 경영 정보과 |
| | 경영과 법 | 마케팅과 광고 | 경영 정보 시스템 | 기업 자원 관리 | 회계 정보과 |
| | 커뮤니케이션 실무 | 원가 회계 | 기업 회계 | 전산 회계 | 무역 정보과 |
| | 세무 회계 | 금융과 생활 | 국제화와 기업 경영 | 무역 영어 | 유통 경영과 |
| | 전자 무역과 국제 | 유통 정보 관리 | 물류 관리 | 자료 처리 | 정보 처리과 |
| | 상무 | 소프트웨어 개발 | 사무 관리 실무 | 멀티미디어 일반 | 멀티미디어과 |
| | 프로그래밍 실무 | 멀티미디어 실무 | 웹 프로그래밍 | 전자 상거래 일반 | 전자 상거래과 |
| | 멀티미디어 기획 | 전자 상거래 실무 | 인터넷 마케팅 | 창업 일반 | 응용디자인과 |
| | 인터넷 쇼핑몰 관리 | | | | 관광경영과 |
| 수산 · 해운 | 수산 일반 | 해사 일반 | 해양 일반 | 수산 · 해운 정보 | 해양 생산과 |
| | 수산 생물 | 수산 경영 일반 | 해양 생산 기술 | 처리 | 수산 양식과 |
| | 양식 생물 질병 | 수산 가공 | 수산물 유통 | 수산 양식 | 자영 수산과 |
| | 해양 오염 | 냉동 일반 | 냉동 기계 | 해양 환경 | 수산 식품과 |
| | 열기관 | 선박 보조 기계 | 선박 전기 · 전자 | 냉동 공조 실무 | 해양 환경과 |
| | 잠수 기술 | 항해 | 선박 운용 | 기계 설계 · 공작 | 냉동 공조과 |
| | 해사 영어 | 선화 운송 | 전자 통신 공학 | 해사 법규 | 동력 기계과 |
| | 전자 통신 운용 | 생선회 실무 | 해양 레저 · 관광 | 전자 통신 기기 | 항해과 |
| | 양 정보 관리 | | | 항만 물류 일반 | 전자 통신과 |
| | | | | | 해양 레저과 |
| | | | | | 항만 물류과 |
| | | | | | 해양 정보과 |

| 교과 | 과목 | | | | 기준 학과 |
|---|---|---|---|---|---|
| 가사 · 실업 | 인간 발달 | 식품과 영양 | 급식 관리 | 한국 조리 | 조리과<br>의상과<br>실내 디자인과<br>유아교육과<br>관광과<br>간호과<br>복지 서비스과<br>미용과 |
| | 동양 조리 | 서양 조리 | 제과 제빵 | 의복 재료 · 관리 | |
| | 패션 디자인 | 한국 의복 구성 | 서양 의복 구성 | 자수와 편물 | |
| | 주거 | 실내 디자인 | 가구 디자인 | 디스플레이 | |
| | 영 · 유아 교육 원리 | 영 · 유아 교육 프로그램 | 영 · 유아 놀이 교육 | 영 · 유아 생활 지도 | |
| | 관광 일반 | 관광 경영 실무 | 관광 서비스 실무 | 관광 외식 · 조리 | |
| | 관광 영어 | 관광 일본어 | 관광 중국어 | 간호의 기초 | |
| | 보건 간호 | 기초 간호 임상 실무 | 기초 복지 서비스 | 노인 생활 지원 | |
| | 헤어 미용 | 피부 관리 | 메이크업 | 공중 보건 | |
| 과학 | 물리 실험 | 화학 실험 | 생명 과학 실험 | 지구 과학 실험 | |
| | 과학사 | 전자 과학 | 정보 과학 Ⅰ | 정보 과학 Ⅱ | |
| | 고급 수학 | 고급 물리 | 고급 화학 | 고급 생명 과학 | |
| | 고급 지구 과학 | 과제 연구 Ⅰ | 과제 연구 Ⅱ | 환경 과학 | |
| | 현대 과학과 기술 | 원서 강독 | 워크숍 | 과학 철학 | |
| 체육 | 스포츠 개론 | 스포츠 경기 과학 | 체육과 진로 탐구 | 육상 운동 | 스포츠경기과<br>체육지도과 |
| | 체조 운동 | 수상 운동 | 개인 · 대인 운동 | 단체 운동 | |
| | 투기 운동 | 빙상 · 설상 운동 | 표현 · 창작 운동 | 체력 운동 | |
| | 전문 스포츠 경기 체력 | 전문 스포츠 경기 초급 | 전문 스포츠 경기 중급 | 전문 스포츠 경기 고급 | |
| | 전문 스포츠 경기 실습 | 스포츠 교육 | 코칭론 | 건강 관리 | |
| | | 전공 실기 | 전공 실습 | | |
| | 스포츠 경영 · 행정 | | | | |
| 예술 | 음악 이론 | 음악사 · 감상 | 시창 · 청음 | 음악 전공 실기 | 음악과<br>미술과<br>무용과<br>문예창작과<br>연극영화과<br>사진과 |
| | 합창 | 합주 | 연주 | 컴퓨터와 음악 | |
| | 교양 실기 | | | | |
| | 미술 이론 | 미술사 | 소묘 | 기초 회화 | |
| | 기초 조소 | 기초 디자인 · 공예 | 미술 전공 실기 | 영상 매체와 미술 | |
| | 미술 감상과 비평 | | | | |
| | 무용의 이해 | 기초 한국 무용 | 기초 발레 | 기초 현대 무용 | |
| | 무용 전공 실기 | 무용 음악 | 안무 | 무용 감상과 비평 | |
| | 문학의 이해 | 문장론 | 고전 문학의 비평 | 현대 문학의 감상과 비평 | |
| | 시 창작 | 소설 창작 | | | |
| | | | 희곡 창작 | 매체와 문학 | |

| 교과 | 과목 | | | | 기준 학과 |
|---|---|---|---|---|---|
| | 연극의 이해 | 무대 기술 | 연기 | 연극 제작 실습 | |
| | 연극 감상과 비평 | 영화의 이해 | 영화 기술 | 영화 창작과 표현 | |
| | 영화 제작 실습 | 영화 감상과 비평 | | | |
| | 사진의 이해 | 기초 촬영 | 중급 촬영 | 암실 실기 | |
| | 사진 편집 | 디지털 사진 촬영 | 디지털 사진 표현 기법 | 사진 감상과 비평 | |
| 외국어 | 심화 영어 | 영어 청해 | 영어 회화 I | 영어 회화 II | 영어과<br>독일어과<br>프랑스어과<br>스페인어과<br>중국어과<br>일본어과<br>러시아어과<br>아랍어과 |
| | 영어 독해 | 영어 작문 | 영어권 문화 I | 영어권 문화 II | |
| | 영어 문법 | | | | |
| | 기초 독일어 | 독일어 청해 | 독일어 회화 I | 독일어 회화 II | |
| | 독일어 독해 | 독일어 작문 | 독일어권 문화 I | 독일어권 문화 II | |
| | 독일어 문법 | | | | |
| | 기초 프랑스어 | 프랑스어 청해 | 프랑스어 회화 I | 프랑스어 회화 II | |
| | 프랑스어 독해 | 프랑스어 작문 | 프랑스어권 문화 I | 프랑스어권문화 II | |
| | 프랑스어 문법 | | | | |
| | 기초 스페인어 | 스페인어 청해 | 스페인어 회화 I | 스페인어 회화 II | |
| | 스페인어 독해 | 스페인어 작문 | 스페인어권 문화 I | 스페인어권문화 II | |
| | 스페인어 문법 | | | | |
| | 기초 중국어 | 중국어 청해 | 중국어 회화 I | 중국어 회화 II | |
| | 중국어 독해 | 중국어 작문 | 중국 문화 I | 중국 문화 II | |
| | 중국어 문법 | | | | |
| | 기초 일본어 | 일본어 청해 | 일본어 회화 I | 일본어 회화 II | |
| | 일본어 독해 | 일본어 작문 | 일본 문화 I | 일본 문화 II | |
| | 일본어 문법 | | | | |
| | 기초 러시아어 | 러시아어 청해 | 러시아어 회화 I | 러시아어 회화 II | |
| | 러시아어 독해 | 러시아어 작문 | 러시아 문화 I | 러시아 문화 II | |
| | 러시아어 문법 | | | | |
| | 기초 아랍어 | 아랍어 청해 | 아랍어 회화 I | 아랍어 회화 II | |
| | 아랍어 독해 | 아랍어 작문 | 아랍 문화 I | 아랍 문화 II | |
| | 아랍어 문법 | | | | |

| 교과 | 과목 | | | | 기준 학과 |
|---|---|---|---|---|---|
| 국제 | 영어 강독 | 독일어 강독 | 프랑스어 강독 | 스페인어 강독 | |
| | 중국어 강독 | 일본어 강독 | 러시아어 강독 | 아랍어 강독 | |
| | 국제 정치 I(6) | 국제 정치 II(6) | 국제 경제 I(6) | 국제 경제 II(6) | |
| | 세계 문제 | 비교 문화 I(6) | 비교 문화 II(6) | 정보 과학 | |
| | 국제법 | 지역 이해 | 인류의 미래 사회 | 한국의 전통 문화 | |
| | 한국의 현대 사회 | 한국어 | 과제 연구 I(6) | 과제 연구 II(6) | |
| | 예능 실습 | | | | |

① 전문 교육을 주로 하는 고등학교에서는 [표 3]에서 필요한 전문 과목을 80단위 이상 이수한다.

② 전문 교육을 주로 하는 고등학교에서는 다음 과목을 필수로 이수한다.

㉮ 농생명 산업 계열: 농업 이해, 농업 기초 기술, 농업 정보 관리

㉯ 공업 계열: 공업 입문, 기초 제도, 정보 기술 기초

㉰ 상업 정보 계열: 상업 경제, 회계 원리, 컴퓨터 일반

㉱ 수산 · 해운 계열: 해양 일반, 수산 · 해운 정보 처리, 수산 일반(수산 계열), 해사 일반(해운 계열)

㉲ 가사 · 실업 계열: 인간 발달, 컴퓨터 일반

㉳ 체육 계열: 스포츠 개론, 스포츠 경기 과학, 체육과 진로 탐구

㉴ 외국어 계열: 각 학과 해당 기초 외국어(영어과는 심화 영어), 청해, 회화 I, 문화 I, 독해

㉵ 국제 계열: 영어 강독, 지역 이해, 한국의 전통 문화

③ 전문 교과의 각 과목에 대한 이수 단위는 시 · 도 교육감이 정하되, 외국어와 국제에 관한 교과의 각 과목별 이수 단위는 8단위 이하로 배당한다.

④ 국제 계열 고등학교에서 이수하는 외국어 과목은 외국어에 관한 교과의 과목에서 선택하여 이수한다.

## IV. 교육과정 편성 · 운영 지침

### 1. 기본 지침

가. 국민 공통 기본 교육과정

1학년부터 10학년까지의 10년 동안에는 국민 공통 기본 교육과정을 편성, 운영한다.

(1) 국민 공통 기본 교육과정의 시간 배당 기준에 배당된 각 학년별 교과, 재량 활동, 특별 활동의 수업시간 수는 이 기간 동안에 모든 학생들이 필수적으로 이수해야 할 연간 기준 수업시간 수다.

(2) 국민 공통 기본 교육과정에서는 학생의 능력과 적성, 진로를 고려하여 교육 내용과 방법을 다양

화한다. 특히 국어, 사회, 수학, 과학, 영어 교과에서는 수준별 수업을 권장한다(2006. 8. 29, 교육인적자원부 고시 제2006-75호).

(3) 재량 활동에서 교과 재량 활동은 중등학교의 선택 과목 학습과 국민 공통 기본 교과의 심화 · 보충 학습을 위한 것이며, 창의적 재량 활동은 학교의 독특한 교육적 필요, 학생의 요구 등에 따른 범교과 학습과 자기 주도적 학습을 위한 것이다. 재량 활동의 영역별 이수 시간(단위) 수는 학교가 시 · 도 교육청의 지침에 따라 편성한다.

(가) 초등학교의 재량 활동은 창의적 재량 활동으로 운영한다.

(나) 중학교의 교과 재량 활동은 한문, 정보, 환경, 생활 외국어(독일어, 프랑스어, 스페인어, 중국어, 일본어, 러시아어, 아랍어), 기타의 선택 과목 학습 시간에 중점을 두어 운영한다.

(다) 고등학교 1학년의 교과 재량 활동은 선택 중심 교육과정의 선택 과목 학습 또는 국민 공통 기본 교과의 심화 · 보충 학습으로 운영한다. 다만, 전문 교육을 주로 하는 고등학교에서는 전문 교과로 대체하여 이수할 수 있다.

(4) 특별 활동은 다음과 같이 편성, 운영한다.

(가) 특별 활동의 영역별 시간(단위) 수는 학생의 요구와 지역 및 학교의 특성을 고려하여 학교 재량으로 배정하되, 봉사 활동과 행사 활동은 학교의 실정에 따라 별도의 시간을 확보하여 운영할 수 있다.

(나) 〈삭제〉

(다) 특별 활동은 학교의 필요에 따라 시간(단위) 배당 기준보다 더 많은 시간을 확보하여 운영할 수 있으며, 다양한 방식으로 시간 운영을 통합하거나 분할하여 융통성 있게 할 수 있다.

나. 고등학교 선택 중심 교육과정

11, 12학년의 2년 동안에는 선택 중심 교육과정을 편성, 운영한다.

(1) 선택 중심 교육과정의 총 이수 단위는 140단위로, 선택 과목에 132단위, 특별 활동에 8단위로 나누어 편성한다.

(2) 일반계 고등학교의 교과 편성 · 운영

(가) 〈삭제〉

(나) 〈삭제〉

(다) 선택 과목은 학생들의 균형적인 이수를 위하여 ① 인문 · 사회 과목군(국어, 도덕, 사회), ② 과학 · 기술 과목군(수학, 과학, 기술 · 가정), ③ 체육 과목군(체육), ④ 예술 과목군(음악, 미술), ⑤ 외국어 과목군(외국어), ⑥ 교양 과목군(한문, 교양)으로 나눈다. 모든 학생은 ①~④ 과목군에서 각각 1과목 이상, 외국어 과목군에서 영어를 제외한 외국어 중 1과목 이상, 교양 과목군에서 2과목 이상을 이수한다.

(라) 선택 과목 중 과목명에 II가 있는 과목을 선택하기 위해서는 I 을 먼저 이수해야 하나, 학교의 실정, 학생의 요구, 과목의 성격에 따라 이수를 면제하거나 대체할 수 있다.

(마) 선택 과목에 배당된 132단위 중에서 시 · 도 교육청, 단위 학교는 각각 28단위 이상 지정할 수 있다. 학생의 선택은 최소 28단위 이상으로 하되, 이에 대한 구체적인 사항은 시 · 도 교육청이 정한 지침에 따른다.

(바) 보통 교과의 선택 과목은 기준 단위를 2~4단위까지 증감 운영할 수 있다. 다만, 이수 단위가 4단위인 과목은 증배 운영만 가능하다.

(사) 〈삭제〉

(3) 전문 교육을 주로 하는 고등학교의 교과 편성 · 운영

(가) 국민 공통 기본 교과에 배당된 60단위는 필수적으로 이수하도록 하고, 이를 포함하여 보통 교과를 80단위 이상 이수하도록 한다.

(나) 선택 과목 중에서 전문 교과의 기초가 되는 과목을 선택하여 이수할 경우, 이를 해당 국민 공통 기본 교과의 이수로 간주할 수 있다.

(다) 교원 및 시설 여건과 학생들의 요구를 반영하여 11학년에서도 국민 공통 기본 교과의 일부를 편성할 수 있다.

(라) 보통 교과의 선택 과목은 기준 단위를 2~4단위까지 증감 운영할 수 있다.

(마) 내용이 유사하거나 관련되는 보통 교과의 선택 과목과 전문 교과는 교체하여 편성, 운영할 수 있다.

(바) 전문 교과는 필요한 경우 다른 계열의 전문 과목을 선택하여 편성, 운영할 수 있다.

(사) 〈삭제〉

(아) 2개 이상의 계열을 운영하는 실업계 고등학교의 경우 해당 학과가 속한 계열의 필수과목을 이수한다.

(자) 학교는 필요에 따라 시 · 도 교육감의 승인을 받아 총 교과 이수 단위를 10% 범위 내에서 증배 운영할 수 있다. 다만, 특수 목적 고등학교는 전문 교과에 한하여 증배 운영할 수 있다(2004년 11월 26일, 교육인적자원부 고시 제2004-85호).

(4) 11, 12학년의 특별 활동에 배당된 8단위는 지역 및 학교 실정에 따라, 각 영역별 이수 단위를 학교에서 재량으로 편성한다.

## 2. 지역 및 학교에서의 편성 · 운영

### 가. 시 · 도 교육청

(1) 편성

(가) 시 · 도 교육청은 이 교육과정에 의거하여 다음 사항이 포함된 각급 학교 교육과정 편성 · 운영 지침을 작성하고, 이를 관내의 지역 교육청과 각급 학교에 제시한다.

① 국민 공통 기본 교육과정과 교과, 재량 활동, 특별 활동의 시간 확보와 운영에 관한 사항

② 국민 공통 기본 교육과정의 교과, 재량 활동, 특별 활동의 교육 중점에 관한 사항

③ 〈삭제〉(2006년 8월 29일, 교육인적자원부 고시 제2006-75호)
④ 중학교 재량 활동의 선택 과목 시간 확보와 운영에 관한 사항
⑤ 고등학교 선택 중심 교육과정의 편성과 운영에 관한 사항
⑥ 교육과정에 표시되지 않은 교과목의 신설과 운영에 관한 사항
⑦ 고등학교의 계열, 학과의 신설과 운영에 관한 사항
⑧ 일반계 고등학교의 과정 설치와 운영에 관한 사항
⑨ 실업계 및 기타계 고등학교의 전문 교과 이수 단위에 관한 사항
⑩ 실업계 및 기타계 고등학교의 전문 교과 실험 · 실습에 관한 사항
⑪ 실업계 고등학교의 현장 실습에 관한 사항
⑫ 고등학교 총 이수 단위 수의 증배 운영에 관한 사항
⑬ 교과, 재량 활동, 특별 활동의 교육 평가에 관한 사항
⑭ 교과용 도서의 인정, 개발, 보급에 관한 사항
⑮ 조기 입학, 조기 진급 및 졸업에 관한 사항
⑯ 특수아, 귀국자 및 다문화 가정 자녀의 교육에 관한 사항
⑰ 학교 교육과정의 작성 절차 및 체제에 관한 사항
⑱ 독서 목록 작성 · 활용에 관한 사항
⑲ 교육과정 편성 · 운영에 관한 평가와 질 관리에 관한 사항
⑳ 재량 활동 및 특별 활동 운영의 지원에 관한 사항
㉑ 특성화 학교, 자율 학교 등의 교육과정 운영에 관한 사항
㉒ 기타 필요한 사항

(나) 시 · 도 교육청은 교육과정의 편성 · 운영에 관한 조사 연구와 자문 기능을 담당할 교육과정 위원회를 구성하여 운영한다. 이 위원회에는 교원, 교육 행정가, 교육과정 전문가, 교과 교육 전문가, 학부모, 지역사회 인사, 산업체 인사 등이 참여할 수 있다.

(다) 시 · 도 교육청은 지역의 특수성, 교육의 실태, 학생 · 교원 · 주민의 요구와 필요 등을 반영하여 시 · 도의 교육 중점을 설정하고, 교육과정 편성 · 운영 지침을 작성한다.

(라) 시 · 도 교육청은 학교, 연구 기관, 대학, 산업체 등과 연계하여 교육과정 편성 · 운영에 관한 연구를 추진하고, 그 결과를 편성 · 운영 지침의 작성 및 개선에 반영한다.

(마) 시 · 도 교육청은 각급 학교가 새 학년도 시작에 앞서 교육과정 편성 · 운영에 관한 계획을 세울 수 있도록 교육과정 편성 · 운영 자료를 개발, 보급하고, 교원의 전보를 적기에 시행한다.

(2) 운영

(가) 시 · 도 교육청은 관내의 지역 교육청에서의 교육과정 운영 지원 실태와 각급 학교의 교육과정 편성과 운영 실태를 정기적으로 파악하고, 효과적인 교육과정의 운영과 개선 및 질 관리에 필요한 적절한 지원, 지도, 조언을 한다.

(나) 교원의 교과, 재량 활동, 특별 활동에 대한 지도 능력 향상을 위하여 각급 학교 교원에 대한 연수 계획을 수립, 시행한다.

(다) 중학교 선택 과목, 고등학교의 선택 중심 교육과정이 정상적으로 운영될 수 있도록 장기적인 교원 수급 계획을 수립, 시행한다.

(라) 〈삭제〉

(마) 교과, 재량 활동, 특별 활동 운영을 위한 각종 교수-학습 자료를 연구, 개발하여 보급하고, 교육 시설, 설비, 자료 등의 정비 확충에 필요한 행 · 재정적인 지원을 한다.

(바) 각 학교가 수준별 수업을 효율적으로 운영하는 데 필요한 행 · 재정적인 지원을 한다(2006년 8월 29일, 교육인적자원부 고시 제2006-75호).

(사) 소규모 학교의 정상적인 교육과정 운영을 지원하기 위해서 교원의 배치, 학생의 교육받을 기회의 확충에 필요한 행 · 재정적인 지원을 한다.

(아) 교육과정 편성 · 운영의 개선을 위한 연구 · 시범 학교를 운영하고, 수업 개선을 위한 연구 교사를 두어 적극적으로 지원한다.

(자) 특정 분야에서 탁월한 재능을 보이는 학생과 학습 장애가 있는 학생들을 위한 교육 기회를 마련하고 지원한다.

(차) 귀국자 자녀의 교육 경험의 특성과 배경을 고려하고, 이 교육과정을 이수하는 데 어려움이 없도록 지원한다.

(카) 중등학교에서 이 교육과정에 제시된 선택 과목 이외의 과목을 설치, 운영하는 경우에 대비하여, 이를 위한 지침을 학교에 제시해 주고, 학교로 하여금 필요한 사전 절차를 밟도록 지원한다.

(타) 전 · 편입학, 귀국 등에 따라 국민 공통 기본 교과를 이수하지 못한 학생이나, 각 고등학교가 개설하지 못하는 과목을 선택하고자 하는 학생들이 해당 과목을 이수할 수 있도록 다양한 기회를 마련해 주고, 학생들이 지역사회의 공공성 있는 사회 교육 시설을 통해 이수한 과정을 인정해 주는 방안을 마련한다.

(파) 교과, 재량 활동, 특별 활동의 '목표-내용-방법-평가'의 일관성 있는 실천 과정을 확인하고, 실증적인 자료를 수집하여 교육의 질 관리에 활용한다.

나. 지역 교육청

(1) 편성

(가) 지역 교육청은 시 · 도 교육청의 학교급별 교육과정 편성 · 운영 지침을 기초로 하여 다음 사항이 포함된 학교 교육과정 편성 · 운영에 관한 실천 중심의 장학 자료를 작성하여 이를 관내의 초 · 중학교에 제시한다.

① 지역의 특수성에 바탕을 둔 중점 교육 활동에 관한 사항

② 학교 교육과정의 편성 · 운영에 필요한 교육 자료 및 지원에 관한 사항

③ 학교 간 교육과정 편성 · 운영의 협조에 관한 사항

④ 학교 간 교원의 순회 및 수급 협조에 관한 사항

⑤ 학교 간 교육 시설과 설비의 공동 활용에 관한 사항

⑥ 복식 학급 운영 등 소규모 학교의 교육과정 편성 · 운영에 관한 사항

⑦ 학교 교육과정의 평가와 질 관리에 관한 사항

⑧ 기타 필요한 사항

(나) 지역 특성에 적합한 학교 교육과정 편성 · 운영을 지도하고, 이를 지원하기 위하여 교원, 교육 행정가, 교육과정(교과) 전문가, 학부모, 지역 인사 등이 참여한 교육과정 위원회를 구성하여 운영한다.

(다) 학교 간에 공동으로 협의하여 학교 교육과정을 편성, 운영할 수 있도록 지원한다.

(2) 운영

(가) 지역 교육청은 각 학교의 교육과정 운영이 충실히 이루어질 수 있도록 장학 활동 계획을 수립하고, 정기적으로 시행한다.

(나) 학교 교육과정 편성 · 운영 방법에 관한 지역별 교원 연수를 실시한다.

(다) 각 학교의 교육과정 편성 · 운영을 지원하기 위한 각종 자료를 개발, 보급한다.

(라) 특수아, 귀국자 및 다문화 가정의 자녀를 위한 교육 기회를 마련하여 운영한다.

(마) 학교 교육과정의 효과적 운영을 위하여 학생의 배정, 교원의 원활한 교류, 학교 간 시설과 설비의 공동 활용, 자료의 공동 개발 활용에 관하여 학교 간 및 인접 교육청 간의 협조 체제를 구축한다.

(바) 관내 학교의 교육과정 편성 · 운영의 개선을 위한 연구 · 시범 학교를 운영, 지원하고, 수업 연구 교사 및 교과별 연구회 활동을 지원한다.

(사) 교과, 재량 활동, 특별 활동의 실천 과정을 확인, 평가하여 교육의 질 관리에 활용한다.

다. 학교

(1) 편성

〈공통 지침〉

(가) 학교는 이 교육과정과 시 · 도 교육청의 교육과정 편성 · 운영 지침, 지역 교육청의 학교 교육과정 편성 · 운영에 관한 장학 자료를 바탕으로, 학교 실정에 알맞은 학교 교육과정을 편성, 운영한다.

① 교과와 재량 활동 및 특별 활동에 배당된 시간은 연간 34주를 기준으로 한 최소한의 시간이므로, 이 기준에 미달되지 않도록 편성한다.

② 학교에서는 연간 수업시간 수를 계절, 학교 실정, 학생 실태, 교육 여건 등에 알맞게 월별, 주별로 적절히 배정하여 편성한다.

③ 주간 및 1일의 시간 배정은 요일 및 교과 간의 균형이 유지되도록 하며, 교과의 특성과 재량

활동, 특별 활동의 내용에 따라서는 시간을 통합하여 연속적으로 운영할 수 있다.

④ 중학교와 고등학교에서는 교과에 배당된 수업시간 수를 학기 또는 학년 단위로 집중 편성하여 이수하도록 할 수 있다.

(나) 교육과정의 합리적 편성과 효율적 운영을 위하여 교원, 교육과정(교과 교육) 전문가, 학부모 등이 참여하는 학교 교육과정 위원회를 구성하여 운영하며, 이 위원회는 학교장의 교육과정 운영 및 의사 결정에 관한 자문의 역할을 담당한다.

(다) 학교는 학교 교육과정 편성 · 운영 계획을 바탕으로 학년, 학급, 교과목별 교육과정을 편성할 수 있다.

(라) 학교 교육과정을 편성, 운영함에 있어서는 교원의 조직, 학생의 실태, 학부모의 요구, 지역사회의 실정 및 교육 시설 · 설비 등 교육 여건과 환경이 충분히 반영되도록 노력한다.

(마) 수준별 수업은 다음 사항에 유의하여 편성 · 운영한다(2006년 8월 29일, 교육인적자원부 고시 제2006－75호).

① 수준별 수업을 적용하는 교과는 심화 · 보충 학습을 위한 추가 시간이 필요할 경우, 재량활동에 배당된 시간 등 별도의 시간을 활용할 수 있다.

② 수준별 수업 운영을 위한 학습 집단은 학교의 여건이나 학생의 특성에 따라 다양하게 편성할 수 있다.

(바) 이 교육과정에 제시된 과목 이외의 과목을 설치, 운영하고자 할 때에는, 시 · 도 교육청의 교육과정 편성 · 운영 지침에 의거하여 사전에 필요한 절차를 거쳐야 한다.

〈학교급별 지침〉

(가) 초등학교

① 초등학교의 교과 중에서 주당 평균 3시간 이상의 수업시간 수가 배당된 교과는 주당 평균 1시간 이내에서 시수를 감축하여 학생의 요구와 학교의 필요에 따라 감축된 교과의 학습 활동과 관련되는 체험 활동 등으로 통합, 운영할 수 있다.

② 〈삭제〉(2006년 8월 29일, 교육인적자원부 고시 제2006－75호)

③ 복식 학급을 편성, 운영하는 경우에는, 교육 내용의 학년별 순서를 조정하거나 공통 주제를 중심으로 교재를 재구성하여 활용할 수 있다.

④ 초등학교 재량 활동에서는 주제 탐구, 소집단 공동 연구, 학습하는 방법의 학습, 통합적인 범교과 학습 등 다양한 교육 프로그램을 학교와 교사, 학생의 요구와 필요에 따라 편성하여 선택적으로 운영할 수 있다.

⑤ 초등학교에서는 모든 교육 활동을 통해 학생의 기본 생활 습관을 형성할 수 있도록 편성하고, 정확한 국어 사용 능력을 신장할 수 있도록 특별히 배려한다.

(나) 중학교

① 〈삭제〉(2006년 8월 29일, 교육인적자원부 고시 제2006－75호)

② 중학교 재량 활동은 다음 사항에 유의하여 편성, 운영한다.

㉮ 학교는 재량 활동에 배당된 시간 수를 학생의 요구와 학교의 실정을 기초로 융통성 있게 배정한다.

㉯ 〈삭제〉(2006년 8월 29일, 교육인적자원부 고시 제2006－75호)

㉰ 선택 과목을 개설할 경우, 학교는 2개 이상의 과목을 동시에 개설함으로써 학생들의 선택권이 보장되도록 유의한다.

(다) 고등학교

① 일반계 고등학교는 10학년까지 국민 공통 기본 교육과정을 이수할 수 있도록 교과를 편성한다.

② 〈삭제〉(2006년 8월 29일, 교육인적자원부 고시 제2006－75호)

③ 〈삭제〉(2006년 8월 29일, 교육인적자원부 고시 제2006－75호)

④ 일반계 고등학교의 교육과정에는 학생의 진로와 관련한 엄격한 과정을 따로 두지 아니하며, 개별 학생은 자신이 선택하여 이수한 과목들을 모아 자신의 과정을 만들어 가는 것을 원칙으로 한다. 초·중등교육법 시행령 제90조 제1항의 제5호 내지 제9호에 해당하지 아니하는 학교는 학생의 진로 선택을 돕고, 계열성 있는 선택 과목의 이수를 위하여 필요한 과정을 설치하여 운영할 수 있으며, 이와 관련한 구체적인 사항은 시·도 교육청이 정한 지침에 따른다(2004년 11월 26일, 교육인적자원부 고시 제2004－85호).

⑤ 창의적 재량 활동을 포함한 고등학교의 재량 활동에서는 학생의 적성과 진로 등을 고려하여 11, 12학년의 선택 중심 교육과정과 연계하여 운영할 수 있도록 노력한다.

⑥ 선택 과목은 학교의 실정과 학생들의 요구를 반영해서 편성한다. 특히 시·도가 정한 일정 규모 이상의 학생이 이 교육과정의 편제에 있는 특정 선택 과목의 개설을 요청할 경우, 학교는 이를 개설하여야 한다.

⑦ 학기당 이수 과목 수는 시·도 교육감이 정한 범위 이내로 편성하되, 가능한 10과목 이내로 하도록 한다.

⑧ 학교가 종교 과목을 개설할 때에는 종교 이외의 과목을 포함, 복수로 과목을 편성하여 학생에게 선택의 기회를 주어야 한다.

⑨ 〈삭제〉

⑩ 학교장은 자신의 학교에서 개설하지 않은 선택 과목 이수를 희망하는 학생이 있을 경우, 그 과목을 개설한 다른 학교에서의 이수도 인정하도록 한다. 특정 과목의 경우, 공공성 있는 지역사회의 학습장에서의 학습이 해당 학교에서보다 효과적이라고 판단할 경우, 학교장은 이를 허용하여야 하며, 이와 관련한 구체적인 사항은 시·도 교육청이 정한 지침에 따른다.

⑪ 실업계 및 기타계 고등학교의 학과별 필수 과목은 필요한 경우 학교장이 정할 수 있으며, 선택 과목은 학교장이 정하는 비율의 범위 내에서 학생이 선택하여 이수할 수 있도록 한다.

⑫ 실업계 고등학교에서는 교육과정 내용과 관련이 있는 현장 실습을 운영하여야 한다. 이 경우, 다양한 형태로 운영할 수 있으며 이와 관련된 구체적인 사항은 시 · 도 교육청이 정한 지침에 따른다.

⑬ 외국어 계열 고등학교에서는 전문 교과 총 이수 단위의 50% 이상의 전공 외국어와 전공 외국어 이외의 2개 외국어를 포함하여 전문 교과를 편성해야 한다(2004년 11월 26일, 교육인적자원부 고시 제2004-85호).

⑭ 이 교육과정에 명시되지 아니한 계열의 교육과정은 유사 계열의 교육과정에 준한다. 부득이 새로운 계열의 설치 및 그에 따른 교육과정을 편성할 경우와 학교의 실정에 따라 새로운 과목을 설정하여 운영하고자 할 경우에는, 시 · 도의 교육과정 편성 · 운영 지침에 의거하여 사전에 필요한 절차를 거쳐야 한다.

(2) 운영

(가) 학교 교육과정은 모든 교원이 전문성을 발휘하여 참여하는 민주적인 절차와 과정을 거쳐 편성, 운영한다.

(나) 학교 교육 활동 전반을 통하여 인성 교육이 통합적이고 체계적으로 이루어지도록 하여야 한다.

(다) 단위학교에서 수준별 수업을 운영할 경우, 다음 사항을 고려한다.

① 교과용 도서 이외의 수준별 교수-학습자료는 교육청이나 학교에서 개발한 것을 사용할 수 있다.

② 수준별 수업을 적용할 경우, 학습 결손을 보충할 수 있도록 '특별 보충 수업'을 운영할 수 있다. 특별 보충 수업의 편성 · 운영에 관한 제반 사항은 학교가 자율적으로 결정한다(2006월 8일 29월, 교육인적자원부 고시 제2006-75호).

(라) 학교는 다음과 같은 사항에 유의하여 학교 교육과정을 편성, 운영한다.

① 각 교과의 기초적, 기본적 요소들이 체계적으로 학습되도록 계획하고, 이를 일관성 있고 지속성 있게 지도한다.

② 각 교과목별 학습목표를 모든 학생이 성취하도록 지도하고, 능력에 알맞은 성취가 가능하도록 다양한 학습의 기회와 방법을 제공하며, 이를 위한 계획적인 배려와 지도를 하여 학습 결손이 누적되거나 학습 의욕이 저하되지 않도록 노력한다.

③ 교과 수업은 탐구적인 활동을 통하여 개념 및 원리를 이해하고, 이를 새로운 사태에 적용하는 기회를 많이 가지게 한다. 특히 여러 가지 자료를 활용한 정보 처리 능력을 가지도록 하는 데 힘쓴다.

④ 개별적인 학습 활동과 더불어 소집단 공동 학습 활동을 중시하여 공동으로 문제를 해결하는 경험을 많이 가지게 한다.

⑤ 각 교과 활동에서는 학습의 개별화가 이루어지도록 하고, 발표 · 토의 활동과 실험, 관찰, 조

사, 실측, 수집, 노작, 견학 등의 직접 체험 활동이 충분히 이루어지도록 유의한다.

⑥ 교과와 특별 활동의 내용 배열은 반드시 학습의 순서를 의미하는 것이 아닌 예시적인 성격을 지니고 있으므로, 필요한 경우에 지역의 특수성, 계절 및 학교의 실정과 학생의 요구, 교사의 필요에 따라 각 교과목의 학년별 목표에 대한 지도 내용의 순서와 비중, 방법 등을 조정하여 운영할 수 있다.

⑦ 교과와 재량 활동, 특별 활동의 효율적인 운영을 위하여 지역사회의 인적, 물적 자원을 계획적으로 활용한다.

⑧ 실험·실습이나 실기 지도에 있어서는 실습 시설 및 기계·기구 사용 시 안전에 특히 유의하도록 한다.

⑨ 교육 활동 전반을 통하여 남녀의 역할에 관한 편견을 가지지 않도록 지도한다.

(마) 특별 활동의 각 영역이 균형 있게 운영되도록 노력하여야 하며, 각 학교별로 특색 있는 중점 영역을 설정하여 육성함으로써 학교의 전통을 가꾸어 나가도록 한다.

① 지역사회의 인적 자원과 물적 자원을 계획적으로 활용하고, 학생의 개성, 취미, 흥미, 특기 등이 충분히 신장될 수 있도록 배려한다.

② 공동체 의식과 민주 시민의 자질이 형성될 수 있는 자율적인 집단 활동이 되도록 한다.

③ 지역 및 학교 실정과 활동 내용의 특성에 따라 연속적인 집중 이수를 할 수 있으며, 다양한 방법으로 융통성 있게 운영하도록 한다.

④ 학생의 적성과 능력에 적합한 진로를 결정할 수 있도록 상담의 기회를 마련한다.

(바) 학습 효과를 높이기 위하여 교과용 도서 이외에 교육 방송, 시청각 기교재, 각종 학습 자료 등을 활용한다.

(사) 교과용 도서 중심의 교육에서 탈피하여 교육 정보망, 멀티미디어 등 컴퓨터를 활용한 교육이 활성화되도록 한다.

(아) 민주 시민 교육, 인성 교육, 환경 교육, 경제 교육, 에너지 교육, 근로 정신 함양 교육, 보건 교육, 안전 교육, 성 교육, 소비자 교육, 진로 교육, 통일 교육, 한국 문화 정체성 교육, 국제 이해 교육, 해양 교육, 정보화 및 정보 윤리 교육, 청렴·반부패 교육, 물 보호 교육, 지속 가능 발전 교육, 양성 평등 교육, 장애인 이해 교육, 인권 교육, 안전·재해 대비 교육, 저출산·고령 사회 대비 교육, 여가 활용 교육, 호국·보훈 교육, 효도·경로·전통 윤리 교육, 아동·청소년 보호 교육, 다문화 교육, 문화 예술 교육, 농업·농촌 이해 교육, 지적 재산권 교육, 미디어 교육, 의사소통·토론 중심 교육, 논술 교육 등 범교과 학습 주제는 관련되는 교과, 재량 활동, 특별 활동 등 학교 교육 활동 전반에 걸쳐 통합적으로 다루어지도록 하고, 지역사회 및 가정과의 연계 지도에도 힘쓴다.

(자) 학교에서는 교육과정에 제시되지 않은 사회 현안에 대해 학생들의 올바른 이해를 돕기 위하여 계기 교육을 실시할 수 있으며, 이 경우 계기 교육 지침에 따른다.

(차) 학교에서는 독서 교육 계획을 수립하고, 국어과를 비롯한 각 교과 교육과 재량 활동 및 특별 활동에 활용할 수 있도록 한다.

(카) 심신 장애 학생을 위한 특수 학급을 설치, 운영하는 경우, 학생의 장애 정도와 능력을 고려하여 이 교육과정을 조정, 운영하거나, 특수학교 교육과정 및 교수-학습 자료를 활용할 수 있다.

(타) 학교는 학생과 학부모의 요구를 바탕으로 방과 후 학교 또는 방학 중 프로그램을 개설할 수 있으며, 학생들의 자발적인 참여를 원칙으로 한다.

(파) 학교는 동학년 모임, 교과별 모임, 현장 연구, 자체 연수 등을 통해서 교사들의 교육 활동 개선이 이루어지도록 한다.

(하) 학교는 학교 교육과정 편성과 운영의 적합성, 타당성, 효과성을 자체 평가하여 문제점과 개선점을 추출하고, 다음 학년도의 교육과정 편성 · 운영에 그 결과를 반영한다.

### 3. 교육과정의 평가와 질 관리

가. 이 교육과정 질 관리를 위하여 국가 수준에서는 주기적으로 학생 학력 평가, 학교와 교육 기관 평가, 교육과정 편성 · 운영에 관한 평가를 실시한다.

(1) 학업 성취도를 평가하기 위하여 교과별, 학년별 학생 평가를 실시하고, 평가 결과는 교육과정의 적절성 확보와 그 개선에 활용한다.

(2) 학교의 교육과정 편성 · 운영과 교육청의 교육과정 지원 상황을 파악하기 위하여 학교와 관련 교육청에 대한 평가를 주기적으로 실시한다.

(3) 교육과정 편성 · 운영과 지원 체제의 적절성과 실효성을 평가하기 위한 연구를 수행한다. 이 교육과정이 적용되는 첫해부터 다양한 절차를 거쳐 해당 학교, 학년, 학생에게 적절한지를 조사하여 평가하되, 교육과정 평가 연구는 교육과정의 편제, 시간(단위) 배당, 편성 · 운영 지침의 적절성과 그 적용 효과에 중점을 둔다.

나. 국가 수준에서는 학교에서 교육과정의 정신을 구현한 평가 활동이 원활히 이루어질 수 있도록 다양한 방안을 강구해서 학교 현장에 제공해 주어야 한다.

(1) 교과별로 '절대 평가 기준'을 개발, 보급하여 학교가 교과 교육과정의 목표에 부합되는 평가를 실시할 수 있도록 한다.

(2) 국가 수준의 평가 문항 은행을 구축하여 에듀넷 등 통신망을 통해 학교가 평가에 이용할 수 있도록 한다.

(3) 교과별 평가 활동에 활용할 수 있는 다양한 평가 방법, 절차, 도구 등을 개발하여 학교에 제공한다.

다. 시 · 도 교육청에서는 관내 학교의 교육과정 편성 · 운영에 대한 질 관리 및 지역 교육청의 교육과정 편성 · 운영 체제의 적절성과 실효성을 높이기 위하여 학업 성취도 평가, 교육과정 편성 · 운영 평가 등을 실시할 수 있다.

라. 학교에서 실시하는 평가 활동은 다음과 같은 사항을 고려해서 이루어져야 한다.

(1) 평가는 모든 학생들이 교육목표를 성공적으로 달성하기 위한 교육의 과정으로 실시한다.

(2) 학교는 다양한 평가 도구와 방법으로 성취도를 평가하여 학생의 목표 도달도를 확인하고, 수업의 질 개선을 위한 자료로 활용한다.

(3) 교과의 평가는 선다형 일변도의 지필 검사를 지양하고, 서술형 주관식 평가와 표현 및 태도의 관찰 평가가 조화롭게 이루어지도록 한다.

(4) 실험 · 실습의 평가는 교과목의 성격을 고려하여 합리적인 세부 평가 기준을 마련하여 실시한다.

(5) 정의적, 기능적, 창의적인 면이 특히 중시되는 교과의 평가는 타당한 평정 기준과 척도에 의거하여 실시한다.

(6) 학교와 교사는 학교에서 가르친 내용과 기능을 평가하도록 유의한다. 학생이 학교에서 배울 기회를 마련해 주지 않고, 학교 밖의 교육 수단을 통해서 익힐 수밖에 없는 내용과 기능은 평가하지 않도록 유의한다.

(7) 초등학교의 교과 활동 평가는 학생의 활동 상황과 특징, 진보의 정도 등을 파악하여, 그 결과를 서술적으로 기록하는 것을 원칙으로 한다.

(8) 재량 활동에 대한 평가는 교과 재량 활동과 창의적 재량 활동의 특성과 학생의 특성을 감안하여 평가의 주안점을 학교에서 작성, 활용한다. 다만, 창의적 재량 활동의 평가는 그 결과를 문장으로 기록하도록 한다.

### 4. 특수한 학교에서의 교육과정의 편성과 운영

가. 초 · 중 · 고등학교에 준하는 학교의 교육과정은 이 교육과정에 따라서 편성한다.

나. 교육인적자원부 직할 학교의 교육과정은 해당 시 · 도 교육청의 편성 · 운영 지침을 참고하여 학교장이 편성한다.

다. 공민 학교, 고등 공민 학교, 고등 기술 학교(3년제 과정), 근로 청소년을 위한 특별 학급 및 산업체 부설 학교, 기타 특수한 학교는 이 교육과정을 바탕으로 학교의 실정과 학생의 특성에 알맞은 학교 교육과정을 편성하고, 시 · 도 교육감의 승인을 얻어 운영한다.

라. 야간 수업을 하는 학교의 교육과정은 이 교육과정을 따르되, 다만 단위 수업시간을 40분으로 단축하여 운영할 수 있다.

마. 방송 통신 고등학교는 이 교육과정에 제시된 고등학교 선택 중심 교육과정을 따르되, 시 · 도 교육감의 승인을 얻어 이 교육과정의 편제와 단위 배당 기준을 조정하여 운영할 수 있다.

(1) 편제와 단위 배당 기준은 고등학교 선택 중심 교육과정에 준하되, 170단위 이상 이수하도록 한다.

(2) 교육은 방송 통신에 의한 수업, 출석 수업 및 첨삭 지도의 방법에 의한 수업으로 한다.

(3) 학교 출석 수업 일수는 연간 20일 이상으로 한다.

바. 특성화 학교, 자율 학교 등 법령에 의거하여 교육과정 편성 · 운영의 자율성이 부여되는 학교의 경

우에는 학교의 설립 목적 및 특성에 따른 교육이 가능하도록 교육과정 편성 · 운영의 자율권을 부여한다.

(1) 국민 공통 기본 교과에 배당된 총 이수 시간의 범위 내에서 교과별 수업시간 수를 증감하여 학교 재량으로 편성 · 운영할 수 있다. 단, 교과별 수업시간 수를 연간 68시간 미만으로는 감축 운영할 수 없다.

(2) 고등학교의 경우 국민공통 기본교과 외의 선택과목은 단위 학교별 특성에 따라 자율적으로 편성 · 운영할 수 있다.

(3) 특성화 학교의 경우 보통 교과 및 전문 교과의 총 이수 단위 수를 조정 운영할 수 있다.

(4) 이와 관련한 구체적인 사항은 시 · 도 교육청의 지침에 따른다.

사. 교육과정의 연구를 위해 새로운 방식으로 교육과정을 편성, 운영하고자 하는 학교는, 교육인적자원부 장관의 승인을 받아 이 교육과정의 기준과는 다르게 학교 교육과정을 편성, 운영할 수 있다.

부록 IV

## 2009개정
# 초·중등학교 교육과정 총론

2009 개정 교육과정: 2009.12. 23.
(교육과학기술부 고시 제2009-41호)

초·중등교육법 제23조 제2항에 의거하여 초·중등학교 교육과정을 다음과 같이 고시합니다.

2009년 12월 23일

교육과학기술부장관

1. 초·중등학교 교육과정은 【별책 1】과 같습니다.
2. 초등학교 교육과정은 【별책 2】와 같습니다.
3. 중학교 교육과정은 【별책 3】과 같습니다.
4. 고등학교 교육과정은 【별책 4】와 같습니다.
5. 국어과 교육과정은 【별책 5】와 같습니다.
6. 도덕과 교육과정은 【별책 6】과 같습니다.
7. 사회과 교육과정은 【별책 7】과 같습니다.
8. 수학과 교육과정은 【별책 8】과 같습니다.
9. 과학과 교육과정은 【별책 9】와 같습니다.
10. 실과(기술·가정) 교육과정은 【별책 10】과 같습니다.
11. 체육과 교육과정은 【별책 11】과 같습니다.
12. 음악과 교육과정은 【별책 12】와 같습니다.
13. 미술과 교육과정은 【별책 13】과 같습니다.
14. 외국어과 교육과정은 【별책 14】와 같습니다.
15. 중학교 선택 과목 교육과정은 【별책 16】과 같습니다.

16. 한문, 교양 선택 과목 교육과정은【별책 17】과 같습니다.
17. 창의적 체험활동 교육과정은【별책 18】과 같습니다.
18. 외국어 계열 전문 교과 교육과정은【별책 27】과 같습니다.
19. 국제 계열 전문 교과 교육과정은【별책 28】과 같습니다.

부칙

1. 이 교육과정은 학교급별, 학년별로 다음과 같이 시행합니다.
   가. 2011년 3월 1일: 초등학교 1, 2학년, 중학교 1학년, 고등학교 1학년
   나. 2012년 3월 1일: 초등학교 3, 4학년, 중학교 2학년, 고등학교 2학년
   다. 2013년 3월 1일: 초등학교 5, 6학년, 중학교 3학년, 고등학교 3학년
   라. 단, 고등학교 보통 교과 중 화법과 작문Ⅰ·Ⅱ, 독서와 문법Ⅰ·Ⅱ, 문학Ⅰ·Ⅱ, 한국지리, 세계지리, 동아시아사, 세계사, 법과 정치, 경제, 사회·문화, 생활과 윤리, 윤리와 사상, 물리Ⅰ·Ⅱ, 화학Ⅰ·Ⅱ, 생명과학Ⅰ·Ⅱ, 지구과학Ⅰ·Ⅱ, 운동과 건강 생활, 스포츠 문화, 스포츠 과학, 음악 실기, 음악과 사회, 음악의 이해, 미술과 삶, 미술 감상, 미술 창작, 농업 생명 과학, 공학 기술, 가정 과학, 창업과 경영, 해양 과학, 정보, 독일어Ⅰ·Ⅱ, 프랑스어Ⅰ·Ⅱ, 스페인어Ⅰ·Ⅱ, 중국어Ⅰ·Ⅱ, 일본어Ⅰ·Ⅱ, 러시아어Ⅰ·Ⅱ, 아랍어Ⅰ·Ⅱ, 한문Ⅰ·Ⅱ는 2012년부터 적용하며, 고등학교 보통 교과 중 '*' 표가 된 과목의 경우는 2011년 3월 1일부터 2014년 2월 28일까지 적용합니다.

## 교육과정의 성격

이 교육과정은 초·중등교육법 제23조 제2항에 의거하여 고시한 것으로, 초·중등학교의 교육목적과 교육목표를 달성하기 위한 국가 수준의 교육과정이며, 초·중등학교에서 편성, 운영하여야 할 학교 교육과정의 공통적, 일반적인 기준을 제시한 것이다.

이 교육과정의 성격은 다음과 같다.

가. 국가 수준의 공통성과 지역, 학교, 개인 수준의 다양성을 동시에 추구하는 교육과정이다.
나. 학습자의 자율성과 창의성을 신장하기 위한 학생 중심의 교육과정이다.
다. 교육청과 학교, 교원·학생·학부모가 함께 실현해 가는 교육과정이다.
라. 학교 교육 체제를 교육과정 중심으로 개선하기 위한 교육과정이다.
마. 교육의 과정과 결과의 질적 수준을 유지, 관리하기 위한 교육과정이다.

## Ⅰ. 교육과정 구성의 방향

### 1. 추구하는 인간상

우리나라의 교육은 홍익인간의 이념 아래 모든 국민으로 하여금 인격을 도야하고, 자주적 생활 능력과 민주 시민으로서 필요한 자질을 갖추게 하여 인간다운 삶을 영위하게 하고, 민주 국가의 발전과 인류 공영의 이상을 실현하는 데 이바지하게 함을 목적으로 하고 있다.

이러한 교육 이념을 바탕으로, 이 교육과정이 추구하는 인간상은 다음과 같다.

가. 전인적 성장의 기반 위에 개성의 발달과 진로를 개척하는 사람

나. 기초 능력의 바탕 위에 새로운 발상과 도전으로 창의성을 발휘하는 사람

다. 문화적 소양과 다원적 가치에 대한 이해를 바탕으로 품격 있는 삶을 영위하는 사람

라. 세계와 소통하는 시민으로서 배려와 나눔의 정신으로 공동체 발전에 참여하는 사람

### 2. 교육과정 구성의 방침

추구하는 인간상을 구현하기 위한 이 교육과정 구성의 방침은 다음과 같다.

가. 배려와 나눔을 실천하는 창의적인 인재를 기를 수 있도록 교육과정을 구성한다.

나. 이 교육과정은 초등학교 1학년부터 중학교 3학년까지의 공통 교육과정과 고등학교 1학년부터 3학년까지의 선택 교육과정으로 편성한다.

다. 교육과정 편성 · 운영의 경직성을 탈피하고, 학년 간 상호 연계와 협력을 통한 학교 교육과정 편성 · 운영의 유연성을 부여하기 위하여 학년군을 설정한다.

라. 공통 교육과정의 교과는 교육목적상의 근접성, 학문 탐구 대상 또는 방법상의 인접성, 생활양식에서의 연관성 등을 고려하여 교과군으로 재분류한다.

마. 선택 교육과정에서는 학생들의 기초영역 학습 강화와 진로 및 적성 등을 감안한 적정 학습이 가능하도록 4개의 교과 영역으로 구분하고, 필수이수단위를 제시한다.

바. 학기당 이수 교과목 수 축소를 통한 학습부담의 적정화와 의미 있는 학습활동이 전개될 수 있도록 집중이수를 확대한다.

사. 기존의 재량활동과 특별활동을 통합하여 배려와 나눔의 실천을 위한 '창의적 체험활동'을 신설한다.

아. 학교 교육과정 평가, 교과 평가의 개선, 국가 수준의 학업성취도 평가 실시 등을 통해 교육과정 질 관리 체제를 강화한다.

## Ⅱ. 학교급별 교육과정 편성과 운영

### 1. 초등학교

가. 초등학교 교육목표

초등학교의 교육은 학생의 학습과 일상생활에 필요한 기초 능력 배양과 기본 생활 습관을 형성하는 데 중점을 둔다.

(1) 풍부한 학습 경험을 통해 몸과 마음이 건강하고 균형 있게 자랄 수 있도록 하며, 다양한 일의 세계에 대한 기초적인 이해를 한다.

(2) 학습과 생활에서 문제를 인식하고 해결하는 기초 능력을 기르고, 이를 새롭게 경험할 수 있는 상상력을 키운다.

(3) 우리 문화에 대해 이해하고, 문화를 향유하는 올바른 태도를 기른다.

(4) 자신의 경험과 생각을 다양하게 표현하며 타인과 공감하고 협동하는 태도를 기른다.

나. 편제와 시간 배당

(1) 편제

(가) 초등학교 교육과정은 교과(군)와 창의적 체험활동으로 편성한다.

① 교과(군)는 국어, 사회/도덕, 수학, 과학/실과, 체육, 예술(음악/미술), 영어로 한다. 다만, 초등학교 1, 2학년의 교과는 국어, 수학, 바른 생활, 슬기로운 생활, 즐거운 생활로 한다.

② 창의적 체험활동은 자율 활동, 동아리 활동, 봉사 활동, 진로 활동으로 한다.

(2) 시간 배당 기준

<table>
<tr><th colspan="2">구분</th><th>1~2학년</th><th>3~4학년</th><th>5~6학년</th></tr>
<tr><td rowspan="7">교과(군)</td><td>국어</td><td rowspan="7">국어 448<br>수학 256<br>바른 생활 128<br>슬기로운 생활 192<br>즐거운 생활 384</td><td>408</td><td>408</td></tr>
<tr><td>사회/도덕</td><td>272</td><td>272</td></tr>
<tr><td>수학</td><td>272</td><td>272</td></tr>
<tr><td>과학/실과</td><td>204</td><td>340</td></tr>
<tr><td>체육</td><td>204</td><td>204</td></tr>
<tr><td>예술(음악/미술)</td><td>272</td><td>272</td></tr>
<tr><td>영어</td><td>136</td><td>204</td></tr>
<tr><td colspan="2">창의적 체험활동</td><td>272</td><td>204</td><td>204</td></tr>
<tr><td colspan="2">학년군별 총 수업시간 수</td><td>1,680</td><td>1,972</td><td>2,176</td></tr>
</table>

① 이 표에서 1시간 수업은 40분을 원칙으로 하되, 기후 및 계절, 학생의 발달 정도, 학습 내용의 성격 등과 학교 실정을 고려하여 탄력적으로 편성 · 운영할 수 있다.

② 학년군 및 교과(군)별 시간 배당은 연간 34주를 기준으로 한 2년간의 기준 수업 시수를 나타

낸 것이다.

③ 학년군별 총 수업시간 수는 최소 수업 시수를 나타낸 것이다.

④ 3~4학년의 국어과 기준 수업 시수는 주 5일 수업에 따라 감축된 시간 수이므로 학교에서는 442시간을 기준 수업 시수로 운영할 수 있다.

⑤ 실과의 수업시간은 5~6학년 과학/실과의 수업 시수에만 포함된 것이다.

다. 초등학교 교육과정 편성 · 운영의 중점

(1) 학교는 1학년 학생들의 입학 초기 적응 교육을 위해 창의적 체험활동의 시수를 활용하여 자율적으로 입학 초기 적응 프로그램 등을 편성 · 운영할 수 있다.

(2) 학교는 모든 교육 활동을 통해 학생의 인성과 기본 생활 습관을 형성할 수 있도록 교육과정을 편성 · 운영한다.

(3) 각 교과의 기초적, 기본적 요소들이 체계적으로 학습되도록 계획하고, 정확한 국어 사용 능력을 신장할 수 있도록 배려한다. 특히, 기초적 국어사용 능력과 수리력이 부족한 학생들을 위해 별도의 프로그램을 편성 · 운영할 수 있다.

(4) 학교의 특성, 학생 · 교사 · 학부모의 요구 및 필요에 따라 학교가 자율적으로 교과(군)별 20% 범위 내에서 시수를 증감하여 운영할 수 있다.

(5) 초등학교에서는 학교의 여건과 교과(군)별 특성을 고려하여 학년, 학기별로 집중 이수를 통해 학기당 이수 교과 수를 감축하여 편성 · 운영할 수 있다.

(6) 정보통신활용교육, 보건교육, 한자교육 등은 관련 교과(군)와 창의적 체험활동 시간을 활용하여 체계적인 지도가 이루어질 수 있도록 한다.

(7) 전입 학생이 특정 교과목을 이수하지 못할 경우, 교육청과 학교에서는 '보충 학습 과정' 등을 통해 학습 결손이 발생하지 않도록 한다.

(8) 학년을 달리하는 학생을 병합하여 복식 학급을 편성, 운영하는 경우에는 교육 내용의 학년별 순서를 조정하거나 공통 주제를 중심으로 교재를 재구성하여 활용할 수 있다.

(9) 학교는 학생이 학년군별로 이수해야 할 학년별, 학기별 교과목을 편성하여 안내 한다.

(10) 예술(음악/미술)은 음악과 미술 교과를 중심으로 편성 · 운영한다.

## 2. 중학교

가. 중학교 교육목표

학교의 교육은 초등학교 교육의 성과를 바탕으로, 학생의 학습과 일상생활에 필요한 기본 능력을 배양하며, 다원적인 가치를 수용하고 존중하는 민주 시민의 자질 함양에 중점을 둔다.

(1) 심신의 건강하고 조화로운 발달을 추구하며, 다양한 분야의 경험과 지식을 익혀 적극적으로 진로를 탐색한다.

(2) 학습과 생활에 필요한 기초 능력과 문제 해결력을 바탕으로 창의적 사고력을 기른다.

(3) 자신을 둘러싼 세계에 대한 경험을 토대로 다양한 문화와 가치에 대한 이해를 넓힌다.

(4) 다양한 소통 능력을 기르고 민주 시민으로서의 자질과 태도를 갖춘다.

나. 편제와 시간 배당 기준

(1) 편제

(가) 중학교 교육과정은 교과(군)와 창의적 체험활동으로 편성한다.

① 교과(군)는 국어, 사회(역사 포함)/도덕, 수학, 과학/기술·가정, 체육, 예술(음악/미술), 영어, 선택으로 한다. 선택은 한문, 정보, 환경, 생활 외국어(독일어, 프랑스어, 스페인어, 중국어, 일본어, 러시아어, 아랍어), 보건, 진로와 직업 등 선택 과목으로 한다.

② 창의적 체험활동은 자율 활동, 동아리 활동, 봉사 활동, 진로 활동으로 한다.

(2) 시간 배당 기준

| 구분 | | 1~3학년 |
|---|---|---|
| 교과(군) | 국어 | 442 |
| | 사회(역사 포함)/도덕 | 510 |
| | 수학 | 374 |
| | 과학/기술·가정 | 646 |
| | 체육 | 272 |
| | 예술(음악/미술) | 272 |
| | 영어 | 340 |
| | 선택 | 204 |
| 창의적 체험활동 | | 306 |
| 총 수업시간 수 | | 3,366 |

① 이 표에서 1시간 수업은 45분을 원칙으로, 기후 및 계절, 학생의 발달 정도, 학습 내용의 성격 등과 학교 실정을 고려하여 탄력적으로 편성·운영할 수 있다.

② 학년군 및 교과(군)별 시간 배당은 연간 34주를 기준으로 한 3년간의 기준 수업 시수를 나타낸 것이다.

③ 총 수업시간 수는 3년간의 최소 수업 시수를 나타낸 것이다.

다. 중학교 교육과정 편성·운영의 중점

(1) 학교는 학생들이 이수해야 할 3년간의 교과목을 학년별, 학기별로 편성하여 안내한다.

(2) 교과(군)의 이수 시기와 수업 시수는 학교가 자율적으로 결정할 수 있다.

(3) 학교의 특성, 학생 · 교사 · 학부모의 요구 및 필요에 따라 학교가 자율적으로 교과(군)별 수업 시수를 20% 범위 내에서 증감하여 운영할 수 있다.

(4) 교육 효과를 높이기 위해 학생의 학기당 이수 교과목 수를 8개 이내로 편성하도록 한다.

(5) 예술(음악/미술)은 음악과 미술 교과를 중심으로 편성 · 운영한다.

(6) 선택 과목을 개설할 경우, 학교는 2개 이상의 과목을 개설함으로써 학생들의 선택권이 보장되도록 한다.

(7) 학교는 필요한 경우 새로운 선택 과목을 개설할 수 있다. 새로운 과목을 개설하여 운영하고자 할 경우에는 시 · 도 교육청의 교육과정 편성 · 운영 지침에 의거하여 사전에 필요한 절차를 거쳐야 한다.

(8) 학교는 학생의 직업 및 진로에 대한 탐색과 선택을 돕기 위해 진로 교육을 강화한 교육과정을 편성 · 운영한다.

(9) 전입 학생이 특정 교과목을 이수하지 못할 경우, 교육청과 학교에서는 '보충 학습 과정' 등을 통해 학습 결손이 발생하지 않도록 한다.

### 3. 고등학교

가. 고등학교 교육목표

고등학교 교육은 중학교 교육의 성과를 바탕으로, 학생의 적성과 소질에 맞는 진로 개척 능력과 세계 시민으로서의 자질을 함양하는 데 중점을 둔다.

(1) 성숙한 자아의식을 토대로 다양한 분야의 지식과 기능을 익혀 진로를 개척하며 평생학습의 기본 역량과 태도를 갖춘다.

(2) 학습과 생활에서 새로운 이해와 가치를 창출할 수 있는 비판적, 창의적 사고력과 태도를 익힌다.

(3) 우리의 문화를 향유하고 다양한 문화와 가치를 수용할 수 있는 자질과 태도를 갖춘다.

(4) 국가 공동체의 발전을 위해 노력하며, 세계 시민으로서의 자질과 태도를 기른다.

나. 편제와 단위 배당 기준

(1) 편제

(가) 고등학교 교육과정은 교과(군)와 창의적 체험활동으로 편성한다.

(나) 교과는 보통 교과와 전문 교과로 한다.

① 보통 교과 영역은 기초, 탐구, 체육 · 예술, 생활 · 교양으로 구성하며, 교과(군)는 국어, 수학, 영어, 사회(역사/도덕 포함), 과학, 체육, 예술(음악/미술), 기술 · 가정/제2외국어/한문/교양으로 한다.

② 전문 교과는 농생명 산업, 공업, 상업 정보, 수산 · 해운, 가사 · 실업, 과학, 체육, 예술, 외국어, 국제에 관한 교과로 한다.

(다) 창의적 체험활동은 자율 활동, 동아리 활동, 봉사 활동, 진로 활동으로 한다.

(2) 단위 배당 기준

[표 1]

<table>
<tr><th rowspan="2"></th><th rowspan="2">교과 영역</th><th rowspan="2">교과(군)</th><th colspan="2">필수 이수 단위</th><th rowspan="2">학교자율과정</th></tr>
<tr><th>교과(군)</th><th>교과 영역</th></tr>
<tr><td rowspan="11">교<br>과<br>(군)</td><td rowspan="3">기초</td><td>국어</td><td>15(10)</td><td rowspan="3">45(30)</td><td rowspan="10">학생의 적성과 진로를 고려하여 편성</td></tr>
<tr><td>수학</td><td>15(10)</td></tr>
<tr><td>영어</td><td>15(10)</td></tr>
<tr><td rowspan="2">탐구</td><td>사회(역사/도덕 포함)</td><td>15(10)</td><td rowspan="2">35(20)</td></tr>
<tr><td>과학</td><td>15(10)</td></tr>
<tr><td rowspan="2">체육 · 예술</td><td>체육</td><td>10(5)</td><td rowspan="2">20(10)</td></tr>
<tr><td>예술(음악/미술)</td><td>10(5)</td></tr>
<tr><td>생활 · 교양</td><td>기술 · 가정/<br>제2외국어/<br>한문/<br>교양</td><td>16(12)</td><td>16(12)</td></tr>
<tr><td colspan="2">소계</td><td colspan="2">116(72)</td><td>64</td></tr>
<tr><td colspan="3">창의적 체험활동</td><td colspan="3">24</td></tr>
<tr><td colspan="3">총 이수 단위</td><td colspan="3">204</td></tr>
</table>

① 1단위는 50분을 기준으로 하여 17회를 이수하는 수업량이다.

② 1시간의 수업은 50분을 원칙으로 하되, 기후 및 계절, 학생의 발달 정도, 학습 내용의 성격 등과 학교 실정을 고려하여 탄력적으로 편성 · 운영할 수 있다.

③ 필수 이수 단위의 교과(군) 및 교과 영역 단위 수는 해당 교과(군) 및 교과 영역의 '최소 이수 단위'를 가리킨다.

④ 필수 이수 단위의 ( ) 안의 숫자는 전문교육을 주로 하는 학교, 예체능 등 교육과정 편성 · 운영의 자율권을 인정받은 학교가 이수할 것을 권장한다.

⑤ 총 이수 단위 수는 교과(군)과 창의적 체험활동의 이수 단위를 합한 것으로, 고등학교 졸업에 필요한 '최소 이수 단위'를 가리킨다.

(3) 보통 교과

[표 2]

| 교과 영역 | 교과(군) | 과목 |
|---|---|---|
| 기초 | 국어 | 국어*, 화법과 작문 I, 화법과 작문 II, 독서와 문법 I, 독서와 문법 II, 문학 I, 문학 II |

| 교과 영역 | 교과(군) | 과목 |
|---|---|---|
| | 수학 | 수학*, 수학의 활용, 수학 I , 미적분과 통계기본, 수학II, 적분과 통계, 기하와 벡터 |
| | 영어 | 영어*, 영어 I , 영어II, 실용 영어 회화, 심화 영어 회화, 영어 독해와 작문, 심화 영어 독해와 작문 |
| 탐구 | 사회 (역사/도덕 포함) | 사회*, 한국 지리, 세계 지리, 동아시아사, 세계사, 법과 정치, 경제, 사회 · 문화, 한국사* |
| | | 도덕*, 생활과 윤리, 윤리와 사상 |
| | 과학 | 과학*, 물리 I , 물리II, 화학 I , 화학II, 생명과학 I , 생명과학II, 지구과학 I , 지구과학II |
| 체육 · 예술 | 체육 | 체육*, 운동과 건강 생활, 스포츠 문화, 스포츠 과학 |
| | 예술 (음악/미술) | 음악*, 음악 실기, 음악과 사회, 음악의 이해 |
| | | 미술*, 미술과 삶, 미술 감상, 미술 창작 |
| 생활 · 교양 | 기술 · 가정/ 제2외국어/ 한문/ 교양 | 기술 · 가정*, 농업 생명 과학, 공학 기술, 가정 과학, 창업과 경영, 해양 과학, 정보 |
| | | 독일어 I , 독일어II, 프랑스어 I , 프랑스어II, 스페인어 I , 스페인어II, 중국어 I , 중국어II, 일본어 I , 일본어II, 러시아어 I , 러시아어II, 아랍어 I , 아랍어II |
| | | 한문 I , 한문II |
| | | 생활과 철학, 생활과 논리, 생활과 심리, 생활과 교육, 생활과 종교, 생활 경제, 안전과 건강, 진로와 직업, 보건, 환경과 녹색성장 |

① 각 과목의 기본 단위 수는 5단위이며, 각 과목별로 1단위 범위 내에서 증감 운영이 가능하며, 가능한 한 한 학기에 이수하도록 한다.

② *표 한 과목은 교과(군)별 학습의 위계를 고려하여 선택할 수 있도록 지도한다. 이 과목은 4단위 범위 내에서 증감하여 운영할 수 있다.

③ 위 표에 제시된 과목 이외에 전문교과의 과목을 편성 · 운영할 수 있다.

(4) 전문 교과

[표 3]

| 교과 | 과목 | | | | 기준 학과 |
|---|---|---|---|---|---|
| 농생명 산업 | 농업 이해 | 농업 기초 기술 | 농업 정보 관리 | 농업 경영 | 식물 자원과 |
| | 생물 공학 기초 | 재배 | 작물 생산 기술 | 숲과 인간 | 동물 자원과 |
| | 산림 자원 기술 | 원예 | 생활 원예 | 생산 자재 | 농업 토목과 |
| | 원예 기술 I | 원예 기술 II | 동물 자원 | 사육 기술 I | 식품 가공과 |
| | 사육 기술 II | 누에와 비단 | 조경 | 조경 기술 I | 농업 기계과 |
| | 조경 기술 II | 농업과 물 | 농촌과 농지 개발 | 농업 토목 기술 | 조경과 |

| 교과 | 과목 | | | | 기준 학과 |
|---|---|---|---|---|---|
| 농생명 산업 | 농업 토목 기술 II<br>농업 기계 기술 II<br>식품 가공 기술 II<br>환경 보전 | 농업 기계<br>식품 과학<br>농산물 유통<br>환경 관리 I | 농촌과 농지 개발<br>농업 기계 공작<br>식품 위생<br>농산물 유통 관리 I<br>환경 관리 II | 농업 토목 기술 I<br>농업 기계 기술 I<br>식품 가공 기술 I<br>농산물 유통 관리 II<br>농업과 관광 | 조경과<br>농산물유통정보과<br>환경 · 관광 농업과<br>생물 공학과 |
| 공업 | 공업 입문<br>기계 일반<br>기계 공작법<br>기계 기초 공작<br>금형 제작<br>전자 기계 제어<br>금속 제조<br>전기 응용<br>전력 설비 II<br>전자 · 전산 응용<br>정보 통신<br>프로그래밍<br>토목 설계<br>지적 전산<br>건축 목공<br>색채 관리<br>시각 디자인<br>제조 화학<br>구조 세라믹<br>식품 분석<br>제포 · 봉제<br>평판 인쇄<br>자동차 · 건설 기계<br>건설 기계 구조 · 정비<br>선박 건조<br>항공기 장비<br>대기 · 소음 방지<br>컴퓨터 게임 그래픽<br>영화 · 방송 제작 | 기초 제도<br>전기 일반<br>원동기<br>공작 기계 I<br>전자 기계 이론<br>로봇 기초<br>재료 가공<br>전기 회로<br>전기 · 전자 측정<br>전자 회로<br>통신 시스템<br>디지털 논리 회로<br>토목 일반<br>지적 실무<br>건축 시공 I<br>조형<br>컴퓨터 그래픽<br>분석 화학<br>세라믹 디자인<br>식품 공업 기술<br>염색 · 가공<br>특수 인쇄<br>자동차 기관<br>자동차 차체 수리<br>항공기 일반<br>항공기 전자 장치<br>폐기물 처리<br>만화 · 애니메이션 기초<br>촬영 · 조명 | 정보 기술 기초<br>공업 영어<br>유체 기기<br>공작 기계 II<br>전자 기계 회로<br>로봇 제작<br>주조<br>전기 기기<br>자동화 설비<br>계측 제어<br>컴퓨터 구조<br>측량<br>토목 재료 · 시공<br>건축 구조<br>건축 시공 II<br>제품 디자인<br>공업 화학<br>기능성 세라믹<br>발효 공업<br>섬유 재료<br>인쇄 일반<br>사진 · 전자 제판<br>자동차 섀시<br>선박 이론<br>항공기 기체<br>환경 공업 일반<br>컴퓨터 게임 기획<br>애니메이션 제작<br>방송 시스템 | 전문 제도<br>기계 설계<br>공기 조화 설비<br>산업 설비<br>전자 기계 공작<br>재료 일반<br>금속 처리<br>전력 설비 I<br>전자 기기<br>통신 일반<br>시스템 프로그래밍<br>역학<br>수리 · 토질<br>건축 계획 일반<br>디자인 일반<br>공예<br>단위 조작 · 공정 제어<br>세라믹 원리 · 공정<br>식품 제조 기계<br>방적 · 방사<br>인쇄 · 사진 재료<br>사진<br>자동차 전기전자 제어<br>선박구조<br>항공기 기관<br>수질 관리<br>컴퓨터 게임 프로그램<br>만화 창작 | 기계과<br>전자 기계과<br>금속 재료과<br>전기과<br>전자과<br>통신과<br>컴퓨터 응용과<br>토목과<br>건축과<br>디자인과<br>화학 공업과<br>환경 공업과<br>세라믹과<br>식품 공업과<br>섬유과<br>인쇄과<br>자동차과<br>조선과<br>항공과<br>컴퓨터 게임과<br>만화 · 애니메이션과<br>영상 제작과 |

| 교과 | 과목 | | | | 기준 학과 |
|---|---|---|---|---|---|
| 상업 정보 | 상업 경제<br>경영과 법<br>커뮤니케이션 실무<br>세무 회계<br>전자 무역과 국제 상무<br>프로그래밍 실무<br>멀티미디어 기획<br>인터넷 쇼핑몰 관리 | 컴퓨터 일반<br>마케팅과 광고<br>원가 회계<br>금융과 생활<br>유통 정보 관리<br>소프트웨어 개발<br>멀티미디어 실무<br>전자 상거래 실무 | 회계 원리<br>경영 정보 시스템<br>기업 회계<br>국제화와 기업 경영<br>물류 관리<br>사무 관리 실무<br>웹 프로그래밍<br>인터넷 마케팅 | 기업과 경영<br>기업 자원 관리<br>전산 회계<br>무역 영어<br>자료 처리<br>멀티미디어 일반<br>전자 상거래 일반<br>창업 일반 | 경영 정보과<br>회계 정보과<br>무역 정보과<br>유통 경영과<br>정보 처리과<br>멀티미디어과<br>전자 상거래과<br>응용디자인과<br>관광경영과 |
| 수산 · 해운 | 수산 일반<br>수산 생물<br>양식 생물 질병<br>해양 오염<br>열기관<br>잠수 기술<br>해사 영어<br>전자 통신 운용<br>해양 정보 관리 | 해사 일반<br>수산 경영 일반<br>수산 가공<br>냉동 일반<br>선박 보조 기계<br>항해<br>선화 운송<br>생선회 실무 | 해양 일반<br>해양 생산 기술<br>수산물 유통<br>냉동 기계<br>선박 전기 · 전자<br>선박 운용<br>전자 통신 공학<br>해양 레저 · 관광 | 수산 · 해운 정보 처리<br>수산 양식<br>해양 환경<br>냉동 공조 실무<br>기계 설계 · 공작<br>해사 법규<br>전자 통신 기기<br>항만 물류 일반 | 해양 생산과<br>수산 양식과<br>자영 수산과<br>수산 식품과<br>해양 환경과<br>냉동 공조과<br>동력 기계과<br>항해과<br>전자 통신과<br>해양 레저과<br>항만 물류과<br>해양 정보과 |
| 가사 · 실업 | 인간 발달<br>동양 조리<br>패션 디자인<br>주거<br>영 · 유아 교육 원리<br>관광 일반<br>관광 영어<br>보건 간호<br>헤어 미용 | 식품과 영양<br>서양 조리<br>한국 의복 구성<br>실내 디자인<br>영 · 유아 교육 프로그램<br>관광 경영 실무<br>관광 일본어<br>기초 간호 임상 실무<br>피부 관리 | 급식 관리<br>제과 제빵<br>서양 의복 구성<br>가구 디자인<br>영 · 유아 놀이 교육<br>관광 서비스 실무<br>관광 중국어<br>기초 복지 서비스<br>메이크업 | 한국 조리<br>의복 재료 · 관리<br>자수와 편물<br>디스플레이<br>영 · 유아 생활 지도<br>관광 외식 · 조리<br>간호의 기초<br>노인 생활 지원<br>공중 보건 | 조리과<br>의상과<br>실내 디자인과<br>유아교육과<br>관광과<br>간호과<br>복지 서비스과<br>미용과 |
| 과학 | 물리 실험<br>과학사<br>고급 수학<br>고급 지구 과학<br>현대 과학과 기술 | 화학 실험<br>전자 과학<br>고급 물리<br>과제 연구 I<br>원서 강독 | 생명 과학 실험<br>정보 과학 I<br>고급 화학<br>과제 연구 II<br>워크숍 | 지구 과학 실험<br>정보 과학 II<br>고급 생명 과학<br>환경 과학<br>과학 철학 | |

| 교과 | 과목 | | | | 기준 학과 |
|---|---|---|---|---|---|
| 체육 | 스포츠 개론 | 스포츠 경기 과학 | 체육과 진로 탐구 | 육상 운동 | 스포츠경기과 |
| | 체조 운동 | 수상 운동 | 개인 · 대인 운동 | 단체 운동 | 체육지도과 |
| | 투기 운동 | 빙상 · 설상 운동 | 표현 · 창작 운동 | 체력 운동 | |
| | 전문 스포츠 경기 체력 | 전문 스포츠 경기 초급 | 전문 스포츠 경기 중급 | 전문 스포츠 경기 중급 | |
| | 전문 스포츠 경기 실습 | 스포츠 교육 | 코칭론 | 건강 관리 | |
| | | 전공 실기 | 전공 실습 | | |
| | 스포츠 경영 · 행정 | | | | |
| 예술 | 음악 이론 | 음악사 · 감상 | 시창 · 청음 | 음악 전공 실기 | 음악과 |
| | 합창 | 합주 | 연주 | 컴퓨터와 음악 | 미술과 |
| | 교양 실기 | | | | 무용과 |
| | 미술 이론 | 미술사 | 소묘 | 기초 회화 | 문예창작과 |
| | 기초 조소 | 기초 디자인 · 공예 | 미술 전공 실기 | 영상 매체와 미술 | 연극영화과 |
| | 미술 감상과 비평 | | | | 사진과 |
| | 무용의 이해 | 기초 한국 무용 | 기초 발레 | 기초 현대 무용 | |
| | 무용 전공 실기 | 무용 음악 | 안무 | 무용 감상과 비평 | |
| | 문학의 이해 | 문장론 | 고전 문학의 감상과 비평 | 현대 문학의 감상과 비평 | |
| | 시 창작 | 소설 창작 | | | |
| | 연극의 이해 | 무대 기술 | 희곡 창작 | 매체와 문학 | |
| | 연극 감상과 비평 | 영화의 이해 | 연기 | 연극 제작 실습 | |
| | 영화 제작 실습 | 영화 감상과 비평 | 영화 기술 | 영화 창작과 표현 | |
| | 사진의 이해 | 기초 촬영 | | | |
| | 사진 편집 | 디지털 사진 촬영 | 중급 촬영 | 암실 실기 | |
| | | | 디지털 사진 표현 기법 | 사진 감상과 비평 | |
| 외국어 | 심화 영어 | 영어 청해 | 영어 회화 I | 영어 회화 II | 영어과 |
| | 영어 독해 | 영어 작문 | 영어권 문화 I | 영어권 문화 II | 독일어과 |
| | 영어 문법 | | | | 프랑스어과 |
| | 기초 독일어 | 독일어 청해 | 독일어 회화 I | 독일어 회화 II | 스페인어과 |
| | 독일어 독해 | 독일어 작문 | 독일어권 문화 I | 독일어권 문화 II | 중국어과 |
| | 독일어 문법 | | | | 일본어과 |
| | 기초 프랑스어 | 프랑스어 청해 | 프랑스어 회화 I | 프랑스어 회화 II | 러시아어과 |
| | 프랑스어 독해 | 프랑스어 작문 | 프랑스어권 문화 I | 프랑스어권 문화 II | 아랍어과 |
| | 프랑스어 문법 | | | | |
| | 기초 스페인어 | 스페인어 청해 | 스페인어 회화 I | 스페인어 회화 II | |
| | 스페인어 독해 | 스페인어 작문 | 스페인어권 문화 I | 스페인어권 문화 II | |
| | 스페인어 문법 | | | | |
| | 기초 중국어 | 중국어 청해 | 중국어 회화 I | 중국어 회화 II | |

| 교과 | 과목 | | | | 기준 학과 |
|---|---|---|---|---|---|
| 외국어 | 중국어 독해 | 중국어 작문 | 중국 문화 I | 중국 문화 II | |
| | 중국어 문법 | | | | |
| | 기초 일본어 | 일본어 청해 | 일본어 회화 I | 일본어 회화 II | |
| | 일본어 독해 | 일본어 작문 | 일본 문화 I | 일본 문화 II | |
| | 일본어 문법 | | | | |
| | 기초 러시아어 | 러시아어 청해 | 러시아어 회화 I | 러시아어 회화 II | |
| | 러시아어 독해 | 러시아어 작문 | 러시아 문화 I | 러시아 문화 II | |
| | 러시아어 문법 | | | | |
| | 기초 아랍어 | 아랍어 청해 | 아랍어 회화 I | 아랍어 회화 II | |
| | 아랍어 독해 | 아랍어 작문 | 아랍 문화 I | 아랍 문화 II | |
| | 아랍어 문법 | | | | |
| 국제 | 영어 강독 | 독일어 강독 | 프랑스어 강독 | 스페인어 강독 | |
| | 중국어 강독 | 일본어 강독 | 러시아어 강독 | 아랍어 강독 | |
| | 국제 정치 I | 국제 정치 II | 국제 경제 I | 국제 경제 II | |
| | 세계 문제 | 비교 문화 I | 비교 문화 II | 정보 과학 | |
| | 국제법 | 지역 이해 | 인류의 미래 사회 | 한국의 전통 문화 | |
| | 한국의 현대 사회 | 한국어 | 과제 연구 I | 과제 연구 II | |
| | 예능 실습 | | | | |

① 전문 교육을 주로 하는 고등학교에서는 [표 3]에서 필요한 전문 과목을 80단위 이상 이수한다.

② 전문 교육을 주로 하는 고등학교에서는 다음 과목을 필수로 이수한다.

㉮ 농생명 산업 계열: 농업 이해, 농업 기초 기술, 농업 정보 관리

㉯ 공업 계열: 공업 입문, 기초 제도, 정보 기술 기초

㉰ 상업 정보 계열: 상업 경제, 회계 원리, 컴퓨터 일반

㉱ 수산 · 해운 계열: 해양 일반, 수산 · 해운 정보 처리, 수산 일반(수산 계열), 해사 일반(해운 계열)

㉲ 가사 · 실업 계열: 인간 발달, 컴퓨터 일반

㉳ 체육, 외국어, 국제계열은 시 · 도 교육감이 정한 지침에 따르되, 과학, 예술 계열은 필수 이수 과목을 별도로 정하지 않는다.

다. 고등학교 교육과정 편성 · 운영의 중점

(1) 공통 지침

(가) 고등학교 교육과정의 총 이수 단위는 204단위이며 교과(군) 180단위, 창의적 체험활동 24단위로 나누어 편성한다.

(나) 교과의 이수 시기와 단위는 학교에서 자율적으로 편성 · 운영할 수 있다.

(다) 교육 효과를 높이기 위해 학생의 학기당 이수 과목 수를 8개 이내로 편성하도록 한다.

(라) 선택 과목 중에서 위계성을 갖는 과목의 경우 계열적 학습이 되도록 편성한다. 단, 학교의 실정 및 학생의 요구, 과목의 성격에 따라 탄력적으로 운영할 수 있다.

(마) 선택 과목은 학교의 실정과 학생들의 요구를 반영하여 편성하되, 학교는 필요에 따라 이 교육과정에 제시되어 있는 과목 외에 새로운 과목을 개설할 수 있다. 새로운 과목을 개설하여 운영하고자 할 경우에는 시·도 교육청의 교육과정 편성·운영 지침에 의거하여 사전에 필요한 절차를 거쳐야 한다.

(바) 일정 규모 이상의 학생이 이 교육과정의 편제에 있는 특정 선택 과목의 개설을 요청할 경우, 학교는 이를 개설해야 한다.

(사) 학교에서 개설하지 않은 선택 과목 이수를 희망하는 학생이 있을 경우 그 과목을 개설한 다른 학교에서의 이수를 인정하도록 한다.

(아) 학교 및 학생의 필요에 따라 지역사회의 학습장에서 행하는 학습을 이수 과목으로 인정할 수 있다. 다만, 이 경우 시·도 교육청이 정하는 지침에 따른다.

(자) 학교는 필요에 따라 대학과목 선이수제의 과목을 개설할 수 있고, 국제적으로 공인받은 교육과정과 과목을 선택 과목으로 인정할 수 있다. 다만, 이와 관련된 구체적인 사항은 시·도 교육청의 지침에 따른다.

(차) 학교는 필요에 따라 교과의 총 이수 단위를 증배 운영할 수 있다. 단, 전문 교육을 주로 하는 학교는 전문 교과에 한하여 증배 운영할 수 있다.

(카) 학교는 학생이 3년간 이수해야 할 학년별, 학기별 과목을 편성하여 안내해야 한다.

(2) 일반계 고등학교

(가) 교과(군)의 이수 단위 180단위 중 필수 이수 단위는 116단위 이상으로 한다.

(나) 학생의 진로 과정을 고려하여 교과(군)별 최소 필수 이수 단위 수로 편성할 수 있으나, 교과 영역별로 제시된 단위 수를 편성·운영하여야 한다.

(다) 일반계 고등학교에서 체육, 음악, 미술 등의 과정을 개설하거나 자율 학교로 지정된 학교의 경우 교과(군) 최소 이수 단위인 72단위로 편성·운영할 수 있다.

(라) 학교는 학생의 요구 및 흥미, 적성 등을 고려하여 진로를 적절히 안내할 수 있는 진로 집중 과정을 편성·운영하도록 한다. 이를 위해 학교는 이 교육과정에 제시하는 '학교자율과정' 에서 진로 집중 과정과 관련된 과목의 심화학습이 이루어질 수 있도록 편성·운영한다.

(마) 과학, 수학, 사회, 영어, 예술, 체육 등 교과를 중심으로 중점 학교를 운영할 수 있으며 이 경우, 학교 자율 과정의 50% 이상을 관련 교과목으로 편성할 수 있다.

(바) 체육, 음악, 미술 등의 과정을 개설하는 학교의 경우, 필요에 따라 지역 내 중점 학교 및 지역사회 학습장 등을 활용할 수 있다.

(사) 일반계 고등학교에서 직업에 관한 과정을 운영할 수 있으며, 이와 관련된 세부 지침은 시·도

교육청에서 정한다.

(아) 학교에서 제2외국어 과목을 개설할 경우, 2개 이상의 과목을 동시에 개설하도록 노력해야 한다.

(3) 전문교육을 주로 하는 고등학교

(가) 교과(군)의 이수 단위 180단위 중 보통 교과 필수 이수 단위는 72단위 이상으로 편성하며, 전문 교과의 과목은 80단위 이상 편성한다.

(나) 전문 교과의 각 과목에 대한 이수 단위는 시 · 도 교육감이 정하되, 외국어와 국제에 관한 교과의 각 과목별 이수 단위는 5단위를 기본으로 하되, 3단위 범위 내에서 증감 편성할 수 있다.

(다) 전문 교과의 기초가 되는 과목을 선택하여 이수할 경우, 이를 해당 보통 교과의 이수로 간주할 수 있다.

(라) 내용이 유사하거나 관련되는 보통 교과의 과목과 전문 교과의 과목은 교체하여 편성 · 운영할 수 있다.

(마) 농생명산업, 공업, 상업정보, 수산 · 해운, 가사 · 실업 계열의 고등학교는 다음과 같이 편성 · 운영할 수 있다.

① 전문 교과는 필요한 경우 다른 계열의 전문 과목을 선택하여 편성 · 운영할 수 있다.

② 학과별 필수 과목은 필요한 경우 학교장이 정할 수 있으며, 2개 이상의 계열을 운영하는 경우, 해당 학과가 속한 계열의 필수 과목을 이수한다.

③ 교육과정 내용과 관련이 있는 현장 실습을 운영하여야 한다. 이 경우 다양한 형태로 운영할 수 있으며, 이와 관련된 구체적인 사항은 시 · 도 교육청이 정한 지침에 따른다.

(바) 국제계열 고등학교는 전공 관련 교과군과 외국어에 관한 교과의 과목에서 80단위 이상 이수하되, 전공 관련 교과군에서 50% 이상 편성한다.

(사) 외국어 계열 고등학교에서는 전문 교과 총 이수 단위의 60% 이상을 전공 외국어로 하고, 전공 외국어 포함 2개 외국어로 전문 교과를 편성해야 한다.

(아) 이 교육과정에 명시되지 아니한 계열의 교육과정은 유사 계열의 교육과정에 준한다. 부득이 새로운 계열의 설치 및 그에 따른 교육과정을 편성할 경우와 학교의 실정에 따라 새로운 과목을 설정하여 운영하고자 할 경우에는 시 · 도 교육청의 교육과정 편성 · 운영 지침에 의거하여 사전에 필요한 절차를 거쳐야 한다.

### 4. 학교급별 공통 사항

가. 편성 · 운영

(1) 학교는 이 교육과정을 바탕으로 학교 실정에 알맞은 학교 교육과정을 편성 · 운영한다.

(2) 학교는 학교 교육과정 편성 · 운영 계획을 바탕으로 학년 및 교과목별 교육과정을 편성할 수 있다.

(3) 학교 교육과정은 모든 교원이 전문성을 발휘하여 참여하는 민주적인 절차와 과정을 거쳐 편성 · 운영한다.

(4) 교육과정의 합리적 편성과 효율적 운영을 위하여 교원, 교육과정(교과 교육) 전문가, 학부모 등이 참여하는 학교 교육과정 위원회를 구성하여 운영하며, 이 위원회는 학교장의 교육과정 운영 및 의사 결정에 관한 자문의 역할을 담당한다.

(5) 학교 교육과정을 편성·운영함에 있어서는 교원의 조직, 학생의 실태, 학부모의 요구, 지역사회의 실정 및 교육 시설·설비 등 교육 여건과 환경이 충분히 반영되도록 노력한다.

(6) 학교는 동학년 모임, 교과별 모임, 현장 연구, 자체 연수 등을 통해서 교사들의 교육 활동 개선이 이루어지도록 한다.

(7) 학교가 종교 과목을 개설할 때에는 종교 이외의 과목을 포함, 복수로 과목을 편성하여 학생에게 선택의 기회를 주어야 한다.

(8) 각 교과의 기초적, 기본적 요소들이 체계적으로 학습되도록 계획하고, 이를 일관성 있고 지속성 있게 지도한다.

(9) 각 교과목별 학습목표를 모든 학생이 성취하도록 지도하고, 능력에 알맞은 성취가 가능하도록 다양한 학습의 기회와 방법을 제공하며, 이를 위한 계획적인 배려와 지도를 하여 학습 결손이 누적되거나 학습 의욕이 저하되지 않도록 노력한다.

(10) 공통 교육과정에서는 학생의 능력과 적성, 진로를 고려하여 교육 내용과 방법을 다양화한다. 특히 국어, 수학, 사회, 과학, 영어 교과에서는 수준별 수업을 권장한다.

(11) 수준별 수업 운영을 위한 학습 집단은 학교의 여건이나 학생의 특성에 따라 다양하게 편성할 수 있으며, 학습 결손을 보충할 수 있도록 '특별 보충 수업'을 운영할 수 있다. 특별 보충 수업의 편성·운영에 관한 제반 사항은 학교가 자율적으로 결정한다.

(12) 교과 수업은 탐구적인 활동을 통하여 개념 및 원리를 이해하고, 이를 새로운 사태에 적용하는 기회를 많이 가지게 한다. 특히 여러 가지 자료를 활용한 정보 처리 능력을 가지도록 하는 데 힘쓴다.

(13) 개별적인 학습 활동과 더불어 소집단 공동 학습 활동을 중시하여 공동으로 문제를 해결하는 경험을 많이 가지게 한다.

(14) 각 교과 활동에서는 학습의 개별화가 이루어지도록 하고, 발표·토의 활동과 실험, 관찰, 조사, 실측, 수집, 노작, 견학 등의 직접 체험활동이 충분히 이루어지도록 유의한다.

(15) 학교는 창의적 체험활동이 실질적 체험학습이 되도록 지역사회의 유관기관과 적극적으로 연계·협력해서 프로그램을 운영해야 한다.

(16) 교과와 창의적 체험활동의 효율적인 운영을 위하여 지역 사회의 인적, 물적 자원을 계획적으로 활용한다.

(17) 창의적 체험활동에 배당된 시간 수는 학생의 요구와 학교의 실정에 기초하여 융통성 있게 배정하여 운영할 수 있다.

(18) 교과와 창의적 체험활동의 내용 배열은 반드시 학습의 순서를 의미하는 것이 아닌 예시적인 성

격을 지니고 있으므로, 필요한 경우에 지역의 특수성, 계절 및 학교의 실정과 학생의 요구, 교사의 필요에 따라 각 교과목의 학년별 목표에 대한 지도 내용의 순서와 비중, 방법 등을 조정하여 운영할 수 있다.

(19) 심신 장애 학생을 위한 특수 학급을 설치, 운영하는 경우, 학생의 장애 정도와 능력을 고려하여 이 교육과정을 조정 · 운영하거나, 특수학교 교육과정 및 교수-학습 자료를 활용할 수 있다.

(20) 학습부진아, 장애를 가진 학생, 귀국 학생, 다문화 가정 자녀 등이 학교에서 충실한 학습 경험을 누릴 수 있도록 특별한 배려와 지원을 하도록 한다.

(21) 교육 활동 전반을 통하여 남녀의 역할에 관한 편견을 가지지 않도록 지도한다.

(22) 범교과 학습 주제는 관련되는 교과와 창의적 체험활동 등 교육 활동 전반에 걸쳐 통합적으로 다루어지도록 하고 지역 사회 및 가정과의 연계 지도에도 힘쓴다.

> 민주 시민 교육, 인성 교육, 환경 교육, 경제 교육, 에너지 교육, 근로 정신 함양 교육, 보건 교육, 안전 교육, 성 교육, 소비자 교육, 진로 교육, 통일 교육, 한국 정체성 교육, 국제 이해 교육, 해양 교육, 정보화 및 정보 윤리 교육, 청렴 · 반부패 교육, 물 보호 교육, 지속 가능 발전 교육, 양성 평등 교육, 장애인 이해 교육, 인권 교육, 안전 · 재해 대비 교육, 저출산 · 고령 사회 대비 교육, 여가 활용 교육, 호국 · 보훈 교육, 효도 · 경로 · 전통 윤리 교육, 아동 · 청소년 보호 교육, 다문화 교육, 문화 예술 교육, 농업 · 농촌 이해 교육, 지적 재산권 교육, 미디어 교육, 의사소통 · 토론 중심 교육, 논술 교육, 한국 문화사 교육, 한자 교육, 녹색 교육 등

(23) 학교에서는 교육과정에 제시되지 않은 사회 현안에 대해 학생들의 올바른 이해를 돕기 위하여 계기 교육을 실시할 수 있으며, 이 경우 계기 교육 지침에 따른다.

(24) 교과용 도서 이외의 교수-학습 자료는 교육청이나 학교에서 개발한 것 등을 사용할 수 있다.

(25) 각 교과의 특성에 맞는 다양한 학습이 이루어질 수 있도록 교과 교실제 운영을 활성화한다.

(26) 실험 · 실습이나 실기 지도에 있어서는 시설 및 기계 · 기구, 약품 사용의 안전에 유의하도록 한다.

(27) 학교는 학생과 학부모의 요구를 바탕으로 방과 후 학교 또는 방학 중 프로그램을 개설할 수 있으며, 학생들의 자발적인 참여를 원칙으로 한다.

나. 평가 활동

(1) 학교는 학교 교육과정 편성과 운영의 적합성, 타당성, 효과성을 자체 평가하여 문제점과 개선점을 추출하고, 다음 학년도의 교육과정 편성 · 운영에 그 결과를 반영한다.

(2) 학교에서 실시하는 평가 활동은 다음과 같은 사항을 고려해서 이루어지도록 한다.

(가) 평가는 모든 학생들이 교육목표를 성공적으로 달성하기 위한 교육의 과정으로 실시한다.

(나) 학교는 다양한 평가 도구와 방법으로 성취도를 평가하여 학생의 목표 도달도를 확인하고, 수

업의 질 개선을 위한 자료로 활용한다.

(다) 교과의 평가는 선택형 평가보다는, 서술형이나 논술형 평가 그리고 수행 평가의 비중을 늘려서 교과별 특성에 적합한 평가를 실시하도록 한다.

(라) 실험 · 실습의 평가는 교과목의 성격을 고려하여 합리적인 세부 평가 기준을 마련하여 실시한다.

(마) 정의적, 기능적, 창의적인 면이 특히 중시되는 교과의 평가는 타당한 평정 기준과 척도에 의거하여 실시한다.

(바) 학교와 교사는 학교에서 가르친 내용과 기능을 평가하도록 한다. 학생이 학교에서 배울 기회를 마련해 주지 않고, 학교 밖의 교육 수단을 통해서 익힐 수밖에 없는 내용과 기능은 평가하지 않도록 유의한다.

(사) 창의적 체험활동에 대한 평가는 창의적 체험활동의 내용과 특성을 감안하여 평가의 주안점을 학교에서 작성, 활용한다.

## III. 학교 교육과정 지원

### 1. 학교 교육과정 편성 · 운영 지원

가. 국가 수준 지원 사항

이 교육과정의 원활한 편성 · 운영을 위하여 국가 수준에서는 다음과 같이 평가하고 지원한다.

(1) 시 · 도 교육청의 교육과정 지원 활동과 단위학교의 교육과정 편성 · 운영 활동이 상호 유기적으로 이루어질 수 있도록 행 · 재정적 지원을 한다.

(2) 이 교육과정의 질 관리를 위하여 국가 수준에서는 주기적으로 학업 성취도 평가, 학교와 교육기관 평가, 교육과정 편성 · 운영에 관한 평가를 실시한다.

(가) 학업 성취도를 평가하기 위하여 교과별, 학년(군)별 학생 평가를 실시하고, 평가 결과는 교육과정의 적절성 확보와 그 개선에 활용한다.

(나) 학교의 교육과정 편성 · 운영과 교육청의 교육과정 지원 상황을 파악하기 위하여 학교와 관련 교육청에 대한 평가를 주기적으로 실시한다.

(다) 교육과정 편성 · 운영과 지원 체제의 적절성과 실효성을 평가하기 위한 연구를 수행한다.

(3) 국가 수준에서는 학교에서 교육과정의 정신을 구현한 평가 활동이 원활히 이루어질 수 있도록 다양한 방안을 강구해서 학교 현장에 제공해 주어야 한다.

(가) 교과별로 '평가 기준'을 개발, 보급하여 학교가 교과 교육과정의 목표에 부합되는 평가를 실시할 수 있도록 한다.

(나) 교과별 평가 활동에 활용할 수 있는 다양한 평가 방법, 절차, 도구 등을 개발하여 학교에 제공한다.

나. 교육청 수준 지원 사항

이 교육과정의 원활한 편성·운영을 위하여 교육청은 다음과 같은 사항을 지원한다.

(1) 교육과정의 편성·운영에 관한 조사 연구와 자문 기능을 담당할 위원회를 구성하여 운영한다. 이 위원회에는 교원, 교육 행정가, 교육학 전문가, 교과 교육 전문가, 학부모, 지역사회 인사, 산업체 인사 등이 참여할 수 있다.

(2) 지역의 특수성, 교육의 실태, 학생·교원·주민의 요구와 필요 등을 반영하여 교육 중점을 설정하고, 교육과정 편성·운영 지침을 작성한다.

(3) 교육과정 편성·운영의 개선을 위한 연구 학교를 운영하고, 수업 개선을 위한 연구 교사를 두어 교과별 연구회 활동을 적극적으로 지원한다.

(4) 학년군, 교과군 도입을 통한 단위학교 교육과정 자율 편성과 창의적 체험활동의 효율적인 운영을 위한 교육과정 컨설팅 등 지원 기구를 조직하여 교육과정 편성·운영을 위한 각종 자료를 연구, 개발하여 보급한다.

(5) 교원의 학교 교육과정 편성·운영 능력 향상과 교과와 창의적 체험활동에 대한 지도 능력 제고를 위하여 각급 학교 교원에 대한 연수 계획을 수립, 시행한다.

(6) 각급 학교가 새 학년도 시작에 앞서 교육과정 편성·운영에 관한 계획을 세울 수 있도록 교육과정 편성·운영 자료를 개발·보급하고, 교원의 전보를 적기에 시행한다.

(7) 학교 교육과정 편성과 운영을 위한 교육 시설, 설비, 자료 등의 정비 확충에 필요한 행·재정적인 지원을 한다.

(8) 학교가 지역사회의 유관기관과 적극적으로 연계·협력해서 교과, 창의적 체험활동을 내실 있게 운영할 수 있도록 지원하며, 관내 학교가 활용 가능한 '지역 자원목록'을 작성하여 제공하는 등 구체적인 지원 방안을 마련한다.

(9) 수준별 수업을 효율적으로 운영하도록 지원하며, 학습 결손을 보충할 수 있도록 '특별 보충 수업'을 운영하는 데 필요한 행·재정적인 지원을 한다.

(10) 개별 학교의 희망과 여건을 반영하여 지역 내 학교 간 개설할 집중과정을 조정하고, 그 편성·운영을 지원한다. 특히, 소수 학생이 지망하는 집중과정을 개설할 학교를 지정하고, 원활한 교육과정 편성·운영을 위한 행·재정적 지원을 한다.

(11) 특정 분야에서 탁월한 재능을 보이는 학생과 학습 장애가 있는 학생들을 위한 교육 기회를 마련하고 지원한다.

(12) 귀국자 및 다문화 가정 자녀의 교육 경험의 특성과 배경을 고려하여 이 교육과정을 이수하는 데 어려움이 없도록 지원한다.

(13) 전·입학, 귀국 등에 따라 공통 교과를 이수하지 못한 학생들이 해당 교과를 이수할 수 있도록 다양한 기회를 마련해 주고, 학생들이 지역사회의 공공성 있는 사회 교육 시설을 통해 이수한 과정을 인정해 주는 방안을 마련한다.

(14) 지역사회와 학교의 여건에 따라 초등학교 저학년 학생을 학교에서 돌볼 수 있는 기능을 강화하

고, 이에 대해 교육청은 특별한 배려와 지원을 하도록 한다.

(15) 교육과정에 제시되지 않은 교과목을 설치, 운영하는 경우에 대비하여, 교육청은 관련 지침을 학교에 제시해 주고, 학교로 하여금 필요한 사전 절차를 밟도록 지원한다.

(16) 복식 학급 운영 등 소규모 학교의 정상적인 교육과정 운영을 지원하기 위해서 교원의 배치, 학생의 교육받을 기회의 확충 등에 필요한 행 · 재정적인 지원을 한다.

(17) 학교 교육과정의 효과적 운영을 위하여 학생의 배정, 교원의 순회 및 수급, 학교 간 시설과 설비의 공동 활용, 자료의 공동 개발 활용에 관하여 학교 간 및 인접 교육청 간의 협조 체제를 구축한다.

(18) 학생의 교육 활동에 필요한 교과용 도서의 인정, 개발, 보급을 위해 노력한다.

(19) 전문 교육을 주로 하는 고등학교는 개설 전공과 유사한 산업체와 협력하여 특성화된 교육과정과 실습 과목을 편성 · 운영할 수 있으며, 학생의 현장 실습이 내실 있게 운영될 수 있도록 행 · 재정적 지원을 한다.

(20) 학교에 대한 교육과정 운영 지원 실태와 각급 학교의 교육과정 편성 · 운영 실태를 정기적으로 파악하고, 효과적인 교육과정의 운영과 개선 및 질 관리에 필요한 적절한 지원을 한다.

(21) 학교의 교육과정 편성 · 운영에 대한 질 관리 및 교육과정 편성 · 운영 체제의 적절성과 실효성을 높이기 위하여 학업 성취도 평가, 교육과정 편성 · 운영 평가 등을 실시할 수 있다.

### 2. 특수한 학교에서의 교육과정 편성과 운영

가. 초 · 중 · 고등학교에 준하는 학교의 교육과정은 이 교육과정에 따라서 편성 · 운영한다.

나. 국가가 설립 운영하는 학교의 교육과정은 해당 시 · 도 교육청의 편성 · 운영 지침을 참고하여 학교장이 편성한다.

다. 공민학교, 고등 공민학교, 고등기술학교, 근로 청소년을 위한 특별 학급 및 산업체 부설 학교, 기타 특수한 학교는 이 교육과정을 바탕으로 학교의 실정과 학생의 특성에 알맞은 학교 교육과정을 편성하고, 시 · 도 교육감의 승인을 얻어 운영한다.

라. 야간 수업을 하는 학교의 교육과정은 이 교육과정을 따르되, 다만 단위 수업시간을 40분으로 단축하여 운영할 수 있다.

마. 방송 통신 고등학교는 이 교육과정에 제시된 고등학교 교육과정을 따르되, 시 · 도 교육감의 승인을 얻어 이 교육과정의 편제와 단위 배당 기준을 다음과 같이 조정하여 운영할 수 있다.

(1) 편제와 단위 배당 기준은 고등학교 교육과정에 준하되, 162단위 이상 이수하도록 한다.

(2) 교육은 방송 통신에 의한 수업, 출석 수업 및 첨삭 지도의 방법에 의한 수업으로 한다.

(3) 학교 출석 수업 일수는 연간 20일 이상으로 한다.

바. 특성화 학교, 자율학교 등 법령에 의거하여 교육과정 편성 · 운영의 자율성이 부여되는 학교의 경우에는 학교의 설립 목적 및 특성에 따른 교육이 가능하도록 교육과정 편성 · 운영의 자율권을 부여하고, 이와 관련한 구체적인 사항은 시 · 도 교육청의 지침에 따른다.

사. 교육과정의 연구를 위해 새로운 방식으로 교육과정을 편성, 운영하고자 하는 학교는, 교육과학기술부 장관의 승인을 받아 이 교육과정의 기준과는 다르게 학교 교육과정을 편성 · 운영할 수 있다.

# 참고문헌

강승호 외(1996). 현대 교육평가의 이론과 실제. 서울: 양서원.

강이철(2001). 코스웨어 설계를 위한 교육공학의 이론과 실제. 서울: 학지사.

강현석(1996). 학문중심 교육과정설계의 준거 개발. 경북대학교 박사학위논문.

강현석(2001). 교육과정 연구에서 질적 접근의 반성적 조절. 교육과정연구, 19(2), 19-52.

강현석, 이경섭(1999). 교육과정 설계상의 주요 쟁점 분석. 교육과정연구, 17(1), 137- 165.

강현석, 이경섭(1999). 교육과정 평가상의 주요 쟁점 분석. 교육학논총, 19(2), 87-114.

강현석 외(2000). 학교 교육과정 개발. 서울: 지선사.

강현석 외(2003). 통합 교육과정의 이론과 실제. 서울: 양서원.

강현석, 주동범 · 김창호(2004). 선택중심 교육과정의 이론과 실제. 서울: 학지사.

교육법전편찬회(2005). 교육법전. 서울: 교학사.

교육부(1997a). 초 · 중등학교 교육과정.

교육부(1997b). 교육과정 개요 자료.

교육부(2000). 고등학교 교육과정 해설(총론).

교육부(2001). 학교 교육과정 편성 · 운영의 실제.

국립중앙평가원(1996). 초등학교의 새로운 평가제도에 따른 수행평가의 이론과 실제. 서울: 국립교육평가원.

김경자 역(1993). 교육과정 혁신: 관심에 기초한 교육과정 실행 모형(CBAM). 서울: 교육과학사.

김경자(2000). 학교 교육과정론. 서울: 교육과학사.

김대현, 김석우(1999). 교육과정 및 교육평가. 서울: 학지사.

김복영 외 공역(2001). 교육과정 담론의 새 지평. 서울: 원미사.

김병성(2001). 교육연구방법. 서울: 학지사.

김석우(2002). 교육연구법. 서울: 학지사.

김성훈, 김신영, 김재철, 반재천, 백순근, 서민원(2010). 예비교사를 위한 교육평가. 서울: 학지사.

김인식 외 역(2004). 신 교육목표분류학. 서울: 교육과학사.

김인식 외(1990). 교육과정 및 평가. 서울: 교육과학사.
김인식, 박영무, 최원성(1995). 교육과정 이론과 분석. 서울: 교육과학사.
김인식, 최호성(1999). 최신 교육과정 및 평가. 서울: 교육과학사.
김인식, 박영무, 이원희, 최호성, 강현석, 박창언, 박찬혁 공역(2004). 신 교육목표분류학. 서울: 교육과학사.
김재복 외(1996). 학교 교육과정 편성 · 운영 실태 및 개선 방안 연구. 인천교육대학교.
김재춘 외(1998). 초 · 중등 교육과정평가 방안—제7차 교육과정 평가 실행에 대비한 기초연구—. 한국교육과정평가원 연구보고 RRC 98-2.
김재춘, 부재율, 소경희, 채선희(2002). 예비 · 현지교사를 위한 교육과정과 교육평가. 서울: 교육과학사.
김진규(2002). 교육과정과 교육평가. 서울: 동문사.
김한종(1999). 역사수업 도구로서 내러티브의 구성 형식과 원리. 사회과교육학연구, (3), 81-207.
김호권, 임인제, 변창진, 김영채(1986). 현대교육평가론. 서울: 교육출판사.
문수백(2003). 학위논문 작성을 위한 연구방법의 실제. 서울: 학지사.
박도순, 원효헌, 이원석(2011). 교육평가. 서울: 문음사.
박도순, 홍후조(1999). 교육과정과 교육평가. 서울: 문음사.
박봉목(2000). 위대한 교육사상가들IV. 서울: 교육과학사.
박승배(2001). 교육과정학의 이해. 서울: 양서원.
배호순(1994). 프로그램 평가론. 도서출판 원미사.
백순근(1998). 수행평가의 이론과 실제. 서울: 원미사.
변창진 외(1996). 교육평가. 서울: 학지사.
변창진, 최진승, 문수백, 김진규, 권대훈(2001). 교육평가. 서울: 학지사.
서울대교육연구소(2000). 교육학 용어사전. 서울: 하우.
서혜애 외 공역(2000). 국가 과학교육 기준. 서울: 교육과학사.
성태제(1996). 문항제작 및 분석의 이론과 실제. 서울: 학지사.
성태제(2003). 현대 교육평가. 서울: 학지사.
윤재원 역(2011). 미국의 공교육 개혁, 그 빛과 그림자. 서울: 지식의 날개.
이경섭(1984). 현대교육과정연구. 서울: 교육과학사.
이경섭(1990). 교육과정 유형별 연구. 서울: 교육과학사.
이달우(1995). 형식도야이론의 교육원리. 교육총론 11집. 공주대 교육연구소.
이성호(1986). 교육과정과 평가. 서울: 양서원.
이종원(1991). 경험교육과정의 통합관에 대한 구조주의적 해석. 경북대학교 박사학위논문.
이칭찬 · 황선경(2003). 교육과정과 교육평가. 서울: 동문사.
이해명(1987). 교육과정과 학습지도의 기본 원리. 서울: 교육과학사.
이홍우(1992). 교육과정 탐구(증보). 서울: 박영사.
이홍우 역(1994). 민주주의와 교육. 서울: 교육과학사.
이흔정(2003). 내러티브 교육과정의 적용에 관한 연구. 고려대학교 박사학위논문.
장원조(1994). 교육과정 실행 방략의 모색. 경북대학교 박사학위논문.
정종진(1996). 교육평가의 최근 동향. 초등교육논총, 8, 93-120.
조승제(2002). 교육과정과 평가. 서울: 교육과학사.
조인진(1998). 수준별 교육과정에 대한 반성적 고찰. 교육과정연구, 16(1), 469-488.
진영은, 조인진, 김봉석(2003). 교육과정과 교육평가의 탐구. 서울: 학지사.
채선희(1998). 교육과정 및 교육평가 연수 자료집. 한국고용과정평가원.

최동근 외(2000). 교육방법의 공학적 접근. 서울: 교육과학사.

최호성(1993). 교육과정 평가의 모형 정립과 평가기준 설정 및 타당화 연구. 경북대학교 박사학위논문.

한국교육과정학회 편(2010). 교육과정: 이해와 개발. 서울: 교육과학사. pp. 285-327.

한국교육심리학회 편(2000). 교육심리학 용어사전. 서울: 학지사.

한국교육평가연구회 편(1995). 교육측정 · 평가 · 연구 · 통계 용어사전. 서울: 중앙교육진흥연구소.

한일조, 신호균(2003). 미국 교육에서의 정보기술소양의 개념과 기준. 비교교육연구, 13(1), 217-234.

함수곤 외(2003). 교육과정 개발의 이론과 실제. 서울: 교육과학사.

함종규(2003). 한국교육과정변천사 연구. 서울: 교육과학사.

허경철(2000). 21세기 교육평가 어떻게 할 것인가. 한국교육과정평가원세미나 자료집. 107-140.

허숙(1987). 교육과정이론의 쟁점. 서울: 교육과학사.

허숙(1992). 교육과정과 목적. 서울: 교육과학사.

홍후조(2002). 교육과정의 이해와 개발. 서울: 문음사.

황윤한(2002). 구성주의와 교과교육. 서울: 문음사.

Alberty, H. B., & Alberty, E. L. (1963). *Reorganizing the High School Curriculum*. New York: The Macmillan.

Alkin, M. C.(1969). Evaluation Theory Development. *Evaluation Conment, 2*, 1.

Anderson, Lorin W., & Krathwohl, David R., (Eds). (2001). A Taxonomy for Learning, Teaching and assessing: A Revision of Bloom's Taxonomy of Educational Objectives. New York: Longman.

Apple, M. (1979). *Ideology and Curriculum*. London: RKP.

Arends, R. I. (1994). *Learning to Teach*. New York: McGraw-Hill.

Beauchamp, G. A. (1968). *Curriculum Theory*. Wilmette: The Kagg.

Beauchamp, G. A. (1981). *Curriculum Theory*(2ed). New York: F. E. Peacock Publishers.

Bereiter, C., & Scardamalia, M. (1987). An attainable version of high literacy: Approaches to teaching higher-order Skills in reading and writting. *Curriculum Inquiry, 17*(1), 9-30.

Berman, P., & McLaughlin, M. W. (1977). Federal Programs Supporting Educational Change, US Office of Education, Santa Monica: Rand Corporation.

Bigge, M., & Shermis, S. (1999). Learning Theories for Teachers(6th ed.) NY: An Imprint of Addison-Wesely Lonhman, Inc.

Bloom, B. S. (Ed.) (1956). Taxonomy of Educational Objectives: The Classification of Educational Goals. *Handbook I: Cognitive Domain*. New York: David Mckay.

Bobbitt, F. (1918). *The Curriculum*. New York: Houghton Mifflin.

Bobbitt, F. (1924). *How to make a Curriculum*. Boston: Houghton Mifflin.

Bowles, S., & Gintis, H. (1976). Schooling in Capitalist America, New York: Basic Books.

Brady, L. (1992). *Curriculum Developmant in Australia*(4th ed.) Sydney: Prentice-Hall.

Broudy, H. S. (1961). *Building a Philosophy of Education*(2nd ed.). Englewood Cliffs, N. J.: Prentice Hall, 이인기, 서명원 역(1963), 교육철학. 서울: 을유문화사.

Bruner, J. S. (1960). *The Process of Education*. Cambridge. Mass.: Harvard University Press.

Bruner, J. S. (1966a). *On knowing: Essays for the Left Hand*. Mass.: Harvard University Press.

Bruner, J. S. (1966b). *Toward a Theory of Instruction*. New York: W. W. Norton.

Bruner, J. S. (1971). *The Process of Education Reconsidered*. Robert R. Leeper (Ed.), ASCD.

Bruner, J. S. (1996). *The Culture of Education*. Cambridge. Mass.: Harvard University Press.

Caswell, H. L., & Campbell, D. S. (1935). *Curriculum Development*. New York: American Book.

Cherryholmes, C. H. (1988), *Power and Criticism: Poststructural Investigations in Education.* New York: Teachers College Press.

Cherryholmes, C. H. (1999). *Reading Pragmatism.* New York and London: Teachers College, Columbia University.

Choppin, B. H. (1990). Evaluation as a Field of Inquiry: Evaluation, Assessment, and Measurement. In H. J. Walberg & G. D. Haertel (Eds.), *The International Encyclopedia of Educational Evaluation.* New York: Pergamon.

Clandinin, J., & Connelly, M. (2000). *Narrative inquiry: Experience and Story Inqualitative Research.* San Francisco: Jossey-Bass.

Conle, C. (2003). An Anatomy of Narrative Curricular. *Educational Researder, 32*(3), 3-15.

Connelly, F. M. (1972). The Functions of Curriculum development. Interchange, 3(2-3), 161-177.

Dalin, P., & McLaughlin, M. W. (1975). Strategies for innovation in higher deucation. Stockholm: ERSSRD in Higher education.

Denzin, N., & Lincoln, Y. (2000). *Handbook of Qualitative Research*(2nd edition). London: Sage Publication.

Dewey, J. (1916). *Democray and Education.* NY: Macmillan.

Dewey, J. (1963). *Experience and Education.* New York: Collier Macmillan.

Doll, W. E. Jr. (1993). *A Post-Modern Perspective on Curriculum.* New York: Teachers College Press.

Doyle, W., & Carter, K. (2003). Narrative and learning to teach: Implication for teacher-education curriculum. *Journal of curriculum Studies, 35*(2), 129-137.

Duffy, T., & Jonassen, D. (1991). Constructivism: New Implications for Instructional technology. *Educational Technology, 31*(5), 7-11.

Egan, K. (1986). *Teaching as story telling.* The University of Chicago Press.

Eisner, E. W. (1994). *The Educational Imagination.* New York: Macmillan.

Farrar, E., Desanctis, J. E., & Cohen, D. K. (1979). *Views from below: Implementation research in education.* Cambridge, MA: Huron Institue.

Fredericks, A. (1992). *The integrated curriculum.* Englewood, Colo.: Teacher Ideas Press.

Freire, P. (1973) *Pedagogy of the Oppressed.* New York: Seabury Press.

Fullan, M. (1982). *The meaning of educational change.* NY: Teachers College Press.

Fullan, M., & Pompret, A. (1977). Research of Curriculum and Instruction Implementation. *Review of Educational Research, 47*(2).

Fullan, M. G., Bennett, B., & Rolheiser-Bennett, C. (1989). *Linking classroom and improvement.* AERA paper. San Francisco.

Gagné, R. M., & Briggs, L. J. (1979). *Principles of Instructional Design.* NY: Holt, Rinehard and Winston.

Giles, H. H., McCutcheon, S. P., & Zechiet, A. N. (1942). *Exploring the Curriculum.* New York: Harper & Brothers.

Giroux, H. A. (1981). Ideology, Culture, and the Process of Schooling. Philadelphia: Temple Univ. Press.

Giroux, H. A., & Purple, D. (1982). *The Hidden Curriculum and Moral Education: Illusion or Insight.* Berkeley: McCutchen.

Goodlad, J. I. (1963). *Planning and Organizing for Teaching.* Washington, DC: NEA.

Groalund, N. E. (1981). Measurement and Evaluation in Teaching. New York: The Macmillan Puolishing Co.

Gudmundsdottir, S. (1991). Srory-maker, story-teller: Narrative structure in Curriculum. *Journal of Curriculum Studies, 23*(3), 207-218.

Hauenstein, A. Dean. (1998). Conceptual Framework for Educational Objectives: A Holistic Approach to Traditional Taxonomies. Lanham, MD: University Press of America.

Harrow, A. (1972). A Taxonomy of the psychomotor domain: A Guide for developing behavioral objectives. NY: David Mckay.

Hennings, D., Hennings, G., Banich, S. (1993). Today's elementary social studies(2nd ed.) Prospect Height. Ill.: Waveland Press.

Hirst, P. H. (1974). *Knowledge and the Curriculum.* London: Routledge & Kegan Paul.

Hirst, P. H., & Peters, R. S. (1970). *The Logic of Education.* London: Routledge & Kegan Paul.

Hosford, P. L. (1973). *An Instructional Theory.* NJ: Prentice-Hall.

Jackson, P. W. (1968). *Life in classroom.* New York: Holt, Rinehat & Winston.

Jackson, P. W. (1992). *Handbook of Research on Curriculum.* AERA, NY: Macmillan Publishing Company.

Jacobs, H., & Borland, J. (Fall, 1986). The interdisciplinary concept model: Theory and Practice. *Gifted Child Quarterly, 30*(4), 159-163.

Jantsch, E. (1972). Inter-and Trans-disciplinary University: A Systems Approach to Education and Innovation. *Higher Education, 1*, 7-37.

Jarolimek, J., & Parker, W. C. (1993). *Social studies in elementary education*(9th ed.) NY: Macmillan.

John, P. (1993). *Lesson Planning for Teachers.* NY: Cassell Educational Limited.

Johnson, M. (1967). Definitions and Models in Curriculum Theory. *Educational Theory, 17*(2), 127-139.

Johnson, M. (1968). Definitions and Models in Curriculum Theory. In E. C. Short & G. D. Marconnit (Ed.), *Contemporary Thought on Public SchoolCurriculum.* Dubuque, Iowa: WM, C. Brown.

Kang, Hyeon-Suk (1998). Another Perspective on Curriculum History as a Field of Study. *The Journal of Curriculum Studies,* in Korea 16(1), 207-244.

Kilpatrick, W. H. (1918). The project method. *Teachers College Record, 19*(4), 319-335.

King, A. R. Jr., & Brownell, J. A. (1966). *Curriculum and the Discipline of knowledge.* New York: John Wiley & Sons Inc.

Klein, M. F. (1989). Alternative Curriculum Conceptions and Designs. *Theory into Practice, 25*(1).

Kliebard, H. M. (1986). The Struggle for the American Curriculum 1893-1958. Boston: RKP.

Klohr, P. (1980). The curriculum theory field. *Curriculum Perspectives, 1*(1), 1-7.

Krathwohl, D. R., Bloom, B. S., & Masia, B. B. (1964). Taxonomy of Educational Objectives, *Handbook II: Affective Domain.* New York: David Mckay.

Lauritzen, C., & Jager, M. (1997). *Integrating learning through story: The narrative Curriculum.* NY: Delmar Publishers.

Leithwood, K. A. (1981). Managing the Implementation of Curriculum Innovation. *Knowledge, Creation, Diffusion, Utilization, 2*(3).

Lemlech, J. K. (1998). *Curriculum and Instructional Methods for the Elementary and Middle School.* (4th ed.). NY: Merrill, an imprint of Prentice Hall.

Longstreet, W. S., & Shane, H. G. (1993). *Curriculum for a New Millennium.* London: Allyn and Bacon.

MacDonald, B., & Walker, R. (1976). *Changing the curriculum.* London: Open Books.

Madaus, G. F., Scriven, M. S., & Stufflebeam, D. L. (1983). *Evaluation Models: View pionts on Educational and Human Services Evaluation.* Boston: Kluwer-Nijhoff.

Mager, R. (1962). *Preparing Instructional Objectives.* Palo Alto, CA: Fearon.

Marsh, C., & Willis, G. (1995). *Curriculum: An Alternative Approaches: On going Issues.* Columbus, OH: Merrill.

Marzano, Robert J. (2001). *Designing a New Taxonomy of Educational Objectives.* Thousand Oaks. CA: Corwin

Press.

Maxim, G. (1995). *Social studies and the elementary school child*(5th ed.) Englewood cliffs, N. J.: Merrill.

McEwan, H., & Egan, K. (Eds.) (1995). *Narrative in Teaching, Learning, and Research*. Teachers College Press.

McNeil, J. D. (1985). *Curriculum: A Comprehensive Introduction*. NY: Little Brown.

McNeil, J. D. (1985). *Curriculum: A Comprehensive Introduction*(3rd ed.). Boston: Little Brown.

McNeil, J. D. (1990). *Curriculum: A Comprehensive Introduction*(4th). Boston: Little Brown.

McNeil, J. D. (1996). *Curriculum: A Comprehensive Introduction*(fifth edition). Boston: Harper Collins College Publishers.

Meinbach, A., Rothlein, L., & Fredericks, A. (1995). The complete guide to thematic units: Creating the integrated curriculum. Norwood, Mass.: Christopher-Gordon.

Neagley, R. L., & Evans, N. D. (1967). *Handbook for Effective Curriculum Development*. N. J.: Englewood Cliffs.

Nicholls, A., Nicholls, S. H. (1978). *Development of a Curriculum: A practical Guide*. NY: George Allen & Unwin.

Oakes, J. (1985). *Keeping Track*. New Haven and London: Yale Univ. Press.

Orlosky, D. E., & Smith, B. O. (1978). *Curriculum Development: Issues and Insights*. Chicago: Rand McNally.

Ornstein, A. C., & Hunkins, F. P. (2004). *Curriculum: Foundation, principles, and Issues*. New York: Allyn & Bacon.

Paris, C. L. (1993). *Teacher Agency and Curriculum Making in Classroom*. New York: Teachers College, Columbia University.

Parker, J. C., & Rubin, L. J. (1966). *Process as Content: Curriculum Design and the Application of Knowledge*. Chicago: Rand McNally.

Parlett, M., & Hamilton, D. (1976). Evaluation as Illumination: A New Approach to the Study of Innovative Programs. In G. V. Glass(Ed.), Evaluation Studies Review Annual(Vol. 1). Beverly Hills, CA: Sage.

Parsons, P. F. (1987). *Inside America's Christian Schools*. Macon, GA: Mercer Univ. Press.

Phenix, P. H. (1964). *Realms of Meaning*. New York: McGraw-Hill.

Phillip L. Husford (1973). *An Instructional Theory*. NJ: Prentice-Hall.

Polkinghorne, D. (1988). *Narrative Knowing and the Human Science*. Albany: SUNY press.

Popham, W. J., & Baker, E. L. (1973). *Classroom Instruction Tactics*. Englewood Cliffs, N. J.: Prentic-Hall.

Popkewitz, T. (1999). *Critical Theories in Education: changing terrains of knowledg and politics*. New York and London; Routledge.

Popkewitz, T., & Brennan, M. (Ed.). (1998). *Foucault's Challenge: Discourse, Knowledge, and Power in Education*. New York and London: Teachers College, Columbia University.

Posner, G. J. (1992). *Analyzing the Curriculum*. New York: McGraw-Hill.

Posner, G. J., & Strike, K. A. (1976). A Categorization Scheme for Principles of Sequencing Content. *Review of Educational Research, 46*(4), 665-690.

Pratt, D., & Short, E. C. (1994). Curriculum Management. In Husen, T., & Postleth waite, T. N. (Ed.) *The International Encyclopedia of Education* (2ed.), 1320-1325, NY: Pergamon.

Print, M. (1987). *Curriculum: Design and Development*. Sydney: Allen & Unwin.

Ravitch, D., & Finn, C. E. Jr. (1987). *What do our 17-Year-Olds Know: A Report on the First National Assessment of History and Literature*. New York: Harper and Row.

Ravitch, D. (2010). *The Death and Life of the Great American School System*. New York: Basic Books.

Roitman, D. G., & Mayer, J. P. (1982). Fidelity and reinvention in the implementation of innovations. APA conference paper.

Rudduck, J., & kelley, P. (1976). *The dissemination of curriculum development.* Windsor, UK: National Foundation for Educational Research.

Ryle, G. (1949). *The concept of Mind.* London: Hutchinson.

Savoie, J., & Hughes, A. (1994). Problem-based learning as classroom solution. *Educational Leadership, 52*(3), 54-57.

Saylor, J. G., & Alexander, W. M. (1974). *Planning Curriculum for Schools.* New York: Holt Linehard and Winston.

Saylor, J. G., & Alexander, W. M. (1981). *Curriculum Planning for Better Teaching and Learning.* New York: Holt Linehard and Winston.

Schubert, W. H. (1986). *Curriculum: Perspective, Paradigm, and Possibility.* NY: Macmillan Publishing.

Schubert, W. H. (1994). Alternative Curriculum Designs. *Curriculum and Teaching, 9*(1).

Schwab, J. J. (1969). The practical: A Language for Curriculum, *School Review, 78,* 1-23.

Schwab, J. J. (1971). The Practical: Arts of Ecletic, *School Review, 79,* 493-542.

Schwab, J. J. (1973). The Practical 3: Translation into Curriculum, *School Review, 81,* 501-522.

Schwab, J. J. (1983). The Practical 4: Something for Curriculum Professor to do, *Curriculum Inquiry, 13*(3), 239-265.

Shepherd, G. D., & Ragan, W. B. (1985). *Modern Elementary Curriculum.* New York: Holt, Rinehart.

Short, E. C. (1989). A Historical Look at Curriculum Design. *Theory into Practice, 25*(1).

Simpson, B. J. (1966). The Classification of educational objectives: Psychomotor domain, IL. *Journal of Home Economics, 10*(4), 110-114.

Stice, C., Bertrand, J., & Bertrand, N. (1995). *Integrating reading and the other language arts.* Belmont, Calif.: Wadsworth.

Stufflebeam, D. L. et al., (1971). *Educational Evaluation & Decision-Making in Education.* Itasca, IL: Peacock.

Taba, H. (1962). *Curriculum Development: Theory into Practice.* New York: Harcourt. Brace & World.

Tanner, D., & Tanner, L. N. (1980). *Curriculum Development: Theory into Practice.* New York: Macmillan.

Tchudi, S. (1994). Integrated language arts in the elementary School. Belmont, Calif.: Wadsworth.

Tyler, R. W. (1949). *Basic Principles of Curriculum and Instruction.* Chicago: The University of Chicago Press.

Walberg, H. J., & Haertel, G. D. (Eds.) (1990). *The International Encyclopedia of Educational Evaluation.* New York: Pergamon Press.

Walker, D. F. (1971). A Naturalistic Model for Curriculum Development, *School Review, 80*(1), 51-69.

Weinstein, G., & Fantini, M. D. (1970). *Toward Humanistic Education: A Curriculum of Affeet.* New York: Praeger.

Wolf, R. M. (1990). Evaluation as a Field of Inquiry: The Nature of Educational Evaluation. In H. J. Walberg & G. D. Haertel (Eds.), *The International Encyclopedia of Educational Evaluation.* New York: Pergamon Press.

Wolfinger, D. M., & Stockard, J. S Jr. (1997). *Elementary Method: An Integrated Curriculum.* Allyn & Bacon., a Pearson Education Inc.

Worthen, B. R., Sanders, I. R., & Fitzpatrick, J. L. (1997). *Program Evaluation: Alternative approach and practical guidelines* (2nd ed.). NY: Longman.

Young, M. F. D. (1971). "knowledge and control". In Michael F. D. Young (Ed.), *knowledge and Control* (pp. 1-17). London: Collier-Macmillan.

Zais, R. S. (1976). *Curriculum: Principles and Foundation.* NY: Harper & Row.

# 찾아보기

〈인명〉

## 〈내용〉

## 저자 소개

• 강현석

경북대학교 교육학과 졸업
경북대학교 대학원(교육학 석 · 박사)
University of Wisconsin-Madison 연구원
한국대학교육협의회 선임연구원, 순천대학교 교수 역임
(현재) 경북대학교 교육학과 교수

〈주요 저서 및 역서〉
교육과학과 교과교육의 실제(공저, 교육과학사, 2003)
통합교육과정의 이론과 실제(공역, 양서원, 2003)
선택중심 교육과정의 이론과 실제(공저, 학지사, 2004)
교육의 문화(공역, 교육과학사, 2006)
내러티브 교육과정의 이론과 실제(공역, 학이당, 2007)
이야기 만들기(공역, 교육과학사, 2010)
영재성의 개념과 이론(공역, 학지사, 2011)
인간 교육학의 새로운 도전(공역, 학지사, 2011)

• 주동범

경북대학교 교육학과 졸업
경북대학교 대학원(교육학 석 · 박사)
Pennsylvania State University(Ph.D)
한국청소년개발원 책임연구원, 한국해양대학교 교수 역임
(현재) 부경대학교 교육대학원 교수

〈주요 저서〉
교육학의 이해(공저, 원미사, 2000)
청소년교육론(형설출판사, 2001)
현대 비교교육발전론(교육과학사, 2003)
선택중심 교육과정의 이론과 실제(공저, 학지사, 2004)

현대 교육과정과 교육평가(2판)

2004년 8월 27일 1판 1쇄 발행
2009년 1월 20일 1판 8쇄 발행
2012년 3월 30일 2판 1쇄 발행
2015년 4월 20일 2판 2쇄 발행

지은이 • 강현석 · 주동범
펴낸이 • 김진환
펴낸곳 • (주) 학지사
121-838 서울특별시 마포구 양화로 15길 20 마인드월드빌딩
대표전화 • 02)330-5114 팩스 • 02)324-2345
등록번호 • 제313-2006-000265호

홈페이지 • http://www.hakjisa.co.kr
커뮤니티 • http://cafe.naver.com/hakjisa

ISBN 978-89-6330-827-2 93370

정가 20,000원

저자와의 협약으로 인지는 생략합니다.
파본은 구입처에서 교환해 드립니다.